CONVERSAS COM JOVENS DIPLOMATAS

CELSO AMORIM

Conversas
com
jovens
diplomatas

Benvirá

© 2011 Celso Amorim
Todos os direitos reservados.

Diretor editorial: Thales Guaracy
Gerente editorial: Luís Colombini
Editora: Débora Guterman
Editores-assistentes: Flavia Lago, Paula Carvalho e Richard Sanches
Direitos autorais: Carolina Hidalgo Castelani
Edição arte: Carlos Renato
Serviços editorias: Danilo Belchior
Estagiária: Nicolle Bizelli

Diagramação: Stella Dauer
Capa: Henrique Theo Möller
Foto de capa: Monique Cabral - Trilharte
Revisão: Maria Fernanda Alvares e Ana Tereza Clemente
Produção gráfica: Liliane Cristina Gomes
Índices onomástico e remissivo: Bel Ribeiro
Impressão e acabamento: Cromosete

CIP-BRASIL. CATALOGAÇÃO NA FONTE
SINDICATO NACIONAL DOS EDITORES DE LIVROS, RJ

A543c

Amorim, Celso, 1942-
    Conversas com jovens diplomatas / Celso Amorim. - São Paulo : Benvirá, 2011.

ISBN 978-85-13537-6

1. Brasil - Relações exteriores - Discursos, ensaios, conferências. I. Título.

| 11-3975. | CDD: 327.81 |
| | CDU: 327(81) |

| 30.06.11 04.07.11 | 027650 |

1ª edição, 2011
4ª tiragem, 2015

Nenhuma parte desta publicação poderá ser reproduzida por qualquer
meio ou forma sem a prévia autorização da Saraiva S/A Livreiros Editores.
A violação dos direitos autorais é crime estabelecido na Lei n. 9.610/98
e punido pelo artigo 184 do Código Penal.

Benvirá, um selo da Editora Saraiva.
Rua Henrique Schaumann, 270 | 8º andar
05413-010 | Pinheiros | São Paulo | SP

545.326.001.004

A Ana, companheira de toda a vida.
A meus filhos, Vicente, Anita, João e Pedro.
Aos meus netos e netas, Yasemin,
Gabriel, Omar, Gaia, Alice, Anabella
e Ísis, que herdarão a Terra.

SUMÁRIO

PREFÁCIO 13

1. "Vocês se preparem, porque a política externa
brasileira tomou novos rumos" 17

2. "As Forças Armadas brasileiras não atirarão sobre o povo" 35

3. "O perigo de ficarmos só voltados para o ideal é a irrelevância.
O de estarmos totalmente voltados para o realismo é a inação" 61

4. *"Que no lesionen el corazón del Mercosur"* 87

5. "Celso disse isso, Celso disse aquilo" 121

6. "Nós fomos convidados, eu não pedi" 143

7. "Outras crises virão… e afetarão as nossas prioridades" 149

8. "Israel pode achar que está destruindo o Hamas, mas
está aniquilando politicamente a Autoridade Palestina" 183

9. "Nem automaticidade, nem condicionalidade" 217

10. "O senhor Zelaya está a uns vinte minutos daqui" 243

11. "Aquela velha opinião de que o Brasil precisa pedir licença" 269

12. "Ministro? Brasil? Obrigado… sou iraniano" 279

13. "A política externa pode parecer uma coisa
muito conceitual, fria e distante, mas não é!" 311

14. "Confesso que negociei" 351

15. "Mesmo com o tratado de livre comércio com os
Estados Unidos, a Colômbia continuará na América do Sul" 373

16. "Muita história e pouca geografia!" 409

17. "Uma palavrinha o senhor não vai me negar" 435

18. "A África tem sede de Brasil" 469

19. "Da maneira como estava concebida, a Alca é história" 499

20. "Traduzir ideais dentro de uma
realidade política não é algo simples" 527

POSFÁCIO 535

Lista de abreviaturas e siglas 543

Personalidades citadas 547

Índice onomástico 561

Índice remissivo 573

"...É bom o senhor abraçar antes de tudo uma profissão que o tornará independente e o entregará exclusivamente a si, em todos os sentidos. Aguarde com paciência, a ver a sua vida íntima se sentir limitada pela forma dessa profissão; considero-a muito difícil e cheia de exigências, carregada de convenções e quase sem margem para uma interpretação pessoal de seus deveres. Mas a sua solidão há de dar-lhe, mesmo entre condições muito hostis, amparo e lar, e partindo dela encontrará todos os caminhos. Todos os seus desejos estão prontos a acompanhá-lo e minha confiança está consigo."

Rainer Maria Rilke
Cartas a um jovem poeta

PREFÁCIO

Ao longo dos oito anos de governo em que me coube conduzir a política externa formulada pelo presidente Lula, tive a oportunidade e a satisfação de conversar com as turmas do Instituto Rio Branco em diversas ocasiões. Procurei, sempre que possível, fazê-lo sem solenidade ou formalismo.

Tive a oportunidade de compartilhar com os alunos do Instituto a minha experiência em várias das negociações internacionais nas quais o Brasil se envolveu nesses últimos anos. Tentei transmitir não só uma leitura do resultado das nossas ações, mas também um testemunho quase em tempo real dos processos decisórios, como ocorreram em Potsdam, Annapolis, Genebra, Nova York, Lima, Teerã ou Porto Príncipe.

Nas conversas, as principais linhas da política externa brasileira do governo do presidente Lula estiveram entremeadas nos assuntos da ordem do dia: Rodada Doha da Organização Mundial do Comércio, reforma da ONU, processo de paz no Oriente Médio, revogação da suspensão de Cuba da OEA, Declaração de Teerã, integração sul-americana, aproximação com a África, entre tantos outros temas e processos em que a diplomacia brasileira esteve envolvida. Pude relatar como conduzimos os esforços de diversificação de nossas parcerias internacionais, peça central da política externa dos últimos oito anos.

Em se tratando de conversas, algumas questões tomaram precedência sobre outras, em função das oportunidades que se apresentaram. Esta coletânea não pretende ser um arrazoado exaustivo e sistemático, senão um mosaico vivo, mas imperfeito, da nossa atividade diplomática durante o governo Lula.[1] Tampouco é um elenco de prioridades. Nossa relação com a Argentina, embora esteja presente de uma forma ou de outra em muitos dos processos aqui narrados, não é objeto exclusivo ou principal de nenhuma das conversas. Isso talvez se deva ao fato de que o enorme aprofundamento da parceria estratégica com nosso vizinho tem ocorrido como um processo gradual e não como resultado de um episódio específico.

Os textos das páginas a seguir procuram reproduzir o que foi efetivamente dito nas palestras. As gravações foram editadas somente quando necessário para a compreensão — ou quando as falhas de sintaxe eram muito gritantes. Em alguns casos, achei que o raciocínio merecia uma conclusão mais apurada, sobretudo quando já podia me apoiar na visão retrospectiva. Em outros, pareceu-me conveniente fazer pequenos acréscimos, em geral relativos a episódios que não me ocorreram no momento da fala. Para estes últimos, recorri a notas. Tentei, assim, preservar a informalidade dos encontros e a espontaneidade com que as ideias e relatos foram transmitidos na atmosfera prevalecente a cada momento. As perguntas que me foram livremente dirigidas pelos alunos e as respostas que tentei oferecer-lhes também estão, sempre que a gravação permitiu, contempladas.

O leitor certamente encontrará repetições de temas, observações e testemunhos — ora porque os momentos em que as falas proferidas eram diferentes, ora porque as audiências não eram as mesmas. Ainda assim, o trabalho de edição procurou reduzi-las, se

---

1 Para uma visão sistematizada da política externa brasileira nos oito anos de governo Lula, ver meu artigo na *Revista Brasileira de Política Internacional*: Amorim, Celso. "Brazilian Foreign Policy Under President Lula (2003-2010)." An Overview. In *Rev. Bras. Polít. Int.* 53 (edição especial): 214-240 [2010]. Disponível em: http://www.scielo.br/pdf/rbpi/v53nspe/v53nspea13.pdf.

não eliminá-las de todo. Talvez seja possível identificar até mesmo matizes distintos sobre o mesmo assunto. Afinal, a percepção também é moldada pela realidade em que vivemos a cada momento.

Por força de contingências técnicas, só foi possível recuperar a íntegra das palestras proferidas a partir de 2006, o que coincide, quase exatamente, com o ingresso das chamadas "turmas grandes" no Instituto Rio Branco — produto da ampliação dos quadros do Itamaraty, à qual faço referência em algumas "conversas". A única exceção é a fala referente à comemoração dos sessenta anos do Instituto, em abril de 2005.

A frequência dos meus encontros com os alunos se intensificou à medida que o governo do presidente Lula chegava ao fim. Julguei oportuno — e até, em alguma medida, uma obrigação minha — traçar "narrativas", ainda que incompletas, de nossa atuação em alguns dos principais temas da agenda internacional. Algumas das considerações relativas à democratização do acesso à carreira diplomática pude fazer em um dos últimos encontros, para o qual foram convidados para se juntar às duas turmas letivas os bolsistas do Programa de Ação Afirmativa para Afrodescendentes. Às conversas com as novas safras de diplomatas brasileiros, foi adicionado, nesta obra, o discurso proferido na cerimônia de formatura da Turma 2007-2009 do Instituto Rio Branco, a qual me honrou com o convite para ser seu paraninfo. Também achei por bem agregar, a título de posfácio, o discurso que proferi na cerimônia em que transmiti o cargo de ministro das Relações Exteriores ao embaixador Antonio Patriota. Decidi incluir a fala de 2 de janeiro de 2011 pois a minha mensagem foi dirigida, principalmente, às novas gerações de diplomatas.

Seria impossível mencionar todos aqueles que contribuíram com sua paixão e com suas ideias para a minha gestão. Alguns deles são citados ao longo das conversas. A referência a outros ficará para um eventual livro de memórias. Preciso, no entanto, fazer menção aos colegas que me ajudaram a viabilizar a publicação desta coletânea de palestras. Filipe Nasser aliou incansável dedicação e contagiante entusiasmo na edição e organização dos textos. Contou com a colaboração de Flávio Luís Pazeto, Thomaz Napoleão, Patrick Luna, Tainá Alvarenga e Camila Scheibel. Luiz Feldman e Rafael da Mata deram inestimável contribuição na tarefa de revisão e na preparação de notas e índices.

Conforme costumava dizer aos alunos, as visitas ao Instituto Rio Branco sempre me propiciaram ocasião para ordenar meu próprio pensamento. Se, a exemplo de Rilke, me propusesse a dar um conselho aos jovens e futuros diplomatas, diria que, ainda que suas carreiras lhes imponham percalços e possam até embranquecer-lhes prematuramente os cabelos, jamais permitam que a imaginação e o idealismo sejam sabotados pelas armadilhas do cotidiano e da conformidade.

Celso Amorim
Brasília, 20 de março de 2011

1

"Vocês se preparem, porque a política externa brasileira tomou novos rumos"

Integração da América do Sul e relações Brasil-África.
20 de abril de 2005[1]

Começando pelo anedotário, recordo que o ministro Azeredo da Silveira, lá por meados dos anos 1970, fez alusão em uma cerimônia de formatura do Instituto Rio Branco aos "embaixadores do ano 2000". Isso parecia uma quimera. O ano 2000 parecia uma coisa muito longínqua. Mas chegou. Vários de meus alunos no Instituto — ou pelo menos alguns — já são embaixadores. Quando nós fazíamos nossos cálculos — o Samuel [Pinheiro Guimarães], aqui a meu lado, sempre foi melhor do que eu para fazer os cálculos —, as previsões indicavam que nenhum de nós chegaria a embaixador. E os jovens colegas que entraram naquela época, pelo menos alguns deles, também já chegaram a embaixador — efetivamente contrariando nossos cálculos. Isso é apenas para dar uma nota de otimismo a todos nesse momento ainda inicial da carreira.

---

1 Cerimônia de comemoração dos sessenta anos do Instituto Rio Branco. Palestra para as Turmas 2003-2005 e 2004-2006 do IRBr.

Pedi ao diretor do Instituto que fizéssemos, hoje, uma dupla comemoração: o Dia do Diplomata e os sessenta anos da criação do Instituto Rio Branco e que procurássemos fazer dessa comemoração algo não muito solene. É claro que em uma plateia tão grande não se pode falar nada que seja absolutamente secreto. Também pedi para não fazer uma palestra excessivamente estruturada em torno dos temas da política externa, para não repetir muito daquilo que vocês — suponho eu — leem ou ouvem de outros. Preferi fazer uma conversa mais livre, que não se parecesse com uma aula magna tradicional. Vou também dispensar-me de entrar na história, muito conhecida, do patrono da Casa, o barão do Rio Branco — figura obviamente fundamental para nossa diplomacia e para o próprio Instituto.

A disposição do auditório cria, evidentemente, um certo distanciamento, que é um dos fardos que o cargo público muitas vezes nos impõe. Mas vamos tentar, aqui, torná-lo o menor possível. Queria conversar com vocês de maneira muito informal, sem partir de um quadro conceitual da política externa. Repito: porque já fiz outros discursos sobre isso. Quem tiver interesse pode referenciar o que vou dizer hoje a esse quadro conceitual, inclusive para buscar eventuais contradições — e depois assinalá-las para mim.

Queria partir de dois ou três fatos recentes. Poderia começar por ontem, porque tivemos uma reunião muito importante: a primeira reunião dos ministros da Comunidade Sul-Americana de Nações. É claro que tivemos antes outras reuniões de ministros das Relações Exteriores da América do Sul, mas foram em outros contextos, quase circunstanciais. Por exemplo, quando fomos à Aladi protocolizar alguns acordos, estavam presentes vários ministros, mas nem todos eram necessariamente ministros do Exterior — alguns eram ministros "domésticos" ou de Comércio. Tivemos uma reunião em Marrakesh para preparar (vou voltar a isso mais tarde) a Cúpula dos Países Árabes com a América do Sul. Mas não tínhamos tido ainda, desde a criação da Comunidade Sul-Americana de Nações, uma reunião dos ministros do Exterior. E essa agora foi muito importante, porque foi uma reunião destinada a preparar justamente — não a Cúpula América do Sul-Países Árabes, porque essa já está preparada do ponto de vista político (naturalmente sempre faltam detalhes logísticos) —, mas a própria Cúpula dos Países da América do Sul, quando esperamos que sejam estipuladas as principais atividades dessa Comunidade e também seja definido um certo arcabouço institucional.

É importante que vocês tenham presente que eu estou falando aqui com toda franqueza para colegas e amigos. Fazendo um retrospecto, as discussões que levaram à formação da Comunidade não foram fáceis. Não sei em que momento antes se falou concretamente em uma integração política da América do Sul, mas eu me recordo que o presidente Itamar Franco foi à Cúpula do Grupo do Rio em Santiago em 1993 e se referiu especificamente a uma área de livre comércio sul-americana, a ALCSA. Eu próprio fui à Aladi, em fevereiro de 1994, para desenvolver um pouco essas ideias, que, na época, encontravam enorme resistência: alguns países sonhavam em aderir ao Nafta (não se falava de Alca ainda); outros tinham estruturas comerciais mais liberais que o Brasil; e outros países, ainda, nutriam desconfiança política em relação a nossos objetivos. Havia, digamos assim, um misto de reticência com resistência. O fato é que a ideia não prosperou imediatamente. Ninguém tampouco foi totalmente contra, de modo que a ALCSA deixou uma certa "sementinha".

Pouco depois desses eventos, todas as atenções se concentraram na Cúpula das Américas, que levou ao lançamento das negociações da Alca. Como maior mercado das Américas, os Estados Unidos têm uma força natural de imantação. A própria experiência do México — até então aparentemente bem-sucedida — também contribuiu para que as atenções fossem concentradas em outros processos negociadores, de modo que a integração da América do Sul ficou de lado.

Uma das coisas que acontecem quando você se torna ministro é que você se torna incapaz de escrever sozinho um artigo. Então, provavelmente com a ajuda de alguém, escrevi um artigo — pelo menos o título eu dei! —, que se chamava "Construção da América do Sul". A América do Sul, embora seja um conceito geográfico, que nós aprendemos no colégio — pelo menos na minha geração se aprendia assim —, não era propriamente um conceito político. O conceito político era América Latina (ou, mais tarde e de forma restrita ao âmbito multilateral, América Latina e Caribe).

No fundo, a América Latina expressa uma visão política e cultural, mas, por motivos diversos, é uma realidade difícil de organizar de maneira efetiva. Primeiro, havia os países do Caribe, que eram recém-ingressados na região. Depois, havia a situação específica de Cuba, banida da OEA e sem relações com quase todos os países. Havia também o fato de os países, por estruturas diversas e situações geográficas específicas, manterem relações diferentes com a principal potência do hemisfério. Embora a América Latina e o Caribe tenham funcionado como um grupo (por exemplo, para efeitos eleitorais na ONU), a verdade é que não conseguiram constituir-se como um núcleo — não só um núcleo para uma coordenação política, mas menos ainda um espaço para integração econômica e social.

Houve várias tentativas: o SELA, por exemplo, foi uma delas. Outra foi o próprio Grupo do Rio — grupo de concertação política, que começou restrito e foi se expandindo.[2] O Grupo do Rio sofreu de certa timidez por parte de países que não queriam dar a impres-

---

2 O Mecanismo Permanente de Consulta e Concertação Política da América Latina e do Caribe — ou Grupo do Rio — surgiu em 1986, da união do Grupo de Contadora (composto de Colômbia, México, Panamá e Venezuela) com o Grupo de Apoio (composto de Argentina, Brasil, Peru e Uruguai), ambos criados para ajudar no equacionamento de crises políticas na América Central. Outros membros foram progressivamente incorporados ao Grupo do Rio, que hoje abarca a quase totalidade dos países da América Latina e do Caribe. A mais recente adesão foi de Cuba, em 2008.

são de que estavam criando um novo agrupamento no hemisfério, do qual só não fariam parte Estados Unidos e Canadá.[3]

O conceito de "América do Sul" foi recuperado, desta vez, do ponto de vista político. Antes, era "América Latina" — com essas limitações que acabei de mencionar — ou eram "as Américas". Falava-se muito raramente em América do Sul. Quando se falava em Mercosul, falava-se no Cone Sul. O Mercosul se formou com base em negociações entre o Brasil e a Argentina, das quais participou ativamente o embaixador Samuel, durante o governo do presidente Sarney. Somente depois é que se transformou em Mercosul, com os quatro países. Não me lembro mais quem, afinal, sugeriu o nome. Trabalhava comigo, naquela época, nosso atual embaixador na Ucrânia, Renato Marques. Acho que, em uma das conversas que costumava ter com ele, surgiu o nome "Mercosul". E a preocupação, desde o início, foi frisar que não era Mercado Comum do Cone Sul — ao contrário do que a mídia continuou repetindo muitas vezes. É "Mercado Comum do Sul", porque isso deixava espaço para que, um dia, viesse a ser "Mercado Comum da América do Sul".

Enfim, o conceito de América do Sul praticamente não existia. Ao tentar recuperá-lo, encontramos dificuldades e resistências. Depois, as prioridades também mudaram. Mas também não se perderam de todo. Tanto é assim que, no governo do presidente Fernando Henrique, foram convocadas duas cúpulas da América do Sul.

Quando o governo do presidente Lula começou, passamos a dar prioridade clara à América do Sul. Isso foi sendo, aos poucos, percebido pelos outros países como vantajoso. Inicialmente, havia desconfiança. Lembro que, na primeira viagem que fiz ao Chile neste governo, o nosso embaixador em Santiago, um homem muito in-

---

3 Somente em dezembro de 2008 viria a realizar-se uma reunião — neste caso uma cúpula — dos países da América Latina e do Caribe, convocada pelo presidente Lula e realizada em Sauípe.

teligente e muito bom analista, o Gelson Fonseca, me disse "olha, velhinho, não adianta muito falar em América do Sul. Aqui eles não querem saber disso; para eles, são 'as Américas', ou no máximo 'América Latina'. E a relação deles com o México é também muito próxima". Aliás, nós também temos relação muito próxima com o México — isso é importante ressaltar.

Essa era a atitude de um ano e meio atrás. Isso mudou muito, em função dos acordos e das discussões, que foram ganhando corpo: primeiro, na área comercial e, depois, também na área de infraestrutura, as realidades foram mudando. Muito mais lentamente do que desejaríamos, eu e, sobretudo, o presidente Lula. O presidente Lula, desde o início de sua vida política e profissional, viu as coisas acontecerem rapidamente. Nós também queremos rapidez, mas sabemos que temos que lidar com uma clientela nem sempre fácil.

Enfim, os fatos evoluíram de maneira positiva, a tal ponto que o Mercosul logo fechou o primeiro acordo com os países andinos — isso sem contar a Bolívia, que já era associada ao Mercosul há mais tempo. A Bolívia, por sua posição geográfica, sempre esteve muito ligada ao Prata. O Peru foi um passo novo: foi o que desencadeou depois o acordo com os três outros países da Comunidade Andina. Na ocasião em que o Acordo-Quadro Mercosul-Peru foi fechado, o presidente Toledo se referiu pela primeira vez, para uma audiência pública, à Comunidade Sul-americana de Nações. Então, passamos, além de continuar trabalhando para fechar os acordos comerciais — o que não é simples —, a trabalhar pela integração política da América do Sul.[4]

---

4   A propósito desse evento, a Assessoria de Imprensa do gabinete (MRE) emitiu, em 18 de outubro de 2004, nota afirmando terem sido "assinados documentos de protocolização do Acordo de livre comércio entre o Mercosul e o Peru (ACE-58) e do Acordo de livre comércio entre o Mercosul, a Colômbia, o Equador e a Venezuela, países-membros da Comunidade Andina (ACE-59). Formalizou-se, assim, o processo de protocolização dos mencionados acordos junto à Aladi, com vistas à sua inclusão no ordenamento jurídico dos países signatários". Ambos podem ser consultados em: www.aladi.org.

Lembro-me de uma conversa que tive na Colômbia, que era um dos países que mais resistiram, por motivos até compreensíveis — porque tinha e tem uma relação muito próxima com os Estados Unidos, em parte devido às preferências dadas aos países andinos, em função da questão das drogas. Os colombianos tinham muito temor em fazer qualquer coisa que pudesse desagradar aos Estados Unidos. Nessa reunião, eu fiz ao meu colega, o ministro do Comércio, Jorge Humberto Botero, uma pergunta, que depois o presidente Lula também repetiu ao próprio presidente Uribe. Tínhamos dificuldade de compreender como o setor industrial colombiano tinha tanto medo do setor industrial brasileiro e não tinha medo dos Estados Unidos. Isso não era compreensível, não era lógico.

Essa conversa com o ministro Botero, que demorou talvez uma hora, foi uma das mais interessantes que eu tive ao longo desses dois anos e pouco à frente do Ministério. Os fatos ficam registrados, mas as conversas nem sempre. E as conversas são a coisa mais interessante. Muitas vezes, as conversas diplomáticas são caracterizadas por uma rápida concordância ou por uma discordância, digamos, conceitualmente conflitante, que não permite que se avance. Na conversa com o ministro Botero, partimos de pontos de vista diferentes, mas com grande engajamento intelectual. Esse foi o momento (além da evolução das relações com o Peru) que realmente permitiu que tivéssemos uma negociação comercial séria entre a Comunidade Andina e o Mercosul — embrião para a formação dessa Comunidade Sul-americana de Nações.

É claro que tem que se juntar a isso muitos outros fatores políticos: a presença do presidente Chávez, com grande interesse em se aproximar politicamente do Mercosul; também o próprio presidente Uribe, que tem interesse político e estratégico de manter uma relação próxima com o Brasil; e, obviamente, o grande interesse do presidente Lula em avançar a integração sul-americana.

A reunião de ontem tinha como objetivo preparar a reunião presidencial e consolidar um documento que seria a base de uma Declaração. Houve reuniões com vice-ministros em Lima e negociou-se um texto. As dificuldades habituais nesse tipo de foro fizeram com que, ao final, se chegasse a um documento que parecia útil — como reiteração de propósitos —, mas muito limitado para ser a base da Declaração Presidencial.[5] Há países que ainda continuam pensando que a Comunidade poderá ser instrumentalizada pelo Brasil para outros objetivos. Na diplomacia, às vezes temos que fazer um pouco de psicanálise. A integração da América do Sul não é um objetivo exclusivamente brasileiro. Ela pode ajudar o Brasil e pode ajudar outros países.

Vou dar dois exemplos. Pela primeira vez, todos os países da América do Sul votaram da mesma maneira em relação à situação dos direitos humanos em Cuba. Tenho absoluta certeza de que, se não fosse a existência, ainda que virtual, da Comunidade Sul-americana, a Casa, isso não teria ocorrido. Se não tivesse havido esse lançamento da Casa, não haveria esse desejo comunitário de votarmos em bloco.

Ontem mesmo, do meu gabinete, a ministra do Paraguai, Leila Rachid, ligou para o ministro do Chile para anunciar que vai apoiar o candidato chileno à Secretaria Geral da OEA, mudando a posição inicial, que estava baseada no interesse do Paraguai de ocupar o posto de número dois na OEA (seria difícil para um sul-americano ocupar a posição número um e outro sul-americano ocupar a de número dois). Foi um gesto generoso, até do ponto de vista pessoal, mas a existência do Mercosul também levou a essa mudança de posição e de mentalidade. São dois exemplos que demonstram avanços. Mas do lado desses avanços há resistências.

---

5 Esta viria a ser a Declaração sobre a Convergência dos Processos de Integração da América do Sul, adotada em Brasília a 30 de setembro de 2005. Ela pode ser encontrada em: http://www.itamaraty.gov.br/sala-de-imprensa/notas-a-imprensa/2005/09/30/documentos-adotados-por-ocasiao-da-i-reuniao-de.

Quando de manhã cedo, no sábado, liguei para o embaixador Samuel para tratar da minuta de Declaração Presidencial, eu disse que o texto não era suficiente. Então, tivemos que transformar a reunião, que era para aprovar uma Declaração, em uma coisa diferente, o que, aliás, foi muito útil. Transformamos a reunião em um *brainstorming* (descobri que em espanhol se chama "*tormenta de ideas*"!) sobre o que queremos para a Comunidade Sul-americana. Já tinha havido várias reuniões de vice-ministros sobre esse tema — os próprios presidentes já haviam debatido um pouco —, mas os ministros nunca. Havia, portanto, um vácuo.

Acabou sendo uma reunião extremamente útil. Às vezes, as coisas mais importantes não aparecem logo nos jornais. Dizer que houve um *brainstorming* certamente não é notícia: notícias são declarações sobre as divergências. Então, fizemos a reunião; aproveitamos, naturalmente, o documento; juntamos com os documentos dos vice-ministros, para fazer outra reunião ministerial. Até lá vamos preparar uma Declaração.

O que achei interessante na reunião de ontem foi justamente o fato de você se defrontar, muitas vezes, com situações que tem de modificar no próprio curso dos eventos. Se tivéssemos nos concentrado na discussão daquele documento que havia sido preparado, poderíamos tê-lo melhorado — ou piorado — um pouco, mas seria, certamente, algo que as pessoas olhariam e diriam: "Isso aqui é um parto da montanha". Eram nove ministros e três vice-ministros produzindo um documento com áreas prioritárias, que, a rigor, já haviam sido definidas antes — apenas se selecionaram cinco de oito, ou seis de oito ou nove. Mas acabou havendo uma discussão extremamente interessante, extremamente positiva. Os países revelaram seu grau de compromisso com a Comunidade. E isso foi ficando claro. Foi ficando claro também que não é desejo do Brasil impor nada, que cada um dará sua contribuição. Vários, aliás, já deram. Outros países até foram além de nós em matéria de propostas.

Quero falar ainda sobre um outro assunto. O secretário-geral, com quem tenho uma perfeita afinidade, me sugeriu falar exatamente sobre o que eu já tinha intenção inicial de falar: a mais recente viagem do presidente Lula à África. Bem, todos sabem que a África voltou a ser uma prioridade real — não apenas retórica — de nossa política externa.

O presidente Lula diz sempre que já esteve em catorze países africanos. Eu mesmo não sei o número de países em que estive — já perdi a conta. Basta ver a imagem do presidente Lula na Ilha de Gorée para entender a importância que a África tem para a nossa própria formação. E há também outros interesses: o comércio com a África está longe de ser desprezível. Temos um comércio com a África de cerca de US$ 6 bilhões — uma cifra considerável.[6] Importamos petróleo da Nigéria; temos muitas exportações; com muitos países temos superávits enormes. O comércio total é mais ou menos equilibrado.

Enfim, o presidente Lula já esteve várias vezes na África. Todas as viagens foram importantes, cada uma a seu modo. O que vou dizer agora é muito subjetivo, porque, evidentemente, é um julgamento que talvez a história terá que fazer com mais calma, mas, de todas as viagens que ele fez à África até hoje, acho que essa foi a mais impactante.

Na primeira, o presidente Lula foi para os países de língua portuguesa — o que, é claro, é muito importante, mas também é mais fácil, porque as afinidades soam mais óbvias, digamos assim. Mas, apesar disso, nenhum ministro brasileiro tinha estado, por exemplo, em São Tomé e Príncipe. Eu já estive lá quatro vezes. Vocês se preparem, porque a política externa brasileira tomou novos rumos.

Naquela viagem estivemos na África do Sul e na Namíbia. A primeira viagem que o presidente Lula fez aos países árabes abarcou

---

6   Poucos anos depois, em 2008, o comércio entre o Brasil e a África chegaria a US$ 25 bilhões.

dois países que também são africanos, Egito e Líbia, mas, pelo menos na nossa concepção, que parece ser igual à concepção da mídia, nós vemos esses países árabes como algo à parte. Depois, estivemos em São Tomé novamente; o próprio presidente Lula esteve duas vezes em São Tomé, mas, nesse caso, em uma reunião de cunho multilateral, da CPLP. Depois, o presidente foi a Cabo Verde.

Desta vez, talvez pelo fato de terem sido cinco países em cinco dias (e cinco países muito diferentes entre si), foi uma viagem muito concentrada e o impacto foi muito grande. As pessoas que viajaram pouco e conhecem pouco a África — digamos 99,99 por cento dos brasileiros em geral e uns 80 por cento dos nossos diplomatas — devem achar que a África é uma coisa só; no máximo, distinguem a África Subsaariana, a África do Sul e a África de língua portuguesa, pela característica do idioma. Mas não é assim! Essa observação inclusive foi feita pela ministra Matilde Ribeiro, que ficou muito impressionada com a diversidade de situações, de culturas e de níveis de desenvolvimento nos países africanos.

Começamos pela República dos Camarões — um país pequeno, relativamente bem organizado, francófono, com uma minoria anglófona (além, é claro, das línguas locais). De lá, fomos à Nigéria — maior país da África em população, com 130 a 140 milhões de habitantes. Aliás, se eu tivesse que colocar um anúncio nos corredores do Itamaraty, seria assim: "Procura-se um ministro de primeira classe, de preferência não do Quadro Especial, para ir à Nigéria como embaixador".

Não tenho a menor dúvida de que, dentro de dez ou quinze anos, a nossa relação com a Nigéria vai ser tão importante como com qualquer país sul-americano. Temos um comércio de US$ 4 bilhões — é claro que nessa conta entra muito petróleo. Mesmo assim exportamos meio bilhão de dólares para a Nigéria — o que não é pouco. Uso o comércio como indicador. As relações políticas vão muito além dos indicadores de comércio. A Nigéria é um candidato importante ao Conselho de Segurança das Nações Unidas. Se houver uma reforma no Conselho de Segurança — que nós esperamos que ocorra —, a Nigéria será um dos países considerados. E costumamos enviar à Nigéria um ministro de segunda classe recém-promovido e sem chances de chegar no topo da carreira. Quando o embaixador chega lá, não tem ninguém que queira trabalhar com ele. Infelizmente é assim. Mas queremos mudar.[7]

Falo por mim mesmo. Se você é embaixador em Madri, ou em Roma, ou em Genebra, ou em Londres, ou em Nova York, ou em Bruxelas, e liga para o subsecretário (ou para o diretor do Departamento, talvez com mais efetividade até pela razão que eu vou expor) e pede alguma coisa, a reação costuma ser: "Opa, esse cara pode vir a ser ministro de Estado ou secretário-geral. Eu posso trabalhar com ele. Acho melhor eu atender". Mas, se você ligar de Abuja, as chances de o telefone estar ocupado, de a secretária não atender, de o diretor do Departamento não estar são imensas — garanto a vocês. É um círculo vicioso. Há lugares de enorme importância para a política externa brasileira onde há imensa dificuldade de lotação, em todos os níveis. Nós estamos tentando mudar isso.

Estamos tratando de enviar ao Congresso um projeto de lei sobre a ampliação dos quadros da carreira diplomática.[8] Precisamos criar incentivos adicionais para que as pessoas comecem a ver com mais naturalidade a ideia de servir na África.[9]

Mas abandono a minha digressão. O que houve de mais importante na Nigéria foi o encontro dos dois líderes. Na Nigéria,

---

7 Hoje, temos uma ministra de primeira classe chefiando a nossa embaixada em Abuja, a embaixadora Ana Candida Perez.

8 A ampliação de 400 vagas para novos diplomatas foi estabelecida pela medida provisória n. 269, de 15 de dezembro de 2005, depois transformada em lei.

9 Nos últimos anos, a lotação dos chamados postos C e D tem sido incentivada por meio de medidas como a promoção dos diplomatas que aceitam servir nesses postos e a sua posterior remoção para postos A.

os presidentes costumam ficar em uma sala à parte. Só consegui entrar porque o presidente Lula me puxou para dentro — e não havia nenhum ministro deles. Depois, quando voltamos à sala maior, os demais ministros participaram de uma reunião breve e formal. Já na reunião presidencial houve uma discussão ampla, inclusive foi nessa reunião que surgiu a ideia das cúpulas África-América do Sul. Hoje, temos um contato próximo entre o líder do maior país da América do Sul — e da América Latina —, que é o presidente Lula, e o líder do maior país africano (em população), que é a Nigéria.

E política se faz assim, inclusive negócios se fazem assim. Sem desprezar as feiras e os outros contatos, que também são importantes, o contato político é, obviamente, fundamental. Se amanhã, digamos, houver alguma questão que dependa de uma decisão política (e nós sabemos que há muitas questões que dependem de uma decisão política), o presidente Lula pode pegar o telefone e ligar para o presidente Obasanjo. Aliás, o presidente Obasanjo virá ao Brasil ainda este ano. Será o primeiro presidente africano a estar no Brasil na data da nossa Independência. Acho que é algo muito simbólico e muito importante.

Agora, para além dos símbolos, o presidente brasileiro pode pegar o telefone e dizer: "Olha, estamos aqui, temos igualdade de condições para competir. A Petrobras quer isso...". Se houver diferença, é óbvio que vai optar pelo que é melhor para o país dele. Mas, se houver paridade de condições, a proximidade política pode pesar. Como também pode pesar em outras questões internacionais (eu vou chegar a elas daqui a pouco).

Da Nigéria fomos para Gana. Gana é um país bem organizado, relativamente pequeno. Tudo ocorreu dentro do previsto: houve reunião de presidentes, reunião de ministros, reunião de empresários. Nesta, houve discurso para o público. Houve também um momento muito importante do ponto de vista cultural e da busca das raízes do Brasil, que foi o encontro com a comunidade dos Tabons.[10] Tudo isso em menos de 24 horas. Os presidentes estabeleceram um bom contato. Firmamos inclusive um acordo sobre linhas aéreas. Foi, enfim, um capítulo auspicioso da nossa política externa.[11]

De Gana, fomos para Guiné-Bissau, que é provavelmente o país mais pobre que eu conheço. Acho que nem o Haiti é tão pobre. O Haiti talvez tenha mais pobreza, mais miséria, mas também tem coisas ricas (bem, talvez não exatamente ricas), tem riqueza cultural. Você chega ao palácio presidencial e é um palácio presidencial. Tem, é claro, uma distribuição de renda péssima, mas tem uma elite, tem alguma coisa ali. Na Guiné-Bissau, na hipótese de ocorrer, digamos, uma revolução socialista radical como as que existiam no início do século XX, não haveria nada a ser distribuído. A sala do presidente da República é menor do que a sala do diretor do Instituto Rio Branco. Isso para não falar que, quando estivemos lá, não havia água corrente ou banheiro no gabinete do presidente. Enfim, o país enfrenta todas as dificuldades que se possa imaginar. Affonso de Ouro-Preto, aqui presente, que foi embaixador em Bissau na década de 1980, conhece a situação perfeitamente bem. Mas está pior, porque ocorreram duas guerras civis. É uma situação quase inconcebível. A visita do presidente Lula durou quatro ou cinco horas apenas, mas serviu para confirmar nossa disposição para cooperar em várias áreas.

Estive em Guiné-Bissau em 1977. Naquela ocasião, como chefe de Divisão Cultural, já tinha o hábito de ir a esses lugares, prova-

---

10 Uma parcela dos escravos brasileiros libertos ao longo do século XIX pôde retornar à costa ocidental da África, estabelecendo comunidades no Benin, na Nigéria, no Togo e em Gana. A comunidade em Gana é conhecida como Tabom, porque, não conhecendo os idiomas locais, seus membros respondiam a todas as perguntas com a expressão "tá bom".

11 Como resultado da relação inaugurada com essa visita, a Embrapa viria a abrir um escritório em Acra. Financiamentos foram concedidos para obras civis e para a produção de etanol.

velmente inspirado pelo ministro Silveira, um grande ministro, que tinha uma visão estratégica da posição do Brasil no mundo: a de que o Brasil não pode renunciar à sua grandeza. Mas, infelizmente, a mídia está cheia de gente — e, às vezes, até entre nós — que quer que o Brasil seja pequeno. O presidente Lula não pensa dessa forma. Ele pensa no Brasil como um país importante, um país que tem capacidade de produzir coisas boas, sem o desejo de dominar ninguém. Enfim, a primeira vez que fui a Guiné-Bissau foi em 1977. Fiz um memorando — naquela época, fazia-se memorando — sugerindo que se abrisse um Centro de Estudos Brasileiros em Guiné-Bissau. Não se tratava de mais um Centro de Estudos Brasileiros, tratava-se de participar da criação de um país.

Agora estamos fazendo outras coisas em Guiné-Bissau. Estamos fazendo um centro de formação profissional do Senai. Se a situação política se estabilizar, esse centro fará parte da vida de Guiné-Bissau. São coisas de grande importância, que custam relativamente pouco, que podemos fazer com o apoio de outros órgãos públicos.

Além da cooperação, algo realmente importante em Guiné-Bissau foi a conversa que o presidente Lula teve com os líderes políticos, inclusive com os da oposição. Ele teve um encontro com os membros do Parlamento. Não era uma sessão plenária, porque o Parlamento estava em recesso, mas estiveram presentes cerca de trinta parlamentares. E ele falou de coração muito aberto, exortando os líderes dos vários partidos a procurarem encontrar um diálogo, porque não é possível que um país tão pobre, com tanta dificuldade, não só crie mais problemas por meio dos conflitos internos, mas se isole da comunidade internacional. Obviamente, quanto mais conflitos internos e mais golpes de Estado, mais razão (ou pretexto) para que a União Europeia ou o Banco Mundial suspendam a ajuda. Então, em Guiné-Bissau, tivemos quatro ou cinco horas muito produtivas.

E de lá fomos ao Senegal. Tínhamos ido a dois países anglófonos, um francófono, um lusófono e, finalmente, a outro francófono.

Senegal também é um país diferente. A visita foi muito bem organizada. Tivemos uma recepção muito calorosa e colorida. Houve o episódio da Ilha de Gorée, que, talvez, tenha sido o ponto simbólico de toda viagem. Tenho quarenta anos de vida diplomática. Já vi muita coisa. Mas nunca tinha visto um jornalista chorar — a não ser, é claro, por motivos próprios, pessoais.

Depois do discurso dos três ministros, digamos assim "afro-brasileiros" (embora todos nós de alguma forma o sejamos); depois do discurso do presidente Lula, que eu percebi que comovia o presidente do Senegal; depois do discurso do presidente do Senegal; ao final, estava todo mundo com lágrimas nos olhos. Segundo algumas confidências, alguns choraram mesmo, compulsivamente. Todos os demais estavam com lágrimas nos olhos, os jornalistas, o intérprete, o próprio presidente, nós todos. Tudo isso foi muito emocionante. E não há nada de piegas nisso. Foi uma coisa muito real e muito profunda. E eu acho que sentimentos também fazem parte da política. Não podemos abolir isso. É claro que não podemos jamais nos afastar da razão, porque ela nos orienta, mas o sentimento também indica, aponta; não pode ser totalmente posto de lado pela razão.

A visita ao Senegal correu muito bem do ponto de vista empresarial. Tivemos uma discussão importantíssima sobre Guiné-Bissau. O Senegal tem onze milhões de habitantes, enquanto a Guiné-Bissau tem um milhão e pouco. E o Senegal é um país que tem um problema — não é um problema *de* fronteira, mas um problema *na* fronteira — porque uma das etnias do Senegal também se prolonga por Guiné-Bissau.

O Brasil é, cada vez mais, um interlocutor para a discussão de temas africanos. Isso não quer dizer que, no passado, nós não tenhamos feito nada. Os vice-ministros certas vezes o fizeram, certamente meus antecessores também fizeram. Sobretudo na ONU, nos foros internacionais. O Brasil, por estar no Conselho de Segurança, sempre teve uma margem de ação. Estivemos em Angola e

Moçambique.[12] Mas, dessa vez, senti algo diferente. Primeiro, senti uma demanda, por todos os lugares em que estivemos. O secretário-geral da Cedeao — a Comunidade dos Estados da África Ocidental — também nos demandou maior presença política do Brasil para ajudar a resolver a crise em Guiné-Bissau. Em Gana e no Senegal, nosso envolvimento na Guiné-Bissau teve uma receptividade grande, o que tem muito a ver, naturalmente, com o presidente Lula, mas também com o Brasil. Na República dos Camarões e na Nigéria, discutimos com franqueza sobre as questões fronteiriças entre os dois países.

Talvez não houvesse a mesma receptividade se se tratasse do presidente de um país europeu ou de outro país desenvolvido. A pedido do próprio presidente Lula, eu liguei, nos últimos dez dias, duas vezes ao secretário-geral da ONU para falar sobre Guiné-Bissau. Recebi ontem o telefonema da ministra de Moçambique sobre o mesmo tema. Então, deixamos de ser um estranho que apenas age porque é, incidentalmente, presidente da CPLP, ou porque é membro não permanente do Conselho de Segurança. Essa mobilização foi proposital, porque temos uma efetiva *capacidade* de agir na região — e também temos o *desejo*.

Eu me lembro de haver lido, certa vez, um artigo de uma pessoa por quem tenho estima intelectual — embora tenhamos diferenças — sobre o Conselho de Segurança das Nações Unidas. Havia toda essa discussão sobre o "poder", sobre o que é uma "potência média", o que é uma "grande potência". Muitas vezes, essas coisas são vistas

---

12 O Brasil participou de quatro operações de manutenção da paz em Angola entre 1989 e 1999 (Unavem I, Unavem II, Unavem III e Monua), tendo chegado, em dado momento, a contribuir com pouco mais de mil militares (além de policiais, equipes médicas e observadores eleitorais). Em Moçambique, contribuímos com pouco mais de duzentos militares, afora policiais e observadores eleitorais, para uma operação de manutenção da paz (ONUMOZ) entre 1993 e 1994. Um general de divisão brasileiro exerceu o comando dessa missão de paz entre fevereiro de 1993 e fevereiro de 1994.

de maneira meio estanque. Havia uma referência à situação do Brasil. Fiz um comentário sobre o fato de que essa questão de poder tem várias dimensões. (Naturalmente, não vou dar uma aula aqui de ciência política. Em outro dia, quando o diretor do Rio Branco me convidar, poderei vir aqui dar uma aula.) Entre as dimensões do poder, está o desejo de exercer o poder. Se não houver esse desejo — não é dominar; é você falar, ter influência, contribuir para a solução de questões —, todas as condições objetivas podem estar dadas, mas não valerão de muito. Essa é também uma das características da atual política externa do presidente Lula: há um desejo de exercer poder. Poder é uma palavra muito pesada, dá a impressão de que você vai desembarcar com tropas ou impor sanções econômicas. Não é isso. Estou falando de exercer sua influência positivamente. Em geral, temos feito isso. Foi assim com relação à Venezuela e à Bolívia. E podemos vir a fazer o mesmo em relação a Guiné-Bissau.

Era isso que eu queria dizer, em função desses dois episódios, partindo do particular para o geral, dois episódios recentes que, de maneira diversa, ilustram como estamos agindo em política externa e como ela é feita no dia a dia.

2

"As Forças Armadas brasileiras não atirarão sobre o povo"

Engajamento brasileiro no Haiti.
20 de fevereiro de 2006[1]

Quando o embaixador Fernando Reis me falou em voltar ao Instituto Rio Branco para conversar com a nova turma, eu havia pensado em fazer algo mais amplo, mais abrangente. Havia pensado em me deter um pouco sobre as últimas negociações da Rodada Doha da OMC, por ter sido uma experiência recente. Mas o tempo hoje é mais escasso do que eu imaginava quando marquei essa conversa.

Vou me deter mais em outro assunto, mais atual. Tive ocasião de conversar com algumas turmas do Rio Branco, quando procurei dar a ideia da política externa "em se fazendo", na medida em que ela está avançando.

É claro que a Reunião Ministerial da OMC de dezembro passado em Hong Kong continua sendo um assunto atual. Mas está em uma fase em que seus resultados ainda estão sendo decantados. Achei preferível conversar com vocês sobre o Haiti, porque é algo que

---

1 Palestra para a Turma 2005-2007 do IRBr.

está em todos os jornais e porque está em processo de realização. É, assim, especialmente atual.

Aliás, me referindo ao Haiti, eu li ontem um bom artigo do senador Suplicy, publicado no *Jornal do Brasil*.[2] Era muito simples. Não era um artigo profundo, de história, mas acho que valeria a pena ler, até para entender um pouco as motivações e as reações em relação a nossa presença no Haiti.

Queria dar a perspectiva de quem está mais diretamente envolvido. Gostaria de transmitir a vocês minha visão de como se deu nossa presença no Haiti, o que ela já obteve e o que pode ajudar a obter. Já mencionei o artigo do senador Suplicy, de modo que não preciso me estender aqui sobre a trágica sucessão de governos autocráticos e à própria história do Haiti.

Mas a verdade é que, tendo sido o primeiro país da América Latina e do Caribe a ficar independente — o segundo das Américas, só depois dos Estados Unidos — e o primeiro a abolir a escravatura (até pela natureza de sua própria população), o Haiti viveu uma sucessão de situações altamente dramáticas, culminando nos governos de Papa Doc e de Baby Doc — ditaduras que chegariam a ser até caricatas, se não fossem mais conhecidas por seu lado sangrento. Mesmo depois da queda de Baby Doc, a situação nunca se normalizou. Houve uma série de intervenções militares. Houve governos eleitos com muita expectativa, o que nos faz ver com cautela o futuro. Não podemos desprezar o que há de positivo, mas também não podemos nos deixar levar pelo otimismo ingênuo.

Tivemos situações complexas. O próprio presidente Aristide, em sua segunda volta ao poder, realizou um governo que não conseguiu unir a sociedade haitiana. Esse será um dos desafios que precisará continuar a se enfrentar. A crise do governo Aristide culminou com sua saída. É difícil precisar as circunstâncias. Mui-

---

2 Suplicy, Eduardo. "O Haiti dos haitianos". *Jornal do Brasil*, 19 de fevereiro de 2006.

tos alegam que o país estava à beira de um banho de sangue. Seja como for, Aristide saiu. Nos momentos críticos que antecederam a sua partida, tivemos muitos contatos com vários dos envolvidos — Caricom, Estados Unidos, França. Não havia clareza sobre qual a direção dos acontecimentos. Houve momentos em que se pensou em uma solução alternativa: uma emenda constitucional que desse mais poder ao primeiro-ministro. Era essa a solução que a Caricom estava procurando, mas que acabou não se realizando. O envolvimento do Brasil, até então, era relativamente menor.

Durante o governo Itamar Franco, do qual fui ministro, nós nos abstivemos na votação de uma Resolução do Conselho de Segurança que autorizou a força de intervenção no Haiti — justamente a operação que levou Aristide de volta ao poder.[3] Era uma situação diferente. Preferimos nos abster, porque, naquele momento, nos pareceu um precedente perigoso para outras situações que havia no próprio Caribe — inclusive em Cuba. Naquela época, a tensão entre os Estados Unidos e Cuba ainda estava muito aguda, de modo que preferimos nos abster.

A situação agora era um pouco diferente, porque nos vimos diante de uma iminente queda do presidente Aristide e do risco de conflitos gravíssimos. Nos contatos que tivemos, dissemos que não participaríamos de nenhuma força de intervenção — portanto, de nenhuma força que fosse atuar no sentido de modificar o quadro político do Haiti, ainda que ela viesse a ser autorizada pela ONU. Mas dissemos que, eventualmente, em uma operação de paz das Nações Unidas, estabelecida pelo Conselho de Segurança, o Brasil poderia participar.

---

3   O Brasil e a China se abstiveram na votação da Resolução 940 (1994) do Conselho de Segurança, de julho daquele ano, que autorizava o desdobramento de uma força multinacional para restituir o presidente Aristide. Na sequência, o Brasil se absteve na votação de três resoluções a respeito do Haiti (resoluções 944, 948 e 964, todas de 1994).

Isso ocorreu em um momento em que o Brasil já vinha seguindo uma política mais proativa no continente.[4] Havíamos tido uma ação diplomática importante, por exemplo, na crise da Venezuela. O Brasil foi fundamental para a criação do Grupo de Amigos do secretário-geral da OEA para temas relacionados à Venezuela, que contribuiu decisivamente para a realização do Referendo Revocatório previsto na Constituição com a presença de observadores internacionais. Isso evitou um agravamento ainda maior da crise por que passava aquele país.

Enfim, por essas razões e porque fomos procurados de maneira muito insistente e por vários atores, nos dispusemos a participar de uma eventual operação de paz: desde que a força fosse aprovada e estabelecida pelo Conselho de Segurança. E assim as coisas se passaram. Houve uma primeira Resolução que autorizou uma força de intervenção, que tomou conta do Haiti logo após a saída de Aristide, da qual o Brasil não participou. Pouco depois foi votada outra Resolução, que estabeleceu a Minustah — a missão de paz no Haiti.[5]

Aproveito aqui para fazer um pequeno esclarecimento sobre as forças das Nações Unidas. Normalmente, elas operam em dois tipos de situações básicas, embora haja, como em tudo que é vivo — e a política é uma coisa muito viva —, zonas cinzentas. São basicamente duas situações: uma é a do Capítulo VI da Carta das Nações Unidas. Nesse caso, trata-se de manter a paz: não há um conflito aberto, mas é útil que haja uma força de interposição, por exemplo, para garantir que as partes que antes estavam em conflito (ou que poderiam ter estado em conflito) não se defrontem diretamente. Esse é o caso, por exemplo, da participação que o Brasil teve nas

---

4 Havíamos até cunhado a expressão "não indiferença", não como uma restrição, mas como um complemento à não intervenção. A fórmula foi depois retomada, entre outras, em discursos pelo secretário-geral da OEA, José Miguel Insulza.

5 A Missão das Nações Unidas para a Estabilização no Haiti (Minustah) foi estabecida pela Resolução 1542 (2004) do Conselho de Segurança.

operações em Angola e Moçambique. Eram situações em que havia — respeitados ou não — acordos de paz. Tratava-se, principalmente, de garantir que não ressurgisse uma fagulha inesperada. E há as ações do Capítulo VII, que permite às Nações Unidas intervir para restabelecer a segurança, a ordem ou a paz em determinada região ou determinado país.

Uma resolução baseada no Capítulo VII foi a que permitiu, por exemplo, algumas das ações na Iugoslávia. Não vou alongar demais essa digressão, mas queria mencionar que, no caso do Haiti, é uma mescla: há uma Resolução do Capítulo VI com elementos do Capítulo VII. Isso permitiria que a missão a ser comandada pelo Brasil fosse mais "robusta", como se costuma dizer, e que pudesse empregar a força quando necessário. Essa talvez tenha sido a principal diferença entre a operação no Haiti e as anteriores em que o Brasil esteve envolvido.

A questão relativa à conveniência de o Brasil integrar a Minustah motivou muitos debates no Congresso Nacional, inclusive com algumas percepções equivocadas. Menciono duas dessas percepções. Uma era do tipo: "por que o Brasil vai intervir?". Equiparava-se o caso do Haiti ao caso do Iraque.[6] Evidentemente, não há semelhança alguma — nem política, nem jurídica — entre os dois casos. Repito: no caso do Haiti, o Brasil integrou uma força das Nações Unidas. No do Iraque, o uso da força não foi sequer autorizado pelas Nações Unidas. Tratou-se de uma ação unilateral dos Estados Unidos e seus aliados. Então, a presença norte-americana recebeu uma certa legitimação, mas isso só ocorreu depois de consumada a invasão.

Independentemente daquela outra comparação que fiz entre os Capítulos VI e VII da Carta, do ponto de vista da autorização pe-

---

6   Refiro-me aqui à decisão unilateral dos Estados Unidos de invadir o Iraque em março de 2003. O governo Bush justificou sua campanha militar pelo suposto desenvolvimento de armas de destruição em massa por aquele país, alegação que viria a revelar-se infundada.

las Nações Unidas, pode haver, vamos dizer assim, três situações. Existem as forças não autorizadas pelas Nações Unidas, que são ações unilaterais, sem amparo na Carta (a não ser que se trate de legítima defesa, mas esse é um caso à parte); as forças que são autorizadas pelas Nações Unidas, como foi o caso da Iugoslávia e da primeira força de intervenção no Haiti logo nas primeiras semanas, da qual o Brasil não participou; e as forças das Nações Unidas, os "capacetes azuis" propriamente ditos, que são forças da ONU. Na realidade, o general brasileiro que está lá não comanda as forças brasileiras: comanda as forças das Nações Unidas. E aqui há uma grande diferença entre o que ocorreu no Iraque e o que está acontecendo no Haiti.

A outra percepção equivocada, até compreensível por motivos históricos, era a equiparação entre o que estava acontecendo no Haiti com o que havia ocorrido na República Dominicana, há quarenta anos. Tanto eu como o Fernando éramos jovens diplomatas naquele momento, em 1965, e acompanhamos de perto o drama da República Dominicana. Novamente, a diferença é total. Naquele caso, também não houve autorização das Nações Unidas. Houve uma votação no âmbito da OEA, realizada em Washington, mas a OEA não tinha capacidade jurídica de autorizar o uso da força armada. O Brasil participou da chamada "Força Interamericana de Paz", ajudando a coonestar uma ação unilateral dos Estados Unidos. É muito diferente, portanto, do caso do Haiti, em que a força foi criada pelo Conselho de Segurança da ONU. Essas duas diferenças são essenciais.

Como se sabe, no Congresso houve outras discussões, como: "Se não conseguimos resolver o problema da Rocinha, como vamos resolver o problema do Haiti?", e outras questões do gênero. Essa inquietação, vinda dos representantes do povo, tem certa validade, mas, evidentemente, se trata de ações diferentes. Nossas Forças Armadas não se dedicam a um policiamento interno e o tipo de ação que estava sendo realizada no Haiti tinha algumas características policiais, mas, principalmente, características militares.

Você sempre poderá fazer esse tipo de pergunta em relação a qualquer ação internacional: "Por que afinal a gente paga a ONU, em vez de arrumar dinheiro para uma intempérie qualquer que tenha ocorrido em nosso país?". Porque a vida é assim. Você tem que trabalhar com um nível de solidariedade, ao mesmo tempo que trabalha voltado para a sua própria casa. Assim é na vida das pessoas, assim deve ser também na vida dos países.

O Brasil vinha tendo uma projeção internacional grande e aquela era uma oportunidade. Nós percebemos, creio eu, desde o início, que havia uma chance para uma ação de natureza diferente. Até então, na prática, as ações no Haiti haviam sido quase sempre comandadas por uma grande potência, normalmente os Estados Unidos. A França, evidentemente, esteve muito envolvida, embora de forma mais remota; o Canadá, até certo ponto também. Mas nunca um país da América Latina ou, mais especificamente, um país da América do Sul havia estado à frente. A própria dificuldade que os Estados Unidos tinham, naquele momento, de se envolver militarmente na situação criava também oportunidade para que o Brasil e outros países da América do Sul participassem da força de paz. É importante dizer que vários países da América do Sul participam da força de paz — entre eles, Peru, Chile, Uruguai, Argentina — além da Guatemala. Então, era uma oportunidade de a América do Sul e a América Latina, de forma mais ampla, terem um papel de liderança na operação.

Isso, ao meu ver, teve duas consequências importantes. Uma era que tínhamos autoridade moral para cobrar da comunidade internacional que a presença no Haiti não fosse apenas para o restabelecimento da ordem, mas que visasse a duas outras dimensões: a primeira delas era o diálogo político interno. Dissemos, quando se criou o Governo Provisório, que não éramos a força policial ou a "guarda pretoriana" do Governo Provisório. Estávamos no Haiti para ajudar a restabelecer a paz — e isso envolvia, entre outras coisas, o diálogo político. A presença latino-americana e caribenha e o nosso conhecimento da realidade — não porque tivéssemos vivência lá, mas pela semelhança com várias outras situações da América Latina, inclusive de natureza cultural — nos ajudariam a promover esse diálogo.

A segunda consequência era a possibilidade de exigirmos ações para promover o desenvolvimento e a reconstrução do Haiti. Nós sempre defendemos que a ação no Haiti tinha três pilares: um deles era obviamente a paz, a ordem e a segurança; outro era o diálogo político — e não apenas a preservação daquele primeiro governo, cujos componentes eram quase todos provenientes da chamada burguesia haitiana, a burguesia de Pétionville; o terceiro era a reconstrução e o desenvolvimento do Haiti.

Não posso dizer que o Brasil foi o único país que trabalhou por isso. Houve tentativas no passado de ajudar o Haiti, mas estamos vendo, à medida que as coisas se desenvolvem, que esta convicção é correta: que poderíamos concorrer para um tipo de ação que contribuísse para a mitigação do sofrimento, para a redução da miséria e para a promoção do desenvolvimento no Haiti.

Vou mencionar rapidamente essa dimensão do diálogo político. Seria muito interessante também chamar aqui o embaixador Gonçalo Mourão, que esteve lá muito tempo, para dar um depoimento pessoal. Ele até escreveu um belíssimo livro de poesia sobre Gonaïves, depois de assistir a uma enchente e ver a beleza do povo e da paisagem, junto à tragédia e à miséria.

Em vários momentos, nós atuamos no sentido de fazer com que as forças políticas no Haiti conversassem umas com as outras. No início, o primeiro-ministro Gérard Latortue chegou a se queixar do Brasil. Alguns políticos haitianos queriam que o Brasil fosse embora; preferiam os americanos. Muitos achavam que os americanos dariam meia dúzia de tiros na população e restabeleceriam a ordem como esses políticos a entendiam. A nossa maneira de agir sempre foi diferente, sempre foi fomentar esse diálogo. E fomos conseguindo isso.

A saída de Aristide, pelas circunstâncias em que se deu, gerou muitas reações. Mantivemos diálogo intenso com países que reagiram negativamente à saída de Aristide, como a África do Sul. Houve, também, reação negativa por parte da Caricom, que reúne basicamente o Caribe de língua inglesa, além do Suriname e do Haiti. E o Haiti havia sido suspenso da Caricom. Nós sempre achamos que a Caricom deveria ter um papel importante. Primeiro, em função dos vínculos culturais e étnicos. E porque um país não pode existir em um vácuo, tem que existir inserido em sua região. E o que notávamos, no início, era que as autoridades haitianas deixavam implícito, quando não explícito, o seguinte pensamento: "Se eu tenho o apoio dos Estados Unidos, se a ONU, de alguma maneira, vai me apoiar, para que eu preciso ter esse contato com a Caricom?". Era uma atitude exageradamente altaneira, que dificultava o diálogo.

Da parte da Caricom, havia aqueles que, baseados em experiências anteriores, temiam um precedente que pudesse ser usado contra algum daqueles pequenos países. Em um passado não muito longínquo, havia o exemplo de Granada.[7] Achamos que era importante dialogar com a Caricom. Aliás, eu diria que um benefício lateral da presença brasileira no Haiti foi a intensificação das nossas relações com a Caricom, cujo desdobramento mais importante foi a ida do

---

7   Em outubro de 1983, por decisão do presidente Ronald Reagan, forças militares dos Estados Unidos invadiram Granada. Alegando a necessidade de proteger seus nacionais em meio à instabilidade política resultante da prisão e execução do primeiro-ministro Maurice Bishop, o governo Reagan escalava sua política de combate ao "comunismo" na América Central. Em nota de 26 de outubro daquele ano, o Itamaraty deplorou o uso da força no encaminhamento da questão e conclamou as partes a respeitarem o princípio da não intervenção.

presidente Lula a uma reunião no Suriname, em que ele esteve com todos os líderes caribenhos.

Eu mesmo fui a Barbados para participar de uma reunião convocada justamente para que o Brasil pudesse conversar com alguns integrantes da Caricom. Havia alguns ministros e muitos outros altos funcionários, inclusive um representante da Secretaria da Caricom. Mantive contato também com o secretariado da Caricom na Guiana, estive na Jamaica e em Trinidad e Tobago — neste caso tratando, também, de assuntos bilaterais. Mas o Haiti foi o catalisador para nossa relação com a Caricom. Na última Assembleia Geral da ONU, fizemos uma reunião, na Missão do Brasil, com todos os países da Caricom — coisa que, tanto quanto eu saiba, nunca tinha ocorrido antes. Pode ter ocorrido alguma vez, por algum objetivo puramente eleitoral, uma candidatura. Isso é até comum na ONU: fazer almoços ou encontros com grupos regionais. Mas para tratar de temas políticos, não creio. Eu chamo a atenção para isso porque, além do Haiti, nós tratamos de outros temas, como a campanha contra a fome, a reforma das Nações Unidas... Criou-se um diálogo que praticamente não existia.[8]

Mas o objetivo principal era ajudar a encaminhar bem a situação do Haiti. E fomos aos poucos demonstrando que nossa presença lá não era de maneira alguma para legitimar uma situação que se havia criado com a saída de Aristide, mas justamente para fazer com que o país voltasse a ter um governo, tanto quanto possível, democrático.

No plano da cooperação, também agimos de maneira muito intensa. O Brasil teve um papel de relevo em trazer o Banco Mundial e o BID de volta ao Haiti. Essas instituições tinham os representantes em Porto Príncipe, mas estavam em uma posição de expectati-

---

8 A aproximação do Brasil com a Caricom culminou com uma reunião de cúpula para discutir a cooperação entre ambos, convocada pelo presidente Lula e realizada em Brasília em 26 de abril de 2010.

va. E conseguimos: fizemos convênios com o Banco Interamericano, com o Banco Mundial. Foi muito difícil implementá-los. Primeiro, porque o governo era provisório. Além disso, a sociedade haitiana é mal organizada, o Estado haitiano é fraco. Aliás, é um bom tema para a ciência política: embora o poder autoritário fosse fortíssimo, o Estado era muito fraco como instituição, não só para manter a ordem do país, como também para prover as suas necessidades básicas. Alguns acordos e projetos que fizemos começaram a caminhar — uns bilaterais, uns com o Banco Mundial, mas outros estão até hoje dependendo de encontrar o interlocutor certo no Haiti.

Seja como for, nós ajudamos a criar um movimento de mobilização internacional em torno do Haiti. Isso ficou evidente com os acordos com o Banco Mundial. O presidente do Banco na época, Jimmy Wolfensohn, disse que aquele era o primeiro exemplo de um acordo do Banco Mundial com um país em desenvolvimento para beneficiar outro país em desenvolvimento. E também construímos projetos trilaterais com outros países que têm mais recursos financeiros que nós, mas que talvez não tenham a capacidade brasileira — ou não gozem da receptividade que existe com relação ao Brasil. Temos um projeto com o Canadá na área de saúde. Com a Espanha, também há algo em matéria de reflorestamento. E temos explorado possibilidades com outros países.

Demos um passo fundamental ao escolher o embaixador certo para o Haiti. Essa é uma das tarefas mais difíceis quando se é ministro. Não se trata de saber se A é mais competente do que B ou do que C. É claro que isso também conta, mas é preciso saber quem é competente e motivado para aquela situação específica. Nós tivemos muita sorte. Bem, eu não diria sorte, porque nós o conhecíamos. Meus assessores todos (o embaixador Felício, o embaixador Patriota) e eu havíamos convivido com o embaixador Paulo Cordeiro em Nova York. Sabíamos da capacidade dele. Mas sempre é uma aposta, porque as pessoas só se revelam plenamente diante das situações.

E Paulo Cordeiro realmente se revelou um embaixador à altura da situação, conforme nós havíamos previsto. Até mesmo superou em alguns aspectos o que nós poderíamos esperar. A Embaixada do Brasil passou a ser um centro de coordenação política. Depois que as tropas chegaram, reforçou-se ainda mais seu papel como centro para as articulações políticas, as conversas, os diálogos. O embaixador mantinha contato assíduo com todos os principais candidatos, os principais líderes políticos. Eu pude testemunhar isso, pois estive três vezes no Haiti nesse período. Não sei se antes algum ministro do Exterior brasileiro havia estado por lá. Talvez tenha ido a alguma reunião internacional, não sei. Mas eu estive três vezes, e a terceira foi para me encontrar com os candidatos.[9] É claro que eu não pude me encontrar com todos, porque eram mais de trinta, mas encontrei sete, alguns dos mais representativos, inclusive René Préval, que foi eleito presidente.

Assim, pude ver como o embaixador vinha operando bem. Inclusive no plano cultural, ajudando a divulgar o vodu, que é conhecido caricatamente pela maneira como Hollywood o representa. O vodu tem muitas semelhanças com as nossas religiões afro-brasileiras, até porque a proveniência dos escravos haitianos em grande parte era a mesma que a dos brasileiros. Bom, os escravos brasileiros vieram de muitos lugares em épocas diferentes. Uma grande proporção veio do Benin, que é também de onde partiram os que foram para o Haiti. Paulo Cordeiro promoveu encontros envolvendo a Fundação Palmares, da Secretaria de Promoção da Igualdade. Tudo isso ajudou a criar um clima positivo para a nossa presença.

A primeira vez que fui ao Haiti foi no contexto de uma visita do presidente Lula. Ainda era um momento de relativa tranquilidade, embora muitas áreas estivessem sob o controle de gangues. O país

---

9 Até o final do governo, viajei um total de dez vezes ao Haiti. O próprio presidente Lula realizou três visitas àquele país. Em ambos os casos, recordes absolutos.

já chamava a atenção pelo contraste entre a beleza do povo, o gosto pelas cores, a arte deles muito parecida com a nossa própria arte *naïf*, e, por outro lado, o lixo na rua, em uma quantidade que você nunca vê em lugar algum. É uma coisa realmente triste. Você nota, no Haiti, que há prédios, edificações, os próprios canais são bem construídos, só que estão totalmente entulhados.

Na segunda vez que estive lá, tinha acabado de ocorrer um episódio delicado: a invasão da casa do ex-presidente Aristide. Essa situação tinha sido resolvida de maneira muito hábil pelos nossos militares, apesar das críticas iniciais à "brandura dos brasileiros". A terceira viagem foi durante a preparação do processo eleitoral e aconteceu no final de setembro, na minha volta da Assembleia Geral da ONU. Cada momento era um momento de drama. Houve uma intensificação muito grande dos sequestros às vésperas das eleições. Havia enorme ceticismo se seria possível registrar os eleitores; caso fossem registrados, se haveria comparecimento às urnas; enfim, se não haveria tumultos.

Na realidade, tivemos, no Haiti — apesar dessa onda de sequestros, que foi contida de maneira adequada, sem ter havido nenhum tipo de ação violenta das forças da ONU —, um relativo êxito. O registro dos eleitores foi surpreendente! Antes, os haitianos não tinham sequer carteira de identidade. Em outros países, tampouco se usa, mas, no caso do Haiti, que é um país praticamente sem Estado, a carteira de identidade é um instrumento fundamental. Costumava-se falar que, no passado, as eleições no Haiti apresentavam comparecimento mínimo e que não se sabia se os eleitores votavam duas ou três vezes; isso porque não havia como identificá-los. Nessas últimas eleições, foi diferente: toda a identificação foi feita pelas Nações Unidas; o processo eleitoral e as cédulas foram preparadas pela OEA; e houve um registro amplo de eleitores. Também se dizia que não haveria comparecimento — e o comparecimento foi relativamente elevado, levando-se em conta que o voto lá é facultativo.

Quanto à manutenção da ordem, durante as eleições houve efetivamente duas mortes. É claro que é trágico para quem é pai, mãe, filho da pessoa que morreu, mas, se você pensar em uma eleição do tipo da haitiana, é quase um milagre terem morrido apenas duas pessoas. Não é um milagre porque tudo foi fruto de trabalho da Minustah e da atitude positiva do povo.

Como vocês devem saber, eu estava, na semana passada, na África, acompanhando o presidente Lula. Fomos a Argélia, Benin, Botsuana e África do Sul. Durante o périplo todo, acompanhei de perto as eleições do Haiti. Até tive uma conversa com a ministra do Exterior da África do Sul sobre o Haiti e sobre a situação do ex-presidente Aristide. Naquela altura, estávamos mais ou menos convencidos, pelo que indicavam as pesquisas e também as primeiras apurações, que a vitória de Préval seria relativamente fácil. À medida que foram ocorrendo as apurações, a situação foi mudando. E, quando descemos do avião em São Paulo, minha chefe de gabinete, ministra Maria Nazareth, recebeu um telefonema do embaixador Paulo Cordeiro com a mensagem de que havia uma suspeita grande de fraude. O percentual de Préval havia baixado para 48 por cento, quase 49 por cento. E o povo havia ido para a rua, invadido prédios públicos, hotéis.

É uma situação muito incômoda quando o povo protesta contra as forças da ONU. Efetivamente, essa era uma situação que não gostaríamos de enfrentar, porque, como já disse, nossa força não estava lá para ser uma força de repressão do povo haitiano. É claro que um elemento de repressão sempre existe para manter a ordem, mas seguramente não estávamos lá para atirar neles. Ao mesmo tempo, os militares brasileiros não podiam deixar de defender os outros haitianos que poderiam ser ameaçados. Era uma situação difícil. Mas esse aspecto de segurança evoluiu, eu diria, espantosamente bem. Acho que nossas forças se comportaram de maneira muito competente, mas também com prudência e sensibilidade.

O que fazer diante daquele quadro eleitoral? Ficamos aqui Felício, Paulo Cordeiro e eu (mas, sobretudo, Paulo Cordeiro) dedicados ao tema do Haiti. Passei três dias — segunda, terça e quarta-feira da semana passada — dedicado ao tema do Haiti, até que se encontrasse uma solução. E a questão ali era que você tinha uma situação muito peculiar, em um país muito peculiar — nós não estamos falando da Suíça, onde se realizam referendos, eleições a todo momento. Na Suíça, para plantar essas duas ou três árvores que o diretor do Instituto pôs aqui na frente teria que haver um referendo, ver se a comunidade aprovaria. No caso do Haiti, estamos falando de um país que tem toda essa história, onde a violência existe de maneira endêmica — como existe, aliás, nas favelas do Rio —, com uma complicação adicional, da qual, graças a Deus, até hoje estivemos livres, que é a mistura da criminalidade com a política. É uma situação permanentemente explosiva. E, às vezes, é difícil de distinguir entre rebeldia política e criminalidade, até porque os próprios políticos costumavam se valer da criminalidade. Grupos que eram inicialmente políticos acabaram também descambando para a criminalidade. E vice-versa. E é uma violência também gerada pela fome, pela pobreza, pela miséria.

Préval obteve 49, na verdade 48,7 por cento, dos votos, o que representava mais do que a soma dos outros candidatos — é importante frisar esse ponto. Por uma peculiaridade da lei haitiana, que até onde sei só existe no Haiti (não sei se é herança de algum documento da Revolução Francesa), os votos brancos são contados como válidos. Embora Préval tivesse a maioria dos votos dados aos candidatos, descontados os votos brancos e nulos, como lá os brancos eram computados (houve 6 por cento de votos nulos e 4 por cento de brancos), ele deixava de ter maioria absoluta. Teria, assim, que enfrentar o segundo colocado em um segundo turno. Ao lado disso, havia uma forte e bem fundamentada suspeita de que os votos brancos computados eram excessivos. Essa impressão era reforçada pela ausência de um padrão estatístico dos votos em branco. Houve lugares em que havia 9 por cento ou 10 por cento de votos em branco. Houve mesmo urnas em que, de um total de 400 a 500 votos, 200 eram em branco. E a suspeita de fraude em prejuízo de Préval era agravada pelo fato de o voto no Haiti ser facultativo.

Diante dessa dúvida, o primeiro passo que se deu foi criar uma comissão para que, com a presença dos candidatos, se apurassem as irregularidades. O problema é que no Haiti a espera é, em si, um fator que traz consequências. Esse tema foi objeto de conversas minhas com o presidente Lagos, com a secretária de Estado americana, com o secretário-geral da ONU. Todos concordavam que se houvesse um segundo turno, Préval ganharia. Mas o problema era ter o segundo turno, porque o estado de ebulição era muito grande. O risco era muito grande. Cheguei a fazer uma comparação para o secretário-geral da ONU com as eleições na Sérvia, em que houve aquela demora e dúvidas sobre fraude. O povo tomou para si a tarefa de decretar a eleição encerrada. Só que, no caso do Haiti, o papel equivalente ao do Milosevic[10] seria representado involuntariamente pelas Nações Unidas.

Como disse, mantive intensas conversas com líderes dos mais variados países e organizações. Um desses diálogos foi com o ministro do Exterior de Trinidad e Tobago, Knowlson Gift, a quem conhecera em Costa Rica e a quem dera "carona", no avião da FAB, para Barbados. Gift fora colega de Leslie Manigat, o candidato que ficou em segundo lugar na eleição, na University of West Indies,

---

10 Nas eleições de 2000, Milosevic recusou-se a autenticar a vitória do candidato da oposição, Vojislav Kostúnica, desencadeando a chamada Revolução do *Bulldozer*, em que vigorosas manifestações populares acabariam levando à sua renúncia.

durante o exílio deste. Manigat teve um percentual de votos muito inferior ao de Préval (11 por cento, comparado com os 49 por cento do presidente eleito), mas se recusava a aceitar a vitória de Préval, possivelmente (essa era a especulação) para barganhar uma posição no governo ou no Parlamento. Não sei dizer se a conversa que o ministro Gift prometeu ter com o candidato derrotado teve grande peso em sua aceitação (de fato) do resultado. A disposição de Gift decorreu de nossa política de intenso diálogo com a Caricom.

Para resolver o impasse, surgiu a ideia de que alguma forma de inferência estatística deveria ser feita. Se fosse feita uma recontagem, provavelmente levaria tanto tempo quanto ir para o segundo turno. E, portanto, os riscos seriam equivalentes. Um número considerável de urnas havia desaparecido — cerca de 4 a 5 por cento —, o que também tornaria o resultado discutível. Não quero citar nominalmente de quem foram as ideias, até porque as ideias nunca têm um autor só, elas surgem em conjunto. Mas posso dizer a vocês uma coisa: elas não surgiram em Brasília, nem surgiram em Nova York — elas foram surgindo no próprio Haiti, nas discussões que todos mantínhamos com o conselho eleitoral haitiano, com outras autoridades do Haiti, com a ONU e com os países mais interessados.[11]

A única "ameaça" que fizemos aos nossos interlocutores — e que expressei, por minha conta, mas sabendo ser este o pensamento do presidente Lula, foi que as Forças Armadas brasileiras não atirariam no povo. Ninguém poderia contar com a hipótese de os militares brasileiros atirarem em mulheres, crianças, jovens, que estivessem participando de manifestação. Conversei longamente com o presidente Lagos. E ele tinha exatamente a mesma visão.

---

11 A minha preocupação em sublinhar esse ponto decorreu de uma notícia de que todo o plano para declarar a vitória de Préval havia sido urdido em Brasília — o que não era verdade. Mas o rumor, baseado no vazamento do suposto plano, se espalhara no Haiti, com as consequências que seriam de esperar.

Ao final, surgiram duas fórmulas que se consideravam igualmente válidas e de sentido democrático. A primeira seria eliminar os votos brancos e nulos. É como se faz em qualquer país do mundo — ou seja, branco e nulo não contam. A segunda hipótese seria redistribuir proporcionalmente os votos brancos. Isso foi o chamado "modelo belga". Não sei quem descobriu que havia um modelo belga. Certamente não fui eu. Alguém descobriu que, na Bélgica, é assim com os votos em branco. A Bélgica não pode ser acusada de ser um país não democrático, embora tenha seus problemas com imigrantes, como outros países da Europa. Adotou-se, portanto, o sistema belga.

É uma sutileza jurídica. Talvez essa opção ficasse um pouco mais protegida, pois, teoricamente, para considerar que houve fraude, era preciso que o resultado já tivesse sido proclamado. Estávamos diante de uma situação em que "se correr o bicho pega, se ficar o bicho come". Porque, para decretar uma recontagem de votos e, portanto, concluir formalmente que tinha havido uma fraude, teria que se publicar o resultado das eleições. Mas não se podia fazer isso, uma vez que 5 por cento das urnas haviam desaparecido.

Então, tivemos que encontrar outra solução. Quando se fala que foi um "jeitinho brasileiro", evidentemente é uma fantasia. Primeiro, porque não fomos nós que propusemos a fórmula. Nós, sim, dissemos o tempo todo que era preciso encontrar uma solução rápida. Segundo, porque a solução foi compartilhada por várias organizações e países. O secretário-geral da OEA, a Organização dos Estados Americanos, por exemplo, estava lá no momento que essa decisão foi tomada. E a solução foi plenamente incorporada pelas instituições haitianas. O Conselho Eleitoral Provisório foi que, afinal, tomou a decisão. O presidente do Haiti, Boniface Alexandre, e o primeiro-ministro, Gérard Latortue, participaram da decisão e concordaram com esse caminho. Mas a posição firme que tomamos juntos com o Chile, ao afirmar que nossas tropas não atirariam no povo, foi, sem dúvida, um fator decisivo para evitar demoras de consequências imprevisíveis.[12]

Agora nós passamos por uma etapa importantíssima. Cada vez que eu ia ao Haiti, dizia que era preciso fazer tudo certo, mas também rezar para dar certo. Havia sempre a possibilidade de sair alguma coisa errada. Podia ser um problema em Cité Soleil,[13] podia ser, enfim, até uma tragédia, como ocorreu com nosso outro general, Urano Bacelar — o que também motivou aqui um questionamento sobre nossa presença no Haiti, embora, até onde eu saiba, o que ocorreu com ele não tenha nada a ver especificamente com qualquer fato ocorrido lá.

As eleições foram uma etapa muito importante. Foi um evento democrático, como talvez nunca tenha ocorrido no Haiti. Acho que nenhum candidato à presidência teve tantos votos no primeiro turno como Préval. O comparecimento do eleitorado aportou legitimidade ao processo. Mas os problemas persistem. Teremos que continuar a trabalhar pelo diálogo político — o que não é fácil, nem óbvio.

A questão de um eventual retorno de Aristide ao país ainda terá que ser trabalhada com habilidade. Na minha opinião, ela não é recomendável no curto prazo. Mas a decisão cabe aos haitianos. Sobretudo agora, que há um governo eleito e, portanto, legítimo; não é mais um governo provisório, que você podia, até certo ponto, aconselhar, já que era um governo que não havia sido eleito. Agora não! Depois que Préval tomar posse, o Haiti terá um governo eleito.

A promoção do diálogo político será, certamente, um dos temas de uma conferência telefônica que terei dentro de uma hora, com

---

12 A posição do Chile era muito importante, principalmente em virtude de o representante especial do secretário-geral da ONU, e chefe político da Minustah, Juan Gabriel Valdez, ser chileno.

13 Uma das principais aglomerações urbanas do Haiti, Cité Soleil era uma área até então dominada por gangues, que só foram expulsas bem depois da posse de Préval, em uma das operações mais bem-sucedidas de tropas brasileiras da Minustah.

vários ministros do Exterior (do Chile, da Argentina, da França, do Canadá e dos Estados Unidos). Creio que dela participará também o secretário-geral da OEA. Às vezes, o senso de oportunidade vem com um pouco de instinto. Havia sido sugerido fazer uma reunião específica no Brasil sobre o apoio da comunidade internacional ao Haiti em março, depois de um eventual segundo turno. Naquele momento, não era possível ter certeza se haveria ou não segundo turno. Eu disse: "É melhor fazer a reunião logo, porque isso demonstrará que o engajamento das nossas forças militares é condicionado também a uma contribuição importante no campo econômico e financeiro técnico". E foi o que ocorreu.

Temos que continuar a trabalhar para que o Estado haitiano funcione com legitimidade, mas que também tenha maior presença nas áreas marginalizadas (como Cité Soleil e Belair). Isso é fundamental. Parece meio sonhador, mas é uma coisa necessária no longo prazo. Isso não se resolverá em pouco tempo. Eu mesmo conheci muitas pessoas da elite haitiana, muito bem preparadas, mas nenhuma delas mora no Haiti, todas moram fora do país. Em uma das muitas conversas que tive em Porto Príncipe, uma autoridade do alto escalão do Governo Provisório me disse: "Estou esperando passarem as eleições para poder ir embora". O grau de engajamento dos próprios haitianos com o país é pequeno. Isso terá de mudar.

Não é uma tarefa fácil. Lembro-me sempre de um ministro das Relações Exteriores de Bahamas, que conheci na reunião em Barbados a que fiz referência antes (depois estive com ele várias outras vezes). Ele me disse: "Os haitianos fogem. Quando não vão para os Estados Unidos, vão parar no Canadá ou ficam nas Bahamas, que está mais perto". E ele me perguntou: "Vem cá! Vocês estão dispostos a ter um engajamento de longo prazo?". Ele não estava se referindo somente ao engajamento militar, mas a um engajamento mais profundo, de natureza política. Porque não há uma solução imediata para o problema do Haiti. Meu interlocutor foi até mais radical.

Disse que não há propriamente uma solução para o problema do Haiti, o que há é um "encaminhamento a longo prazo". Eu acho que o Haiti precisa de ajuda para retomar o caminho de normalidade.

Temos programas com o Banco Mundial para merenda escolar e outro para coleta de lixo. Evidentemente, você quer que a merenda escolar chegue ao destinatário. Não quer que pare no caminho e se transforme em alguma outra mercadoria fonte de receita para A ou para B. Mas, ao mesmo tempo, você tem que respeitar o país. Afinal, não há um governo internacional no Haiti.

Espero que a realidade futura não me desminta. Como disse, há muitas outras dificuldades que teremos de enfrentar. Mas conseguimos ajudar a devolver o poder ao povo do Haiti. Não sei se os países que pensaram em convidar o Brasil para liderar a Minustah tinham exatamente isso em mente. Mas o fato é que a nossa presença lá ajudou. Houve uma votação que pode abrir alguma margem para discussão, mas ninguém tem dúvida de que Préval ganhou e ganharia a eleição no Haiti. O problema era como se lidaria tecnicamente com a exclusão dos votos em branco. Eu acho que devolvemos esse poder ao povo.

Temos que contribuir para que haja um diálogo político intenso. Mas temos que fazer isso de maneira sutil e não impositiva. Esse é o grande desafio para a comunidade internacional. E é um papel que países como o Brasil podem desempenhar e que países que estão acostumados a agir com mão pesada não conseguem fazer. É claro que cada situação é específica, mas foi o que aconteceu com a Venezuela. Não se pode comparar os dois casos, mas ajudamos a Venezuela com o referendo revocatório. Acho que devemos continuar envolvidos para que o mesmo ocorra no Haiti. Podemos induzir esse diálogo, sem a mão pesada que outros estão acostumados a usar. A presença da Caricom é muito importante, por motivos que já mencionei: ela teve grande importância em todo esse processo e pode continuar a ter no futuro.

Acho que nós vencemos uma etapa muito importante. Os próximos seis meses serão provavelmente de consolidação. Nesse período, os aspectos de paz e segurança continuarão a ser relevantes. Depois, é preciso ir mudando o foco aos poucos — não sei ao certo em que ritmo. Tudo no Haiti está por ser feito, está por ser criado. O Haiti tem uma combinação curiosa de absoluta miséria material com orgulho nacional de superpotência. É uma combinação curiosíssima! É preciso ser muito cuidadoso. O Haiti não podia ter acesso aos créditos — não lembro agora se era do BID ou do Banco Mundial — porque não tinha pago uma parcela. Pensamos inicialmente em cobrirmos nós mesmos essa dívida. Para variar, tivemos dificuldades com a burocracia brasileira. Surgiu, então, a possibilidade de a França assumir essa responsabilidade. Inadvertidamente, conversamos com a França. E eu levei uma espinafração do primeiro-ministro interino, Latortue, que disse: "Não! Com a França, nós não queremos nada". Eles são muito orgulhosos. Essa combinação faz com que a gente tenha que agir com muita cautela, com muito cuidado, com muita diplomacia.

Nós, Brasil e Haiti, temos muita coisa em comum. Não sei se algum de vocês teve a oportunidade de ver a exposição que fizemos sobre a arte *naïf* haitiana e a arte *naïf* brasileira no Centro Cultural Banco do Brasil. Na maioria das vezes, a origem das obras é indistinguível! Você tem que chegar perto, ver o título, ver o nome no letreiro, para saber qual é o brasileiro e qual é o haitiano. O dia em que fomos assistir ao Jogo da Paz foi comovente.[14] É claro que as proporções são diferentes, mas como é que no Rio de Janeiro, uma cidade que também tem violência, houve uma festa de Ano-novo e o concerto dos Rolling Stones sem que nada tenha

---

14 Em 18 de agosto de 2004, pouco depois da chegada das forças da Minustah ao Haiti, desembarcou no país a seleção brasileira de futebol para um jogo amistoso contra a seleção haitiana. O Jogo da Paz, que ensejou a primeira visita do presidente Lula ao Haiti, correspondeu à sua proposta de um congraçamento dos povos haitiano e brasileiro.

acontecido, tudo correndo em paz? No jogo de futebol no Haiti, foi a mesma coisa. Devia ter 1 milhão de pessoas na rua. Em um jogo de futebol, mesmo sem os componentes que existem no Haiti, frequentemente as pessoas bebem, se inflamam, acontecem brigas. E o Jogo da Paz aconteceu na paz.

O Brasil tem uma grande capacidade de incentivar o diálogo e a concórdia. Muitas pessoas dizem que o Brasil foi ao Haiti porque quer um lugar no Conselho de Segurança. Isso é uma bobagem. É claro que se poderia dizer que todas as ações do Brasil podem, de alguma maneira, contribuir para que venhamos (ou não) a fazer parte do Conselho de Segurança, mas o nosso engajamento no Haiti não foi condicionado por esse fim específico. As coisas não ocorrem dessa maneira mecânica. Até porque nossa presença no Haiti foi estimulada, entre outros, pelos Estados Unidos. Mas isso não impediu que, ao longo do caminho, nós tenhamos tido diferenças de opinião com os Estados Unidos, embora tenhamos podido resolvê-las.

É importante desfazer essa impressão. É claro que ser membro permanente do Conselho de Segurança é um dos objetivos da política externa brasileira. Reformar a ONU, em um sentido mais profundo, eu diria, é um objetivo, mas não se podem ver essas coisas de maneira simplista, automática. Há outros fatores mais profundos envolvidos, sobretudo o desejo de incorporar ou reincorporar o Haiti à América Latina. Do ponto de vista internacional, "latino-americanizar" a questão do Haiti, como um colega costumava dizer, talvez seja muito mais importante do que qualquer outra consequência que resulte de nossa presença naquele país.

PERGUNTAS

Igor Sobral Pelo que tenho lido, visto e ouvido sobre o Haiti, a imprensa ressalta, como fatores contra a estabilidade do país, principalmente estes dois: as supostas ligações do presidente Préval com o ex-presidente Jean-Bertrand Aristide e também todas as conturbadas eleições que houve, com a invasão da população no hotel onde estava a comissão das eleições. Ouvi, inclusive, que as eleições teriam sido impostas, teriam sido marcadas pelo "cansaço". Então, gostaria de saber se o senhor acredita que esses fatos poderiam comprometer a legitimidade do novo governo, as vindouras ajudas internacionais, e até mesmo de que modo poderiam atrapalhar a ação brasileira no país.

Celso Amorim A realidade é o que é. Se o Haiti fosse um país perfeito e as coisas ocorressem lá de maneira absolutamente tranquila, provavelmente não haveria necessidade de estarmos lá. Se olharmos em volta e procurarmos ver como foram as últimas eleições em Guiné-Bissau ou em outros países (bom, para não falar de países de primeiro mundo. Vamos deixar esses de lado), veríamos que há situações de dúvida.

Mas não creio que haja nenhuma diminuição da legitimidade das eleições no Haiti, porque, como eu disse a vocês, há absoluta clareza de que Préval ganharia no segundo turno e de que, de fato, ganhou no primeiro turno. Ganhou porque teve a maioria absoluta dos votos dados a candidatos e porque a quantidade de votos brancos era totalmente anômala. Quando ocorreram esses fatos a que você se referiu, essa situação já estava definida. E quem mais falou em fraude foi o próprio Préval, porque (e isso é uma suposição) as urnas que desapareceram provavelmente favoreceriam mais a ele. Certamente os votos em branco prejudicavam a candidatura de Préval — quanto a isso não há a menor dúvida, porque ele era o candidato que estava na frente. Foi uma eleição saudada pelo secretário-geral da ONU, saudada pelo Grupo de Contato,[15] pela OEA, pela Caricom.

---

15 O Grupo de Contato sobre o Haiti é integrado por quinze países que participam ou contribuem para a Minustah, além de sete organizações internacionais.

A ligação de Préval com Aristide se deu ao longo da história. Não sei ainda como isso será manejado. É uma situação delicada, como disse a vocês. Temos de lidar com duas coisas diferentes. Por um lado, não podemos negar o direito de um cidadão voltar ao seu país. Por outro, o regresso de Aristide talvez não seja politicamente conveniente, pelo menos em curto e médio prazos. Então, a maneira de lidar com esses fatos é delicada, deverá ser trabalhada. O que ouço dizer é que o ex-presidente Aristide está muito bem entrosado onde ele está no momento. Talvez não seja um problema tão grave. Isso é uma questão que vai ser vista; ainda é uma das questões mais complexas com as quais teremos de lidar...[16]

---

16 Interrompi a palestra para participar da conferência telefônica com os ministros do Grupo de Contato sobre o Haiti. Poderia dizer que, de certa forma, a aula ocorreu em tempo real.

3

"O PERIGO DE FICARMOS SÓ VOLTADOS PARA O IDEAL É A IRRELEVÂNCIA. O DE ESTARMOS TOTALMENTE VOLTADOS PARA O REALISMO É A INAÇÃO"

Conceitos e ações da política externa do governo do presidente Lula.
4 de agosto de 2006[1]

A carreira é feita de altos e baixos, como a própria vida é feita de altos e baixos. Diria que, mesmo nas situações mais difíceis — e a geração de que faço parte viveu momentos muito difíceis —, sempre há algo a contribuir para melhorar nossa política externa, torná-la mais voltada para o desenvolvimento do Brasil, mais voltada para a paz e a justiça no mundo.

Nada semelhante àquilo por que passamos ocorrerá com vocês. No período do governo militar, vivemos momentos de enorme dificuldade. Depois, tivemos a felicidade de assistir a volta da democracia. Participamos de governos com os quais concordamos em maior ou menor grau, o que é natural. Mas sempre pudemos dar, de alguma forma, a nossa contribuição. Isso é algo que eu gostaria que vocês tivessem sempre em mente.

Queria fazer uma saudação inicial: sejam bem-vindos a esta carreira, que oferece o privilégio único de trabalhar em setores tão

---

1 Aula inaugural para a Turma 2006-2008 do IRBr.

importantes para o nosso país — e também para o mundo. Não vejo nisso nenhuma megalomania, especialmente neste momento em que existe uma ampla percepção de que o papel do Brasil no mundo está crescendo. Vejo essa percepção, digamos, de fora para dentro — dos outros países em relação ao Brasil — e também aqui dentro.

Anteontem, estive no Senado para falar sobre dois temas em que deverei me concentrar hoje: Oriente Médio e OMC. Lá, notei, para minha satisfação, certa cobrança de que o Brasil deveria fazer mais ainda na questão do Líbano — não tanto em relação aos brasileiros, porque houve até muito reconhecimento pelo que conseguimos organizar.[2]

Eu acho isso positivo porque, no passado, o que se ouvia frequentemente, mais dentro do que fora do país, quando o Brasil se manifestava sobre um tema como esse do Oriente Médio, ou se envolvia em outra questão como a do Haiti, era "mas por que o Brasil está se metendo nisso?". Vários setores da sociedade brasileira ficavam se questionando se caberia realmente uma ação nossa. Por isso, fiquei até satisfeito de ouvir uma cobrança no sentido de que o Brasil deve "se meter" ainda mais. Isso revela que há um amadurecimento também da sociedade brasileira, que está relacionado com a percepção que a sociedade tem do mundo e a percepção que o mundo tem em relação ao Brasil: de que devemos ter um envolvimento maior não só nos temas regionais, mas também nas questões globais.

---

2 Na sequência de ataques do Hezbolah contra Israel, o governo israelense empreendeu uma campanha de bombardeios do território libanês, de julho a agosto de 2006. Como o Líbano tem uma grande comunidade de brasileiros, os inocentes mortos ou feridos na conflagração armada tinham, para nós, um significado particularmente dolorido, o que suscitou a obrigação de proteção de nossos nacionais (sete dos quais foram vitimados fatalmente). A operação de retirada que realizamos trouxe ao Brasil três mil brasileiros. O embaixador Everton Vieira Vargas, então chefe de gabinete do secretário-geral das Relações Exteriores, foi o responsável pela coordenação do resgate.

Também é motivo de muita alegria receber cem novos alunos. Isso foi um gesto de coragem do diretor do Instituto Rio Branco e de toda a administração do Itamaraty, porque há, em relação ao próprio Instituto e à diplomacia brasileira, uma visão muitas vezes restritiva, que frequentemente nos deixou incapazes de desempenhar plenamente as nossas funções. Essa reforma, que se realizará ao longo de quatro anos — e me refiro efetivamente ao aumento dos quadros —, vai permitir ao Brasil e ao Itamaraty começar a tratar como deve de todos os assuntos, sem exigências absurdas sobre os poucos diplomatas que temos em cada um dos setores da Secretaria de Estado e mesmo no exterior. Estamos dando um salto qualitativo, que corresponde a uma expansão muito grande da nossa presença internacional e que reflete o reconhecimento dessas necessidades pelo presidente Lula.

Não quero dizer que tudo ocorreu nos últimos quatro anos. Essa ampliação da presença do Brasil no mundo é um processo histórico, vem de longe. Houve, naturalmente, momentos de maior expansão, de relativa retração. Mas, digamos, ao longo do tempo, não só os temas internacionais se tornaram mais presentes como também os temas nacionais se tornaram mais internacionais. Essa divisão foi se tornando menos clara. E aquelas áreas em que a nossa atenção direta era requerida também foram se multiplicando.

Mas, sem dúvida, houve uma intensificação muito grande da nossa presença internacional nesses últimos quatro anos. Isso se espelha em coisas mais ou menos prosaicas, como cifras de comércio. Essa maior presença internacional se expressa no aumento significativo — que não dependeu de nós — do número de brasileiros no exterior. E é ilustrada pela frequência de visitantes estrangeiros ao Brasil: chefes de Estado e de governo, ministros.

Neste governo, multiplicamos as iniciativas, por exemplo, em relação à integração sul-americana. Eu costumava, já depois do segundo ano de governo, e para evitar comparações com outros ministros ou com outros períodos, comparar a gestão atual com o período em que fui ministro no governo do presidente Itamar Franco. Na época, houve um trabalho importante, intenso. Mas, naquela ocasião, em pouco mais de um ano e meio, não fui nenhuma vez ao Peru, não fui nenhuma vez ao Equador. É claro que, com Argentina, Uruguai e Paraguai, o contato já era mais intenso. E, hoje, tendo como base de comparação apenas os primeiros anos de governo do presidente Lula, estive seis vezes no Peru, seis ou sete vezes no Equador. São meros indicadores, mas revelam um empenho da diplomacia brasileira. O presidente Lula recebeu todos os presidentes da América do Sul e visitou todos os países da América do Sul em um período de dois anos. Além disso, participou de uma reunião dos presidentes e primeiros-ministros do Caribe, de reunião com presidentes da América Central. Isso para falar só da nossa região e da intensidade que as relações aqui ganharam.

É claro que isso teria pouco valor se não tivesse resultado em nada prático. Mas resultou na criação, entre outras coisas, de uma área de livre comércio na América do Sul. Quando se fez o Acordo Comunidade Andina-Mercosul se criou, na prática, uma área de livre comércio da América do Sul.[3]

Isso não se faz sem esforço, sem trabalho, sem mobilização, sem convicção. Para viajar seis vezes ao Peru ou sete vezes ao Equador, é preciso, além de combustível, passagem aérea e tudo mais, de convicção. Convicção, porque as dificuldades são muitas, e elas aumentam a cada momento.

Na primeira vez que fui ao Chile nesta gestão, nosso embaixador me advertiu para ater-me a temas bilaterais. Bem, dois anos depois, o Chile era um dos mais entusiásticos defensores dessa integração sul-americana. Aliás, vai ser lá a Reunião Ministerial da Co-

---

3 Ver, a propósito, a conversa "Vocês se preparem, porque a política externa brasileira tomou novos rumos", p. 17 supra.

munidade Sul-americana. Isso é apenas um exemplo. Muitas vezes a política se faz com um misto de análise da realidade e de vontade. Se exagerar demais a vontade, você cai na irrelevância, mas se exagerar demais a dimensão da realidade e não levar em conta o desejo — não o desejo pessoal, mas o desejo verdadeiro, fundamentado, político de realizar —, você acaba não fazendo nada.

Quando fizemos aqui (e estamos tentando fazer outra) a Reunião do G-20 em dezembro de 2003,[4] pouco depois da reunião da OMC em Cancún, ouvi, de muitos colegas, colaboradores e de pessoas a quem prezo, frequentes expressões de ceticismo: "Nós não vamos conseguir, a pressão dos Estados Unidos sobre os países latino-americanos é muito forte, as distâncias são enormes". Fizemos a reunião, e ela hoje é vista como um marco na retomada do processo negociador da OMC. É claro que a análise da realidade é sempre fundamental, porque caso contrário, cai-se na irrelevância. Não adianta traçar um plano para o que desejaria que fosse o mundo e achar que, do meu gabinete, apesar de todo o apoio do presidente da República, será possível realizar o que sonhei. Não é assim que funciona: é preciso ver a realidade a cada passo. Atuamos sempre em relação à realidade. Traçar um ideal é necessário para ter uma referência. Todos nós devemos ter nossas utopias, mas também devemos sempre ver a dimensão da realidade. Mas não podemos cair no extremo oposto. O perigo de ficarmos só voltados para o ideal é a irrelevância; e o perigo de estarmos totalmente voltados para o realismo — ou o assim chamado realismo — é a inação.

Temos que encontrar um equilíbrio todos os dias. Volto aqui à dimensão política do trabalho do diplomata: todos os dias vemos situações que nos animam e que nos desanimam. As metáforas fu-

---

4 Referências ao G-20 aparecem em várias das conversas. O processo de preparação da reunião aqui mencionada está descrito com mais detalhes na conversa "Confesso que negociei", p. 359 infra.

tebolísticas andaram um pouco em moda (agora, depois da Copa do Mundo, estão um pouco menos). Eu gostava muito de usar uma imagem do Ronaldo — não o Ronaldo de agora, mas o da Copa de 2002, que, às vezes, joga só com classe e, às vezes, quando necessário, "tromba" com o adversário. Você não pode desistir na primeira, precisa continuar. Essa capacidade de olhar essas duas dimensões, que, aliás, é válida para qualquer política, é muito verdadeira na política externa. É algo que devemos sempre preservar.

Nós ampliamos muito a nossa ação na integração sul-americana e a nossa ação na OMC. Mas em outras áreas também. Por exemplo, o Brasil abriu ou reabriu cerca de dez embaixadas na África.[5] Há poucos dias, eu estava em um evento no Rio de Janeiro em que houve uma pergunta — creio que até bem-intencionada — de por que o Brasil está se voltando para a África. Frequentemente, ainda leio esse tipo de questionamento. Primeiro, acho que é uma falta de sensibilidade em relação ao que é o Brasil. Segundo, é uma falta de sensibilidade para as dimensões que vão além do comércio na política internacional. Em terceiro lugar, até do ponto de vista comercial, tem sido bom. Mas, então, pode-se dizer, o que o Brasil recriou com a África, o Brasil sempre teve: não é invenção deste governo. O Brasil sempre teve uma relação positiva, sempre atuou de maneira positiva e criativa em relação à África. Eu fui embaixador na ONU, mas mesmo antes, em outro governo e também antes disso, o Brasil sempre teve, talvez com raros momentos em que houve desvios, uma atitude positiva. Mas o que não havia há algum tempo era um esforço real de aproximação, de passar do conceito à prática. E, hoje,

---

5 Até o final do governo Lula foram abertas ou reabertas várias embaixadas no continente africano, perfazendo o total de 34 missões diplomáticas brasileiras. Esse movimento foi acompanhado quase simetricamente pela abertura de embaixadas de países africanos no Brasil.

temos uma agenda muito intensa com a África, o que, naturalmente, multiplica também as necessidades.

Vejamos a Cúpula América do Sul-Países Árabes. Meus colaboradores, que convivem comigo, sabem que eu gostaria de poder dedicar mais atenção a esse mecanismo. Acho que ele tem a capacidade de mudar efetivamente a percepção que as pessoas têm do mundo. Eu disse, à época da Primeira Cúpula, talvez com um pouco de exagero, que essa iniciativa era "um movimento de placas tectônicas na política internacional". Temos sempre de trabalhar com ideias novas. E de estar preparados para enfrentar a incapacidade de muitas pessoas e de setores da opinião pública de ver coisas novas.

Em uma das primeiras visitas que fiz ao Egito, para tratar desse tema já depois da visita do presidente Lula em dezembro de 2003, fiz uma referência à Cúpula. Uma jornalista egípcia me perguntou: "Para que serve a Cúpula América do Sul-Países Árabes?". Respondi que era importante para o comércio, expliquei também um pouco as ligações não só do Brasil, mas de toda a América do Sul, com o mundo árabe; enfim, falei sobre várias coisas que são mais ou menos óbvias.

Levamos aproximadamente um ano e meio na preparação dessa Cúpula. A embaixadora Vera Pedrosa teve que viajar pelo mundo todo. O embaixador Ouro-Preto também. Eu mesmo visitei dez países árabes em dez dias. Na última dessas reuniões preparatórias da Cúpula Aspa — uma reunião ministerial em Marrakesh (houve várias reuniões preparatórias, inclusive entre altos funcionários) —, a mesma jornalista veio me entrevistar e me perguntou: "Por que não houve uma cúpula dessas antes?". É interessante como uma ideia captura a mente das pessoas, desde que se trabalhe essa ideia com afinco e desde que a ideia tenha uma razão de ser. Não adianta ter ideias absurdas. Agora, quando se tem a convicção de que a ideia tem uma razão de ser — seja a integração sul-americana, seja a aproximação com a África, seja a relação entre a América do Sul e os países árabes — sempre há uma possibilidade de convencimento.

Apenas para ilustrar como a política externa brasileira multiplicou seus eixos — eu não diria *mudou* de eixos, mas *multiplicou* seus eixos —, menciono outra iniciativa: o chamado Ibas — o Fórum Índia-Brasil-África do Sul —, cuja primeira cúpula vai se realizar em setembro, aqui no Brasil. O Ibas é um fórum que reúne três grandes democracias — não são as únicas, é claro —, mas certamente são três grandes democracias, em três continentes do mundo em desenvolvimento. Esses países têm até uma vinculação histórica, já que, de alguma maneira, os três estão ligados às viagens lusitanas pela África para atingir as Índias, passando pelo Brasil. Há uma relação natural entre esses países, que estamos buscando reavivar, valorizando esses elementos comuns, sobretudo o fato de sermos três grandes países, três democracias vibrantes, influentes em suas regiões e no mundo. Somos também três sociedades multiétnicas, com problemas não totalmente resolvidos, mas todas enfrentando suas dificuldades com determinação e através do diálogo.

Essa afinidade, que existia potencialmente e era apenas vislumbrada nos foros internacionais, não era plenamente explorada. Brasil e Índia cooperam, há muitos anos, nos mais variados foros. Mais recentemente, a África do Sul também tem cooperado conosco. A África do Sul faz parte com o Brasil, por exemplo, da Nova Agenda para o desarmamento[6] do G-20. Mas o fato é que essa afinidade, que existia em potencial, não tinha se tornado algo operativo. E agora, em setembro, vamos ter a primeira cúpula do Ibas.

Essas ações e iniciativas também resultam em outras expectativas em relação ao Brasil. O Brasil foi convidado, nos últimos quatro anos, para três reuniões do G-8 com outros países em

---

6 A Coalizão da Nova Agenda foi formada em 1998 por África do Sul, Brasil, Egito, Irlanda, México, Nova Zelândia e Suécia, para tentar corrigir o desequilíbrio na aplicação das normas de não proliferação e de desarmamento do TNP, cuja vigência fora prorrogada indefinidamente três anos antes.

desenvolvimento.[7] Os formatos variam um pouco, mas o Brasil sempre esteve presente. O Brasil também tem sido escolhido, às vezes até por alguns ministros do Exterior, como o primeiro país a ser visitado. Recentemente, recebi a secretária do *Foreign Office* britânico, Margaret Beckett, que fez no Brasil sua primeira visita bilateral. Não foi nem sequer a um país europeu, nem aos Estados Unidos: a primeira visita bilateral dela foi ao Brasil, e ela fez questão de dizê-lo.

O medo é um componente que está em nossa alma e é sempre incentivado por interesses específicos. Se não tomarmos cuidado, somos tomados pelo medo. Havia muito medo de que a nossa iniciativa da Cúpula América do Sul-Países Árabes fosse nos afastar, por exemplo, de Israel, país com o qual temos boas relações. É claro que criticamos as ações que têm sido tomadas agora — por exemplo, os ataques ao sul do Líbano —, como condenamos também as ações de terrorismo de alguns movimentos árabes radicais. Criticamos muito a reação desproporcional de Israel, mas temos e desejamos ter boas relações com Israel, por muitos motivos.

Em que pese a esse medo infundado a que me referi, cerca de três meses depois da cúpula, eu fui a Israel e fui muito bem recebido. Estive com Ariel Sharon por longo tempo. Foi, aliás, um momento bastante positivo de nosso relacionamento bilateral. Tomamos vá-

---

7   O Grupo dos 8 deriva do Grupo dos 7, formado em 1975 por Alemanha, Canadá, EUA, França, Itália, Japão e Reino Unido. Após o fim da União Soviética, esse grupo de potências industriais incorporou a Rússia às suas reuniões de cúpula — mas não às de coordenação econômica —, criando o G-8. Em conversa bilateral com o presidente Lula, à margem do encontro dos Bric em Ecaterimburgo, em junho de 2009, o presidente Dmitri Medvedev explicitamente se referiu ao fato de a Rússia ter sido convidada ao G-8 em razão de seu arsenal nuclear. Seja como for, na Cúpula de Pittsburgh, em setembro de 2009, o Grupo dos 20, composto dos membros do G-8 mais África do Sul, Arábia Saudita, Argentina, Austrália, Brasil, China, Coreia do Sul, Índia, Indonésia, México e Turquia, além da União Europeia, foi reconhecido como principal foro de gestão da economia mundial.

rias iniciativas no campo do comércio, da cooperação tecnológica. Não há que ter medo de tomar iniciativa: se nosso propósito for justo, as pessoas acabarão percebendo.

O Brasil tem sido convidado para foros de que antes não participava. Por exemplo, houve recentemente uma conferência sobre a reconstrução do Iraque e o Brasil foi o único país da América Latina a ser convidado, salvo um que tinha contribuído com tropas, e que tampouco apareceu. Nós não tínhamos contribuído com tropas, condenamos a guerra — todos sabem — e fomos chamados para uma conferência organizada pelo secretário-geral da ONU, junto com os Estados Unidos e outros países. A mesma coisa ocorreu em relação ao Afeganistão. Quer dizer: há também uma crescente solicitação em relação ao Brasil. E o Brasil não pode se furtar dessa atuação internacional. Infelizmente, ainda é comum ouvirmos: "Mas será que o Brasil tem capacidade, será que o Brasil pode?".

Vou me permitir uma pequena digressão. Todos vocês em algum momento receberão convites para cargos que suscitarão a seguinte pergunta: "Mas será que eu estou capacitado?". Você pode ter certeza de que, se for convidado, é porque estará capacitado. Você pode não saber, mas a pessoa que fez o convite sabe. Então, quando há essa solicitação crescente em relação ao Brasil, é porque há uma expectativa de que nós possamos realmente ajudar e contribuir, por nossa formação, por nosso tamanho, por nossas potencialidades. E nós podemos!

Ao se envolver mais profundamente na questão do Líbano, o Brasil não está lá para defender um interesse em poço de petróleo, ou para obter uma vantagem comercial. Temos naturalmente interesse no Líbano de forma particular e no Oriente Médio de forma mais ampla, por razões várias, ligadas à própria formação de nossa população, mas queremos também contribuir para a paz, na medida em que for possível.

Isso tudo explica por que é importante a reforma, por que o Itamaraty tem que estar equipado, por que vocês sempre têm que se interessar e continuar se interessando por política (no sentido mais amplo da palavra). Em qualquer que seja a função que vocês estejam, não podem pensar que estão apenas resolvendo uma questão estritamente financeira, estritamente pessoal ou estritamente administrativa. Tudo o que se faz no Itamaraty é e deve ser político.

Queria fazer dois ou três comentários breves sobre o mundo que vocês vão encontrar. Acho que se espera isso de um ministro das Relações Exteriores.

Primeiro, a própria integração da América do Sul. Isso certamente vai tomar muito tempo de todos os jovens diplomatas. A construção da América do Sul — América Latina e Caribe, em um sentido mais amplo, mas América do Sul mais imediatamente — é uma tarefa permanente. Certa vez um jornalista me perguntou: "Por que o Brasil se interessa tanto pela América do Sul?". E eu disse: "Porque moramos aqui! Se eu morasse na Europa, me interessaria pela Europa. Se eu morasse no Copacabana Palace, me interessaria pelo Copacabana Palace, mas como moro (não é o caso hoje, mas foi da outra vez em que eu era ministro) na SQS 104, tenho que me interessar pelos problemas da SQS 104". O que acontece no meu vizinho me afeta. Sem falar na solidariedade, nos outros ideais. Portanto, a América do Sul, para nós, é fundamental. Quando as pessoas perguntam "por que esse interesse todo pelo Paraguai, pela Bolívia?". A resposta é simples: porque o que acontece neles nos afeta.

A integração da América do Sul, a construção de uma realidade sul-americana, que nem sequer era falada com esse nome, vai certamente absorver boa parte do tempo de vocês. O termo "América do Sul" aparecia esporadicamente. E, hoje, eu o ouço cada vez mais. Cheguei a pedir ao embaixador Ricardo Neiva Tavares, da minha assessoria de imprensa, que fizesse uma estatística de como a expressão "América do Sul" aparecia em 2003 e hoje. E verifiquei que ela praticamente dobrou nos jornais.

Em certa ocasião, a diretora do Conselho das Américas,[8] Susan Segal, em visita a Brasília, me disse: "Queremos acompanhar de perto e queremos apoiar o Brasil, a Argentina". Ela estava indo também à Argentina e, creio eu, ao Uruguai. Ela queria apoiar o Brasil e a Argentina nesse esforço da integração sul-americana, porque há uma percepção de que essa integração é importante para nosso desenvolvimento, mas também para a estabilidade da região e o fortalecimento da democracia na região, e para o fortalecimento da paz.

As pessoas, às vezes, me perguntam coisas como "e a Venezuela?". Eu penso que o governo da Venezuela tem muitas coisas positivas, sobretudo na área social. Acho que o convívio serve de ensinamento, serve para troca de experiências. A pretensão ao isolamento, mesmo que justificável — e não é —, é impossível de realizar. As fronteiras da Bolívia com o Brasil não serão simplesmente apagadas. Então, temos que trabalhar o melhor possível, o mais intensamente possível, fazendo valer o nosso ponto de vista, mas sem arrogância, sem imposição.

As pessoas às vezes perguntam: "Mas o Brasil não está preocupado que a Venezuela esteja liderando a região?". Não temos essa preocupação, sinceramente. Acho que temos que trabalhar por objetivos, e os nossos objetivos são de construir uma região realmente forte e independente. No momento atual, vemos essa preocupação com governos considerados de esquerda — alguns mais, outros menos. A integração é que pode nos dar maior equilíbrio, ajudar a resolver nossos problemas econômicos e sociais.

No mundo de hoje, vamos ser realistas, até um país como o Brasil não é suficientemente grande. Isso parece contradizer tudo o que eu

---

8 Entidade norte-americana dedicada ao estudo das relações hemisféricas.

disse antes, mas não é assim, se pensarmos em termos econômicos e comerciais. O Brasil — é claro — tem um peso, caso contrário não teria a participação que tem em vários foros internacionais. Mas, apesar de esse peso ser grande e de ser reconhecido como tal, o país talvez não seja suficiente para as negociações presentes e futuras. Então, é por isso que, entre outras razões, temos procurado reforçar e expandir o Mercosul. Sabemos que, a curto prazo, um Mercosul que abranja toda a América do Sul não é um objetivo viável. Mas, se não pudermos realizar uma integração mais profunda em curto e médio prazo de todos os países sul-americanos, vamos fazê-la, como diziam os europeus, em "duas velocidades": a integração da Comunidade Sul-americana, até onde ela possa ir, e a integração mais profunda, a do Mercosul.

Não é um caminho sem percalços, mas é um caminho que não tem volta. E acho que será uma grande ilusão de qualquer país da América do Sul procurar se dissociar desse processo, porque os países que agirem assim terão uma posição negociadora muito inferiorizada no cenário internacional — se é que eles serão notados, porque a dura realidade do comércio internacional é essa. Obviamente, atrai-se muito mais a atenção da União Europeia ou dos Estados Unidos estando junto com o Mercosul do que isoladamente. Vocês podem se perguntar: "Mas como é que existem os acordos isolados?". Existem, porque, obviamente, quando há uma negociação isolada, o acordo passa a ser quase um contrato de adesão — quer dizer, o país menor, ou menos desenvolvido, assina na linha pontilhada e a margem de negociação é muito mais limitada.

Para concluir, a integração na América do Sul é algo muito importante. A integração é inevitável. A questão é saber que integração vamos ter, se será a integração pelo contrabando, pelo crime organizado, pela insurreição, ou se será a integração pelo comércio, pelo desenvolvimento, pela tecnologia, pela cultura. Então, nossa opção não é integração ou não integração, é *qual* integração. Essa é a opção que temos feito e que tem levado a essas atividades todas que mencionei. Vocês trabalharão muito nisso, terão muitas alegrias e muitas frustrações, mas isso é parte do mundo cujos problemas vocês enfrentarão. Os problemas de cada um dos países nos dirá respeito diretamente. Não podemos nem devemos evitar.

Relendo as notas que meu assessor Eugênio Vargas Garcia fez a meu pedido, percebi que tinha um pontinho em que discordei dele — ele vai me permitir falar, porque quero aproveitar isso como gancho para comentar a crise do multilateralismo. Eugênio colocou lá no roteiro o multilateralismo como uma "aspiração" do Brasil. Acho que não é bem uma *aspiração*: é um *meio*. A paz, a justiça, o desenvolvimento, essa melhora do mundo são aspirações. Agora, o multilateralismo — e aí sim estou de pleno acordo — é o único meio, no plano global, para realizar esses ideais. É claro que há várias ações independentes que cada país poderá tomar. O presidente Lula já disse sobre isso em seus discursos: o multilateralismo está para a paz no mundo, para o desenvolvimento no mundo, para a justiça no mundo, como a democracia está para esses objetivos no plano interno.

É claro que o multilateralismo está longe de representar uma democracia em escala internacional. Nós sabemos das desigualdades e das assimetrias que existem nos processos decisórios, mas bem ou mal o multilateralismo é o que nos permite nos aproximar de algo parecido com a democracia. É um caminho mais difícil para alcançar os objetivos do que certos atalhos, mas é um caminho muito mais seguro, da mesma maneira que a democracia internamente também, às vezes, é um caminho mais longo.

Antigamente, um tecnocrata podia resolver determinada coisa e passava a valer. Hoje não, há todo um processo longo, às vezes frustrante para quem está no Executivo — tem toda a demora do Legislativo —, mas é um caminho necessário. Porque é o preço que você paga para que as ações tenham profundidade e enraizamento social. Com o multilateralismo, é a mesma coisa. Uma ação do Conselho de Segurança não tem só a legitimidade e a legalidade, mas é, no fundo, mais eficaz. Porque ela tem o apoio da comunidade internacional, tem pelo menos o potencial e a necessidade do apoio da comunidade internacional, enquanto as ações unilaterais não.

Mas por que estou falando aqui de multilateralismo? Porque acho que isso é, digamos, um *leitmotiv* que percorre as nossas ações, seja na área do meio ambiente, seja no comércio, seja, mais estritamente, no âmbito das Nações Unidas, da paz e da segurança internacionais. Estou mencionando isso porque vivemos duas grandes ameaças ao sistema multilateral: uma no plano político e outra no plano econômico.

No plano político, é a crise no Oriente Médio. É patente a dificuldade que a ONU tem tido em agir no caso do Líbano. Mesmo quando vier a agir, ela já terá deixado de cumprir sua função durante um período longo. Como é que se pode assistir à matança de civis e crianças que está se vendo, dos dois lados, mas com grande desproporção? E a ONU permanece inerte. A ONU, naturalmente, não responde àquilo que o secretário-geral deseja. Ontem à noite conversei com o secretário-geral Kofi Annan para levar mais uma vez nosso apoio; dizer que o presidente Lula lhe estava mandando uma carta nesse sentido. Ele ficou muito contente. Sou muito cuidadoso em ser breve quando falo com pessoas que ocupam posições mais elevadas. Aliás, é uma preocupação que vocês devem ter sempre, porque é talvez o principal segredo para conquistarem a atenção dos chefes: não os cansarem com o excesso de observações. Então, procurei ser rápido, mas senti que Kofi Annan estava se estendendo; era um assunto que o estava tocando profundamente e ele várias vezes repetiu nessa conversa telefônica: *"We have to stop the killing, we have to stop the killing"*.[9]

---

9 "Temos que parar a matança, temos que parar a matança."

Isso tinha uma tradução prática referente às Nações Unidas, que é a separação em duas da resolução que está sendo discutida pelo Conselho de Segurança: uma só para a cessação de hostilidades e outra, depois, para tratar da paz mais duradoura e da força de paz. Havia uma sequência a ser observada. O que via no secretário-geral era já a frustração pelo fato de a ONU não ter sido capaz de agir rapidamente. E isso se deve, em parte, ao fato de que o processo de decisão da ONU é ainda o herdado de 1945.

Diria até que esse processo fez sentido, sob alguns aspectos, não só na questão do número de membros permanentes, mas também, em certa medida, na do próprio veto. Acho que, em plena Guerra Fria, seria impensável ter uma situação em que não houvesse o veto. Porque se o Conselho de Segurança da ONU tomasse uma decisão, por exemplo, contra a União Soviética, uma de duas coisas poderia acontecer: ou a decisão não seria aplicada — o que seria uma maneira de desacreditar a ONU —, ou levaria a uma guerra mundial. O veto tinha, de certa maneira, alguma justificação. Hoje, acho que tem cada vez menos. É claro que nós também — e volta-se a dimensão do realismo — sabemos que não vamos poder acabar com o veto imediatamente. O que podemos esperar é certa moderação, certa limitação, se não *jurídica*, pelo menos *política*, no uso do veto.

Até compreendo — ainda que não concorde — que o veto possa ser usado, se houver determinada ação que seja vista como ameaça direta a um país. Raciocinando aqui de forma meio absurda, vamos dizer que houvesse uma decisão do Conselho de Segurança de invadir, por exemplo, a Coreia do Norte, com o objetivo de parar seu programa nuclear. Nessa situação puramente hipotética, imagino que a China usaria o direito de veto para evitar — e seria até normal que o fizesse — um conflito ou uma consequência imediata à sua própria segurança. Mas o veto é usado, hoje, até em relação a resoluções declaratórias, que não têm consequências práticas imediatas. Isso é, por assim dizer, uma distorção do propósito original do veto.

Todos já conhecem nossa posição em relação à composição do Conselho e à necessidade de incorporação de novos membros permanentes. Há uma crescente convergência para a necessidade de países em desenvolvimento, que tenham uma capacidade de ação regional e global, estejam representados de maneira permanente no Conselho de Segurança — sem prejuízo da presença dos demais, que, naturalmente, vai continuar a existir. E também para ser realista, a presença desses países emergentes se fará seguramente sem o direito de veto, e isso até pode ser uma inspiração para o futuro.

Estamos vendo o sistema multilateral em xeque. Estamos vendo a incapacidade das Nações Unidas de agir em uma situação tão grave como essa do Oriente Médio — sobretudo a do Líbano —, em que quase todos os princípios da Carta estão sendo violados. Procuro evitar grandes afirmações de natureza jurídica ao falar em público. Ontem, até ouvi um diretor da Cruz Vermelha dizer que: "O direito humanitário está sendo violado". Não vou entrar nesse mérito. Quero que a situação se resolva, que o corredor humanitário seja aberto. Agora, não há dúvida: quando a integridade territorial de um Estado é violada, quando verificamos a morte de civis em tal proporção — e, com isso, não estou justificando o terrorismo, porque atos de terrorismo são igualmente condenáveis, venham de onde vier —, precisamos condenar. E acho muito grave que alguns países aleguem que a ONU é incapaz de agir porque antes é necessária uma solução estrutural para o conflito.

Hoje, certamente, não podemos ter uma influência decisiva, embora procuremos ter alguma, pela persuasão. Havíamos tentado usar a persuasão no caso do Iraque, mas não fomos bem-sucedidos. Mas cada vez mais o Brasil será chamado a se pronunciar sobre esses temas.

Vocês têm que estar permanentemente se ocupando desses temas e também prontos a agir. Fui a Adana, na Turquia, para ver de perto a situação daquelas famílias que estavam se refugiando do conflito no Líbano. É impossível não se emocionar diante dessas situações. Eu e a ministra Maria Nazareth — minha chefe de gabinete — vimos famílias que foram divididas: a mulher e cinco filhos haviam partido para Adana e o marido ficou para trás. Mas também não deixaram de ser emocionantes os agradecimentos calorosos que recebemos. Uma senhora, por exemplo, veio me dizer: "É a terceira guerra da qual eu fujo, mas é a primeira em que tenho o apoio do governo brasileiro".

Costumo dizer que a coisa que mais emociona — talvez porque seja rara — é a gratidão. Nesse caso, gratidão não a uma pessoa, mas ao governo e à sociedade brasileira, que estavam fazendo aquilo que deveria ser feito. Essa crise do Líbano também nos ajuda a ver que tudo o que se passa no mundo nos diz respeito. Nesse caso específico, é até óbvio, uma vez que temos algo como dez milhões de descendentes libaneses no Brasil; temos também uma importante comunidade judaica. E muitos brasileiros vivem no Líbano.

Mas volto aqui à época em que eu dava aula de teoria política na UnB, durante o regime militar. Havia uma pergunta latente no ar: "Afinal, qual o interesse que temos na política?". E minha resposta, parafraseando, sem o saber, o historiador e filósofo da história Arnold Toynbee,[10] é a seguinte: "Você pode não se interessar pela política, mas a política — cedo ou tarde — vai se interessar por você".

No caso do Líbano, foi a política internacional que se interessou por nós. Independentemente do que achávamos, ela nos tocou, nos atingiu, nos feriu. É por isso que devemos estar presentes em todas as áreas. Um dos aspectos graves da crise do multilateralismo está se revelando hoje nessa crise do Líbano. Havia se revelado também na crise do Iraque. Mas nesta atual talvez seja até mais chocante —

---

10 A frase original de Toynbee, como vim a aprender com um jovem colaborador, é: "O maior castigo daqueles que não se interessam pela política é ser governado por aqueles que se interessam".

não sei se do ponto de vista jurídico ela é mais ou menos importante do que a outra. No caso do Líbano, o que se nota é uma inação. Já no Iraque, houve uma ação errada, condenável sob vários pontos de vista, mas passível de interpretações.

Outra crise que estamos vivendo é a da OMC. De acordo com o roteiro do Eugênio, as duas organizações mais importantes do sistema multilateral seriam a ONU e a OMC. Em um primeiro momento, tive até dúvidas. E olhem que fui duas vezes embaixador da OMC! E, ainda assim, pensei: "Será que posso dizer isso?". Colocar em segundo plano o Banco Mundial e o FMI. Mas acho que a avaliação do Eugênio está mesmo correta, porque, no fundo, são os dois organismos mais importantes. Não é que o Banco Mundial ou o FMI não sejam importantes. Mas o processo decisório nesses órgãos é totalmente concentrado, está longe de ser multilateral.[11] Eu diria mesmo que a verdadeira solução para os países pobres está mais na OMC do que no Banco Mundial, porque, por meio de um comércio mais justo e mais aberto, que reconheça também as assimetrias entre os países e as necessidades dos mais pobres, os países em desenvolvimento podem realmente promover as condições para seu crescimento econômico e sua justiça social.

O presidente Lula citou uma cifra impressionante em seu discurso na última reunião do G-8: enquanto o apoio distorcivo dos países desenvolvidos à produção agrícola chega a US$ 1 bilhão por dia, 900 milhões de pessoas da área rural do mundo em desenvolvimento vivem com menos de US$ 1 por dia. Não estou sugerindo que haja uma correlação exata entre esses fatos, mas esses números são chocantes. Na medida em que a Rodada Doha ajude a tornar o comércio internacional mais justo, a OMC talvez seja o órgão de maior importância na área econômica.

---

11 Essa situação foi modificada, em alguma medida, após a crise financeira de 2008, com a redistribuição, ainda que limitada, das cotas do Fundo e do Banco.

O sistema multilateral de comércio está ameaçado pela intransigência de uns e também porque os países ainda olham somente para seus interesses. E isso pode parecer natural. Afinal o comércio não é um lugar onde se pratica caridade. O Gatt tinha uma lógica exclusiva do interesse comercial, com a tendência de predominarem sempre os interesses dos mais fortes sobre os mais fracos. Assim foi, desde a sua criação até a Rodada Uruguai: a lógica que presidiu as negociações foi essa.

Hoje, até os países ricos foram obrigados a reconhecer que a dimensão do desenvolvimento tem que estar presente no comércio e, por isso, o processo negociador lançado na OMC, em 2001, foi chamado de Agenda de Desenvolvimento de Doha. Se era mera hipocrisia ou se era atitude real, eu não saberia dizer, mas parafraseando La Rochefoucauld, "a hipocrisia é o primeiro passo para a virtude". Então, quando se diz que a Rodada é de desenvolvimento, de certa maneira já houve alguma concessão, pelo menos no terreno conceitual. Não é mais possível dizer: "Basta abrir tudo que aí ficará bom para vocês; abram o seu mercado de serviços; abram seu mercado de produtos industriais, nós vamos continuar com nossos subsídios, mas tudo será melhor". Hoje, não dá mais para proceder dessa maneira.

Nossa batalha, nesses últimos anos, tem sido fazer com que essa mudança conceitual — admitida na teoria — possa se refletir na prática. E isso não é simples. É um esforço permanente. É um esforço que tem que combinar a dimensão do que é justo, do que deveria ocorrer e do que é razoável. Gostaria muito, por exemplo, que se eliminassem todos os subsídios, mas isso não vai acontecer neste momento.

Já conseguimos algo muito importante: quando essa Rodada terminar, os subsídios à exportação terão sido eliminados totalmente. Isso terá sido uma vitória indiscutível. Uma vitória em que, em determinado momento, só quem acreditava era o Brasil. Eu digo isso com toda a tranquilidade, porque fomos nós que reintroduzimos esse tema na agenda. Não fomos os únicos a colocar na agenda originalmente, mas tornamos isso uma condição indispensável nas negociações. Uma das razões do impasse em Cancún foi que a eliminação dos subsídios à exportação não estava sendo contemplada. Havia ambiguidades. Foi incorporada no Acordo-Quadro de 2004 como princípio e operacionalizada, pela primeira vez, em Hong Kong. Como se diz em direito — não sou jurista, mas aqui certamente há alguns —, a obrigação tem que ter prazo e sanção. Se não tiver prazo, ela é vazia. Pela primeira vez, agora, temos prazo. Em 2013, os subsídios à exportação têm que acabar. Mas os demais subsídios, nós sabemos, não vamos eliminar totalmente. Mas deverá haver uma redução "significativa".

Estamos vivendo um momento crítico na OMC. E o Brasil tem tido um papel central, que até aumenta nossa responsabilidade nas negociações. O Brasil é visto como um interlocutor que pode trazer soluções. Isso sem aquela mania de dizer que o Brasil é *consensus-builder*, o que pode ser entendido como abandonar nossos interesses. Não, negociamos lutando pelos nossos interesses, mas olhando as coisas de maneira construtiva, positiva, procurando soluções. Ao final da reunião de Genebra, de dez ou quinze dias atrás, o Brasil poderia, como se diz em inglês, ficar *finger-pointing*, simplesmente ficar acusando os culpados.

Não fizemos isso, mas tampouco deixamos de dizer claramente o que tínhamos de dizer: a principal causa do impasse eram os subsídios agrícolas. Todo mundo envolvido em negociações comerciais sabe que a chave para avançar nessa matéria está com os Estados Unidos. Mas evitamos as acusações que apenas criariam dificuldades para o diálogo. Talvez, graças a essa atitude, dias depois, a representante comercial dos Estados Unidos, veio aqui ao Brasil. O Brasil tem tido um papel muito intenso nesse processo.

Com as participações da Índia, Argentina, África do Sul e China, o Brasil criou esse G-20 da OMC. Outro dia me surpreendi quando me trouxeram um livro — acho que foi o filho do Patriota que o viu —, creio que do primeiro ano do *collège* ou fim do *baccalauréat*, algo assim. Era um livro de geografia usado na França, com várias referências ao G-20. Era um livro de geografia; não era um livro sobre negociações comerciais. Mas, como o G-20 havia contribuído para mudar as negociações na OMC de maneira importante e definitiva, o papel do grupo era destacado. Quando o presidente Lula fala de uma "nova geografia comercial", as pessoas, às vezes, acham que é exagero. Mas ele está falando de coisas muito reais, que se expressam na estrutura do nosso comércio exterior. Não vou me alongar nisso, mas há quatro anos o comércio com a América Latina e o Caribe vinha atrás da União Europeia e dos Estados Unidos. Hoje, a região é o primeiro parceiro comercial do Brasil. E, no plano das negociações, criamos um fato que até os livros didáticos estrangeiros já mencionam.

Muitos já não lembram que, quando houve a reunião em Cancún, fomos muito atacados. No Brasil, muitos perguntavam: "Não é muito perigoso?". Fora do Brasil fomos criticadíssimos, embora algumas vozes, sobretudo de ONGs como a Oxfam, tenham se pronunciado elogiosamente sobre nossa luta contra os subsídios. Eu me lembro de um artigo de Bob Zoellick, por quem tenho respeito intelectual e que se tornou bom colega depois. Zoellick, que era o USTR na época, contribuiu muito para o Acordo-Quadro de 2004. É um homem inteligente, tem uma visão ampla. Mas, pouco depois de Cancún, ele escreveu um artigo no *Financial Times* em que dividia os países entre aqueles que queriam e os que não queriam acordo.[12] Na opinião dele, o Brasil era um dos que não queriam. O nome do Brasil aparecia cinco vezes no artigo, uma honra raramente concedida ao Brasil em um artigo de um ministro americano. É

---

12 Zoellick, Robert B. "America will not wait for the won't do countries". *Financial Times*, 22 de setembro de 2003.

claro que de maneira não muito positiva. Bem, hoje nós somos um parceiro indispensável dos Estados Unidos. Em seis meses, recebi dois USTRs no Brasil para tratar da OMC: vieram Robert Portman e agora Susan Schwab.

Isso aumenta nossa responsabilidade. Nós continuaremos a lutar. Não vamos procurar atalhos, não vamos sair por aí fazendo acordos bilaterais que são necessariamente desequilibrados, que não atendem aos nossos objetivos principais na área da eliminação dos subsídios, na melhoria das regras, na defesa do sistema de solução de controvérsias. Eu sempre digo para os céticos sobre a OMC: "Os contenciosos sobre o algodão e o açúcar, que tiveram tanta repercussão, jamais poderiam ter ocorrido no âmbito de uma Alca ou em uma negociação entre o Mercosul e a União Europeia. Isso só ocorre na OMC, porque, com todos os defeitos que possa ter, a OMC — e apesar de ela ter sido criada em condições pouco favoráveis para nós — é um sistema legal, um sistema de normas".

Gosto muito de lidar com jovens e gosto de lidar com jovens irreverentes. Irreverentes até certo ponto, porque considero que fui um jovem assim também. E, outro dia, recebi um grupo formado por várias ONGs e outras entidades — entre elas, a Rebrip, que tem feito parte das nossas delegações à OMC. A representante da Rebrip é uma pessoa cordata, de boa disposição — sentimos quando há boa disposição ou quando não há disposição alguma, que a pessoa só quer colocar seu ponto e acabou-se. Ela fez sua observação, até com bastante simpatia, mas foi algo assim: "Nós estamos chegando a uma posição agora, que é para acabar com a OMC". Respondi: "Olha, para isso, não contem comigo". Digo isso porque leio frequentes críticas: "A OMC foi criada pelo imperialismo". Tudo isso pode ser parte da verdade. A verdade, em história, em ciências sociais, é sempre uma coisa muito complexa. A verdade, ao longo da história, não tem uma dimensão única.

Volto ao paralelo que fiz mais cedo na palestra entre a democracia e o multilateralismo. Quando eu era jovem e irreverente, achava que a democracia formal não tinha nenhuma importância, porque a democracia no Brasil servia apenas para perpetuar privilégios. O poder econômico tinha enorme influência nas eleições. Acabava-se tendo governos que não tinham capacidade ou desejo de fazer as coisas que eram necessárias para o povo brasileiro. Ou, quando tinha o desejo, o governo caía rapidamente. Como minha geração viveu vinte anos de ditadura militar, passei a valorizar muito mais aquelas liberdades formais que antes via com certo desprezo. Percebi que era por meio dessas regras formais que tínhamos de tentar fazer valer os nossos valores. E a mesma coisa se aplica, creio eu, no comércio internacional em relação à OMC.

A OMC é injusta? É injusta, sim. Ela privilegia os interesses — ou a visão — do mundo dos países mais ricos? Privilegia, pois foi feita fundamentalmente por eles. Mas ela oferece um quadro jurídico, dentro do qual operamos. Esse quadro jurídico tem que ser permanentemente reformado. É o que estamos tentando fazer agora. Temos meios de tentar fazer valer nossas posições, nossos interesses e nossos valores. E é o que fizemos no caso do algodão,[13]

---

13 A demanda, iniciada em setembro de 2002, com pedido de consultas por parte do Brasil, envolveu o questionamento de subsídios concedidos pelos Estados Unidos à produção e à exportação de algodão no período de 1999 a 2002. Foram questionados tanto subsídios "acionáveis" (à produção) como "proibidos" (à exportação), nos termos do Acordo sobre Subsídios e Medidas Compensatórias da OMC. O total de subsídios questionados foi da ordem de US$ 12,5 bilhões. O painel foi estabelecido em março de 2003. O relatório, com conclusões favoráveis ao Brasil nos principais pontos questionados, foi circulado em setembro de 2004. Os Estados Unidos recorreram e o relatório do Órgão de Apelação foi divulgado em março de 2005. Os Estados Unidos não acataram o resultado e o Brasil entrou com painel de implementação, concluído em dezembro de 2007, com nova vitória. Os Estados Unidos recorreram novamente e houve novo ganho para o Brasil, dessa vez em junho de 2008. Os Estados Unidos mudaram uma pequena parte de seus programas, mantendo intocadas as principais medidas. O Brasil entrou com

é o que fizemos no caso do açúcar.[14] É o que fizemos em Trips e em saúde pública. É também o que estamos tentando fazer, buscando que a Rodada Doha seja bem-sucedida.

---

pedido de retaliação e painel de arbitragem de seu valor. O resultado de 31 de agosto de 2009 autorizou contramedidas compostas de uma parte fixa e outra variável. A soma de ambas é estimada em cerca de US$ 800 milhões. Autorizou também "retaliação cruzada" — que poderia atingir serviços e direitos de propriedade intelectual norte-americanos — a partir de um valor mínimo variável (para 2009, esse valor foi estimado em US$ 460 milhões, o que significa retaliação cruzada de US$ 340 milhões). Em abril de 2010, dada a iminência da retaliação, ambos os países iniciaram uma negociação em torno de compensações temporárias até a implementação total dos resultados do painel por parte dos Estados Unidos. Essa negociação foi concluída em junho, com um Memorando de Entendimento por meio do qual os Estados Unidos se comprometeram a pagar anualmente a soma de US$ 147,3 milhões para apoiar a cotonicultura brasileira, sob a forma de projetos de pesquisa e de marketing, com a possibilidade de que tais projetos beneficiem igualmente outros países em desenvolvimento, sobretudo africanos (membros do *Cotton*-4). Os Estados Unidos também concordaram em adotar algumas medidas de restrição de subsídios. Em revisões trimestrais, as partes avaliam o andamento dos programas norte-americanos de apoio ao algodão, tendo em vista viabilizar a implementação dos resultados do painel por parte dos Estados Unidos.

14 O Brasil iniciou consultas com a Comissão Europeia em 2002 sobre o regime comunitário de exportação de açúcar. A ação brasileira não buscava a abertura do mercado comunitário ao produto nacional, mas tinha os objetivos de demandar o cumprimento das obrigações acordadas para o setor na Rodada Uruguai e de reduzir o impacto das políticas comunitárias para o açúcar, mais especificamente seus efeitos distorcivos no mercado internacional. O painel foi estabelecido em agosto de 2003. O relatório com conclusões favoráveis ao Brasil, foi divulgado em outubro de 2004. A União Europeia recorreu em janeiro de 2005. O relatório do Órgão de Apelação foi concluído em abril daquele mesmo ano, confirmando as conclusões do painel. A União Europeia anunciou reforma de seu regime açucareiro, mas os codemandantes (Brasil, Austrália e Tailândia) reservaram seus direitos de entrar com painel de implementação.

4

"Que no lesionen el corazón del Mercosur"

Mercosul, integração sul-americana e Rodada Doha da OMC.
1º de fevereiro de 2007[1]

Vim falar para os colegas que estão fazendo o CAD, mas queria antes dizer que fico muito satisfeito em ver que os alunos do primeiro ano poderão nos ajudar a preencher as lacunas que temos na Secretaria de Estado, pelo menos em meio período, porque a política externa tem pressa. Precisamos formar bem as pessoas, dar tempo para que tenham a oportunidade de desenvolver essa formação, e assim possibilitar a riqueza do debate das ideias. Mas, ao mesmo tempo, repito: a política externa tem pressa. Temos programas a realizar.

Creio que já fizemos muito do que pretendíamos fazer no primeiro mandato do presidente Lula. Mas, obviamente, quando avançamos em algum setor — e isso é característico da vida humana e da história da política — novos problemas surgem.

Não me proponho a dar nenhuma aula para vocês, porque tenho vindo aqui várias vezes, de modo que a repetição fica um pouco inevitável. Vou tentar falar de alguma coisa mais presente: a Cú-

---

1 Palestra para a 52ª edição do Curso de Aperfeiçoamento de Diplomatas (CAD) e para a Turma 2006-2008 do IRBr.

pula do Mercosul,[2] que acaba de se realizar no Rio de Janeiro. Não se trata de ficar descrevendo detalhes sobre a Cúpula, mas tentar mostrar um pouco como ela se insere em nossas linhas de política externa. É um tema muito amplo, que não vou conseguir esgotar agora. Quero comentar um pouco a dinâmica que existe na América do Sul hoje e, depois, quero falar um pouco sobre a OMC.

Já tenho falado sobre esses temas. Mas como houve conversações recentes, no Fórum Econômico Mundial de Davos e à margem de Davos, creio que isso é de interesse de vocês. Então, ao invés de proferir uma aula magna, vamos fazer uma aula prática, direcionada para o dia a dia da diplomacia, tentando, em vez de ir do geral para o particular, ir do particular para o geral.

Sei que alguns de vocês estão servindo aqui na região — em Buenos Aires, Bogotá, Lima ou mesmo Brasília — e acompanham isso mais de perto, mas muitos também estão em outros postos na Europa, nos Estados Unidos e na Ásia. E acho que é muito importante ter presente como está caminhando a integração sul-americana.

Hoje, estava revendo as notas da Reunião Privada dos presidentes, no Rio de Janeiro: há, por exemplo, uma grande discussão sobre o nome que deve ter esse processo de integração. O nome que propusemos, que surgiu nas primeiras discussões, foi "Comunidade Sul-americana de Nações". O presidente Hugo Chávez acha que esse nome é fraco, prefere "União das Nações Sul-Americanas". Outros têm outras preferências, mas o que é interessante notar é que, até há pouquíssimo tempo, nem se falava em América do Sul. A América do Sul era um conceito ausente. Então, o fato de todos estarem discutindo integração sul-americana e estarem em busca da melhor designação — é claro que isso não é uma questão puramente semântica —, além do fato de estarmos falando de uma co-

---

2   A 32ª Reunião de Cúpula do Mercosul foi realizada entre 18 e 19 de janeiro de 2007, no Rio de Janeiro.

munidade, de uma união, ou, como alguns sugerem, de uma "nação sul-americana", tem grande significado político.

Isso demonstra o grau de avanço que fizemos na integração do conjunto da América do Sul em apenas quatro anos. Não vou dizer que os governos anteriores não tenham feito nada. Na Reunião do Grupo do Rio, em Santiago do Chile, em 1993 — quando a única coisa de que se falava era da expansão do Nafta e de processos de integração que necessariamente envolviam uma potência mais desenvolvida —, o presidente Itamar Franco lançou a ideia da Área de livre comércio Sul-Americana. Depois, fui à Aladi e lá tentei aprofundar um pouco o conceito. Por vários motivos que não vou desenvolver aqui, a ideia não prosperou. Não prosperou, mas não morreu. No governo Fernando Henrique, houve a Cúpula de Países da América do Sul, que também foi importante. Foi quando se discutiu, por exemplo, a IIRSA. Esses também foram passos relevantes.

Eu tinha uma relação de amizade com o presidente Fernando Henrique. Fomos colegas durante o governo Itamar Franco, quando ele foi ministro da Fazenda. Quando ele fez o convite para a Cúpula de Países da América do Sul, liguei para cumprimentá-lo, porque achava uma iniciativa muito positiva. E ele me disse: "Pois é, mas houve muita resistência na sua Casa". Esse é um ponto que fica para reflexão das pessoas. No passado, havia muita gente que achava que falar em América do Sul era o mesmo que hostilizar os Estados Unidos.[3] Não é disso que

---

3 A visão de que, de algum modo, a integração sul-americana poderia conter um viés antiamericano continuou a ser propalada entre os críticos da Unasul, à medida que o processo avançava, até a sua criação formal em 2008. O infundado dessa visão ficou patente quando o presidente Obama pediu um encontro com a Unasul à margem da Cúpula das Américas, que teve lugar em Port of Spain no início de 2009. Esse tipo de temor, tão frequentemente suscitado a propósito de nossas iniciativas diplomáticas, faz-me recordar uma afirmação atribuída a Sócrates que li recentemente. Segundo Platão, na *Apologia de Sócrates*, seu mestre considerava que a verdadeira coragem não consistia em não ter medo, mas sim em distinguir o que temer do que não temer.

se trata, evidentemente. Sempre que há uma iniciativa sul-americana, existe esse temor no Brasil e, de maneira até mais forte, ele existe em outros países. Por exemplo, na Colômbia, no Chile e em outros países era possível ver isso. Foi por isso que essa iniciativa, quando o presidente Itamar Franco propôs pela primeira vez, não prosperou.

Hoje, o que vejo é que são cada vez menos aqueles que questionam o conceito de América do Sul. Não se trata de um problema de direita ou de esquerda no Brasil: mesmo a esquerda do Brasil falava mais de América Latina, e isso é natural, porque a América Latina é que tem uma força cultural. A América Latina é um conceito que nos toca a todos no coração. Mas o fato é que a América Latina, nesse período, não era um conceito operativo para a integração, porque outros países já haviam feito opções e, além de opções, a própria situação geográfica impunha a esses países um tipo de relacionamento, sobretudo com os Estados Unidos, de natureza necessariamente diferente, "para o bem ou para o mal" — como costumava dizer o presidente Geisel a propósito das empresas multinacionais. Cerca de 80 por cento do que o México compra e vende tem como origem ou destino os Estados Unidos. Os países da América Central são quase totalmente dependentes dos Estados Unidos. É óbvio que a atitude deles em um processo de integração latino-americana será diferente da atitude de países que têm outra estrutura comercial e econômica.

Existem também nuances na América do Sul. Mas as diferenças são menores. O fato de os presidentes estarem discutindo hoje tão intensamente a questão do nome, como se fosse um problema muito importante, já é significativo. A presidente Michelle Bachelet diz que prefere "Comunidade", Chávez prefere "União"; enfim, o importante é todos falarem da América do Sul como um espaço de discussão política, de diálogo, de confronto de ideias, e até para ajudar a promover a solução de questões bilaterais. Agora mesmo, na Reunião do Rio de Janeiro, o presidente Chávez anunciou que mandaria de volta a Bogotá o embaixador venezuelano na Colômbia. Aliás, acho que ele fez isso ontem.[4]

Esse é um espaço que não existia. A verdade é que a América do Sul não tinha um espaço para dialogar politicamente. Havia o Mercosul, com uma linha marcadamente comercial. Os outros países da região se relacionavam muito mais com países desenvolvidos do que conosco. Ainda existe uma resistência cultural grande, que tem que ser vencida. O secretário-geral do Itamaraty, embaixador Samuel Pinheiro Guimarães, tem sido um batalhador da organização da Comunidade Sul-americana e sente muito — como eu sinto — quando vê, por exemplo, a resistência à criação de uma Secretaria. Como é possível ter uma Secretaria para a Ibero-América e não ter uma para a América do Sul? Esse conceito de Ibero-América é extremamente vago, mas há certas coisas na vida que você não pode ser contra. Você vai seguindo a corrente, vai fazendo caminhar o melhor possível, mesmo sabendo que esse processo nunca será mais que um esquema de cooperação interessante — na área cultural ou na área de ciência e tecnologia. Não poderá gerar nenhuma integração verdadeira, nem econômica, nem política, nem em nenhum outro aspecto. Pode, no máximo — e já seria muito —, servir de ponte entre dois processos de integração separados: o europeu e o sul-americano.

Ao mesmo tempo, em relação à Comunidade Sul-americana, há certo temor de se dar passos maiores. Acho que é importante notar que estamos avançando também na institucionalização. A 1ª Reunião de Altos Funcionários da Comunidade Sul-americana foi realizada no Rio de Janeiro, sob a presidência da Bolívia. Ou seja, na prática, já estamos criando um órgão que se reúne uma vez por

---

4 Saudava aqui a superação, pelo menos momentânea, de mais uma das escaramuças diplomáticas que marcaram as relações Colômbia-Venezuela enquanto os presidentes Uribe e Chávez coincidiram no poder em seus respectivos países.

mês. É, portanto, um órgão permanente da Comunidade Sul-americana. Isso demonstra que, apesar de todas as diferenças políticas, apesar de todas as visões divergentes que podem existir em relação à integração, há hoje um processo muito mais aprofundado.

É interessante (e preocupante) notar que isso se passa ao mesmo tempo que o Mercosul enfrenta problemas sérios. Ao mesmo tempo que se expande, o Mercosul enfrenta alguns problemas bastante sérios. São problemas que decorrem de decisões — ou de falta de decisões — que foram se acumulando durante os anos. Em parte, talvez, por uma crença ingênua de que o automatismo da liberação comercial levaria à solução dessas questões. Em parte, também, porque os maiores países do bloco, muito voltados para problemas internos, principalmente na área econômica, acabaram colocando em segundo plano a necessidade de manter uma política coordenada no Mercosul.

A integração sul-americana tem esses dois processos que, às vezes, são paralelos e, às vezes, se superpõem. O primeiro é o Mercosul, que é mais intenso, mais profundo. É uma união aduaneira, com imperfeições conhecidas. E existe também uma integração ainda mais política, mas com uma base econômica importante, tanto no que diz respeito ao comércio — em função dos acordos de livre comércio que foram assinados — quanto em relação à integração física, por meio da construção de estradas, de hidrelétricas etc. Há esses dois processos em curso. Na Comunidade Sul-americana, além desses elementos econômicos importantes, há, porém, certa predominância do elemento político, enquanto, no Mercosul, o elemento econômico é, historicamente, mais forte, ainda que o impulso inicial tenha sido político. Esses dois processos se entrelaçam e se entrecruzam ou, às vezes, se superpõem.

Voltando à Reunião do Rio de Janeiro: as Cúpulas do Mercosul são, hoje, Cúpulas da Comunidade Sul-americana. Os presidentes, têm que tomar algumas decisões e assinar documentos específicos do Mercosul, mas a discussão política tem a ver com o conjunto da América do Sul. Em algum momento, vamos precisar fazer alguma reunião separada e isso é algo em que teremos que pensar. Não adianta antecipar problemas. Quando houver um problema que seja estritamente do Mercosul e que só possa ser resolvido em nível presidencial, vamos ter que separar as cúpulas.

Eu me lembro, por exemplo, de que havia uma confusão um pouco perigosa quando temas que são próprios do Mercosul, como a Tarifa Externa Comum ou a coordenação macroeconômica (inclusive antes de se falar da Comunidade Sul-americana), eram discutidos no contexto do Mercosul ampliado, ou seja, junto com os países associados. É claro que não temos nada a opor a que eles deem opiniões, mas essa não é uma discussão que possa levar a decisões naquele âmbito. Há, às vezes, essa superposição. Algumas pessoas se preocupam com isso. Mas acho que a humanidade é assim: tem essa capacidade de avançar e, ao avançar, de criar para si mesma novos problemas. E é preciso lidar com esses problemas novos, em vez de lidar eternamente com os problemas antigos.

Por falar em problemas antigos, é preciso ter presente que, hoje em dia, o entrelaçamento das questões bilaterais com as questões de integração é muito mais óbvio. Alguns passos importantes que demos na integração foram por meio de acordos bilaterais com o Paraguai, com a Venezuela e algumas ações com relação à Bolívia. A prática do dia a dia — já estou passando para o ponto do Mercosul especificamente — é muitas vezes questionada por nossos parceiros. O problema com o Uruguai frequentemente não é saber qual a tarifa que o Brasil aplica, mas se o Brasil terá um fiscal da Anvisa ou um fiscal da alfândega no posto de fronteira na hora em que o caminhão estiver passando. Então, muitas vezes essas questões você tem que resolver bilateralmente, às vezes até unilateralmente.

Quis fazer esse desenho geral, para que vocês tivessem presente que existe uma inter-relação entre esses dois processos de integração, que andam em duas velocidades: um com o aspecto político mais evidente, outro com o aspecto econômico mais avançado.

Sobre o Mercosul, usei aqui a palavra "dificuldade". Preferi não usar a palavra "crise", que é um pouco exagerada. Houve alguns fatos importantes recentes que extrapolam o lado econômico e comercial: por exemplo, a instalação do Parlamento e a realização de uma Cúpula Social. Reconheço que vai soar um pouco retórico — mas às vezes é bom ser um pouco retórico —, mas o Mercosul não é mais do governo, nem dos burocratas, nem só dos empresários. O Mercosul é dos povos e são os povos que vão cobrar dos governantes, se não cuidarmos bem dele. Isso é muito verdadeiro. Vemos muita crítica ao Mercosul — às vezes dos empresários, às vezes dos burocratas —, mas é possível constatar um desejo muito grande da sociedade de aprofundar o Mercosul, independentemente de problemas que possam ocorrer.

Durante muito tempo, o Mercosul foi tratado de maneira encapsulada. Ele existia, era importante. O Departamento do Mercosul, aqui no Itamaraty, sempre foi importante, fazia seu trabalho, as Reuniões Presidenciais se sucediam. Mas o Mercosul, digamos, meio que se "desconectou" — talvez nunca tivesse ficado totalmente conectado — do conjunto das medidas de política econômica, de política fiscal do Brasil e dos outros países. E, justamente porque havia essa desconexão, os problemas dos outros países ou os problemas do Mercosul não eram levados em conta, quando se tratava de tomar medidas de política interna.

Fiquei muito satisfeito no dia em que foi lançado o PAC, quando vi que, entre os quatro ou cinco critérios para investimentos na área de logística, estava a integração sul-americana. É a primeira vez que vejo isso. Pode ser que tenha ocorrido algum outro caso que eu desconheça. Mas a integração da América do Sul passa a ser um fator da decisão: "Vai se construir ou não aquela estrada? Vai se fazer ou não aquela hidrelétrica? É melhor fazer uma outra, aproveitando a energia de outro país? Vai-se fazer um gasoduto?". Acho muito importante que considerações sobre a integração comecem a penetrar na democracia brasileira e na própria burocracia.

Houve, no passado, decisões macroeconômicas importantes, tanto no Brasil quanto na Argentina, que causaram muito dano ao Mercosul. Do dia para a noite, a capacidade de competição do Uruguai e do Paraguai ficou reduzida à metade. E, se olharmos as exportações, por exemplo, do Uruguai para o Brasil, elas são, hoje, pouco mais da metade do que chegaram a ser no passado: em 1998 foi o ponto alto, depois veio a desvalorização brusca e nunca mais se recuperaram.[5] Há também uma questão cultural, que temos que trabalhar aqui dentro com muito empenho, sobretudo com os empresários: não adianta o Brasil ser mais competitivo em tudo. Pode até ser que o Brasil seja mais competitivo em tudo, mas a teoria do comércio internacional — e isso se aplica, também, à integração — é baseada nas *vantagens comparativas* e não nas vantagens *absolutas*. E, porque queremos vender, alguma coisa temos que comprar.[6]

Quais as questões que o Mercosul, durante a última presidência brasileira, teve que enfrentar? O momento era algo complicado para nós, porque coincidiu com o período de eleições presidenciais no Brasil. Além, digamos, de avançar nessa parte política que já mencionei

---

5   Após atingirem a marca histórica de US$ 1,04 bilhão em 1998, as exportações uruguaias para o Brasil caíram ininterruptamente nos quatro anos seguintes, chegando a US$ 484 milhões em 2002. Desde então, com oscilações até 2005 e de modo seguro, registrou-se aumento do valor exportado, atingindo US$ 1,57 bilhão em 2010.

6   O presidente Lula compreendeu muito bem esse fato. Várias vezes, sobretudo nos primeiros anos do governo, pude testemunhar exortações do presidente aos empresários brasileiros e a altas autoridades, inclusive ministros da área econômica, no sentido de que não pensassem apenas naquilo que o Brasil poderia vender, mas também no que o Brasil poderia comprar.

(Parlamento e Cúpula Social). Mas onde tivemos que procurar progredir? Primeiro, quero dizer que a relação Brasil e Argentina está em um nível muito bom. Há uma expressão que gostam muito de usar aqui no Itamaraty, e que procuro riscar de todos os discursos, que é "patamar de excelência", mas que poderia aplicar-se muito bem ao caso. A relação entre o Brasil e a Argentina é muito boa, não só pelo relacionamento pessoal e político dos presidentes, mas também porque, efetivamente, conseguimos lidar com problemas complexos: conseguimos diminuir, se não eliminar totalmente, as angústias da Argentina de que a indústria brasileira arrasaria ou anularia seu esforço de reindustrialização, depois das crises pelas quais passou.

Foi nesse contexto que se negociou o Mecanismo de Adaptação Competitiva, que despertou tanta controvérsia.[7] Esse caso agora de ações *antidumping* é normal. Temos que desenvolver mecanismos para "matar" essas questões dentro do Mercosul. O que não for possível resolver é natural que se leve à OMC. É o que ocorre entre o Canadá e os Estados Unidos. Se nós fôssemos uma união aduaneira perfeita e tivéssemos uma política de concorrência, como tem a União Europeia, não haveria a necessidade de recorrer a medidas

---

7   O MAC era essencialmente um tipo de "salvaguarda mitigada". O Tratado de Assunção não previa o uso de salvaguardas após o período de transição. A fórmula que encontramos de atender as preocupações argentinas consistia em um misto de consultas entre governos e empresários, com a possibilidade *in extremis* de uso temporário de medidas restritivas. Chegar a um acordo dentro do governo sobre esse tema não foi fácil. Exigiu uma reunião em meu gabinete com a presença dos ministros da Fazenda e do Desenvolvimento e Indústria, não isenta de polêmica. O acordo de 2006 que estabeleceu o MAC nunca foi ratificado pelo Congresso brasileiro. Mesmo a Argentina só veio a fazê-lo anos depois. Antes de ter entrado em vigor, o MAC já permitiu aliviar as angústias argentinas e desanuviou, por algum tempo, as tensões comerciais entre os dois países. Nossa posição "compreensiva" ou "generosa" foi duramente criticada por setores empresariais e em alguns editoriais. Essa "generosidade" não impediu que, muito para desgosto dos nossos parceiros, o nosso superávit comercial com a Argentina crescesse de forma contínua.

antidumping. Não se pode transformar isso, tampouco, em um problema diplomático — ou, pior, em um drama. Dado o grau real de integração que existe hoje, é uma coisa mais ou menos normal. No cômputo geral, estamos avançando, inclusive no que se refere ao aumento da coordenação macroeconômica entre os nossos países, o que pode levar à eliminação da dupla cobrança da TEC.

Enfim, a relação do Brasil com a Argentina está em um momento muito bom. O grande problema que sentimos, dentro do Mercosul, foi com o Uruguai. Com o Paraguai, de certa maneira, o caminho bilateral apresenta remédios ou, pelo menos, paliativos — não é que seja fácil! — que no caso do Uruguai não tem funcionado. Isso acontece por muitos motivos: o Uruguai sempre teve uma integração maior com o mercado mundial, e a estrutura das exportações do Uruguai é tal que leva o país a procurar acordos com outras regiões. Uma das questões que se colocou, no início desta presidência brasileira, foi essa de autorizar o Uruguai a negociar um acordo de livre comércio com os Estados Unidos.[8]

Obviamente, não nos cabe dizer o que é melhor para o Uruguai. O Uruguai é que tem que decidir. Frequentemente, há essa confusão e diz-se que o Brasil é contrário a um acordo Uruguai-Estados Unidos. A rigor, esse não é um problema do Brasil. Cabe ao Uruguai decidir. Agora, sempre é bom esclarecer, não se pode comer o bolo e mantê-lo inteiro. Não se pode, ao mesmo tempo, ter um acordo de livre comércio com um país de fora da região, especialmente de fora da Aladi, e ainda mais com uma grande potência comercial —

---

8 A insistência em um acordo de livre comércio com os Estados Unidos vinha sobretudo do ministro da Economia, hoje vice-presidente, Danilo Astori. O Ministério das Relações Exteriores uruguaio, chefiado então pelo socialista Reynaldo Gargano, colocava ênfase no Mercosul e na integração sul-americana. Afinal, o presidente Tabaré Vázquez arbitrou uma posição intermediária. O Uruguai buscaria um acordo de incentivo às relações econômico-comerciais com os Estados Unidos, mas abdicou do acordo de livre comércio.

sem nenhum preconceito ideológico, pode ser Estados Unidos, União Europeia, China, qualquer um —, e, ao mesmo tempo, ser parte da união aduaneira do Mercosul. Isso não é possível. Não cabe a nós julgar se os benefícios compensam ou não. Isso é uma decisão que os uruguaios têm que tomar.

Na medida em que nos interessa manter o Mercosul íntegro e desenvolvido, o que devemos fazer é tentar encontrar, nas nossas relações com o Uruguai e na nossa maneira de articular o Mercosul, mecanismos que façam com que esse mal-estar, que tem raízes legítimas — o presidente Lula se referia a um mal-estar no Mercosul, um *malaise* dos países pequenos —, encontre respostas dentro do Mercosul. Acho que dedicamos uma boa parte do trabalho a isso.

Na Cúpula do Rio de Janeiro, acompanhei o presidente Lula em uma conversa muito importante com o presidente Tabaré Vázquez. Antes, no Rio Grande do Sul, quando Lula foi inaugurar uma usina de H-Bio na Refinaria Alberto Pasqualini, tive uma conversa importante com Tabaré em que ele demonstrou entender claramente qual era o cerne da questão. O Uruguai, politicamente, não quer se afastar do Mercosul. A maioria do governo, hoje, tem apego ao Mercosul. E, curiosamente, as forças que estão na oposição também não queriam se distanciar do Mercosul quando eram governo. Mas agora, até como maneira de fustigar o governo, ficam pressionando Tabaré a fazer o que elas também não fizeram, porque elas sabem que se afastar do Mercosul poderá ter um preço para o país.

Nessa conversa muito franca e muito direta, enquanto aguardávamos o presidente Lula, Tabaré apresentou uma série de propostas. Sobre algumas delas, concordei: "Isso aqui não é problema, vamos tratar das assimetrias, das dificuldades". Mas, quando se trata de acordo de livre comércio fora do Mercosul, há essas inconsistências de que falei. E Tabaré, que é médico, usou até uma metáfora muito apropriada. Ele disse que seu governo teria que fazer acordos que fossem bons para o Uruguai — *"que no lesionen el corazón del Mercosur*", ou seja, "que não firam o coração do Mercosul". E já na conversa com os presidentes completei: "O coração do Mercosul é a Tarifa Externa Comum". É isso que é preciso saber. Mais tarde, depois que saiu da reunião, o próprio Tabaré se referiu à necessidade de contar com a compreensão do Brasil para acordos que não lesionassem o coração do Mercosul. E citou a minha descrição do que entendíamos ser o coração do Mercosul: a Tarifa Externa Comum.[9]

Historicamente, os acordos que geraram integração não eram apenas comerciais: eram acordos de união aduaneira. Na penúltima reunião que tivemos em Brasília, em dezembro, o ministro da Economia do Uruguai listou exemplos de dispositivos, adotados em outras regiões, que a seu ver seriam equivalentes às exceções que o Uruguai estava procurando obter no Mercosul. Citou a União Europeia. Examinamos essas exceções uma a uma. Uma delas referia-se à situação política excepcional entre a Alemanha Ocidental e a Alemanha Oriental. Havia o caso de Ceuta, uma ex-colônia espanhola, e o caso da Groenlândia, um território da Dinamarca. Nenhuma dessas situações é comparável ao que seria, por exemplo, um acordo de livre comércio de Portugal com a China ou da Grécia com os Estados Unidos em relação à União Europeia. Eram casos muito específicos, muito diferentes, que não se aplicam ao Mercosul.

Essa questão das assimetrias entre os sócios grandes e os sócios menores do Mercosul se tornou um tema central. Já no final de 2003, no início do governo do presidente Lula, concordamos com vários pedidos que nos foram feitos. Mas as medidas simplesmente não tiveram o efeito que se esperava. Os pedidos se referiam em geral a exceções à TEC,

---

9 Alguém pode se perguntar sobre a razão de tanta insistência na Tarifa Externa Comum, na integridade da união aduaneira, quando já existem tantas exceções à TEC (em geral pedidas pelos países menores). É que uma coisa são exceções que podem ser eliminadas por decisão dos próprios países do Mercosul, como ocorreu agora em Foz do Iguaçu (dezembro de 2010). Outra, bem diferente, são obrigações de reduções tarifárias contraídas junto a terceiros países, que não podem mais ser alteradas.

para importação de insumos ou bens de capital. Mais tarde, quando fizemos acordos com a Comunidade Andina de Nações (CAN), Uruguai e Paraguai solicitaram que flexibilizássemos as regras de origem para alguns produtos, já que tínhamos feito o mesmo para os países andinos. Concordamos. Realmente não faria sentido ter uma regra mais flexível para outro país da região que para o Uruguai ou Paraguai.

Nós fizemos o que foi pedido, mas não funcionou. Os motivos eram vários. Há essa cultura brasileira de querer ser mais competitivo em tudo — que é uma cultura que vem da época da substituição das importações, em que não havia integração regional. Esbarramos também em normas técnicas que ignoram a dimensão integracionista. Além disso, conforme já expliquei, esbarramos na falta de coordenação macroeconômica. A questão das assimetrias continuou no centro das preocupações.

Durante esta presidência do Brasil tivemos duas reuniões ministeriais, uma em dezembro, que é a época normal, e a outra em janeiro, que foi preparatória da Cúpula. Um fato positivo foi o engajamento dos ministros da Economia. Há respostas que não cabe às Chancelarias dar. São respostas que não temos como concretizar.

Sinto que há, hoje, um compromisso com a integração muito mais forte do que havia no passado, não só da parte dos ministros de Finanças, mas também dos ministros do Desenvolvimento e Indústria, por exemplo.

Nós propusemos duas medidas relacionadas às assimetrias e gostaríamos até que elas já tivessem sido implementadas, mas é melhor ser mais lento no multilateral do que mais rápido unilateralmente. Como a Argentina tinha algumas dúvidas, acabamos aceitando remeter a discussão para um Grupo de Trabalho, com o objetivo de que, no máximo em março ou abril, tenhamos uma decisão. Não há soluções mágicas. O que propusemos foram duas coisas, que ajudarão o Uruguai e o Paraguai. Uma é a eliminação antecipada, unilateral, pelo Brasil, da dupla cobrança da TEC, porque isso facilitaria muito a vida deles. Se a Argentina quiser nos acompanhar também, poderá fazê-lo. Participei do início das negociações do Mercosul. Depois, passei alguns anos fora. Voltei agora e não podia imaginar que ainda houvesse dupla cobrança da TEC. Fiquei perplexo com essa dupla cobrança, quando tratei desse problema durante uma reunião em Ouro Preto, em 2004. É óbvio que, se cada país aplicar uma tarifa sobre um produto que já pagou a tarifa, não teremos uma união aduaneira nunca.

Estamos pelo menos com dez anos de atraso. Quando eu digo que muitas coisas foram deixadas de lado, não estou falando de coisas abstratas. Como podemos conceber uma união aduaneira quando se cobra novamente uma tarifa que já foi paga? Há algumas razões para isso. No caso de países pequenos, como o Paraguai, a tarifa é um instrumento fiscal importante. Precisamos ter mecanismos de redistribuição da renda tarifária, de modo que esses países não sejam prejudicados. Não é impossível fazer isso. Já foi feito na União Europeia. Não temos de inventar nada novo. Em 2004, acertamos que não haveria mais a dupla cobrança. Espero que, até 2008, desaceleremos esse processo.

A outra medida que propusemos se justifica devido às imperfeições da Tarifa Externa Comum. É uma medida para flexibilizar ainda mais as regras de origem para o Uruguai e o Paraguai, possibilitando que investimentos sejam feitos nesses países em condições mais vantajosas. Naturalmente, temos que ter os cuidados habituais em função dos grandes competidores — as grandes potências comerciais. Por exemplo, na indústria automobilística, há um grande temor de que venham a ser montados carros chineses no Paraguai e no Uruguai. É preciso ter cautela, mas isso também não é muito complicado. É possível pensar em um sistema de cotas, ou que exclua setores sensíveis. Aliás, o setor automobilístico tem um regime próprio dentro do Mercosul, de modo que pode ser tratado dessa maneira.

Por que isso tudo? Por que falamos tanto da necessidade de financiamentos e de outras medidas em favor das economias menores? Não tínhamos, no Mercosul, um mecanismo de compensação ou ajuda financeira em favor das economias menores, ou mais frágeis, como na União Europeia.

Quem conhece a história econômica da Europa sabe o que se passou em relação a Portugal, Espanha, Grécia e, agora, com os países do Leste Europeu. Tratamos das assimetrias sob o ângulo de medidas comerciais. Também incentivamos muito que o BNDES se torne mais atuante, financiando projetos produtivos em outros países do Mercosul. Muitas vezes, pode-se ter uma condição tarifária razoável, regras de origem flexíveis, mas faltam as condições de financiamento para iniciar um empreendimento. Estamos dando os primeiros passos nesse sentido. É quase uma "ação afirmativa" em relação às economias menores do Mercosul, para que elas possam se beneficiar efetivamente do mercado comum. O que temos a oferecer a esses países é o mercado. Agora, se criarmos muitos entraves, muitos obstáculos, e se não tentarmos equilibrar, por pouco que seja, as disparidades que existem na área de financiamento, obviamente, eles terão que procurar outra alternativa.

Para o Paraguai é ainda mais difícil, porque é um país mediterrâneo. Para um produto paraguaio começar a competir conosco, terá que navegar 2 mil quilômetros. Temos que adotar medidas compensatórias. Isso é o que tentamos fazer unilateralmente — este é, digamos, um tipo benigno de unilateralismo.

Impulsionamos, no período desta presidência brasileira, a implementação do Focem. Na medida dos nossos recursos, que são pequenos, inauguramos algo importante. Só no início da vigência do Focem, já foram distribuídos US$ 70 milhões, em onze projetos.[10] São cerca de cinco no Paraguai, seis no Uruguai, um de interesse geral, sobre a febre aftosa — aliás, está tendo um foco agora, portanto, é do nosso

---

10 O total de programas já aprovados chegava, no final de 2010, a US$ 1 bilhão.

interesse ajudar — e dois pequenos, para fortalecer a Secretaria do Mercosul. Esse Fundo é uma novidade. Terá impacto na percepção que a população desses países tem do Mercosul. Alguns dos projetos são na área de habitação. Há outros projetos de cunho social.

O que estou tentando mostrar a vocês é que, ao mesmo tempo que houve uma discussão política muito ampla entre os presidentes sobre a integração sul-americana como um todo, em que alguns desses temas também aparecem (financiamento, integração física etc.), continuou a haver uma discussão muito técnica, muito real e muito concreta, com um impacto muito efetivo, nos países do Mercosul. Temos que manter esse equilíbrio e seguir avançando.

Os desafios não são pequenos. As pessoas às vezes fazem críticas. Algumas são legítimas, outras não. Para falar a verdade, não levo muito em conta a grande maioria dos críticos, porque eles, simplesmente, são contra o Mercosul e contra a América do Sul — sempre foram. Eles agora defendem o Mercosul, em contraposição ao restante da América do Sul, porque é mais fácil. Quando eu era diretor do Departamento Econômico do Itamaraty, cansei de ouvir de empresários e colegas, que hoje defendem o Mercosul, mas criticam outras opções, frases do tipo: "Por que estamos perdendo tempo com a Argentina e com o sul do continente?". Eles achavam — e continuam a achar! — que deveríamos nos voltar para uma integração com os Estados Unidos ou com a Europa.

Da Europa, não se falava tanto. Mas se falava mais da associação com os Estados Unidos, porque havia essa discussão sobre a expansão do Nafta. Foi na época da chamada "Iniciativa para as Américas", do presidente Bush, pai de George W. Bush. Naquela ocasião, foi até publicado um livrinho pelo Instituto do ministro João Paulo dos Reis Velloso[11] explicando por que devíamos nos

---

11 Trata-se de: Reis Velloso, João Paulo dos (Org.). *O Brasil e o Plano Bush: oportunidades e riscos em uma futura integração das Américas*. São Paulo: Nobel, 1991.

dedicar à Iniciativa para as Américas, e não tanto ao Mercosul e à Argentina.

Hoje, como o Mercosul cresceu de maneira tão espetacular, o comércio cresceu de aproximadamente US$ 5 bilhões naquela época para quase US$ 30 bilhões, se contarmos a Venezuela (e sem contá-la, US$ 25 bilhões),[12] as pessoas passaram a dizer que o ruim é a expansão do Mercosul para abarcar outros países. Há uma crítica de que não estamos dando atenção suficiente ao Mercosul por causa da Comunidade Sul-americana. O que procurei dizer a vocês, antes de descrever um pouco como foi a Cúpula, é que não estamos fazendo isso. Estamos concentrados nos dois processos.

Admito que tenha havido momentos em que isso aconteceu, porque as coisas em política são assim. Há realmente momentos em que é preciso se concentrar em um determinado assunto. Vou dar um exemplo em um tema diferente: nós demos muita atenção ao Conselho de Segurança no biênio 2004-2005, porque era o sexagésimo aniversário das Nações Unidas. Havia uma perspectiva mais imediata de talvez conseguirmos a reforma. A agenda internacional não é simplesmente gerada por nós mesmos, depende de uma série de fatores.

Outro exemplo: o Peru se interessou muito em ter um acordo mais profundo com o Brasil, ainda na época do presidente Alejandro Toledo. Com a Colômbia, aconteceu o mesmo. Houve uma evolução para buscar uma maior integração com a América do Sul. Não podíamos perder essa chance. O que talvez não tenhamos percebido plenamente — mas acho que os próprios países interessados não percebiam — era que as assimetrias do Mercosul poderiam ser resolvidas.

Voltando ao que disse no início, tudo o que nos foi pedido, em 2003, nós fizemos. E ainda ajudamos a convencer a Argentina a fa-

---

12 Hoje o comércio total do Brasil com os países do Mercosul, sem contar a Venezuela, ultrapassa US$ 40 bilhões.

zer. Quem falou de financiamento fomos nós mesmos. Não foi em resposta a um pedido. A área que pode fazer muita diferença é a da coordenação macroeconômica. Precisamos inserir o Uruguai e o Paraguai nesse processo. Há coisas que, às vezes, achamos que podemos fazer com a Argentina e que não podemos fazer no Mercosul inteiro. O envolvimento do Uruguai e do Paraguai é muito importante. Esses países têm que se sentir parte do processo. Do ponto de vista estritamente econômico, nossa integração com a Argentina é, sem dúvida, o eixo principal. Mas o fato de sermos capazes de integrar economias menores ou mais pobres dá ao Mercosul uma grande legitimidade internacional. Dar a esses países a percepção de que seus interesses serão considerados quando tomarmos medidas de política econômica interna é muito importante. É claro que isso não é fácil, o processo todo não vai acontecer em um dia, nem em um ano, nem em dois anos. O envolvimento mais forte dos ministros encarregados das finanças e dos bancos centrais é fundamental.

Esse envolvimento é fundamental em algumas questões operacionais, como os Convênios de Crédito Recíproco (CCR), que facilitam o comércio, e para a eventual criação de uma moeda comum. Estamos trabalhando com a Argentina no sentido de pagar nas moedas nacionais uma parte das transações. Também estamos nos coordenando sobre medidas que cada país venha a tomar, por exemplo, em relação ao FMI e ao sistema financeiro internacional.

Estamos dando ao Mercosul a prioridade que ele merece. A entrada da Venezuela não tem nenhuma contradição com isso. Não preciso repetir por que a entrada da Venezuela no Mercosul é importante. Mas é um problema que não é simples de ser resolvido. Não vamos tapar o sol com a peneira. Não será simples nem no plano político. Por exemplo: a questão dos plenos poderes para o presidente Chávez é algo incômodo. Ele foi eleito; houve o referendo; mas será que é preciso ter plenos poderes, se você tem todo um Congresso a seu favor? Não sei. Mas esse é um aspecto à parte.

Do ponto de vista econômico, se há um assunto em que houve unanimidade entre os quatro países nessas reuniões em Brasília e no Rio de Janeiro, foi a questão do cumprimento, pela Venezuela, dos cronogramas do Mercosul. Também não é uma negociação simples. Teremos de ser tolerantes aqui e ali, mas a Venezuela precisa mostrar que a integração é algo para valer. Independentemente da importância que o presidente Chávez dê ou não ao comércio, o fato é que o Mercosul, embora seja um projeto mais amplo, se baseia em uma área de livre comércio, de livre circulação de mercadorias, na concepção de uma união aduaneira — e isso pressupõe o cumprimento de certas metas.

É claro que, até hoje, o setor automotivo e o açúcar não são liberalizados, ainda existem exceções para bens de capital e para outros produtos, mas o sentido geral tem que ser esse e tem que haver certo automatismo nos programas de desgravação. Se não tivesse havido a decisão, um pouco visionária na época da criação do Mercosul, de fazer a desgravação automática, não teria havido Mercosul. Posso dizer isso a vocês com toda a certeza. Poderia haver um outro Mercosul, mas nós não teríamos evoluído na área comercial da maneira como evoluímos. Sem dúvida, existem riscos em um processo de desgravação automática, riscos de desequilíbrios ou de aumento súbito das importações. Mas é preferível ter uma cláusula que possibilite lidar com esses riscos à medida que eles se materializam do que uma garantia, *a priori*, de que nada vai ocorrer.

A Venezuela tem uma indústria e uma agricultura relativamente frágeis, e teme a concorrência dos produtos do Mercosul. Precisamos fazer mais investimentos lá. Mas a Venezuela deve compreender a necessidade da liberalização progressiva, com cautelas e garantias. Nós ainda não conseguimos traduzir isso em um cronograma. E essa é uma das prioridades do momento. Até porque, se isso não ocorrer, a ratificação do ingresso da Venezuela no Mercosul pelo Congresso brasileiro vai ser dificultada. Há uma posição muito nítida de todos os países do Mercosul a esse respeito que ficou clara na Reunião Ministerial. O ministro venezuelano se dispôs a trabalhar nesse sentido. É claro que também fez cobranças — e com razão — com relação ao processo de ratificação.[13]

Sobre a Bolívia, não vou me estender muito. Trata-se mais de uma questão política. O que queremos é, principalmente, a estabilidade da Bolívia. Independente de qualquer simpatia, é mais provável ter estabilidade com um governo que seja representativo da maioria da população boliviana do que com um governo que não seja representativo. É isso que estamos tendo no momento. Não quero falar sobre todas as questões bilaterais com a Bolívia, porque isso seria tema para uma aula inteira. Mas acho que é preciso ter essa percepção.

Nossa principal questão com a Bolívia não é nem tanto fortalecer o Mercosul — embora isso também seja bom —, mas, ao trazer a Bolívia para o Mercosul, contribuir para sua estabilidade e para a resolução de seus problemas. Se encararmos o lado do Focem, por exemplo, é importante a Bolívia ter mais acesso a financiamentos. Mas o acesso a mercados também é fundamental. A grande maioria dos produtos bolivianos já entra no Mercosul sem tarifa, mas há alguns obstáculos importantes, como regras de origem, normas fitossanitárias.

Qual é o problema comercial mais imediato da Bolívia? É o problema da perda das preferências do ATPDEA. A Bolívia se beneficiava das preferências no mercado norte-americano relacionadas com o programa de combate à droga. Os Estados Unidos prorro-

---

13 Certa vez, tive uma longa conversa, em meu gabinete, com o então chanceler venezuelano, posteriormente ministro da Economia, Ali Rodriguez. Procurei mostrar ao meu colega que, mesmo tendo grandes empresas estatais e fortes programas sociais, o Brasil seguia um modelo econômico essencialmente capitalista. O governo não podia ignorar a opinião da classe empresarial, da mesma forma que não podia ignorar a opinião dos sindicatos e de outros grupos da sociedade. Ali Rodriguez pareceu surpreso diante dessa constatação, a meu ver óbvia.

107

garam esse programa por seis meses e disseram que ele só será renovado para os países que estão negociando acordos de livre comércio. Portanto, não será renovado nem para a Bolívia, nem para o Equador. Então, de imediato, do ponto de vista comercial — há outros aspectos — a resposta que tem que ser dada para a Bolívia é a seguinte: o Mercosul vai absorver (ou pelo menos tentar absorver) uma parte desses produtos que eram antes exportados para os Estados Unidos? Isso é muito importante para a Bolívia, porque esses produtos são de indústrias intensivas de mão de obra. São indústrias, por exemplo, que empregam pessoas muito pobres perto de La Paz e El Alto. São, sobretudo, confecções, produtos têxteis.

Há muito boa vontade da Argentina também. Há uma grande população de bolivianos lá. Mais uma vez, vamos ter que convencer os nossos sócios menores e encontrar para eles algumas compensações, se for o caso. De qualquer maneira, o desafio, do ponto de vista comercial, é esse. Há outros desafios políticos que estamos enfrentando, mas estes se colocam para nós, na realidade, mais bilateralmente do que no plano do Mercosul.[14]

Há toda essa falsa dicotomia, que por vezes se alega, de que o Mercosul seria um projeto comercial e, agora, estaria se transformando em um projeto político com a adesão da Venezuela. Isso é associado a uma ideia, que fica meio subliminar, de que o Mercosul era um projeto que respeitava o capitalismo liberal em um sistema político democrático e que, agora, estará sujeito a influências de uma visão mais estatista da economia e a um processo mais "populista" na política. Não estou sugerindo que essa definição seja

---

14 Ao longo dos últimos anos, o ATPDEA sofreu sucessivas interrupções por parte dos Estados Unidos. Para minimizar os efeitos dessas medidas, o Brasil passou a oferecer, com a permissão do Mercosul, cotas especiais para os produtos da indústria têxtil boliviana, especialmente confecções. Embora até recentemente essa concessão tenha sido aproveitada apenas marginalmente, o presidente Evo Morales, em mais de uma oportunidade, manifestou sua gratidão pelo "ATPDEA Brasil".

verdadeira. Mas é evidente que o projeto proposto pelo presidente Chávez, do ponto de vista econômico, tem o Estado com um papel mais central do que ele tem no Brasil hoje, ou na Argentina, ou no Uruguai, ou no Paraguai. Não posso entrar na cabeça do presidente Chávez para saber o que ele pensa, mas tenho a impressão de que, para ele, uma integração ideal seria uma integração que envolvesse mais as empresas do Estado, embora ele reconheça, receba e acolha muitas empresas privadas brasileiras.[15]

O governo do presidente Lula quer que o elemento social seja cada vez mais importante e que haja maior participação popular

---

15 Um episódio é ilustrativo do voluntarismo e, ao mesmo tempo, da acuidade intelectual do presidente Chávez. O presidente Lula propôs na Cúpula do Mercosul, em Puerto Iguazu, em julho de 2006, que a Venezuela fosse admitida no bloco. Um parágrafo nesse sentido foi incluído na Declaração. Mas as negociações para a concretização desse objetivo se arrastaram por um longo período. Eram questões relativamente complexas, que envolviam prazos para liberalização comercial intrabloco e para adoção da Tarifa Externa Comum. Em determinado momento, o presidente Chávez, ansioso por dar substância ao gesto político, resolveu fazer gestões pessoais sobre o assunto. Não tendo conseguido falar com Lula, e estando eu ausente de Brasília, ligou diretamente para nosso negociador no Grupo do Mercado Comum. Não ficou totalmente satisfeito com o que obteve, e voltou à carga. Sabendo que, a essa altura, eu regressara ao país, telefonou-me. Reclamou da burocracia, que estava impedindo a concretização de um importante objetivo político. Respondi-lhe com uma parábola, que lera há muitos anos em um livro de história da filosofia. Contei-lhe que o rei de uma pequena Cidade-Estado da Grécia Antiga decidira aprender geometria. Perguntou quem era o melhor geômetra de toda a Grécia. Indicaram-lhe Euclides, que prontamente atendeu ao chamado do rei. Segundo a parábola, Euclides teria explicado ao monarca que o aprendizado daquela disciplina envolvia a compreensão de postulados, axiomas e teoremas, que se encaixavam em determinada ordem lógica e que era necessário, portanto, seguir passo a passo. Ao rei, acostumado a ver seus desejos realizados com grande rapidez, aquele procedimento pareceu tedioso e incômodo: "Não estou interessado nessas etapas; quero ir direto às conclusões". Ao que Euclides teria replicado: "Majestade, não existe estrada real para a geometria". Continuamos a conversa e poucos minutos depois, para minha surpresa, Chávez citou um dispositivo específico do ACE-59, acordo que, até então, regulava as relações comerciais entre a Venezuela (na verdade, a Comunidade Andina) e o Mercosul. E logo acrescentou: *Ves! Ya estoy aprendiendo la geometría!*".

no Mercosul. Mas o Brasil é um país de estrutura econômica capitalista. Se não levarmos em conta os interesses dos empresários — não o interesse específico de cada um, mas os interesses da classe empresarial —, perderemos o rumo. E isso tem a ver com a visão de como se faz a integração. Muitos dizem que tarifa não é importante: "Para mim, isso não é importante, vamos aqui resolver cinco ou seis projetos grandes, que envolvam a Petrobras e outras empresas estatais — e está resolvido". Essas dissonâncias ocorrem, mas não me parece que elas sejam insolúveis.

Um jornalista me perguntou, em determinada ocasião, se eu não estava preocupado com as tendências para a autarquia na Venezuela. Falei: "Olha, para o Brasil essa autarquia está funcionando muito bem, porque nossas exportações passaram de US$ 600 milhões para US$ 3,6 bilhões em quatro anos". Então, que autarquia é essa que está aumentando nossas exportações? Isso não é autarquia. Nós estamos tendo ganhos comerciais efetivos, com aumento de exportações, aumento de investimentos, parcerias. E, naturalmente, consolidando esse aspecto da integração energética, que é muito importante para o Brasil.

O Brasil se acostumou a pensar que a década de 1980 foi uma década perdida. Depois, tivemos uma década jogada fora, a de 1990. Entramos na primeira década dos anos 2000 já com essas hipotecas. Então, ficamos acostumados a um crescimento medíocre. Ninguém falava da Índia cinco ou seis anos atrás. De repente, a Índia obteve grau de investimento. Quando fui embaixador na OMC, entre 1999 e 2001, às vezes ouvia ecos de certo pensamento em voga em Brasília: "O Brasil não pode se aproximar muito da Índia. Não podemos contaminar a nossa imagem com a da Índia". Imaginem, a Índia, hoje, é grau de investimento. Nós nos acostumamos a ver o Brasil crescendo 2 por cento ao ano, em média, ou até menos, nas duas últimas décadas e meia. Agora, se o Brasil voltar a crescer — como o presidente Lula quer, como a oposição também quer, como todos querem — a uma taxa entre 4,5 e 5,5 por cento ao ano, vamos ter fome de energia, como, aliás, já tem a Argentina.

Quando trabalhava com o Mercosul, havia quinze anos, a Argentina queria nos vender gás. Hoje, quer comprar gás de onde puder, porque, com o crescimento industrial recente — algo, aliás, que ninguém achava que ocorreria —, há uma demanda de energia muito maior na Argentina.

A Venezuela quer voltar-se para o Sul. É claro que o presidente Chávez não está fazendo isso somente por generosidade, movido apenas por sua visão bolivariana. Ele tem um interesse real em diversificar seus mercados, da mesma maneira que o Brasil tem interesse em diversificar suas fontes de suprimentos. E não quer depender só dos Estados Unidos, de como está o preço do petróleo, de como vão as relações políticas com os Estados Unidos etc. É por isso que Chávez quer fazer o Gasoduto do Sul. Queremos diversificar as nossas fontes de suprimento: não podemos depender de um fornecedor único. O fato de podermos receber, seja petróleo, seja gás, seja energia elétrica — que já compramos da Venezuela —, é algo a ser levado em conta.

O principal desafio que temos é continuar trabalhando pelo aprofundamento do Mercosul, atendendo às dificuldades dos países menores, ao mesmo tempo que tratamos de duas outras coisas: o alargamento do Mercosul com a entrada da Venezuela — e a possível entrada da Bolívia, quem sabe de outros —, sem desprezar o que nos pode oferecer a integração da América do Sul como um todo. São níveis diferentes de integração. Como as coisas estão colocadas hoje — não sei como estarão daqui a quinze anos —, nós infelizmente, não temos como pretender que o conjunto da América do Sul se transforme em uma união aduaneira. E, se ela não for uma união aduaneira, podemos falar o que quisermos sobre uma "Nação Sul-americana" ou uma "União Sul-americana" (no sentido de integração política plena), mas a integração será limitada.

Não há exemplo histórico de integração econômica e política que não se tenha baseado em uma união aduaneira. O exemplo clássico é o da Alemanha com a famosa *Zollverein*. A União Europeia seguiu nessa linha. Os suíços, hoje, não são parte dela. Isso não os impede de terem um processo amplo de associação, de terem acordos de livre comércio. O mesmo já está ocorrendo entre o Mercosul e os demais países da América do Sul. Mas há que ter esse reconhecimento dos limites. Pode ser que isso mude daqui a dez anos. Tenho que pensar daqui a dez anos, mas tenho que fazer política externa hoje. Então, hoje, não posso ignorar essa realidade.

Quanto mais o Mercosul se fortalece, se aprofunda, resolve os problemas internos de assimetrias e os de coordenação macroeconômica, ou, pelo menos, encaminha uma solução para eles, e, ao mesmo tempo, se expande, mais ele se torna a vértebra e a referência da integração sul-americana. A verdade é essa. Não era o que estava ocorrendo antes. Essa vértebra não existia. Chegamos aqui e se falava em Alca, não havia integração sul-americana. Para muitos, o Mercosul existia e se justificava ontologicamente, somente como uma peça na construção da Alca. Mesmo aqueles que, durante muito tempo, aceitaram ou até defenderam o Mercosul, tinham essa concepção. Era fazer do Mercosul um elemento da integração sob a égide da Alca. Era a teoria dos *building blocks*.

Mas um processo de integração que envolve um país que tem cerca de 80 por cento do PIB de toda a região iria, claramente, em uma direção que não nos interessava. Não estou criticando a opção que outros fizeram — não sei se o México teria outras opções —, mas é muito difícil imaginar um país que faz fronteira com os Estados Unidos, e tinha um comércio de 65 por cento ou 70 por cento com eles antes do Nafta, contasse com muitas outras opções. Talvez sim, talvez não. Mas esse não é o caso do Brasil. O Brasil tem uma inserção diversificada no mundo. Hoje, a América Latina como um todo — e estou incluindo o México, o Caribe e a América Central —

corresponde de 22 por cento a 23 por cento de nossas exportações. Com a União Europeia, é mais ou menos 21 por cento, algo nessa faixa. Com os Estados Unidos é 18 por cento. A América do Sul sozinha representa, hoje, mais que os Estados Unidos.[16]

Queria dizer duas palavrinhas sobre a OMC, porque se trata de evolução recente em um tema que é do interesse de todos. Primeiro, a sensação que temos sobre a OMC é que estamos na reta final. Mas vejam: dizer que estamos na reta final não quer dizer que é garantido chegar à linha de chegada. Mas estamos na reta final: não há muito mais o que inventar, não há teorias ou fórmulas novas. Não vou entrar em detalhes sobre números que aparecem no discurso do presidente Bush.[17] Mas sua anunciada decisão de pedir a renovação do *Trade Promotion Authority* para a Rodada Doha indica que ele também pensa isso.

Vamos deixar de lado as expectativas em relação aos países de menor desenvolvimento relativo, aos países mais pobres, porque eles vão se beneficiar da conclusão da Rodada de qualquer jeito. Vamos nos concentrar nos principais jogadores, que são a União Europeia, os Estados Unidos e o G-20. O que está em jogo nesse triângulo formado por eles? Os subsídios internos norte-americanos; o acesso ao mercado de produtos agrícolas na União Europeia; e o que os países em desenvolvimento, do G-20 especialmente, podem fazer em matéria de acesso a mercado, produtos industriais, serviços, mas, também, em produtos agrícolas. Alguns países são alvo de demandas a esse respeito.

---

16 Em 2010, o Mercosul, mesmo sem a Venezuela, já havia ultrapassado os Estados Unidos como mercado para as exportações brasileiras. A Argentina, sozinha, praticamente igualou os Estados Unidos, com pouco mais de 9 por cento de nossas exportações.

17 O discurso a que me refiro é o *State of the Union* de 2007.

Quando eu era embaixador em Genebra e acompanhei o ministro Lampreia (e depois o ministro Lafer), que discutiu o início do que veio a ser a Rodada Doha, o grande objetivo do Brasil em matéria de agricultura era a eliminação dos subsídios à exportação. Hoje, isso já está garantido. Temos agora que concluir a Rodada. Não se discutem mais os subsídios à exportação; estamos discutindo o montante da redução dos subsídios internos e as disciplinas a que estarão sujeitos.

E do que estamos falando? Nunca ficou muito claro qual o número a que os Estados Unidos poderiam chegar. Mas a cifra que se tinha em mente como teto de subsídios era de US$ 19 bilhões.[18] O G-20 exigiu um número próximo de US$ 13 bilhões. Hoje, o que seria permitido aos Estados Unidos gastarem em subsídios distorcivos se aproxima dos US$ 50 bilhões. Então, não estamos falando de uma situação em que os americanos defendessem, digamos, US$ 40 bilhões e nós advogássemos US$ 12 bilhões. Não estamos falando de valores muito distantes um do outro, se compararmos ao nível permitido atualmente. E não estamos falando de números impossíveis. Há uma proposta da Austrália de US$ 17 bilhões. Não estamos falando de brechas insuperáveis. Não estamos falando — ao contrário do que ocorreu em Seattle, ao contrário do que ocorreu em Cancún — de diferenças de conceitos e de campos de negociação. Em Cancún, havia temas como investimentos, compras governamentais; não estamos falando disso. Estamos falando de poucos temas e de números muito específicos.

Para não deixar o quadro incompleto: com relação a números globais, os Estados Unidos propuseram, formalmente, um teto de

---

18 É de notar que, na OMC, as coisas raramente são chamadas como deviam. Sobretudo em temas sensíveis para os países desenvolvidos, encontram-se eufemismos. "Apoio doméstico" substitui "subsídios internos". "Competição em exportações" (*export competition*) entra no lugar de "subsídios à exportação".

US$ 22 bilhões, com a indicação, algo subentendida, de que poderiam chegar a US$ 19 bilhões. Informalmente, se tem a ideia de que eles poderiam aceitar a proposta australiana, de US$ 17 bilhões. O G-20 gostaria de um número mais perto de US$ 13 bilhões, mas também não será inflexível. Então, há uma área de negociação em torno do valor global de subsídio. Mas tão importantes quanto o número global são as disciplinas. Os Estados Unidos aceitaram uma redução significativa dos subsídios mais distorcidos, os da "caixa amarela". A condição para isso foi a aceitação pelos demais membros de certo número de programas na "caixa azul", considerada menos distorciva.[19] Isso lhes dará certa latitude para continuar apoiando os produtores agrícolas, com programas do tipo "contracíclico", ligados à flutuação dos preços. A condição para que isso ocorresse, que foi imposta não só pelo G-20, mas também pela União Europeia, era que houvesse disciplinas, para que a "caixa azul" não pudesse ser usada de modo a permitir liberdade total. Estamos avançando nessa negociação. Não sei se vamos conseguir concluir ou não. Os cavalos estão na reta de chegada, mas pode ser

---

19 O Acordo sobre Agricultura da OMC classifica três tipos de subsídios: (i) os subsídios do tipo "caixa verde" são medidas governamentais de apoio orçamentário (ou seja, financiados pelos gastos do governo) destinadas à criação de bens públicos como gastos em infraestrutura, pesquisa e desenvolvimento, cuidados sanitários e fitossanitários, gastos com meio ambiente e outras medidas não vinculadas a preços ou quantidades produzidas. Tais medidas não apresentam limitação de volume de gastos; (ii) os subsídios do tipo "caixa azul" são pagamentos diretos aos agricultores vinculados à produção, desde que acompanhados de medidas de redução ou limitação da área plantada. Tais gastos não estão sujeitos a limites; e (iii) os subsídios do tipo "caixa amarela" são as demais medidas de apoio vinculadas a preços e/ou quantidades e sujeitas a um teto de gastos a ser reduzido progressivamente ao longo do tempo (período de implementação). Este é o tipo de subsídio considerado o mais distorcivo, de vez que está vinculado a preços e ao volume de produção. Para uma explicação mais técnica sobre esse e outros temas relativos à OMC, ver Thorstensen, Vera. *A Organização Mundial do Comércio*. São Paulo: Aduaneiras, 2001.

que alguns caiam, derrubem os outros; um jóquei pode cair; enfim, tudo pode acontecer; mas estamos avançando.

No que se refere ao acesso a mercados, a União Europeia se aproximou um pouco da proposta do G-20 no que diz respeito à média dos cortes. A metodologia adotada é a metodologia do G-20. É muito interessante notar como o G-20 se transformou na referência da Rodada. Hoje, ouve-se Peter Mandelson dizer que a "zona de aterrissagem" é a proposta do G-20.

Isso seria algo inimaginável há um ano e meio. Certamente, seria inimaginável em Cancún, quando os países desenvolvidos queriam trucidar o G-20. É uma mudança impressionante, que ocorreu no processo de negociação. Discutia-se muito que a União Europeia queria cortes parecidos com os da Rodada Uruguai, que eram somente cortes por média. Os Estados Unidos queriam um sistema progressivo. Conseguimos encontrar uma forma que combina as duas coisas, por bandas. Há uma "progressividade" entre uma banda e outra, mas dentro de cada banda é o mesmo corte médio. Isso é mais ou menos o que o G-20 propôs. A União Europeia aceitou as bandas do G-20. O que ela ainda não aceita é o corte pedido pelo G-20 para produtos sensíveis. É claro que este não é um problema insignificante, já que há produtos de grande interesse para o Brasil nessa categoria — como carne e frango —, mas parte desses problemas também pode, em tese, ser compensada pelo que conseguirmos negociar em matéria de cotas tarifárias.

Na outra parte do triângulo, existe a expectativa de que venhamos a fazer alguma abertura em relação a produtos industriais. É importante notar que qualquer coisa que venhamos a fazer será menos que muitas pessoas no Brasil, inclusive membros da área econômica do governo, defendem que façamos unilateralmente, ou do que faríamos na Alca.

É isso mesmo: o que estamos admitindo, em troca de concessões importantes, é menos que muitos querem fazer sem nenhuma compensação.[20] É assim que estamos caminhando. Agora, há um equilíbrio específico nesse triângulo na área agrícola. É importante ter esses fatos presentes para sabermos como vamos concluir a Rodada.

Do ponto de vista da política interna dos Estados Unidos, que é o principal jogador (junto com a União Europeia, o principal mercado), tão ou mais importante que o equilíbrio global é o equilíbrio da área agrícola. Daí a insistência dos Estados Unidos em relação à União Europeia em ter acesso a mercados (e também junto aos países em desenvolvimento). Para o Brasil, isso não é problema, porque somos muito competitivos na área agrícola. E sempre preservaremos nossa capacidade de aplicar os remédios quando houver subsídios indevidos. Mas muitos países do G-20 — como, por exemplo, a Índia e a Indonésia — têm grande dificuldade em abrir seus mercados agrícolas.[21]

Há um complicador: quando se esgota a autoridade norte-americana para negociar, eles têm que pedir uma renovação da TPA no Congresso. Um dos problemas que se coloca nesse processo é negociar com o Executivo dos Estados Unidos e correr o risco de que o Congresso faça exigências adicionais. O que temos dito — e acho que há um entendimento claro nesse sentido por parte dos negociadores norte-americanos — é que, se houver alguma alteração quando o acordo chegar ao Congresso, desmancha-se todo o pacote. Esse é um aspecto delicado de ser manejado. Os negociadores norte-americanos estão conscientes disso. Sabem que, desta vez, o equilíbrio é mais complexo do que na Rodada Uru-

---

20 Refiro-me aqui a propostas oriundas do Ministério da Fazenda, que propunham cortes tarifários mais profundos que aqueles que estavam sendo negociados na Rodada, com o objetivo declarado de combater a inflação. De lá para cá, a posição do Ministério da Fazenda, por inspiração de seu titular Guido Mantega, se tornou muito mais "industrialista".

21 Esses países, apesar de membros do G-20, formaram outro grupo, o G-33, cuja preocupação principal é evitar aberturas que possam prejudicar seus pequenos produtores rurais.

guai. Assim, se houver um acordo que eles considerem razoável, tenho a impressão de que trabalharão para que seja efetivamente aprovado. É claro que o ideal seria que essa situação não estivesse ocorrendo, mas não há o que fazer. É o dilema do ovo e da galinha. Se a essa altura dos acontecimentos não houver um progresso na negociação, é muito pouco provável que o presidente Bush, enfraquecido, obtenha autorização do Congresso. Por outro lado, ao se negociar sem a TPA, corre-se o risco que mencionei, mas que não considero insuperável.

Gostaria de fazer um comentário final. Hoje, o Brasil talvez seja um dos pouquíssimos grandes parceiros comerciais cujo ministro das Relações Exteriores é responsável pelas negociações comerciais. É útil, evidentemente, porque tenho a oportunidade de assistir conversas, por exemplo, do presidente Lula com o presidente Bush ou com o presidente Chirac, que outros colegas meus, que se ocupam somente do comércio, não têm. Isso ajuda a ter uma visão mais global dos problemas, mas impõe uma sobrecarga no emprego de tempo. Muitas vezes, é difícil conciliar as tarefas.

Vou contar uma historinha para vocês porque ela é engraçada. Em uma reunião que tivemos, na segunda-feira, com Peter Mandelson, ele disse: "Está tudo muito claro, Celso. O que nós temos que fazer é o seguinte: tenho que controlar os meus Estados-membros, tenho que garantir que eles apoiem a proposta que fiz e deem a ela a interpretação mais favorável. Susan Schwab tem que baixar os subsídios internos e convencer os congressistas dela. E você, Celso, tem que largar esses probleminhas da América do Sul e se dedicar mais à OMC". Por que isso? Porque o Brasil, hoje, é uma referência absolutamente indispensável. E isso também nos cria problemas delicados.

É um problema que nós nunca enfrentamos antes, pelo menos, não da mesma forma. Em muitos momentos nessa negociação, parece que, para os Estados Unidos e a União Europeia, os dois mais o Brasil formam uma espécie de G-3.[22] O Brasil participa hoje de todos os grupos, salvo do G-2, quando União Europeia e Estados Unidos conversam. Mas eles sabem que, sozinhos, não resolvem os problemas. Eles sabem da experiência de Cancún. Mas, antes de alargar o círculo das discussões, querem conversar com o Brasil. Temos que dizer a eles: "Vocês têm que conversar com a Índia. Quando fizermos uma reunião, vamos fazer sob o formato de G-4, ou do G-6, incluindo também o Japão e a Austrália".

O Brasil tem hoje, sem exagero, um papel crucial. Primeiro, porque é o País que talvez tenha o interesse mais forte na questão de subsídios internos norte-americanos. Os Estados Unidos têm interesse em aplacar o Brasil para obter concessões dos outros. Segundo, porque nós conseguimos formar uma coalizão que mudou a forma de trabalho da OMC: o G-20. O G-20 tem sabido fazer as ampliações necessárias para outros grupos de países em desenvolvimento. Isso nos dá vantagens, mas também nos dá muita responsabilidade. Às vezes, temos o papel de persuadir os demais. No caso da Índia, em relação à agricultura, não tem sido fácil. Não vou dizer que eles não queiram a Rodada. Isso não seria justo. Como a Índia tem um grande interesse no sistema multilateral, não pode rejeitar a Rodada, mas, se pudesse adiar um pouco, acharia bom, pois qualquer concessão em agricultura acarreta grande custo político devido à sua enorme população rural, composta em sua maioria de pequenos agricultores.

Os políticos não podem pensar somente no longo prazo. Se não forem reeleitos, o longo prazo não chegará para eles. Então, pensando também no curto e médio prazos, um país não pode ter só

---

22 Mais de uma vez, houve reuniões nesse formato. Uma delas ocorreu no Rio de Janeiro, ainda no tempo de Rob Portman como USTR e de Mandelson como comissário europeu. O diretor-geral Pascal Lamy também estava presente. Em Hong Kong, antes da primeira das sessões do Green Room, voltamos a nos encontrar os três.

pílulas amargas e ter como benefício apenas a preservação do sistema multilateral — um benefício sistêmico, o benefício de ser considerado "bom cidadão do mundo". Isso conta, mas é preciso que a Índia, como os demais, obtenha ganhos comerciais em áreas em que houver interesse mais imediato. É o caso de certas áreas da negociação de serviços, como o chamado Modo 4 e o *outsourcing*.[23] A Índia talvez seja o país mais problemático hoje. Então, é preciso fazer estas duas coisas: diminuir um pouco o amargor das pílulas amargas e aumentar um pouco a doçura das balinhas.

---

23 O Acordo sobre Serviços da OMC prevê quatro modos de fornecimento. O Modo 4 é aquele em que o prestador do serviço se desloca até o país onde ele é prestado, envolvendo mão de obra. O *outsourcing* é uma prática comum na indústria de tecnologia da informação, pela qual certas operações são "terceirizadas" para fora do país.

5

"CELSO DISSE ISSO, CELSO DISSE AQUILO"

Rodada Doha da OMC e a Reunião de Potsdam.
27 de junho de 2007[1]

Como viajarei ainda hoje para Assunção, terei que ser mais breve do que habitualmente — o que é, imagino, motivo de alívio para muitos. Assim, me escuso de fazer uma apresentação mais abrangente sobre a nossa política externa. Haverá outras ocasiões para isso — se não para os alunos do CAE, ao menos para os demais alunos do Rio Branco.

Acredito que o assunto do momento seja a questão da Rodada Doha da OMC. Eu sei que o Roberto Azevêdo esteve aqui recentemente. Embora eu não queira repetir o que ele certamente já disse — o que será, em alguma medida, inevitável —, gostaria de deixar para vocês um pouco das minhas impressões do que ocorreu em Potsdam há uma semana. Afinal, esse tema é relevante não apenas sob o ponto de vista econômico e comercial, mas também sob uma perspectiva política, já que se insere no contexto geral dos realinhamentos que estão em curso nas relações internacionais.

---

1 Palestra proferida para a 53ª edição do CAD e para a Turma 2006-2008 do IRBr.

Talvez o primeiro comentário a fazer sobre essa reunião seja justamente sobre a escolha do lugar. Como vocês sabem, Potsdam é a cidade onde se realizou a última das grandes cúpulas durante a Segunda Guerra Mundial. Na Europa, a Guerra já havia acabado. Aliás, até fiz uma brincadeirinha sobre a decisão de se fazer a reunião em Potsdam. Antes das conversas, eu disse: "Sabemos quem aqui é o Truman" — que seria, obviamente, Susan Schwab, acompanhada pelo ministro da Agricultura dos Estados Unidos. "E sabemos quem é o Churchill" — porque Peter Mandelson, embora representasse a Europa, por coincidência, é inglês. "Só falta saber quem é o Stalin." Em seguida, eu disse que certamente não era eu: "Deve ser o Kamal Nath", meu colega indiano.

Foi em Potsdam que se selou a divisão Leste-Oeste do mundo, que perduraria por aproximadamente cinquenta anos. Quando estivemos lá, distribuíram um livro, cujo último capítulo tratava da Conferência de Potsdam. Embora o autor já o tenha escrito com o benefício da visão de retrospecto, quando se lê aquele texto, percebe-se que os atores daquela reunião certamente não tinham ideia do alcance do que haviam decidido — ou deixado de decidir — naquele momento.

A nossa recente reunião em Potsdam não era uma Cúpula, mas mereceu muita atenção da imprensa internacional. Só espero que a consequência da nossa Conferência não seja uma divisão duradoura — não Leste-Oeste, mas Norte-Sul. Muito embora haja indícios de que isso não ocorrerá, ainda estamos em uma situação de grandes incertezas.

Para podermos conversar sobre as negociações e os resultados dessa Conferência, é importante termos presente que estava reunido ali o chamado G-4 — União Europeia, Estados Unidos, Brasil e Índia.[2] Como resultado de um processo longo e complexo, que envolveu

---

2 É difícil, para quem não foi um ator no processo, imaginar a intensidade e a frequência das reuniões entre os principais protagonistas das negociações, a partir de sua retomada no pós-Cancún. Houve, inclusive, variações no "elenco". Antes da Ministerial do México,

o diálogo central se dava entre os Estados Unidos e a União Europeia, o que levou alguns dos participantes do "segundo círculo" do diálogo a cunharem a expressão *the Pascal and Bob show*. Essa óbvia alusão aos dois negociadores principais, o comissário europeu, Pascal Lamy, e o representante comercial norte-americano, Robert Zoellick, era feita com um misto de ironia e fatalismo, que a reunião de Cancún viria a enterrar. A partir da primavera europeia, em 2004, a constelação mudaria. Houve um momento de relativa indefinição (em função, sobretudo, das eleições na Índia), que coincidiria com a reunião de Londres, em maio, da qual participaram, além das duas superpotências comerciais, o Brasil, a Austrália, a África do Sul e o Quênia. Os indianos, desprovidos de ministro naquele momento, com o governo ainda em formação, ficavam em uma sala próxima àquela em que se realizou o jantar e eram informados de tempos em tempos do que se passava por um membro da delegação brasileira. Mas, logo na reunião seguinte, realizada à margem da Unctad, em São Paulo, viria a firmar-se a composição que perduraria até a aprovação do Acordo-Quadro de julho, que ficou conhecida inicialmente como G-5 e, logo, como Fips, abreviação em inglês da expressão "cinco partes interessadas". O grupo incluía a Índia e deixava de fora os dois africanos. Essa exclusão, atribuível a considerações de praticidade, é típica dos procedimentos pouco transparentes da OMC. Seja como for, as negociações, tanto em nível técnico quanto em nível ministerial, ficariam concentradas no Fips. Vencida a fase que correspondeu à construção do arcabouço do acordo agrícola, na qual a presença da Austrália se justificava por seu papel no Grupo de Cairns, nova alteração ocorreria no núcleo negociador, que passaria a ser composto de União Europeia, Estados Unidos, Brasil e Índia. No caso destes dois, a participação se dava em dupla capacidade, como importantes economias do mundo em desenvolvimento e como representantes do G-20, embora, como tudo na OMC, essa representação nunca tenha sido formalizada ou tenha sido plenamente aceita como tal pelos dois outros componentes do G-4. Após um período de relativa calmaria, que correspondeu a uma fase de mudanças no governo norte-americano, na Comissão Europeia e na própria direção-geral da OMC, as reuniões retomariam o seu ritmo quase feérico, com encontros nos mais variados pontos do planeta, seja à margem de reuniões mais amplas, como a de Dalian, na China, em 2005, ou em Zurique e Genebra em 2006, seja em sessões específicas do G-4, às vezes ampliado em um algo fictício G-6 (para incluir Japão e Austrália). Estas ocorreriam, na maior parte das vezes, em cidades europeias — que ficavam a meio caminho entre Delhi e Washington ou Brasília —, mas também tiveram lugar nos continentes americano (inclusive no Rio de Janeiro) e asiático. Durante três a quatro anos (isto é, desde um pouco depois do "Acordo de julho" de 2004 até ao que tenho chamado de "o grande fracasso de julho" — sempre julho!), os olhos do mundo, ou pelo menos daqueles que se interessam por comércio internacional, ficaram postos no G-4. Para algumas reuniões do G-4, nem sequer o diretor-geral da OMC tanto delegação como autodefinição de atribuições, esse grupo assumiu a condução e a liderança nas negociações sobre a Rodada Doha. Aliás, o estudo da estrutura política do processo negociador entre Cancún e Potsdam daria um livro — ou pelo menos um artigo — interessante. Afinal, o alinhamento de forças em Potsdam reproduziu, de alguma maneira, aquele que ocorreu em Cancún — embora esta fosse uma reunião com 150 países e aquela incluísse apenas quatro partes. De certa maneira, tanto a divisão Norte-Sul como as alianças que se formaram tinham alguma coisa a ver com Cancún.

É sempre muito difícil falar para um grupo como este, em que alguns estão diretamente envolvidos com o tema, outros já o estudaram profundamente, enquanto os alunos do Instituto Rio Branco ainda não vivenciaram os fatos, por mais que tenham lido sobre eles. Desse modo, inevitavelmente soarei repetitivo para alguns e, talvez, um pouco obscuro para outros.

Embora eu não pretenda descrever toda a atual Rodada da OMC, gostaria de recordar que fora acertado em Doha que a Rodada seria voltada para o desenvolvimento — o que está refletido, aliás, no próprio nome: "Agenda de Desenvolvimento de Doha". Antes de Cancún, no entanto, as negociações estavam repetindo o padrão de todas as Rodadas passadas: os interesses dos países ricos eram considerados temas centrais, ao passo que o desenvolvimento era tratado como um apêndice — não eram o recheio do bolo, apenas o glacê ou um enfeite. Esse padrão culminou naquele documento que os americanos e os europeus apresentaram, juntos, na Conferência de Cancún — e que gerou o impasse que todos vocês conhecem.

---

era convidado, seja em função de desconfianças norte-americanas, seja em função da latente rivalidade com o comissário europeu, cargo que Lamy ocupou imediatamente antes. Desde logo, chama a atenção a ausência da China nesse círculo restrito, em que as negociações mais importantes supostamente se passavam. O fato se explica, porém, em função não só da proverbial cautela da China (que, desde o início, se juntou ao G-20, porém), mas também de seu ingresso recente na OMC.

Foi nesse momento que o G-20, grupo que já vinha sendo criado nos dias que antecederam a reunião, se consolidou e ganhou uma projeção política inédita nesse tipo de negociação. Aqueles que acompanharam esses acontecimentos irão se lembrar de que, inicialmente, tanto os Estados Unidos como a União Europeia estigmatizaram a atuação do G-20. O então USTR, Robert Zoellick, foi um dos críticos mais ácidos do G-20 e do Brasil. Poucos dias depois da reunião de Cancún, publicou um texto no *Financial Times* em que dividia os países em duas categorias: aqueles que "desejavam acordo" e aqueles que "não desejavam acordo". O Brasil era, para ele, um dos países que não desejavam um acordo.

Poucos meses depois, os países que haviam criticado o G-20 perceberam que não seria possível avançar nas negociações sem recooptar o grupo — e, principalmente, o Brasil, pois éramos o país que poderia coordenar o processo de retorno às negociações. No início de 2004, quando estava em Buenos Aires — não me recordo se em virtude de uma reunião do Mercosul ou de uma visita bilateral —, recebi um telefonema de Zoellick. Como estávamos com alguns impasses em relação à Alca, pensei: "Lá vamos nós conversar sobre a Alca de novo. Vai ser uma chateação tremenda!". Mas ele falou uns três minutos sobre a Alca — até porque se sentia obrigado a tratar desse tema — e depois levou quase uma hora conversando sobre como reativar a Rodada Doha. Zoellick sabia que, para isso, não podia dispensar o concurso do Brasil, embora resistisse a admitir claramente o papel do G-20.

Graças a um novo enfoque, mais pragmático, chegamos relativamente rápido, em menos de seis meses, ao chamado *"July framework"* — o Acordo-Quadro de julho de 2004, no qual foram estabelecidas as grandes linhas dos temas que estamos hoje discutindo. Esse acordo representava enorme progresso em relação ao que havia sido colocado sobre a mesa em Cancún. Apenas para mencionar um exemplo: foi com o *"July framework"* que se acordou, de maneira clara, a noção de que subsídios à exportação e outras formas equivalentes de apoio à exportação deveriam ser eliminados. Até então, pairava certa ambiguidade. Em julho de 2004, acertamos não somente a eliminação dos subsídios à exportação, mas também os limites conceituais aos quais se sujeitariam até sua completa eliminação. Enfim, os avanços ocorridos possibilitaram que as negociações prosseguissem, ainda que sempre de modo penoso, difícil.

Um aspecto interessante, sempre observado pelas pessoas que são neófitas em temas da OMC, é como tudo ali ganha um nome ou uma sigla. Quem passar seis meses sem ter contato com a OMC perceberá, depois, que muitos nomes e siglas terão mudado. Essa é a maneira por meio da qual os negociadores em Genebra conseguem manter esses temas completamente herméticos, impermeáveis para os que estão do lado de fora. Mesmo quando ministros chegam às negociações da OMC, eles logo pensam: "Isso não vou entender nunca, terei que comer pela mão do negociador até o final". Mas, com algum esforço, acaba-se entendendo alguma coisa.

Quem se reuniu em julho de 2004 não foi o atual G-4, mas um grupo que congregava os quatro atores e também a Austrália. Afinal, no centro daquelas negociações, estavam questões agrícolas e a Austrália coordenava o Grupo de Cairns, dedicado à agricultura. Por curiosidade, o nome dado àquele grupo de cinco atores foi Fips, sigla cujo significado não se intui facilmente: *Five Interested Parties* — como se não houvesse outros interessados...

Quando esse grupo de cinco atores conseguiu negociar a essência do acordo, passou-se àquele processo, que também ocorre em outros organismos internacionais, de atribuir-lhe legitimidade multilateral. Assim, o acordo básico obtido entre os cinco foi levado ao que chamamos de Green Room, uma reunião com um grupo pequeno de países — entre 20 e 25. A reunião tem esse nome porque é realizada na antessala do diretor-geral da OMC, tradicionalmente decorada com tons verdes. (Eu já ouvi outra explicação ligada à sala de espera em teatros ingleses).[3] Por seu turno, quando esse grupo reduzido aprovou o documento, ele foi submetido ao plenário da OMC. Apenas no fim desse processo — ou seja, quando houve o endosso do plenário — é que estava concluído o "Arcabouço de Julho", que seria a tradução mais exata para *July framework*.

Depois disso, houve mais um ano e meio de grandes batalhas e discussões — cujos detalhes é cansativo desfiar. Na Conferência de Hong Kong, no final de 2005, houve alguns avanços importantes. Ao longo desse complexo processo negociador, o G-4 gradualmente se consolidou como o centro das discussões. Às vezes, ele se tornava um grupo de seis, quando também participavam a Austrália e o Japão.

Como nas reuniões entre os quatro ou seis principais atores não se chegou a um consenso sobre os temas centrais da negociação, parecia que, em Hong Kong, nenhum resultado prático seria obtido. Contudo, do nosso ponto de vista, houve ao menos dois ou três avanços importantes — que se relacionam a outros aspectos da Rodada, sobre os quais não pretendo falar de maneira detalhada. Entre esses avanços, estava, por exemplo, a questão do acesso a mercado livre de tarifas e cotas (*duty free, quota free*) para países de menor desenvolvimento relativo. Além disso, em Hong Kong, determinou-se — pela primeira vez — uma data para que os subsídios à exportação fossem eliminados, 2013.

Também nessa Conferência, conseguiu-se dar concretude a elementos que antes estavam previstos de maneira abstrata. Por exemplo, acordou-se que deveria haver "cortes efetivos" dos subsídios internos — isto é, deveriam ser reduzidos de modo a ter impacto não somente no valor consolidado (isto é, o valor que os

---

3   James Boswell, em seu livro sobre a vida de Samuel Johnson, o grande dicionarista e pensador inglês, refere-se ao gosto de seu biografado pelos green rooms, onde convivia com gente de teatro.

países estão obrigados a respeitar), como também sobre o valor aplicado.[4] Enfim: o fato é que, embora não tenha havido consenso prévio entre os quatro ou os seis atores, isso não impediu que, em Hong Kong, ocorressem avanços importantes. Parte desses avanços decorreu da aliança entre o G-20 e outros grupos de países em desenvolvimento, reunidos sob o chamado G-90. Constituiu-se assim um virtual G-110, que teve papel relevante na fixação da data final para a eliminação dos subsídios às exportações.

Também na questão industrial, tema que interessa ao Brasil e ao Mercosul, houve progressos, ao menos quanto à linguagem que foi acordada: a Declaração de Hong Kong menciona, em seu parágrafo 24, algo que eu definiria como "dupla proporcionalidade". É preciso, antes de mais nada, salientar que a agricultura é a área menos disciplinada pelas normas do sistema multilateral de comércio. A Rodada Doha foi lançada principalmente por causa da agricultura, uma vez que, logo depois do fim da Rodada Uruguai, percebeu-se que os avanços em relação a esse tema haviam sido muito modestos. Na realidade, a continuação das negociações agrícolas foi "mandatada" pelos acordos de Marrakesh, mas, logo, se tornou óbvio que ela só seria possível no contexto mais amplo de uma nova Rodada. Portanto, a "dupla proporcionalidade" consistia no fato de que as demandas de redução tarifária em produtos industriais deveriam levar em conta o nível de desenvolvimento dos países e o "atraso" das disciplinas do setor agrícola em relação ao industrial.

Passados alguns anos do término da Rodada Uruguai, quando se aproximava o prazo para o início de negociações sobre agricultura, inventou-se a ideia de uma nova rodada geral de negociações. Como vocês devem se lembrar, falava-se naquele momento sobre

---

4 A noção de "valor aplicado" também não é facilmente traduzida em números, já que estes dependem, entre outros fatores, do período que se toma como base para definir o montante dos subsídios.

uma Rodada do Milênio — expressão cunhada pelo então comissário de comércio da União Europeia, Leon Brittan. À época, os países ricos — sobretudo os europeus — condicionavam as negociações sobre agricultura às negociações sobre outros temas de seu interesse. É por isso que a ideia de "dupla proporcionalidade" foi algo importante para nós.

O que é fundamental para o Brasil e para o Mercosul? Em primeiro lugar, é fundamental conseguir reformas efetivas na área agrícola, em que o Brasil e outros países em desenvolvimento já são competitivos. Diante de fatores como a crescente importância dos biocombustíveis, até mesmo os países pobres que atualmente não são competitivos em agricultura poderão vir a sê-lo, se os subsídios à exportação praticados pelos países ricos forem eliminados e se outros subsídios forem substancialmente diminuídos. Por outro lado, também devemos estar atentos à área industrial. Ao contrário do que acontece, por exemplo, com a indústria do aço nos Estados Unidos, a indústria brasileira é relativamente nova e é responsável pelo emprego de muitas pessoas.

De maneira simplificada, do ponto de vista brasileiro, os *enjeux* dessas negociações formam um triângulo: o que conseguiremos obter em acesso a mercados agrícolas; o que conseguiremos obter em matéria de subsídios e regras gerais para a área agrícola; o que concederemos na área industrial.

Afinal, por que razão a Rodada Doha e a OMC são tão importantes para o Brasil? Nos jornais, são recorrentes comentários no sentido de que nós teríamos "perdido o bonde da história" e que o Brasil deveria ter focado seus esforços nas negociações bilaterais — fosse no âmbito da Alca, fosse com a União Europeia. Mas as regras do sistema multilateral de comércio é que dão, por assim dizer, a base para os acordos bilaterais. Além disso, somente no plano da OMC é possível buscar a correção do elemento que mais distorce o comércio internacional: os subsídios.

Certos países têm um interesse imediato em um setor da agricultura ou da indústria, e podem se contentar com uma cota ou uma redução tarifária obtida por meio de um acordo bilateral — por exemplo, na área de têxteis, com os Estados Unidos. Isso é verdade também para certos setores no Brasil. Contudo, examinando a situação sob a perspectiva da economia brasileira como um todo, vê-se que a eliminação das barreiras e a redução dos subsídios somente são possíveis no plano da OMC. Está claro que negociar na OMC não impede o Brasil de, em momento posterior, negociar bilateralmente com grandes entes como a União Europeia ou com países como os Estados Unidos, se as condições forem adequadas.

O outro país em desenvolvimento com grande presença nas negociações é a Índia, cujos interesses apresentam algumas nuances quando comparados aos do Brasil. A Índia é menos competitiva na agricultura e adota, portanto, posição mais defensiva em relação a esse tema. A Índia está ao nosso lado na luta para a eliminação dos subsídios e para a abertura do mercado dos países ricos, mas é cautelosa com relação ao seu mercado. O Brasil pode ser um pouco mais arrojado nessas negociações, pois continuaríamos competitivos mesmo que abríssemos mais nosso mercado agrícola — sobretudo, se houvesse eliminação dos subsídios.

Do ponto de vista industrial, embora as situações da Índia e do Brasil não sejam estruturalmente muito diferentes, já que ambos ainda precisam de algum espaço para consolidar certos setores industriais, a Índia já foi mais longe em relação às reduções tarifárias do que o Brasil, atualmente, pode ou pretende ir. Nesse sentido, para a Índia é mais fácil acomodar as demandas industriais e, para o Brasil, as agrícolas.

Ontem mesmo li uma notícia que Mandelson teria afirmado que as diferenças entre o Brasil e a Índia provocariam uma separação, nesse contexto da Rodada. Esse talvez seja o desejo dele — aliás, acho que foi justamente o que ele e a negociadora dos Estados Unidos, Susan Schwab, tentaram fazer em Potsdam e não conseguiram. A aliança entre o Brasil e a Índia é, na minha opinião, absolutamente fundamental e estratégica. É claro que não podemos ser ingênuos. Cada país tem seus interesses. Ainda temos que dialogar bastante, aproximar posições, mas manter essa aliança é essencial. Foi o fator decisivo na criação do G-20. No passado, sempre que havia uma discussão sobre agricultura, o Brasil e a Índia colocavam-se em lados opostos. Aliás, saibam que, quando falo "do Brasil e da Índia" nesse contexto, estou me referindo, também, a toda uma série de países que eram nossos aliados, ou não, nos temas agrícolas. Do lado brasileiro, estavam os países em desenvolvimento que são fortes exportadores, como a Argentina e a Tailândia; do lado da Índia, reuniam-se aqueles que tinham preocupações defensivas, como vários africanos e alguns asiáticos. O que o G-20 conseguiu de fundamentalmente novo foi juntar todos esses países em torno da reforma agrícola: embora haja nuances nos interesses específicos de cada um, compartilhamos três grandes objetivos: a eliminação dos subsídios à exportação, a redução substancial dos demais subsídios e o acesso ao mercado agrícola dos países ricos.

A aliança entre o Brasil e a Índia no seio do G-20 — e, também, no quadro mais restrito do G-4 — é fundamental. Quando há quatro atores, eles podem se alinhar de maneiras distintas: 2+2, 3+1 ou os quatro juntos. Em Potsdam, parece-me, havia um jogo permanente para ficar em 3+1. O primeiro momento seria dedicado à questão dos produtos industriais. Logo, os canhões ficaram voltados para o Brasil. Se essa etapa fosse vencida — o que não aconteceu —, os canhões se voltariam para a Índia quando, ao discutirmos os temas agrícolas, fosse a hora de tratar dos chamados "produtos especiais".[5]

---

5   A negociação agrícola na Rodada Doha se divide em três grandes áreas ou "pilares": (i) acesso a mercados; (ii) apoio doméstico; e (iii) subsídios à exportação. No pilar de aces-

Há uma permanente tentativa de transformar o G-4, que em grande medida é um 2+2, em um 3+1. Tenta-se jogar o Brasil contra a Índia nas questões agrícolas; tenta-se cooptar a Índia contra o Brasil nas questões industriais e de serviços. Comparada com o Brasil, a Índia é um país com interesses mais ofensivos na área de serviços — tanto por causa dos nacionais indianos que trabalham temporariamente no exterior como em virtude do interesse desse país em consolidar-se como provedor *outsource* para processamento de dados.

Fomos a Potsdam tendo como base um 2+2, mas constantemente enfrentamos tentativas de transformá-lo em um 3+1. É claro que estou simplificando bastante: as negociações comerciais estão sempre repletas de nuances. Aliás, deixem-me acrescentar uma coisa: as alianças que se formam nessas negociações são variáveis, muito embora haja uma aliança *estratégica* Brasil-Índia[6] e tenha

---

so a mercados, decidiu-se adotar flexibilidades para permitir que países excetuassem alguns produtos de cortes previstos ou pudessem submetê-los a cortes mais brandos. Foram criadas duas classes de flexibilidades: a) *produtos sensíveis* (para todos os países). Cada país pode incluir até 4 por cento de suas linhas tarifárias agrícolas nessa categoria, desde que isso seja compensado com o oferecimento de uma cota tarifária no mesmo produto cujo volume corresponda a um certo percentual do consumo doméstico; b) *produtos especiais* (só para países em desenvolvimento). Os países em desenvolvimento podem incluir até um certo número de suas linhas tarifárias agrícolas como "produtos especiais". No caso destes, não haveria obrigatoriedade de compensações.

6   O valor da relação estratégica Brasil-Índia pode ser ilustrado por episódio ocorrido em julho de 2004, quando se discutia o que viria a ser o *July framework*. Em dado momento, a reunião em Genebra teve de ser paralisada devido à resistência de Kamal Nath a uma redação que não contemplasse, sem nenhum tipo de reserva, a exceção sobre desenvolvimento rural, segurança alimentar e agricultura familiar. Ao mesmo tempo que me reuni com Kamal, segundo nos foi relatado depois, um membro da delegação indiana teria buscado contato direto com o gabinete do primeiro-ministro Manmohan Singh. Este teria dado instrução para que Kamal demonstrasse maior flexibilidade, o que permitiu que se encontrasse uma redação aceita por todos. De acordo com a informação que recebemos, a decisão do primeiro-ministro indiano teria levado em conta a alta prioridade (*sic*) atribuída à relação com o Brasil.

havido, em Cancún, uma aliança *tática* entre os Estados Unidos e a União Europeia — que se repetiu agora. Mas entre Cancún e Potsdam frequentemente ocorreram mudanças circunstanciais: o Brasil trabalhou junto com os Estados Unidos em prol de maior abertura do mercado europeu, assim como estivemos ao lado da União Europeia na luta pela redução dos subsídios internos dos Estados Unidos para seus agricultores.

Esse quadro de alianças não é permanente ou sólido. Em Potsdam, simplificando muito, esse quadro se configurou com os Estados Unidos e a União Europeia retomando a aliança que haviam feito em Cancún, quando encontraram um nível de conforto mútuo, que representaria nem muitos cortes nos subsídios americanos nem muitos cortes nas barreiras europeias. Os "dois grandes" se punham de acordo e pressionavam o Brasil em relação aos bens industriais e, depois, pressionavam a Índia em matéria de acesso agrícola.

Afirmei que Potsdam foi uma reedição de Cancún. Mas esse comentário diz respeito à forma e ao processo das negociações, não ao conteúdo. Entre as reuniões de Cancún e Potsdam, evoluiu-se muito. Eu já mencionei, por exemplo, os avanços obtidos no *July framework* e na Reunião Ministerial de Hong Kong, principalmente sobre a questão da eliminação dos subsídios à exportação (chegamos até mesmo a chamar os subsídios de "arma de destruição em massa na agricultura").

Se fechássemos hoje o pior acordo, ainda assim estaríamos melhor do que com o acordo que havia sido proposto em Cancún. Com a presença do Brasil e da Índia, as condições políticas das negociações mudaram totalmente. Muita gente diz que o G-4, depois de Potsdam, está morto. Seja como for, o fato é que atualmente os países em desenvolvimento têm um papel muito mais importante nessas negociações do que tiveram no passado. Não estamos mais na periferia, mas no cerne das negociações.

Há outros elementos das discussões do G-4 no período que antecedeu a Potsdam. Em primeiro lugar, percebia-se o crescente descontentamento por parte dos membros da OMC — inclusive dos países em desenvolvimento — em relação à situação supostamente privilegiada do G-4, em cujo âmbito as principais variáveis da Rodada estavam em jogo. Essa atitude era algo ambígua, pois por um lado se reconhecia que sem avanços no G-4 não seria possível alcançar um acordo; por outro ninguém queria delegar totalmente seus interesses a esses quatro atores — e é natural que fosse assim. No nosso caso isso era especialmente importante, por causa do G-20: a todo momento, no G-4, o ministro indiano e eu procurávamos refletir as posições que haviam sido acordadas pelo G-20. Ainda assim, havia assuntos em que cada um de nós tinha que, fatalmente, defender os interesses do seu país.

Quero que vocês tenham uma ideia do que estava em jogo em matéria de subsídios internos para a agricultura. Discute-se hoje um número global, chamado *Overall Trade-Distorting Support*, que corresponde ao montante total de subsídios distorcivos.[7] Esse número é, por assim dizer, uma manchete, um título, pois não é o número que valerá para a grande maioria de produtos. Aliás, a maioria dos países nem saberia especificar, como nós o fizemos, seus interesses em relação às várias dimensões da questão dos subsídios. Para muitos países africanos, por exemplo, esses interesses são ainda potenciais, pois eles não produzem esses bens agrícolas, ou o fazem de forma pouco competitiva (em grande medida, em virtude das distorções causadas pelos subsídios e por outras barreiras).

O Brasil foi capaz de precisar seus interesses em parte como reflexo dos problemas muito concretos que enfrentamos em produtos como o algodão e a soja. Sabemos que alguns dos nossos parceiros

---

7   OTDS, Apoio Interno Distorcivo Total. Trata-se de um novo conceito, criado nas negociações da Rodada Doha, com vistas a superar limitações e lacunas do Acordo sobre Agricultura.

no Mercosul também enfrentam problemas em relação a outros bens agrícolas. É o caso do Uruguai com o arroz. O que quero frisar é que não há apenas um número global a definir. É essencial estabelecer tetos e disciplinas para categorias de bens agrícolas, e mesmo produtos específicos. Ao mesmo tempo, não poderíamos nos esquecer de que qualquer acordo teria que, depois, ser levado para o G-20 e, somente quando endossado pelo grupo, poderia ser levado para o conjunto dos membros da OMC.

Quando começamos a discussão em Potsdam, houve uma pressão forte para inverter os termos da equação, por meio de uma manobra em relação à agenda. Muito embora todos reconheçam que a agricultura é o motor da Rodada Doha, tentou-se inverter a ordem que vinha sendo seguida há anos, e começar as discussões por produtos industriais. Isso ocorreu em uma reunião ministerial restrita. O Brasil teve que barrar essa iniciativa e contou com o apoio da Índia para isso.

Durante a reunião, discutimos longamente as questões agrícolas, mas não se lograva chegar ao fim de nenhuma de suas vertentes. Cada um apresentava sua posição, mas não se aprofundava a negociação. Era como se os verdadeiros limites das posições estivessem sendo testados. Depois das discussões sobre produtos industriais, acho que os americanos e europeus pensavam que nós cederíamos à pressão. Talvez eles esperassem que a Índia cedesse e nos deixasse sozinhos, porque as preocupações defensivas da Índia se situavam, em termos em uméricos, em patamar mais baixo que o nosso.

Justiça seja feita, isso não aconteceu. Talvez os dois grandes achassem que não resistiríamos à pressão psicológica; que tremeríamos, que não teríamos coragem de sair daquela sala sem um acordo. Também não é improvável que, cientes de que voltaríamos a fazer forte pressão sobre os pontos nevrálgicos dos temas agrícolas, os americanos e europeus tenham preferido caracterizar o impasse em função da discussão sobre produtos industriais — para não carregar a culpa pelo fracasso.

Na última reunião antes que o impasse fosse por assim dizer declarado, as discussões, embora tensas, chegaram a um ponto quase cômico. Os europeus e os americanos tinham anotado cada palavra do que eu havia dito em um jantar na véspera sobre nossos limites em matéria de produtos industriais. Ao longo das conversas, argumentavam: "Celso disse isso", "Celso disse aquilo". Chegou um momento em que Peter Mandelson e Susan Schwab discordaram sobre o que eu teria dito no jantar da véspera e começaram a discutir entre si. Eu disse então: "Bom, talvez eu possa sair da sala para que vocês cheguem a um acordo sobre o que eu disse". É claro que ali havia uma tática para impor pressão psicológica sobre o Brasil. Isso, francamente, não me impressionou.

Havia, basicamente, dois cenários montados. O primeiro, aquele em que o Brasil e a Índia cederiam às pressões, que seria o cenário ideal para europeus e americanos. O segundo, um em que nós não cederíamos às pressões. Para essa hipótese, planejava-se um comunicado conjunto redigido de modo que tivéssemos menos controle sobre o texto e, também, uma coletiva de imprensa conjunta, depois de uma reunião com Pascal Lamy, da qual deveriam participar Japão e Austrália. Segundo o *script* que haviam acordado, americanos e europeus aproveitariam a ocasião para apresentar suas visões à opinião pública. Esses países têm mais instrumentos, tradição e perícia para fazer isso, além de gozarem da conivência da mídia internacional.

Era necessário minimizar os efeitos dessa situação, apresentando à opinião pública a nossa visão do que estava acontecendo. Assim, a despeito de todas as pressões e dificuldades, dissemos aos americanos e europeus que estávamos dispostos a ir até onde fosse necessário para concluir as negociações. Ao longo de uma reunião que fizemos durante o almoço no terceiro dia, ficou claro que realmente não seria possível chegar a um acordo. Eu propus a meu colega indiano, Kamal Nath — e ele imediatamente concordou —, convocar uma coletiva de imprensa em seguida a uma reunião que se realizaria no início da tarde antes daquela reunião mais ampla. Com isso, conseguimos a primazia da manchete.

Nesse momento, eu me lembrei da lição que um embaixador já falecido, Ítalo Zappa, que foi assessor de imprensa do Magalhães Pinto, costumava transmitir: "Não se importe com a notícia; o essencial é ganhar a batalha da manchete". Há algo de verdadeiro nisso, pois essa é a porção dos jornais que a grande maioria das pessoas lê. De certa forma, em pequena escala, diante da tática europeia e americana, reproduzimos o comportamento de Cancún, antecipando-nos a eles. Como naquela cidade, nossos parceiros ricos foram tomados de surpresa.

Embora muitas das manchetes daquele dia tenham dito que Brasil e Índia se retiraram da reunião — algo que não correspondia bem à verdade, mas que não chegava a ser grave sob a perspectiva da substância —, outras manchetes, como a do *Wall Street Journal*, refletiram aquilo que efetivamente ocorreu: que a Rodada havia chegado a um impasse em função dos subsídios agrícolas. Se não tivéssemos nos esforçado tanto em passar a nossa mensagem à imprensa, provavelmente a versão dominante teria sido a de que esse impasse fora decorrência de nossa intransigência em relação aos produtos industriais.

Bom, o que temos daqui para a frente? Digo sinceramente: tendo a acreditar que o G-4 se esgotou. Isso significa que a condução do processo negociador da Rodada volta às mãos do diretor-geral da OMC. Contatos bilaterais também continuarão ocorrendo. E, evidentemente, serão necessários.

Qual o significado do fim do G-4? É claro que esses quatro países podem, a qualquer momento, se reunir — assim como também poderiam se reunir seis, oito, dez ou doze países. O que deixa de existir é a percepção de que esse grupo chegaria a um acordo sobre os principais temas da Rodada, e que esse acordo seria então apresentado ao conjunto de membros da OMC como a base de um acordo definitivo. Não há dúvida de que tudo aquilo em que o Brasil e os Estados Unidos puderem concordar, ou tudo aquilo em que a União Europeia e a Índia puderem concordar, tudo o que possa funcionar como moeda comum entre esses quatro atores influenciará o resultado final da Rodada Doha. Mas a ideia de que o G-4 continuaria a funcionar como uma espécie de comitê dirigente do processo negociador perdeu a validade.

O esgotamento do G-4 tem também seu lado positivo. O Brasil não terá mais a obrigação política de vender para o G-20 e para outros países em desenvolvimento um acordo costurado entre os quatro. Essa é uma observação politicamente importante, porque eu não sei se teremos algum resultado nas negociações dessa Rodada — e, em caso positivo, não sei se será um acordo muito melhor do que poderíamos ter obtido em Potsdam. Tendo a achar que sim, pois, na arena multilateral, muitas pressões funcionarão, em seu conjunto, a nosso favor — sobretudo no que diz respeito à necessidade de redução dos subsídios por parte dos Estados Unidos. E será politicamente um acordo mais palatável, mesmo nas áreas em que não obtivermos tudo o que desejamos, ou naquelas em que pudermos impedir tudo o que gostaríamos de impedir — não será o Brasil e a Índia a fazerem as concessões. A conclusão da Rodada será uma responsabilidade conjunta, e cada país tomará para si a responsabilidade de barrar o acordo se achar que deve fazê-lo.[8]

---

8 Dito isso, é preciso esclarecer que, embora consciente dos obstáculos, o Brasil foi para Potsdam totalmente engajado com as negociações e disposto a obter um resultado. Assinalo, como curiosidade, que cerca de quatro ou cinco dias antes de Potsdam, eu havia participado de uma reunião em Genebra. Como o intervalo era curto, decidi não regressar ao Brasil e acompanhar de perto — sem estar presente, é claro — uma reunião de altos funcionários em Paris. Aproveitei esse tempo para inteirar-me em detalhe dos vários aspectos da negociação agrícola e industrial. Terá sido fruto desse esforço a impressão que causei no negociador europeu, e que gerou o comentário, misto de admiração e irritação, sobre o grau de conhecimento que eu tinha dos dossiês, e que aparece em sua autobiografia. Ver Mandelson, Peter. *The third man: life at the heart of New Labour*. Londres: Harper Collins, 2010.

Em suma, é essa a situação em que nos encontramos. Ainda acho que há uma possibilidade razoável de concluir a Rodada. Se compararmos os números que existiam há um ano com os números conseguidos em Potsdam, veremos que houve uma evolução. Além disso, todos estão atentos ao que vem ocorrendo com os subsídios, em decorrência dos altos preços dos produtos agrícolas. Vou citar um número, referente à média anual dos subsídios internos americanos: nos últimos cinco ou dez anos, esse número esteve ao redor de US$ 15,5 bilhões ou US$ 16 bilhões; ao passo que no último ano os Estados Unidos gastaram US$ 11 bilhões com esses programas. É impossível não levar esse fator em consideração, até mesmo para "vender" a Rodada Doha para o público em geral. Embora não seja possível trabalhar apenas com as médias e com os valores do último ano — até porque os Estados Unidos podem, a qualquer momento, voltar a gastar mais com esses programas —, esses números influem, sem dúvida, no ânimo dos negociadores.

No caso de produtos industriais, é importante saber a distinção que se faz entre tarifa *consolidada* e tarifa *aplicada* — ou seja, aquilo que é norma *obrigatória* para o Brasil porque o país registrou na OMC como sua tarifa e a tarifa que o Brasil *efetivamente* pratica junto a seus parceiros do Mercosul. Essa diferenciação se mostrou muito importante na prática. Com o aumento de importações da China ou de outros países no setor têxtil, o Brasil precisou — e a Argentina também — elevar a sua tarifa. Isso ocorreu em função de vários problemas, que vão desde a competitividade chinesa, por conta, entre outros fatores, do baixo custo da mão de obra e da moeda subvalorizada, até nossos próprios problemas cambiais. Quaisquer que tenham sido os motivos, esse aspecto que os técnicos chamam de *policy space* — o espaço que você tem para se mover politicamente — se revelou vital para nós e para outros países em desenvolvimento. E isso não aconteceu só no governo atual. Por exemplo, durante a crise asiática de 1997-98, o próprio Mercosul teve que aumentar três pontos percentuais em sua tarifa em função da vulnerabilidade que se criou.

Naturalmente, é mais fácil alcançar um acordo entre quatro atores do que entre 150, ou mesmo entre quinze, já que a tendência é que cada um traga à mesa seus interesses específicos. Ainda assim, não acho impossível alcançar um acordo, desde que, é claro, haja alguma flexibilidade. E, caso haja algum acordo — o que, naturalmente, exigirá concessões —, não teremos o ônus político de vendê-lo para os demais membros da OMC, sobretudo os países em desenvolvimento. As perspectivas sobre o futuro das negociações ficarão mais claras no decorrer das próximas semanas. De nossa parte, continuaremos trabalhando pelo êxito de uma Rodada justa e equilibrada. Espero que consigamos chegar lá.

Gostaria de comentar um aspecto que chamou a atenção da imprensa: a questão de o Brasil e a Índia terem interrompido as negociações. Independentemente de o Brasil e a Índia terem ou não se retirado da sala, fizemos a coisa certa. Qualquer concessão feita naquelas circunstâncias teria sido negativa, pois seria uma concessão sem algo em troca. Mesmo que tivéssemos demonstrado maior flexibilidade em relação aos produtos industriais, ela seria usada somente para criar o nível de conforto entre Estados Unidos e União Europeia, não se revertendo em benefícios para nós. Em outras palavras, estaríamos pagando por algo que eles provavelmente fariam sem grande custo. No plano multilateral, é mais difícil que isso ocorra.

Quero também fazer um comentário sobre a dinâmica das negociações. Já durante o almoço em que o impasse de Potsdam se desenhou, decidi que iria a Genebra para reportar aos embaixadores do G-20 o que ocorrera naquelas reuniões. É claro eu que não poderia convocar os ministros — não haveria tempo. Mas ao menos conversaria com os embaixadores. E falaria, também, com o diretor-geral da OMC. Quando as discussões em Potsdam terminaram, meu colega indiano voltou para Délhi, mas o europeu e a americana me seguiram e foram ter as suas reuniões em Genebra. Depois do impasse de Cancún, foram necessários quase dois meses até que a União Europeia retomasse contato com o Brasil e com o G-20. Esse intervalo durou até um encontro que eu tive, no aeroporto de Paris, com Pascal Lamy, que era então o comissário de comércio europeu. Eu o convidei para uma reunião do G-20 que seria realizada em Brasília — e ele aceitou. Já o contato com os americanos levou ainda mais tempo para ser retomado. Foram quatro ou cinco meses até aquele telefonema do Zoellick, ao qual já me referi. Depois do impasse de Potsdam foi diferente. Tanto a negociadora americana, Susan Schwab, como o negociador europeu, Peter Mandelson, me procuraram, separadamente, menos de 24 horas depois do fim das reuniões. Naturalmente, não vieram entregar concessões de bandeja. Mas o gesto foi positivo, e demonstra que tanto os Estados Unidos como a União Europeia perceberam que a estratégia de se coligarem para fazer pressão sobre Brasil e Índia não funcionou — e não funcionará.[9] Não sei até onde será possível chegar, mas ao menos esses contatos revelaram disposição de voltar a dialogar e buscar as flexibilidades possíveis.

Embora eu não possa dizer que hoje eu esteja mais otimista em relação à conclusão da Rodada do que estava antes de Potsdam, posso dizer que estou mais otimista do que estava no dia em que saí da reunião. Naquela hora, tinha certeza de que haveria uma grande demora, até que qualquer tipo de negociação pudesse ser retomada. Hoje, uma semana depois, meu pessimismo é mais matizado.

---

9 Susan Schwab veio me visitar em Montriant, a bela residência do Brasil em Genebra. Peter Mandelson chamou-me por telefone depois de haver voltado a Bruxelas. Em ambos os contatos, percebi que a unidade demonstrada em Potsdam já começava a demonstrar fissuras. Havia certo reposicionamento — o que para nós era bom.

6

"Nós fomos convidados, eu não pedi"

Carreira diplomática e Conferência de Annapolis.
23 de novembro de 2007[1]

Este momento marca, de fato, uma atitude nova, não minha em particular ou do governo do presidente Lula, mas sim do Brasil. O Brasil melhorou muito nos últimos 40 anos — para falar apenas de nosso período de vida — e o que vocês estão fazendo hoje com essa revista é um símbolo dessa melhora.

Mesmo antes do golpe militar, no Brasil dos anos 1960 ou mesmo dos anos 1950, apesar do clima de relativa liberdade, isso não seria viável. A visão predominante era de que, em uma carreira como a nossa, "cautela" era a palavra de rigor. Diplomacia sempre era, e aliás ainda é, apresentada como sinônimo de "prudência", de "cautela". Sem dúvida, a prudência é um dos aspectos importantes da atividade diplomática, mas certamente não o único.

Eu entrei para o Instituto Rio Branco em 1963. São praticamente 45 anos de atividade diplomática. Mesmo antes do golpe militar o evento de hoje não teria sido concebível. É uma demonstração de

---

1 Cerimônia de lançamento da primeira edição da revista *Juca*. Palestra para as Turmas 2006-2008 e 2007-2009 do IRBr.

que o Brasil evoluiu muito, e evoluiu inclusive enquanto perdurava (para poder utilizar uma expressão que é um lugar-comum) a "noite escura do autoritarismo". Por baixo dessa "noite escura", o país evoluía — e quando ele emergiu, emergiu melhor do que era antes. É importante compreender isso. Tive na minha experiência de vida atividades ligadas à criação artística — não que eu tenha sido propriamente um criador —, sei como essas dificuldades, obstáculos, essas visões às vezes tacanhas prevaleciam. Volto a dizer: mesmo antes do golpe militar, era muito comum ouvir — sobretudo no início do Cinema Novo, do qual participei também — que o cinema brasileiro mostrava muito a pobreza, que isso não era bom. Então, por aí vocês veem que, independentemente da repressão política, as autoridades tinham uma visão muito limitada do país e, frequentemente, uma atitude tolhedora.

A iniciativa da revista é muito boa. A escolha do nome *Juca*, uma referência a Juca Paranhos,[2] faz eu sentir uma grande alegria, porque Juca é o nome artístico de um diplomata pintor (um de seus quadros é a capa da revista), o Ovídio Melo, que foi nosso embaixador em Angola e principal responsável por um lance de grande ousadia política: o reconhecimento do MPLA.[3] O Brasil foi o primeiro país a reconhecer a independência de Angola, antes mesmo de Cuba, embora estivéssemos no governo militar. O Juca — não o Juca Paranhos, o outro Juca — pagou um preço por isso, mas essa sua ação ficou marcada na história.

Gostaria de aproveitar esse gancho para dizer algo que parece óbvio, mas nem sempre percebemos: não escolhemos a época em que vivemos. Mas podemos contribuir para que as épocas que se

---

2 Juca era o apelido de juventude de José Maria da Silva Paranhos Júnior, barão do Rio Branco.

3 Apesar do reconhecimento do MPLA ter sido sempre citado como um grande feito da diplomacia brasileira, Ovídio Melo foi submetido a um relativo ostracismo. Mesmo comissionado como embaixador na Tailândia e na Jamaica, só viria a ser promovido ao posto mais alto da carreira (ministro de primeira classe) com a redemocratização.

seguem às nossas sejam melhores. Acho que essa é a tarefa de vocês; é a tarefa de todos nós. Nem todos nós, independentemente de nossa vontade, tivemos o privilégio de viver momentos de liberdade, de amplo debate, como o de hoje. Mas isso não impediu que personalidades dentro de nossa diplomacia tenham colocado a coragem ao lado da prudência, e tenham contribuído de maneira notável para a evolução de nossas relações internacionais, de nossa percepção do mundo.

O embaixador Baena Soares, aqui presente, é outro exemplo. Ele também fez o melhor possível em um momento difícil. Há poucas semanas, tive o prazer e a emoção de ouvir do presidente Daniel Ortega palavras de grande apreço pelo papel que Baena teve como secretário-geral da OEA em uma época em que o Brasil ainda não tinha saído totalmente daquela "noite escura".

Não posso nunca perder a ocasião de trazer alguma coisa atual, relativa à política externa. E, como essa cerimônia precede em poucos dias um evento importante para a nossa política externa, e para a política internacional, vou fazer uma breve referência ao fato, procurando não ser acadêmico.

Todos conhecem a problemática do Oriente Médio, a dificuldade de tratá-la e os atores que são permanentemente chamados a agir nesse campo. E, na próxima semana, o Brasil, junto com alguns outros países (muito poucos, à exceção dos doadores tradicionais e os da própria região), foi chamado para participar de uma conferência em Annapolis, nos Estados Unidos, sobre a paz no Oriente Médio, sobre a situação da Palestina.

Mais do que simplesmente um convite ao Brasil, é o reconhecimento de uma tese, que temos defendido há muito tempo, de que países em desenvolvimento, como os três convidados, que não são parte da região nem do mundo islâmico, e não têm, tradicionalmente, uma relação mais direta com o problema — como o Brasil, a Índia e a África do Sul —, podem trazer uma contribuição nova a questões que são sempre tratadas dentro da mesma ótica antiga — e sem resultados.

Se vocês me perguntarem o que o Brasil dirá em Annapolis, talvez eu tenha dificuldade de responder imediatamente. Não porque eu queira guardar segredo sobre o que vou falar. É que vejo essa participação como o início de um processo em que nosso discurso e nossas ações externas começam a ter alguma influência, pequena que seja, na mente dos dirigentes políticos das grandes potências.

Faço aqui referência específica aos Estados Unidos, porque são eles que estão nos convidando para a Conferência. Mas não somente eles, porque essa ação se faz por meio também da persuasão de muitos dos atores envolvidos. Obviamente, o Brasil não pediu para ser convidado. Mas sempre disse que estaria pronto a dar sua contribuição, junto com outros países. Nesse caso, os países são grandes democracias que resolveram ou estão resolvendo dificuldades que, muitas vezes, decorrem da multiplicidade de culturas, de conflitos étnicos, de questões religiosas.

A Conferência terá um número grande de participantes. Mas, se você for examinar quais são eles, verá que são os membros permanentes do Conselho de Segurança; os integrantes do G-8; da Liga Árabe (diretamente envolvida com a questão); Israel, obviamente; alguns países da Conferência Islâmica; alguns países desenvolvidos, que tradicionalmente têm tido um papel importante — como a Noruega; pequenos países europeus, como a Eslovênia (que vai presidir a União Europeia no ano que vem); Portugal, que a preside neste ano. Além desses, estão os três países em desenvolvimento, os três únicos fora da região ou do contexto árabe (ou islâmico), que são Índia, Brasil e África do Sul.

Isso é muito interessante porque uma das primeiras ações de política externa do governo Lula foi justamente a criação do Fórum

Ibas — Índia, Brasil e África do Sul —, fundado para que, sem prejuízo dos processos de integração que cada um tem em sua região, esses três países pudessem aportar algo novo, já que têm características comuns: são três grandes democracias multirraciais, multiétnicas, uma em cada continente do mundo em desenvolvimento. É muito curioso, se não coincidência, que a percepção de que esses países têm algo a dizer e algo a oferecer tenha sido absorvida pelos organizadores da Conferência.

Pouco antes do convite a Annapolis, a secretária de Estado Condoleezza Rice havia visitado o Brasil. Conversamos sobre o Ibas e creio que ela ficou impressionada, tanto assim que, em uma palestra para jovens, em Brasília, mencionou os três países como exemplo de grandes democracias, países multirraciais e multiculturais.

Não tenho a ilusão de que, nessa Conferência, possa haver grandes decisões. Mas o simples fato de ela se realizar, reforça um processo de negociação. Reforça também a possibilidade de que países que estão fora do habitual círculo restrito de tomada de decisões na área de segurança internacional — como Brasil, Índia e África do Sul — tomem parte dele.

O dia de hoje é muito auspicioso por causa do lançamento desse exemplo de criatividade, de estudo, de dedicação, de interesse pelas questões de nossa política externa e de nossa cultura de modo geral. Ele coincide com um momento interessante de nossa política externa. Hoje, mais cedo, uma jornalista me perguntava: "O senhor vê a participação na Conferência de Annapolis como um passo para entrar no Conselho de Segurança?". E disse: "Fomos convidados, eu não pedi". Então, não é que faça parte de uma estratégia traçada previamente, mas é o tipo do reconhecimento necessário para as transformações que algum dia deverão ocorrer no Conselho de Segurança.

Seja como for, sai fortalecida a percepção de que o processo decisório no mundo não pode ficar restrito àqueles poucos países que, por acaso, se encontravam em uma posição privilegiada em 1945. E é uma coincidência também que esse fato se dê quando, na revista que vocês estão editando, se comemora o centenário da Conferência da Paz de Haia, em que o princípio da igualdade dos Estados foi defendido com vigor e de forma pioneira por Rui Barbosa.

7

"OUTRAS CRISES VIRÃO... E AFETARÃO AS NOSSAS PRIORIDADES"

Rodada Doha da OMC.
6 de agosto de 2008[1]

Em primeiro lugar, preciso fazer uma pequena confissão sobre o meu objetivo ao resolver dar essa palestra, sobre fatos que ocorreram há poucos dias. Foram, na realidade, dois objetivos, um mais consciente que o outro.

O objetivo mais consciente é que, ao longo desses anos à frente do Ministério, sempre que um evento me parece importante, ou houver algo que possa ser objeto de uma conversa, procuro levar aos alunos do Rio Branco.

É importante que haja uma compreensão de assuntos relacionados à OMC, ao Mercosul ou a outras situações específicas relativas às Nações Unidas. Esse era o objetivo mais consciente.

O segundo objetivo, que ficava mais claro para mim à medida que pensava no que dizer, está relacionado ao fato de que eu mesmo sinto necessidade de refletir sobre essas questões. Pode até ser muito cedo para fazer essa reflexão acabada, mas é preciso ter ao menos uma "narrativa própria" — como diriam os

---

1 Aula inaugural para a Turma 2008-2010 do IRBr.

sociólogos ou politólogos — sobre eventos que tiveram muita cobertura da mídia.

Talvez o Brasil seja um dos países em que a OMC mais desperte interesse. Aliás, os temas comerciais despertam, no Brasil, interesse muito grande. Por isso, achei importante fazer essa narrativa. Como das outras vezes — agora volto ao primeiro objetivo —, não sei se será uma aula de diplomacia. A história dirá se essa é uma aula de "como fazer diplomacia" ou de "como *não* fazer diplomacia". De qualquer modo, será uma ilustração de como as coisas acontecem efetivamente na mesa de negociações; de quais fatores influem no processo; de como os atores se comportam.

Nem todas essas coisas chegam à imprensa — e aquelas que chegam, vão, às vezes, misturadas com informações incorretas ou distorcidas, intencionalmente ou não. Seja como for, essa narrativa é importante. E talvez possa até ser interessante.

Não quero ter uma conversa muito teórica: quero falar do que aconteceu. Mas não dá para falar sobre o que aconteceu sem fazer uma curta introdução — até porque vocês não obrigatoriamente conhecem todos os aspectos dessa negociação, que é política e tecnicamente complexa. É importante ter uma visão geral do quadro em que se inseriu essa situação que aconteceu em Genebra.

Quero, primeiro, fazer uma referência sobre a importância da OMC. Pode até parecer uma obsessão. Muita gente se pergunta: "Afinal, por que o Brasil se dedica tanto, aprofunda tanto esse negócio da OMC?". "Por que o Brasil não se dedica mais a outros acordos que (em tese) poderiam ser mais fáceis de concluir, ou que dariam mais benefícios imediatos, como alguns acordos bilaterais?" Acho que há várias razões para isso.

Vocês, como estudantes de relações internacionais e de diplomacia, certamente vão compreender uma delas, que nem todos compreendem. É a importância do sistema multilateral. O multilateralismo não é uma expressão abstrata. É uma construção que —

vocês sabem muito bem — vem sendo feita penosamente ao longo de décadas.

Mais do que ter colocado a agricultura no mapa — quer dizer, colocou no mapa, mas sem definir como —, talvez o principal avanço da Rodada Uruguai tenha sido justamente a criação da OMC, que substituiu o Gatt. Foi um avanço muito grande para o sistema multilateral. Há uma cláusula na OMC cujo efeito prático é proibir ações unilaterais dos Estados.

Vinte anos atrás, o que havia de conflitivo no comércio internacional decorria muitas vezes — se não sempre — da aplicação de medidas unilaterais, sobretudo pelos Estados Unidos, cuja Lei de Comércio incluía a Seção 301, que dava ao governo essa faculdade. Hoje, há uma cláusula da OMC, na parte de solução de controvérsias, que tem como efeito prático impedir medidas unilaterais. Alguns juristas têm dúvidas sobre o caráter absoluto dessa interdição, mas o fato é que os Estados Unidos aceitaram uma linguagem que, na prática, restringe essas ações. Algo como: "As partes se absterão de qualquer medida unilateral sem recorrer, antes, ao sistema de solução de controvérsias".[2]

A OMC criou o arcabouço multilateral que não existia antes ou existia de maneira precária. O Gatt era um acordo provisório que, na realidade, nunca havia sido ratificado. Estabelecia apenas a aplicação de um capítulo do que deveria ter sido negociado na Conferência de Havana. É por isso que a OMC tem essa importância tão grande. A ideia, de inspiração keynesiana, em virtude da experiência do entreguerras, era a criação de uma Organização do Comércio e Emprego, que nunca saiu do papel.

Se olharmos para o conjunto dos instrumentos multilaterais dos quais dispomos, notaremos que a OMC é um dos mais evoluídos —

---

2 Referia-me ao Artigo 23 do Entendimento de Solução de Controvérsias, um dos acordos resultantes da Rodada Uruguai.

ainda que não seja tão evoluído como gostaríamos. Vejam bem: quando comparamos a OMC com outras organizações econômicas, como o FMI ou o Banco Mundial, vemos que, nestas, as decisões são tomadas por voto *ponderado* — o que distorce significativamente o quadro político. Na OMC, as decisões são tomadas por consenso. Em teoria, qualquer país tem o poder de impedir ou dificultar sua ação.

Sabemos muito bem que o poder dos países não é homogêneo. Ninguém tem a ilusão de que a igualdade jurídica se traduz em igualdade política. De qualquer maneira, o consenso é uma regra da OMC — e, para sair dele, há um preço a pagar, pequeno talvez, mas já é alguma coisa. No âmbito do Banco Mundial ou do FMI, se for discutido um empréstimo para Serra Leoa, e os países africanos votarem a favor, mas os americanos e os europeus votarem contra, fica por isso mesmo. Em outras palavras, não há preço nenhum a pagar.[3]

Na OMC, se houver decisões em relação às quais alguns países tiverem que, de alguma maneira, se acomodar a contragosto — como ocorreu, por exemplo, com pequenos países da América Central quando do lançamento da Rodada Doha —, as negociações se tornam muito mais difíceis, mais árduas. O negociador terá que ter muito mais paciência. Isso confere certa solidez às decisões da OMC, o que não necessariamente ocorre em outros processos negociadores.

É possível fazer uma comparação com as Nações Unidas, em que existe um processo de tomada de decisões relativamente forte: o Conselho de Segurança — mas com limitações. Essas limitações não estão apenas no número restrito de membros, mas também no fato de que um grupo ainda mais restrito de países tem poder de veto. Isso torna menos efetiva a participação do conjunto das Nações Unidas na tomada de decisões.

---

3 Isso pode ter mudado um pouco com a maior distribuição de cotas decorrente das deliberações do G-20 Financeiro, na esteira da crise financeira de 2008-2009.

Não estou dizendo que a OMC seja um exemplo de eficácia e legitimidade, mas apenas que a relativa firmeza de suas decisões decorre do fato de terem sido tomadas, embora com limitações, pelo conjunto da comunidade internacional. É claro que, mesmo contando com a autorização da comunidade internacional, a retaliação pelo país que sofre os efeitos de uma violação ainda é precária. Afinal, a capacidade (política e econômica) de retaliar é muito variável. Mas não quero tratar disso agora. Mencionei a retaliação para ilustrar como o sistema multilateral de comércio não é, obviamente, perfeito. No entanto, é um sistema que, de alguma maneira, confere poder a todos os países e permite que as grandes questões sejam examinadas de maneira multilateral — inclusive em painéis arbitrais e no Órgão de Apelação.

Portanto, o primeiro motivo do nosso apego à OMC é o fato de que ela faz parte da construção multilateral, que sempre foi objetivo da política externa brasileira. Desde o fim da Segunda Guerra Mundial, os governos do Brasil têm, independentemente de suas inclinações políticas, contribuído, com maior ou menor ênfase, para fortalecer o sistema multilateral. A defesa do sistema multilateral é algo importante não só para o Brasil, mas também para a Índia, a África do Sul, a Argentina e outros países latino-americanos — independentemente de eventuais divergências em relação a pontos específicos na construção desse sistema.

Outro motivo da prioridade dada à OMC é a questão da solução de controvérsias. Eu gostaria de mencionar apenas alguns casos nos quais o Brasil foi a parte vencedora. Um deles é o do algodão, que ainda está evoluindo. Outro é o caso do açúcar. Em sistemas de outra natureza, nunca teríamos tido possibilidade de ganhar, ou provavelmente de nem sequer levantar esses contenciosos. Se a Alca tivesse sido instituída, não teríamos tido condições de ter levantado a questão do algodão contra os Estados Unidos. O sistema de solução de controvérsias da Alca teria sido feito de forma a não permitir que certas questões pudessem ser suscitadas legalmente, como a questão dos subsídios. Afinal, os subsídios não seriam cobertos por uma eventual Alca. O mesmo teria ocorrido em relação ao açúcar na União Europeia. A vitória do Brasil no contencioso na OMC foi, certamente, um fator que acelerou a reforma do sistema de apoio ao açúcar no bloco, e contribuiu para a disposição de eliminar progressivamente os subsídios à exportação.

Outro aspecto relevante é que, na OMC, houve a possibilidade de discutir de maneira ampla a questão agrícola. Esse também é um tema que, em qualquer negociação bilateral ou birregional da qual o Brasil participe, ou venha a participar, será tratado de maneira muito mais superficial. Quanto a isso, não podemos ter ilusões. Os subsídios agrícolas não são apenas uma forma de distorção. A distorção gerada pelos subsídios afeta de maneira mais negativa o comércio internacional e a capacidade de competição dos países mais pobres. Os subsídios só podem ser disciplinados multilateralmente. E por quê? Pela simples razão de que, mesmo que o Brasil ou outro país da América Latina e do Caribe não pratique nenhuma forma de subsídio, os Estados Unidos, por exemplo, não se desarmarão unilateralmente em uma negociação regional, pois os subsídios da União Europeia continuarão existindo e beneficiando seus produtos. Assim, não é uma questão de preferência: a eliminação, ou mesmo a redução, dos subsídios só é possível de obter no contexto multilateral.

Gostaria de mencionar outras duas razões para a importância da OMC antes de seguir adiante. Na OMC, o tabuleiro de negociações é mais complexo. Por mais que às vezes isso crie problemas, demande mais trabalho e mais paciência para chegar a uma solução, também cria uma relação de forças mais equilibrada, pois possibilita alianças, permanentes ou variáveis. Na atual Rodada, houve momentos em que nos aliamos aos Estados Unidos para negociar a abertura dos mercados europeus; em outros, estivemos ao lado da Europa para negociar a redução dos subsídios americanos. Isso sem falar da aliança do Brasil com países com os quais temos mais afinidades (ainda que possamos ter diferenças). É o caso do G-20, sobretudo Índia, China e África do Sul, além dos países do Mercosul.

Finalmente, a estrutura do comércio exterior do Brasil, e também dos demais sócios do Mercosul, é bastante diversificada. Não conviria ao Brasil colocar todos os ovos, ou mesmo a maioria deles, em uma única cesta — como ocorreria com a Alca ou como ocorreria com a União Europeia. Aliás, ouvem-se muitas reclamações sobre uma eventual falta de aceleração nas negociações do acordo com a União Europeia. Quando eu era ministro no governo Itamar Franco, fui o primeiro a propor um acordo entre o Mercosul e a União Europeia. Naquela época, em que estava sendo concluída a Rodada Uruguai, ninguém falava em outra Rodada na OMC. Esta seria uma espécie de "Rodada que acabaria com todas as Rodadas", depois da qual só ocorreriam negociações de certos setores ou categorias, o que se revelou inviável.

Naquela época, falava-se muito da "expansão do Nafta", que criaria um acordo preferencial de comércio nas Américas — ideia que depois evoluiria para a Alca. Essa proposta havia sido feita três anos antes pelo presidente Bush, o pai. Havia muita pressão de certos setores de outros países latino-americanos para que o acordo fosse concluído. Como ministro do governo Itamar Franco, achava que duas cautelas eram necessárias. Em primeiro lugar, seria preciso preservar a integridade do Mercosul, o que foi feito com a criação da Tarifa Externa Comum — apesar dos defeitos que ainda possa apresentar. Nossa segunda preocupação era garantir equilíbrio às relações econômicas do Brasil com os demais países do mundo. Um acordo com a União Europeia nos permitiria manter até certo ponto equilibrada a estrutura do nosso comércio exterior, caso uma eventual Alca (ou uma extensão do Nafta) prosperasse.

É verdade que ideias não têm dono, mas acho até irônico quando sou criticado por supostamente não dar atenção às negociações do acordo entre o Mercosul e a União Europeia, tendo sido a primeira autoridade de governo a veicular essa ideia. Para fazer justiça, devo dizer que o embaixador Jório Dauster, então representante em Bruxelas, foi um dos impulsionadores da ideia. Mas, nessa época, ele não tinha o poder decisório de que eu dispunha como ministro. Eu havia exposto a ideia a Durão Barroso — à época, ministro do Exterior de Portugal —, que concordou. Em 1994, à margem de uma reunião realizada em São Paulo entre o Grupo do Rio e a União Europeia, propusemos a criação dessa área de livre comércio Mercosul-União Europeia. Ainda no final do governo Itamar, chegamos a assinar em Bruxelas um memorando de entendimento. Os instrumentos jurídicos que dariam início às negociações apenas seriam feitos no governo seguinte.

Menciono isso porque promover a diversificação da estrutura de comércio exterior deve ser uma constante preocupação do Brasil. Imagino que não estaria praticando nenhuma inconfidência se relatasse o que me disse há seis meses — já depois do início da crise do *subprime*, portanto — o presidente do México, Felipe Calderón: "Vocês do Brasil têm menos problemas, porque o comércio é mais diversificado, ao passo que nós estamos muito ligados aos Estados Unidos; o que acontece nos Estados Unidos tem reflexo enorme e imediato no México". A preocupação com o equilíbrio do comércio deve existir em quaisquer circunstâncias. E a OMC é o foro natural para isso.[4]

E o que tínhamos para discutir agora, dentro da Rodada Doha? Não entrarei em temas como, por exemplo, propriedade intelectual e saúde, pois foram resolvidos há mais tempo. O ponto central da

---

4 Quando estourou a crise financeira de 2008, vários analistas — muitos dos quais haviam criticado as opções de política externa do Brasil — enxergaram na diversificação do comércio exterior brasileiro um fator para nossa maior resistência ao que ocorria nos Estados Unidos.

Rodada, para nós — e eu diria que também para a maioria dos países em desenvolvimento — era a questão agrícola.

Embora a Rodada Uruguai tivesse criado mandato para que os temas agrícolas voltassem a ser negociados posteriormente, ficou claro que não haveria negociação específica sobre agricultura, caso não fosse lançada uma nova Rodada. Entre 1998 e 1999, falava-se em uma Rodada do Milênio. Esta deveria ser lançada na Conferência de Seattle em 1999, a qual no entanto fracassou. O lançamento de um novo ciclo de negociações só ocorreria, depurado de alguns aspectos, na Conferência de Doha, em 2001. Entre essas duas reuniões, ocorreram os atentados de 11 de Setembro. O ataque às Torres Gêmeas gerou, nos países desenvolvidos, sobretudo nos Estados Unidos, uma percepção de que era necessário dar sinais positivos à economia mundial, para evitar que a economia global entrasse em recessão. Os Estados Unidos, por exemplo, flexibilizaram sua posição em um tema fundamental para países como o Brasil, o das patentes de remédios. Foi esse conjunto de fatores e atitudes que permitiu que a Rodada Doha fosse lançada já em novembro de 2001.

Depois do lançamento da Rodada Doha, foram realizadas diversas reuniões ministeriais e "miniministeriais". Assim que assumi minhas funções como ministro do presidente Lula, participei de três delas — uma no Japão, outra no Egito e a terceira no Canadá. No entanto, a primeira etapa verdadeiramente importante foi a Conferência de Cancún, em agosto de 2003. A reunião em Cancún será lembrada como um divisor de águas do modo como são realizadas as negociações na OMC.

O presidente do Conselho da OMC, o embaixador uruguaio Julio Perez del Castillo, havia preparado um documento para essa Conferência que refletia, essencialmente, um acordo entre os Estados Unidos e a União Europeia. Era tolerante com as políticas protecionistas em matéria de subsídios e barreiras às importações em agricultura. Quando se trata de agricultura, os Estados Unidos sofrem de uma contradição curiosa. No momento de lançar uma Rodada, eles geralmente são ambiciosos, pois os setores competitivos (que ainda assim se beneficiam dos subsídios) fazem pressão para conseguir maior acesso aos mercados. A União Europeia e o Japão tendem a ser mais retraídos. Configurava-se, em matéria agrícola, uma curiosa correlação de forças, que persistiria até a Conferência de Cancún. Os Estados Unidos eram, de modo geral, apoiados pelo Grupo de Cairns[5] — liderado pela Austrália e do qual o Brasil fazia parte —, que reunia os grandes produtores agrícolas, embora entre eles houvesse diferenças. Por sua vez, a União Europeia conseguia galvanizar apoio de grande número de países pobres, que tinham em comum com ela o temor de enfrentar a competição de países como Estados Unidos, Austrália, Nova Zelândia e mesmo Brasil e Argentina.

Em Cancún, conformou-se uma situação diferente, uma vez que a maioria dos países em desenvolvimento se deu conta de que tinha mais pontos em comum do que diferenças. Esses países perceberam que, para conseguir acesso ao mercado dos países ricos, os subsídios agrícolas eram o principal obstáculo a ser vencido. Foi nesse momento que, junto com países como Índia, Argentina, Chile, África do Sul e Indonésia, criamos o G-20, cuja bandeira principal é a eliminação desses elementos mais distorcivos do comércio de bens agrícolas.

Conseguimos formar uma coalizão que abrangia desde países que são fortes exportadores agrícolas, como Brasil e Argentina, até países importadores, como Egito e Índia, incluindo até mesmo um país de menor desenvolvimento relativo, a Tanzânia. Minha experiência permite afirmar que o surgimento do G-20 mudou, pela primeira vez, a configuração das negociações na OMC. A existência de uma coalizão como o G-20, que negociava com a União Europeia

---

5 O Grupo de Cairns é composto de África do Sul, Argentina, Austrália, Bolívia, Brasil, Canadá, Chile, Colômbia, Costa Rica, Filipinas, Guatemala, Indonésia, Malásia, Nova Zelândia, Paquistão, Paraguai, Peru, Tailândia e Uruguai.

e com os Estados Unidos, era algo inovador, que até então nem sequer poderia ser imaginado.[6]

Na Conferência de Cancún não foi possível chegar a um acordo sobre várias questões. A agricultura não era o único tema sobre a mesa. Havia os chamados "temas de Cingapura",[7] que incomodavam, sobretudo, os países cujas economias eram mais frágeis. Com a configuração de uma nova estrutura de negociação, em função do G-20, e com a identificação de temas de dissenso — como agricultura e os "temas de Cingapura" —, pode-se dizer que o fracasso de Cancún foi mais "organizado" do que o fracasso generalizado de Seattle. E, sobretudo, os países em desenvolvimento saíram fortalecidos.

Hoje, as negociações não são realizadas apenas em mesas restritas e salas fechadas — que, em outros tempos, eram impregnadas de fumaça, tanto no sentido literal como metafórico. Atualmente, as negociações também são feitas diante da opinião pública. Mas até pouco tempo atrás, nós não nos preocupávamos em estar presentes de maneira tão forte na "batalha da comunicação". Em Cancún, foi diferente. Ricardo Neiva me ajudou muito na tarefa de passar nossa mensagem para a imprensa. Dávamos entrevistas quase diariamente, de modo que a opinião pública mundial acompanhou não apenas a versão dos outros, mas também a nossa. Isso ficou ainda mais claro

---

6 A criação e a manutenção do G-20 não foram fáceis. Essa tarefa se deveu, sobretudo, aos esforços de coordenação do Brasil e de outros países. Obviamente, havia contradições entre os países do grupo — alguns grandes exportadores, outros pouco competitivos. Mas foi a capacidade de manter o grupo unido e de vencer suas próprias contradições internas que permitiu ao G-20 ter um papel decisivo, não só como aliança política, mas como proponente de fórmulas tecnicamente bem elaboradas, que serviram de base para as negociações até o colapso de julho de 2008.

7 Trata-se de novos temas que as economias avançadas desejavam incluir na agenda de liberalização comercial da OMC, tais como compras governamentais, comércio e investimento e facilitação de comércio. Foram lançados na 1ª Conferência Ministerial da OMC, em Cingapura, em dezembro de 1996. Deles, a facilitação de comércio foi o único tema que permaneceu na agenda após Cancún.

no último dia. Quando percebemos que não haveria resultado, embora estivesse prevista outra reunião formal, disse ao Ricardo: "Não vamos para a reunião, não. Vamos falar com a imprensa primeiro". Dessa forma, tivemos o privilégio de falar com os jornalistas antes de todos os outros, com a sala de imprensa lotada. Enfim, não vencemos toda a batalha de comunicação, mas, pelo menos, estivemos bastante presentes nela. Quem quisesse ouvir o que estava acontecendo nas negociações ouviria também a nossa versão.

O reconhecimento de que uma mudança no tabuleiro das negociações havia ocorrido foi o mais importante de tudo o que aconteceu em Cancún. As negociações no antigo Gatt — e mesmo no início da OMC — haviam sido feitas sempre em círculos concêntricos. As negociações começavam em um pequeno grupo, depois se alargavam para outro um pouco maior, depois para outro ainda maior, até chegar a todos os membros. Muitos reclamavam disso, mas esse processo é, a meu ver, inevitável. Afinal, é impossível negociar certas questões entre 150 países. A não ser, é claro, que não se trate de uma verdadeira negociação, mas de uma assembleia, em que cada um fala, dá sua opinião, e em seguida o presidente se encarrega de redigir o documento da forma que bem entenda. É quase uma tautologia dizer que, nesse processo, o presidente é mais influenciado pelos países poderosos. Mas se o que se pretende é uma verdadeira negociação — o que, naturalmente, exige uma interação entre os países —, o número de participantes tem que ser mais reduzido.

As negociações sempre se deram em círculos concêntricos. No passado, o círculo central era composto apenas de países ricos: Estados Unidos, União Europeia, Japão e Canadá — o famoso *Quad*. Hoje, se vocês procurarem qualquer reportagem sobre a OMC, provavelmente não encontrarão nada sobre o *Quad*, pois esse grupo não realiza nenhuma reunião relevante há mais de sete anos. Para efeitos práticos, o *Quad* acabou. Na verdade, foi substituído — após um processo um pouco demorado — por um novo G-4, cujo núcleo passou a ser integrado por Estados Unidos, União Europeia, Brasil e Índia. Essa mudança não se deu somente em virtude de o G-20 barrar um acordo negativo, mas também da capacidade propositiva dos países em desenvolvimento. E as nossas propostas não eram puramente idealistas. Tudo era tecnicamente muito bem preparado.

Acho que o Brasil evoluiu de maneira extraordinária no domínio técnico dos temas. Quando fui embaixador no Gatt, entre 1991 e 1993 — um pouco antes do final da Rodada Uruguai —, embora tivesse bons assessores, quando queria aprender alguma coisa mais específica sobre comércio agrícola, tinha que ir às reuniões do Grupo de Cairns. Quem entendia de agricultura era a Austrália, a Nova Zelândia. Não tínhamos os dados de comércio, não sabíamos com precisão o que cada um importava ou exportava. Ou melhor: sabíamos apenas topicamente. Faltava-nos uma análise profunda — o que é indispensável para desenvolver capacidade propositiva. O Brasil apoiava os trabalhos do Grupo de Cairns, mas, quando tínhamos que defender algum ponto de interesse específico brasileiro, éramos deixados de lado. E o problema não era resolvido. O conhecimento técnico do Brasil sobre os temas comerciais tem crescido exponencialmente. E o Brasil esteve empenhado em "socializar" esse conhecimento com os demais membros do G-20, o que contribuiu muito para elevar a capacidade propositiva da coalizão.

A discussão sobre agricultura pós-Cancún foi avançando em etapas. O primeiro passo foi dado em julho de 2004, quando conseguimos um Acordo-Quadro — o *July framework*. Aí se deixou claro não somente que os subsídios à exportação seriam algum dia eliminados, mas também que os subsídios domésticos, até lá, estariam sujeitos a limites.[8] Por mais que esses limites ainda não tivessem

---

8   A esse respeito, a Declaração Ministerial de Hong Kong previa: "Deverão ser desenvolvidas disciplinas para garantir cortes efetivos em formas de apoio doméstico que distorcem o comércio, de modo consistente com o *framework*".

sido bem definidos, fez-se acordo para criar regras a fim de proibir subsídios distorcivos, inclusive os subsídios internos.

Já durante as negociações do *July framework* surgiu a questão dos produtos especiais (SP) e das salvaguardas especiais para países em desenvolvimento (SSM), que viriam a se tornar o pivô do atual impasse. É importante mencionar que a noção de "produtos especiais" foi incorporada apenas nesta Rodada. Portanto, é algo novo na OMC. Já o conceito de salvaguardas, nos acordos da OMC, visava oferecer uma defesa frente a fluxos abruptos de importações decorrentes da abertura comercial. As novas salvaguardas especiais seriam um instrumento para que países em desenvolvimento — sobretudo aqueles que dependem da agricultura familiar — pudessem proteger sua agricultura de forma mais ampla. As salvaguardas especiais eram um modo de reforçar ainda mais a proteção existente.

A inclusão das salvaguardas especiais nas negociações gerou protestos nos Estados Unidos, que não as queriam de maneira nenhuma. Também alguns de nossos aliados eram contrários a esse instrumento, como a Austrália, a Nova Zelândia e alguns países do Mercosul. Mas a admissão de alguns tipos de salvaguardas especiais para países em desenvolvimento foi fundamental à unidade do G-20. A mecânica para a implementação desse instrumento ficaria por ser definida.[9]

Um ano e meio depois da reunião em que se acordou o *July framework*, realizou-se a Conferência de Hong Kong. Foi nessa Conferência que se obteve um dos resultados mais importantes do ponto de vista do Brasil e do G-20: a consolidação da ideia de eliminação dos subsídios à exportação com data certa. Também essas negocia-

---

9 Como já disse antes, a existência desses interesses contraditórios, até certo ponto dentro de uma mesma estratégia geral, não foi um aspecto fácil de lidar. Mas essa "tensão interna" no G-20 nos permitiu fazer propostas que, de certa forma, anteciparam as "soluções possíveis" no quadro mais amplo das negociações. Essa "unidade na diversidade" impediu a estratégia tradicional (usada sobretudo pela UE) de dividir os países em desenvolvimento.

ções nos custaram discussões acirradas, que se estenderam até a madrugada, para definir 2013 como "data certa" e para eliminar uma parte substancial desses subsídios já no meio do período.

Agora que estamos chegando perto de 2013, não sei mais como vai ser. Enfim, essas questões se tornaram o centro da "batalha" em Hong Kong. Como geralmente ocorre nessas situações, houve cenas de psicodrama: pessoas que saíram da sala — como eu saí, e depois o negociador americano teve que me buscar —, pessoas arremessando seus óculos, a ponto de quase quebrá-los na mesa (mas esse não fui eu!). A última reunião negociadora foi pesada. Começou à noite e terminou às dez horas da manhã do dia seguinte. Às três da tarde, já estávamos de volta à sala de reunião para fechar as conclusões. Com muito custo e com muita força, conseguimos, em Hong Kong, nossos objetivos principais, e também manter a unidade do G-20.

Era então muito difícil, mesmo dentro do G-20, conciliar interesses relativos à questão dos produtos especiais e das salvaguardas especiais. Se países como Uruguai e Paraguai eram totalmente contrários a uma aplicação ampla desses mecanismos, países como Índia, China e Indonésia (embora esta, paradoxalmente, seja membro do Grupo de Cairns) insistiam em um mecanismo de defesa que pudesse ser usado com total flexibilidade. Não se falava em números; discutiam-se ainda conceitos, que poderiam caminhar para um lado ou para outro.

Outro avanço obtido em Hong Kong foi o emprego de uma linguagem bastante específica sobre os subsídios internos. Eles podem ser de várias naturezas, e ser classificados em várias "caixas". Os subsídios considerados mais distorcivos, chamados de "caixa amarela", são aqueles que têm condicionante de preço e de produção. Por sua vez, na "caixa azul" estão os (teoricamente) medianamente distorcivos, cuja ocorrência não requer um aumento de produção, e podem estar vinculados ao preço ou, como ocorre com a União Europeia, ter outros vínculos. Existe, também, uma terceira caixa, a "caixa verde", que reúne os subsídios que não seriam distorcivos (ou pouco distorcivos). É claro que não há subsídio que não cause alguma distorção, mas esta pode ser maior ou menor. Subsídios da "caixa verde" são, por exemplo, apoio à pesquisa ou pagamentos diretos não condicionados nem a preço, nem a produção. É o que ocorre quando se concede aposentadoria para incentivar o pequeno agricultor a permanecer no campo. Como ele produzirá algo, não deixa de haver alguma distorção — mas, nesse caso, a produção que está sendo incentivada não chega a ser competitiva. Não são os subsídios da "caixa verde", portanto, os que afetam a presença brasileira no mercado internacional. Ainda sobre subsídios internos, gostaria apenas de mencionar que os subsídios distorcivos são permitidos quando estão abaixo de certo nível — o de minimis, no linguajar do Gatt e da OMC.

Em Hong Kong, esclareceu-se que o volume total permitido de subsídios distorcivos não corresponderia meramente à soma dos tetos permitidos em cada uma das caixas. Isso dificultaria que um país trocasse a prática de um subsídio pela prática de outro. Eu não conheço em detalhe os programas americanos de subsídios, mas há um que é baseado em preço e produção e outros só em preço. Sem essa limitação, os Estados Unidos poderiam passar, com maior liberdade, de uma categoria de subsídios a outra.

Depois da Conferência de Hong Kong, realizada em dezembro de 2005, houve dois outros momentos importantes: o primeiro deles em Genebra, em 2006; o segundo, em Potsdam, em 2007. Embora Potsdam tenha sido, de certa forma, uma continuação de Genebra, houve diferença no número de países que participaram das negociações. Em Genebra, reuniram-se 30 países — e, de vez em quando, reuniam-se separadamente os quatro (Estados Unidos, União Europeia, Índia e Brasil) ou então os seis (os quatro, somados a Austrália e Japão). Já em Potsdam, as negociações ficaram concentradas nos quatro principais atores.

Para que vocês tenham uma ideia da evolução da discussão em torno dos números, em 2006 os Estados Unidos defendiam que o valor total de subsídios distorcivos, o chamado *overall trade-distorting support* (OTDS), tivesse um teto de US$ 21 bilhões ou US$ 22 bilhões. Havia uma distância grande entre essa proposta e aquela defendida pelo G-20, que era de aproximadamente US$ 13 bilhões. Foi nessa época que o diretor-geral da OMC, Pascal Lamy, apresentou sua proposta chamada "20 e 20", que reunia a estrutura da proposta do G-20 em acesso a mercados com o valor de US$ 20 bilhões como teto para subsídios internos. Embora muitos (não nós) estivessem dispostos a aceitá-la, as negociações não evoluíram. Em Potsdam, esse valor foi reduzido para US$ 17 bilhões. A proposta final, que apareceu no documento informal (*paper*) de Pascal Lamy nessa última reunião — e, na prática, aceita como base —, era de US$ 14,5 bilhões. Vejam vocês que esse valor estava muito mais próximo da proposta que o G-20 havia apresentado.

Antes até do início da Rodada Doha — desde a projetada Rodada do Milênio —, a União Europeia e os Estados Unidos deixaram claro que não queriam entrar em uma negociação agrícola sem compensações. A União Europeia queria avançar em outras áreas: serviços e produtos industriais. A abertura industrial representa o interesse de vários países, mas corresponde, principalmente, à realidade alemã. Hoje, se tornou óbvio que, se resolvêssemos fazer uma grande abertura dos mercados para produtos industriais, o grande beneficiário não seria a União Europeia, mas a China. Curiosamente, essa percepção ainda não parece ter impregnado as negociações. De qualquer forma, os grandes proponentes da liberalização do comércio dos produtos industriais foram a União Europeia e os Estados Unidos — mais até a União Europeia.

Em Hong Kong, nos preocupamos em estabelecer certa proporcionalidade entre as reduções agrícolas e as industriais — isso visava a moderar as pretensões daqueles que queriam ampliar muito a abertura para produtos industriais. Aliás, é importante notar que a proposta de Pascal Lamy em 2006 falava em uma solução que fosse

"20, 20 e 20": além dos dois 20 já mencionados — a estrutura da proposta do G-20 e OTDS — haveria outro 20, o coeficiente da fórmula suíça a ser aplicado para os países em desenvolvimento. Mas, diferentemente do que viria a ser aceito pelo Brasil em Genebra em 2008, o número de linhas tarifárias e o volume de comércio a serem excetuados estavam limitados a 10 por cento. Na reunião de Genebra, ficamos com 14 por cento e 16 por cento respectivamente, o que nos daria uma margem razoável de flexibilidade.

A reunião de Potsdam não foi inútil. Muitos estudos feitos na preparação de Potsdam atingiram um nível profundo de detalhamento. Se a Rodada tivesse sido concluída, vários de seus resultados teriam sido produto desses estudos. Deixem-me dar um exemplo relativamente simples: nós já sabíamos que a União Europeia não faria uma abertura importante do mercado agrícola com relação à redução tarifária. Numerosos produtos agrícolas seriam classificados como "produtos sensíveis". Isso seria compensado por meio de cotas — uma forma muito imperfeita e menos desejável de abertura de mercado. Ainda assim, na falta de outra solução, era algo que nossos agricultores, assim como os de outros países, estavam dispostos a aceitar.

Um aspecto importante, que evoluiu ao longo dos trabalhos em Potsdam, foi a questão da base de cálculo dessas cotas. Conseguimos que as cotas passassem a ser calculadas com base em um percentual do consumo interno e não como um incremento das cotas anteriores. No documento de Pascal Lamy, previa-se compensação pela não redução tarifária por meio do aumento das cotas em 4 por cento do consumo interno dos países — sem dúvida um avanço. No papel de Lamy, havia outro tipo de salvaguarda especial — não para os países em desenvolvimento, mas para os países desenvolvidos —, que provinha da Rodada Uruguai e beneficiava a União Europeia. Isso era algo que prejudicaria não só o Brasil — sobretudo nas exportações de frango e de açúcar —, mas também outros países em desenvolvimento. Durante as negociações em Potsdam, ficou estabelecido que essas salvaguardas seriam extintas ao final do período de implementação da Rodada.

Muitos pensam que a reunião em Potsdam foi um fracasso total. Mas não se pode esquecer que algo do "grande fracasso" de Cancún passou, de alguma maneira, para o *July framework*, que depois passou para Hong Kong, e depois para Potsdam.

Afinal, o que estava sobre a mesa em Genebra? O que ocupava o centro das discussões? A barganha central estava no equilíbrio de um triângulo que eu, em uma referência ao diretor-geral da OMC (homônimo do famoso filósofo e matemático francês), uma vez havia chamado de "triângulo de Pascal". E que Paulo Nogueira Batista Jr., em um artigo, corrigiu para "triângulo de Amorim". No centro das negociações estavam três aspectos: os Estados Unidos reduziriam seus subsídios agrícolas e quais seriam essas porcentagens; a União Europeia abriria seu mercado para produtos agrícolas em quais quantidades; e quanto os países em desenvolvimento estariam dispostos a abrir seus mercados para produtos industriais. Essa não era a única barganha, mas era a central.

É claro que, quando falo "em quanto os Estados Unidos reduziriam seus subsídios agrícolas", não quero dizer que a União Europeia não tivesse que abrir mão dos seus. Mas essa não era sua maior dificuldade. Independentemente da Rodada, a União Europeia já tinha um programa de reforma de sua política agrícola comum (PAC). Era um plano de redução de subsídios agrícolas, que não seria implantado por razões de liberalização de comércio, mas por razões orçamentárias. Em relação à União Europeia, o maior obstáculo era o acesso ao mercado. Em relação aos Estados Unidos, a maior dificuldade era determinar o valor do "OTDS". Do nosso lado, era a questão dos produtos industriais.

Além da barganha central, havia sobre a mesa outros elementos que acabariam se mostrando tão importantes quanto os que mencionei. Talvez nós (o G-4, com exceção da Índia, e o próprio DG) os tenhamos subestimado. Falo da questão dos produtos especiais e das salvaguardas especiais. Além disso havia as "indicações geográficas" para a União Europeia. Esse tema é importante para os europeus até em termos simbólicos. Alegam que "se vocês querem que acabemos com nossos subsídios para o trigo, precisam nos deixar ser competitivos em trufas negras, em presunto de Parma, em queijo *camembert*, em vinhos da Borgonha". Nós mesmos tínhamos outras demandas no que diz respeito à relação entre o Acordo de TRIPS e a Convenção de Biodiversidade.

Havia ainda a questão de serviços, que era importante para os países desenvolvidos, bem como para a Índia. Contrariamente ao que ocorrera na Rodada Uruguai, esse tema não chegava a constituir um problema muito sério para o Brasil. Nossa estrutura de serviços é muito aberta. Eu dizia para os negociadores dos países desenvolvidos: "Não sei por que vocês reclamam da abertura do mercado de serviços no Brasil. Quando vou a um banco, é provável que seja o Santander ou o HSBC. Se vou a um supermercado, é o Carrefour. Se uso um telefone, provavelmente será com os serviços da Telefonica". Mas um dos objetivos dos países desenvolvidos é "consolidar" multilateralmente as aberturas, ou seja, garantir que elas se tornem irreversíveis. E isso o Brasil poderia fazer, sem grandes sacrifícios, desde que obtivesse as compensações adequadas.

Em retrospecto, talvez o maior erro tenha sido achar que a questão dos produtos especiais e das salvaguardas especiais acabaria por se resolver. A maioria dos envolvidos nas negociações achava que não seria possível que essa questão — na realidade, uma exceção — se tornasse um elemento capaz de gerar um impasse sistêmico.

Quero fazer dois comentários: um, sobre a forma de trabalhar; outro, sobre a conduta dos atores. Sobre a forma de trabalhar, já me referi à questão dos círculos concêntricos, quando falei sobre a Rodada Uruguai. O que aconteceu dessa vez? Pascal Lamy convidou 35 ministros para a reunião que teve lugar em Genebra. Os critérios para fazer esses convites foram variados — importância do país, suas atividades econômicas, representação dos grupos regionais. Esses 35 deveriam ser, digamos assim, o círculo principal no qual se negociaria. Os demais 120 membros da OMC participariam somente das reuniões mais amplas — aquelas em que há discursos, mas não ocorrem negociações. (E normalmente estavam representados por seus embaixadores e não por ministros.)

Passados dois ou três dias de negociação, ficou claro que não seria possível avançar no grupo de 35. Cada delegação se limitava a recitar suas posições. Com aquiescência desse grupo, Pascal Lamy convocou um grupo de sete: Estados Unidos, União Europeia, Brasil, Índia, Austrália, Japão e China. Eram, portanto, aqueles quatro principais (o G-4), acrescidos de Japão e China, por motivos óbvios, e mais a Austrália, porque lidera o Grupo de Cairns. Do ponto de vista norte-americano, a Austrália ajudaria a contrabalançar a pressão em favor das salvaguardas especiais. No grupo de quatro países, havia certo viés favorável às salvaguardas especiais e aos produtos especiais, pois a Índia insistia nisso, e o Brasil tinha uma posição mais moderada e, até certo ponto, inibida, pois era o coordenador do G-20. Além disso, nós próprios tínhamos interesses ligados à agricultura familiar. Para a União Europeia, o tema era indiferente. Contra as SSM,[10] ficavam apenas os Estados Unidos. A Austrália, que pedia liberalização agrícola mais rápida, seria um fator de reequilíbrio.

---

10 Ao lado dos "produtos especiais", objeto de outra nota neste livro, as SSM são uma reivindicação defendida pelo chamado G-33, formalmente presidido pela Indonésia, mas capitaneado pela Índia. Essencialmente, visava a colocar um teto às importações de produtos agrícolas com a alegação de proteger o desenvolvimento rural, a segurança alimentar e/ou as necessidades de segurança das condições de vida dos países em desenvolvimento. Esse tipo de salvaguardas especiais não deve ser confundido com outras salvaguardas especiais criadas para atender a União Europeia na Rodada Uruguai e conhecidas como SSG. Estas também visavam a conter surtos importadores, sem fazer referência, contudo, aos elementos socioeconômicos das SSM.

As negociações logo se centraram nesse grupo de sete países. Se não me engano, isso ocorreu em uma quarta-feira. As reuniões foram madrugada adentro, reiniciando-se pela manhã. Às vezes, dependendo do horário, era necessário revezar as delegações entre ministros e outros altos funcionários e técnicos. No nosso caso, eu revezava principalmente com o embaixador Roberto Azevêdo e, também, com os ministros Carlos Márcio Cozendey e Flávio Damico, além do embaixador Clodoaldo Hugueney. Mas, naturalmente, as reuniões em que se tomariam decisões eram com os ministros.

Quando chegamos à quinta-feira,[11] depois de muitas reuniões de consultas, Pascal Lamy confessou que não via mais possibilidade de continuar as negociações. *"We don't have a deal"*,[12] ele dizia, com seu forte sotaque gaulês. Ainda assim, colocou um papel sobre a mesa, que foi rejeitado por todos, por razões diversas. A União Europeia achava que o acesso aos mercados industriais era insuficiente; nós achávamos que a redução sugerida para o OTDS não bastava; os Estados Unidos questionavam tudo o que estivesse relacionado a acesso a mercados agrícolas e queriam mais acesso a mercados industriais. Ao mesmo tempo, não queriam fazer concessões adicionais na área agrícola. Tudo isso foi entremeado por reuniões do grupo maior, que cobrava resultados mais rápidos. Alguns países alegavam que, se não podiam negociar, também não podiam ficar simplesmente esperando. Em determinado momento, um ministro canadense se queixou. Tive que dizer: "Desculpe, sei que é incômodo ficar do lado de fora. Eu mesmo fiquei do lado de fora durante muito tempo na Rodada Uruguai; eu estava fora e o Canadá estava dentro. Mas, se você quiser entrar na sala no meu lugar, eu cedo".

---

11 A narrativa detalhada do que ocorreu nessa sucessão frenética de reuniões aparece em um livro de Paul Blustein, citado mais adiante. Depois de realizar entrevistas com os principais negociadores, o autor fez uma "média" do que ouviu.

12 "Não temos um acordo."

Obviamente, parte disso é pura retórica. O ministro canadense logo recuou. Tudo aconteceu com muito drama, com muita emoção.

Houve idas e vindas. No dia seguinte, creio, Pascal Lamy apresentou um documento de apenas uma página que, dessa vez, serviria como base para as conversas do grupo dos sete. Acho que, se realmente tivesse havido um acordo firme nesse G-7, ele provavelmente seria aceito — com alguns retoques e complementos, até porque o documento apresentado ao G-7 não abordava todos os temas. Talvez pudéssemos ter concluído o que chamamos de "modalidades", já que não estávamos discutindo a conclusão integral da Rodada. Modalidades são, no linguajar da OMC, os principais números, os principais elementos — enfim, os aspectos sistêmicos, que têm consequências práticas. A ideia era que as "modalidades" envolvessem temas de agricultura e de indústria, basicamente.

Na reunião em que esse novo papel do diretor-geral foi apresentado ao grupo dos sete, a Índia foi a primeira a falar, e falou de forma muito contundente contra a proposta. Isso porque o que havia ali sobre salvaguardas especiais e produtos especiais não lhe dava conforto suficiente. A União Europeia também foi muito crítica, pois continuava achando que a abertura em produtos industriais não era suficientemente ampla. A China foi muito cautelosa, como sempre. Não estava muito contente com a proposta sobre salvaguardas especiais. Mesmo assim, disse algo próximo de "olha, vamos ver". Como hoje a China é, provavelmente, o país que mais se beneficia do sistema multilateral de comércio, ela se preocupa em não ser percebida como contribuindo para uma ruptura. Depois falou o Japão, tratando de problemas mais específicos, como suas plantações de arroz e alguns outros produtos.

Falei em seguida. Havia feito, na véspera, uma rápida consulta ao Brasil sobre números e conversei, em termos gerais, com o presidente Lula. Aquele era o momento para fazermos algo que deixasse nossos interlocutores "sem jogada", sobretudo a União Europeia, que exercia forte pressão em matéria de produtos industriais. Achava que já havíamos obtido o máximo das concessões possíveis na área agrícola. Outros pontos que eram de nosso interesse, como a eliminação das salvaguardas especiais para os países desenvolvidos (SSG), herança da Rodada Uruguai, já haviam sido incluídos no texto. Disciplinas específicas limitariam subsídios para produtos de nosso interesse, como algodão e soja. Até para o etanol havia alguma perspectiva de cotas razoáveis dos Estados Unidos e da União Europeia, que pareciam satisfazer nossos produtores. Insistir em maximizar os ganhos só levaria a pressões ainda maiores sobre produtos industriais, o que nos causaria problemas internos e no Mercosul.

Volto a dizer que tudo isso era muito complexo, não no sentido de requerer muita inteligência, mas de requerer muito tempo, muita paciência. Para que vocês tenham uma ideia, a redução das tarifas industriais é feita por meio de uma fórmula conhecida como "fórmula suíça", cujo objetivo principal é fazer com que as tarifas mais elevadas tenham cortes mais profundos que as mais baixas. Ou seja: a redução das tarifas industriais não é linear, mas segue os termos dessa fórmula. Quando lemos nos jornais sobre um "coeficiente 30" ou um "coeficiente 25", esse número não representa a nova tarifa, mas o coeficiente que será inserido na "fórmula suíça", e que terá um impacto X ou Y dependendo da estrutura tarifária do país. É interessante saber isso, pois, quando tive contato com líderes de vários países — fosse acompanhando o presidente Lula, fosse sozinho (por exemplo, com a chanceler Angela Merkel) —, percebi que confundiam esses números, o que gerava a impressão de que nossa posição era mais restritiva. Não é algo de espantar, porque essas coisas confundem mesmo. E, às vezes, suspeito de que os próprios negociadores ajudam a confundir os líderes.

Voltemos à questão do coeficiente. O que estávamos tentando fazer ao longo do último ano, sobretudo depois de Potsdam? Naquela época, em Potsdam, acho que o Brasil teria aceito — no limite — o coeficiente 24, que resultaria em uma redução da tarifa consolidada de, talvez, 54 ou 55 por cento. Mas, como os europeus argumentavam, a redução da tarifa aplicada era menor. Em Potsdam, nós fomos muito firmes, não deixamos que as negociações passassem daquele ponto.

De lá para cá, nosso esforço foi examinar se seria possível obter alguma flexibilidade na redução tarifária, desde que fôssemos compensados com a possibilidade de colocar mais produtos na lista dos sensíveis, isto é, daqueles que não sofreriam um corte integral na tarifa.[13] Para que vocês tenham uma ideia dos números: em Potsdam, chegaríamos ao coeficiente 25 ou 24, com 10 por cento de flexibilidade nas linhas tarifárias. Esse percentual também se aplicaria ao valor do comércio. Depois, no documento que saiu em Genebra, em 2008, o coeficiente seria 20, a flexibilidade seria de 14 por cento (no número de linhas tarifárias) e 16 por cento (de valor total do comércio). Teríamos uma flexibilidade adicional para incluir mais produtos, o que compensaria o coeficiente menor.

Uma coisa compensava a outra: segundo os cálculos feitos pelos especialistas, cada ponto de flexibilidade valeria por dois pontos no coeficiente. Assim, um coeficiente 20 com flexibilidade para 14 por cento dos produtos equivalia, em termos práticos, a ter coeficiente 28 e 10 por cento de flexibilidade. Isso era necessário para poder acomodar o Mercosul, o que era um grande problema nessa negociação, não só pelas diferenças entre os países, mas principalmente porque — como aplicamos a Tarifa Externa Comum — as listas de "produtos sensíveis" deveriam ser comuns. Acontece que os "produtos sensíveis" para os diversos membros não eram necessariamente os mesmos.

---

13 Por corte integral na tarifa entende-se aquele que resultaria da aplicação pura e simples da fórmula suíça, com um coeficiente dado. O texto em discussão sobre Nama previa duas hipóteses de flexibilidades. Seria possível excetuar completamente 5 por cento das linhas tarifárias ou, alternativamente, 10 por cento de linhas, mas, neste caso, a exclusão não poderia ser integral, ficando limitada a 50 por cento da tarifa. Dada a nossa estrutura industrial e o número de linhas sensíveis, essa opção era a preferida do Brasil.

Para ilustrar um pouco esse raciocínio, imaginemos que cada país do Mercosul listasse seus 10 por cento de produtos sensíveis. Haveria alguma superposição entre esses produtos, mas não total. Assim, a soma final não seria 10 por cento nem 40 por cento — seria 16 por cento. Por isso, procuramos negociar uma flexibilidade de 16 por cento. Acabamos conseguindo 14 por cento — algo que não parecia impossível de ser acomodado dentro da mecânica do próprio Mercosul.[14]

A questão do coeficiente e das flexibilidades está na raiz de nossas diferenças com a Argentina, mas a meu ver mostra também o quanto elas são insignificantes na realidade. Em termos práticos, a diferença entre um coeficiente 30 e um coeficiente 20 teria impacto pequeno na redução tarifária para produtos sensíveis — como automóveis e têxteis. Hoje, a tarifa máxima aplicada a esses bens é 35 por cento. Com coeficiente 30, ela diminuiria para 25,5 por cento; com coeficiente 20, ela diminuiria para algo entre 23,5 e 24 por cento. A diferença era muito pequena: dois pontos percentuais, ao longo de dez anos. Isso serve, também, para enfatizar a importância das "flexibilidades". Sem elas, as tarifas nesse mesmo setor cairiam de 35 para 12 ou 14 por cento. Dessa forma, para nós, a flexibilidade era mais importante que o próprio coeficiente. Havia ainda outra questão. Os europeus não queriam que as flexibilidades excluíssem setores inteiros (como o automotivo, por exemplo). Por isso, inventaram o conceito de "anticoncentração" — isto é, não se podia concentrar o uso das flexibilidades em poucos setores. Também aqui havia uma discussão sobre percentuais, que era muito complexa.

---

14 A discussão desse aspecto, que ficou conhecido como "exceção Mercosul", foi objeto de inúmeras reuniões, tanto técnicas quanto ministeriais. Encontrei-me duas vezes com Susan Schwab para tratar desse tema, no belo cenário do Palácio Pamphili, nossa embaixada em Roma. Tive também uma longa conversa telefônica com Pascal Lamy, em que fui muito firme para garantir que o texto a ser apresentado à reunião de Genebra contivesse uma linguagem para atender a nossos interesses.

Estávamos nessa batalha. Depois de ter feito uma consulta a Brasília sobre esses números que acabo de mencionar, pensei: "Estamos no limite, a corda esticou; daqui para frente só pode piorar". Quando chegou minha vez de falar naquela reunião de sete países com o Lamy, disse: "Olha, esse pacote não me agrada especialmente — mas, se todos aceitarem, eu também aceito". A americana Susan Schwab, que falou depois, disse que, no limite, aceitaria o texto com alguns ajustes, relativos às negociações setoriais em Nama e em SSM. Eu havia aceito sem fazer ressalvas: "Se for como está aqui, eu aceito".[15]

Fiz apenas dois comentários. O primeiro era que, na minha visão, o equilíbrio do pacote não tinha muito a ver com o tema dos produtos especiais — já que isso não era algo que, para nós, estivesse em jogo —, mas o que fosse aceito pelos outros, desde que não fosse discriminatório, eu também aceitaria. Meu segundo comentário dizia respeito a um ajuste de linguagem sobre negociações setoriais em produtos industriais.

Depois dos Estados Unidos, foi a vez de a Austrália falar, na mesma linha adotada por mim. Na realidade, foi até mais forte. Todos vocês devem conhecer o "jogo do mico": uma das características nesse tipo de negociação é que ninguém quer ficar com o mico na mão. Ali, quem dissesse "não" ficaria com o mico e perderia a partida do ponto de vista político. Talvez por isso Peter Mandelson, que havia assumido uma postura inicial muito crítica, diante da conduta do Brasil e de outros, declarou, na segunda rodada de intervenções, que aceitaria o pacote, se todos o fizessem.[16] Pascal Lamy disse: "Pelo que entendo,

---

15 As negociações setoriais eram outra maneira, além da fórmula, de abrir os mercados dos países em desenvolvimento. O principal alvo era a China, mas outros países, como Brasil, Índia e África do Sul, seriam atingidos. O Brasil, com esforço, poderia aceitar alguma negociação setorial, embora de forma limitada e com várias qualificações.

16 Noto essa curiosidade: o Brasil e a União Europeia, que tinham tido posições diametralmente opostas em questões de conteúdo, foram, junto com a Austrália, os que mais se dispuseram a fazer sacrifícios em benefício da Rodada e do sistema multilateral.

esse pacote ainda não tem consenso, mas tem ampla maioria". A Índia tinha objetado, em virtude das salvaguardas especiais, mas aquele texto foi o mais próximo do consenso que conseguimos alcançar.

No dia seguinte, Pascal Lamy apresentou o documento aos participantes da reunião mais ampla. Então, voltaram as críticas. Creio ter sido nessa ocasião que ocorreu aquela discussão com o negociador canadense e com outros, que reclamavam de os sete estarem negociando e não chegarem a resultados etc. Mas, quando dissemos "então vamos deixar que vocês discutam aqui com a gente", eles responderam: "Não, não. Voltem para lá e resolvam o problema". Então, passamos cerca de dois dias — segunda e terça-feira, creio — discutindo, mas não foi possível chegar a um acordo.

Quando já batia certo desespero, tentamos várias fórmulas. Afinal, todos tínhamos compromisso com o sistema multilateral. É por isso que tentamos encontrar com afinco uma fórmula de compromisso. Por exemplo, Brasil e União Europeia, que, por motivos distintos, tinham uma posição relativamente neutra sobre produtos especiais e SSM, procuraram usar uma linguagem que pudesse ser aceita pelos Estados Unidos, de um lado, e pela Índia e China de outro. Mas não conseguimos.

Ao longo das negociações, a Índia manteve o discurso contraditório sobre as negociações de Nama. Ora dizia que não tinha problemas, ora apontava dificuldades. No entanto, à luz de tudo o que foi dito e do que ocorreu, a minha leitura é que, caso a questão das salvaguardas e produtos especiais viesse a ser resolvida, a Índia teria cedido em relação a isso, e certamente iria bem além do que nós fomos. Era um jogo delicado. A balança poderia pender contra nós.[17]

---

17 Cabe uma observação sobre o comportamento dos Estados Unidos. Embora Susan Schwab, na reunião do G-7, tenha adotado uma posição similar à do Brasil, com alguma ressalva diante do papel apresentado por Lamy, essa atitude positiva foi se tornando menos nítida nas horas e nos dias que se seguiram. Possivelmente influenciada pelos representantes da Associação Nacional de Produtores de Manufaturas (NAM,

Para dissipar qualquer dúvida, quero fazer um comentário sobre a questão da Argentina. Na minha opinião, o problema da Argentina — e eu disse isso aos próprios argentinos — é que ela queria resolver de maneira sistêmica um problema específico. Mas não havia uma solução que fosse aplicável a todos e, ao mesmo tempo, aceitável para a Argentina. Honestamente, o que a Argentina queria não teria praticamente nenhum apoio. Por outro lado, é importante assinalar que o Brasil sempre levou muito em conta os interesses do Mercosul e, no caso de Nama, os da Argentina. Boa parte dos esforços que fizemos no período anterior à reunião de julho foi para assegurar as flexibilidades necessárias ao Mercosul. Estávamos inclusive dispostos a ceder à Argentina algumas das flexibilidades a que teríamos direito para acomodar dificuldades de nossos parceiros.

Tenho sempre falado sobre a importância que o Brasil confere à OMC e à conclusão da Rodada. Além dos interesses específicos da nossa agricultura relacionados à eliminação dos subsídios, é do nosso interesse fortalecer o sistema multilateral de comércio. Queremos manter um sistema que não esteja sujeito às pressões desproporcionais de um único membro, como seria o caso na Alca, ou a relações desequilibradas, como poderá ser o caso entre a União Europeia e o Mercosul.

É igualmente necessário fazer uma análise realista do que existe pela frente. Quando saí de Genebra, estava convencido de que o fracasso duraria muito tempo. Todos os meus pronunciamentos foram nesse sentido — e acho bom que os tenha feito, para frisar a

---

na sigla norte-americana), Susan Schwab foi se tornando mais intransigente na defesa das negociações setoriais e revelou pouco interesse (como, de resto, a Índia, por motivos opostos) em analisar fórmulas de compromisso que Brasil, Austrália, União Europeia e o secretariado da OMC produziam quase em clima de desespero. Claramente, a USTR deu sinais de incapacidade de lidar politicamente com a multiplicidade de pressões: do setor industrial, insatisfeito com Nama, e do setor agrícola, descontente com as concessões em subsídios e os limites para o acesso a mercados indiano e chinês.

seriedade da situação. Não era possível dizer "daqui a pouco voltamos para cá, nos encontramos de novo e vamos resolvendo". Não é assim. Não foi assim.

A imagem que faço desse momento é esta: construímos uma grande catedral, extremamente complexa, com várias naves e arcos — e, ao final, quiseram colocar uma capelinha lateral, que não fazia parte dos planos originais, como fez Viollet-le-Duc com a flecha da Notre Dame. De repente, ela é colocada de forma errada e tudo desaba. Faço essa imagem roubando um pouco de outras impressões que ouvi — como se sabe, na política, há plágio constante; aproveitam-se e reformam-se ideias alheias. A sensação que tive foi, portanto, extremamente penosa. Para continuar na imagem, não digo que aquela capelinha não fosse importante, mas ela não era a parte central. Embora tenha sempre estado ali, a questão das salvaguardas especiais não era o âmago. Não era um vértice do "triângulo de Pascal" ou do "triângulo de Amorim". Era algo à parte.

Não se poderia esperar que a negociação ruísse por esse fator. Foi um erro coletivo de avaliação. E não tanto do G-20, devo dizer. Justiça seja feita: o embaixador Clodoaldo Hugueney havia tentado várias vezes fazer uma negociação sobre esse tema dentro do G-20, que reúne países com interesses opostos nesse aspecto — há importadores e exportadores agrícolas. Talvez uma negociação dentro do G-20 pudesse ter contribuído para uma solução geral. Mas sem a pressão de fora, como convenceríamos a Índia a ser mais flexível? Assim, nossas tentativas foram todas frustradas.

A Índia e outros talvez acreditassem que poderiam fazer um exercício do que, em política, é conhecido como *brinkmanship*: leva-se a situação até a beira do precipício e, ao final, se faz alguma concessão menor. Até certo ponto, essa tática teve êxito. Muito embora a maioria dos países exportadores agrícolas não quisesse aceitar sequer o conceito de produtos especiais, tiveram que engoli-lo. Como já disse, tendo em vista a existência de um importante setor de agricultura familiar, o Brasil tinha posições mais moderadas. De certo modo, até contribuiu para que a noção de produtos especiais fosse acatada. Em um passo adicional, admitimos a possibilidade de que, na aplicação das salvaguardas especiais, houvesse uma elevação da tarifa, que perfurasse os compromissos anteriores à Rodada Doha — os da Rodada Uruguai e o Acordo de Acessão da China. Eram concessões importantes, que a nosso ver valeria a pena fazer, à luz dos ganhos em outras áreas. Também nos movia a preocupação de "salvar" a Rodada e preservar o sistema multilateral.

Alguns aspectos eram especialmente difíceis. Em relação às SSM, haveria "gatilhos" para aplicação. Previam-se também "remédios", ou seja, alguma forma limitada de compensação. Em vários casos, como no da soja para a China, ao analisar os gatilhos e as compensações propostas por eles, percebia-se que estavam tentando renegociar suas tarifas para um patamar mais elevado, sem nenhum tipo de compensação. Enfim, houve concessões da nossa parte. Dos Estados Unidos, muito poucas. Ao final, não foi possível atender ao que a Índia e outros países demandavam.

O que fazer agora? Uma hipótese é esta: esperar um pouco. Afinal, levará algum tempo até que a nova administração americana resolva se quer ou não a Rodada — e se a quer nos termos em que está colocada. Vamos analisar os subsídios em função da evolução dos preços internacionais dos produtos agrícolas. Alguns setores, quando fizerem minuciosamente suas contas, poderão concluir que estão sendo mais afetados. Em suma: aquilo que os anglo-saxões chamam de "*momentum*" estará, nessa negociação, perdido.

Cada país começará a analisar com lupa todo detalhe da negociação. É natural que, quando 150 países tomem essa atitude, cada um olhe para os menores detalhes. A possibilidade de que o pacote seja desfeito é muito forte. Não quer dizer que, no futuro, ele não possa vir a ser recriado. Mas vai demorar muito tempo para que isso aconteça. As pessoas podem até chegar à conclusão de que a proposta do direitor-geral em julho, por sua vez fruto dessa era a melhor solução, mas isso levará muito tempo. Durante esse tempo, o sistema multilateral de comércio poderá sofrer muitos prejuízos; até mesmo experimentar uma fragmentação.

Nós mesmos não poderemos ficar parados. O Mercosul, talvez, tente uma negociação com a União Europeia. Negociar com os Estados Unidos seria um pouco mais complicado, mas é algo que terá que ser examinado. Há pressões de vários setores nesse sentido. Em outros países ocorrerá o mesmo. E, com isso, vão sendo feitos acordos que, ao invés de serem complementos úteis à catedral, passam a ser mais importantes do que ela. O sistema multilateral de comércio passaria para o segundo plano; os acordos bilaterais — com todas as dificuldades e desvantagens que já apontei — passariam a ocupar o primeiro plano. Tudo isso foi, aliás, muito bem exposto, de maneira clara e sem muitos números, no artigo que Sérgio Leo publicou na segunda-feira, 4 de agosto [2008], no *Valor Econômico*. Quem puder leia — está muito interessante. Vale a pena. Não é um artigo que eu tenha inspirado, foi escrito com ideias dele mesmo. Até conversei com ele ontem, mas o artigo foi publicado antes disso.

O que fazer? Uma hipótese é esperar. Essa questão ficará para a próxima geração. Até lá, vamos ver o que acontece. Mas, passado algum tempo, depois de conversar com jornalistas e refletir um pouco mais, começamos (eu e outros) a ser movidos pelo desejo de não deixar que um trabalho de tantos anos, e que custou tantos sacrifícios, se perca. Na sexta-feira, Pascal Lamy me ligou e me disse algo nesse sentido. Eu não havia conversado com ele antes, mas estava pensando nessa linha. Já no avião, saindo de Genebra, comentei que talvez ainda fosse possível concluir a Rodada em setembro, se houvesse uma decisão política forte no sentido de que "queremos fechar". Afinal, o ponto de dissenso é tão circunscrito!

O presidente Lula tem feito alguns movimentos: já conversou com o presidente Bush; provavelmente falará com o presidente

Hu Jintao durante a Olimpíada de Pequim; e é possível que ainda fale com o primeiro-ministro Singh, da Índia. Mas não podemos ter muitas ilusões. Os americanos terão eleições daqui a três ou quatro meses; os indianos, em maio. Como esse tema toca diretamente muitos interesses eleitorais, seria necessária uma dose muito grande de "espírito de estadista" para que certas pressões setoriais fossem colocadas em segundo plano, quando confrontadas com o interesse global. É importante salientar que favorecer o interesse global não significaria, em absoluto, perder. Estou convencido de que, caso esse acordo tivesse sido fechado, a Índia não perderia. Pelo contrário, ela seria beneficiada pela eliminação dos subsídios agrícolas dos países ricos — e disporia de um mecanismo que hoje, a rigor, não tem como defender-se de um surto de importações agrícolas. Afinal, se a Índia praticar o que está propondo (adotar medidas equivalentes a salvaguardas especiais), poderá ser acionada na OMC, seja pelos Estados Unidos, seja por Sri Lanka.[18] Enfim, o texto que quase aprovamos em Genebra pode não ser o ideal, mas era o possível, o razoável.

Os Estados Unidos também teriam obtido muitos ganhos, com mais acesso para seus produtos a mercados agrícolas e industriais, ainda que não na proporção desejada. Também se beneficiaria na negociação de serviços. Por todas as razões que alinhei no início, o Brasil, o Mercosul e outros países em desenvolvimento tinham muito interesse na conclusão da Rodada Doha. Os produtos de algodão da África, por exemplo, teriam muito a ganhar. Quando cheguei a Genebra, disse que as chances de que concluíssemos as negociações eram de 65 por cento. Se alguém tivesse me perguntado isso depois da apresentação do pacote Lamy, que foi aceito, ainda que com res-

---

18 Menciono o Sri Lanka apenas para salientar que o temor à concorrência por parte da Índia em matéria agrícola não está limitado a *commodities* como soja e açúcar, que interessam a grandes produtores como os Estados Unidos e o Brasil. Abrange também especiarias, como noz-moscada ou pimenta-do-reino, produzidos por países vizinhos tão ou mais pobres que a Índia.

salvas, pela maioria, teria dito um número ainda maior, algo como 70 por cento. Hoje, eu diria que as chances estão entre 5 e 10 por cento. Ainda, há uma pequena janela que deve ser explorada; bastam dois ou três telefonemas para saber se há possibilidades.

A outra hipótese é deixar esse assunto de lado, deixar que a Rodada pare. Não vai parar de todo, eu sei, porque eu estava em Genebra quando a Rodada Uruguai entrou em compasso de espera. E também, depois, quando as negociações emperraram em Seattle. Algum trabalho técnico sempre continua acontecendo, até que as grandes negociações possam ser retomadas. Mas isso poderá levar muito tempo. E tempo se traduz em agravamento da pobreza, desemprego etc.

Queria dar a vocês uma visão do que se passou nesse histórico mês de julho em Genebra. É a primeira versão da minha narrativa desses eventos. Pode ser que depois ela se modifique. Não estou dizendo que as próximas versões serão substantivamente diferentes. Mas elas poderão ser aprimoradas. Foi essa, portanto, a primeira versão da minha narrativa sobre o que aconteceu em Genebra, sobre o que nos conduziu àquele "grande fracasso" e sobre o que nos resta tentar.[19]

---

19 Essa palestra foi feita em 6 de agosto. Um mês e meio depois, estourou a crise financeira, com a quebra do *Lehman Brothers*. Um jornalista norte-americano, Paul Blustein, registrou, em um livro intitulado *Misadventures of Most Favored Nations: Clashing Egos, Inflated Ambitions, and the Great Shambles of the World Trade System* (Nova York: Public Affairs, 2009), a rapidez com que se cumpriu a profecia que eu havia feito nas escadarias do Centro William Rappard, sede da OMC, ao final da reunião de julho: "Certamente, ouvimos de muitas pessoas que deveríamos preservar o que já foi obtido. Concordo, mas está fora do nosso alcance. A vida continua. Tivemos a crise alimentar... Outras crises virão. Outras preocupações tomarão o lugar das atuais. Interesses protecionistas esmiuçarão o que fizemos, às vezes, dando um salto no escuro...".

8

"Israel pode achar que está destruindo o Hamas, mas está aniquilando politicamente a Autoridade Palestina"

Relações Brasil-Oriente Médio e o processo de paz pós-Gaza.
16 de janeiro de 2009[1]

Esses meus encontros correspondem, em parte, a uma necessidade de me comunicar e de colocar em ordem algumas ideias, de procurar um sentido mais preciso para as atividades que desenvolvemos sob o impulso de ações ou de fatos que nos levam a tomar certas medidas e dar certos passos.

Quis vir aqui por várias vezes, mas não foi possível. Na última vez, gostaria de ter falado da importante reunião que nós tivemos na Costa do Sauípe, que foi inédita em muitos aspectos. Pela primeira vez — não apenas "na história deste país", mas na história de toda a América Latina — reunimos todos os países da América Latina e do Caribe. É claro que alguns países do Caribe alcançaram a independência recentemente, há poucas décadas, mas a própria América Latina, que teve sua independência, na maioria dos casos, há cerca de 200 anos, nunca havia se reunido

---

1 Palestra para as Turmas 2007-2009 e 2008-2010 do IRBr.

uma tutela externa. Acho este um fato extraordinário e, de certa forma, espantoso.

Talvez, em outra ocasião, eu, ou algum outro colega ou colaborador meu, possa vir conversar com vocês sobre isso. Não era uma reunião fácil, óbvia. Enio Cordeiro e Ruy Pereira tiveram papel essencial. Os dois se ocuparam muito da organização e das negociações dessa bem-sucedida reunião.

Em vez de dar aulas teóricas ou discorrer sobre temas muito amplos e abrangentes, tenho preferido fatos específicos. Creio que isso dá a vocês, alunos do Rio Branco, uma ideia de como a política externa se desenvolve em função de uma situação concreta, e não apenas na teoria. E a última situação concreta com a qual estive envolvido de perto, praticamente desde o início do ano, refere-se à questão do Oriente Médio.

Além de ser importantíssimo para o mundo hoje, o Oriente Médio continuará a ser importante durante muito tempo, mesmo que, em algum momento futuro, se avance no sentido de encontrar uma solução para o conflito. Obviamente, é uma região para onde muitas tensões, rivalidades e conflitos convergem.

Quero sugerir a vocês um livro. Aliás, fui eu quem pediu que fosse traduzido. O autor se chama David Fromkin, e o título em inglês é *The Peace to End All Peace*. Em português, o nome dado foi *Paz e guerra no Oriente Médio*. Foi traduzido e editado pela Funag, de modo que vocês não terão dificuldade em encontrá-lo. É muito raro ter na literatura obras que combinem uma interpretação histórica ampla com o tratamento de situações específicas e da atuação concreta, não só de ministros, de presidentes ou de generais, mas de diplomatas, de outros funcionários. Esse livro tem, entre outros, esse mérito.

O livro expõe a origem do problema do Oriente Médio à época do fim do Império Otomano e da Primeira Guerra Mundial. Descreve o modo como as manobras das potências — sobretudo a Inglaterra e a França — acabaram gerando essa situação que hoje encontramos na região. Não sei se existe história contemporânea ou política internacional aqui no currículo, mas se existir recomendaria muito que o livro, que tem a vantagem de ser acessível, fosse utilizado.

Sobre a situação atual, quero fazer uma apresentação que abranja o contexto em que o conflito ocorre em relação à própria política externa brasileira. Quero fazer também uma rápida descrição da crise, da missão que desempenhei nessa viagem e dos contatos relacionados a ela. Repito: não pretendo fazer uma descrição pormenorizada da situação do Oriente Médio.

Gostaria de falar um pouquinho sobre o contexto da política externa do governo Lula. Chamo a atenção inicialmente para o fato de que o interesse do Brasil no Oriente Médio não é novo, não ocorreu pela primeira vez neste governo, mas se intensificou muito nele. Em dezembro de 2003, o presidente fez uma visita importante à região. Eu já havia estado lá uma ou duas vezes antes deste governo. Naquela visita, o presidente esteve na Síria, no Egito, nos Emirados Árabes, na Líbia e no Líbano. Ocorreu, na ocasião, um fato especialmente importante para explicar e balizar nosso maior envolvimento. Enquanto o presidente estava no Egito, o ministro das Relações Exteriores da Autoridade Palestina, Nabil Shaat, nos procurou. Teve de fazer uma viagem complicadíssima para chegar até o Cairo. Creio que levou sete ou oito horas para percorrer uma distância pequena, de Ramala ao Cairo. Mesmo não sendo um momento especialmente crítico, era preciso atravessar a Faixa de Gaza, passar as inúmeras barreiras, até poder chegar ao Egito.

Além de uma exposição sobre o que ocorreria entre Palestina e Israel, Nabil Shaath fez duas sugestões. Uma delas era que o Brasil criasse uma missão em Ramala. Até então, o único país latino-americano com uma Missão era o Chile, que tem a maior comunidade palestina. Alguns meses depois, abrimos o escritório, inicialmente chefiado pelo embaixador Bernardo Brito e depois pelo embaixador Arnaldo Carrilho. A outra sugestão foi a de criarmos a figura de um enviado especial para o Oriente Médio — algo que fizemos. Eu escolhi o embaixador Affonso Celso de Ouro-Preto, que havia sido meu chefe de gabinete durante o governo Itamar Franco. Ali, demos o primeiro passo para uma aproximação mais intensa e um envolvimento mais forte com a questão do Oriente Médio durante o atual governo.

O Brasil sempre foi procurado pelos países do Oriente Médio. Muitas vezes, lemos comentários de que estamos procurando protagonismo, nos envolvendo em algo a que não fomos chamados. Isso não corresponde à verdade. E não apenas no governo Lula. Quando fui ministro do governo Itamar Franco, fui convidado — surpreendentemente para mim, porque talvez estivesse de algum modo dominado por essa mesma visão mais limitada sobre o papel do Brasil — para ir à cerimônia de assinatura do acordo de paz entre Jordânia e Israel.[2] Além do significado do fato, foi uma oportunidade conhecer pessoas como o ministro espanhol Javier Solana, o chanceler russo Andrey Kozyrev e outras personalidades. Algumas delas estiveram presentes a um jantar íntimo oferecido pelo príncipe Hassan, então príncipe herdeiro da Jordânia. Essa foi minha primeira visita à região. Mas o que quero frisar é o interesse dos países da região pelo Brasil. As duas sugestões de Nabil Shaath — o estabelecer de um escritório de representação em Ramala e criar a figura de um representante especial para o Oriente Médio — já demonstraram claramente que o Brasil acolhia e retribuía esse interesse.

De modo mais ou menos simultâneo, e por outros motivos não apenas vinculados à situação específica do Oriente Médio, o presidente Lula tomou a iniciativa de convidar países árabes e sul-americanos para uma cúpula das duas regiões. Foi uma empreitada que

---

2   O Tratado de Paz entre Jordânia e Israel foi firmado pelos primeiros-ministros Yitzhak Rabin e Abdul Salam Majali, em 26 de outubro de 1994, no Posto de Fronteira de Arava ou Arabah.

exigiu extensa preparação, e não apenas do ponto de vista logístico. Demandou também grande trabalho de persuasão. Esse esforço contribuiu para um estreitamento das relações.

A primeira vez em que estive nos Territórios Palestinos Ocupados — no caso, a Cisjordânia —, foi no contexto da preparação dessa conferência, que nós aqui no Itamaraty chamamos de Aspa. Ao longo de um ano e meio visitei um grande número de países. Estive na Liga Árabe três vezes, em uma delas com o presidente; em outras duas, sozinho. O Brasil se tornou observador na Liga Árabe. Enfim, fomos criando uma relação mais próxima, que culminou na Cúpula realizada no Brasil em maio de 2005.

Logo em seguida à Cúpula — e para não haver dúvida sobre nosso desejo de manter boas relações com o Estado de Israel —, fui a Jerusalém e a Tel Aviv.[3] Esse foi, portanto, o *background* geral do nosso interesse na região. Participamos de várias outras atividades importantes, como conferências de doadores. Participei, inclusive, de uma conferência sobre o Iraque, sempre a convite. Nessa conferência, o único outro país latino-americano convidado foi El Salvador, que havia mandado tropas. No caso do Brasil era o contrário, tinha-se oposto à invasão e aos ataques ao Iraque. Mas o papel do Brasil era reconhecido. Talvez por isso, o Brasil tenha sido um dos poucos países em desenvolvimento — afora naturalmente os árabes e alguns islâmicos — convidados para a Conferência de Annapolis no final de 2007.

Logo após a Conferência de Annapolis, o Brasil participou da Conferência de Doadores para a Reconstrução da Palestina — deveria dizer, para a *construção* da Palestina. Fizemos uma doação de

---

3 Em Israel, tive reuniões com o então primeiro-ministro Ariel Sharon, com o vice-primeiro-ministro Ehud Olmert, que o sucederia, e, naturalmente, com o chanceler Silvam Shalom. Estive também com Shimon Peres, que dirigia uma fundação voltada para a reconciliação entre palestinos e israelenses. Nenhum deles manifestou reservas quanto a maior envolvimento do Brasil. Shimon Peres foi particularmente enfático na utilidade de nossa presença.

US$ 10 milhões, contribuição equivalente à da Rússia, que tem um envolvimento histórico e tradicional, desde os tempos da União Soviética, na região (desde o império czarista).

Depois de Annapolis, decidi fazer um novo périplo pela região, dessa vez voltado essencialmente para questões políticas. Estive na Arábia Saudita, na Síria, na Jordânia, em Israel e nos Territórios Ocupados (em Ramala, na Cisjordânia).

Um ano e meio antes, em 2006, havíamos estado muito presentes na questão do Líbano, por interesse político e por solidariedade. Temos uma vasta comunidade de origem libanesa no Brasil, e há muitos brasileiros que hoje moram no Líbano. Fui primeiro à Turquia, mais especificamente a Adana, para onde estavam indo os brasileiros refugiados, mas fui levar também doações a Beirute. O primeiro chanceler a visitar Beirute depois do cessar-fogo foi o ministro D'Alema, da Itália; no dia seguinte, fui eu, com a diferença de que não temos frota no Mediterrâneo, não temos as mesmas bases de apoio.

Chegamos lá em um Hércules da Força Aérea Brasileira levando alimentos, medicamentos e outras provisões, atitude muito apreciada pelos libaneses. O ministro do Exterior Fawzi Salloukh (xiita, velho diplomata e professor de uma importante universidade, ligado ao Hezbollah e à Síria) estava me esperando no aeroporto. Fui recebido pelo presidente Émile Lahoud (cristão, mas acusado de ser pró-Síria) e conversei longamente com o primeiro-ministro Fouad Siniora (sunita e pró-ocidental), que já tomara a iniciativa de encontrar-se comigo durante a Assembleia Geral da ONU, no ano anterior.[4]

---

4 Nas várias vezes em que estive no Líbano, procurei sempre encontrar-me com autoridades que representam diferentes tendências e provêm de comunidades distintas. Na visita de 2006, além dos mencionados, encontrei-me com Nabi Berri, presidente da Assembleia e chefe do partido Amal, de base xiita e próximo ao Hezbollah. Nas poucas horas que passei no Líbano, em agosto de 2006, apesar da momentânea união em face ao ataque de Israel, pude mais uma vez constatar a enorme fragilidade político-institucional do país.

Na última viagem, depois de Annapolis, estive novamente em Israel. Na ocasião, fui recebido pela ministra Tzipi Livni, pelo presidente Shimon Peres e pelo primeiro-ministro Olmert. Com todos eles tive conversas de grande profundidade. Essa capacidade de o Brasil se relacionar com os vários lados é apreciada por todos, com graus talvez variáveis. Uma ilustração disso foi o fato de que eu acabei sendo portador de uma mensagem do presidente da Síria ao primeiro-ministro de Israel. Posso dizer isso hoje, porque já é passado. Tratava-se da retomada das negociações entre Síria e Israel, com intermediação turca, sobre as Colinas de Golã, a região síria ocupada por Israel desde 1967. Provavelmente, terá havido muitos outros intermediários. Não quero dar a impressão de que fui o único; mas o pedido de Assad e a reação franca de Olmert foram uma demonstração de confiança. Fui lá, transmiti a mensagem e pude dar depois uma resposta, um *feedback*, por sinal positivo, da parte do primeiro-ministro Olmert.[5]

O Brasil depositou muitas esperanças no processo de Annapolis, porque significava uma nova abordagem para a questão do Oriente Médio. Por quê? Porque a questão do Oriente Médio era normalmente tratada pelas partes diretamente envolvidas — Israel, Palestina e países árabes —, e com a participação dos Estados Unidos, da União Europeia, da Rússia e do secretário-geral da ONU. Esses dois países e essas duas entidades compõem o chamado Quarteto.

Creio que a própria comunidade internacional e os países mais influentes, como os Estados Unidos (no período em que Condoleezza Rice era secretária de Estado), passaram a achar que era preciso haver maior envolvimento de outras nações, de outras regiões, na busca de

---

5   Tratava-se, basicamente, da disposição síria de retomar os contatos com Israel sobre a questão do Golã, desde que as discussões fossem reencetadas do ponto em que haviam parado no final do governo Clinton. Os sírios não queriam recomeçar "do zero". Olmert concordou. Somente mencionou a condição de que a Síria deixasse de apoiar o Hamas e o Hezbollah.

saídas. Essa percepção estava por trás do processo de Annapolis, para o qual foram convidados cerca de 50 países. A maioria era da região, mas havia vários países europeus (muitos deles doadores) e alguns poucos países em desenvolvimento: Índia, Brasil e África do Sul. O México, ao que parece, por insistência própria, acabou sendo convidado para a reunião. Mas, segundo a versão que ouvi, teria sido dito que o país não poderia estar representado em nível ministerial. Um subsecretário mexicano acabou se sentando ao lado do embaixador do Brasil, Antonio Patriota, atrás do ministro brasileiro, que, no caso, era eu.

Eu não diria que foi uma coincidência — até porque, em política, não há coincidências — a participação em Annapolis dos países que compõem o Ibas. Em mais de uma vez, quando a secretária de Estado Condoleezza Rice esteve aqui, ouvi dela expressões de interesse e de valorização do Fórum Ibas, que reúne três grandes países, três grandes democracias, três países multirraciais, multiculturais, prontos a dar uma colaboração à ordem internacional. Três países que são nações em desenvolvimento, sem vinculação com os problemas históricos do Oriente Médio. Não são potências coloniais e não têm nenhum grande interesse material a defender, em petróleo por exemplo. Isso daria a esses países a possibilidade de uma atuação mais livre e, quem sabe, mais criativa.

Fazendo aqui um rápido *flashback*, na minha primeira visita a Israel, em 2005, pouco depois da Cúpula América do Sul-Países Árabes, notei esse mesmo interesse por parte de Israel. A conversa com Ariel Sharon, por exemplo, foi muito engajada. Ele queria mostrar o que Israel estava fazendo. Foi justamente na época em que começou a retirada dos assentamentos israelenses de Gaza.[6] Sharon foi muito firme na defesa de suas ideias e posições. Mas ao mesmo tempo se revelou muito interessado na busca de soluções. Expressou apreço

---

6 É aproximadamente dessa época da criação do Kadima, que reuniria elementos mais ao centro do Likud e do Partido Trabalhista.

pelo papel que o Brasil poderia desempenhar. Sharon não deixou de manifestar alguma crítica às posições do Brasil, mas ao contrário da expectativa da mídia, não se queixou da iniciativa da cúpula Aspa.

O Brasil e outros países depositaram grandes esperanças no processo de Annapolis. Quando estive no Oriente Médio no início de 2008, a mensagem principal que levei foi de apoio e incentivo a esse processo. Recordo-me, inclusive, de haver dito à ministra israelense, Tzipi Livni, que Annapolis oferecia a Israel uma oportunidade diferenciada de entendimento com a comunidade internacional. Israel sempre se queixava muito das votações na ONU — não no Conselho de Segurança, onde o veto norte-americano bloqueia qualquer consideração sobre o tema, mas na Assembleia Geral, onde acabam prevalecendo maiorias automáticas, porque lá existe o Grupo dos Não Alinhados, o Grupo Africano, o Grupo dos Países Árabes. Israel ficava sempre muito isolado.

O formato de Annapolis permitia que um número grande de países, representantes de várias regiões, de várias posições, desse legitimidade internacional ao processo de paz, dentro de uma visão mais pragmática de busca de soluções, mais do que de reafirmação de princípios. Por isso, Annapolis era, a meu ver, muito importante para todos os lados, especialmente para Israel. Tentei convencer a ministra israelense disso. Tzipi Livni não rebateu o argumento, mas preferiu seguir o curso das negociações bilaterais. A Autoridade Palestina também estava muito engajada no processo de Annapolis. A Jordânia, entre os países que visitei na época, igualmente. Alguns outros países, como a Síria, tinham dúvidas, mas não haviam deixado de participar da conferência.[7]

Infelizmente, não houve um desenvolvimento real a partir dessa conferência. O presidente Bush esteve na região; ele era o "garan-

---

7 A Síria fez-se representar em Annapolis por um vice-ministro. De todos os atores importantes na região, apenas o Irã não fora convidado.

te" dos acordos. Pode-se interpretar esse fato de maneiras diferentes, mas a visão predominante é que, por vários motivos que podem ser mais intuídos do que compreendidos, o presidente norte-americano não colocou pressão suficiente em Israel, sobretudo na questão dos assentamentos. Eu diria que há vários problemas que correm em paralelo: questões relativas à segurança, à mobilidade das pessoas. Mas a questão que mais ocupa a imaginação e o espírito, e que mais fere a visão e a sensibilidade dos palestinos, é a questão dos assentamentos.

A verdade é que os assentamentos continuaram a expandir-se. Ouvi de uma alta autoridade israelense o seguinte comentário: "Não estamos aumentando os assentamentos, estamos aumentando os assentamentos que já existem". Até fez uma imagem curiosa: "É como se tivéssemos uma casa e fizéssemos um 'puxadinho', que é diferente de construir outra casa". Olhando essa metáfora pelo lado palestino, ela não tem muita graça. Não há como conferir essas estatísticas, mas, na última viagem que fiz, durante o conflito de Gaza, estive com o primeiro-ministro da Palestina, Salam Fayyad, uma pessoa bastante moderada (foi inclusive funcionário do Banco Mundial). Fayyad me disse que, depois de Annapolis, a população dos assentamentos aumentou 20 por cento. Esse não é um sinal positivo. Provoca um fenômeno que justamente Israel, Estados Unidos e outros países deveriam evitar: o enfraquecimento da Autoridade Palestina.

É evidente que quando o Hamas tem certa conduta, e apela aos ataques armados, o faz por sua ideologia, sua visão contrária à ideia de dois Estados (embora, em determinado momento, tenha parecido que seus integrantes poderiam avançar pragmaticamente nesse tema). Mas, ao promover ou tolerar a contínua expansão dos assentamentos, Israel alimenta as correntes mais radicais na Palestina.

A realidade é que não houve seguimento de Annapolis. Além dos motivos citados, a Rússia, onde seria realizada a segunda Conferência de Annapolis, tampouco parecia muito entusiasmada. Estava se aproximando um período de eleições na Rússia, e talvez Moscou não quisesse convocar uma reunião sem ter certeza de que teria êxito. Não queriam ter o ônus de promover uma reunião fracassada. A Rússia tem seus outros problemas com os Estados Unidos. Naquela época ainda não havia explodido a questão da Geórgia, mas o Cáucaso (especialmente a Chechênia) sempre foi um complicador nas relações bilaterais. Além disso, há questões relacionadas ao sistema de defesa antimísseis. Assim, a Rússia talvez tenha tido o desejo de "economizar" seus pontos de atrito com os Estados Unidos, e não deu grande impulso ao processo.

Israel — ao que se viu — preferia continuar tratando do tema de maneira bilateral. E é explicável: sempre que há dois contendores em uma negociação, e um é muito mais forte que o outro, ele prefere tratar a questão bilateralmente. Não quer envolver mais ninguém, porque acha que bilateralmente vai conseguir muito mais. E é essa a relação entre Israel e a Autoridade Palestina, sobretudo agora, em que ela está enfraquecida depois que o Hamas venceu as últimas eleições. Depois, houve o governo de coalizão, o rompimento (que a Autoridade Palestina atribuiu ao "golpe" do Hamas em Gaza).

Annapolis não progrediu e, durante 2008, essas tendências conflitivas continuaram a se manifestar. Em junho, foi acertada uma trégua, cujo pressuposto era que o Hamas não lançaria foguetes sobre Israel, sobre populações civis. Israel, por seu turno, manteria abertas as passagens para Gaza. É preciso notar — não sei se vocês conhecem a geografia da região — que Gaza é quase totalmente cercada pelo Estado de Israel ao norte e ao leste; pelo Egito na parte Sul; e pelo mar a oeste. O acesso pelo mar está bloqueado e a passagem pelo Egito, em princípio, deve ser apenas de pessoas, e não de bens. Isso em virtude dos temores de Israel de que por lá possam entrar armas contrabandeadas. A única passagem para bens de natureza econômica, como combustível, comida e roupas, é através de Israel. Quando se fecha essa passagem, Gaza é sufocada.

Não creio que interesse muito saber de quem é a culpa, o que aconteceu primeiro, se foram os foguetes do Hamas ou se foi o isolamento de Gaza. Acho que não é necessário entrar nesse aspecto. O fato é que, no final do ano, em 19 de dezembro, o Hamas declarou que a trégua estava encerrada. Alegou, entre outras razões, que Gaza estava sofrendo um bloqueio. Recomeçou a lançar os foguetes sobre Israel. No dia 27 de dezembro, houve o início do ataque israelense já em grande escala. Há uma sucessão de ações no terreno. Há também uma sequência de notas marcando nossa posição.[8]

Acho que não seria desinteressante o estudo dessas notas, comparando-as com as manifestações de outros países, para verificar as semelhanças e diferenças. Não podemos fazer uma análise da política internacional ou das atitudes de um país só por meio de notas oficiais. Elas não dizem tudo; não podem dizer tudo, mas constituem um elemento importante.

Emitimos uma nota forte contra os ataques no próprio dia 27, uma mais forte ainda no dia 29. Naquele momento, o próprio presidente da República acompanhava com atenção o desenrolar dos fatos. Eu estava no Rio de Janeiro, tentando aproveitar um restinho de ano, depois de um mês de dezembro muito cheio. Para mim, o ano não terminava nunca. Eu tinha muitas tarefas. Primeiro, a OMC, que deu muita dor de cabeça. Depois, foram quatro cúpulas simultâneas em Sauípe (Mercosul, Unasul, Grupo do Rio e Calc), com alta possibilidade de que algum problema surgisse. Normalmente, o ano diplomático acaba com a Cúpula do Mercosul. Mas tivemos ainda a visita do presidente Sarkozy, para duas reuniões, ambas no Rio de Janeiro: uma União Europeia-Brasil e outra França-Brasil. Para mim, ali, o ano já deveria ter terminado, já estava

---

8 As referidas Notas à Imprensa podem ser consultadas em http://www2.mre.gov.br/doma/textos/nota_mre_27_12_2008.htm e http://www2.mre.gov.br/doma/textos/nota_mre_29_12_2008.htm.

de bom tamanho. Isso foi no dia 23 de dezembro. Mas, em seguida, houve os ataques a Gaza.

O presidente Lula se interessou muito. Naturalmente, eu vinha acompanhando o tema, já havia até pensado em algum contato, a essa altura, com o ministro da França, que fora com Sarkozy para a Bahia. Estávamos no dia 30, e os franceses já haviam ido embora. O presidente Lula alimentava a ideia de uma conferência internacional. Havia mencionado essa hipótese antes. Mais que qualquer outra coisa, a ideia da conferência espelhava sua insatisfação, sua impaciência com os mecanismos existentes. A partir desse momento, 30 de dezembro, comecei a me dedicar mais profundamente à questão. Voltei a Brasília e fiz uma série de contatos por telefone, no dia 31 e também no dia 2.

Em seguida, viajei a Portugal. O ministro Luiz Amado havia me convidado para falar aos embaixadores portugueses, uma honra a qual eu não poderia declinar. Também estava planejando tirar férias. No final, consegui até tirar dois dias, entremeados por telefonemas. Foram telefonemas muito intensos, com os principais colegas, os ministros mais envolvidos, o secretário-geral da ONU, a secretária de Estado norte-americana, a própria Tzipi Livni, os ministros turco, francês, espanhol e sírio, enfim, com aqueles que me pareceram mais envolvidos e mais abertos a uma interlocução com o Brasil.

À medida que esses contatos foram se desenvolvendo, a situação não cessava de se agravar. Fui sentindo necessidade de um engajamento mais intenso. Conversei com o presidente Lula novamente e obtive sua autorização para ir à região. E apenas para mencionar outro aspecto: no período em que estava em Lisboa, foi adotada a Resolução do Conselho de Segurança sobre o tema.[9]

---

9 Trata-se da Resolução 1860 (2009), aprovada por catorze votos a favor, com abstenção dos Estados Unidos.

Inicialmente, se tentou uma Declaração Presidencial, que seria adotada por consenso. Mas a ideia não prosperou. Os próprios árabes acharam que uma Declaração Presidencial era muito pouco. Depois, houve o projeto de resolução. Esse foi o momento, aliás, em que falei com a Condoleezza Rice pela segunda vez neste período, fazendo um apelo para que não só as partes, mas a comunidade internacional, tal como representada em Annapolis, pudesse ter alguma ação. Finalmente, com base em uma proposta do que eles chamam na ONU de P-3 (é curioso, porque P-5 são os cinco membros permanentes do Conselho de Segurança, e P-3, os três membros ocidentais do Conselho de Segurança: Estados Unidos, Reino Unido e França), foi aprovada uma Resolução. Os Estados Unidos, fugindo do padrão habitual, não vetaram. Não era uma resolução perfeita, mas teve o mérito de conclamar um cessar-fogo que levaria à retirada das tropas de Israel e à abertura, limitada que fosse, das passagens para Gaza, sobretudo com objetivo humanitário. A contrapartida era algum tipo de monitoramento para evitar o contrabando de armas.

Nesse contexto, achei importante visitar a região. Era uma viagem comprimida: comecei pela Síria e fui da Síria para Israel, de Israel para a Palestina (mais propriamente Cisjordânia) e, de lá, para a Jordânia. Era pela Jordânia que estava entrando a doação humanitária feita pelo Brasil aos palestinos de Gaza.

Um momento de dupla tensão, técnica e política, foi o voo em avião da FAB de Damasco a Tel Aviv, onde eu seria recebido pela ministra do Exterior Tzipi Livni. Antes de partir de Damasco para Tel Aviv, fui informado de que voaríamos diretamente da Síria para a cidade israelense. A informação me causou estranheza, porque sabia da persistência do estado de guerra entre os dois países. Como todas as distâncias naquela região são muito curtas, 20 minutos depois da decolagem percebi que o avião estava sobrevoando a Jordânia e começava a voar em círculos. Fui à cabine e perguntei ao piloto por que não estávamos indo diretamente a Israel, e ele me respondeu que, ao contrário do que me fora dito, não tínhamos permissão para pousar em Israel e aguardávamos a autorização para descer na Jordânia, de onde poderíamos seguir viagem. Com Israel em plena guerra, não achei que fosse um bom momento para ficarmos voando em círculos! Algum tempo antes, Tony Blair, representante do Quarteto, havia passado por um dissabor em circunstância semelhante. Tínhamos, portanto, de conseguir que nossa embaixada em Amã obtivesse autorização para pousarmos na Jordânia e, em seguida, obter permissão para voar de lá para Israel. Além da tensão natural em uma situação desse tipo, havia o risco de que me atrasasse para a reunião marcada com a ministra Livni, cuja agenda durante a guerra era obviamente atribuladíssima. A tensão era agravada pelas permanentes críticas da mídia brasileira, que via uma suposta parcialidade nas nossas posições sobre o conflito. A imprensa não deixaria de explorar de forma política o cancelamento do meu encontro com a ministra israelense, ainda que causado por motivos técnicos. Por sorte, a ministra Livni também teve um atraso, e conseguimos nos encontrar sem problemas uma hora depois do programado.

É claro que poderia ter ido a outros lugares (Turquia ou Arábia Saudita, por exemplo). Mas havia uma omissão séria nesse meu roteiro, que era o Egito. O Egito fazia a intermediação entre palestinos. Ademais, havia um bom diálogo com Israel. Tínhamos feito gestões burocráticas para uma ida minha ao Cairo, que não haviam dado resultado. Já no meio da viagem, estando eu em Israel, resolvi ligar para o ministro egípcio, Ahmed Aboul Gheit. Ele me disse: "Você vem aqui quando quiser". E não só ele me recebeu, com pouco mais de 48 horas de pré-aviso, como me facilitou o encontro com o presidente Mubarak.[10] Ainda em Israel, mantive contatos

---

10 Sem contar o primeiro encontro em 2003, em companhia do presidente Lula, estive com Hosni Mubarak três vezes. Em duas delas, pude manter conversas de certa profundidade. O dirigente egípcio, hoje universalmente qualificado (com razão) de

telefônicos com ministros e autoridades com alguma participação no processo, como Javier Solana e meu colega alemão Frank-Walter Steinmeier.

Bem, deixem-me fazer dois ou três comentários sobre essas viagens e apresentar algumas conclusões. Depois talvez vocês queiram fazer algumas perguntas. Primeiro, a presença do Brasil em todos os lugares em que estive foi extremamente bem-vinda. Fui recebido por ministros, presidentes e/ou primeiros-ministros. O único lugar onde não estive com o chefe de governo, porque não procurei e não achei necessário dessa vez, foi Israel, que está atravessando um momento peculiar. Além do conflito em Gaza, vive um período de transição política. A ministra do Exterior é candidata a primeira-ministra. Dada a própria maneira como está sendo conduzido o processo, pareceu-me suficiente um encontro com Tzipi Livni. Além disso, a persistência das ações militares em Gaza não recomendava uma permanência prolongada em Israel. Em geral, quando você vai estar com o ministro do Exterior e depois com o presidente ou com o rei, ou com o chefe de governo, as agendas demandam tempo. Às vezes, há um tempo morto entre uma coisa e outra. E não achei conveniente, em uma situação de crise, ficar com tempo morto no país. Assim, o único pedido de entrevista que fiz foi à ministra do Exterior, imediatamente atendido.[11]

Na Síria, estive longamente com o presidente e o ministro do Exterior; na Jordânia, com o rei e o ministro do Exterior; na Palestina, em Ramala, estive com o ministro do Exterior e com o primeiro-ministro, porque o presidente Abu Mazen estava viajando, mas falei

---

ditador, era apontado como um modelo de líder árabe moderado. Recebeu-me sempre com cordialidade e até com certa bonomia. Fez comentários acerbos sobre os líderes sírios e de certa forma poupou Israel.

11 O primeiro-ministro Ehud Olmert estava enfraquecido, em função do suposto envolvimento em um escândalo financeiro. Tzipi Livni tornou-se líder do Kadima. Nas eleições que se seguiram, resultou a coalizão comandada pelo Likud.

com ele duas vezes, por telefone; e, no Egito, encontrei-me com o presidente e com o ministro do Exterior. Cito esses fatos para mostrar como o Brasil é visto como um ator de relevo. Não é algo óbvio ser recebido dessa maneira e nesse nível. Quem quer que tenha trabalhado ou visto, ainda que de longe — vocês são todos muito jovens —, como funciona um cerimonial sabe que não é evidente para um ministro do Exterior ser recebido pelo presidente, muito menos em uma situação crítica, em uma situação de guerra em que todos estão ocupadíssimos com temas de vida e de morte, literalmente. E muito menos da forma comprimida e rápida como ocorreu.

Descrever, uma por uma, minhas visitas seria talvez excessivo. Mas eu gostaria de fazer algumas observações. Primeiro, o fato de que o Brasil é um interlocutor valorizado em todos os países. O Brasil não só fala com os interlocutores, como tem a confiança deles. Não posso dizer que outros não tenham, mas poucos países possuem o mesmo grau de confiança de interlocutores variados como o Brasil. É possível que alguns outros tenham, mas não são muitos. Se, por exemplo, a secretária de Estado resolver ir à Síria, ou mesmo se o secretário de Relações Exteriores do Reino Unido tomar essa decisão — como fez, aliás, recentemente, e é muito importante que assim seja —, tenho certeza de que o diálogo com eles é mais "diplomático", mais formal, do que o diálogo com o Brasil. Inversamente, se países mais ligados aos árabes, aos palestinos, forem a Israel, o diálogo será mais restrito. Como pude observar em várias ocasiões, incluindo no episódio que mencionei a tal troca de mensagens entre o presidente da Síria e o primeiro-ministro de Israel, há um diálogo bastante fluido com o Brasil.

Sem uma pressão política da comunidade internacional — uma pressão realmente forte — corremos o risco de ter uma situação estagnada, que se eternizará ou se agravará. Uma situação conflitiva que, às vezes, diminui de intensidade. Mas, a cada vez que há um conflito, a posição dos árabes — especialmente os palestinos —

piora um pouquinho, depois se retoma o diálogo... Como o nível de ressentimento é muito grande, acaba havendo ações violentas, que nós condenamos. Essas ações geram reações de Israel, às vezes desproporcionais. E o conflito se perpetua.

É por isso que o presidente Lula tem mencionado a ideia de uma conferência. Às vezes, se refere a uma cúpula. Um dos propósitos é a participação de outros atores. Falando com vários interlocutores na região, notei grande receptividade a essa sugestão, especialmente da Autoridade Palestina. É claro que cada um a vê de forma um pouco diferente. A própria Resolução 1860, adotada pelo Conselho de Segurança há poucos dias, já prevê uma Conferência de Annapolis II. Assim, a Conferência de Moscou, que devia ter sido realizada, mas não se realizou, deverá acontecer finalmente em abril.[12]

O que acontece nas relações internacionais com frequência é que mesmo as questões mais importantes acabam, muitas vezes, se burocratizando. Você cria um trilho de negociação. Esse trilho, que, no início, é tratado no nível presidencial, passa para o ministerial, depois passa para o nível de outros diplomatas, outros negociadores. Isso não permite que se chegue a uma conclusão. Uma das frases mais interessantes que ouvi durante esse périplo foi a do rei da Jordânia: "Precisamos de uma solução imediata para o cessar-fogo. Mas precisamos também, assim que tenhamos o cessar-fogo, tratar não do *processo de paz* — porque dele já tratamos durante muito tempo — mas da *paz*, das negociações imediatas para a paz". Até porque, segundo dito por vários líderes com quem conversei — inclusive o secretário-geral da Liga Árabe, Amr Moussa —, os elementos básicos da negociação já estão amplamente discutidos. Haverá sempre setores radicais, de um lado e do outro, que talvez não aceitem este ou aquele ponto; haverá sempre detalhes a serem acertados, mas não é muito diferente daquilo que se pode vislumbrar a partir

---

12 A Conferência de Annapolis II, até março de 2011, não aconteceu.

do que já foi conversado durante tanto tempo, seja no contexto do Quarteto, seja no das negociações bilaterais pós-Annapolis.[13]

É preciso um impulso maior. Se a Conferência de Annapolis II — a de Moscou — será suficiente, eu não sei. Talvez seja, ou, quem sabe, haja necessidade de algo de nível mais alto. Alguns dos interlocutores com quem falei — não todos — acham que uma Cúpula pode ser útil para tirar esse tema, que está conosco há 60 anos, da rotina, do *business as usual*: ocorre um contratempo, morrem mil pessoas, soluciona-se provisoriamente o contratempo; passam-se cinco anos; morrem mais mil pessoas, mais 600 pessoas. E a paz vai se tornando um objetivo cada vez mais distante. É essencial caminhar para a solução de dois Estados, mas que sejam dois Estados verdadeiros. Não é possível ter uma Palestina totalmente dividida, esquartejada. Não é sustentável. E também é preciso permitir que Israel viva com segurança.

Um dos argumentos que levei a Israel demonstrava que uma solução duradoura seria muito difícil se houvesse uma atitude que contrapõe a opinião pública e os árabes contra esse país. E não há como, em uma questão desse tipo, ter uma solução puramente militar. Ela simplesmente não existe. Não há como aniquilar totalmente o Hamas (sem discutir se seria desejável). Porque esses movimentos vicejam, e até prosperam, quando há uma situação de repressão. Pode haver, em determinado momento, uma redução substancial do poderio militar do Hamas, mas ele vai aos poucos ressurgindo, como já ressurgiu outras vezes. E não me parece que Israel possa viver cercado de países hostis.[14]

---

13 O vazamento pela Al Jazeera, em 2011, das posições dos negociadores palestinos no período pré e pós-Annapolis dão conta de uma suposta disposição de Ramala de ir bastante longe (para alguns, excessivamente longe) nas concessões a Israel.

14 Tive duas conversas longas com Tzipi Livni. Uma logo após Annapolis e outra durante a crise de Gaza. Em ambas, eu disse à minha interlocutora: "Israel não pode ser um *bunker* cercado de inimigos. Isso não gera segurança". Ela não discordou, em princípio.

Mesmo quando você tem regimes considerados "moderados" — como é o caso do Egito e da Jordânia, que têm relações diplomáticas com Israel, e tratados de paz com Israel —, esses regimes sentem a pressão das ruas. Em ambas as partes, essa pressão está se fazendo sentir. Tem havido manifestações constantes que tornam difícil a manutenção de uma posição moderada. Para não falar da Autoridade Palestina, que tem sido o interlocutor principal, mas cuja posição política vai se enfraquecendo progressivamente.

As coisas todas se ligam. Mas, para chegar a um acordo de paz, é preciso o cessar-fogo. Não é muito diferente do que está dito na resolução das Nações Unidas, nem poderia ser. Cessar-fogo, como o nome indica, é parar as hostilidades. Isso deve levar a uma retirada das tropas de Israel de Gaza; a uma abertura das passagens, para que os bens necessários ao dia a dia cheguem a Gaza. A contrapartida disso é o monitoramento adequado, para que a passagem de Rafah não seja utilizada como meio para contrabando de armas. Há complicações. O monitoramento não é fácil. Nada é simples na vida. E muito menos nessa região.

A primeira complicação no monitoramento diz respeito ao lado egípcio da passagem. Essa passagem deveria ser apenas para pessoas. Ora, na medida em que as passagens israelenses estejam fechadas, por lá passam pessoas e bens — além de armas, provavelmente. Vocês já devem ter visto imagens na televisão, como a que me descreveram, de uma vaca sendo puxada para dentro de Gaza, através de um túnel. Os túneis se tornavam, na prática, a única maneira de fazer chegar a Gaza o essencial do dia a dia. A dificuldade principal para o monitoramento da fronteira entre Gaza e Egito é a resistência do Cairo para que haja uma força internacional naquele local, que está dentro da soberania egípcia e que foi recuperada com muito sacrifício. Os Acordos de Camp David, que selaram a paz entre Egito e Israel, preveem uma limitação das forças egípcias na Península do Sinai.

Há um paradoxo. Ao mesmo tempo que Israel aparentemente confia no Egito — porque o governo tem defendido uma posição moderada, é crítico do Hamas, defende a Autoridade Palestina —, o Egito não pode ter as forças que seriam necessárias para fazer o patrulhamento. Isso tudo está sendo negociado neste momento; Tzipi Livni foi a Washington com esse objetivo. O Egito resiste a que haja aí uma força internacional, porque eles consideram que são capazes de dar conta do recado em território que é deles. Essa é uma dificuldade.

A outra dificuldade, até mais política do que a anterior, refere-se a quem monitora essa mesma passagem do lado de Gaza. Há um jogo de poder. É até irônico que algo assim ocorra, em uma situação crítica como a que vive Gaza, mas o fato é que cada lado desse confronto tenta tirar partido da situação para fortalecer sua posição. O problema é entre a Autoridade Palestina e o Hamas. O Hamas controla Gaza de fato. Mas esse controle não é reconhecido internacionalmente, nem sequer pelos árabes. Alguns árabes e alguns países como o Irã podem ter simpatia pelo Hamas, mas a Liga Árabe não reconhece esse controle. O Hamas, que perdeu muito em vidas e em material, quer tirar um pequeno benefício dessa situação, que seria o reconhecimento de seu controle sobre essa passagem, com a presença de guardas ou tropas do lado de Gaza.

Isso é inaceitável para a Autoridade Palestina. Esta não está presente em Gaza e quer aproveitar a ocasião para, se não voltar a Gaza como um todo, pelo menos consolidar juridicamente sua posição como a autoridade com jurisdição sobre a entrada no país. É um símbolo da soberania. Temos uma dificuldade que ainda não foi resolvida. As mentes mais imaginativas dizem: "Mas por que não se põe metade da Autoridade Palestina e metade do Hamas?". Talvez até o Hamas aceitasse isso, mas creio que a Autoridade Palestina, até onde pude ver, não estaria disposta a aceitar essa legitimação do Hamas.

Na minha volta ao Brasil, parei na Argélia. Tive de fazer uma escala, e, para minha surpresa, o ministro do Exterior, Mohamed Medelci, estava no aeroporto. Não era só cortesia; ele estava interessado em saber o que estava acontecendo na região. Vai haver uma série de conferências agora, inclusive uma cúpula árabe, que já estava prevista, no Kwait. Ele sugeriu: *"Pourquoi pas l'un et l'autre?"*. Respondi: *"C'est plus facile ni l'un ni l'autre"*.[15] Talvez seja mais aceitável — não tenho certeza, porque são coisas muito complexas e envolvem muitas sensibilidades —, mais fácil, ter monitores da União Europeia, da Turquia, um país que aparentemente goza de mais confiança do Hamas. Esse é um problema complexo, que se superpõe à necessidade de resolver uma questão urgente.

Passo assim para meu último ponto: a reconciliação entre palestinos. Obviamente, não haverá paz na região se não houver a reconciliação entre os palestinos. Falei com o governo da Síria, que abriga o líder principal do Hamas, e falei com outros. Todos estão de acordo, em princípio. Mas a concordância termina aí. A maneira de fazer a reconciliação é objeto de muita divergência. Uns, por exemplo, estabelecem uma sequência: cessar-fogo, reconciliação entre palestinos, negociações de paz com Israel. Há aquilo que em inglês se chama de *jockeying for positions*. Quer dizer, dependendo da maneira como esses tempos são administrados, e da fórmula de administração, um ou outro país pode ter alguma vantagem.

Essa é a situação neste momento. As mortes continuam a ocorrer. Ontem houve um episódio extremamente grave, dentro do quadro geral de gravidade: o bombardeio do depósito da entidade da ONU, que cuida da ajuda aos refugiados (UNRWA). A situação humanitária é verdadeiramente trágica. Conversei com um príncipe jordaniano, um jovem de 28 ou 29 anos, que poderia ser aluno do Instituto Rio Branco. Ele tem a responsabilidade de comandar essa operação hu-

---

15 "Por que não um e outro?". "É mais fácil nem um nem outro" (respectivamente).

manitária, e me dizia o seguinte: não é só uma questão de fazer chegar ajuda, mas de como pode ser distribuída. O governo brasileiro mandou a ajuda em caixas. Eles têm de separar as caixas em um tamanho certo para cada família. Caso contrário, como será distribuída? Isso requer um trabalho prévio. Por exemplo: farinha. Não adianta chegar a farinha, porque não há facilidade sequer para cozinhar o pão. É preciso mandar o pão já assado. O pão, naturalmente, se deteriora mais rapidamente que a farinha. Outro exemplo: aparelhos para diálise. Não havendo eletricidade, não há possibilidade de se proceder à diálise nos hospitais, mesmo quando se dispõe de aparelhos. Em um de meus encontros — talvez na Liga Árabe —, ouvi o comentário de que não há comida nem para os médicos enviados para ajudar.

Como se vê, é uma situação humanitária realmente trágica. Daí a ênfase — e agora pretendo concluir — que temos colocado em algo imediato, como a mobilização da comunidade internacional em torno da Resolução do Conselho de Segurança. Parece até uma coisa absurda dizer isso, porque uma resolução do Conselho de Segurança deveria ser cumprida automaticamente, mas não está sendo o caso. Acho que, sem uma pressão política forte do cumprimento da Resolução, corremos grande risco. Pode ser que haja um cessar-fogo, e até um momento em que Israel considere que já atingiu seus objetivos militares, os foguetes Kassam usados pelo Hamas sejam muito poucos e haja um cessar-fogo. Mas pode ser também que outras considerações políticas entrem em jogo.

Nada garante que um cessar-fogo desse tipo seja duradouro. Até porque basta construir um foguete que atinja Israel, para — se isso ocorrer antes das eleições, por exemplo — se desencadear novos ataques. Além disso, há divisões em Israel entre aqueles que acham que o serviço está feito e aqueles que acham que não, que é preciso continuar.

Por isso, é importante que a comunidade internacional pressione, de maneira efetiva, em favor de um cessar-fogo imediato e do cumprimento estrito da Resolução 1860. Isso é fundamental tanto para evitar as mortes, inclusive de mulheres e crianças, que continuam ocorrendo, como também para preservar a autoridade do Conselho de Segurança das Nações Unidas. Porque, se em uma situação dessas, de conflito, de crise, de pessoas morrendo todos os dias, o Conselho de Segurança não for ouvido, quando ele será? A não ser que o objeto da ação seja um país nitidamente mais fraco diante de uma coligação de grandes potências. Essa é a atitude que temos que tomar de imediato. Em um segundo momento, teremos de pensar em uma conferência — pode até ser uma cúpula —, mas desde já utilizar as conferências que estão previstas como um seguimento de Annapolis, para exercer maior pressão em favor da paz.

É isso essencialmente que gostaria de falar para vocês. Queria partilhar essas experiências que tive. Houve alguns momentos tocantes, inclusive como cidadão brasileiro, como ao ver crianças se aproximarem do automóvel em que estava e reconhecerem a bandeira do Brasil. Não por mérito nosso, mas por mérito dos nossos jogadores de futebol. As crianças se aproximam e querem dar a mão. Crianças de oito ou nove anos. Houve momentos tocantes como esses e momentos frustrantes também, especialmente quando se vê que, apesar de todas as conversas, as hostilidades continuam.

PERGUNTAS

Aluno[16] Gostaria de saber se o senhor vê perspectivas de mudança no posicionamento norte-americano no próximo governo e também como o senhor vê a participação do Irã nesse conflito.

---

16 Quando não foi possível identificar o autor da pergunta ou obter sua autorização, optou-se por essa designação genérica.

Celso Amorim Boa pergunta. Aliás, dois atores fundamentais sobre os quais não falei ou falei muito pouco. Olhe, a atitude geral do candidato Barack Obama desperta esperança, porque, quando diz que quer dialogar com todos, dá a impressão de que isso pode até envolver o Irã, o que seria algo positivo. Notamos há algum tempo que tem havido uma mudança das potências ocidentais com relação à Síria. Quando eu digo mudança, não quero dizer que se concorde com o que ocorre no país ou como agem seus governantes. Como disse o presidente Carter: o fato de você conversar com o inimigo — e, sobretudo, com inimigo que não é inimigo seu, mas inimigo de outrem — não quer dizer que você concorde com ele ou que tenha que abandonar seus princípios. Noto uma atitude mais favorável ao diálogo.

Queria dizer francamente que não nego o mérito da própria secretária de Estado norte-americana, Condoleezza Rice. Acho que ela tentou avançar esse processo. Talvez porque esse fosse um dos poucos legados que ela achava que seria possível deixar referentes a política externa. Mas acho que faltou apoio do próprio presidente Bush, de Cheney.

O presidente eleito tem condições de mudar essa atitude. Penso, por exemplo, que a Síria é um interlocutor fundamental. Não vejo como o Hamas possa ser destruído totalmente — algo em que não creio. Mas, mesmo que o Hamas fosse destruído, outra força surgiria, porque, em uma situação dessas, de opressão, vai aparecer essa outra força. A humilhação diária em que vivem as pessoas na Palestina é algo fora do comum. É uma coisa que — e não digo isso como justificativa para atos terroristas — é preciso que compreendamos. Se não houver melhora da situação, a tendência é continuar havendo movimentos radicais. E a Síria tem interlocução e capacidade de persuasão sobre o Hamas.

Nesse episódio havia, entre muitas questões que não mencionei, um fato constitucional peculiar: o de que o mandato do presidente da Autoridade Palestina terminava no dia 9 de janeiro. Assim, alguns líderes do Hamas estavam dizendo que, a partir do dia 9 de janeiro, Mahmoud Abbas deveria sair. E, pelo que pude observar — isso ninguém me disse —, a Síria exerceu alguma influência para que essa linha mais extremada não continuasse sendo repisada nesse momento em que a unidade palestina seria mais importante.

O diálogo, mesmo por intermédio de interlocutores que não estão no governo propriamente, pode ser útil. É o caso da *Speaker* (presidente da Câmara dos Estados Unidos) Nancy Pelosi, que visitou a Síria há pouco. No dia em que fui recebido pelo presidente Bashar al-Assad, havia estado com ele, antes de mim um grupo, um *think tank* norte-americano. Ele não conseguiu — não creio que tenha querido fazer segredo — descrever muito bem que *think tank* era. Entendi que eram pessoas ligadas ao Congresso, e que poderiam ter relação também com o Centro Carter. Minha expectativa — e, seguramente, a minha esperança — é que o presidente Obama ouça essas pessoas. Certamente, o ex-presidente Carter — sem contar os presidentes brasileiros, de quem não quero falar — deve ser o melhor ex-presidente da história. Continua a ter uma atuação muito positiva. Até aqui em nossa região, por exemplo, ele teve uma atuação positiva em relação à Venezuela, que nos ajudou a evitar um conflito de proporções mais graves.

Esse tipo de influência vai provavelmente aparecer. O discurso da futura secretária de Estado, Hillary Clinton, é exemplo disso. Embora não veja muito televisão, coincidiu que eu estava em um momento de descanso ao chegar ao Egito e aproveitei para assistir a cerca de 80 por cento do discurso de apresentação de Hillary no Senado norte-americano. Mesmo tendo evitado dar a impressão de que estava favorecendo os palestinos *vis-à-vis* Israel, ela teve uma expressão breve, porém considerável, ao falar da importância de um Estado palestino independente, ou algo assim. Isso não é propriamente uma novidade, mas o fato de esse comentário fazer parte do seu primeiro discurso demonstra um interesse na questão.

Quando ela era primeira-dama, fez também uma declaração nesse sentido, que teve depois de amenizar, dizendo que estava falando em nome pessoal. Ninguém ignora as pressões que existem.

Um fato importante: quem estudou o comportamento dos Estados Unidos no Conselho de Segurança das Nações Unidas sabe que é muito raro eles se absterem de qualquer resolução, muito menos quando se trata de Israel. De memória, não me lembro de nenhum caso. Não posso dizer que, fazendo-se uma pesquisa, não se encontre. É muito raro, primeiramente, porque é a principal potência do mundo. Como pode se abster? É difícil imaginar-se uma situação dessas. Uma potência menor pode dizer: "Isso aqui não é conosco, então vamos ficar quietinhos". Mas é muito raro que a maior potência do mundo se abstenha. E em algo que diga respeito a Israel é mais raro ainda. Ou em algo que pudesse ser lido, ainda que parcialmente, como crítica a Israel. A intenção inicial da secretária de Estado Condoleezza Rice era votar a favor. Ela mesma me deu a entender isso em um telefonema. Mas houve uma pressão de última hora, que a obrigou a se abster. Ainda assim, mesmo com a pressão de última hora, a abstenção é um sinal de que a reação da opinião pública mundial, que se reflete na atitude dos governos aliados dos norte-americanos, de alguma maneira está causando algum incômodo nos Estados Unidos, mesmo na atual administração. Foi o que transmiti, da maneira mais amigável possível, a Tzipi Livni.

Aliás, a declaração feita a propósito do bombardeio ao depósito da ONU foi uma declaração crítica, o que não é comum. Fui embaixador na ONU e me lembro de um episódio, em que o secretário-geral da instituição, Boutros-Ghali, foi obrigado a mudar o relatório em que fazia críticas sobre o bombardeio de Israel no sul do Líbano, em Kana.

O editorial do *New York Times* de hoje, embora sempre criticando o Hamas e dizendo que Israel tem o direito de se defender, dizia que talvez tenha chegado a hora em que o prejuízo político é maior do que o benefício militar. Com tudo isso junto, há uma esperança.

O Irã é um caso muito complicado, porque, na realidade, com o Irã não se trata de um assunto só. Há uma série de assuntos complexos, a começar pela questão nuclear, passando pela influência que eles têm no Iraque, que podem ter no Afeganistão e a que têm, naturalmente, na crise do Oriente Médio. Eu, como ministro, tendo a tomar as palavras dos outros países pelo que elas valem. Porque, se você começar a fazer muitas interpretações, vai ser difícil lidar com seu interlocutor. Mas, se, por um momento, com vocês, eu puder me despir dessa qualidade de ministro para assumir a qualidade de analista — não quero, mesmo assim, dizer que não haja um nível de autenticidade na posição do Irã —, diria que essa postura de apoio ao Hezbollah e ao Hamas, de oposição à existência de dois Estados, tem a ver também com a aceitação do Irã pela comunidade internacional, sobretudo pelas potências ocidentais.

Então, na medida em que se confirme a disposição do presidente Obama, declarada durante a campanha, de conversar com a liderança iraniana, isso nos permite esperar alguma mudança, o que terá um impacto na atitude do Irã.

Aliás, no caso da Síria, em outro grau talvez, se passa algo semelhante: a Síria tem interesse, naturalmente, nas Colinas de Golã. Mas também tem interesse em ser aceita pela comunidade internacional. Talvez isso a leve a ter, em certa medida, uma postura que possa ser considerada, inclusive no Ocidente, como mais construtiva.

Amena Yassine Minha pergunta é sobre o governo palestino: com o Fatah enfraquecido e o povo palestino dividido entre o Fatah e o Hamas, o senhor vê alguma possibilidade de reorganização do governo palestino, já que a negociação para a paz precisa de um interlocutor forte e coerente?

Celso Amorim Bom, primeiro deixe-me dizer que concordo com sua última afirmação: sem um interlocutor forte, é impossível negociar.

Como eles mesmos dizem lá na região, ninguém pode fazer isso, ou dar a impressão de que está fazendo isso — isto é, que está conseguindo a paz — chegando em Ramala ou onde for, em cima de um tanque israelense. Isso não é possível. É preciso que haja um interlocutor forte. Acho que até para Israel é bom que haja um interlocutor forte, porque só assim poderá garantir que os acordos serão cumpridos.

Se você me perguntar se vejo algum sinal, a curto prazo, nesse sentido, diria que nenhum deles renega essa necessidade. Quando você passa para questões concretas, as diferenças são muito grandes. A questão não nem é saber se a reconciliação será possível; ela é absolutamente indispensável. Acho que os próprios países árabes, em algum momento, terão que fazer pressão nos movimentos sobre os quais têm mais influência para que se ponham de acordo. Exatamente como vai ser, não sei. O desenvolvimento mais promissor, a curto e a médio prazo, seria a eleição.

Deixe-me dizer uma coisa: citei o fim do mandato de Mahmoud Abbas em 9 de janeiro, e é um lado da questão. Estou dizendo tudo isso com base em informação oral. Para falar a verdade, não parei para ler os textos, mas aparentemente o que a Constituição palestina prevê — o que os estatutos básicos da Autoridade Nacional Palestina preveem — é que o mandato termine em 9 de janeiro, mas prevê também que as eleições de presidente e do Parlamento se realizem juntas. Há uma contradição aí, porque não há possibilidade de se fazer eleição parlamentar enquanto persiste essa divisão. Não é possível fazer a eleição sem que haja um mínimo de diálogo.

Diria que — se eu for me deixar levar pelas impressões — o diálogo é muito difícil. A maneira de falar das pessoas é distinta. Eles representam setores distintos da sociedade. Não são só ideologias. Você fala com um comunista italiano ou com um homem da direita italiano e, com raras exceções, eles são parecidos. Com raras exceções; todo lugar tem exceções. É a mesma coisa no Brasil: você fala com uma pessoa da direita ou da esquerda... Mas ali não. São atitudes diferentes que já estão muito impregnadas, até pela vida que levaram. Dito isso, acho que não há outra saída. Tanto para os países árabes como para a comunidade internacional. Há muitos outros países empenhados nesse diálogo interpalestino, eu não posso entrar em mais detalhes, muitas dessas coisas são sensíveis, mas esse diálogo terá de ocorrer. Há outras forças — não apenas o Fatah e o Hamas — que devem ser envolvidas nesse diálogo, e, com certeza, esse é um dos elementos indispensáveis para que haja uma paz permanente.

Quero dizer mais uma coisa. Sua pergunta toca em um ponto importante para os palestinos, e, paradoxalmente, para Israel. Israel pode não perceber isso hoje, porque, na visão imediatista, quanto mais se enfraquecer o Hamas e fortalecer a Autoridade Palestina, isto é, o Fatah, melhor. Mas, como você bem disse, a Autoridade Palestina pode estar mais forte legalmente, porque detém o poder, mas está ficando mais fraca politicamente, porque está perdendo o apoio de parte da população. Pude dizer tanto a Tzipi Livni como a Condoleezza Rice e a outros — mas às duas principalmente: "Israel pode achar que está destruindo o Hamas, ele está aniquilando politicamente a Autoridade Palestina".

Renato Salim Gostaria de saber do senhor qual a impressão dos diplomatas que atuam no processo de negociação de paz no Oriente Médio diante de algumas negativas ao direito internacional e a algumas resoluções da ONU por parte de alguns governos importantes naquele contexto, e como fica a situação do direito internacional — pois o Brasil tem uma tradição muito forte de respeito a ele — de ajuda na construção de um direito sólido e respeitável. Gostaria de saber qual a impressão dos diplomatas e qual a situação do direito internacional nesse contexto de crise no Oriente Médio?

Celso Amorim Eu não poderia falar de modo geral da impressão dos diplomatas, porque ela varia de acordo com o lado com o qual se fala. Aliás, um livro muito interessante que recomendava em meus tempos de professor de ciência política, é *Ideologia e utopia*, de Karl Mannheim. Mannheim mostra como todas as visões são fatalmente ideológicas e todas as visões, no fundo, distorcem os fatos para o seu lado — o que vale para mim também. De modo que é difícil dar uma resposta genérica.

Sinto, progressivamente, uma impaciência em relação a Israel, assim como há uma impaciência em relação à divisão entre os palestinos. Com qualquer interlocutor que se fale, dos que estão procurando a paz, há uma impaciência em relação à divisão entre os árabes em geral e à divisão entre os palestinos em particular; mas, no que diz respeito aos direitos humanos, certamente há uma atitude de impaciência em relação a Israel. Isso ficou claro na adoção, agora, de uma resolução do Conselho de Direitos Humanos, por 33 votos a favor, oito ou nove abstenções — não sei exatamente quantas — e apenas um voto contra, que foi do Canadá. Vale frisar que os Estados Unidos não são membros do Conselho de Direitos Humanos. Mas todos os países latino-americanos, por exemplo, votaram a favor, e países como a Índia e a África do Sul também. Apenas alguns países europeus e um ou outro dos países africanos se abstiveram. Todos os demais votaram a favor da resolução, que é condenatória de Israel. Há, portanto, esse sentimento de impaciência.

O que fazer? Continuar pressionando. Aos poucos, essas atitudes da comunidade internacional vão tendo efeito, de alguma maneira, em Israel. Estou falando aqui de Israel, e isso dá a impressão de que não vejo problemas do outro lado. É claro que vejo problemas, e é claro que condenamos os ataques do Hamas. Mas, como a desproporção de forças é tal, e a capacidade de mudar os acontecimentos seria muito maior de um dos lados do que de outro, estou me referindo a Israel. E como os territórios são ocupados, a responsabilidade é maior. A obrigação de respeitar os direitos humanos é universal. Mas, se você está ocupando o território, há convenções de Genebra que dizem como se devem tratar suas populações.

Houve vários episódios de desrespeito aos direitos humanos. Já mencionei o bombardeio que atingiu o depósito da ONU, mas houve vários outros que envolveram entidades relativamente imparciais. Foi o caso da Cruz Vermelha, por exemplo, que criticou muito a dificuldade de acesso a bens de natureza humanitária e a não proteção de civis em determinadas circunstâncias. Houve vários episódios. Houve manifestação também da parte do Escritório de Assuntos Humanitários das Nações Unidas, que foi muito crítico em relação a certas atitudes de Israel.

Como disse, há certa impaciência. Nessa dimensão humanitária, a comunidade internacional só vai poder atuar de fato quando houver um cessar-fogo, quando houver uma maneira efetiva de se monitorar o que está acontecendo. Isso não vai acontecer em um ou dois dias, mas é indispensável que façamos pressão para que ocorra o mais rápido possível.

Queria fazer aqui um comentário final — porque vocês não perguntaram — sobre o Brasil. Frequentemente se lê ou se ouve que o Brasil não deveria ter interesse nisso, que o Brasil deveria estar mais preocupado com outros assuntos. Em geral, esses comentários revelam uma visão muito comercialista da política externa brasileira, segundo a qual só deveríamos estar interessados em defender as nossas exportações. Ninguém pode falar mais à vontade disso do que eu, porque dediquei, querendo ou não, uma proporção enorme do meu tempo às negociações da Organização Mundial do Comércio. Portanto, me sinto à vontade para falar.

Quando eu estava na ONU, houve um momento muito grave na antiga Iugoslávia, com vários conflitos. Inclusive tive de presidir o comitê das sanções contra a antiga Iugoslávia a propósito de Kosovo. Talvez eu esteja cometendo algum anacronismo, porque uma coisa não se deu necessariamente no momento em que tive de me pronunciar, mas foi tudo mais ou menos próximo. Senti uma atitude no Brasil de que esses temas "não são conosco, por que iríamos nos importar com isso?". Coincidentemente, estava lendo um livro de John Dos Passos, *Manhattan Transfer* — um livro muito bom, de um grande escritor. Eu havia comprado o livro quando era adolescente, e ia com o Ruy Nogueira às feiras do livro na Cinelândia, e voltávamos apinhados de livros, sem dinheiro para a passagem. Havia comprado quando tinha dezessete anos, mas nunca o tinha lido, e morando em Manhattan, resolvi ler. Parte da ação do livro se passa em 1914, nos Estados Unidos. E há um capítulo que começa mais ou menos assim: "Sarajevo. A palavra ficou engasgada em sua garganta". De Sarajevo, nunca ninguém tinha ouvido falar. A referência é ao assassinato do arquiduque Francisco Ferdinando, que desencadeou a Primeira Guerra Mundial. Então, dizer "não é conosco" é de uma cegueira absoluta.

Vou citar aqui um autor que não é de minha preferência, mas é da preferência de muitos que criticam essas atitudes mais fortes da política externa, Milton Friedman, que diz: "Não há almoço grátis". Por tudo que você faz, você paga. Alguém está pagando de alguma maneira. E você também está pagando indiretamente, nem que seja por um favor que se fique devendo. A paz é um bem pelo qual você tem que pagar. O fato de vivermos em paz — que beneficia o comércio, as exportações, e também quem trabalha — é algo pelo qual você tem que pagar. Você não pode ser uma das dez maiores economias do mundo (segundo o Banco Mundial, a sexta economia, se você considerar a paridade do poder de compra) e não querer participar. Pagar não só com dinheiro, mas com atitudes, com presença, assumindo responsabilidades. Queria terminar com esse comentário, porque acho que isso também é importante para se entender por que o Brasil tem tomado certas atitudes e por que ele continuará a tomar esse tipo de atitude.

9

"NEM AUTOMATICIDADE, NEM CONDICIONALIDADE"

A revogação da suspensão de Cuba da OEA.
5 de junho de 2009[1]

Quando nos encontramos anteontem à noite, o embaixador Fernando Reis me propôs que eu viesse aqui conversar com os alunos do Rio Branco, como, aliás, já venho fazendo. Não sei se para colocar minhas ideias em ordem ou se para colocar as de vocês em desordem. Mas, tendo em vista que, muitas vezes, a ordem se parece com o que os anglo-saxões chamam de "sabedoria convencional", a ordem, muitas vezes, deve ser desfeita. Até colocar em desordem é, às vezes, certo ganho. Melhor ainda se pudermos fazer uma nova síntese.

Todos vocês sabem que anteontem ocorreu um fato de significado histórico. É claro que todos os fatos de significado histórico são, ao mesmo tempo, fruto de um longo processo e começo de um outro; eles sozinhos não podem ser identificados como a única mudança. Muitos perguntarão: "Ah bom, mas isso já vinha ocorrendo de alguma maneira". É verdade. E outros certamente acrescentarão: "Mas muitas coisas ainda terão que acontecer". E isso também é verdade. Mas há fatos que marcam. Recentemente, estive em Istambul.

---

1   Palestra para as Turmas 2007-2009 e 2008-2010 do IRBr.

Quando imaginamos 1453 como o início da Idade Moderna, é apenas um símbolo, porque a decadência do Império Bizantino já vinha ocorrendo. Os otomanos vinham avançando, mas a data da queda de Constantinopla se tornou um marco.

Não quero comparar esse caso com a queda de Constantinopla, até porque, na minha própria definição para a imprensa, disse que este tinha que ser o "enterro burocrático de uma obsolescência". E "sem pompa nem vintém". De fato, foi mais ou menos o que aconteceu. Mas o fato evidentemente não deixa de ser importante historicamente. Quarenta e sete anos depois da adoção da primeira resolução da OEA sobre Cuba, justamente a que a suspendia da Organização, conseguiu-se esse avanço, que consistiu em deixar sem efeito essa resolução. Vou falar de maneira talvez não muito ordenada. Não tive tempo de preparar esta exposição. Tive que ir a um evento religioso pelas vítimas do voo da Air France e cheguei há menos de uma hora do Rio de Janeiro. Mas há vários aspectos que vou procurar assinalar, não necessariamente na ordem cronológica. Alguma referência histórica é necessária.

Essa resolução de 1962 marcou a minha geração. Eu costumava dizer a minha mulher que eu e ela éramos de gerações diferentes. E ela me perguntava: "Por que você diz que é de outra geração?". Eu dizia: "Porque eu votei para presidente". Enfim, ela só veio a votar muitos anos depois.

Entrei no Instituto Rio Branco sob a égide de uma política externa inovadora, ousada, criativa, corajosa, firme, com prudência, mas, sobretudo, com coragem. A política externa de que San Tiago Dantas se tornou um grande símbolo. E os discursos que ele fez em Punta del Este — ou a propósito de Punta del Este — são peças que até hoje merecem ser lidas. Evidentemente, algo do vocabulário está datado. Ele faz, como não podia deixar de fazer, até para poder ser aceito pelo público a quem se dirigia, várias referências ao Ocidente (com O maiúsculo) — conceito que hoje perdeu muito do sentido geopolítico que tinha. São discursos extremamente importantes. Como vocês provavelmente sabem, o Brasil se absteve de votar na resolução que excluiu Cuba dos trabalhos da OEA. "Excluiu" foi a palavra usada.

Aproveito aqui para fazer duas ou três observações sobre as motivações daquela ação. A primeira era que a punição dada ao regime cubano — isso consta nos próprios discursos de San Tiago, que reli cuidadosamente na minha viagem a San Pedro Sula[2] — não era prevista na Carta da OEA. O documento não previa nem expulsão, nem suspensão. Como expulsão parecia muito longe do que dizia a Carta, optou-se pela forma de exclusão do atual (*sic*) governo cubano do sistema interamericano. E, por isso, nessa época — não me lembro muito bem a data, mas foi nessa época mais ou menos que se fundou o BID —, Cuba não chegou a fazer parte do BID. O único órgão interamericano de que Cuba continuou a participar foi a Opas, braço regional da OMS, que faz parte do Sistema ONU, e, portanto, não poderia haver "exclusão" em relação a ela.

A primeira objeção de San Tiago era de que se estava aplicando uma punição não prevista. A segunda — e a mais importante, porque essa tem uma abrangência conceitual que se aplica nos dias de hoje a outras situações — era sua convicção de que o isolamento não era o remédio, ainda que pudesse haver opiniões, e certamente havia opiniões fortes, contrárias ao regime cubano. San Tiago tem, a propósito, uma frase lapidar, que ia citar no meu discurso, mas não tive a ocasião de fazer discurso, devido às circunstâncias que vou comentar depois. Não sei se o Ruy Casaes, que ficou de ler o meu discurso, citou ou não essa frase lapidar, em que San Tiago sintetiza

---

2 Dantas, San Tiago. *Política externa independente*. Rio de Janeiro: Civilização Brasileira, 1962; Lessa, Renato e Hollanda, Cristina Buarque de (Org.). *San Tiago Dantas:* coletânea de textos sobre política externa. Brasília: Fundação Alexandre de Gusmão, 2009; e Moreira, Marcílio Marques, Niskier, Arnaldo e Reis, Adacir (Orgs.). *Atualidade de San Tiago Dantas*. São Paulo: Lettera, 2005.

seu pensamento: "Creio muito na força da democracia e em seu poder de atração e, sempre que houver uma porta aberta para a democracia, ela tenderá a prevalecer sobre outros regimes políticos".

É essa convicção que temos até hoje na nossa política externa. Havia, no governo brasileiro da época, essa preocupação muito forte de que o isolamento não seria politicamente apropriado. San Tiago chegou a conceber uma fórmula que ele chamou de garantias negativas. Na época, San Tiago falava da "finlandização" de Cuba — isto é, Cuba ficaria nas Américas do mesmo modo que a Finlândia estava na Europa Oriental, com um sistema distinto. Mas haveria uma garantia de neutralidade, de que ela não serviria de base para uma eventual agressão ou ataque a outro país do continente. Mas essa ideia não vingou, porque a posição do Departamento de Estado, acompanhada por muitos, era a de que se devia adotar uma sanção contra Cuba. E a sanção escolhida foi a exclusão do "atual governo" de Cuba do sistema interamericano.

Isso se deu em uma Reunião de Consulta em Punta del Este. Se não me engano, foi na oitava Reunião de Consulta, ao abrigo do Tratado Interamericano de Assistência Recíproca, o Tiar — também conhecido como Tratado do Rio de Janeiro. A resolução não é uma resolução da OEA. É uma resolução do Tiar, que, como o nome indica, previa que os países da região, do hemisfério (vou fazer um outro comentário sobre esse termo mais adiante), que os países do hemisfério ajudassem uns aos outros no caso de uma ameaça ou um ataque externo. E a ameaça ou o ataque externo — o próprio corpo da resolução demonstra isso — era representada pelo marxismo-leninismo.

É curioso que, na parte propriamente operativa da resolução, a palavra democracia não apareça. Na discussão atual, muitos dizem: "É preciso que também sejam preservados os princípios democráticos. É preciso que Cuba aceite a Carta Democrática". A Carta

Democrática foi, é claro, assinada muito tempo depois.[3] A palavra democracia aparece na parte preambular da resolução, mas junto com muitos outros princípios, em uma invocação dos objetivos gerais da OEA e do sistema interamericano. Aliás, de maneira discutível. A quantidade de regimes ditatoriais na época era muito grande. Depois de 1964, o Brasil, aliás, se juntou a eles. Mas, já naquela época, os regimes no Haiti, no Paraguai, na Nicarágua e na República Dominicana, eram todos regimes ditatoriais, por qualquer ângulo que se escolhesse ver. Podiam até ser qualificados de "autocráticos".

Portanto, essa resolução de 1962 — é muito importante frisar isso — não era sobre democracia. Não poderia ser, porque, se fosse, esses outros países não poderiam votar. Era uma resolução sobre o perigo do marxismo-leninismo para os países da região. San Tiago não defendia, de maneira alguma, o marxismo-leninismo. Aliás, era até muito crítico. A crítica dele era até mais ampla, porque ele criticava o comunismo e, em alguns momentos, inclusive o socialismo, embora ele tenha sido também, no plano da política interna, o proponente do que, na época, se chamou de "frente única" e também do que ele próprio chamava de uma "esquerda positiva", que, de alguma maneira, abrigava alguns conceitos socialistas. Mas ele era muito cuidadoso e prudente em relação a esse conflito que existia entre o Ocidente e os regimes socialistas ou comunistas (do então chamado bloco sino-soviético, embora o conflito sino-soviético já tivesse começado a se manifestar).

A preocupação principal dele era evitar o isolamento. Naquela época, os membros do Tiar eram exatamente os mesmos membros da OEA: 21. E a resolução foi aprovada no limite, por catorze votos afirmativos (eram necessários dois terços de votos afirmativos), inclusive com algumas mudanças de última hora; seis abstenções:

---

3   A Carta Democrática Interamericana foi assinada em 2001.

Brasil, Chile, Uruguai, Argentina, Bolívia e México; um voto contra, que foi o de Cuba. Houve várias alegações de que as mudanças de última hora se deviam a promessas de empréstimos ou doações em troca de voto. Seja como for, foi aprovada.

Os discursos de San Tiago são peças de grande interesse. Um deles foi feito antes da reunião de Punta del Este, quando ele convocou uma reunião dos embaixadores dos Estados americanos acreditados no Rio de Janeiro. Foi uma exposição sobre a visão que o Brasil tinha do tema. Fez depois o próprio discurso na Reunião de Consulta e a explicação de voto, também muito importante. E depois se dirigiu, pela televisão, ao povo brasileiro para explicar o que havia acontecido. Isso, aliás, é interessante porque mostra como esse tema era palpitante e como a política externa empolgava o país. San Tiago se sentiu na obrigação de expor a sua posição e a sua convicção, sabendo que, como homem público, havia adotado atitudes que seriam contestadas internamente.

Estamos no início da década de 1960. Havia um governo que poderia até ter aberturas para a esquerda — essa época ainda é a do parlamentarismo. Mas é também o período em que a Escola Superior de Guerra está formando a sua doutrina, em que os grandes meios de comunicação e outras forças estão preparando o clima político que acabaria levando ao golpe de 1964. É nessa atmosfera que San Tiago tem que se mover. E isso, creio eu, explica também uma boa parte do vocabulário e dos conceitos que ele tem que usar. A resolução foi aprovada e ela teve vigência por 47 anos.

A resolução mais negativa para Cuba foi adotada dois anos depois. Nessa época, em 1964, o Brasil, já sob o governo militar, votou a favor da resolução que impôs o rompimento de relações diplomáticas e comerciais com Cuba. E essa, que era muito mais danosa do ponto de vista de Cuba, foi revogada em 1975. Naquela altura, havia vários governos de natureza mais nacionalista, que fugiam de uma visão estreita do conflito entre Ocidente e Oriente. Em 1975, na XVI Reunião de Consulta, se não me engano na Costa Rica, foi revogada a resolução.

Tinha havido uma tentativa no ano anterior, em Quito. Por acaso, eu estive presente na ocasião dessa tentativa frustrada, em que não foram alcançados os votos necessários. Houve várias abstenções. O Brasil, na época, se absteve. Foi uma atitude até corajosa do ministro Silveira, à luz do fato de ainda estarmos vivendo em um governo militar fortemente anticomunista.[4] Mas não foram obtidos os votos necessários para revogar a resolução de 1964. Menos de um ano depois, em São José da Costa Rica, se revogou essa resolução, que durou, portanto, onze anos. Alguns países mantiveram, como foi o caso do Brasil, durante todo o período militar, essa não-relação com Cuba. Mas, de certa maneira, é até surpreendente que a outra resolução, relativa à OEA, tenha sobrevivido por muito mais tempo. E isso ocorreu por várias razões.

Há algum tempo, o Brasil vem advogando uma postura diferente. Apenas como uma pequena referência histórica, na Assembleia Geral da OEA, que se realizou em Belém do Pará, em 1994, o presidente Itamar Franco e eu pedimos que a OEA iniciasse um processo de aproximação com Cuba.[5] O Canadá teve uma posição semelhante. Mas o eco ainda era pequeno. Naturalmente, a história evoluiu, os países foram avançando, mudando de posição. Alguns países na nossa região se tornaram até amigos mais íntimos e mais próximos de Cuba. E esse processo de mudanças na região, inclusive de mudanças muito importantes na própria América Central — que era onde havia o maior número de países hostis ao

---

4 Relendo as notas que fiz do encontro entre o ministro Azeredo da Silveira e Rosalynn Carter, então primeira-dama dos Estados Unidos, ocorrido algum tempo depois, em Brasília, constato que a retórica anticubana estava ainda muito presente mesmo no discurso de um chanceler que era, com justiça, considerado progressista e inovador.

5 O presidente Itamar voltou ao tema na Cúpula Ibero-americana de Cartagena das Índias poucos meses depois.

regime de Cuba —, resultou em uma situação em que os países latino-americanos e caribenhos sentiam a necessidade de trazer Cuba de volta ao âmbito regional.

Para encurtar a história: nós tentamos abrir o diálogo da região com Cuba em uma reunião do Grupo do Rio, em Brasília, em agosto de 2004. Não fomos bem-sucedidos. Houve um país que objetou (se não me engano, foi El Salvador). Outros também tiveram dúvidas. Mas, quatro ou cinco anos depois, primeiro em uma reunião de chanceleres, coordenada pelo México, e finalmente na reunião de Sauípe, na Bahia, o Grupo do Rio incorporou Cuba. E Cuba também participou da Cúpula da América Latina e Caribe, que se realizou em Sauípe. Portanto, no sistema latino-americano e caribenho, Cuba já estava plenamente integrada. A anomalia era apenas a OEA, e decorria da posição dos Estados Unidos.

Os Estados Unidos são hoje a exceção. É claro que uma exceção importante — ninguém pode tratar isso como se fosse um fato menor. Diferentemente da situação de quinze ou vinte anos atrás, em que os que tinham relação com Cuba eram a exceção; agora a exceção passou a ser representada pelos Estados Unidos. A atitude do governo Bush era muito hostil, chegou a incluir Cuba no "eixo do mal", o que levou, a meu ver, a que o governo cubano também tivesse uma atitude mais crispada em relação a qualquer possibilidade de abertura, a qualquer argumentação.

Eu mesmo tive essa experiência. Tinha sido ministro na época do governo Itamar Franco e voltaria a ser ministro, agora no governo do presidente Lula. No início deste governo, eu sentia mais dificuldade em dialogar mais francamente com Cuba do que tinha sentido naquele período de 1993 e 1994. Dificuldade não em relação ao Brasil, mas em relação a qualquer coisa que pudesse levar a um diálogo ou abertura com os Estados Unidos. E uma das explicações — certamente não a única — foi a atitude muito agressiva que o governo Bush adotou em relação a Cuba, incluindo o país no chamado "eixo do mal". Evidentemente, sabendo o que se passara com alguns dos outros países que eram parte do "eixo do mal", Cuba se sentiu ameaçada, em uma situação de guerra. E assim eles se expressavam: "Vivemos uma guerra, não podemos facilitar". Mas, nos últimos anos, as coisas foram evoluindo: um número muito maior de governos da região estabeleceu relações próximas com Cuba, e chegamos a essa situação que se consagrou na Cúpula de Sauípe.

Em paralelo, com a eleição do presidente Obama, os Estados Unidos começam a demonstrar uma atitude diferente. Embora de forma limitada, algumas das sanções são flexibilizadas, sobretudo no que diz respeito a viagens e remessas de cubanos, ou descendentes deles, que saem dos Estados Unidos para Cuba. Mais recentemente, o Brasil teve alguma participação (secundária, mas alguma participação) em indicar o melhor caminho para se estabelecer um diálogo mais direto entre o Departamento de Estado e o governo de Cuba. A secretária de Estado, Hillary Clinton, me pediu ideias a respeito, na Cúpula das Américas, no início de 2009. Ao mesmo tempo que se estava discutindo a resolução, o diálogo já parecia estar avançando em alguns outros aspectos, sobretudo os relacionados à imigração e à correspondência — relações postais etc.

É nesse contexto que se realiza a Cúpula das Américas, em Trinidad e Tobago. Cuba, mais uma vez, não é convidada. Não que muitos países tenham insistido para ela ser convidada, porque era muito no início do governo Obama. Não parecia uma questão que pudesse ser levantada naquele momento. Creio que o governo de Trinidad e Tobago fez algumas consultas, mas chegou à conclusão de que não havia clima para isso. O fato é que essa reunião transcorreu em um clima muito mais positivo entre o novo governo norte-americano e os países da América Latina e o Caribe — inclusive aqueles que têm tido problemas com os Estados Unidos. Na ocasião, o presidente Lula chegou a mencionar, em um diálogo privado entre a Unasul e os Estados Unidos, que aquela seria provavelmente a última Cúpula das Américas sem Cuba. A próxima incluiria Cuba, ou não se realizaria. Essa era nossa visão.

Qual era o problema em relação a essa situação na OEA? O problema não era tanto Cuba, porque para Cuba, afora o aspecto simbólico, muito mais importante é normalizar as relações com os Estados Unidos (que têm, evidentemente, um enorme significado econômico) do que voltar à OEA. Aliás, os pronunciamentos públicos do governo e de várias autoridades cubanas são sempre no sentido de que não há nenhuma intenção de voltar à Organização dos Estados Americanos. O problema, a meu ver, era da própria OEA, de como ela deveria passar por um processo de atualização, adequar-se à realidade atual, enterrar de vez esse "cadáver insepulto", uma resolução totalmente baseada em conceitos da Guerra Fria. Como eu disse antes, não era uma resolução sobre democracia ou sobre eleições. Não era sequer sobre interferência em outros países. Era uma resolução sobre o fato de que a existência de um regime marxista-leninista constituía uma ameaça à região como um todo. E isso permitira invocar o Tratado Interamericano de Assistência Recíproca.

Aliás, um parêntese: tive a oportunidade, por volta de 1973, de trabalhar na Missão do Brasil junto à OEA. Na época, discutia-se a reforma do Tiar. Devo aqui confessar uma grave ignorância, talvez alguns de vocês saibam saná-la. Não sei o que aconteceu depois com a reforma do Tiar, se algo aconteceu. Mas, naquela ocasião, estudei bastante o assunto. Chamo a atenção para uma curiosidade, que tive a oportunidade de mencionar à secretária de Estado, para mostrar como era anacrônico o instrumento que havia sido utilizado para excluir Cuba dos trabalhos da OEA. O Tiar tinha, como anexo, um mapa do chamado "hemisfério ocidental" — isto é, a área em relação à qual, se houvesse um ataque soviético de qualquer tipo (não necessariamente um ataque atômico, mas um ataque comum, por exemplo, a presença de um regime marxista-leninista), a área em relação à qual se estendia a validade do Tiar. Ela incluía, entre outras, a Groenlândia! Imaginem vocês que, se uma prefeitura em uma cidade da Groenlândia tivesse sido tomada pelos comunistas, se acionaria o Tiar, não se sabendo exatamente o que ocorreria. Será que teríamos que mandar tropas para retomar a prefeitura de uma capital regional da Groenlândia? É claro que uma coisa como essa não se produziria, mas menciono para ilustrar o anacronismo do instrumento.

Era preciso atualizar a própria Organização, até para evitar que o assunto "Cuba" fosse o assunto dominante em todas as reuniões da OEA. Certamente tenho amigos e conhecidos que, talvez, estejam mais à esquerda do que eu, e que poderão dizer: "Por que não deixar a OEA se acabar de uma vez? Não seria melhor para a região?". Sinceramente, eu acho que não. É claro que a OEA foi criada em uma determinada época, serviu a uma determinada função, foi efetivamente muito utilizada para legitimar ações de interesse norte-americano. Mas ela é algo mais complexo do que as motivações que a originaram. A OEA foi pioneira em várias coisas, por exemplo, em matéria de direitos humanos e de direitos da mulher. A OEA continua a ser útil, por exemplo, em fiscalização de eleições. E, mesmo que haja um organismo latino-americano e caribenho, ou que a Unasul se consolide, será útil ter a OEA presente.

Um exemplo rápido: na recente crise na Bolívia,[6] a pedido do próprio país, formou-se um grupo de amigos que incluía Brasil, Argentina e Colômbia. Mas a Bolívia chamou o secretário-geral da OEA e pediu a presença de um representante da organização. Isso porque o Brasil é muito grande, e a Argentina também. Então, às vezes, ter alguém de fora da região sul-americana pode ajudar a dar legiti-

---

6   Referia-me à exacerbação da rivalidade entre os departamentos da chamada Meia-Lua boliviana e o governo do presidente Evo Morales, que gerou uma situação crítica em 2008.

midade internacional maior. No caso da Bolívia, ajudou no diálogo com a oposição. Ajudando provavelmente na relação bilateral com os Estados Unidos.

Pessoalmente, creio que a OEA deve continuar a ter um papel. Isso é apenas uma explicação para aqueles que estão à minha esquerda (ou muito à minha esquerda) que diriam: "Se o problema é a OEA, não é Cuba, por que não se deixou a OEA ir de vez para o ralo da história?". Porque eu acho que ela é útil. E, sobretudo com um governo norte-americano como o atual (esperemos que assim continue a ser no futuro), que se prepara para um diálogo mais respeitoso com a região, um diálogo que procura levar em conta a diversidade da região, a OEA é um instrumento difícil de substituir. E, se tivesse de substituir, seria por algo muito parecido, que sirva ao diálogo com a superpotência em nossa região. E que acaba sendo um diálogo com o Canadá, o outro país desenvolvido da região.

Assim, a necessidade de lidar com essa resolução era mais uma necessidade da OEA do que de Cuba. Cuba acompanhou com interesse a Cúpula das Américas e, naturalmente, estava muito atenta à relação com os Estados Unidos. Mas era uma necessidade de a OEA preservar sua credibilidade. Aí se colocavam problemas, alguns técnicos outros políticos. Não creio que haja problemas técnicos que não possam ser resolvidos politicamente e a resolução que aprovamos demonstrou isso.

Um dos problemas técnicos era decorrente de um fato que assinalei no início: a resolução de 1962 não era da OEA. Era uma resolução do Tiar, cujos membros, na época, eram membros da OEA. Mas, hoje, já não são, porque vários países caribenhos nunca entraram para o Tiar, e o México saiu. Já havia aí um descompasso. Por outro lado, se você reunisse o Tiar, você estaria dando vida, a meu ver (porque o Tiar está hibernando, e acabará, na minha opinião, sendo congelado de vez), a um instrumento da Guerra Fria. Havia essa discrepância de participação — *membresía*, como se diz em espanhol. Era possível avançar? Era. Mas isso exigiu alguma criatividade: o texto da resolução da OEA como propusemos não revoga a resolução do Tiar; apenas a deixa sem efeito para a própria OEA. O que a Assembleia Geral faz, como órgão supremo da OEA, é deixar sem efeito a resolução de outro órgão, que não convinha convocar.

Esse era o primeiro ponto que foi sendo conversado com vários interlocutores que vieram ao Brasil nesse meio-tempo. Eu tive uma conversa com o secretário-geral Insulza um mês e meio ou dois meses antes, com esse fim. Foi a instrução que levou nosso embaixador Ruy Casaes. Pouco depois veio ao Brasil a chanceler Patricia Rodas, de Honduras, país-sede da reunião e que queria encontrar uma solução para a questão. Conversei com ela nessa mesma linha. Devo dizer que, em um primeiro momento, achava que uma resolução que deixasse simplesmente sem efeito a resolução de 1962 seria suficiente. Achava que isso bastava. Com o tempo, e, sobretudo na medida em que nos aproximamos da fase decisiva, tive que fazer uma reflexão. Porque essas coisas acontecem: nosso embaixador vai participando de reuniões, de grupos de trabalho. Mas o ministro está tratando de outras. Até chegarmos próximo ao momento da reunião, quando o ministro volta a se dedicar ao tema.

Um problema de natureza prática é que Cuba dizia (e diz) não querer voltar para a OEA. Então, o que significaria deixar a resolução sem efeito: deixar uma cadeira vazia, que poderia ser ocupada a qualquer momento, assim que Cuba quisesse? Ficando totalmente ao alvitre desse país entrar em uma segunda-feira, em uma sexta-feira, um ano ou quatro anos depois? É um pouquinho incômodo para a Organização.

Havia também um aspecto político: alguns países não queriam ver essa automaticidade. Alegavam que, de 1962 para cá, havia a Carta Democrática, havia um número grande de resoluções da própria OEA. Por isso, queriam um processo mais longo e com condições. Sugeriam, por exemplo, que se convocasse a Comissão Jurídica

Interamericana, para se pronunciar sobre o ingresso (ou reingresso) de Cuba na OEA ou aprovação pelo Conselho Permanente — coisas que Cuba abominava, porque significavam colocar o país novamente no banco dos réus, ainda que viesse a ser absolvido (ou não!). E não seria bom para a OEA, porque continuaria colocando Cuba como o tema dominante de todos os trabalhos da OEA durante muito tempo. Sintetizando, teríamos de encontrar uma fórmula que significasse "nem automaticidade, nem condicionalidade".

Não podíamos submeter Cuba a um novo julgamento nem dizer que, com uma resolução adotada agora, a cadeira ficaria vazia esperando, e Cuba entraria na hora em que quisesse. Era preciso estabelecer um processo (o mais burocrático e mecânico possível), que se iniciasse com a própria manifestação de Cuba de *querer* entrar — porque, enquanto Cuba não se manifestasse, esse problema não existiria. Mas um processo que, ao mesmo tempo, desse conforto àqueles países, sobretudo aos Estados Unidos, que tinham a preocupação em não parecer que davam uma demonstração de aceitação total de um regime, que, segundo eles, continuava a ter vários problemas — inclusive com o risco de que esse gesto tivesse uma interferência negativa na própria relação bilateral. Volto a dizer: mais importante que a questão da OEA é a relação bilateral entre Estados Unidos e Cuba. Essa certamente é a percepção de Cuba. Encontrar esse equilíbrio não foi uma coisa simples.

Nos dez dias que antecederam a reunião de São Pedro Sula, houve uma tendência a se formarem três grupos: um grupo que era basicamente composto dos países da Alba, tendo na linha de frente a Nicarágua, que propôs a resolução. Esse grupo exigia que se revogasse a resolução de 1962 e ainda adjetivava essa decisão, dizendo que se tratava de corrigir uma injustiça histórica etc. Havia outro grupo que propunha submeter Cuba a uma apreciação de órgãos da OEA, da Comissão Jurídica Interamericana, invocar a Carta Democrática, apresentada como um condicionante. E havia um terceiro grupo que, como o Brasil, queria encontrar uma solução que fosse baseada na "não automaticidade e não condicionalidade". Eu usei algumas vezes esses termos.

Para nós, não se tratava tanto de um problema de conteúdo, e, sim, de como poderíamos nos mover no cenário político sem criar problemas mais graves para a Organização, para o nosso próprio relacionamento e até para a atuação futura que o Brasil possa vir a ter na questão. Volto a dizer: o mais importante era o relacionamento dos Estados Unidos com Cuba. Qual era o problema principal? Qualquer coisa que denotasse uma condicionalidade, ainda que a palavra "condição" não aparecesse, seria inaceitável para Cuba, e, por conseguinte, para os países da Alba. Qualquer coisa que fosse absolutamente automática não seria aceita pelos Estados Unidos, nem, provavelmente, por alguns países latino-americanos, certamente pelo Canadá e, talvez, por alguns caribenhos. Tem-se falado que houve um grupo de onze países que propuseram uma determinada resolução. Isso não foi bem assim. Na verdade, acabaram pedindo ao Brasil para coordenar um grupo; desse grupo, surgiu uma resolução, mas que não era aceitável nem para os Estados Unidos nem para o grupo que estou definindo de maneira simplificada como o dos países da Alba. Era preciso vencer esses impasses.

Chegamos a São Pedro Sula com essa preocupação. Houve um momento em que essa resolução que emergiu desses onze países, com algumas alterações que os Estados Unidos queriam propor, parecia ter uma grande maioria: poderia ter 26 ou 27 votos (os próprios onze, mais o Caribe, dá aproximadamente 23 ou 24, mais o Canadá e os Estados Unidos, 26 ou 27). Mas os países da Alba ficariam de fora.

Esse encaminhamento da questão não era aceitável para o Brasil. Primeiro, porque, se nosso objetivo era preservar a Organização, tínhamos de encontrar uma solução consensual. O consenso não é lei na OEA, mas é a norma e a prática que tem sido seguida nos últimos anos. Muitas vezes, o consenso serve de proteção para uns; outras vezes, para outros. Em segundo lugar, os países que eram membros do grupo Alba, que estavam atuando com uma linha que considerávamos maximalista, são países amigos do Brasil, com os quais temos relação muito próxima, como a Venezuela, a Nicarágua, a Bolívia. Não nos interessava, de maneira alguma, deixá-los isolados, como se fossem países radicais que estivessem sugerindo uma solução impossível. Quando cheguei a São Pedro Sula, eu achava que o risco maior era o de se criar uma situação como essa. E disse claramente para a secretária de Estado, em uma reunião que ela pediu para ter comigo: "Nós não queremos o isolamento dos Estados Unidos, do Canadá e o dos países da Alba". Então, vamos ter que encontrar uma solução pelo diálogo, pela discussão. Aliás, a ministra de Honduras, presidente da Conferência, tentou, logo no início, fazer uma reunião somente com o Brasil e os países da Alba, de modo a nos envolver em uma posição maximalista. Mas evitei dar continuidade a esse esforço mal direcionado. Mas logo vi que aquilo não daria certo.

O que aconteceu? O tema principal da Assembleia era Cuba. Como sempre ocorre nessas situações, há dramas e tragédias. Há também rituais a serem seguidos. E os tempos eram curtos. A secretária de Estado Hillary Clinton podia ficar somente até o final da tarde. Eu mesmo planejava vir embora no fim da tarde. Outros chanceleres também não poderiam ficar até o dia seguinte. A reunião da OEA começou com os atrasos habituais, discursos longos, relatório do secretário-geral da OEA, rotina de eleição de presidentes de comissão, vice-presidentes de comissão. Enfim, o tempo passando. E eu achando que aquilo tudo seria uma tragédia, porque, se fôssemos para uma sessão aberta de discursos antes de encontrarmos uma solução, em uma discussão informal, tudo estaria perdido.

Eu diria que houve duas intervenções importantes do Brasil, além da nossa constante preocupação de conversar com um e com outro lado. Uma foi na primeira sessão plenária. Eu vi que se estava ali seguindo o ritual, todo mundo sabendo que o assunto principal não estava sendo tratado, ou, então, tratado de maneira puramente formal. Por isso, atrevi-me a fazer uma coisa meio fora do comum: propus uma questão de ordem e sugeri que se criasse imediatamente um grupo de trabalho para tratar da questão de Cuba. Coincidentemente, ou curiosamente, o secretário-geral da OEA, que era quem poderia ajudar a conduzir o processo, não estava na sala no momento. A presidente não tinha experiência para lidar com a complexidade da situação. Fui apoiado por Estados Unidos, Venezuela e Chile.

Havia um debate sobre o calendário: onde e quando se discutiria Cuba, do ponto de vista formal. O representante da Nicarágua parecia muito interessado em um debate formal sobre o tema. Isso certamente levaria ao enrijecimento de posições e a Conferência terminaria em um desastre. E, quando o secretário-geral foi chamado para dar esclarecimento, o que ele disse não ajudou em nada. Ele se referiu apenas a aspectos formais (tal item entra depois de tal outro etc.). E aquela "orquestra do Titanic" continuou a entoar uma valsa vienense enquanto a Conferência já estava se aproximando do iceberg. Procurei o secretário-geral, que, novamente, havia se ausentado do recinto da reunião. Disse: "Você deve voltar lá e fazer alguma coisa, porque a resposta que você deu não foi à comunicação que fiz, você deu resposta a uma questão formal". Naturalmente, eu disse isso de forma diplomática. Muito corretamente, Insulza voltou e, imediatamente, apoiou a sugestão de que deveria formar-se um grupo de trabalho para a questão de Cuba.

No almoço, começou-se a falar do grupo de trabalho. Quando saímos, fomos diretamente para um grupo pequeno de uns dez países, em que podia haver alguma negociação (diferentemente do plenário, onde predominaria a retórica e, neste caso, a confrontação).

Durante minha conversa prévia com Hillary Clinton pela manhã (ela estava acompanhada de vários assessores; eu, sozinho), eu havia feito duas observações: não apoiaria uma resolução que deixassem isolados os países da Alba e tampouco apoiaria uma resolução que deixassem isolados os Estados Unidos. Eu havia feito duas observações sobre o texto. Os próprios Estados Unidos, baseados no texto que se originou do tal grupo de onze países, queriam fazer algumas mudanças, o que deu margem às minhas sugestões. Depois da minha conversa com a secretária, os Estados Unidos fizeram duas mudanças adicionais, que eu diria que, em parte, decorreram das minhas ponderações. Uma se referia a um parágrafo preambular e outra, ao parágrafo operativo.

Deixem que eu me detenha um momento sobre o parágrafo preambular. À medida que a discussão foi evoluindo, a explicitação da condicionalidade foi diminuindo. Inicialmente, Cuba só poderia entrar depois disso, daquilo outro, desde que isso e aquilo outro acontecessem. Aos poucos, os verbos, as preposições e as conjunções que exprimem condicionalidade foram desaparecendo. E o que ficou de mais forte, no parágrafo preambular, foi a invocação de certos princípios básicos da OEA, princípios básicos geralmente aceitos: democracia, direitos humanos, segurança, desenvolvimento.

Sugeri, inspirado na leitura de San Tiago Dantas que eu tinha feito no avião, que deveríamos colocar nessa enumeração a "não intervenção" e a "autodeterminação". Por quê? Primeiro, porque são princípios importantes em si mesmos. Segundo, porque reafirmá-los com aquele relevo, em uma reunião sobre Cuba, era algo que tinha um evidente significado político. Eram os princípios que San Tiago invocara em 1962 para evitar as sanções. Terceiro, porque, ainda que esses princípios não diminuam ou matizem (nem devem matizar) o conceito de democracia — que continua sendo um conceito absoluto —, de alguma maneira advertem para a má utilização da democracia, como pretexto para a intervenção em um determinado país. Havia preocupações com situações como a que houve na Venezuela, com o golpe de 2002, ou que alguns países do Caribe tiveram no passado etc. Essa foi a sugestão mais importante. Com relação ao parágrafo operativo, eu tinha sugerido uma redação muito simples, de puro procedimento. Mas os Estados Unidos a acharam simples demais. Fizeram um texto que se aproximava um pouco do nosso, eliminando algumas referências restritivas, entre elas a que dizia que a decisão final sobre a volta de Cuba à OEA teria que ser por consenso.[7]

O argumento que utilizei foi (ainda que os órgãos fossem diferentes: OEA e Tiar): "Como se pode expulsar um país por dois terços, e, para ele voltar, é preciso haver consenso?". Seria uma coisa absurda. Então, os Estados Unidos trocaram essa palavra. Em vez de "consenso", mencionaram uma expressão, mais vaga e passível de diversas interpretações, em que a participação de Cuba na OEA seria o resultado de um "processo", iniciado a pedido do governo de Cuba, baseado em práticas, propósitos e princípios da OEA. Toda resolução de organismo internacional, em geral, é aprovada quando cada um consegue dar a sua interpretação. Sobretudo em uma situação polêmica como essa.

Do ponto de vista dos Estados Unidos, os delegados podiam voltar para casa e dizer: "Não é automático o ingresso de Cuba, tem que haver um diálogo, baseado nos propósitos e princípios da Carta". Do ponto de vista de Cuba, não havia condicionalidade, porque

---

7 Relendo essa transcrição, chama-me a atenção que não tenha comentado, na palestra, a falta de interesse dos países da Alba — ou de algum deles — em manter o parágrafo preambular, que sublinhava os princípios de autodeterminação e não intervenção. Insisti, durante a reunião com Ortega, Zelaya e outros, na importância de preservarmos esses conceitos, para resolvermos a situação de Cuba e à luz das ações e ameaças que aquele país sofrera. Foi então que notei algo estranho (e isso pode ter sido uma interpretação equivocada de minha parte). Meus interlocutores achavam ou temiam que aqueles princípios pudessem ser invocados (como motivo ou pretexto) contra o comportamento deles próprios.

se tratava de um diálogo, que se abriria a seu pedido (isto é, podia-se encarar o processo como algo puramente burocrático). O mais curioso é que a dificuldade maior se deu em torno de uma situação que não vai ocorrer ou pelo menos não a curto prazo. Porque as condições que os Estados Unidos teriam gostado de colocar, de maneira mais explícita, ao ingresso de Cuba são exatamente as condições que fazem com que Cuba *não queira* entrar para a OEA. Então, não havia necessidade de explicitá-las. É uma questão para o futuro.

O argumento que usei, sobretudo com os delegados norte-americanos e alguns outros, é o de um ditado anglo-saxão, que eu acho muito sábio: *"We will cross that bridge when we get there"*.[8] Não adianta ficar pensando agora no que vai acontecer depois. Primeiro, temos que caminhar durante dois dias, duas noites, sofrer ataques variados, enfim, passar fome, sede, até chegar à tal da ponte. E, então, ver o que se vai fazer, como atravessá-la. A resolução reflete essa máxima: atravessaremos essa ponte quando chegarmos nela. Não chegamos lá ainda.

Daqui até lá, o diálogo bilateral entre Cuba e Estados Unidos vai se desenvolver e poderá dar resultados. O próprio diálogo vai, na minha opinião, gerar evoluções. Podem até não ser imediatas, mas elas ocorrerão, e isso nos aproximará de uma solução. Eu falei muito sobre o que o Brasil fez, mas não quero dizer que outros países não tenham tido participação importante. Vários países tiveram. O que eu acho que distingue a atuação do Brasil nesse caso é um bom diálogo e uma credibilidade com os vários atores do processo. O Brasil é um país que tem relação muito próxima com a Venezuela. Estamos tratando de colocar a Venezuela no Mercosul. E, ao mesmo tempo, o Brasil tem uma relação muito boa com os Estados Unidos. A secretária de Estado me ligou no sábado, pedindo uma conversa já durante a reunião. O presidente Obama telefonou para o presidente Lula durante a própria reunião. O chanceler cuba-

---

8   "Vamos atravessar essa ponte quando chegarmos nela".

no também me ligou. Há até um episódio engraçado. Quando chegamos à sala onde se reuniria o GT, não havia lugares marcados. Hillary Clinton apressou-se em sentar ao meu lado e disse alguma coisa (não me lembro exatamente o quê), que a minha arguta chefe de gabinete, a embaixadora Maria Laura, interpretou como uma busca de apoio ou proteção em relação aos mais radicais.

Voltando à reunião do grupo de trabalho: a delegação da Venezuela, em determinado momento, fez um esforço para o que eles próprios chamaram de "sistematização", que incluía todos esses elementos que já mencionei, inclusive o parágrafo preambular, e continha democracia, e autodeterminação e não intervenção. Parecia que as coisas caminhariam. Mas surgiram problemas, sem uma causa aparente. Imagino que, dentro da própria Alba, tenha havido divergências. Eu creio que a Venezuela, por solidariedade (o que estou dizendo é apenas uma interpretação), voltou atrás na proposta que havia "sistematizado". Obviamente, quando se sistematiza algo durante uma reunião desse tipo, é porque se acha que o resultado será aceitável.

A reunião parou. Os Estados Unidos fizeram, em determinado momento, uma modificação menor, que não foi aceita e que depois foi retirada. Nesse momento, Hillary Clinton já tinha partido. E entraram aqueles detalhes práticos que podem ter uma interferência na história: o telefone não funciona; o avião está no momento da decolagem, enfim. O fato é que, depois de alguma hesitação, o chefe da delegação norte-americana, que ficara no lugar da secretária de Estado, aceitou o texto *ad referendum*. Os países da Alba viraram uma incógnita, porque a própria proposta que estávamos discutindo tinha vindo pelas mãos de um deles, a Venezuela. E a proposta final, com pequenas correções inócuas, ficaria em suspenso com o recuo desse país. O chanceler Maduro não saía do telefone. Não se sabia mais se os países da Alba a estavam apoiando ou não. Levou bastante tempo para que os Estados Unidos conseguissem a aprovação (ou talvez tenham pretendido que tenha levado mais tempo, para saber qual seria a atitude dos outros). E nós ficamos umas duas horas, mais ou menos, na expectativa do que aconteceria.

Eu já estava disposto a ir embora. A ministra mexicana, Patricia Espinosa, efetivamente foi. Todos nós tínhamos compromissos. E, em determinado momento, perguntei: "O que está acontecendo? Por que os países da Alba (incluindo Honduras, que exercia a presidência da reunião) não voltaram mais?". Uma coisa é você dizer que será preciso consultar a capital, ou reunir um grupo; outra é desaparecer. E os países da Alba tinham efetivamente desaparecido do local do grupo de trabalho. Nesse momento, pedi a Insulza, que já havia estado com os países da Alba, que voltasse a pedir uma definição deles. "Então, você vem comigo", disse ele. Na verdade, eu não queria ir junto, porque achei que era mais o papel do secretário-geral da OEA, mas ele insistiu que o Brasil ajudaria. E o ministro do Chile foi também. Nos tivemos, então, uma conversa, em que havia dois presidentes, o de Honduras, Manuel Zelaya, e o da Nicarágua, Daniel Ortega, alguns chanceleres ou embaixadores dos países da Alba e, de outro lado, eu, o ministro chileno e José Miguel Insulza. Essa conversa durou em torno de uma hora. Saí dela totalmente pessimista, certo de que não haveria possibilidade de acordo.

As razões invocadas eram muito variadas, mas o que alguns deles pretendiam, na minha opinião, era conseguir a vantagem adicional (a meu ver, não era vantagem nenhuma) de suprimir o parágrafo preambular. A meu ver, não era uma vantagem porque ali havia, entre outros, os conceitos de autodeterminação e não intervenção. O fato é que saí muito pessimista.

Cheguei a dar uma declaração à imprensa, e tinha até sugerido ao secretário-geral que fizesse o mesmo. Eu disse aos países da Alba a mesma coisa que havia dito a Hillary Clinton: "O Brasil só aceita uma solução que seja por consenso; nós nos opusemos à tentativa de isolar a Alba, mas não queremos transformar isso em um confronto, justamente na primeira vez em que a administração

Obama participa de uma reunião da OEA, com um ânimo razoavelmente positivo".

Qualquer que seja o ângulo de que você olhasse, se houvesse votação, haveria um confronto. Para mitigar a repercussão do impasse, poderíamos dizer à imprensa, de maneira razoavelmente positiva, que era a primeira vez que a OEA tratava do tema em 47 anos; que havia um acordo sobre o objetivo, mas não sobre as modalidades. É claro, não era uma boa solução, mas seria uma solução possível. O que eu não aceitava era que a questão fosse a voto. É claro que o Brasil sozinho não poderia impedir, mas eu anunciei essa posição à mídia. E tinha certeza de que os países do Caribe e alguns outros teriam a mesma posição.

Tomei o avião, com um sentimento de frustração semelhante ao que tive depois da reunião da OMC, já antevendo as manchetes dos jornais brasileiros: "Mais uma derrota da diplomacia brasileira". Como se controlássemos o mundo... Fizemos o nosso papel, fizemos o possível, avisei ao presidente Lula. Disse-lhe até onde tínhamos ido. Quando fiz escala em Manaus, fui informado de que os países da Alba haviam retirado a objeção ao texto da véspera. A resolução seria levada a plenário, onde efetivamente foi aprovada por unanimidade, com discursos muito positivos de todos os lados.

Estou contando essa história porque, como tenho dito a alguns de vocês, com a minha idade e com os meus anos de carreira diplomática, passei a achar a história mais interessante que a teoria. Não desprezo a teoria, mas comecei a achar o fato e a narrativa do fato mais interessantes. E vocês, seguramente, têm o aparelho teórico necessário para colocar isso dentro de um quadro conceitual.

De qualquer maneira, foi um momento histórico, um marco: 47 anos depois, a resolução que iniciou o isolamento de Cuba no continente foi deixada "sem efeito" na OEA. Vamos ver o que acontecerá depois. Atravessaremos essa ponte quando chegarmos lá. Vamos tratar dos problemas. Vamos avançando. Não será um caminho linear, porque nada ocorre de maneira linear. Será de idas e vindas, mas acho que se avançará. Se eu me arriscar a dar um palpite sobre um tema correlato (que não era o que estava em discussão), a própria atitude dos Estados Unidos (ou da Europa) em relação a Cuba, diria que não são com condicionalidades que se obterá uma eventual evolução em Cuba. Acho, ao contrário, que a proximidade com Cuba fará certas situações, que ainda não são as ideais ou as melhores, se flexibilizarem. E volto à frase de San Tiago Dantas. A democracia é muito forte. Mantendo-se as portas abertas para a democracia, com sua força de atração, ela prevalecerá sobre qualquer outro regime.[9]

A pedido do direitor do Instituto Rio Branco, vou contar uma história que não faz parte desse episódio, mas é parte da "novela" da quebra do isolamento de Cuba. Durante o governo Itamar Franco, Cuba estava muito isolada no continente, não só pelos Estados Unidos e por seus seguidores, mas até por países que normalmente tinham posição mais avançada (por exemplo, a Venezuela do presidente Rafael Caldera). Por circunstâncias diversas, Cuba estava muito isolada, e sentíamos a necessidade de nos aproximar dela.

O presidente Itamar fez um discurso muito importante durante uma Cúpula Ibero-Americana. Tivemos esse episódio da OEA, que

---

9 Em setembro de 2010, o presidente Lula enviou ao presidente Raúl Castro carta de que fui portador, na qual incentivou Cuba a integrar-se mais à América Latina e ao Caribe, evitando, assim, a dicotomia entre isolamento ou descaracterização de seu modelo. Ofereceu ajuda para concretização de reformas econômicas, reiterou oferta de financiamento para o Porto de Mariel e propôs associação com o Mercosul. Sugeriu também, em liguagem cautelosa, não ofensiva a Cuba, ações na área de direitos humanos, inclusive com alusão a gestos que Cuba fizera no passado, como convite ao Alto Comissário das Nações Unidas para Direitos Humanos. Pouco depois, o Brasil enviou a Cuba uma grande missão voltada para a promoção da pequena e média empresa e do empreendedorismo, como forma de mitigar os efeitos da anunciada demissão de 500 mil funcionários públicos.

já mencionei aqui. Depois fui a Cuba com uma carta do presidente Itamar, que tinha três elementos. Um era mais ou menos genérico e tinha formulação algo pomposa: "Substituir a estática da confrontação pela dinâmica da cooperação".

Sugeríamos a Cuba duas coisas: a primeira era um exercício na área dos direitos humanos, que Cuba veio a fazer mais tarde (vou deixar essa parte de lado, mas Havana convidou o alto comissário de Direitos Humanos da ONU a visitá-los). A outra era a adesão de Cuba ao Tratado de Tlatelolco, relativo a uma América Latina livre de armas nucleares. Alguém poderá dizer: "Mas Cuba produziria uma arma nuclear?". Obviamente que não era esse o risco, mas em um contexto geopolítico cambiante, ela poderia não produzir mas poderia permitir estacionamento, em seu território, de armas nucleares. Não se tratava de uma questão abstrata. O Brasil, a Argentina e o Chile haviam acabado de concretizar sua adesão definitiva (essa é uma história longa para explicar, a de por que só então era adesão definitiva). Brasil, Argentina e Chile haviam acabado de entrar plenamente para Tlatelolco. Era importante que Cuba entrasse.

Essa visita coincidiu com a Copa do Mundo de 1994, o dia do jogo Brasil e Holanda. Futebol não é a coisa mais importante em Cuba, mas sempre gera algum interesse. Devido ao racionamento, que na época prevalecia, os jogos estavam sendo transmitidos *en diferido*. Não estavam sendo transmitidos ao vivo, pois durante o dia não havia energia elétrica. Por uma consideração especial, uma deferência ao chanceler do Brasil e à sua delegação, os cubanos resolveram transmitir o jogo ao vivo. E não só resolveram transmitir, como me disseram: "Fique lá, porque é possível que o comandante apareça". Tive minhas dúvidas, mas assim foi. O presidente Fidel Castro chegou à Embaixada cerca de uma hora antes do jogo.

Antes disso, eu já tinha estado com todos com quem poderia estar em Cuba: o chanceler, Roberto Robaina; Raúl Castro, com quem estive por três horas (coisa muito rara naquela época); Alarcón (presidente da Assembleia). O próprio Raúl Castro, quando falei desse assunto de Tlatelolco, me disse: "Isso não é comigo, é com meu irmão, o de barba". Quando chegou a hora, um pouco antes do jogo, entreguei a carta. O presidente Fidel Castro leu a carta e disse que pensaria sobre o assunto. Não reagiu.

Assistimos ao jogo, um jogo dramático: o Brasil ganhou de 3 a 2, um gol de falta cobrado pelo Branco. Então, a partida terminou, e a televisão brasileira — era Paulo Henrique Amorim — estava lá filmando para o *Fantástico* o fato de Fidel Castro ter ido assistir ao jogo na embaixada. O repórter filmou e perguntou sobre as reações do presidente. Fidel Castro, obviamente, estava contente com a vitória do Brasil. Ele, que entende de muitas coisas, mas não de futebol, fez um comentário: "Os holandeses jogaram bem, mas o Brasil ganhou e estou muito feliz".

Paulo Henrique Amorim sabia da existência da carta e de seus principais elementos, que havíamos deixado vazar. Perguntou, então, ao presidente Fidel Castro o que ele achava da proposta, especialmente do pedido para a assinatura do Tratado de Tlatelolco. O que ele, Fidel, achava disso? O presidente, sendo filmado na hora, fez o seguinte comentário: "Não sei se é o momento de fazer uma concessão desse tipo aos Estados Unidos". E eu, atrevidamente, disse: "Mas presidente, não é uma concessão aos Estados Unidos, é um gesto para a América Latina!". E Fidel — eu tinha 50 anos e, para ele, era um pirralho — disse: *"Quizás el canciller tenga razón"*.[10]

Três meses depois, o chanceler cubano levou a Juiz de Fora, onde estava o presidente Itamar Franco, a carta-resposta de Fidel: ele anunciava que Cuba iria aderir ao Tratado de Tlatelolco, o que ocorreu no ano seguinte.

É um episódio interessante, também de diplomacia, embora não se relacione diretamente com esse de agora.

---

10 "Talvez o chanceler tenha razão".

10

"O SENHOR ZELAYA ESTÁ A UNS VINTE MINUTOS DAQUI"

ONU, mudanças climáticas e crise em Honduras.
16 de outubro de 2009[1]

É sempre um prazer estar com os jovens. Eu vejo que as pessoas que fazem o CAD são novas, e é muito difícil distinguir aqui, a olho nu, quais ainda estão no Rio Branco e quais estão fazendo o Curso de Aperfeiçoamento de Diplomatas. Esses cursos foram introduzidos há muito tempo e foram uma das primeiras defesas que o Ministério criou contra o excesso de interferência política. Nossa carreira é muito política e fatalmente existem interferências, mas os cursos, tanto o CAD como o CAE, constituem uma defesa da carreira, sobretudo nesses estágios iniciais ou médios.

É sempre um prazer vir aqui conversar.

O Brasil foi eleito pela décima vez para o Conselho de Segurança como membro não permanente, e com o Japão, é o membro não permanente que mais vezes esteve no Conselho de Segurança. O Brasil

---

1 Palestra para a 57ª edição do Curso de Aperfeiçoamento de Diplomatas (CAD) e para as Turmas 2008-2010 e 2009-2011 do IRBr.

sempre tem dado uma contribuição muito forte. Posso falar das últimas quatro vezes (com mais propriedade das últimas três vezes) em que o Brasil esteve no Conselho de Segurança, porque eu, nessas últimas vezes, ou era ministro ou era embaixador nas Nações Unidas, e acompanhei muitos dos assuntos. Da primeira vez, talvez o tema mais palpitante do nosso ponto de vista tenha sido o do Haiti, em um momento um pouco diferente do atual, em que resistimos a uma posição que nos pareceu muito intervencionista.

A segunda ocasião coincidiu com o período em que fui embaixador no Conselho de Segurança. Talvez o tema mais relevante dessa época tenha sido o Iraque. O Brasil teve papel de destaque, foi muito atuante, e ajudou a desfazer alguns nós em momentos críticos. Até fez propostas que, se tivessem sido levadas à risca, talvez tivessem (digo esse "talvez" porque fiquei mais cético à luz do que ocorreu) contribuído para adiar o conflito. Mais recentemente, em um período menos crítico do ponto de vista do Brasil, houve também — como sempre há — temas importantes, como o Oriente Médio, a questão da Síria, o assassinato de Rafik Hariri. Em todas essas questões, o Brasil tem sempre procurado manter uma posição construtiva — sem abandonar princípios, mas, ao mesmo tempo, buscando soluções; não procurando fazer das questões e da nossa participação apenas mera oportunidade para fazer discursos retóricos ou defender posições.

Para me deter um momento no tema que conheço melhor, que foi o dominante na época em que servi no Conselho de Segurança como embaixador: na questão do Iraque, tivemos realmente uma participação muito intensa. Para quem quiser estudar com mais profundidade, existe a tese de CAE de Gisela Padovan,[2] que estava comigo na época. Desde o início, logo no segundo mês do Brasil no Conselho de Segurança, vivemos um momento de grande tensão.

---

2   Padovan, Gisela Maria Figueiredo. *Diplomacia e o uso da força: os painéis do Iraque*. Brasília: Funag, 2010.

Havia a "questão dos palácios presidenciais". Nas resoluções anteriores do Conselho, em que se estabeleceu um sistema de inspeções sobre o Iraque, ficou acertado que os palácios presidenciais eram áreas em que a Unscom não poderia penetrar, ou pelo menos não sem aviso prévio, sem permissão do governo iraquiano. Mas havia pelo menos oito ou dez palácios presidenciais — não me recordo mais, mas era um número grande — espalhados pelo país.

Diga-se de passagem, fazia-se muito alarde pelo fato de Saddam Hussein ter vários palácios, que poderiam ser usados para esconder armas químicas ou biológicas, deixando-as ao abrigo das inspeções. Alguns de vocês têm me acompanhado em viagens ao Oriente Médio e sabem que é muito comum nesses países haver uma quantidade grande de palácios, reais ou presidenciais. Isso decorre da própria cultura monárquica ainda muito forte na região. Mesmo quando se trata nominalmente de uma República — e isso fica claro nos processos de sucessão —, o elemento, por assim dizer, monárquico está muito presente. Estou dizendo isso sem nenhum juízo de valor, apenas constatando um fato.

Mas, na época, essa "abundância" de palácios era muito invocada pelos inspetores. E, quem sabe, Saddam Hussein tenha realmente se aproveitado do "status" dos palácios presidenciais para dificultar as inspeções. Era uma questão muito difícil, muito complexa. Foi-se criando um impasse perigoso. Os países do Ocidente (ou melhor, Estados Unidos e Reino Unido) queriam ampliar as sanções ou eventualmente até promover uma ação armada, afirmando que o Iraque estava em violando suas obrigações; Kofi Annan, cuja posição era bem independente nesse tema, procurando sempre soluções, propunha-se a visitar esses palácios no Iraque.

Houve certa hesitação do Conselho em apoiar ou não a ida de Kofi Annan, sob a alegação de evitar a "legitimação" de Saddam Hussein. Embora a razão fosse um pouco exótica (até porque o Iraque continuava a ser um membro da ONU, votando na Assembleia

Geral; era um membro normal das Nações Unidas), havia uma certa resistência. O Brasil foi um dos países que apoiou a ida do secretário-geral ao Iraque. Kofi Annan foi acompanhado de várias pessoas, inclusive de um ítalo-sueco, chamado Steffan de Mistura, que depois teve uma função importante em outro órgão da ONU. Sob suas ordens, os engenheiros fizeram as mensurações dos palácios.

Dessa visita resultou uma situação nova. Kofi Annan esteve com Saddam Hussein e obteve o compromisso de que, cumpridas certas condições, os palácios poderiam ser visitados. Em decorrência disso, foi proposta uma resolução do Conselho de Segurança. Mas, como sempre, houve uma reação negativa por parte das potências ocidentais, sobretudo dos Estados Unidos e do Reino Unido, que eram muito críticos de Saddam Hussein e muito críticos de qualquer atitude que pudesse significar uma "suavização" em relação a Saddam Hussein.

A resolução proposta essencialmente tomava nota do acordo entre Kofi Annan e Saddam Hussein. Em sua parte operativa, porém, a resolução dizia que, se o Iraque não cumprisse suas obrigações, poderia haver um ataque armado. É claro que a expressão não era "um ataque armado". Alguns de vocês já são "veteranos", alguns pertencem ou lidam com as Nações Unidas e, por isso, sabem que há códigos. As frases são usadas como códigos. O código para ação armada era *all the necessary means*,[3] expressão usada na Guerra do Golfo. Assim, tomava-se nota do acordo, mas, se ele não fosse cumprido, o Conselho de Segurança ou os membros do Conselho ficavam autorizados (existe uma diferença sutil entre dizer "o Conselho" e "os membros do Conselho")[4] — a valer-se de todos os meios necessários para assegurar o cumprimento das obrigações do Iraque.

---

3 "Todos os meios necessários".

4 Os membros podem agir individualmente e, supostamente, sem necessidade de discussão prévia no Conselho.

Evidentemente, aquilo era uma espécie de cheque em branco para um ataque armado, o que não convinha à China e à Rússia (que se opunham mais abertamente a um ataque ao Iraque) e também à França e a outros países, inclusive os não alinhados, que também tinham sérias dúvidas quanto ao uso da força. Esses outros países — o Brasil, inclusive — não apoiavam a automaticidade do uso da força. O Brasil teve papel decisivo em encontrar uma solução para esse problema.

Alguns países não queriam que se dissesse nada a respeito da hipótese de não cumprimento. Outros queriam uma reação automática — um cheque em branco para desfechar um ataque armado —, se houvesse a constatação de descumprimento. Uma das questões era justamente saber quem faria essa constatação. Toda a discussão girava em torno do que seria necessário para uma ação armada. Havia os que queriam o cheque em branco e os que achavam que qualquer ação teria que ser autorizada pelo Conselho.

O Brasil, a França e outros países queriam aprovação prévia do Conselho. E isso os Estados Unidos e o Reino Unido não aceitavam. Depois de muita pesquisa, em que Achilles Zaluar me ajudou muito, acabamos encontrando uma frase, baseada em resoluções anteriores. É muito comum as resoluções do Conselho de Segurança terminarem com a frase *"the Council decides to remain seized of the matter"*.[5] Vou entrar um pouco em detalhes, interessantes para os diplomatas que lidam com as palavras o tempo todo. Elaboramos uma redação mais ou menos assim: *"The Council decides to remain seized of the matter and take any further action as may be needed"*.[6] A frase era um pouquinho mais longa e mais complexa, mas esse era o sentido. Ao dizer que o Conselho decidia continuar a ocupar-se da questão e

---

5 "O Conselho decide continuar a ocupar-se da questão".

6 "O Conselho decide continuar a ocupar-se da questão e tomar as medidas que forem necessárias".

tomar as ações necessárias, implicitamente estava-se dizendo que o Conselho tinha que ser ouvido, e não poderia haver um ataque contra o Iraque sem que o Conselho participasse da decisão, desse sua anuência.

Estávamos trabalhando muito junto com a França, embora com o apoio da Rússia e da China (esses dois últimos tinham uma posição um pouco mais vigorosa). A França também queria que o Conselho fosse ouvido novamente. Nosso diálogo era constante. Esse episódio se deu na transição da presidência do Conselho, que passou do Gabão para o Japão. Eu tinha conversado com o embaixador francês, Alain Dejammet, um homem de grande competência, com quem, aliás, aprendi muito.

Era um sábado; eu havia sido chamado pelo presidente do Conselho, Hisashi Owada, que fazia consultas com vários países. Estava em meu automóvel, ainda antes de chegar à Missão, onde eu tentaria redigir algo com o auxílio de meus colaboradores. Resolvi, então, ligar para o embaixador Dejammet: "Tenho uma ideia mais ou menos assim" — expus a ele rapidamente — "mas não quero minar, ou 'puxar o tapete' da posição francesa; nossa visão é parecida, e isso não seria apropriado". O embaixador Dejammet disse uma frase que achei interessante, até pelas ressonâncias de sentido contrário que tínhamos tido no passado, em relação à França e a outros países.[7] O embaixador Dejammet disse algo assim: "Vá em frente. O que for aceitável para o Brasil, será aceitável para a França". Fiquei muito orgulhoso com aquela demonstração de confiança. E fui em frente.

O presidente do Conselho não comprou a ideia. Ele estava em uma linha mais próxima da dos americanos e dos britânicos. Até cobrou muito do Brasil: "O Brasil quer ser membro permanente

---

7   Uma frase de Juracy Magalhães, ao assumir a Embaixada do Brasil em Washington, em 1964, passou à história como o paroxismo da postura de subordinação do Brasil em relação à potência hegemônica: "O que é bom para os Estados Unidos, é bom para o Brasil".

do Conselho", tal como o Japão, "portanto, tem que assumir essas responsabilidades". A minha responsabilidade era encontrar uma solução pacífica. Meu colega japonês talvez achasse que a responsabilidade era ter uma crítica mais forte ao Iraque. Ele não comprou a ideia.

Regressei para casa, às voltas com uma questão familiar bastante dramática, quando recebi um telefonema do embaixador norte-americano, Bill Richardson, que hoje é governador do Novo México e que foi pré-candidato a presidente dos Estados Unidos. Richardson disse: "Celso, aquela ideia que você expôs ao embaixador do Japão até que não é tão má" — o embaixador do Japão certamente conversou com ele —, "vamos trabalhar nela". Essa "ideia" foi objeto de conversas durante o final de semana com os americanos e com outros. Na segunda-feira pela manhã, o Reino Unido, que também queria encontrar uma solução (via que a situação parlamentar estava ficando difícil), convocou uma reunião. A Suécia deu algumas contribuições positivas. Outros países também deram sugestões. Mas a essência da frase que nós havíamos proposto foi mantida. Conseguiu-se aprovar a Resolução.[8] Isso, evidentemente, não evitou o conflito, mas adiou durante muito tempo uma ação violenta, desnecessária e, a nosso ver, descabida, em relação ao Iraque.

Também tivemos em outros episódios — como no caso da Líbia, que estava sob sanções no Conselho de Segurança há alguns anos.

---

8 Trata-se da Resolução 1154 (1998) do Conselho de Segurança da ONU. Seu parágrafo final, que ensejou o consenso, teve a seguinte redação: "(o Conselho de Segurança) Decide, de acordo com suas responsabilidades sob a Carta, continuar a ocupar-se ativamente da questão, a fim de assegurar a implementação desta Resolução, e de garantir paz e segurança na área". Como toda redação em um foro multilateral, esta não estava isenta de ambiguidades. No entanto, pareceu, àqueles que defendiam a necessidade de assentimento do Conselho, suficiente para preservar a responsabilidade primária desse órgão de determinar se um país está violando ou não suas obrigações, bem como de garantir o cumprimento delas.

Eram sanções que atingiam pouco os governantes, e mais a população. O Brasil contribuiu para que o assunto voltasse à discussão — tudo isso em meio a pressões das mais diversas. Na questão do Iraque, por exemplo, Bill Richardson tinha vindo ao Brasil, pouco antes desse episódio que relatei, para tentar persuadir as lideranças da época de que o Brasil precisava ter uma posição mais forte, mais agressiva.

Com o caso da Líbia, tinha ocorrido algo curioso. Em dezembro, um mês antes de o Brasil assumir sua posição no Conselho de Segurança, os Estados Unidos nos convidaram, como fazem de praxe com alguns países, para uma conversa sobre diversos temas. Durante essa conversa em Washington, mencionei a situação da Líbia. Disse que me parecia que estava na hora de mudar, porque a União Africana e os países árabes estavam contra. Independentemente do juízo de valor que se pudesse fazer, havia um desgaste para o próprio Conselho de Segurança e para a ONU, uma vez que as sanções não eram mais respeitadas. Cinco dias depois, chegou de volta a Nova York uma manifestação de preocupação que os americanos haviam feito em Brasília. Bem, o fato é que nós contribuímos um pouco para que o assunto voltasse a ser discutido em reunião formal meses mais tarde e para que as sanções fossem finalmente suspensas. Na realidade, aquilo que havíamos dito em dezembro apenas antecipou o que efetivamente viria a ocorrer.

Nós fomos atuantes nesse tema. Lembro-me de haver feito um discurso baseado no que os juízes da Corte tinham dito na discussão preliminar, em Haia. Desenvolvemos um arrazoado sobre por que achávamos que se deveria iniciar um processo de revisão das sanções. Havia uma contradição entre as medidas do Conselho de Segurança e as obrigações do Protocolo de Montreal sobre aviação civil apontada por alguns juízes da Corte, inclusive pelo brasileiro José Francisco Rezek. Essa era uma das questões de natureza jurídica. Os líbios ficaram muito contentes com a nossa ação, e os árabes, em geral, também. O embaixador de Malta veio me perguntar se eu tinha uma equipe de juristas: "Vocês devem ter uma grande equipe — um *legal team*". O *legal team* éramos eu, Antonio Patriota e Gisela Padovan.

Outro tema relevante que tivemos de tratar no Conselho foi a questão da ex-Iugoslávia. Os problemas mais graves haviam ocorrido no passado, mas naquele momento havia uma questão relativa ao Kosovo e às sanções contra a ex-Iugoslávia. Havia, como sempre ocorre, um Comitê de Sanções. Por uma regra não escrita, era preciso que um membro não permanente do Conselho presidisse o Comitê de Sanções. Dessa vez, eu estava de férias. Passava dez dias na Grécia, quando recebi um telefonema de nosso embaixador alterno, Henrique Valle, dizendo que o presidente do Conselho havia feito consultas para a presidência do comitê. Só havia consenso em torno do Brasil. Era o único país aceito tanto por Rússia e China quanto por Estados Unidos, Reino Unido e França. Não tinha nenhuma intenção de me envolver com o tema, mas acabei tendo que ser também presidente do Comitê de Sanções, durante algum tempo.

Mais tarde, um tema que realmente me tomou muito tempo, nos dias que antecederam e durante a presidência do Conselho, foi decorrente da ação armada, a operação "Raposa do Deserto", contra Bagdá, não autorizada pelo Conselho. Estávamos reunidos na sala de consultas informais do Conselho, discutindo se deveríamos examinar o relatório da Unscom. O relatório era de um australiano, Richard Butler, que havia sido presidente da Unscom por muito tempo e que escreveu um livro em que sou muito criticado (para não falar só dos livros em que fui elogiado). Tivemos diferenças muito importantes, embora, em um período anterior, tenhamos até cooperado.

Butler fez um relatório que, aparentemente, teria sido entregue a alguns países (embora não tenhamos meios para saber com certeza) antes de ser dado a conhecer ao secretário-geral e ao próprio

Conselho. A sala das consultas informais do Conselho de Segurança é muito pequena. Cabem, no máximo, os representantes e mais três assessores por delegação, além de algumas pessoas do secretariado e da cabine de interpretação. Ao lado dela, está a sala onde ficam as outras pessoas — os que não couberam na sala e os representantes (em geral, secretários ou conselheiros) de outros países não membros, que procuram estar por perto para acompanhar o que está acontecendo.

Estávamos discutindo a questão formal se o Conselho não tinha recebido o relatório, ou se ainda receberia, quando, de repente, um dos assessores de uma das delegações entrou na sala e disse que já haviam começado os bombardeios. E assim foi. Isso ocorreu em dezembro. Quando o Brasil assumiu a presidência do Conselho em janeiro, viu-se defrontado com uma situação em que o Conselho estava paralisado, não funcionava. Havia uma oposição muito forte entre Rússia e China de um lado — França também — e Estados Unidos e Reino Unido de outro. Havia uma total crise de confiança entre os membros permanentes. A nossa posição era similar à da França.

Dias antes da operação "Raposa do Deserto", Richard Butler tinha ido a Moscou para consultas, e não havia dito nada do que depois apareceu no documento. Não havia dado a entender que as constatações contidas no documento levariam provavelmente a uma ação armada. Criou-se uma situação de total desconfiança. O Conselho mal se reunia. O final do mês de dezembro foi, sob esse aspecto, trágico. Não me lembro quanto tempo exatamente duraram as ações, não houve invasão; foram vários dias de bombardeios aéreos. E o Conselho não conseguia deliberar sobre qualquer assunto, porque os chineses e os russos pediam satisfação aos americanos e aos ingleses sobre a ação tomada, os procedimentos de Butler etc.

Essa era a situação com a qual nos vimos defrontados ao chegar à presidência. Em geral, em seu primeiro dia de Conselho, o presidente se dedica às consultas bilaterais. Chama cada um dos embaixadores para ver quais são suas principais preocupações e como se pode encaminhar os diversos temas. Durante dois dias, todos praticamente só falaram de Iraque. Fiquei sentado em uma posição inconveniente durante umas vinte horas, a tal ponto que tive um problema de coluna que se estendeu durante minha presidência no Conselho. Enfim, as posições pareciam irreconciliáveis. A nossa estratégia era encontrar algum caminho que não fosse apenas acusar um lado ou outro; queríamos uma solução.

Os russos queriam — e os chineses também — que Butler fosse demitido imediatamente e que a ação armada fosse condenada. Os americanos e os ingleses, principalmente, queriam manter tudo como estava, se possível reforçando a linha adotada e elogiando o papel da Unscom. Com muito trabalho, fomos construindo uma posição que, no final, foi acatada. Essa linha tinha dois objetivos: primeiro, permitir abordar a questão do Iraque, que parecia intratável; e segundo, possibilitar que o Conselho de Segurança voltasse a tratar de outros temas que também eram importantes (Angola, conflito Etiópia-Eritreia etc.).

Para resumir, a solução foi a criação de três painéis (ou grupos de trabalho) sobre o Iraque. Um painel — mais complexo e delicado — examinaria a questão relativa à posse, pelo Iraque, de certos armamentos. Gisela Padovan, em particular, me assessorou nesse tema. Outro painel se dedicaria à situação humanitária do Iraque, que era absolutamente trágica. Nesse painel tive a colaboração do Antonio Patriota. E havia um terceiro painel, sobre prisioneiros de guerra kuaitianos no Iraque, em que fui assistido por Leonardo Gorgulho.

A criação dos painéis foi aprovada no último dia de trabalho (um sábado, 30 de janeiro) da presidência brasileira do Conselho. Vocês podem imaginar como uma situação dessas era peculiar. Houve muita discussão — aliás, não só por parte dos que eram contra reavaliar a situação (como Estados Unidos e Reino Unido), mas mesmo dos que eram a favor (como França, Rússia e China), que queriam uma indicação mais clara de que os procedimentos da Unscom mudariam. A delegação russa, por exemplo, só obteve instruções no último momento. Todos queriam que o Brasil (ou melhor, o embaixador brasileiro) presidisse os painéis. Eu sabia que, internamente, no Brasil, não havia muito apoio para que eu coordenasse os grupos — melhor dizendo, não havia entusiasmo, na suposição, não totalmente infundada, de que isso poderia trazer complicações bilaterais com os Estados Unidos.

Deixei claro para meus colegas no Conselho que a única hipótese de o Brasil vir a presidir os painéis seria que a decisão fosse tomada ainda na presidência brasileira do Conselho (a presidência do Conselho dura um mês). Nesse caso, haveria uma justificativa: o Brasil havia presidido a criação dos painéis, então o Brasil presidiria os painéis. "Se não for assim, eu não aceito", disse. Essa pressão acabou fazendo com que a criação dos painéis fosse aprovada na tarde do dia 30 de janeiro. A aprovação, como de hábito, se deu primeiro na sessão informal (uma das poucas vezes em que ouvi palmas em uma reunião desse tipo no Conselho — palmas de alívio, eu diria). Depois, passamos à sessão formal. Ninguém fez discurso, nos limitamos a aprovar a criação dos painéis. Acho que não foi nem por meio de uma Resolução, mas de uma decisão do Conselho.

O que estou querendo ressaltar aqui é o papel do Brasil. Posso estar errado, mas não me consta que, antes do fato que descrevi, um país tenha presidido um grupo de trabalho, um painel ou alguma criação do Conselho durante um período longo (a não ser os comitês de sanções que fazem parte da rotina do Conselho). Para tratar de um tema específico e tão complexo, não me consta que tenha ocorrido algo semelhante. E eram três painéis, e os três ficaram sob a presidência do Brasil. Seu resultado ficou conhecido como *the Amorim reports*.[9] Houve momentos até em que eu, como presidente

---

9   Trata-se do documento S/1999/356, de 30 de março de 1999.

do Conselho, presidi reuniões dos P-5, porque os membros permanentes não conseguiam nem sequer acordar qual deles presidiria a reunião, tantas eram as diferenças entre eles.

Um dos aspectos muito difíceis era saber o que fazer com Richard Butler. Os russos queriam que Butler fosse demitido. Os americanos e os ingleses queriam que Butler fosse mantido. E ele próprio queria fazer parte do painel sobre desarmamento. Eu disse algo a Kofi Annan sobre como trataria a questão do Richard Butler. Eu nem me lembrava mais. Foi o secretário-geral da ONU quem depois me recordou, quando lhe entreguei o relatório dos painéis. Kofi Annan me havia perguntado: "O que você vai fazer com Butler?". E eu, usando uma expressão comum nas negociações multilaterais, disse: "Acho que vou botar o Butler entre colchetes (*in brackets*)". E foi mais ou menos o que fiz, quando o painel foi constituído: ele não foi membro do painel, de nenhum dos painéis, e com isso, de alguma forma, a posição dele se enfraqueceu, sem que fosse necessário nenhum ato especial. Quando, dois meses depois, fui entregar o relatório a Kofi Annan, ele fez este comentário: "Você conseguiu botar o Butler entre '*brackets*'". Eu já havia me esquecido disso, mas era o que havia acontecido. E, dois ou três meses depois, Butler pediu demissão, sem que fosse necessária nenhuma ação dramática. Porque, em diplomacia, como, aliás, em tudo na vida, toma-se uma decisão importante e depois é preciso deixar o tempo atuar. Não se pode ficar cobrando de todas as consequências daquela ação.

Há outro tema sobre o qual gostaria de falar com vocês — e a propósito do plantio do nosso pau-brasil.[10] O grande tema, a grande negociação do momento, com a OMC parada e a reforma do Conselho de Segurança em compasso de espera, é a negociação sobre a mudan-

---

10 Antes de proferir a palestra, plantei uma muda de pau-brasil no jardim do Instituto Rio Branco.

ça de clima, que culminará com a Conferência de Copenhague. É uma negociação complexa. Às vezes, as pessoas acham que é somente uma negociação ambiental — e não é. É uma negociação que envolve o meio ambiente, um aspecto do meio ambiente sobretudo, que é o clima, aspecto fundamental; mas que envolve economia, desenvolvimento, tecnologia e relações de poder.

Há um consenso de que a temperatura da Terra não pode, até 2050, aumentar mais de dois graus centígrados em relação aos níveis pré-revolução industrial. É um consenso científico. É claro que sempre há quem discorde, mas é esse o consenso do IPCC, que é aceito como base para a discussão. O que desperta muita controvérsia é a distribuição dos encargos. E as pessoas que participam da negociação nem sempre são aquelas que estão mais interessadas no futuro da humanidade ou da Terra.

É uma negociação em que, embora todos concordem teoricamente com o objetivo último de diminuir as emissões de gás carbônico (ou dos gases do efeito estufa) para evitar que a atmosfera continue a aquecer-se, cada um tem seus próprios objetivos. É uma coluna em que há apenas débitos, não há haveres. O débito é aquilo que você terá que fazer, a sua contribuição para que a mudança de clima não supere esse nível de dois graus. Todos querem diminuir suas obrigações — tanto quantitativamente como sob o aspecto legal — e empurrar o problema para os outros.

Sob esse aspecto, é uma negociação como outra qualquer. Outro dia estava tendo uma discussão com o ministro Carlos Minc, de forma amistosa, e ele disse: "Mas você está comparando com comércio, eu não estou interessado nisso". E respondi: "A essência de uma negociação é a mesma". Quando se está negociando na OMC, todos estão, em tese, procurando um comércio internacional mais justo, mas cada um querendo pagar um preço menor por esse objetivo.

No caso da mudança do clima é muito parecido. Os países ricos querem que os países em desenvolvimento contribuam mais (em princípio, não é absurdo) e uma parte substancial dessa contribuição possa ser obtida não com reduções efetivas de emissões de CO_2, mas por meio de outros mecanismos, inclusive a compra de créditos em países em desenvolvimento. Um país rico investe em um projeto de desenvolvimento sustentável no Brasil, paga, e com isso ganha o direito de continuar emitindo CO_2.

Trata-se de uma negociação complexa. Às vezes se lê na mídia: "O Brasil tem que dar o exemplo". A verdade é que o Brasil tem feito muitas coisas. Creio que o Brasil dará o exemplo. O próprio Plano Nacional sobre Mudança do Clima já demonstra que estamos profundamente engajados nisso. Mas há limites para o que podemos fazer. Não podemos comprometer totalmente nosso desenvolvimento. Há exigências que temos que fazer aos outros países.

Vou dar um exemplo: os países desenvolvidos aceitam (talvez até os Estados Unidos) que haja uma redução global de 50 por cento das emissões até 2050, e que os países ricos sejam os responsáveis por 80 por cento dessa redução. Parece razoável. Mas, se isso não vier acompanhado por metas de médio prazo, o objetivo fica irrelevante. Se as reduções ficarem para o final do período, a própria credibilidade do processo é afetada.

A atmosfera vai sendo saturada ano a ano. Ela não quer saber se será nos próximos dez anos que os países farão essa redução. A saturação será de tal ordem que, para se chegar ao objetivo global, os países em desenvolvimento terão que fazer muito mais, porque mesmo que os países ricos façam a parte deles, a saturação já terá chegado a um ponto insustentável. Para tudo isso, há equações matemáticas das quais não sou plenamente conhecedor — nem plenamente, nem superficialmente —, mas esses dilemas servem para mostrar como se trata de uma negociação complexa.

A principal (não a única) ferramenta que temos para a redução das emissões é a redução do desmatamento. Outros países não têm a mesma possibilidade. Por exemplo, na Índia, há 400 milhões de pessoas que não têm acesso à luz elétrica. Se a Índia implantar um programa similar ao Luz para Todos, mesmo que seja baseado na matriz energética a mais limpa possível, haverá um crescimento inevitável das emissões. Essas questões são muito complexas. A posição do Brasil, pelo exemplo que pode dar a outros países em desenvolvimento, terá um impacto. Mas qualquer posição que vise a *priori* a estabelecer uma meta para o conjunto dos países em desenvolvimento me parece difícil de ser conseguida, até porque as situações são diferentes de país para país. Esse é um assunto que temos discutido muito.

Temos, no Brasil, discutido os aspectos internos, especialmente as taxas de crescimento econômico esperadas. A longo prazo, vamos ter que encontrar outras maneiras de medir o bem-estar, além da mensuração do PIB — maneiras não monetárias. Mas isso não está em discussão ainda, nem nos países ricos nem nos países pobres. E aqui entra a questão dos padrões sustentáveis de consumo e de produção. Talvez no futuro se possa desenvolver mais essa medição, então, poderemos dizer: olha, o PIB cresceu apenas três unidades, mas o bem-estar cresceu cinco ou seis, porque as pessoas estão respirando melhor, vivendo melhor, olhando as mudas de pau-brasil crescerem — o que sempre faz bem à alma.

Estamos no momento de definição da posição brasileira, e o presidente Lula tem muito interesse nisso. (Creio que teremos uma reunião proximamente, dia 3 de novembro, se não me engano.) O Brasil tem participado ativamente de todo o processo de negociação. Deve ser dito também — fato constantemente omitido pela mídia — que a posição do Brasil foi fundamental para que os países em desenvolvimento aceitassem pela primeira vez objetivos de redução de emissões que sejam mensuráveis, reportáveis e verificáveis. E também aceitamos, na última reunião do G8+5, em L'Áquila, algo importante. Os países em desenvolvimento se comprometeram a realizar ações, a tomar medidas que levem a uma redução das emissões em relação ao que seria chamado, em inglês, *"business as usual"*.[11]

Nós vivemos nesse contexto. Todos percebem que o Brasil tem um papel fundamental. A França quer fazer um documento com o Brasil. E vamos fazer um documento que já está bem adiantado. Ao mesmo tempo, os Estados Unidos querem que o Brasil participe com eles em uma discussão com a China e a Índia. Mas, naturalmente, a França quer um documento — e teoricamente é a nossa posição também — que preveja no conjunto resultados ambiciosos. E a minha impressão é de que os Estados Unidos querem algo que "legitime" um resultado pouco ambicioso, pelo menos da parte deles.

Para terminar esse aspecto: o que os Estados Unidos querem é um tratamento especial e diferenciado. Eles querem ser tratados como um país em desenvolvimento. Não querem metas legalmente estabelecidas "de fora para dentro". Aceitam apenas um compromisso que resulte das medidas que consigam, de antemão, aprovar no Congresso.

Outro assunto momentoso ("momentoso" no sentido etimológico da palavra, porque é um assunto do momento) é a questão de Honduras. Tentarei ser rápido, sem entrar em todos os detalhes. Apenas para tratar de um ponto que sei que instiga as mentes jovens, porque já vi isso até em meu próprio gabinete: afinal, o Brasil deu asilo ou não a Zelaya?

Essa questão só é importante para dois grupos: para os golpistas em Honduras e para a oposição no Brasil. Não estou sugerindo que

---

11 O governo brasileiro assumiu compromisso de corte de emissões de 36 a 39 por cento, anunciado em Copenhague e confirmado em Cancún. Já na Conferência de Bali, em 2008, a posição do Brasil foi fundamental para levar os países em desenvolvimento a aceitarem medidas para redução de emissões "mensuráveis, reportáveis e verificáveis", o que representou grande avanço em relação às teses mais dogmáticas que prevaleciam anteriormente.

os jovens tenham essa visão; eles têm uma preocupação legítima sobre a possibilidade de o Brasil ser acionado no futuro. Mas por que digo isso? Porque essa postura, no fundo, encerra uma armadilha. Se você diz, sim, "é asilo", então ele teria, o mais cedo possível, que sair do país — justamente o que Zelaya, como presidente constitucional, não queria. Por isso, ele voltara ao país. E se você disser "não é asilo", o governo de Honduras teria, em tese, o direito de ir lá e pegá-lo de volta (ou exigir que ele fosse entregue), como qualquer bandido. O raciocínio simplista é mais ou menos esse.

O que aconteceu, na realidade, foi que o presidente Zelaya literalmente bateu à nossa porta, com um pré-aviso de 40 minutos a uma hora, talvez menos. Eu estava em uma reunião do Ibas em Nova York quando recebi o recado de que o secretário-geral do Itamaraty havia me ligado. Tomei conhecimento da situação e, imediatamente, liguei para a nossa Embaixada em Tegucigalpa. Soube, então, dos detalhes. As coisas ocorreram mais ou menos na seguinte ordem: uma deputada do partido, seguidora do Zelaya, foi à embaixada brasileira e perguntou se receberíamos a senhora Zelaya. O nosso encarregado de negócios, o ministro-conselheiro Francisco Catunda, telefonou para Brasília e obteve autorização para receber a senhora Zelaya. Quando a senhora Zelaya chegou, ela disse: "Olha, mas não sou só eu, tem o senhor Zelaya, que está a vinte minutos daqui". O encarregado de negócios novamente ligou para Brasília e obteve autorização para que fosse recebido também o senhor Zelaya.[12]

Nesse momento, não se sabia bem para que ele seria recebido, se ele faria uma gestão, se pediria asilo. Quando o presidente Zelaya entrou na Embaixada, ele delineou seus objetivos. Mas isso foi muito rápido, entre ele ter entrado na Embaixada e eu ter ligado, foi

---

12 É importante esclarecer que, embora eu não tivesse tido conhecimento prévio dos fatos, teria agido da mesma forma.

tudo muito rápido. Ele então me disse que havia escolhido a Embaixada do Brasil pelas posições firmes e pela credibilidade do Brasil, e que ele tinha vindo com o objetivo de regressar ao poder. Era, aliás, o que estipulavam todas as resoluções da ONU e da OEA. Mas queria que isso ocorresse por meios pacíficos e de diálogo. Eu, naturalmente, disse que ele era bem-vindo naquelas circunstâncias. Liguei para o presidente Lula, que estava no avião — essas coisas sempre ocorrem em momentos complexos. O presidente me disse que poderíamos continuar atuando nessa linha, e recomendou que falássemos com a OEA sobre segurança, uma ideia que já tinha passado pela minha cabeça.

Era uma situação *sui generis*, esta de o presidente Zelaya estar em nossa Embaixada, sob nossa proteção. E me pergunto qual alternativa teríamos. Vamos supor que Zelaya batesse à nossa porta e não fosse o encarregado de negócios, vamos supor que fosse eu quem estivesse lá. O que eu deveria dizer? "O senhor quer entrar como asilado, como ex-presidente, ou como um presidente deposto?" E se ele dissesse como asilado, eu deixaria entrar, e se ele dissesse como presidente deposto, legítimo, e eu respondesse: "Então não, o senhor não pode entrar, o senhor fica aí", o que aconteceria? Ele seria preso? Poderia ter sido morto — porque ele poderia também reagir —, ou poderia ter ido para, não sei o nome de uma serra de lá, uma Sierra Maestra. Não sei se também teria apoio suficiente para fazer isso, mas sei que se não o deixássemos entrar as consequências seriam piores.

Quando há uma situação dramática, de emergência, a rigor nova, imprevista, o direito não pode ignorar esse fato. Isso é uma coisa que vamos ter que estudar com o tempo. Não sei até hoje o que foi, se foi asilo, se não foi asilo, se foi abrigo. Evito descrever, mas é como se você visse uma pessoa morrendo na sua frente e dissesse: "O senhor está morrendo do coração ou de diverticulite? Diverticulite? Ah, então lamento". Essa foi a situação que enfrentamos. E foi a presença do presidente Zelaya em Honduras que deu margem a que se iniciassem negociações sobre sua recondução ao cargo.[13]

E, claro, vivemos momentos dramáticos, em que fiquei preocupado. Falei várias vezes com Zelaya, conclamando-o a que evitasse declarações inflamadas ou incitasse ações violentas. E ele me ouviu. Felizmente, tudo está mais calmo, não sei ainda como vai se desenvolver. Hoje mesmo perguntei a um assessor: "Tem alguma novidade lá?". Ele respondeu: "A situação é uma montanha-russa", e imaginei uma coisa péssima. Mas era um momento relativamente tranquilo da montanha-russa. Não sei se vai haver ou não uma solução, mas nunca esteve tão perto de haver uma solução próxima ao que nós desejávamos por meios pacíficos e pelo diálogo. Esperemos que seja assim.

Para voltar ao ponto, ninguém, absolutamente ninguém, na comunidade internacional, levantou esse questionamento, se era ou não asilo. A própria declaração à imprensa do Conselho de Segurança reconhece a inviolabilidade da Embaixada do Brasil *e de todos sob a sua proteção*, terminologia depois utilizada também pelo próprio Departamento de Estado.

No fundo, talvez esteja se configurando aí um novo conceito. Nas pesquisas que fizemos rapidamente, encontramos um caso parecido, o do cardeal Mindszenty da Hungria, que ficou quinze anos na Embaixada dos Estados Unidos e nunca disse se era ou não asilado. Ele não tinha pretensão de voltar ao governo, porque não era governo, mas foi a coisa mais próxima que encontrei. E espero que não seja necessário tanto tempo. Nós temos, portanto, que pensar nas figuras jurídicas — é claro —, e quando as antigas são aplicáveis, melhor, mas nem sempre o são.

---

13 O governo golpista, chefiado por Roberto Micheletti, entrou com uma petição na Corte Internacional de Justiça contra o Brasil, alegando perdas e danos causados pela presença de Zelaya em nossa Embaixada. O presidente que veio a ser eleito (em eleições de validade discutível), Porfirio Lobo, retirou a ação, em um esforço de buscar uma reconciliação com o Brasil.

PERGUNTAS

Aluno Sou da turma nova e gostaria de fazer uma pergunta relativa a outro tema. Gostaria de saber qual foi o papel da diplomacia brasileira na escolha da Olimpíada no Rio de Janeiro. Obrigado.

Celso Amorim Eu creditaria, digamos, 80 ou 90 por cento do que se obteve ao presidente Lula, porque realmente o entusiasmo com que ele defendeu o Rio de Janeiro como governante foi fundamental. Estava lendo *The Economist* esta semana e lá se disse que o Brasil era o que mais queria fazer a Olimpíada, e isso foi um fator decisivo. Mas quem exprimiu, demonstrou, isso para o mundo foi o presidente Lula. Sem falar no bom momento que o Brasil está vivendo.

Desde o primeiro momento, o Itamaraty deu o apoio que devia dar, mas se houve um momento de inflexão nas possibilidades do Brasil foi quando a comissão do Comitê Olímpico veio ao Brasil. E ali o engajamento, o envolvimento do presidente, a boa disposição de trabalhar junto com o governo do Estado e do município, mexeram com a cabeça das pessoas, mesmo as que tinham preconceito. Além da simpatia, da beleza do Rio, isso todo mundo sabe. Em um artigo que li no mesmo dia em que ocorreram as eleições, portanto antes da escolha, havia os *pluses* e os *minuses* dos diversos países, quer dizer, vantagens e desvantagens. Chicago, primeira desvantagem: não tem o charme do Rio de Janeiro. Então, a primeira desvantagem de Chicago era não ser o Rio de Janeiro, não era propriamente uma desvantagem de Chicago.

Colocando o Rio à parte, o mérito maior dentre os atores que trabalharam foi do presidente. E, claro, o Comitê Olímpico trabalhou muito bem. Essa matéria do *The Economist* credita a escolha ao trabalho, não para criticar, mas para dizer que nunca houve tanto empenho. Conta, por exemplo, que todos os embaixadores entregaram pessoalmente as cartas aos presidentes, mas isso é apenas um detalhe formal. Quer dizer, muitas vezes o nosso embaixador também nos dizia: "Olha, esse membro do Comitê Olímpico é brigado com o governo, então é melhor abordá-lo de outra maneira". Houve um trabalho intensíssimo da diplomacia. E, muitas vezes, a ministra Vera Cíntia, que ficou encarregada desse tema, nos advertia em um ou outro aspecto.

Além disso, o que também poderia ser creditado, em parte, à diplomacia brasileira é a nossa presença no mundo. Vocês acompanharam o padrão da votação. Na primeira votação, o Brasil saiu em segundo lugar, teve 26 votos se não me engano, com 28 para Madri. Nunca vi uma votação mudar de padrão a tal ponto. Vi muita gente que saiu em primeiro lugar perder a eleição, mas é uma coisa meio na margem. Quer dizer, o Brasil saiu de 26 a 28 para ganhar por mais de dois terços. Se a maioria fosse de dois terços, o Brasil teria ganho. Uma coisa quase impensável, em uma votação desse tipo. Por que aconteceu isso? Na minha opinião, porque o Brasil começou a atuar com mais força quando muitos países já tinham compromisso.

Então, com o primeiro voto, cumpriu-se o compromisso. E passado o primeiro voto, os países passaram a votar de acordo com suas simpatias. Com simpatia não só subjetiva, mas ligada às relações políticas. Acho que não tanto a diplomacia *stricto sensu*, mas a política externa teve um peso muito grande. Analisando o padrão de votação, e como os votos migraram, estou convencido de que os árabes e os africanos votaram em massa no Brasil. E a diplomacia brasileira, no sentido amplo, que inclui as relações pessoais, sobretudo do presidente, é indissociável desse fato.

O presidente Lula foi convidado especial da reunião da União Africana dois meses atrás. É óbvio que ele foi convidado porque ele é quem é. Mas o presidente Lula, de antemão, não sabia nem que havia essa reunião, todas essas coisas vão sendo conversadas, a diplomacia trabalha, os processos se desenvolvem e vão tendo resultados, às vezes em outros campos. E, antes disso, houve a cúpula da América do Sul com os países árabes, em Doha, que se originou de uma iniciativa brasileira.

Para dar outro exemplo da simpatia de que o Brasil goza: existe na OMC um processo que se chama revisão de política comercial, *trade policy review*, em que os países expõem cada um a sua e depois há um debate. E o embaixador Roberto Azevêdo, quando me telefonou de lá, disse que o representante europeu ficou surpreso, porque todos os africanos que estavam na reunião (e eram vários) falaram positivamente do Brasil. E o representante europeu disse: "Vocês devem ter feito um trabalho intenso com os africanos, parabéns, porque todos falaram…". E não havíamos feito nada, não havíamos trocado nenhuma palavra com eles, com ninguém, para falarem bem do Brasil. Mas toda a política externa de aproximação se reflete também nessas horas.

Portanto, eu acho que sim, a diplomacia brasileira teve um papel.

Hélio Maciel A pergunta é sobre o Relatório Goldstone, que saiu agora, sobre como o Brasil enxerga as recomendações do Relatório, e se haveria possibilidade de levar a questão de Gaza para o Conselho de Segurança, agora que o Brasil está entrando como membro não permanente.

Celso Amorim O Brasil tentou até amenizar esse aspecto, não tanto especificamente porque estará no Conselho de Segurança. Queremos uma solução pacífica. E, em geral, não vemos com muita simpatia que temas de direitos humanos passem imediatamente para o Conselho de Segurança. Aliás, em 99 por cento dos casos isso ocorre com países em desenvolvimento, países pobres e em geral na África.

Nós chegamos a atuar no sentido de amenizar esse aspecto do envio ao Conselho de Segurança. Mas não podíamos votar contra o Relatório de um Relator Independente, que, aliás, embora fale mais de Israel — porque o número de mortes devido a ações de

Israel é muito maior —, também é crítico do Hamas. No fundo, se há um resultado desse Relatório, é o fortalecimento da liderança moderada palestina, um objetivo proclamado da comunidade internacional.

Pelo que sei, houve um momento em que, devido à pressão internacional muito forte, o próprio presidente da Autoridade Palestina, Mahmoud Abbas, chegou a recuar da ideia de o Relatório ser submetido à votação no Conselho de Direitos Humanos. Mas a reação árabe foi muito forte e Abbas praticamente se desculpou por essa intenção. Se fosse mantida, só fortaleceria os mais radicais.

De toda forma, qualquer tentativa de tratar do assunto no Conselho de Segurança vai ser vetada pelos Estados Unidos. Não há a menor dúvida.

Ricardo Rizzo Trabalho na Divisão de Nações Unidas. Farei uma pergunta bem rápida sobre como o senhor vê o futuro da Minustah, o plano de consolidação do secretário-geral, que prevê uma série de *benchmarks* até 2011 para acompanhar a evolução da Minustah e acabou de ser renovado no dia 15 (acertamos a resolução para renovar por mais um ano). E em 2010 haverá eleição presidencial, não sei se Préval poderá se reeleger, Aristide continua fora, há um sebastianismo em torno dele, se ele volta, se não volta... Gostaria que o senhor, se possível, desse um horizonte sobre como devemos pensar a questão da Minustah e o futuro papel do Brasil. Obrigado.

Celso Amorim Acho que a Minustah — e o Brasil dentro dela — tem um papel muito importante. Há uma reforma constitucional em andamento, mas ela não prevê a reeleição. O Préval aceita isso, não sei se ele terá candidato, talvez tenha. A reforma é positiva porque a constituição haitiana é extremamente complexa. É curioso que um país com as características do Haiti tenha uma constituição que prevê uma democracia — digamos assim, de um cantão suíço, com referendos para tudo — realmente complexa. A própria reforma da Constituição é complexa porque tem que ser aprovada em duas legislaturas diferentes.

As ações mais importantes são as que ensejam o desenvolvimento do Haiti. Aquilo que se chama em inglês de *securitization*, securitização do Haiti, está indo bem. Na primeira vez em que estive lá, as áreas que não podiam ser transitadas, as *no-go areas*, eram imensas, e talvez a pior de todas fosse Cité Soleil. Dois anos atrás, fui a Cité Soleil com minha mulher, sem colete à prova de balas, sem Urutu. E andamos por ali com segurança. Isso é uma diferença notável.

O aspecto de ajuda humanitária também melhorou razoavelmente. É claro que, volta e meia, há um fenômeno natural que atrasa tudo,[14] mas também houve muitos projetos sociais que ajudaram. O Brasil está engajado em muitos projetos.

O que eu acho que realmente falta é a parte de desenvolvimento econômico. Como lembrava, se não me engano, Latortue, primeiro-ministro do governo provisório do Haiti, logo após a queda de Aristide, em uma reunião em Nova York, cinco anos atrás, o primeiro exemplo de ação do Ecosoc para o desenvolvimento foi um plano para o Haiti. Você vê como são as coisas.

Acho que há uma consciência cada vez maior sobre isso. A própria iniciativa do ex-presidente Clinton de visitar o Haiti com empresários — e o Brasil tem estado lá com empresários — é positiva. Se, cinco anos atrás, eu sugerisse a uma empresa brasileira fazer uma estrada no Haiti, seria um sonho. Isso já está acontecendo. O Brasil está trabalhando na possibilidade de uma barragem, já fez o projeto básico, há a possibilidade de que certos setores da indústria têxtil brasileira possam se instalar no Haiti e produzir para o mercado norte-americano. E de outros países também.

---

14 A palestra foi proferida antes do trágico terremoto de 12 de janeiro de 2010, que, além de perdas humanas, fez a situação no Haiti retroceder anos, se não décadas.

Esses são os pontos fundamentais. Não sei se em dois ou três anos essas questões se resolvem. De qualquer forma, a parte de segurança continuará a ser muito importante. Não tenho um cronograma claro, mas acho que é preciso, aos poucos, dar mais responsabilidade aos haitianos na parte de segurança, com apoio internacional, ao mesmo tempo que se atua sobre as emergências sociais com programas como os que têm sido feitos. Mas sem negligenciar a dimensão de desenvolvimento. E isso vai levar algum tempo. Então, é possível que lá para 2010, 2011, seja necessário reconfigurar o mandato da Minustah com mais ênfase em desenvolvimento — o que não é fácil, porque o Conselho de Segurança não gosta de tratar desses assuntos.

Hoje em dia, dispomos na ONU da Comissão de Construção da Paz, que pode ajudar. Um ano e meio atrás houve uma crise séria no Haiti por causa da falta de alimentos, de arroz, houve manifestações, caiu um primeiro-ministro, mas não fez que esse sebastianismo a que você está se referindo se alastrasse.

11

"AQUELA VELHA OPINIÃO DE QUE O BRASIL PRECISA PEDIR LICENÇA"

Balanço da política externa do presidente Lula.
20 de abril de 2010[1]

Excelentíssimo Senhor presidente da República, […]

Secretário Leandro Vieira Silva, orador da Turma Joaquim Nabuco, por intermédio de quem saúdo todos os formandos e formandas, seus pais e demais familiares, […]

Amigos e amigas,

Recebi com enorme alegria o convite para ser paraninfo da Turma 2007-2009 do Instituto Rio Branco. Aceitei a homenagem de todo o coração, mas também com humildade, pois sei que devo atribuí-la, em primeiro lugar, ao reconhecimento do papel que o Brasil atingiu no mundo ao longo deste governo. Esta é, portanto, uma honraria que deve ser repartida entre todos os colegas que me auxiliaram — direta ou indiretamente — a executar a política externa formulada pelo presidente Lula.

A escolha de Joaquim Nabuco como patrono da Turma, no centenário de seu falecimento, é um justo tributo a um pioneiro do

---

1 Discurso na cerimônia de formatura da Turma 2007-2009 do IRBr.

pensamento social no Brasil e um dos fundadores da nossa diplomacia moderna. Inclusão social e política externa são dois pilares das transformações que o governo do presidente Lula vem promovendo no País.

Há alguns meses, tive a felicidade de proferir conferência que inaugurou ciclo de homenagens a Joaquim Nabuco na Academia Brasileira de Letras. Conhecer melhor seu pensamento foi uma experiência gratificante.

A personalidade de Nabuco não se presta a simplificações. *Bon-vivant* na juventude, intelectual engajado na maturidade, Nabuco colocou-se contra sua classe, contra sua "raça" (para usar um conceito superado, mas então vigente), contra sua própria carreira política, em nome de seus ideais humanistas. Até mesmo o governo do império Nabuco desafiou, ao apresentar ao papa o memorial em que pedia a intervenção da Igreja para acelerar a abolição. Embora tenha mantido suas convicções monarquistas, Nabuco não declinou do chamado patriótico para servir à jovem República, cuja proclamação ele amargara: primeiro como advogado no litígio contra os ingleses sobre a região do Pirara e, logo depois, como o primeiro embaixador brasileiro nos Estados Unidos.

É possível rastrear no pensamento de Nabuco raízes de aspectos relevantes da diplomacia brasileira. Junto com o barão do Rio Branco, nosso primeiro embaixador em Washington ajudou a forjar uma forte relação com os Estados Unidos — naquela época ainda uma potência em ascensão. Aos olhos atuais, esta atitude pode parecer um exercício de submissão. Na verdade, tratava-se de liberar o Brasil dos excessos da influência europeia. Não seria de todo descabido dizer que, *mutatis mutandis*, trabalhar com os Estados Unidos da virada do século passado equivalia, de certo modo, a buscar fortalecer o que hoje chamaríamos de multipolaridade.

Nabuco foi também um precursor na valorização da América do Sul. Abolido o império, que forçosamente nos distinguia na região, Nabuco foi pioneiro ao ver que os destinos das repúblicas sul-americanas estavam intimamente entrelaçados. Compreendeu que, na mesma medida em que turbulências em um país podiam contaminar toda a região, a promoção da paz e da democracia, tal como entendida à época, em qualquer de nossos países, também seria benéfica para os demais. O estudo de Nabuco sobre o presidente chileno Juan Manuel Balmaceda e sua trágica trajetória política é um exemplo, possivelmente único em nosso país no século XIX, de uma pesquisa sobre um estadista contemporâneo da América do Sul.

Mas a genuína causa da vida de Nabuco foi a abolição da escravidão. É sua a frase: "Não basta acabar com a escravidão, é preciso acabar com a obra da escravidão". É ele quem identifica o legado perverso que a escravidão deixaria. É ele também quem constata a importância de atacar a questão agrária. Intui, se não explicita, que escravidão e latifúndio eram faces da mesma moeda; que a primeira somente seria verdadeiramente enterrada quando se eliminasse o segundo.

No processo de preparação da fala na ABL, cheguei à conclusão de que a personalidade instigante, complexa e não linear de Joaquim Nabuco faz do patrono da Turma um verdadeiro *enigma*, ou simplesmente, um homem moderno. Nabuco viveu e encarnou as contradições de seu tempo. Foi um contestador das ideias hegemônicas da época, sem jamais ter sido um revolucionário. Aquele "brasileiro de Pernambuco" teria seguramente se identificado com o verso de Raul Seixas: "Eu prefiro ser essa metamorfose ambulante do que ter aquela velha opinião formada sobre tudo".

Presidente,

A política externa de seu governo escolheu, desde a primeira hora, rebater, com atos, "aquela velha opinião formada sobre tudo": opinião de que a integração sul-americana e latino-americana era um ideal inatingível; de que o comércio sul-sul era um objetivo puramente ideológico; de que uma nova geografia comercial e política era uma quimera. Sobretudo contrapôs-se ao conceito, ou melhor dizendo, "pré-conceito", de que as questões globais só podem ser decididas entre os países ricos.

Há vinte anos, o mundo festejava a derrubada do Muro de Berlim, que representava a divisão entre Leste e Oeste nas relações internacionais. Proclamou-se mesmo o fim da história, como se a eliminação da pobreza, o combate à injustiça e a superação de toda sorte de assimetrias fossem objetivos de somenos. Sua política externa, presidente, ajudou a reconhecer que a história é um fluxo contínuo; que não cessa nem cessará nunca. Ouso mesmo dizer que contribuiu para acelerar esse movimento e direcioná-lo no sentido das transformações necessárias.

A constituição do G-20 da OMC na reunião ministerial de Cancún em 2003, em torno da liberalização dos mercados agrícolas dos países ricos, mudou para sempre o padrão das negociações comerciais multilaterais. Isso não poderia ter ocorrido sem o ativo empenho da diplomacia brasileira. Em Cancún, não somente tivemos o desassombro de enfrentar os poderosos e desafiar os paradigmas estabelecidos. Procuramos e logramos fazer convergirem as posições dos países em desenvolvimento, em favor de um desenlace que não violentasse os interesses dos mais pobres.

A extensão da luta contra a fome e a pobreza ao plano internacional, que Vossa Excelência liderou com outros dirigentes, serviu e continua a servir de inspiração a muitas iniciativas que, mesmo antes da crise, procuravam tornar menos longínquas as Metas de Desenvolvimento do Milênio.

Novos mecanismos substituíram o G-7 como palco das decisões globais de grande relevo. A elevação do G-20 Financeiro ao nível de chefes de Estado e de governo, movimento do qual Vossa Excelência foi um dos protagonistas, significou um passo nessa direção. O

Grupo Bric, o Fórum Ibas, o grupo Basic nas negociações referentes à mudança do clima, o G-20 da OMC têm contribuído para a construção de uma ordem internacional mais justa, democrática e inclusiva. E o que esses agrupamentos têm em comum? O Brasil, que está presente — e é atuante — em todos eles.

Nossa política externa enfrentou "aquela velha opinião" de que exercer, na cena internacional, o protagonismo compatível com a nossa grandeza — econômica, política e cultural — seria inútil ou mesmo perigoso. O Brasil soube desafiar o falso paradigma de que nossa política externa deveria pautar-se pela noção da "limitação de poder". Esta, por sua vez, se baseava em uma contabilidade falsa, que deixava de lado o exemplo das nossas transformações sociais, a natureza vibrante da nossa democracia e — por que não? — a nossa capacidade de buscar soluções inovadoras e criativas para velhos problemas.

Ao contrário, exploramos ao máximo os nossos trunfos, entre os quais está a nossa convivência amistosa e fraternal com os povos da América Latina e do Caribe, a começar pela América do Sul. Parlamento do Mercosul, Focem, Casa/Unasul e Calc (agora Celac), além de inúmeras ações bilaterais despojadas de egoísmo imediatista, impulsionaram a integração, em benefício de nossos povos, reparando injustiças do passado e corrigindo assimetrias do presente. Deram-nos fôlego, também, para uma atuação mais desenvolta e afirmativa no plano global.

Nossa política externa foi de encontro "àquela velha opinião" de que buscar uma aproximação com a África, com o Oriente Médio e com os países em desenvolvimento da Ásia implicava desperdício de tempo e de energia. Para além dos laços humanos que compartilhamos com esses países — afinal, a sociedade brasileira é formada por migrantes de muitas partes do mundo e 50 por cento da nossa população é de origem africana — a nossa política de cooperação sul-sul produziu resultados muito concretos, que nem os críticos mais apegados a uma visão puramente mercantilista da política externa podem negar.

O comércio do Brasil com os países árabes quadruplicou desde a realização da primeira Cúpula América do Sul-Países Árabes, em abril de 2005, em Brasília. O intercâmbio comercial com a África quintuplicou nos últimos sete anos. O continente africano, se tomado em conjunto, já seria nosso quarto maior parceiro comercial, à frente de sócios tradicionais, como Japão e Alemanha.

Nossa política externa questionou "aquela velha opinião" de que é preciso ser rico para ser solidário. Desde 2004, o Brasil comanda a operação de paz da ONU no Haiti. Ajudamos na busca da paz e da segurança e contribuímos decisivamente para sua reconstituição institucional. Depois do terremoto de 12 de janeiro, nosso compromisso com o Haiti se tornou ainda mais profundo. Levamos aos haitianos alimentos, medicamento e esperança. Há três semanas, na Conferência de Doadores para o Haiti, em Nova York, embasamos nosso gesto com recursos. Demos substância real à nossa solidariedade e apoiamos, de forma concreta e prática, a legítima aspiração do Haiti de ser dono de seu destino.

São incontáveis as ações que, sozinhos ou em conjunto com outros países, como os do Ibas, temos desenvolvido em benefício de nações mais pobres na África, na América Latina e no Caribe e, até mesmo em lugares distantes na Ásia e na Oceania. Da fazenda-modelo de algodão no Mali aos professores no Timor, passando pelo Centro de Treinamento Profissional do Senai em Guiné-Bissau, o Brasil tem feito da cooperação com os mais necessitados uma vertente importante de sua ação diplomática.

Finalmente, nossa política externa derrubou "aquela velha opinião" de que o Brasil precisa pedir licença para agir nas relações internacionais. Mantemos intransigentemente nossa tradição diplomática pacifista e de respeito ao direito internacional. Combinamos o princípio básico da não intervenção nos assuntos de outros

Estados com uma atitude de "não indiferença", que nos permitiu ser instrumentais na criação do Grupo de Amigos da Venezuela e nas gestões da Unasul em prol da paz e reconciliação na Bolívia.

Há quem pense, por comodismo ou precaução excessiva, que devemos nos silenciar diante das grandes questões globais que não nos digam respeito de forma direta e imediata. O que essas pessoas muitas vezes esquecem é que a omissão tem um custo. E, cedo ou tarde, teremos de pagá-lo. O Oriente Médio, o Irã, as situações de conflito ou pós-conflito na África estão muito mais próximas de nós do que por vezes se imagina. Não só por laços familiares e afetivos, como constatamos nos bombardeios do Líbano, em 2006, mas porque a paz e o desenvolvimento cada vez mais terão de ser globais — ou simplesmente não serão.

Este governo tem um inabalável compromisso com os direitos humanos, sejam estes sociais e econômicos ou civis e políticos. Isso é verdade tanto no plano interno como no internacional. Repudiamos a tortura e apoiamos a democracia, como tivemos a oportunidade de demonstrar nos recentes episódios em Honduras. Mas como influir de maneira justa e, sobretudo, eficaz é um julgamento que tem que ser feito em cada caso, à luz das particularidades nacionais, regionais e globais do momento. Por isso, o Brasil é um dos mais ativos promotores da Revisão Periódica Universal no Conselho de Direitos Humanos na ONU, cuja criação defendemos com afinco. Mas o que não podemos é abdicar de nossa capacidade de julgar por nós mesmos ou delegar nossas decisões aos mais poderosos, por temor de um suposto isolamento.

O mesmo ocorre em questões complexas da atualidade, como a do programa nuclear iraniano. Neste caso, o Brasil não é nem pró-EUA nem pró-Irã, como frequentemente se diz. O Brasil é pró-paz. É contra as armas nucleares e a favor do desenvolvimento nuclear pacífico. E, mais concretamente, o Brasil vê que é possível chegar a uma solução negociada para o problema iraniano que atenda àqueles dois quesitos, com base em propostas existentes. Por isso, continuaremos a tentar, sem bravatas ou tiradas quixotescas, sem a covardia dos que podem mas não fazem, por conveniência, medo ou inapetência política. O que queremos evitar, neste caso, é uma tragédia similar à que ocorreu no Iraque, onde o ciclo de sanções impostas a Bagdá e as atitudes desafiantes de Saddam Hussein terminaram da forma que todos conhecemos.

Falo hoje como paraninfo e como ministro das Relações Exteriores, que acompanha o presidente Lula ao longo destes quase sete anos e meio. Apesar disso, resistirei à tentação de listar aqui as medidas administrativas que buscaram dar meios humanos e materiais a nossa ação diplomática, a ampliar a presença do Brasil no mundo e a tornar o nosso Itamaraty, de tantas e tão nobres tradições — entre as quais, como dizia o ministro Silveira, a melhor de todas é a de saber renovar-se —, mais parecido com o povo brasileiro, que tanto amamos e que queremos representar bem.

Seja por que razão for — timidez, pudor de não elogiar o chefe ou simples discordância — não é comum que o ministro das Relações Exteriores seja escolhido como paraninfo das turmas do Instituto Rio Branco. Esta homenagem é reservada geralmente a algum professor ou diplomata que teve contato mais próximo com os alunos.

Procurei alinhar aqui, sem excesso de detalhes, as ideias e os sentimentos que têm impulsionado a política externa do presidente Lula, cuja execução me coube assistir. O que mais me emociona na homenagem que me é prestada, talvez imerecidamente, é imaginar que boa parte dessas ideias e desses sentimentos é comungada pelos jovens que ingressam na carreira diplomática. Pois nada pode ser mais gratificante para alguém que se aproxima do ocaso de suas atividades político-profissionais do que ver que seus ideais — ou alguns deles — são compartilhados pelas novas gerações.

Joaquim Nabuco, à sua época, classificou o Brasil como um país "quase de futuro". Outros, depois dele, constataram que o Brasil era — em uma imagem que virou lugar-comum — o "país do futuro". Graças ao nosso governo, presidente, podemos assumir que essas imagens ficaram, de uma vez por todas, no passado. Agradeço-lhe, comovido, por me ter permitido participar desta grande empreitada.

São as novas gerações de diplomatas, entre os quais esta turma de formandos, que terão a tarefa de enfrentar os desafios sempre inéditos que a nossa inserção no mundo continuará a suscitar. Posso dar testemunho de que muitos desses jovens colegas, inclusive a nosso orador de hoje, Leandro, têm-se voluntariado a servir em países que antes poderiam ser considerados "difíceis".

Parabenizo os formandos, seus pais, cônjuges, companheiros e companheiras pela vitória nas árduas batalhas que tiveram até aqui. Estou seguro de que as lutas que estão diante de vocês serão enfrentadas com o mesmo entusiasmo e patriotismo, sem os quais tudo o que fazemos se torna um ritual inútil.

Hoje é meu último Dia do Diplomata como ministro das Relações Exteriores do governo do presidente Lula. Devo confessar que a carreira da qual já me aposentei, mas a que me mantenho fortemente ligado — a mesma que vocês abraçaram —, recompensou-me para além das minhas expectativas. Não se tratou somente de conhecer líderes mundiais e testemunhar a história de um ângulo privilegiado ou, mesmo, viver em lugares interessantes. Mas sim de saber que tudo isso foi feito por uma causa que vale a pena: servir ao Brasil.

Meus queridos formandos, se me permitirem, dou-lhes um último conselho. É fundamental que um diplomata entenda seu país. Esta compreensão, entretanto, pode se dar de duas formas. Uma delas é por meio de um olhar puramente retrospectivo, que se concentra em mazelas, limitações e defeitos situados no passado. A outra é prospectiva: a projeção do lugar do país no mundo adiante do horizonte. Isso não significa ignorar a história, mas ter a compreensão de que o Brasil será melhor e maior amanhã do que é hoje. Assim como hoje ele é melhor e maior do que foi ontem.

"Eu vi o mundo, ele começa no Recife", diz a frase eternizada no painel do muralista pernambucano Cícero Dias. A ideia por trás da máxima desse conterrâneo de Nabuco é que a nossa visão de mundo é ditada pelas nossas circunstâncias. Depois de tantas andanças pelo mundo afora — fosse como diplomata em início de carreira, embaixador ou ministro das Relações Exteriores — posso também dizer: "Eu vi o mundo, ele começa no Brasil".

E este Brasil que vocês, queridas formandas e formandos, estão recebendo como ofício e missão de vida é muito diferente daquele que eu recebi quando me formei no Instituto Rio Branco. É democrático, socialmente mais justo e internacionalmente respeitado. E a boa notícia é: o melhor de nossa história ainda está por vir.

12

"Ministro? Brasil? Obrigado... sou iraniano"

A Declaração de Teerã.
19 de maio de 2010[1]

Além da satisfação de vir falar para os alunos, essas muitas visitas ao Instituto Rio Branco têm servido para ajudar a colocar as minhas ideias em ordem. O compromisso de proferir uma palestra me obriga a um esforço de organização e síntese.

Normalmente, procuro fazer isso quando algum processo se concluiu de maneira positiva — ou mesmo negativa. Isso aconteceu, por exemplo, quando houve o colapso — esperemos todos que temporário, mas, de qualquer maneira, colapso — da Rodada Doha. Ou quando chegamos à resolução da OEA que derrogou a suspensão de Cuba, além de outros episódios que, de algum modo, tenham tido um desfecho e que, portanto, permitiam um olhar de avaliação, ainda que com a dificuldade de quem está próximo dos eventos.

A situação sobre a qual vou falar hoje é bem diferente, porque o fato importante que ocorreu no dia 17 de maio — a Declaração de Teerã — não só é muito recente, como os desdobramentos ainda

---

1 Palestra para a Turma 2009-2011 do IRBr.

estão ocorrendo. Seria arriscado tentar prever exatamente o que acontecerá e mais ainda fazer uma avaliação definitiva.

Em primeiro lugar, a pergunta que vejo frequentemente sendo feita, inclusive por alguns respeitáveis colegas já aposentados, é: "Por que o Brasil está envolvido na questão do Irã?". Este é um problema complexo, distante do Brasil, pelo menos do ponto de vista geográfico. Não havia tampouco uma tradição maior de envolvimento do Brasil em questões desse tipo. A resposta mais óbvia é que a projeção que o Brasil vem ganhando nos últimos anos — e se acentuou muito durante o governo do presidente Lula, mas devo dizer que já vem de antes — não nos permite ficar alheios a essas questões.

Isso, às vezes, incomoda até a outros países, algo que não é necessariamente expresso de maneira clara e direta por eles. Há uma certa surpresa de o Brasil e a Turquia estarem procurando ajudar a resolver uma questão como essa. É curioso porque, durante os últimos anos, o Brasil foi convidado muitas vezes para as reuniões do G-8+, que eram mais cinco, mais oito. O formato variou, mas o mais, digamos, comum foi o G8+5. Afora as reuniões de Cúpula, em que a presença dos "+5" era muito limitada — melhorou um pouquinho à medida que o processo avançou, mas ainda sim era uma presença muito limitada —, havia reuniões de ministros. Mas eram sempre reuniões de ministros setoriais: ministros do Meio Ambiente para tratar de clima; ministros da Justiça para tratar de problemas de criminalidade internacional e lavagem de dinheiro; ministros da área social. Nunca houve no G-8+ uma reunião de ministros das Relações Exteriores. Eu até fui convidado para uma ou duas reuniões, mas eram sobre cooperação internacional — às quais, aliás, não fui. Nunca houve uma reunião de ministros das Relações Exteriores do G-8+5 para tratar de questões que um ministro das Relações Exteriores em geral trata.

A ideia de que a geografia política e a geografia econômica mundiais estão mudando é, indiscutivelmente, verdadeira. Ela é obvia nas questões econômicas. Não há como desconhecer o peso do Brasil, o peso da Índia — para citar dois exemplos —, e também da China, que, apesar de membro permanente do Conselho de Segurança, no que se refere às questões econômicas e financeiras, não tinha antes uma presença tão grande. É óbvia essa presença e essa participação em questões como o clima, em que não há como desconhecer um país como o Brasil.

Mas para opinar sobre aquilo que conforma o núcleo duro da política, nunca fomos chamados diretamente. Evidentemente que, sendo o país que, com o Japão, mais vezes participou do Conselho de Segurança das Nações Unidas como membro não permanente, o Brasil teve atuação, ainda que esporádica, nos temas relacionados à paz e à segurança internacionais.

Eu mesmo vivi uma época em que o Brasil tentou ter um papel importante na questão do Iraque, entre 1998 e 1999. Fomos parcialmente bem-sucedidos no processo. Conseguimos que houvesse mudanças na maneira como eram feitas as inspeções no Iraque e, talvez, com isso, adiar um pouco o inevitável. Mas era visível que a questão estava caminhando para uma tragédia. Houve um momento em que foi possível fazer alguma coisa, mas, no final, a situação tomou o rumo que conhecemos.

Da questão do Irã, estivemos sempre um pouco distantes. Uma das vezes o Brasil votou, no âmbito da Agência Internacional de Energia Atômica, para que o assunto fosse levado à apreciação do Conselho de Segurança. Na ocasião, estávamos apoiando a tendência geral. Hoje, tenho dúvida se fizemos a coisa certa. A verdade é que não podemos lutar todas as batalhas de uma única vez. Provavelmente estávamos concentrados em outro assunto — fosse a integração sul-americana, fosse a Rodada Doha, ou outras questões. Nós então seguimos aquela praxe habitual, da qual vocês vão ouvir muito ao longo de suas carreiras: "Qual é a situação parlamentar?". E aí, na dúvida, você segue a grande maioria para não se isolar. É uma posição comum, não necessariamente a que o Brasil tem tomado na maioria dos assuntos, mas que, no caso do Irã, naquele momento, foi adotada.

Não estou aqui querendo justificar o comportamento do Irã. Em muitos casos, o governo iraniano provavelmente deixou de fazer o que era necessário. Diante de um dos relatórios — além da "situação parlamentar", também levamos sempre em conta, tanto na ONU como nos outros organismos internacionais, o relatório do secretário-geral, ou, no caso, do diretor-geral da AIEA —, o Brasil votou a favor que o assunto fosse levado ao Conselho. Quando as sanções foram adotadas, o assunto não chegou a ser palpitante, até porque foram aprovadas por uma grande maioria.

Ao longo desse processo, mantive muito contato com Javier Solana, representante de política externa da União Europeia, e com Mohammed ElBaradei que era, até há pouco, o diretor da Agência Atômica. Eram pessoas que eu conhecia de outras épocas, especialmente em função da participação que o Brasil teve na tentativa de encontrar uma solução para a questão iraquiana. No caso do Solana, ele tinha sido, coincidentemente, ministro das Relações Exteriores na mesma época em que fui chanceler no governo do presidente Itamar Franco, de modo que já tínhamos um contato, que foi retomado mais tarde. Percebia que havia desconfiança deles — e de outros — em relação ao programa iraniano, seja em função da importação de material nuclear, como dizem, "contaminado" (quer dizer, quando uma parte desse material nuclear estava enriquecida acima do que seria admitido ou do que seria previsto), seja porque a decisão de começar a enriquecer urânio não havia sido previamente notificada à Agência Atômica. Essas duas questões geraram desconfiança e esse assunto vem, desde pelo menos 2003, sendo discutido com grande intensidade.

Meu interesse pela questão iraniana era quase que intelectual, até porque a influência que podíamos ter, nesses primeiros anos, era relativamente pequena. Mas percebia já um problema básico nas tentativas de resolver a questão: o não reconhecimento pelos países do Ocidente do direito iraniano de não só ter um programa pacífico, mas de enriquecer urânio. Isso não está proibido por nenhuma determinação do Tratado de Não Proliferação ou da Agência Atômica. Sempre achei que seria impossível chegar a um acordo com o Irã sem que se reconhecesse o direito deles — bem como o de outros países — de enriquecer urânio. Se havia dúvidas, elas deveriam ser esclarecidas. Se havia necessidade de mais inspeções, deveria haver mais inspeções. Mas a ausência de reconhecimento do direito iraniano tornava qualquer solução para o problema, a meu ver, impossível.

O Irã é um país grande, com 70 milhões de habitantes. É um país que, naturalmente, tem uma ambição de se desenvolver — e não renunciará a um direito assegurado pelo tratado. Nunca houve um reconhecimento explícito e prático do direito legítimo de o Irã enriquecer urânio — mesmo as Resoluções do Conselho de Segurança sobre a matéria eram vagas.

Até que se deu a situação, no ano passado, de o Irã recorrer à AIEA para comprar combustível à base de urânio enriquecido a 20 por cento, porque o combustível do reator de pesquisa do Teerã — que produz isótopos medicinais, seja para diagnóstico seja para a cura do câncer — estava acabando. Curiosamente, a última leva de combustível que o Irã recebera havia sido da Argentina, antes dos atentados contra a Amia. E o Irã, valendo-se das disposições do Tratado de Não Proliferação e da Agência Atômica, que preveem que os países podem ter acesso ao urânio para fins civis e pacíficos, pediu ajuda à Agência, intermediando a compra de elementos combustíveis para o seu reator.

Se a "comunidade internacional"[2] simplesmente tivesse encontrado uma maneira de vender o elemento combustível para o Irã naquela

---

2   Constatei, pela minha experiência na ONU, que a expressão "comunidade internacional" costuma ser empregada como coletivo para um pequeno grupo de países ocidentais, membros permanentes do Conselho de Segurança. Quando os Estados Unidos, a França e o Reino Unido adotam uma posição comum, esta fica sendo a vontade da "comunidade internacional". No caso do Iraque, nem a França participou desse grupo.

ocasião, a questão teria evoluído de outra forma. Vale dizer também — não sou perito no assunto, mas fui obrigado a aprender um pouquinho — que esse elemento combustível, embora seja feito com urânio a 20 por cento, uma vez transformado em combustível, não é "retransformável" em urânio para continuar a ser enriquecido. Então, não há como transformá-lo em urânio para uma arma nuclear, que, em geral, exige urânio altamente enriquecido, a 90 por cento. Os 20 por cento de enriquecimento de elemento combustível estão, de certa forma, congelados: não é possível (econômica ou tecnicamente) voltar a enriquecer o urânio e, depois, empregá-lo para outros fins. Portanto, se esse elemento combustível tivesse sido simplesmente fornecido e vendido, a questão do enriquecimento a 20 por cento, hoje objeto de preocupação no Ocidente e em outros países, provavelmente nem teria sido colocada. O Irã teria comprado o elemento combustível para seu reator — que era o que Teerã parecia realmente desejar. Naturalmente, isso não teria resolvido as dúvidas e os problemas do Irã, mas esse aspecto específico, que tem sido tão incômodo, nem sequer estaria sendo discutido hoje.

Só que os países mais visceralmente ligados ao tema, que já vinham negociando com o Irã — os chamados P-5+1, que são os cinco membros permanentes do Conselho da ONU mais a Alemanha — viram naquele pedido do Irã uma oportunidade. Resolveram agir, então, com certa esperteza — e acho que, no caso, era até uma esperteza válida. O P-5+1 disse: "Vamos encontrar uma maneira de fornecer esses elementos combustíveis ao Irã, mas, em vez de o Irã nos pagar com dinheiro, pagará com urânio levemente enriquecido", que já havia começado a produzir, a despeito das proibições do Conselho de Segurança.

Ao fazer isso (e na suposição de o Irã aceitar), os países que estavam mais preocupados com o programa nuclear iraniano asseguravam a retirada de certa quantidade do urânio levemente enriquecido — LEU, na sigla em inglês — do território iraniano. Com isso, tornavam impossível ao Irã produzir um explosivo nuclear no curto prazo. Volto a dizer: o direito do Irã de adquirir elementos combustíveis para seu reator, para fins pacíficos, era indiscutível.

As avaliações dos especialistas sobre o tempo necessário para o Irã fazer algumas bombas nucleares variam muito — entre um e cinco anos. Com o urânio que tem hoje, supondo que não houvesse inspetores da Agência Atômica e que o país pudesse dispor livremente dele, o Irã precisaria de pelo menos um ano para transformar os 2,3 mil quilos de que dispõe em uma quantidade mínima de urânio altamente enriquecido, que permitiria fazer uma bomba. Uma bomba, evidentemente, não é um arsenal nuclear; ela pode servir até aos propósitos políticos de um *suicide bomber*, mas não serve aos propósitos de ataque ou de defesa de um país.

O objetivo da troca proposta era algo peculiar, porque normalmente quando você troca uma coisa, na tradição e na história, troca porque quer a coisa do outro e o outro quer a sua. É a história do escambo; assim é a história do comércio. Neste caso, o objetivo da troca era retirar a coisa do outro, não porque quisessem aquilo, mas porque não queriam que o outro a tivesse. Um escambo, uma troca normal, funcionaria assim: o embaixador Patriota, aqui ao meu lado, tem uma xícara. Eu tenho meu par de óculos. Eu quero a xícara dele, ele quer meu par de óculos, então a gente troca. No caso em questão, seria diferente: eu dou o meu par de óculos para o embaixador Patriota em troca da xícara porque não quero que ele tenha a xícara, e não porque eu queira a xícara dele. A mim, o que realmente importa é que ele não tenha a xícara. Trata-se de uma troca peculiar. E é importante entender isso para perceber as dificuldades que se apresentaram no processo.

As negociações sobre aquela proposta precederam um pouco a vinda do presidente Ahmadinejad ao Brasil. A proposta havia sido feita em setembro ou outubro do ano passado [2009]; Ahmadinejad veio a Brasília em novembro. A proposta surgiu na esteira das aberturas que o presidente Obama havia feito em relação ao Irã e que os iranianos não reconhecem. Dizem que eles é que fizeram aberturas e que o presidente Obama não correspondeu. Enfim, é uma polêmica infinita. Curioso é que, na realidade, essa proposta só foi concluída depois da descoberta oficial e declarada da Usina de Qom, uma usina de enriquecimento que os iranianos ainda não haviam declarado à Agência Atômica. E esse fato não impediu que a proposta fosse feita. Portanto, o acordo continuaria a ser percebido como vantajoso pelo Ocidente.

Aliás, sobre essa questão da Usina de Qom, há controvérsias sobre a obrigação de notificar uma usina muito antes de sua utilização. A maioria — inclusive essa tem sido a análise da nossa Missão em Viena — concorda que é necessário notificar à AIEA. Mas, como o Irã denunciou uma série de acordos com a Agência, ele se julga desobrigado desse dever. Segundo o Irã, valeria, neste caso, a regra geral que diz que apenas seis meses antes da entrada em operação e da chegada do material nuclear seria necessária a notificação. Ao que consta, a Usina de Qom ainda estaria longe desse estágio. Seja como for, a divulgação foi um fato importante, chamou muita atenção, inclusive porque ocorreu durante a Assembleia Geral das Nações Unidas. Esse fato é frequentemente apontado como exemplo de que o Irã não coopera. Não quero entrar no mérito disso. Pode até ser mesmo um exemplo, mas não impediu que a proposta fosse feita. Porque a proposta tinha um valor intrínseco.

Logo em seguida, o presidente Ahmadinejad veio ao Brasil, e essa viagem acabou nos levando, por vários motivos, a uma conversa mais profunda sobre a questão nuclear. Primeiro, porque é um assunto importante para a paz mundial. Segundo, porque, na medida em que estávamos intensificando a cooperação — sobretudo comercial — com os iranianos, haveria um interesse em contribuir para resolver a questão. Houve também gestões norte-americanas.[3]

---

3 Durante a Cúpula do G-8 em L'Aquila, na Itália, em julho de 2009, o presidente Obama solicitou explicitamente ao presidente Lula que o ajudasse no seu esforço de dis-

E por que essa proposta, diferentemente de tudo que havia sido feito antes, tinha, na nossa opinião — que vimos ser também

tender as relações com o Irã. Nessa ocasião, ou em algum momento posterior (possivelmente um telefonema), Obama chegou a dizer que era importante ter amigos (*sic*) que pudessem falar com quem ele não podia falar. Dentre os vários altos funcionários norte-americanos que estiveram no Brasil entre o encontro na Itália (em julho) e a visita de Ahmadinejad ao Brasil (em novembro), pelo menos dois deles se referiram ao esforço não correspondido do presidente norte-americano de estender a mão ao Irã. Ambos solicitaram nossa ajuda e um deles, que recebi em meu gabinete algumas semanas antes da viagem do presidente iraniano, sublinhou o ganho político que o Irã teria caso aceitasse a troca de LEU por combustível, passo que representava importante concessão do Ocidente e que implicaria inclusive alguma adaptação de decisões anteriores do Conselho de Segurança. É difícil precisar quando exatamente a atitude norte-americana, notadamente do Departamento de Estado, começou a privilegiar o caminho das sanções, mas certamente o calendário eleitoral terá tido seu peso nessa mudança. A vinda da secretária de Estado em 3 de março de 2010 foi marcada por essa nova atitude, que ficou patente na entrevista que concedemos à imprensa no Palácio Itamaraty. Pouco depois, no rápido encontro do presidente brasileiro com o presidente dos Estados Unidos, em que estava também o primeiro-ministro turco Recep Erdogan, durante a Cúpula sobre Segurança Nuclear, em Washington, em abril, Obama pareceu igualmente cético e até impaciente com o Irã. Mas a carta que enviou dias depois (outra de teor idêntico foi enviada, como ficamos sabendo, ao premiê turco) reafirmou a validade do acordo proposto. Entre outras coisas, Obama afirmou na carta: "Concordo com você em que o TRR [Reator de Pesquisa de Teerã] representa uma oportunidade de abrir caminho a um diálogo mais amplo para resolver preocupações mais fundamentais da comunidade internacional sobre o programa nuclear iraniano. Desde o começo, considerei a solicitação iraniana uma oportunidade clara e tangível de começar a construir confiança mútua e assim criar tempo e espaço para um processo diplomático construtivo". Note-se ainda que, contrariamente a algumas versões que circularam, é perfeitamente legítimo interpretar a referência na carta a sanções que seriam adotadas se a estratégia de negociação fracassasse (o texto integral da carta foi publicada pelo jornal *Folha de S.Paulo*). Quanto ao conteúdo da Declaração de Teerã e sua correspondência com o que fora proposto — e que continuava válido —, a pessoa mais autorizada para avaliá-los, o diretor da Agência Internacional de Energia Atômica à época da proposta original do acordo de troca, Mohammed ElBaradei, viria a afirmar em uma entrevista ao *Jornal do Brasil* que eventual recusa pelos proponentes revelaria que "não poderiam aceitar um sim como resposta".

a da Turquia e de outros —, possibilidade de prosperar? Porque, pela primeira vez, havia um reconhecimento — implícito, mas, na realidade, prático — do direito de o Irã enriquecer urânio.[4] Se você estivesse trocando o urânio que o Irã havia enriquecido pelo elemento combustível, estaria reconhecendo o direito de o país de enriquecer urânio. Isso deveria ser — e de fato foi — um atrativo para o Irã. Tanto assim que o negociador iraniano em Viena chegou a aceitar o acordo *ad referendum*. Acabou não sendo concluído, porque houve reações contrárias no Irã.

Do ponto de vista da psicologia política, é preciso ter presente que essas tratativas se deram depois das conturbadas eleições no Irã. E saber que a sociedade iraniana, independentemente dos aspectos que possam ser criticados, e que nós também criticamos (o Brasil fez críticas e recomendações na reunião do Conselho de Direitos Humanos sobre o Irã, como parte do *Universal Periodic Review*), é uma sociedade plural. O sistema político iraniano está longe de ser monolítico. Cada grupo de aiatolás tem uma opinião, cada grupo social ou sociopolítico tem uma opinião e a oposição, naturalmente, tem uma opinião. É curioso e até, em alguma medida, contraintuitivo notar que um dos primeiros a criticar o acordo e a dizer que a aceitação daquela proposta seria uma capitulação, foi o líder da oposição, Mir Hossein Moussavi, supostamente, de corrente mais progressista. Talvez tenha feito isso por um objetivo político imediatista, mas o fato é que os setores considerados mais liberais (e não apenas eles) no Irã viram na eventual aceitação dessa proposta uma capitulação.

Nas conversas que tive com o Irã, a explicação dada para o recuo consistia, principalmente, no fato de os países ocidentais — eles falam muito no "outro lado", ao se referirem aos Estados Unidos —

---

4 Ou, pelo menos, aceitando o "fato" de que o tinham feito. Há uma diferença muito sutil entre as duas coisas: "fato" e "direito", às vezes, se confundem.

terem feito um grande alarde político em torno do possível retardamento do programa nuclear iraniano. E isso teria despertado uma reação muito forte dentro do Irã. Eu tenho minhas dúvidas se foi só isso ou se essa reação teria vindo de qualquer forma.

Não conversei com a oposição, mas conversei, por exemplo, com o presidente da Câmara, Ali Larijani, que tinha sido negociador-chefe da questão nuclear e secretário do Conselho de Segurança Nacional. Durante a conversa, que foi muito cordial, muito agradável até — ele é um homem muito inteligente, culto, refinado —, Larijani me disse que o Irã precisava de menos combustível que a quantidade proposta para troca pelo Ocidente. A proposta de troca original, e que figurou na Declaração de Teerã, foi de 1,2 mil quilos por 120 — havia variações, alguns falam em 116, mas o que figurou no nosso documento foi a troca de 1,2 mil quilos por 120. O que Larijani me disse foi: "Essa proposta" — ainda se referindo à proposta original de outubro do ano passado — "não serve, porque esse nosso reator durará, no máximo, mais uns dez, doze, quinze anos, e precisaremos da metade disso. Então, estamos sendo obrigados a comprar com o nosso urânio levemente enriquecido uma quantidade de combustível de que não precisamos".

Se pensarmos que a última compra foi feita em 1993 ou 1994 e que o reator havia sido construído ainda na época do xá, constataremos que o que Larijani estava dizendo não era uma coisa totalmente absurda. Uma das questões que sempre foram objeto de discussão diz respeito a *quantidade*. Os iranianos argumentavam que os 120 quilos de elementos combustíveis recebidos em troca dos 1,2 mil quilos de urânio levemente enriquecido eram mais do que precisavam.

O fato é que, segundo os iranianos, houve exploração política no Ocidente — talvez inevitável, uma vez que o presidente Obama também tem que lidar com muita gente nos Estados Unidos contrária a qualquer tipo de diálogo com o Irã. O presidente norte-americano tinha que apresentar o acordo de maneira que fosse aceitável, justificável. Ele tinha que dizer: "O que nós estamos fazendo impede que o Irã desenvolva o seu programa nuclear. Ou pelo menos irá atrasá-lo por um ano, e isso vai atrasar também por um ano uma bomba nuclear". Era essa a maneira de vender o acordo internamente no Ocidente.

Seja como for, o acordo não prosperou, e logo em seguida, por não ter havido avanço no acordo, por causa da questão da Usina de Qom, a AIEA adotou uma nova resolução muito crítica ao Irã, depois da visita do presidente Ahmadinejad ao Brasil. Isso levou o Irã a dizer: "Então, vou enriquecer o urânio a 20 por cento. Já que não obtenho o que propus comprar, e já que a troca não foi possível, porque fizeram propaganda contra o governo, vou enriquecer urânio a 20 por cento".

Havia uma preocupação grande da nossa parte em facilitar o diálogo do Irã com o Ocidente. Houve uma conversa com o presidente Sarkozy sobre a questão da cidadã francesa Clotilde Reiss, quando o presidente Sarkozy veio a Manaus — um pouco antes da Conferência de Copenhague, a COP-15. Tínhamos interesse em tentar ajudar em uma retomada da conversa entre a França e o Irã.[5] Logo em seguida à visita de Sarkozy e à resolução da AIEA, eu

---

5 O presidente francês Nicolas Sarkozy visitou o Brasil para participar de uma reunião sobre clima com países amazônicos, apenas alguns dias depois da visita do presidente Ahmadinejad. Interessado em encontrar uma solução pacífica e negociada para o problema do programa nuclear iraniano, o presidente Lula enfatizou a importância de um diálogo sobre o tema entre os líderes dos dois países. A resposta de Sarkozy foi simples e clara. Somente poderia retomar a conversa direta com Ahmadinejad quando a jovem francesa, presa no Irã sob alegações consideradas inconsistentes, fosse solta e pudesse voltar à França. Quando isso acontecesse, o presidente francês ligaria para o líder iraniano (não apenas para agradecer, mas para iniciar um diálogo político, confirmou ele, instigado por uma pergunta minha). Na realidade, após a Declaração de Teerã, a França seguiu em sua atitude dura, capitaneando mesmo as sanções unilaterais da União Europeia, adicionais às da ONU, e seu presidente só viria a telefonar para Ahmadinejad cerca de um mês depois da liberação da jovem Clotilde, que se deveu à intermediação do Brasil (fato que os iranianos fizeram questão de sublinhar ao embarcá-la para Paris poucas horas depois da chegada de Lula em Teerã).

290

me encontrava em Genebra para mais uma reunião quase inútil da OMC, e que só não foi totalmente inútil porque firmamos as bases da negociação entre Sacu, Mercosul e Índia. Mas, como já estava ali em Genebra, conversei com o presidente Lula por telefone e ele autorizou minha ida ao Irã.

E, para a minha felicidade, porque se trata de um lugar muito bonito, fui recebido pelo presidente Ahmadinejad em Isfahan. Tive, primeiramente, uma conversa com o ministro Mottaki. Foi uma conversa geral, sobre como seria a visita do presidente Lula, os termos de cooperação etc. Depois, tive uma conversa privada de mais ou menos uma hora com o presidente Ahmadinejad, acompanhado só por Mottaki, pelo nosso embaixador e pelo intérprete. Nessa conversa, pudemos falar mais claramente sobre os dois casos, inclusive o da cidadã francesa Clotilde Reiss, libertada durante a visita do presidente Lula. (E isso não foi uma coincidência!).

Falamos um pouco sobre a situação, mas falamos muito sobre a questão nuclear. Como disse, tinha havido essa resolução da Agência. Pouco depois, veio a decisão do Parlamento iraniano de que o Irã deveria começar o enriquecimento a 20 por cento. A conversa teve muitos outros aspectos, mas uma questão interessante foi que, justamente naquele momento, sugeri ao presidente Ahmadinejad — foi o conselheiro Leonardo Gorgulho quem me deu a ideia — que adiasse a implementação do enriquecimento de urânio. Em vez de começar imediatamente, Ahmadinejad diria que começaria dali a dois meses. Isso daria tempo para que houvesse alguma negociação. Pedi, e ele concordou. Eu devia ter pedido quatro ou cinco meses! Mas, enfim, nosso pedido foi modesto, e ele concordou. Perguntei: "O senhor pode anunciar isso publicamente, presidente? Porque acho que seria um gesto de boa vontade. Todos vão perceber". Ele disse: "Não. Não posso, pelas razões que já mencionei. Há setores internos que são contra o acordo e, se eu anunciar isso, haverá um efeito negativo".

O presidente Ahmadinejad falava, surpreendentemente até, de problemas internos iranianos. Não é o que se espera quando se está visitando um dirigente considerado, por muitos, "autoritário". E também tive a impressão de que, apesar de toda a retórica, o presidente Ahmadinejad estava sinceramente interessado no acordo. Ele me disse: "Eu não posso anunciar, mas, se você quiser, pode mencionar isso aos seus interlocutores". E eu achei que faria um grande sucesso mencionando aos meus interlocutores essa disposição do Irã em adiar o enriquecimento a 20 por cento por dois meses, porque era um período que se ganharia para negociar. Eu diria que, se não todos, a maioria daqueles com que falei, dos cinco membros permanentes (não havia falado com a China; ainda não havia entabulado um diálogo intenso com o ministro Yang Jiechi sobre esse tema) — com a exceção do ministro russo, que viu mérito nas tratativas —, achou que o Irã só queria ganhar tempo. Não entendo muito bem como é que o Irã estaria ganhado tempo ao adiar algo que poderia começar imediatamente. De qualquer maneira, essa era a reação predominante dos colegas (dos P-5+1) com quem falei.[6]

Não havia muito a fazer, e eu já tinha praticamente esquecido esse aspecto do tema que não prosperava, quando, cerca de um mês depois (eu estava em outra viagem ao Oriente Médio, ao Egito), li em um noticiário que o ministro do Exterior iraniano tinha dito que, se em até um mês não fosse resolvido o problema do acordo de troca, o Irã começaria a enriquecer a 20 por cento. Enfim, ele disse a mesma coisa que eu havia pedido, mas em tom de ultimato.

---

6   Nos primeiros meses do ano, eu tive várias conversas, pessoais ou por telefone, com David Miliband, secretário do Exterior britânico, com Sergei Lavrov, ministro do Exterior russo, com Hillary Clinton, além de outros enviados norte-americanos, do Departamento de Estado e do Conselho de Segurança Nacional. Na França, meu principal interlocutor, tanto sobre a questão nuclear como sobre o tema humanitário (Clotilde Reiss), foi o assessor presidencial, embaixador Jean-David Levitte.

Porque era a maneira que ele tinha de, ao mesmo tempo, fazer o anúncio do adiamento e lidar com o público interno. Como houve reação ao "ultimato", dois ou três dias depois saiu em um jornal de língua inglesa no Irã uma notícia de que aquele anúncio, que estava sendo interpretado no Ocidente como um "ultimato", era, na realidade, uma forma de o Irã atender à sugestão de uma "potência imparcial" (e o adiamento não era mais de dois meses, porque um mês já havia se passado).

Enfim, este é um relato meio anedótico. Uma das dificuldades de você lidar com uma situação como essa está nas palavras. É muito importante vocês verem que, nas declarações públicas, os políticos, os diplomatas, os ministros não falam apenas para os seus interlocutores externos; falam também para o seu público interno. Muitas vezes, as coisas têm que ser ditas de uma maneira que não é a que você gostaria de ouvir e muitas vezes elas têm que ser decodificadas.

O ministro Mottaki estava dizendo que o Irã não começaria a enriquecer urânio a 20 por cento por mais um mês. Contado o mês que já havia passado: dois meses. Mas disse isso como um ultimato, que, em vez de despertar uma reação favorável, despertou uma reação externa contrária. Mas foi o que ele achou possível, em função de seu "público interno". Nesse meio-tempo, houve muitos outros contatos. Nós continuamos interessados em tratar do assunto, como continuamos interessados em tratar da situação da jovem francesa — por uma razão humanitária, e também porque achávamos que isso ajudaria a criar certa confiança entre a França e o Irã, o que, por sua vez, facilitaria um eventual diálogo. Houve inúmeros telefonemas e encontros em lugares variados do mundo, entre mim, o ministro Mottaki e outros interlocutores. Mas, naquela altura, não parecia haver muito campo para o progresso.

À medida que a data da viagem do presidente Lula ao Irã foi se aproximando, me pareceu necessário aprofundar a discussão. Fiz uma visita ao Irã uns vinte dias antes da visita do presidente Lula.

Nesse meio-tempo, começamos um diálogo muito intenso com a Turquia, que tem uma situação geopolítica-chave nesse assunto. É um país vital para o encaminhamento dos problemas do Oriente Médio. É um país islâmico moderado — embora o governo seja formado por um partido islâmico, o Estado é laico —, mas tem uma relação próxima com vários outros países, inclusive com o Irã. E a Turquia tinha começado a se interessar por uma solução para a questão do urânio. Tal como nós, via na proposta da troca de urânio uma oportunidade para retomar o diálogo de forma mais ampla.

Não sei se já sublinhei esse fato suficientemente; se não o fiz, faço agora: a troca de urânio não resolve todos os problemas do programa nuclear iraniano nem todas as desconfianças em relação a ele. A troca de urânio, além da vantagem específica para o Ocidente — a retirada de urânio levemente enriquecido do território iraniano — possibilitaria *criar confiança*. A partir dessa confiança, seria possível tratar mais amplamente de outros aspectos da questão nuclear. Ficou bastante patente para nós que o Irã tem muito interesse em cooperar com o Ocidente na área nuclear. Os iranianos sabem que têm dificuldade de fazer muitas coisas — as centrais nucleares, por exemplo. O Irã pode dominar a tecnologia, mas não tem capacidade industrial de fazer tudo. Até por isso, um dos parágrafos que o Irã mais insistiu que fosse incluído na Declaração de 17 de maio era justamente o da cooperação internacional na área nuclear.

Por outro lado, o Ocidente tem outras dúvidas em relação às usinas ou atividades não declaradas. A troca de urânio por combustível seria, digamos, uma "porta de entrada" para permitir tratar de outros assuntos. E, por isso, nos concentramos nela. Nós e os turcos fizemos os esforços, cada um pelo seu lado. O ministro turco, Ahmet Davutoglu, e eu trocávamos telefonemas. Os turcos chegaram a fazer uma proposta que o Irã tinha aceitado, levaram aos americanos, e os americanos recusaram. E aí chegamos à situação atual.

Para chegar a um acordo, havia três ou quatro pontos centrais. 1) *Quantidade*: o acordo previa 1,2 mil quilos de LEU em troca de 120 quilos de combustível. O Irã dizia que o comprador é quem define a quantidade e que o país não precisava daquilo tudo; 2) a questão do *lugar*: os iranianos alegavam que não fazia sentido abrir mão de um "capital iraniano" (o LEU), isto é, enviar para o exterior um capital iraniano, sem ter certeza de que receberia o combustível. Até porque poderia surgir outra crise, em função de qualquer outro problema, e o país teria entregado seu urânio levemente enriquecido em troca de nada; e 3) a questão do *tempo*: o Irã insistia no conceito de "simultaneidade", o que significava dizer que o urânio só seria mandado para o exterior quando o Irã recebesse a quantidade correspondente de combustível. Isso levaria de oito meses a um ano — ou até mais, como se alegou depois — para acontecer. Aliás, note-se que, dependendo da conveniência política do momento, esse prazo estica ou encolhe com grande facilidade. Ouvi da mesma fonte — não da mesma pessoa, mas do mesmo país — que é possível fazer o combustível em seis meses e que em um ano não dá! Eram esses os três pontos principais.

Havia muitos outros comentários sobre a maneira de o Irã agir. Os Estados Unidos, o Reino Unido e outros diziam: "O Irã diz uma coisa para vocês e algo semelhante para a Turquia. Mas, na realidade, o que o Irã tem que fazer é falar com a Agência Atômica de maneira inequívoca". O Irã mandou uma carta para a AIEA em fevereiro, uma carta com condicionalidades, dizendo que a troca tinha que ser em território iraniano, que a quantidade deveria ser discutida, entre outros pontos. Brasil e Turquia foram se concentrando nesses pontos.

Na viagem que fiz antes do presidente Lula, levei ao Irã uma mensagem muito clara dele: o Irã estava cada vez mais isolado e tinha que aproveitar a amizade do Brasil. Senti, então, mais abertura do lado iraniano. Na primeira das quatro vezes em que fui ao Irã, dois anos antes, o assunto nuclear inevitavelmente apareceu, mas meus interlocutores praticamente "recitavam" a posição oficial, sem muito engajamento. Já na minha viagem a Isfahan, a segunda das minhas visitas, houve engajamento, mas a discussão ficou limitada a um aspecto e a um momento. Na terceira vez, notei um pouco mais de interesse em procurar soluções, em ver se havia algum compromisso. Notei um desejo de continuar a conversa. Nessa penúltima viagem, a viagem anterior à do presidente, eu havia parado na Turquia e depois na Rússia.[7]

No périplo que o presidente Lula fez a vários países, estava previsto que eu o acompanharia na visita ao Catar. E do Catar iria para o Irã. Mas, ainda no caminho para a Rússia, antes da partida, o presidente Lula concordou com minha observação de que seria melhor eu ir direto da Rússia para o Irã. A viagem ao Catar era importante do ponto de vista econômico e comercial, porque o país tem muito interesse em investir no Brasil. Mas o que interessava era a presença do presidente Lula, que contava muito mais que qualquer negociação.

Vou confessar aqui um errinho para vocês verem como os ministros também falham. Eu tinha pedido autorização ao presidente Lula antes: "Talvez eu pudesse ir na frente, para conversar, ou com os turcos, ou com a Europa" (com a Catherine Ashton, que é a sucessora do Solana, com quem havia conversado várias vezes sobre esse tema). E o presidente me disse que eu podia ir ao Irã.

Bom, só que ocorreram duas coisas. Eu estava pedindo autorização para uma viagem que eu não tinha certeza de que poderia acontecer. Verifiquei, então, que não havia data possível, cada um estava em um lugar diferente. E o presidente Lula teve a impressão de que

---

7   O ministro Lavrov foi muito gentil, ofereceu-me um jantar, mas estava muito cético. Não posso dizer que a conversa com ele tenha sido um grande estímulo. Por sua vez, o Irã demonstrou maior engajamento, apesar de insistir, ainda que de forma matizada — o que me fez perceber a possibilidade de avançar —, em seus pontos sobre quantidade, lugar e simultaneidade (total ou parcial).

296

eu efetivamente iria para o Irã. Ele chegou a dizer para a imprensa que eu fora para o Irã. É claro que foi uma falha minha não dizer: "Olha, não deu certo". Mas não quis incomodá-lo e ficou assim. Então, eu disse: "Presidente, talvez ainda dê certo, vamos adaptar a realidade à sua declaração à imprensa e eu vou para o Irã antes do senhor. Quando formos à Rússia, irei de lá direto para o Irã em vez de ir ao Catar". E assim fiz.[8] E, na minha opinião, foi importante. Não que eu tenha resolvido todos os problemas. Não tenho essa pretensão. O resultado foi produto de um esforço conjunto. Muitos fatores intervieram: a presença do nosso presidente, a força política do primeiro-ministro da Turquia na região. São fatores que pesam.

Ao chegar a Teerã, pude perceber, com total clareza, que não chegaríamos em lugar algum, a menos que houvesse uma conversa mais profunda. O Irã dizia: "Não queremos conversar somente sobre o acordo, queremos fazer um mapa do caminho, um roteiro mais amplo". E pensei que isso seria muito difícil àquela altura. Mas, por outro lado, senti o interesse dos iranianos em manter as reuniões, inclusive insistindo muito para que o ministro turco pudesse vir também no dia seguinte.

No meio disso tudo, havia uma reunião do G-15.[9] Acho que os iranianos haviam ficado muito felizes por termos ajudado um pouquinho na reunião do G-15. Fui lá com o embaixador Roberto Azevêdo, cheguei a falar, participei do almoço. Em um dos intervalos pude também ligar para o ministro Davutoglu e reforçar que ele deveria vir logo para Teerã. E isso foi fundamental porque depois tive outra conversa com o ministro Mottaki, em que senti as mesmas dificuldades — os mesmos interesses, mas as mesmas dificuldades.

---

8   Cheguei a Teerã na noite do dia 14.

9   O G-15 é um grupo de países em desenvolvimento, concebido como contraparte ao G-7, propósito nunca cumprido. O G-15 continua existindo como foro de diálogo político e de promoção da cooperação sul-sul.

Falei aos meus colegas turcos e iranianos: "Isso aqui será uma negociação difícil, árdua, e teremos que começar muito cedo". No dia seguinte era o dia da visita oficial do presidente Lula, e havia uma série de eventos programados: cerimônia de chegada, o encontro de Lula com Ahmadinejad, uma série de assuntos para discutir; essas coisas que normalmente aparecem em relações bilaterais. Havia um encontro com o líder supremo (aliás, foi um indício positivo que tenha sido marcado), um banquete formal, assinatura de atos, reunião empresarial etc. Eu já tinha previsto não participar da reunião empresarial, porque teria pouco a acrescentar. Os próprios iranianos disseram que teríamos que começar muito cedo — um bom sinal de interesse deles — e, efetivamente, começamos as reuniões às 7 horas, o que implicou acordar às 5h30, depois de ter recebido o presidente Lula à meia-noite, 1 hora da manhã, para explicar tudo que estava se passando. Descobri que a reunião era no formato de "um mais dois" (acabou contando com mais gente), mas os outros dois deveriam ser técnicos, e eu não tinha técnico nenhum. O único técnico era o conselheiro Leonardo Gorgulho, que cuida dos assuntos de ONU e de Oriente Médio. Então, resolvi improvisar o conselheiro Maurício Lyrio como meu outro técnico, uma vez que os turcos tinham cinco ou seis pessoas. Eu não queria chegar lá sem ninguém — e fiz muito bem em levar ambos. A negociação durou das 7 horas — porque mesmo nos momentos em que saí, os técnicos continuaram negociando — até a 1 hora do dia seguinte.

As negociações tiveram como base dois textos: um turco-brasileiro e outro iraniano. Embora fossem diferentes em seu conteúdo, os textos seguiam a mesma metodologia — o que permitiu uma conversa estruturada. Não vou entrar em pormenores de negociação, porque há momentos em que se perde a paciência, há momentos em que é até bom perder a paciência para forçar que se vejam certas situações, e há até momentos de grande candura. Houve uma hora em que saí para a varanda — aliás, tudo muito bonito naquele palácio que pertencera ao xá, a chamada "Casa Vermelha". Estava em uma varanda muito bonita, com árvores cujos galhos se espraiavam para dentro, e então o Jalili, secretário-geral do Conselho de Segurança, que é um negociador duríssimo, me ofereceu amoras tiradas dos galhos daquela árvore. Foi um momento de doçura no meio de tanta disputa.

Para vocês verem como as coisas acontecem. A vida — e a vida diplomática não é diferente — é feita de momentos desse tipo também. Um fato semelhante: o embaixador Pedro Carneiro de Mendonça, aqui presente, estava na reunião em que aprovamos o *July framework*, o acordo-quadro de julho de 2004 da Rodada Doha. Eu disse que só aceitava fazer a reunião na Missão norte-americana se tivesse um café decente. Os norte-americanos me disseram: "Compramos uma máquina de expresso especialmente para você". Digo isso para demonstrar como é importante manter um bom contato humano também nas situações difíceis.

De volta a Teerã. Foi uma negociação dura. Chegamos a uma Declaração. Foram incluídos vários elementos de interesse do Irã, como o direito de os países terem seus programas pacíficos, inclusive enriquecimento de urânio nos termos do TNP. Falamos do desejo de que se abrisse um caminho para uma cooperação internacional mais ampla. Esse foi um ponto que se tornou mais importante do que eu imaginara. Mencionamos que essa troca de combustível era instrumental para iniciar uma cooperação em diferentes áreas. E, com base nesses princípios, o Irã aceitou termos que, até então, nunca havia aceitado, nem verbalmente, muito menos por escrito, nem mesmo quando houve o acordo original, proposto em outubro. Na ocasião, a ideia do acordo em que se propunha a troca tinha sido aprovada pelo negociador iraniano *ad referendum,* e o *referendum* nunca veio. E dessa vez o Irã aceitou o acordo, e por escrito, como pode ser demonstrado pela Declaração de Teerã.

Chamo a atenção para o fato de que o Irã aceitou transferir os 1,2 mil quilos de LEU. Dias antes, Mottaki falara em chegar, no máximo, a mil quilos. Fora o que apresentara ao diretor-geral da AIEA, em Viena. Os três "nós górdios" foram vencidos. 1) *Quantidade*: transferir 1,2 mil quilos de urânio levemente enriquecido para um país estrangeiro; 2) com isso, a questão do *local da troca* desaparecia; 3) a questão da *simultaneidade* também desaparecia, porque o Irã concordava em entregar o urânio antes de receber o combustível. Além disso, concordava em fazer uma *carta formal* para a Agência Atômica, outro ponto que os países ocidentais sempre levantaram. Os iranianos demonstraram interesse em continuar as conversas com o P-5+1. O propósito do acordo era esse mesmo: criar confiança onde não existia.

Foi uma negociação complexa. Até o último momento, os iranianos tentaram mudar algumas palavras. Queriam incluir referências às sanções. Eu disse: "Essa palavra não dá, se você colocar isso aqui vai complicar, vai tirar o valor do compromisso". Era evidente que um documento que fosse ideal para o Irã não serviria para a negociação. Para além do conteúdo, a própria linguagem poderia ser um problema. E, ao final, ficamos com um documento muito razoável, tanto que não há ninguém, ou quase ninguém, criticando o teor do documento. Os críticos e os céticos dizem: "Não temos confiança de que o Irã cumprirá", ou "o documento não fala da questão do enriquecimento a 20 por cento". Este aspecto, por motivos óbvios, não era tratado no acordo inicialmente proposto. Estou seguro de que pode ser abordado durante as conversações subsequentes.

A grande maioria das críticas — algumas delas podem até estar sendo usadas como pretexto — não se refere ao texto da Declaração. A razão para a insistência nas sanções é que se firmou uma ideia de que somente sob sanções o Irã será capaz de se mover. Vou fazer uma inconfidência aqui, uma vez que estamos entre colegas: acho até que a ameaça das sanções pode ter tido, em determinado momento, algum papel, mas foi um papel muito limitado. A continuidade da ameaça — e, pior, a concretização da ameaça — será fatal para o sucesso do acordo que logramos em Teerã. O que pode acontecer, eu não sei. Qual será a reação do Irã, eu não sei. Vamos imaginar que ocorra, por exemplo — espero que isso nunca ocorra —, a expulsão dos inspetores da Agência Atômica. Qual seria a consequência disso? Gravíssima! Não é preciso ter muita imaginação para prever o que aconteceria. Mas a continuidade da ameaça das sanções, e, mais ainda, a concretização das sanções, aumentam esses riscos.

Tenho conversado com vários membros do Conselho de Segurança — permanentes ou não permanentes — para tentar convencê-los de que foi feito um avanço muito importante. Na realidade, as últimas declarações do porta-voz do Departamento de Estado e a carta do presidente Obama para o presidente Lula falavam ainda desse acordo como um mecanismo de construção de confiança.[10] Todas as

---

10 Dois ou três dias antes de partirmos para a viagem que começaria por Moscou, e que nos levaria a Teerã, recebi uma ligação da secretária de Estado Hillary Clinton, que algumas semanas antes havia estado no Brasil, na tentativa de nos demover de alguma ação que resultasse em obstáculo para a opção, então já claramente preferida pelo Departamento de Estado, de obter do Conselho de Segurança novas sanções contra o Irã. Como curiosidade, noto que Hillary tentara me chamar inicialmente antes do expediente normal, e eu me encontrava em casa, de onde conversara por telefone com meu colega chinês sobre o mesmo tema. A mensagem que me chegou por intermédio da minha chefe de gabinete era que Hillary gostaria de falar comigo naquele momento ou "em qualquer outro que fosse conveniente" para mim. A deferência era reveladora do grau de interesse da secretária. Acertamos, então, que eu a chamaria quando chegasse ao Itamaraty, mais ou menos uma hora depois. Na conversa, Hillary, em tom sempre amistoso, mas algo paternalista, procurou alertar-me, como já havia feito durante sua visita ao Brasil, para a falta de confiabilidade dos iranianos, que, segundo ela, apenas procuravam valer-se da boa-fé (não chegou a dizer ingenuidade, mas ficou subentendido) de países como o Brasil e a Turquia para ganhar tempo e não cumprir suas obrigações. Alinhou, em seguida, alguns fatores que tornariam mesmo um acordo tal como o originalmente proposto insuficiente. Mencionou especificamente as questões do enriquecimento a 20 por cento e do estoque de LEU acumulado desde outubro último. Disse-lhe que eram preocupa-

declarações haviam sido no sentido de que o acordo continuava sobre a mesa. Ora, o acordo está, na nossa opinião, viabilizado. A discussão para concretizá-lo não será fácil, porque, quando você tem tal desconfiança, pode surgir todo tipo de dificuldade: o contêiner precisa ser amarelo, azul... Não estou excluindo que haja problemas, mas os pontos essenciais, que eram apresentados como "condições" e que, até há pouco, obstaculizavam o acordo, foram superados. E nem o Irã colocou nada em linguagem condicional.[11] E nós achamos que temos a obrigação de continuar trabalhando pela paz.[12]

Colateralmente, acho que há uma coisa interessante para a análise futura dos politicólogos ou dos diplomatas — e que já começa a aparecer nos jornais. É o fato de países emergentes, como o Brasil e a Turquia, ambos membros do G-20, resolverem tratar de forma direta e independente de temas que dizem respeito à paz e à segurança internacionais. Em suma, o Brasil e a Turquia assumiram a

---

ções válidas, mas que poderiam ser resolvidas na mesa de negociações, depois que os elementos essenciais da proposta tivessem sido aceitos pelo Irã. Como ela insistisse nos dois pontos como sendo essenciais, recordei que nenhum deles figurava na carta que o presidente Obama enviara ao presidente Lula duas semanas antes. Um longo silêncio seguiu-se a esse meu comentário. Pouco depois, o telefonema terminaria com o pedido da secretária de Estado de que ajudasse na libertação de três jovens americanos presos ao atravessarem a fronteira da Síria (um deles, ou melhor, uma, foi solta meses depois). Minha interpretação imediata do silêncio constrangido de Hillary foi que ela não tinha conhecimento do teor da carta.

11 Não subestimei o peso do viés contrário ao Irã em algumas capitais. Aliás, disse na época que as primeiras reações negativas à Declaração, antes que esta pudesse ser analisada em profundidade, me fariam pensar em uma atitude do tipo "não li e não gostei".

12 A Declaração de Teerã foi firmada em 17 de maio. Uma semana depois, o Irã enviou carta à Agência Atômica confirmando os termos da Declaração. A reação formal dos países diretamente envolvidos na troca (Estados Unidos, França e Rússia) foi entregue ao diretor-geral da Agência Atômica em Viena no dia 9 de junho, apenas algumas horas antes da adoção, em Nova York, da Resolução 1929 (2010) do Conselho de Segurança. Ou seja, não se deu tempo para o Irã analisar a resposta. Brasil e Turquia votaram contra a Resolução. O Líbano se absteve.

responsabilidade que têm como membros do Conselho de Segurança. Nossa presença no Conselho de Segurança não é para defender somente nossos próprios interesses — ou pelo menos não apenas, nem predominantemente. Estamos lá representando o conjunto da comunidade internacional, que nos elegeu para aquele lugar. Estamos lá, portanto, para zelar pela paz e segurança, e devemos zelar pela paz e segurança de acordo com a nossa visão.[13]

PERGUNTAS

Thomaz Napoleão Gostaria de perguntar se o senhor acredita que seria conveniente ao Brasil — se essa for uma possibilidade política e diplomática — buscar ingressar, talvez ao lado da Turquia, no grupo de países que discutem sistematicamente a questão iraniana, ou seja,

---

13 Não resisto à tentação de narrar um pequeno episódio, que ilustra a importância que um acordo que livrasse o país de novos sofrimentos tinha para o cidadão comum do Irã. Alguns meses depois da assinatura da Declaração de Teerã, eu me encontrava na Síria, em mais uma tentativa — estimulada por ambas as partes, diga-se de passagem — de contribuir para a retomada do diálogo entre Damasco e Tel-Aviv. Já tivera, pela manhã, um produtivo encontro com o presidente Bashar al-Assad. Meu próximo compromisso seria um almoço de trabalho com meu colega, Walid Muallen. Resolvi aproveitar o intervalo para visitar, pela terceira vez, a belíssima mesquita omíada, um dos principais monumentos da história do islã, para meu próprio deleite e porque vários assessores da minha delegação não tinham tido a oportunidade de conhecê-la. Em determinado momento do *tour*, quando voltava do mausoléu de Salah-El-Din para o pátio principal do templo, um homem de meia-idade, acompanhado de um jovem, que me pareceu ser seu filho, postou-se diante de mim e, em um inglês claudicante, interpelou-me com um sorriso, que exprimia ao mesmo tempo afeto e surpresa. "Ministro? Brasil?", indagou. E, diante do meu assentimento com a cabeça, completou: "Obrigado, sou iraniano". Não perguntei quem era e o que fazia. Os céticos poderão achar que se tratava de um funcionário do governo ou, mesmo, de um membro da Guarda Revolucionária. Para mim, a sensação é a de que era um homem comum, preocupado com a sorte de seu país e com a necessidade de viver em paz.

o P5+1. Ou seria preferível, ao contrário, certa autonomia das negociações em relação ao dossiê iraniano?

Márcia Canário Gostaria de saber se o senhor percebe a existência de outros interesses não declarados na insistência em impor sanções ao Irã, e, se esses interesses existirem, qual a influência deles para a aceitação final desse acordo?

Celso Amorim Me diga em que tipo de interesse você está pensando, só para que eu possa responder melhor a pergunta.

Márcia Canário Fiquei me questionando muito quando os Estados Unidos insistiram em uma posição mais dura em relação ao Iraque. Havia um interesse muito grande em retirar o governo do Iraque tal como estava e colocar ali um governo simpático. Não haveria uma intenção de, talvez, forçar uma mudança de governo no Irã e colocar um governo que fosse mais simpático à política dos Estados Unidos e de outros países, quaisquer que fossem?

William Silva dos Santos Após o acordo, houve uma série de declarações da secretária de Estado Hillary Clinton, e não vi nenhuma declaração do presidente Obama a respeito. Considerando que a personalidade dele possa ser mais inclinada ao diálogo será que uma gestão mais próxima a ele não teria algum resultado diferente?

Pablo Ghetti A minha pergunta é bem específica, mas tem uma repercussão mais geral também. Na semana passada, talvez até antes, houve muitas indicações de que os membros permanentes do Conselho de Segurança estariam muito próximos de concordarem com um projeto que imporia mais sanções ao programa nuclear iraniano. Mas havia uma certa ambiguidade, particularmente da Rússia e da China. Eu pergunto se essa ambiguidade é concreta, se ocorreu de fato em níveis mais altos, ou não. E, se não, se realmente houve ambiguidade, se realmente a Rússia e a China hoje estão inclinadas a aprovar essa resolução, se de alguma maneira as relações entre Brasil, Rússia e China vão ser afetadas, se a própria noção de Bric pode ser afetada por esses novos eventos.

Celso Amorim Em primeiro lugar, gostaria de dizer que fico muito contente com o nível das perguntas, sinal de que o Rio Branco continua formando pessoas de *escol* — para não usar a palavra "elite", que é sempre empregada em um sentido pouco favorável.

Com relação ao P-5+1, eu diria que temos que ter uma cabeça aberta, um espírito aberto. Mas acho que não pode ser um pleito brasileiro. Sinceramente, você não pleiteia fazer parte de um grupo. Pode ocorrer que, em alguma situação, os países que integram o P-5+1 achem que uma participação da Turquia e do Brasil — que ajudaram a negociar a Declaração de Teerã — seja útil. Claro que isso só acontecerá se houver uma disposição positiva como um todo. No momento, vejo que ainda predomina um espírito mais belicoso, sobretudo da parte de alguns países. Mas, supondo que venha a prevalecer um espírito mais negociador, Brasil e Turquia poderão ser chamados a exercer um papel construtivo.

Como qualquer declaração, esta também é cheia de complexidades e de palavras que podem ter duplo sentido. Isso ocorre em qualquer documento diplomático. Hoje, talvez conheçamos melhor a psicologia do Irã. A Turquia a conhece milenarmente: o Império Otomano fazia fronteira com a Pérsia. Era ali que findava o domínio do Império Otomano. É verdade que o Brasil não tem a mesma vivência com o Irã que a Turquia, mas a própria composição do nosso povo nos leva a ter um diálogo diferenciado. Nós brasileiros temos mais facilidade em nos colocarmos no lugar do "outro". Então, pode ser que a participação brasileira continue a ser percebida como útil. Mas acho que não deve ser uma reivindicação brasileira.

Pode ser que aconteça em algum momento, e pode haver um momento em que não seja de interesse do Brasil.

Visto por outro ângulo, é um total absurdo você imaginar que um assunto dessa natureza, que interessa ao mundo todo, seja tratado somente pelas potências nucleares e por mais um grande país europeu — um país, aliás, que domina o ciclo nuclear, mas que não tem arma atômica. Essa postura já denota uma atitude de dar lições, de impor comportamentos, que não é boa.

Países como a Turquia e o Brasil têm, como outros poderiam ter, um envolvimento na questão. Mas não podemos colocar isso como uma reivindicação.

Interesses não declarados: essa é uma pergunta muito boa, porque pode haver interesses não declarados de várias naturezas. E acho sua pergunta boa porque foi formulada de maneira complexa: não é só o petróleo, é também a questão da mudança de regime para um regime mais favorável ao Ocidente — "ao outro lado", como diriam os iranianos — e a comparação com o Iraque é interessante. Eu vou dar a minha opinião sobre isso, uma opinião não definitiva.

Seguramente, deve haver interesses não declarados. A ideia de enfraquecer, não sei se tanto o regime, mas o governo do presidente Ahmadinejad, esteve presente desde o início do anúncio das sanções. Nas várias conversas que tive, sobretudo com a secretária de Estado, frequentemente surgiam as questões da "ilegitimidade" da eleição do presidente Ahmadinejad e da Guarda Revolucionária. Nesse debate, havia uma sistemática mistura (a meu ver, contraproducente) entre a questão dos direitos humanos e a área nuclear. Ou tentamos resolver um problema ou vamos tratar do outro. Não estou dizendo que o outro problema dos direitos humanos não seja válido, mas exige outra maneira de tratar.

Aliás, nos empenhamos a fundo no caso de Clotilde Reiss. E digo com toda franqueza: houve outros que tentaram ajudar, mas foi a intermediação brasileira que resultou na liberação de Clotilde. Talvez tivesse acontecido mais tarde, em outro momento. Mas o "como aconteceu" e o "quando aconteceu" foram por intermediação brasileira, não tenho a menor dúvida disso. Aliás, ela própria agradeceu muito.

Por outro lado, não há como não perceber a diferença entre o Irã e o Iraque. O Iraque tinha um governo autocrático, dominado por uma personalidade que eliminava sistematicamente os inimigos — ou os ex-amigos. Era um governo com forte oposição interna, não só por motivos étnico-religiosos, mas também políticos. Portanto, apesar de toda a tragédia que ocorreu — não estou querendo dizer que no Iraque isso se justifica —, a perspectiva de uma mudança de regime era mais plausível. Derruba-se Saddam Hussein, e aquilo tudo cairia como um castelo de cartas. Pelo menos era essa a expectativa de Washington.

A circunstância também influi. A ocupação do Iraque foi logo após o 11 de Setembro e a invasão do Afeganistão. Sem entrar no mérito de interesses escusos, sem entrar na lógica de filme do Michael Moore, e sem adotar uma visão muito conspiratória da história (embora não ter uma visão conspiratória da história não queira dizer que sejamos ingênuos), no caso do Iraque, havia uma preocupação muito forte por parte dos Estados Unidos sobre a pouca confiabilidade do suprimento de petróleo pela Arábia Saudita. Esse foi um elemento importante. Esteve muito ligado ao 11 de Setembro. Osama bin Laden, como vocês sabem, é de nacionalidade saudita. E lá existe o movimento wahabita, de vocação mais radical. Não é uma desconfiança em relação ao rei da Arábia Saudita, nem ao sistema político dominante, mas havia dúvidas de que ali estivesse fermentando um movimento que poderia levar, quem sabe, a Arábia Saudita para outro rumo. Isso é algo que os Estados Unidos temiam muito — não sei se ainda temem, talvez sim, mas acho que não está tão presente na agenda.

Com relação ao petróleo, hoje o Iraque se tornou país amigo dos norte-americanos, e a Arábia Saudita está menos ameaçada. Visto por esse ponto de vista, as pressões diminuem um pouco. A expectativa de uma mudança para um regime mais favorável aos Estados Unidos no Irã seria tão distante da realidade que me parece pouco provável que possa ser a motivação principal. Agora, isso não quer dizer que as pessoas não possam ter ideias erradas. A secretária de Estado tinha interesse no enfraquecimento do presidente Ahmadinejad. Ela nunca chegou a usar a expressão *regime change*, quero deixar claro. Mas há essa mistura de direitos humanos com o programa nuclear. Há o descontentamento com Ahmadinejad e com a Guarda Revolucionária. Acho que isso tudo esteve presente.

Israel é outro aspecto sempre mencionado. A questão de Israel tem um peso muito grande na política norte-americana. Talvez, o único país da região que seja hoje percebido como uma ameaça potencial a Israel é o Irã. Não sei se é verdade, ou não, mas assim é percebido. E um programa nuclear iraniano, que possa ter uma vertente militar, é algo que preocupa muito os Estados Unidos. Acho que esse é mais ou menos o panorama.

Com relação ao presidente Obama, é verdade que ele praticamente não se manifestou sobre o assunto. Espero que isso tenha um significado. Não posso julgar, não tive como testar. Mas acho que será testado em algum momento.

Com relação à Rússia, à China e ao grupo Bric, essa ambiguidade que você mencionou realmente existia e continua a existir. O processo do P-5+1 foi longo. As potências nucleares obviamente não querem que nenhum país chegue perto da condição de potência nuclear. O único assunto que os une sempre é a não proliferação. O embaixador Patriota, aqui presente, era meu conselheiro em nossa missão nas Nações Unidas (vejam como ele fez carreira rápida!), quando ocorreram, por exemplo, as explosões na Índia e no Paquistão. Naquela ocasião, a condenação foi unânime. Os membros permanentes praticamente impuseram uma resolução goela abaixo dos demais, que queriam tratar também do desarmamento nuclear. Acho que existe uma afinidade em relação ao tema entre esses cinco países.

Assim, na minha opinião, Rússia e China foram tratando de salvaguardar seus interesses em relação ao Irã. Embora tenham tido a preocupação de evitar sanções que, obviamente, atingissem a população iraniana. Acho que esses dois países estavam prontos para adotar essa resolução, provavelmente desde abril. Não sei se já estava escrita, mas estava conceitualmente pronta. O presidente Medvedev, de maneira mais clara, e os chineses, de maneira menos clara, indicaram que a visita do presidente Lula ao Irã seria a última chance.

A ambiguidade continua a prevalecer: esses países dizem que preferem uma solução negociada, mas se comprometeram com essa estratégia de dois trilhos — que significa continuar trabalhando em uma resolução, ao mesmo tempo que admitem uma solução negociada. Tanto é assim que esses países cumprimentaram a iniciativa turco-brasileira.

Acho que isso não afetará o grupo Bric. Primeiro, porque, em matéria de política, esse grupo ainda tem um caminho muito longo a percorrer. Eu ficaria mais preocupado com algo semelhante no Ibas. Se você comparar a declaração do Ibas com a do Bric (adotadas ambas no mesmo dia!), verá que a do Ibas é muito mais substanciosa na parte política do que a do Bric.

No caso do Bric, dois países são membros permanentes do Conselho de Segurança e três têm armas atômicas. Trata-se de um grupo que guarda algumas assimetrias internas. Atuamos juntos nas questões econômico-financeiras. E em algumas outras questões gerais. Acho que o grupo ajuda, digamos, a redefinir a geografia política mundial. Vai continuar atuando, mas com limitações. Se vocês procurarem na declaração do Bric, não encontrarão nada sobre o Irã. Se procurarem na do Ibas, sim. Isso será assim por algum tempo. Provavelmente, vocês encontrarão muito pouco sobre direitos humanos. Na declaração do Ibas, verão referências a direitos humanos, Oriente Médio e tudo mais. Mas eu não acredito que isso afetará o futuro dos Bric.

Outro dia, recebi uma pessoa que não conhecia, o David Rothkopf, que escreveu que eu era "o melhor chanceler do mundo". Ele veio ao Brasil recentemente e fez uma observação muito interessante: "Entendo que vocês não querem a Turquia no Bric. Mas por que não no Ibas, uma vez que seria um país europeu no grupo?". Eu respondi: "Olha, é até uma ideia interessante". É verdade que a Turquia é membro da Otan, e os outros três países não pertencem a alianças militares. Eu não poderia imaginar, há dois anos, que teríamos uma posição comum com a Turquia em um tema como o Irã. Não podia, sinceramente. Podia até imaginar em outras questões do Oriente Médio, mas não nesse tema. Mas ocorreu.

13

"A POLÍTICA EXTERNA PODE PARECER UMA COISA MUITO CONCEITUAL, FRIA E DISTANTE, MAS NÃO É!"

O novo papel do Brasil no mundo.
4 de agosto de 2010[1]

É um grande prazer estar aqui no Instituto Rio Branco falando para nossos colegas que acabaram de passar no exame e também para os que estão terminando o curso. O diretor do Instituto Rio Branco havia inicialmente me convidado para dar uma aula magna. Mas, na fase da vida em que estou, evito cerimônias sempre que posso. Não é fácil, vocês podem imaginar, na carreira diplomática e, sobretudo para um ministro, evitar cerimônias. Procuro ter um contato mais direto e informal, em especial com os jovens colegas. Acho mais produtivo.

Vou dirigir-me principalmente aos que estão entrando agora no Instituto Rio Branco e espero que o que eu vou dizer tenha também alguma relevância para aqueles que estão terminando o curso. Queria salientar o momento que o Brasil está vivendo, falar sobre o Brasil com o qual vocês terão que lidar como diplomatas e as circunstâncias em que se vive aqui. Essas circunstâncias são obvia-

---

1 Palestra para as Turmas 2009-2011 e 2010-2012 do IRBr.

mente muito diferentes das que existiam no tempo que ingressei na carreira diplomática, mas também muito diferentes, eu diria, de oito ou dez anos atrás.

O Brasil, hoje, ocupa um lugar no mundo que certamente não ocupava havia uma década. Isso se deve a muitos fatores, alguns de longo prazo e outros de prazo médio ou mais curto. Os de longo prazo dizem respeito ao próprio amadurecimento do país como democracia, como um país que cresceu economicamente, encontrou estabilidade, começou a tratar dos problemas sociais — que são muitos e ainda graves — com seriedade. Todos esses avanços fizeram o Brasil ser visto no mundo de uma forma diferente daquela como era visto há não muitos anos.

Comparando com o outro período em que fui ministro — período, aliás, de que também me orgulho, porque acho que fizemos coisas importantes no governo do presidente Itamar Franco —, a diferença é imensa. Não só em relação ao que o Brasil pode fazer, mas em relação ao que se espera que o Brasil faça. Seja como for, essas expectativas revelam uma percepção de que o Brasil tem hoje uma influência que vai além da nossa própria região.

Se eu recordar do tempo em que fui promovido a embaixador, naquela época a relação do Brasil era essencialmente com a própria região. As outras relações decorriam de algum conflito comercial que poderia acontecer, sobretudo com os Estados Unidos, um país com o qual comercializamos muito, ou com a Europa. Havia também, aqui e ali, uma ou outra ação talvez em relação à China ou ao Japão, algumas iniciativas em relação à África, mas que haviam ficado quase todas, digamos, pela metade. Às vezes, abriam-se novas possibilidades de cooperação que não eram, no entanto, levadas adiante. Esse era o Brasil dos tempos em que cheguei a embaixador, há mais ou menos vinte anos.

Se for relembrar o Brasil dos tempos em que eu era jovem diplomata, assim como vocês, não só a ação do Brasil era ainda muito mais acanhada, mas também a percepção do que o Brasil poderia fazer era limitada. É claro que isso tem que ser visto de maneira relativa, porque, mesmo em ocasiões anteriores — pensando em um passado mais distante, poderíamos relembrar a participação de Rui Barbosa na Conferência de Paz de Haia —, o Brasil deu mostras de autonomia, procurou abrir espaços novos, sobretudo no período da chamada política externa independente, formulada e executada entre os governos Jânio Quadros e João Goulart. Mas, novamente, foram ações que não puderam ter continuidade.

Em grande parte da minha vida diplomática, a inserção internacional do Brasil era esta: um pouco de presença na América do Sul — mesmo que o conceito de América do Sul ainda não fosse muito forte —; a relação com a Argentina e com o Paraguai, esta sobretudo em função de Itaipu; relações individuais com alguns países; a necessidade de lidar com questões de natureza comercial e econômica ou, às vezes, financeira. E isso, naturalmente, implicava algum tipo de ação com os Estados Unidos e com a Europa. Era basicamente o que fazíamos. Essa política comercial também tinha como objetivo atrair investimentos para o Brasil.[2]

Mas isso tudo mudou e mudou muito. Mudou em função desses fatores de longo prazo: o amadurecimento do país, o fato de a nossa democracia ter-se consolidado com a estabilidade da nossa economia, a retomada do crescimento econômico e, no período mais recente, os grandes avanços na área social e a diminuição da desigualdade. A desigualdade ainda é o maior problema que a sociedade brasileira enfrenta. Ela tem componentes variados, pois não existe apenas desigualdade de renda, mas desigualdade entre raças, gêneros etc. Como se costumava dizer, se um cidadão bra-

---

2 Episodicamente, surgiam questões como as que envolveram o acordo nuclear com a Alemanha e o reconhecimento de Angola, que, apesar de sua indiscutível importância, permaneciam como fatos relativamente isolados.

sileiro é mulher e se ela é negra, a possibilidade de ser pobre é muito maior. Mas, aos poucos, as coisas estão mudando. O Brasil deixou de ter as hipotecas que tinha até as décadas de 1970, 1980, na questão de direitos humanos. Na questão ambiental, o Brasil era visto como um país que não cuidava direito de seu meio ambiente. Evoluímos muito.

Predominava uma visão defensiva da política externa. Isso se refletia na área econômica, já que o Brasil — sem querer entrar em uma longa digressão sobre políticas de desenvolvimento — teve durante muito tempo, por motivos vários e até corretos, uma política econômica essencialmente voltada para a substituição de importações. Tínhamos que criar barreiras externas para desenvolver nossa indústria. Se eu puder fazer um brevíssimo comentário a respeito, pelo final dos anos 1980 e início dos 1990, se faziam muitas críticas à política de substituição de importações, como se houvesse fracassado. Não é verdade. A política de substituição de importações não fracassou, mas talvez tenha se esgotado em determinado momento. Ela se desenvolveu enquanto o mercado interno foi capaz de absorver a produção e enquanto o financiamento externo existia. O Brasil industrial que vemos hoje se deve a ela e também a políticas de forte intervenção do Estado. Mas houve um momento em que esse modelo se esgotou.

Quando trabalhei no Ministério da Ciência e Tecnologia, entre 1985 e 1988, costumava comparar o desenvolvimento do Brasil — e o latino-americano em geral —, com o desenvolvimento asiático. Na época se falava muito dos tigres asiáticos e, sobretudo, da Coreia. A comparação, de maneira muito simplificada, talvez até um pouco caricatural, que eu mesmo já fiz, era que o Brasil — bem como alguns países da América do Sul e da América Latina — havia crescido com base no *consumo interno* e na *poupança externa*. E os países da Ásia haviam crescido com base no *consumo externo* e na *poupança interna*. Isso tem a ver também com esquemas de distribuição de renda, gastos com educação etc. Quando, no caso do Brasil, o consumo interno começou a atingir seu limite (para o conjunto da economia a substituição de importações não é infinita, ela tem um limite, ainda que surjam novos produtos) e a poupança externa ruiu — inicialmente, em função da dívida do México e, depois, de outros fatores, como o aumento brutal das taxas de juros internacionais —, o modelo brasileiro entrou em crise.

O Brasil passou por duas décadas perdidas. O que quero dizer é que há uma explicação para essas situações e não se pode dizer, historicamente, que o modelo de substituição de importações tenha fracassado. Ele cumpriu sua função. Mas contribuiu para deixar o Brasil em uma posição defensiva. Levando-se em conta que a filosofia dominante no cenário internacional era uma filosofia de liberalismo, o Brasil ia para os foros comerciais internacionais sempre com uma posição defensiva — e tinha que ser desse modo.

Eu diria que esses fatores de longo prazo foram mudando, a democracia se consolidou, o Brasil enfrentou a dificuldade de ver o seu primeiro presidente eleito por voto popular, após 21 anos de ditadura, sofrer um *impeachment*. Várias outras eleições se seguiram. E chegaram à presidência personalidades como Fernando Henrique e Lula. Para quem viveu, como eu vivi, durante a ditadura militar, era quase inconcebível que isso pudesse acontecer. Digo isso do presidente Fernando Henrique, que foi um intelectual combativo na época da ditadura, e digo também porque o presidente Fernando Henrique pôde passar a faixa ao presidente Lula, um operário. Tudo isso deu certo sentido de autoconfiança ao Brasil sobre suas possibilidades.

A minha geração não conheceu o país sem inflação. Eu jamais poderia imaginar que fosse ocorrer o que vou descrever agora. Outro dia, uma reportagem no *New York Times* tratava da aproximação entre Guiana e Brasil, da ponte que foi construída recentemente. A reportagem se referia ao fato de que as populações da Guiana estavam mudando o estilo de vida, indo mais para o Brasil por causa da ponte, e atraídas também por uma moeda forte (*sic*). Isso é algo com que eu não poderia sonhar. Uma inflação de 20 por cento ou 30 por cento ao ano já era vista como algo muito positivo, porque o normal era chegar a 70 ou 80 por cento. Outra grande conquista que o Brasil vem alcançando ao longo dos últimos anos é também a manutenção de taxas sustentáveis de crescimento.

Uma nota: os brasileiros (ou as elites brasileiras) tendem a se autoflagelar, mesmo quando têm alguma coisa positiva a dizer de si mesmos. Existe essa síndrome de autoflagelação brasileira, que Nelson Rodrigues chamava de "complexo de vira-lata", se referindo ao futebol, mas que é muito mais ampla. Até quando o Brasil está obviamente crescendo e progredindo, as matérias dizem: "Mas não está crescendo tanto quanto a Índia. Não está crescendo tanto quanto a China". É verdade. Eu diria que não cresce, nem pode crescer tanto, porque as taxas de crescimento acelerado que a China e a Índia apresentam hoje têm a ver com o estágio de seu desenvolvimento, de muito menor urbanização. Uma parcela considerável da população ainda vive na área rural, muitos ainda em uma economia praticamente de subsistência. A mera passagem de uma pessoa da economia de subsistência para a economia de mercado, mesmo que seu padrão efetivo de bem-estar não se altere, faz sua renda aumentar em termos monetários.

O Brasil não pode mais ter esse tipo de crescimento. Além disso, o Brasil — não estou fazendo comparações específicas com um ou outro país — goza de total liberdade sindical, de total liberdade de crítica, e tem normas ambientais muito fortes. Todas essas coisas são muito boas, mas criam limites às possibilidades de crescimento acelerado do tipo que tivemos na época do governo militar e, mesmo, nos anos 1950. Todo esse conjunto de avanços tem que se refletir na política externa e, de fato, tem-se refletido.

Mencionei a diminuição das desigualdades no Brasil. É claro que há muito por fazer, mas é um fato notável que 20 a 30 milhões passaram para a classe média, que 18 milhões deixaram a pobreza extrema e que o consumo da classe D hoje seja mais importante que o consumo da classe B. Todos esses fatores são extraordinários.

A nova posição que o Brasil tem no mundo decorre também de fatores de natureza mais subjetiva, como a maneira com que atuamos nas relações internacionais. Na política externa, o governo do presidente Lula fez uma mudança notável. Não quero dizer que tudo tenha começado agora, porque as coisas se prolongam no tempo.

Um aspecto com o qual me sinto pessoalmente ligado e que tem sido muito importante é a integração da América do Sul. Evidentemente, esse processo tem origens longínquas. Mas, para tomar alguns marcos mais recentes, a ideia de integração da América do Sul foi lançada durante o governo do presidente Itamar Franco. O Mercosul já havia sido criado e havia sido fruto, inicialmente, da decisão política dos presidentes Sarney e Alfonsín de reforçar a relação entre Brasil e Argentina. Curiosamente (e isso também se explica), o Mercosul adquiriu a forma que acabou assumindo (união aduaneira de quatro países) sob governos de corte neoliberal no Brasil e na Argentina, com Collor e Menem.

No governo do presidente Itamar Franco, surgiu, pela primeira vez, a ideia de fazer uma área de livre comércio na América do Sul. Na época, houve críticas à proposta. Ainda não se falava de Alca, mas já se falava de ALCSA, que era uma maneira de juntar os países do Mercosul, que resolveram formar entre eles uma união aduaneira, com outros países da região, que, por motivos diversos, não podiam fazer parte desse tipo de união, já que tinham acordos comerciais — ou pretendiam ter — com outros países, fossem os Estados Unidos, fosse a União Europeia.

Durante o governo do presidente Fernando Henrique, houve a primeira Cúpula dos Países Sul-americanos. Esse é um fato importante, que merece ser destacado. Mas foi no governo do presidente Lula que houve um esforço decidido e determinado de levar adiante a integração da América do Sul, inclusive trazendo à cena com mais ênfase o conceito de *América do Sul*.

Não que não queiramos ter boas relações com outros países da América Latina e do Caribe. Pelo contrário: quem olhar a história recente, verá tudo o que foi feito nessa matéria. Mas a América do Sul é nossa vizinhança mais imediata. A realidade política e econômica dos países abria um campo que talvez fosse mais fácil de explorar.

Esse esforço em levar adiante a integração na América do Sul traduziu-se em várias iniciativas: tanto bilaterais quanto plurilaterais ou multilaterais. No plano bilateral, o presidente Lula, somente no primeiro ano de governo, recebeu todos os chefes de Estado e de governo da América do Sul. Em dois anos, ele tinha visitado todos os países da América do Sul; em alguns casos, duas ou três vezes. Isso é algo notável, sem precedentes na história brasileira. Demonstrou um engajamento muito forte da nossa política externa com o processo de integração regional.

Trabalhamos diligentemente para quebrar a resistência que havia a uma maior integração da América do Sul. O Mercosul, apesar dos trancos e barrancos, havia progredido. Os países da região tinham atravessado crises, sempre com efeito muito forte e muito perturbador para o processo de integração. É natural que um país que sofre uma crise cambial, que experimenta fuga de capitais ou estrangulamento do setor externo, se retraia. Isso ocorreu conosco e depois com a Argentina, afetando a todos, mas afetando, principalmente, os sócios menores. Mas o Mercosul, bem ou mal, avançava.

Então, a questão principal que se colocava, além de reforçar o Mercosul, era como levar o espírito de integração ao conjunto da América do Sul. Empreendemos um esforço muito grande nesse sentido. Diria, talvez, que, no primeiro e segundo anos do governo —

afora a agenda que já vinha de antes —, foram os temas a que o presidente Lula e eu mais nos dedicamos. Depois de dois anos, conseguimos fazer um acordo entre o Mercosul e a Comunidade Andina. Intensificaram-se as obras de infraestrutura.

O processo de integração chegava a um estágio de consolidação. Foi isso que nos permitiu avançar na Comunidade Sul-americana e acabou desembocando na Unasul. É importante frisar que não queríamos uma integração puramente retórica e voluntarista, porque a retórica é sempre muito forte na nossa região e o voluntarismo está sempre muito presente. A retórica faz parte da vida política e o voluntarismo, na medida certa, também é importante, mas a integração deveria ter uma base sólida. Não bastava o desejo de atuar juntos, não bastavam declarações ou decisões de natureza política. Era preciso dar-lhes fundamento econômico.

Chegamos, então, a esse acordo de livre comércio que envolveu praticamente toda a América do Sul. É preciso fazer uma nota: os casos da Guiana e do Suriname são diferentes, por dois motivos. Primeiro, porque são economias muito mais pobres e muito mais frágeis. Não se pode querer que, nesse estágio, se abram a um acordo de livre comércio mais amplo. Isso seguramente causaria grandes problemas para sua produção. Além disso, já faziam parte da Caricom, que tem seus próprios arranjos de comércio. E temos que respeitar essa diferença.

O comércio com os países da América do Sul representava cerca de 10 por cento do comércio exterior brasileiro. Em poucos anos, essa porcentagem subiu muito, chegando a perto de 20 por cento. Hoje, as exportações brasileiras para a América do Sul são quase o dobro das realizadas para os Estados Unidos — e com um alto conteúdo de manufaturas.

Enfim, houve, de fato, um grande avanço na integração do ponto de vista comercial, e isso foi acompanhado por avanços na infraestrutura. Como resultado, deveremos, até o fim do ano, abrir a primeira grande ligação com o Pacífico — pela parte mais larga do continente, passando pelo Acre e pelo Peru. Outros planos estão se desenvolvendo. Estamos muito próximos de terminar a ligação Chile-Bolívia-Brasil.

Na reunião que acabamos de ter em San Juan, na Argentina, novas ideias de outros eixos de integração foram apresentadas. Então, a integração da América do Sul, em particular — e da América Latina e do Caribe, de forma mais ampla — se tornou uma realidade. A frequência com que os presidentes se encontram, com que os ministros se veem e se falam, e o aumento das cifras de comércio demonstram essa realidade.

Muita gente (inclusive muita "gente boa") costumava questionar à época que o Brasil ainda estava empenhado em estabelecer e consolidar o Mercosul: "Por que perder tempo com Argentina e Uruguai? Temos que nos dedicar ao comércio com Estados Unidos e Europa, sobretudo com os Estados Unidos". Era a época da "Iniciativa para as Américas" do presidente Bush, o pai. E dizíamos: "Vamos trabalhar bem a relação com a Argentina e depois com o Mercosul". Tudo isso era visto com muito desprezo, inclusive por muitos do que hoje dizem: "O Brasil tinha que dar mais atenção para a América do Sul; por que o presidente Lula vai para o Oriente Médio? O que o chanceler Amorim está fazendo na Síria, enquanto há uma crise na Colômbia?".[3]

Alguns desses críticos são os mesmos que costumavam dizer que não deveríamos perder tempo com a América do Sul, que as nossas prioridades deveriam ser os Estados Unidos e a União Europeia, sobretudo os Estados Unidos. Aliás, devo dizer que a "Iniciativa para as Américas" do presidente Bush até ajudou a consolidar o Mercosul,

---

3 A crítica é descabida, porque, a começar pelo presidente Lula, o Brasil deu, sim, muita atenção às questões entre Colômbia e Venezuela e entre Colômbia e Equador, tendo contribuído para algumas das soluções encontradas.

porque, como tivemos de fazer uma frente comum para discuti-la, isso nos obrigou a uma coordenação em matéria econômica e comercial que não existia. Acelerou até mesmo a criação da Tarifa Externa Comum do Mercosul.[4]

A integração sul-americana foi, definitivamente, o principal tema dos dois primeiros anos de governo. E por quê? Porque é muito difícil pensar no papel do Brasil no mundo, se não tivermos uma América do Sul integrada, próspera, em paz, com os países tendo um relacionamento fluido. Quem fica preso a um problema com seu vizinho não pode sair para tratar de outras questões mundo afora. Não fizemos isso somente com esse objetivo: fizemos porque é importante para a América do Sul. Mas devemos levar em conta este fato: a integração regional confere maior latitude às ações políticas do Brasil.

Recordo-me de ter tido, em determinado momento, uma conversa muito importante com o então ministro do Comércio da Colômbia, um dos países com dúvidas quanto ao estabelecimento da área de livre comércio. Eu disse a ele: "Não consigo entender como vocês têm medo dos industriais brasileiros e não têm medo dos industriais norte-americanos. Se vocês dissessem que a economia da Colômbia estava fechada, seria até compreensível. Mas, se querem concluir um acordo de livre comércio com os Estados Unidos, não consigo entender como os produtos brasileiros podem afetá-los e os norte-americanos não".

Esse foi um momento que, em espanhol, se chama de *una bisagra* — um ponto de inflexão em nossa relação com a Colômbia. O mesmo se passou com o Equador. Tive encontros com empresários equatorianos, sobretudo de Guayaquil, mais interessados no mer-

---

4 Amorim, Celso e Pimentel, Renata. A Iniciativa para as Américas: o acordo do Jardim das Rosas. In: Guilhon de Albuquerque, José Guilherme (org.). *Sessenta anos de política externa*. v. 2: Diplomacia para o desenvolvimento. São Paulo: Núcleo de Pesquisa da USP, 1996.

cado norte-americano, que se queixaram das restrições fitossanitárias brasileiras, especialmente para bananas, um produto que o Equador vende para o mundo inteiro.[5] Com o Peru foi diferente, porque o presidente Toledo, desde o início, por uma razão ou por outra, havia sinalizado uma disposição de integrar-se ao Brasil. Com a Venezuela também. Enfim, conseguimos criar essa área de livre comércio sul-americana e, com isso, pudemos pensar em estabelecer uma organização de natureza política.

Vou relatar um pequeno episódio sobre o acordo com o Peru. No dia em que estávamos para fechar o Acordo-Quadro (Acordo-Quadro é uma coisa; acordar a lista de produtos é outra), eu tinha ido e vindo do Brasil rapidamente, e, com o presidente Alejandro Toledo, esperava o presidente Lula no aeroporto. Comentei: "Acho que, com esse acordo — seguramente dele resultará um acordo com todo o grupo andino — estamos criando uma comunidade sul-americana das nações". O presidente Toledo me perguntou: "Posso dizer isso?". Eu disse: "Claro, presidente!". E ele efetivamente disse.

Assim, o presidente Toledo foi, de certa maneira, quem lançou a ideia da comunidade sul-americana de nações. Depois, o nome mudou. Houve quem achasse que o nome "comunidade" era muito fraco. Houve até um presidente que dizia que "Comunidade Sul-americana das Nações" era um nome um tanto feminino. Era

---

5 O Brasil mantém superávits com todos os países sul-americanos, à exceção da Bolívia, em razão do gás. Todos, ou quase todos, se queixam das dificuldades de exportar para o Brasil, e apontam "travas" variadas, principalmente de natureza sanitária ou técnica. Um caso emblemático foi o da água mineral do Uruguai, cuja importação, depois de várias tentativas, foi "liberada". Isso não impediu que, um dia, o embaixador do Brasil em Montevidéu, José Felício, me telefonasse relatando que um carregamento desse produto havia sido parado na fronteira. "Mas a importação de água mineral já não estava liberada?!", perguntei surpreso. O embaixador me respondeu: "É que as autoridades sanitárias estão alegando que a liberação é para água com sabor limão, e esta é com sabor *grapefruit*".

preciso um nome mais vibrante. Então, a organização política da América do Sul acabou sendo rebatizada como Unasul.

Embalados por esse propósito de integração, avançamos iniciativas como a Cúpula ASPA e a Cúpula ASA. No que se refere à África, a proposta original era uma Cúpula Brasil-África. Talvez até fosse mais prático; daria menos trabalho. Mas achamos que era importante fazer América do Sul-Países Árabes e América do Sul-África, porque era uma maneira de fazer a América do Sul tomar consciência de si mesma.

No caso dos países árabes, fizemos a primeira reunião no Brasil, a segunda foi no Catar. Uma das coisas que me deram alegria foi ver, no grande salão do hotel em Catar, um enorme telão com a imagem da Michelle Bachelet falando em nome da América do Sul. Achei que era um passo notável, que mostrava graficamente o que estávamos fazendo. Mostrava que o processo de integração não era uma coisa abstrata. Agora a Unasul tem secretário-geral, o ex-presidente Néstor Kirchner. É claro que esses processos sempre têm altos e baixos; nada é linear, muito menos na vida internacional. Mas foram significativos os avanços que fizemos nessa matéria.

A última reunião do Mercosul, que tivemos ontem e antes de ontem, produziu resultados importantes. Curiosamente, o encontro esteve quase ausente dos jornais. Afora o *Valor Econômico*, que é um jornal especializado, nenhum outro grande jornal teve fotografia na primeira página de uma reunião com seis presidentes, vários chanceleres, em que algumas decisões de grande importância foram tomadas. Houve decisões sobre a questão da eliminação da dupla cobrança da TEC (com base em um cronograma longo, mas é assim mesmo, é assim que a gente vai realizando as coisas); sobre um código aduaneiro comum; sobre o Aquífero Guarani (algo fundamental para a preservação de nossos direitos soberanos, e que, neste caso, têm que ser exercidos de maneira coordenada); sobre o acordo de livre comércio com o Egito, o primeiro do tipo entre o Mercosul e outro país em desenvolvimento.[6]

A prioridade conferida à América do Sul é parte do que o Brasil pode fazer no mundo como um todo. É claro que as coisas não ocorrem de uma vez, e tampouco são exatamente sequenciais: ao mesmo tempo demos partida a uma política africana forte, uma política com os países árabes, a China, a Índia. Criamos um fórum novo, o Fórum Ibas, reunindo Índia, Brasil e África do Sul, composto de três grandes democracias, uma em cada continente, que pode coordenar posições e cujos integrantes têm afinidade em grandes temas da política internacional. E coincidem no desejo de reformar as instâncias internacionais.

Todas essas iniciativas fizeram a política externa brasileira mudar de foco. As exigências, hoje, são muito mais vastas, complexas e diversificadas do que eram até dez anos atrás. É muito interessante observar como o meio em que a política externa se desenvolve muda. Não basta você dizer abstratamente: "Vou definir essa prioridade". É claro que é importante que haja algo pensado, planejado, mas é preciso levar em conta a realidade. O Brasil mudou muito, mas o mundo também vai mudando, e é preciso atuar de acordo com o que está acontecendo. Se eu tivesse dado esta palestra há dois anos, estaria focalizando, sobretudo, a OMC. Teria sido logo em seguida ao "grande fracasso" de julho de 2008, em Genebra — um momento marcante. Se estivesse falando aqui um ano atrás, talvez estivesse falando sobre a Conferência de Copenhague, a crise financeira, o surgimento do G-20 Financeiro. Todos esses temas continuam sendo importantes, mas as prioridades e as atenções vão mudando e se moldando à realidade.

---

6 Temos acordo com a Índia e a Sacu, mas são acordos de preferências fixas, muito mais limitados. E temos acordo de livre comércio com Israel, que não é um país em desenvolvimento.

Hoje, na seção de política internacional dos jornais, aparece mais o que temos feito — ainda que seja para criticar — no Oriente Médio. A nossa mídia dá tradicionalmente pouca atenção à África, mas até isso vem mudado. Têm saído artigos sobre a cooperação internacional prestada pelo Brasil. Sobretudo quando aparece alguma coisa na *Economist*, no *Financial Times*, a mídia brasileira, de modo a não ficar muito atrás, publica algo a respeito. Prefere quase sempre adotar um viés crítico, mas tudo bem, desde que se mostre o que está acontecendo. Vou dar um exemplo de como é importante explicar à opinião pública o que estamos fazendo. Jornalistas brasileiros perguntaram ao presidente Lula há poucos dias no Paraguai: "Por que estamos gastando R$ 400 milhões em uma linha de transmissão no Paraguai?". Porque o Paraguai é nosso vizinho e é muito mais pobre que o Brasil. É um país que tem renda *per capita* entre um quinto e um quarto da brasileira e depende muito das relações com o Brasil. Além disso, tem um brutal déficit comercial com o Brasil. Se você quiser paz no mundo, precisará ter paz também na sua vizinhança.

Se eu estivesse falando com vocês sobre a política externa de mais ou menos sete anos e meio atrás, quando começou o governo do presidente Lula, o tema principal seria a Alca. Em 2 de janeiro de 2003 — ainda se festejavam os momentos mais alegres, que são estes entre a posse e o começo das atividades —, eu já estava recebendo as pessoas e tratando de alguns temas. Lançamos a semente do Ibas no encontro que tive com a ministra Nkosazana Zuma, da África do Sul. Já estávamos tratando da Venezuela, porque havia a ameaça de conflito civil. O presidente Lula já recebera o presidente de Cuba, o primeiro-ministro da Suécia. Mas o grande tema era a Alca.

A pergunta que se fazia era: "Quando o Brasil fará sua oferta na Alca?". Eu respondia: "Não sei, não tivemos tempo ainda. Não conversei com ninguém, não conversei com os empresários, não conversei com os sindicatos". Como podemos, em quarenta dias, fazer uma oferta para a Alca? Mas não fazer oferta até meados de fevereiro, como a decisão tomada no governo anterior, era visto como uma espécie de pecado capital. Nós tivemos que resistir muito. Afinal, não fizemos a oferta. Eu disse: "Não vou fazer esta oferta, porque tenho que saber o que há em troca". Conhecendo um pouco o assunto, até porque havia sido ministro no governo Itamar Franco, quando fora lançada a semente da Alca (e acompanhando o assunto de longe), eu sabia qual era a visão norte-americana, aceita por muitos países latino-americanos. E, com aquela visão, nós não concordávamos.

Não éramos contra, em tese, que houvesse um acordo com os Estados Unidos, que são, obviamente, um grande mercado. Mas não poderia ser um acordo que cerceasse nosso direito, por exemplo, de ter medicamentos genéricos, que cerceasse nossa capacidade de usar o poder de compra do Estado para mobilizar a indústria brasileira (como ocorreu, de fato, por exemplo, com a Petrobras em relação à indústria naval do Brasil). Não poderia ser um acordo que nos limitasse dessa forma. Além do mais, estavam nos dando muito pouco em troca. Não havia indícios de que os Estados Unidos fariam concessões naquilo que mais desejávamos, como me foi admitido, mais tarde, pelo negociador norte-americano na época, Robert Zoellick. Um dia, em Davos, conversando com ele, quando a Alca já estava moribunda, perguntei: "Me diga uma coisa, Bob, só como hipótese, se concordássemos com o que vocês queriam em matéria de propriedade intelectual, vocês abririam o mercado para o açúcar?". Não quero colocar palavras na boca dele, mas ficou claro, na resposta que me deu, que isso não aconteceria. Ou foi o que eu entendi.

Em um momento anterior, na Reunião de Miami, em novembro de 2003, havíamos chegado a uma situação em que faltava muito pouco para concluirmos os termos gerais de um acordo. Havia só dois pontos que estavam em aberto: as questões dos subsídios agrícolas, da parte dos americanos, e a questão de *enforcement* (aplicação ou implementação) da propriedade intelectual, da nossa parte. Já havíamos desenvolvido inclusive programas de cooperação com os Estados Unidos em matéria de combate à pirataria. Eu tenho três filhos cineastas, imagina se não vou ser contra a pirataria, não é? Tenho que ser contra a pirataria, em qualquer campo!

Agora, não podíamos aceitar sanções comerciais em função de deficiências que pudessem haver no Brasil sobre a aplicação. Nos Estados Unidos, também há deficiências no *enforcement*. Eu morava em Nova York e, pouco antes de ser lançado o filme *Titanic*, já era possível comprá-lo em Chinatown. *Titanic* é dos americanos mesmo, mas digamos que fosse, por exemplo, uma produção inglesa ou francesa... Como país em desenvolvimento, temos muitas deficiências na área social, no sistema penitenciário. O cobertor é curto. Se faltar um pouquinho de cobertor para a aplicação das normas de propriedade intelectual, não posso estar sujeito a uma sanção de natureza comercial. Seria um absurdo o Brasil se submeter a essa situação.

O Brasil queria construir uma Alca que atendesse aos nossos interesses, mas era difícil por várias razões. Primeiro, a questão havia ficado muito ideologizada. Isso é verdade no que se refere ao Brasil, mas nos Estados Unidos também havia certa doutrina de como ver as Américas — no fundo, como consolidar um "quintal". Havia ainda, com os Estados Unidos, as dificuldades concretas a que me referi. Por outro lado, países da América Latina e do Caribe, que haviam negociado acordos de livre comércio com os Estados Unidos, e que, portanto, já haviam feito todas as concessões exigidas, queriam que fizéssemos as mesmas concessões. Ou procuravam alavancar o peso dos Estados Unidos para obterem vantagens que, segundo imaginavam, não teriam em uma negociação bilateral. Havia também o lado político. Como o Brasil e a Argentina poderiam obter benefícios equivalentes dos Estados Unidos com menos concessões do que eles haviam feito? Seria difícil explicar para os públicos internos.

Não éramos contrários à negociação de um acordo com os Estados Unidos por preconceito ideológico. Se amanhã os Estados Unidos quiserem conversar conosco sobre um acordo 4+1 ou 5+1 (este, talvez, um pouquinho mais difícil) — um acordo Mercosul--Estados Unidos —, estaremos abertos a conversar, mesmo sabendo que serão negociações difíceis. Mas é importante definir os termos de referência previamente. Não podem ser os termos de referência preconcebidos em Washington e de acordo com o Consenso de Washington. Mas, como os Estados Unidos também não se interessaram em fazer a Alca da maneira que poderia ser útil para nós, o tema feneceu.

A política externa também tem que refletir as mudanças internacionais. Temas que não haviam sido colocados antes, como segurança alimentar, mudança de clima — não é que o tema não existisse, mas não estava tão presente — e a crise financeira internacional foram tendo impacto na política internacional e na nossa política externa. O fato de o Brasil ter procurado desenvolver uma política externa que, ao mesmo tempo, privilegiou sua região mais imediata, a América do Sul (sem deixar de lado a América Latina e o Caribe), mas procurou diversificar as relações externas, deixou nosso país muito mais preparado para enfrentar as crises que vieram.

Tanto em relação à segurança alimentar quanto em relação à mudança climática, quanto em relação à própria crise financeira, mantivemos uma ampla articulação política. No caso específico da crise financeira, a diversificação de parceiros diminuiu o impacto da crise, contrariamente ao que acontecia no passado, quando qualquer crise nos países centrais tinha um impacto devastador.

Desde o começo do governo do presidente Lula, o Brasil revelou interesse em se aproximar do Oriente Médio, inicialmente dos países árabes, mas também de Israel. Promovemos a Cúpula da América do Sul-Países Árabes, depois de uma visita inicial, em que o presidente Lula foi a vários países da região. Visitei uns doze ou treze países em períodos diferentes. Essa aproximação teve um grande impacto econômico-comercial para o Brasil, sobretudo com relação a abertura de mercado e de investimentos.[7] Mas, em alguns casos, também favoreceu a outros países da nossa região. Sei, por exemplo, que o emir do Catar está planejando uma viagem ao Paraguai. É algo significativo. O Uruguai, por exemplo, tem buscado mercados para seus produtos, sobretudo a carne bovina, na região do Golfo.

A aproximação com o Oriente Médio criou uma dinâmica e uma interlocução novas. E fizemos questão de combinar a aproximação com os países árabes com iniciativas em relação a Israel. Alguns setores da mídia criticavam o governo porque não havia tido visita do presidente Lula a Israel. Mas o fato é que nenhum outro presidente brasileiro havia ido lá antes. Várias visitas foram marcadas e canceladas, em função dos problemas da região. O presidente Mubarak, por exemplo, já cancelou quatro ou cinco visitas que faria ao Brasil. Compreendemos, porque é difícil para ele encontrar um momento em que possa se ausentar da região. O primeiro-ministro Netanyahu havia marcado uma visita para o dia 11 de agosto, mas não poderá vir. Quando estive lá recentemente, ele reiterou o desejo de vir ao Brasil. Mas esteve aqui o presidente Shimon Peres no ano passado. Toda essa movimentação criou uma interlocução qualificada. Vamos tomar o exemplo da Autoridade Palestina: o presidente Abbas esteve no Brasil duas vezes; o ministro Riad al-Maliki, várias vezes; volta e meia vem um emissário especial. Existe um interesse crescente na participação do Brasil nas várias dimensões

---

7 Apesar do óbvio potencial de seus mercados, nossa aproximação com os países árabes foi inicialmente muito criticada. Hoje, em meio às convulsões por que passa a região, a imprensa descobriu que o superávit do Brasil com o conjunto dos países árabes é o maior que temos, consideradas as diferentes regiões ou blocos comerciais.

da questão: diálogo intrapalestino, diálogo entre Palestina e Israel, questões que envolvem Israel e Síria.

O Brasil também esteve sempre muito presente na questão do Líbano. Fui o segundo ministro do Exterior a chegar a Beirute depois dos bombardeios e do conflito com Israel em 2006. Cheguei 24 horas depois do cessar-fogo, em 15 de agosto daquele ano. Foi muito marcante para mim, logo depois da Copa do Mundo que perdemos (está se tornando um hábito, mas naquela esperávamos fazer melhor). Ao chegar ao aeroporto, que só tinha meia pista — pude chegar lá porque estávamos em um Hércules, um avião preparado para pousar em pistas pequenas —, vi fumaça em vários lugares da cidade. Fui imediatamente para o sul de Beirute, que tinha sido a área mais bombardeada. Curiosamente (e tragicamente), metade dos bombardeios em Beirute ocorreu entre a declaração e a efetivação do cessar-fogo, 48 horas depois. Se não me engano, o cessar-fogo foi declarado em um sábado e efetivado em uma segunda-feira de manhã.

Cheguei lá na terça-feira. Havia ainda muitos destroços. Minha então chefe de gabinete, a embaixadora Maria Nazareth — hoje embaixadora em Genebra para a parte política — me chamou a atenção para as camisetas e as bandeiras do Brasil no meio dos escombros. Eram brasileiros (ou pelo menos "brasileiros de coração") que estavam lá. Isso mostra que o conflito, até emocionalmente, estava muito mais próximo de nós do que as pessoas às vezes supõem. Antes disso, eu já havia ido duas vezes à cidade turca de Adana, que era a cidade mais próxima, para receber refugiados brasileiros. Na primeira delas, colhi depoimentos de pessoas que choravam e me abraçavam. Essas coisas tocam, fazem parte da nossa maneira de atuar e de ver o mundo. Às vezes, a política externa pode parecer uma coisa muito conceitual, muito fria e distante, mas não é assim.

O Brasil é um interlocutor solicitado. E devo dizer não só por árabes ou só por israelenses, mas pelos dois lados — se for possível falar em dois lados. Na realidade, são muitos lados. Parece haver, basicamente, dois lados, mas logo percebemos que ambos se multiplicam em várias vertentes. O Brasil desenvolveu a capacidade de ouvir, que é muito apreciada. Uma das coisas importantes — e válida em qualquer negociação — é não vir com ideias preconcebidas, sobretudo quando se pretende ajudar os outros. É claro que você tem que ter suas próprias ideias e seus princípios firmes, ainda mais quando seu interesse está envolvido diretamente. Mas, quando você tenta ajudar em um processo que envolve outros atores, e tem muitas ideias preconcebidas, perde a capacidade de ouvir, tende a traduzir tudo de acordo com seus preconceitos, sua visão de mundo, e isso faz de você um interlocutor pouco útil, mesmo que tenha bomba atômica.

Nós temos essa capacidade de ouvir, de procurar soluções, de discutir. Creio que as pessoas e os países, independentemente das suas posições, sentem isso. Foi o que procuramos fazer no caso do Irã. O Brasil sempre acompanhou a questão iraniana com interesse. Eu tinha uma relação pessoal com ElBaradei, diretor da Agência Internacional de Energia Atômica, e com Solana, alto representante da União Europeia para Política Externa. Eu acompanhava o assunto, mas não tão de perto.

Agora, o que aconteceu foi que o Brasil, com a perspectiva de se tornar, há cerca de um ano, membro não permanente do Conselho de Segurança, percebeu, à luz da evolução das propostas feitas pelo Ocidente para o Irã, que haveria uma possibilidade de contribuir para um acordo. Até então, todas as propostas baseavam-se, explícita ou implicitamente, na suposição de que o Irã desistiria de enriquecer urânio. Tive a oportunidade de dizer a Solana e ElBaradei: "Isso não vai colar!". Acho que nunca funcionaria e nem irá. Se essa for a perspectiva em relação ao futuro, esse problema não terá solução ou, então, terá uma solução tão trágica que prefiro nem cogitar. Mas, em setembro ou outubro do ano passado, houve uma evolução, inicialmente em função de um pedido que o próprio Irã havia feito (de aquisição de combustível para seu reator de pesquisa), que resultou nessa famosa proposta de troca do urânio levemente enriquecido pelo combustível com urânio a 20 por cento. Ela tinha, para o Irã, obviamente, uma atração, um reconhecimento tácito do direito ou pelo menos do fato de que o país havia enriquecido urânio. Havia ali um elemento de atração sobre o qual eu achava que era possível trabalhar.

Para o Ocidente, em particular para os Estados Unidos, a proposta também tinha interesse. Aliás, partiu deles. Ao se dispor a fazer essa troca, o Irã estava implicitamente abrindo mão de enriquecer urânio a 20 por cento, um direito de qualquer país signatário do TNP. Até porque não se faz arma nuclear com urânio a 20 por cento. É verdade que é mais fácil passar de 20 por cento para 90 por cento do que de 3 por cento para 20 por cento. Mas o Irã estava, na prática, dizendo: "Nós vamos fazer essa troca e, portanto, não vamos enriquecer a 20 por cento. Estaremos, assim, mais longe de enriquecer a 90 por cento".

A combinação desses fatores, somada à capacidade fenomenal do presidente Lula de se comunicar, nos levou a buscar um entendimento. Não lembro se foi a *Newsweek* ou a *Time* que disse que o presidente Lula era o único político capaz de ser amigo do presidente Bush e do presidente Chávez, a única pessoa capaz de fazer esse tipo de diálogo. Houve manifestações de vários chefes de Estado, inclusive do presidente dos Estados Unidos, na reunião do G8+5 em L'Aquila, de que o Brasil poderia ajudá-lo no momento em que a política norte-americana parecia ser uma política de mão estendida, e em que Washington achava (e dizia) que o Irã é que não estava colaborando.

O presidente Obama pediu ao presidente Lula que o ajudasse nesse engajamento. As pessoas falam muito sobre as dezoito horas de negociação na véspera do acordo, mas até chegar a esse ponto, houve muitas viagens, muitas conversas, muita desmistificação de certos aspectos de um lado e de outro. Até que assinamos com a Turquia e o Irã a Declaração de Teerã, que o *Le Monde* definiu, em um editorial, mais ou menos assim: "17 de maio de 2010, essa data será lembrada como um marco na mudança do equilíbrio mundial". Bem, talvez não seja, talvez seja o primeiro espasmo, mas, no futuro, terá alguma consequência.

Estou otimista em relação ao que pode acontecer. É claro que é um otimismo temperado, porque quando você ouve esse rufar de tambores sobre a possibilidade de um ataque militar, ou lê que as avaliações dos órgãos de inteligência estão sendo refeitas — já que as que prevaleciam até ontem não servem mais aos atuais objetivos políticos —, naturalmente, acaba pondo as barbas de molho. Por outro lado, vejo uma disposição para a volta das negociações. O próprio Irã tem mostrado flexibilidade. O diretor da AIEA quer fazer uma reunião muito em breve, ainda neste mês, para discutir os aspectos técnicos com o Grupo de Viena. Se houver a reunião, se os negociadores sentarem à mesa, já será uma vitória. Isso não teria acontecido sem a Declaração de Teerã, porque, antes dela, o diálogo era de surdos. Um dizia A, o outro dizia Z. Pelo menos, chegamos a um ponto em que um está dizendo L, e o outro está dizendo O. Estávamos um pouquinho mais perto de algum tipo de entendimento. Se vão nos creditar essa vitória ou não, sinceramente não me preocupo. A história é feita com perspectiva de longo prazo.

Gostaria também de dar uma palavra sobre direitos humanos, porque vocês todos são jovens, idealistas e eu me considero ainda um jovem idealista. Vocês não sofrerão nem passarão por coisas que a minha geração passou. Fiz o exame do Rio Branco entre o final de

1962 e início de 1963; portanto, em plena Política Externa Independente. O Brasil vivia em meio a uma pletora de ideias democráticas, uma grande criatividade na área intelectual: o Sul descobriu o Nordeste, a cidade descobriu o campo; era um período de grande efervescência cultural, que foi, súbita e violentamente, abortado com o golpe militar de 1964.

Nós passamos a viver nos interstícios do que era permitido, e o que era permitido era muito pouco. Vocês, felizmente, não passaram nem passarão por isso. Eu vivi isso, e sei valorizar o que é fundamental na liberdade. Não vou me estender sobre minha própria carreira. Mas vocês sabem que fui presidente da Embrafilme. Na ocasião, pude ver de perto a importância da liberdade de expressão. Coloquei o meu cargo em segundo plano em relação à defesa da liberdade de expressão. Assim, me interesso muito pela questão dos direitos humanos.

Mas há uma diferença entre querer ajudar na questão dos direitos humanos para que os países melhorem, ou simplesmente adotar uma atitude de condenação, que, na maioria das vezes, serve apenas para apaziguar sua própria consciência. Isso é verdade, sobretudo, quando se trata de uma potência colonial que cometeu vários abusos. Ou, então, serve para apaziguar a consciência em relação a outros abusos com os quais você é condescendente em função de uma aliança militar. Há uma diferença entre essa atitude de condenação, que só serve para colocar um diploma na parede, e a tentativa de ajudar efetivamente a resolver os problemas. Obviamente, isso é complexo: as linhas nem sempre são claras. Não posso dizer que tenhamos feito sempre a opção mais correta. É difícil, em cada caso, ter certeza de que existe uma possibilidade de diálogo, de convencimento e de avanço na situação concreta — ciente de que isso deve ser feito em silêncio, ou com discrição —, ou se não há mais possibilidade de persuasão e a única coisa que resta passa a ser uma crítica mais forte.

De modo geral, enquanto for possível manter o diálogo, é melhor. O diálogo cria brechas, aberturas naqueles interstícios. As pessoas podem começar a respirar, a se comunicar, e isso gera uma dinâmica positiva. Essa é a visão que temos. Por isso, o Brasil apoiou — aliás, trata-se de uma iniciativa que veio do governo anterior, mas que apoiamos com vigor — esse *peer review* que se chama Revisão Periódica Universal, no âmbito do Conselho de Direitos Humanos. É um mecanismo a que todos os países são submetidos. Isso é diferente do que havia antes.

Antes, funcionava assim: se você era uma grande potência e se o país a ser analisado era seu amigo, ele ficava isento, nunca aparecia e nunca havia uma resolução sobre ele. Mas, se o país em tela não era tão seu amigo, ou se estava longinquamente no continente africano, você podia fazer uma resolução, condenar, mandar prender, levar a um tribunal internacional. O que nós procuramos fazer é estimular o diálogo, especialmente quando houver uma possibilidade de engajar, de maneira positiva, os organismos regionais, que normalmente exercem maior influência.

O Zimbábue, por exemplo, tem um governo com cujas práticas, em muitos pontos, não concordamos. Portanto, não é que favoreçamos o governo zimbabuano. Mas qual era o melhor meio para atuar sobre a questão? A melhor solução era favorecer o diálogo. Uma organização na região, a SADC, estava tratando disso, e nós tratamos de apoiar essa solução.

Estive mais de uma vez no Zimbábue. O que se pode constatar é que os problemas existem, mas estão sendo manejados com dificuldades, é verdade. Mas há avanços. Existe, hoje, um governo de coalizão, do qual o antigo líder da oposição faz parte. É a antiga potência colonial que cobra do líder de oposição fazer parte daquele governo. E o que havia antes? O país tinha uma inflação que faz a nossa, no auge da instabilidade financeira, parecer fichinha; sofria uma deterioração da situação de saúde, inclusive havia uma epidemia de cólera. Na ocasião em que estive lá, tanto o presidente Mbeki, que ainda era o presidente da África do Sul, como outras autoridades disseram: "Vocês têm que ajudar o Zimbábue, porque haverá uma crise alimentar tremenda" — que, aliás, não ocorreu, pelo menos não na proporção em que se temia. O certo teria sido isolar o país? Quem sofria com as sanções contra o Zimbábue? Era o presidente Mugabe, objeto das sanções? Não, era o povo do Zimbábue. Então, temos que encorajar o diálogo para que a vida das pessoas possa melhorar de fato.

Há situações em que um total fechamento impede o diálogo. A Coreia do Norte, por exemplo, concordou em se preparar para esse Mecanismo de Revisão Periódica Universal do CDH. Isso foi conversado com os norte-coreanos, como um crédito de confiança, e nos abstivemos no Conselho de Direitos Humanos, e, depois, na Assembleia Geral. Durante a revisão periódica, houve recomendações em relação à situação dos direitos humanos. E a Coreia do Norte não quis ouvir nenhuma. Aí, sim, votamos a favor da resolução condenatória, mesmo achando que os termos da resolução não ajudavam a criar um diálogo. Mas, como também a Coreia do Norte não respondeu, agimos dessa maneira.

E vou contar um último episódio, anterior a este governo, mas muito interessante. Em 2000, mais ou menos, eu era embaixador em Genebra, e o Brasil propôs uma resolução que dizia ser o racismo incompatível com a democracia. Havia um governo de um país europeu nitidamente inspirado pela extrema direita. Havia fortíssima propaganda contra a imigração. Tinha, enfim, todos os componentes que a extrema direita normalmente encerra.[8]

Nós propusemos essa resolução, que foi aprovada e é sempre renovada. Eu queria que a resolução fosse muito simples, mas é muito difícil fazer coisas simples, porque todo mundo complica — "coloca isso", "coloca aquilo", e a decisão acaba perdendo a força.

---

8 Aquele governo posicionou-se, a princípio, contrariamente à iniciativa brasileira.

Eu queria uma resolução simplíssima, que dissesse que o racismo era incompatível com a democracia. "O Conselho dos Direitos Humanos, considerando isso e aquilo, decide que o racismo é incompatível com a democracia."

E o que aconteceu? Os países ocidentais reagiram, especialmente os europeus. E por quê? Porque *não seria nosso papel* propor uma resolução sobre direitos civis e políticos. Isso era só para países do Ocidente rico. Nós podíamos até propor alguma resolução sobre direitos sociais ou culturais, mas direitos civis e políticos não eram, segundo a visão prevalecente, da nossa competência. O fato de o Brasil ter proposto uma resolução que dizia que "o racismo é incompatível com a democracia" causava estranheza. As pessoas foram nos perguntar: "Quem pediu para vocês fazerem isso?", ou "quem está mandando?". Achavam que havia alguém por trás! E não estou falando dos anos 1940 ou 1950. Estou falando de dez anos atrás! Ao final, conseguimos aprovar a resolução, expondo todas as hipocrisias, e ninguém teve a audácia de votar contra. Estou dizendo como essas questões se passam, para que vocês entendam.

Era sobre isso que eu queria conversar com vocês, expor alguns temas de maneira um pouco desordenada, talvez eu não seja um exemplo de organização cartesiana do pensamento. Mas é assim que a política externa se desenvolve.

PERGUNTAS

Bruno Graça Simões Ministro, minha pergunta é referente ao futuro. O senhor fez uma exposição dos últimos oito anos de política externa. O senhor está encerrando uma era da política externa brasileira. Viveremos uma nova era, que está começando com o sucesso que o senhor narrou. O que o senhor imagina que sejam nossos principais desafios nos próximos dez anos? Para nós, que somos terceiro-secretários agora e seremos segundo e primeiro-secretários daqui a dez anos, quais serão nossos desafios para consolidar o que foi feito até agora e ampliar o que já foi feito?

Celso Amorim Primeiros-secretários daqui a dez anos e, espero, embaixadores dentro de 20 ou 25 anos...

É muito difícil fazer esse tipo de previsão porque a realidade internacional muda de maneira vertiginosa. Às vezes, ela vai mudando de maneira lenta e, subitamente, acontece alguma coisa inesperada. É como um rio que corre devagar e entra em uma corredeira. Assim foi com a crise financeira.

Quem em sã consciência poderia dizer — e não precisa voltar dez anos — há cinco anos, quando começaram as reuniões do G-8+5, que o G-7 seria substituído pelo G-20 Financeiro, como a principal instância de discussão de temas econômicos e financeiros? Eu certamente não poderia. Quem poderia dizer que o Brasil mudaria o esquema de negociação na OMC como mudamos desde a Reunião de Cancún?

Nós mesmos não fizemos o que fizemos com a intenção principal de mudar tal esquema, mas isso ocorreu. Fui embaixador no Gatt, fui diretor do Departamento Econômico do Itamaraty em outra ocasião, acompanhei e participei de negociações em que países como Brasil e Índia eram considerados membros de segunda ou terceira divisão. Tinha uma primeiríssima divisão que eram Estados Unidos e União Europeia, e a eles se juntavam, em geral, Canadá e Japão, só para não ficar muito desagradável. Eles formavam o *Quad* (o G-4 da época). Depois vinham outros países, como Nova Zelândia e Austrália, e, um pouco abaixo, Brasil, Argentina e Índia. Não é que fôssemos totalmente desimportantes, mas nossa capacidade de negociar uma agenda que nos fosse favorável era muito pequena.

Isso mudou radicalmente. Hoje, não há como convocar uma reunião na OMC sem a participação do Brasil. São eles que pedem e nós que, muitas vezes, não queremos. O Zoellick, que era o principal negociador norte-americano, teve o mérito de compreender isso. No início de 2004, em uma visita a Buenos Aires, depois que a Alca já havia passado por solavancos, recebi uma ligação do então USTR. Eu pensei: "Lá vem o Zoellick falar de Alca de novo". Mas ele falou sobre Alca por um minuto, e por uma hora sobre OMC. Isso aconteceu, é claro, logo após a grande crise que havia ocorrido em Cancún. Ele ligou para sugerir que Brasil, Índia e outros países em desenvolvimento tentassem encontrar uma solução para a Rodada Doha, junto com Estados Unidos e União Europeia.

Quem poderia dizer que Brasil e Turquia proporiam um acordo sobre o programa nuclear do Irã? Quem poderia dizer uma coisa dessas? Isso antes parecia impossível. Esse não era necessariamente um objetivo da política externa brasileira, mas as coisas foram caminhando de tal forma que foi assim que ocorreu. Com isso, quero dizer que acho muito difícil prever o que será daqui a dez anos. Tenho dificuldade de prever o que será daqui a um ano.

Mas algumas linhas, não podemos abandonar. Não me canso de repetir: a integração da América do Sul é fundamental. O Brasil só é forte dentro de uma América do Sul forte. Ou melhor: o Brasil é forte de qualquer maneira, mas é muito mais forte com uma América do Sul forte e integrada. Primeiro, você tem que viver em paz com seus vizinhos e em clima de harmonia. Segundo, quando se comparam as economias da China, da Índia, dos Estados Unidos e da União Europeia, todas são — convenhamos — potencialmente muito maiores que a economia do Brasil. A Índia ainda não, porque nossa renda *per capita* é maior e continuará a ser por alguns anos. Mas, se você projetar o futuro, verá que a economia da Índia será inevitavelmente maior que a do Brasil. Mas a América do Sul é diferente, a América do Sul em conjunto tem um peso muito grande.

Se você me perguntar o que lamento do ponto de vista histórico, foi não termos despertado antes para a necessidade de integração da América do Sul. Não termos criado antes um Mercosul que abrangesse toda a América do Sul. Hoje, fazemos o que é possível: estreitamos os laços bilaterais, fortalecemos a Unasul etc. Mas do ponto de vista de negociação econômica e comercial, não existe uma união aduaneira de toda a América do Sul. E isso limita nossa capacidade de negociar em conjunto.

É necessário continuarmos de maneira muito intensa nossa aproximação com a África. Mas essa não pode ser uma atitude só do Itamaraty. As pessoas pensam que a política externa é feita somente pelo Itamaraty, por instrução do Palácio do Planalto. O Itamaraty é, obviamente, instrumental, porque ajuda o presidente da República a executar as linhas gerais. Mas a política externa é feita, hoje em dia, nos outros Ministérios, nas empresas privadas, na sociedade civil. Há um trabalho de longo prazo para mudar a mentalidade das pessoas. As coisas já estão mudando. Se eu comparar as atitudes, por exemplo, de colegas, do MDIC, do Ministério da Saúde — os Ministérios das áreas sociais sempre tiveram mais sensibilidade —, mesmo os Ministérios que defendem interesses econômicos específicos, todos têm demonstrado mais sensibilidade em relação à África. Várias missões têm sido feitas. O ministro Miguel Jorge tem liderado missões empresariais — quando ele não pode, tem ido o secretário-executivo, o Ivan Ramalho. Quando estivemos recentemente na Fiesp, o presidente interino da instituição disse: "Quero fazer uma grande missão à África". Precisamos trabalhar aqui para que essa grande missão à África ocorra. Está havendo essa mudança que é importante. O interesse pela África é hoje muito maior.

Outra coisa que seguirá na nossa agenda por muito tempo é a consolidação da reforma da governança global. Na área econômica isso seguramente já começou. Mas é preciso consolidar no FMI, no Banco Mundial, nas instituições de Basileia. Muita coisa tem acontecido nesse terreno, ainda que de forma insuficiente. Na área do clima, o Brasil e os demais países em desenvolvimento estarão no centro de qualquer organização que se crie. A área em que é mais difícil fazer essa mudança é a da paz e segurança internacionais. Mas acredito que essa mudança virá. Como virá exatamente, eu não sei, do mesmo modo que não sabia e não poderia prever que a falência do *Lehman Brothers* acabaria levando à criação do G-20 Financeiro. Ou, como também confesso, não previa que os Bric se tornariam tão importantes para o conjunto da economia mundial.

Essas mudanças vão ocorrer. Mas não é um processo simples. Como a Declaração de Teerã demonstrou, ainda há muito ciúme. A palavra em espanhol descreve bem, porque tem duplo sentido: *celo*, que significa zelo e ciúme. É o zelo de guardar o que é seu, de não querer dividir com os outros. As negociações das sanções contra o Irã demonstraram que, além de os membros permanentes do Conselho de Segurança quererem reter o controle dos processos decisórios em questões relativas à paz, por se julgarem mais aptos e responsáveis para lidar com elas, esses países têm *celo* de compartilhar responsabilidades, porque a paz e a segurança são objeto de barganha entre eles. Foi o que ocorreu, de maneira evidente, no caso do Irã. Basta ler os jornais. Não estou dando qualquer informação que não seja pública. E não foi desmentida. Então, suponho que seja verdade.

Essas são algumas linhas que continuarão a nos ocupar. Mas preciso fazer a ressalva de que é difícil dizer exatamente como será. Vejo uma América do Sul muito mais unida, quiçá com instituições próximas às que tem hoje a União Europeia. Vejo relações com a África muito mais intensas. E não só por solidariedade, mas por interesse. E vejo, com os Estados Unidos e a União Europeia, relações positivas, mas respeitosas, como temos tido nos últimos anos.

Raquel Naili O senhor foi presidente da Embrafilme. Gostaria que falasse sobre a cultura como instrumento de política externa.

Celso Amorim Os temas culturais são muito importantes nas relações internacionais. Muitas das ações de política externa são estabelecidas em função das relações entre pessoas. A área cultural propicia essa relação. Refiro-me à área cultural *lato sensu*, não só as artes, mas também à educação e à ciência. As relações nesse campo criam laços profundos e permanentes. Em nossa relação com a África, esse aspecto é fundamental. Na América do Sul, idem.

Hoje, por exemplo, a história da África é matéria obrigatória do currículo brasileiro. Ninguém melhor que africanos para nos contar um pouco dessa história. Quando eu era garoto, há muitos anos, estudava história do Brasil no primeiro ano do ginásio. No segundo ano, história das Américas — não da América do Sul, ou da América Latina. Evidentemente, uma grande parte era a história dos Estados Unidos, embora houvesse lá uma página sobre Bolívar e San Martín. E, no terceiro ano, história geral. É necessário que tenhamos também uma história da África. Percebo minha própria ignorância cada vez que vou à África: eu ainda confundo os povos de uma área com os de outra, o que pode parecer bobagem, mas não é. Estou citando a África, mas, em relação a outros países, essa diversificação de laços é muito importante.

Estamos trabalhando, por exemplo, para implementar a TV digital na América do Sul e também na África. Pessoas que são do ramo me confirmaram que, para além do nosso interesse tecnológico e econômico, ter um sistema comum de TV digital nos países em desenvolvimento, sobretudo na América do Sul e na África, é positivo porque barateia os custos de intercâmbio e abrem-se mercados. Cria-se a oportunidade de intercomunicação de programas, de conteúdo, que, hoje, praticamente não existe. Há algumas tentativas muito modestas das televisões públicas. Televisões comerciais têm muito pouco interesse. Pode até haver interesse em passar programas para as comunidades brasileiras no exterior, como algumas televisões já fazem — não necessariamente os programas mais edificantes —, mas programas com alguma coisa da cultura brasileira. Como, felizmente, não fazemos censura nem aqui no Brasil, não podemos fazer censura para fora. Uma vez, o presidente de um país pequenino da África em que eu estive me disse: "Eu não sei como vocês deixam passar essas coisas na televisão. Isso não é bom para o Brasil". De qualquer maneira, que isso continue, mas que possamos levar também coisas interessantes. E aprender também. Eu sinto que há mais vontade hoje, mas há um caminho longo a ser percorrido. Minha esperança nessa área, sobretudo audiovisual e eletrônica, é de que o próprio avanço tecnológico democratize a utilização desses meios e que isso também valha para a área internacional.

Como vocês estão entrando na carreira diplomática, tenho que dizer que havia muito preconceito em relação à área cultural. Eu mesmo fui diretor do Departamento Cultural. Havia passado alguns anos fora do Itamaraty — três anos na Embrafilme, depois fui para o exterior, meio exilado. Exílio dourado, devo dizer, mas fui meio exilado, porque, ainda na Embrafilme, tinha autorizado o financiamento de um filme que tratava do tema da tortura. Voltei, fui trabalhar no Ministério da Ciência e Tecnologia, e o regresso ao Itamaraty não foi fácil. Passei seis meses sem função, até que me deram o Departamento Cultural, porque achavam que era o menos interessante. Mas como Deus escreve certo por linhas tortas, para mim, foi ótimo. Em minhas três promoções mais importantes, estava sempre na área cultural. Fui chefe de Divisão Cultural — na época, chamava-se DDC, acho que hoje é DODC —, depois presidente da Embrafilme e, finalmente, diretor do Departamento Cultural. Foram as minhas promoções mais importantes: conselheiro, ministro e embaixador. Então, para os que se interessam pela área cultural, o importante é fazer o trabalho benfeito e com o coração.

Gostaria também de salientar que vocês estão em uma carreira política. Tudo o que é feito se encaixa em um objetivo maior:

a política externa brasileira. Vou contar um episódio de quando eu era diretor do Departamento Cultural: em determinado momento, havia um dinheirinho sobrando. Nós sempre tínhamos muito pouco. Eram quase migalhas. Hoje é um pouquinho mais, mas ainda é, seguramente, pouco. Nos idos de 1989, nosso então embaixador em Moçambique, o embaixador Nazareth, teve a ideia de fazer um Centro Cultural em Maputo. O ministro da Cultura da época, José Aparecido de Oliveira, que era uma pessoa muito ativa, apoiava a iniciativa. Apoiava, mas tampouco tinha recursos. Então, peguei um pouquinho, tinha algum dinheirinho para o restante do ano. Pensei: "Vamos pegar tudo isso aqui, vamos raspar o fundo do tacho e dar o dinheiro que o nosso embaixador Nazareth precisa em Maputo para criar o Centro Cultural". E era uma situação juridicamente complicada. Hoje, parece muito longe, mas eram só quinze anos desde a independência de Moçambique.

Dois anos e meio depois desse episódio, eu já tinha conseguido, a duras penas, ser promovido a embaixador em Genebra. Certo dia, estou lendo o *International Herald Tribune*, que trazia um artigo sobre Moçambique, em plena guerra civil. (Ainda era o tempo do *apartheid* na África do Sul, que apoiava o Renamo, hoje um movimento político normal — na época não era —, contrário ao governo da Frelimo. Era uma guerra civil devastadora. Moçambique, talvez depois de Angola, foi um dos países com o maior número de minas antipessoais do mundo). O jornal dizia que, em Maputo, uma cidade em que não acontecia quase nada, que estava totalmente sujeita a apagões, só havia uma coisa que pulsava: o Centro Cultural Brasileiro. Fiquei feliz, realmente. Você vê que as nossas ações podem ter um efeito prático.

Aluno Queria retomar a questão que o senhor mencionou, da baixa autoestima do brasileiro. O senhor citou Nelson Rodrigues, poderia ter citado Joaquim Nabuco — o senhor fez uma palestra recente na Academia Brasileira de Letras sobre Joaquim Nabuco. O Brasil ganha proeminência, abre muitas Embaixadas novas, tudo isso é muito importante para que possamos ter maior visibilidade. E essa visibilidade faz nossa autoestima aumentar, mas, no meu modo de ver, continuamos a ter esse problema. Gostaria de saber do senhor, tendo em vista toda sua experiência, o que nós do MRE podemos fazer para difundir uma nova imagem do Brasil e contribuir reflexivamente para a construção desta nova identidade, uma vez que o Itamaraty sempre foi um celeiro de pensadores e de pessoas que refletiram sobre a identidade do brasileiro. Como podemos discutir essa questão mais profundamente, quem somos, quem não somos, qual é esse *quid* que nos faz brasileiros, o que temos de essencial como país e como povo...

Celso Amorim Sua pergunta não é simples, sobretudo a parte final, mas deixe-me tentar responder. Primeiro, acho que essa falta de autoestima não é geral do brasileiro. Isso se passa em certas camadas da população. E vou dar aqui minha interpretação, porque, como já estou chegando ao final da gestão e alguém já antecipou que, daqui a pouco, eu não terei mais nenhuma função — o que acho que é verdade —, acho que posso falar com mais franqueza. Essa falta de autoestima é, em grande parte, alimentada por aqueles que se beneficiam de uma situação de dependência. A verdade é essa. Isso não é uma coisa gratuita. E vou dizer: não é só contra o nosso governo.

Vou dar um exemplo aqui de algo que se passou no governo anterior: quando eu era embaixador em Genebra, tivemos um contencioso que durou muitos anos com o Canadá, a questão da Embraer e da Bombardier.[9] Em determinado momento, vimos que

---

9   A disputa, referente a subsídios para exportação, iníciou-se em 1996, com a abertura do processo de consultas, por iniciativa do Canadá. O caso ficou em suspenso até 1998, enquanto se procurava uma solução negociada. O contencioso foi reativado na OMC e

só poderíamos ganhar o caso — com todo respeito ao excelente trabalho que fez um de nossos mais extraordinários diplomatas, o Roberto Azevêdo (hoje embaixador na OMC e, na época, meu conselheiro) e ao trabalho dos advogados — se tirássemos o assunto do domínio exclusivamente técnico. Se mantivéssemos o caso em plano estritamente técnico, perderíamos.

E por quê? Porque todas as regras foram concebidas para que perdêssemos. A legislação da OMC e do Gatt foi feita para defender o interesse dos mais ricos. O subsídio que a Bombardier, uma companhia rica, de um país rico, conseguia dar não era necessariamente considerado subsídio. E por quê? Porque era dado de maneira mais sutil, na fase de produção. Como não podíamos ter toda essa sofisticação, fazíamos a coisa óbvia: pagávamos o subsídio na boca do caixa. No Brasil, era assim: exportou, recebe um bônus. Era um óbvio subsídio à exportação. O deles era muito mais sofisticado, porque tinham mais *know-how* de fazer e porque a própria estrutura econômica permitia que fizessem isso dessa maneira. A nossa realidade não permitia. Por exemplo, garantias de crédito. Hoje é diferente. Como já falei, o real é uma moeda forte. Mas o que valia, no passado, uma garantia de crédito dada pelo Tesouro brasileiro, comparada com uma dada pelo Tesouro norte-americano ou o Tesouro canadense? Nada. Então, a garantia de crédito deles era aceita. Mas o subsídio na boca do caixa não.

Se fôssemos estritamente pela disputa técnica, perderíamos. Achei necessário dar uma dimensão política à situação. É claro que os juízes julgam sempre de acordo com as leis e com as normas, mas eu tinha a percepção de que era um assunto com uma implicação

---

os primeiros resultados favoreceram quase integralmente o Canadá. A partir de 2000, o Brasil adotou posição mais agressiva em relação aos programas canadenses, que redundou em decisões que nos foram largamente favoráveis. Ao fim e ao cabo, ambos os países receberam autorização para se retaliarem mutuamente, o que viria a ensejar um acordo.

política, e que o Gatt e a OMC não poderiam ser usados para impedir que um país se desenvolvesse tecnologicamente. Essa "politização" foi, de alguma maneira, entrando na cabeça das pessoas. "Politização" no bom sentido do termo, de ver que havia uma implicação para as políticas tecnológicas, as políticas de desenvolvimento.

Essa nossa atitude, naturalmente, incomodou muito o Canadá. Imediatamente, surgiu uma acusação direcionada ao Brasil em relação à vaca louca, uma acusação totalmente vazia e falsa. Como uma autoridade sanitária canadense havia feito uma pergunta sobre o assunto, um ano e meio antes, e ela nunca tinha sido respondida (ninguém deu bola, o que foi um erro), os canadenses aproveitaram essa falha burocrática para proibir a importação de carne brasileira. O absurdo é que nunca tinha havido um caso de vaca louca aqui — e, no Canadá, sim. Pensei: "Vamos criar uma situação para chamar a atenção para o absurdo que é essa medida".

Essas questões de proteção por motivos sanitários são muito difíceis de tratar dentro da OMC, porque há muita latitude a quem aplica a medida. Mas, enfim, fizemos certo barulho e pedimos a inscrição do tema no comitê correspondente. Os embaixadores nunca iam ao comitê. Todo mundo ficou surpreso quando fui lá, e levantei a questão. O Brasil levantou a questão criticamente, uns quatro a cinco países falaram, apoiando moderadamente o Brasil, porque disseram: "Não se deve usar essas medidas discriminatoriamente, sem fundamentação". O Canadá obviamente se defendeu e, portanto, falou mal do Brasil. Manchete do dia seguinte de um jornal brasileiro: "Brasil criticado na OMC".

Então, essa falta de autoestima, esse derrotismo, acredito sinceramente — e digo isso com toda convicção, — não são gratuitos. Têm a ver com os interesses que as pessoas representam. Se não diretamente, ao menos indiretamente. O ministro Silveira, com quem trabalhei, dizia que o pior colonialismo é o colonialismo mental. A pessoa passa a se achar realmente inferior. E quem é inferior está errado, não pode fazer as coisas, não tem direitos. Se os Estados Unidos resolverem conversar com o Irã amanhã, se o presidente Obama resolver conversar com o Irã, será ótimo. Certamente dirão: "Ele é criativo, liberal, está passando por uma nova fase". Se o presidente Lula quiser conversar com o Irã ou o primeiro-ministro da Turquia, eles estarão, segundo a avaliação dessas mesmas pessoas, traindo o Ocidente, estarão ao lado de um ditador. Isso está impregnado nas pessoas.

Marcela Campos de Almeida Queria saber se o senhor atribui muitas das críticas que a mídia faz ao desconhecimento ou à orientação política. O senhor acredita que essas críticas podem ter um lado positivo, no sentido de que a política externa está mais perto da sociedade?

Celso Amorim Deixe-me dizer: primeiro, eu sou totalmente favorável à liberdade de expressão, sem restrição alguma. É melhor receber 20 mil críticas do que não receber nenhuma, ou receber poucas ou receber elogios em um contexto sem liberdade de expressão. Digo isso com toda sinceridade. É natural que, quando você está em um embate, a crítica às vezes machuque, você se sinta injustiçado sobretudo quando as pessoas adotam uma visão mesquinha. Vejo isso em jornalistas que conheço e prezo pessoalmente. Eu não diria que tenho problemas com a crítica. Ela nos obriga a afiar o argumento. O que menos gosto é ir a um programa de entrevistas e o entrevistador concordar comigo. Porque fico sem graça; não há aquela dialética, fundamental para você esgrimir o argumento certo, para refinar o pensamento.

Você me fez outra pergunta: se as críticas são motivadas por ignorância ou por interesse? Sinceramente, não sei. De modo geral, uma combinação das duas coisas. As pessoas não sabem direito, pensam que sabem ou ouviram falar em alguma coisa. E, ao mesmo tempo, tem aquele aspecto que já mencionei, de informações distorcidas. Por exemplo, fui recentemente a Israel.

Saí do Brasil por causa de Israel, por algo que havia sido pedido ao presidente Lula pelo primeiro-ministro Netanyahu. Não vou entrar em detalhes, porque não posso entrar em detalhes agora, mas era o principal objetivo. Aí eu vou a Israel, um jornalista conhecido publica: "Oito das dez personalidades que o ministro Celso Amorim viu são contra Israel". Ora, uma dessas personalidades a quem ele estava se referindo era a Tzipi Livni, que já havia sido ministra do Exterior, cogitada como primeira-ministra há um ano e possível primeira-ministra em futuro governo de Israel. Neste caso, nem a ignorância explica.

Vivi um episódio parecido na OMC. O Brasil adquiriu uma posição realmente ímpar na OMC. Naquele momento, os principais atores eram Brasil, Índia, Estados Unidos e União Europeia. Era o G-4 da OMC (não o G-4 da reforma do Conselho de Segurança, que reúne Brasil, Alemanha, Japão e Índia). Hoje, a China ganhou papel importante na OMC. Enfim, fui a uma reunião em Paris, logo após ter havido mudanças tanto na Comissão Europeia quanto no USTR — uma reunião, aliás, realizada na Embaixada do Brasil. Estava lá o ministro do Comércio indiano. Na véspera, o então comissário europeu, Peter Mandelson, e o recém-nomeado USTR, Rob Portman, pediram para me ver. Eu disse: "Está bem, mas vai ser na residência da Embaixada do Brasil". Eu tinha marcado um jantar com o Pascal Lamy, que tinha acabado de ser eleito diretor-geral da OMC, aliás derrotando o candidato brasileiro. Mas eu tinha (e tenho) boas relações com ele. Era a primeira vez que o Pascal Lamy saía de Genebra. É claro que Paris é ali do lado e é a terra dele, mas era a primeira vez que ele saía de Genebra na condição de DG da OMC. Então, marquei um jantar com ele na residência do embaixador do Brasil em Paris (na época, era a embaixadora Vera Pedrosa). Por causa da posição que o Brasil havia assumido, houve uma disputa entre os assessores de Mandelson e de Portman para ver quem teria mais tempo comigo. Recebi todos na Embaixada do

Brasil: o norte-americano e o europeu, e jantei com o Pascal Lamy. No dia seguinte, um jornalista me perguntou: "Por que você escolheu o mais fraco para jantar?". É possível uma visão dessas?

14

"CONFESSO QUE NEGOCIEI"

Negociações internacionais e a Rodada Doha da OMC.
31 de agosto de 2010[1]

Eu tenho que aproveitar o tempo que me resta para ter contato com os jovens e tentar dividir com vocês algumas experiências, que, por serem experiências de ministro, oferecem um ângulo um pouquinho diferente, provavelmente, de outras que vocês ouvirão. Acho que a ótica de quem participa de uma negociação do ponto de vista não exclusivamente, ou não predominantemente, técnico, mas, sobretudo, político é interessante para vocês.

Gostaria de começar com um comentário sobre a importância da negociação na diplomacia. Até diria que, em grande parte, diplomacia é negociação. As demais atividades envolvidas na diplomacia, como, por exemplo, as ações de divulgação cultural, de cerimonial, de informação ou de representação, são importantes porque fazem parte da preparação do processo negociador. Elas preparam o terreno para a negociação, centro da atividade diplomática, que, por sua vez, representa a busca dos objetivos do país no plano internacional.

---

1 Palestra para as Turmas 2009-2011 e 2010-2012 do IRBr.

Quando se fala em negociação, muitas vezes se pensa apenas em um processo de troca de concessões, que é um dos aspectos da negociação, e, certamente, muito importante. Mas negociação envolve muitos outros fatores. Envolve persuasão, formação de coligações, boa presença e boa representação do país. Tudo isso, de alguma maneira, conflui para o processo de negociação propriamente dito, que é, a meu ver, o ponto central da diplomacia. Se fosse tentar dizer o que fiz nos últimos sete, oito anos, diria, *à la* Neruda: "Confesso que negociei".

A palavra "negociação" tem uma conotação muito ampla. É possível estar em uma negociação de forma direta, em que o diplomata está muito claramente envolvido na defesa do interesse do país em relação a outro país ou a um grupo de países. E é possível que a negociação adquira outro aspecto: o de ajudar na solução de um conflito internacional, em que o papel do diplomata — o papel do país — não é só o de buscar um interesse imediato, mas contribuir para resolver uma controvérsia. Com esse tipo de atuação, a posição — o *status* — do próprio mediador melhora, o país ganha mais prestígio, o que o torna mais apto a participar de outras negociações em que seu interesse direto pode estar em jogo.

A negociação tem de ser observada sob vários ângulos, do ponto de vista do tempo e dos fatores envolvidos. É possível referir-se a um aspecto específico, a um momento em que o interesse do país está sendo discutido. É possível também referir-se a um processo mais longo, composto de uma série de negociações que conduzem ou, supostamente, devem conduzir a um resultado final. E é possível até mesmo pensar em um ciclo mais longo ainda, um ciclo histórico, em que aquela negociação e aqueles resultados — obtidos ou não na íntegra — fazem parte de uma redefinição da posição do país no mundo.

Sei que vocês estão tendo como orientador uma pessoa muito prática, muito direta e muito eficiente, o Welber Barral. Mas imagino

O Protocolo de Ouro Preto consolidou institucionalmente o Mercosul. Na ocasião, também se fixaram juridicamente as bases da união aduaneira.

Quizás el canciller tenga razón: Em julho de 1994, fui portador de uma carta do Presidente Itamar Franco ao Presidente Fidel Castro, que tratava da adesão de Cuba ao Tratado de Tlatelolco. A foto, tirada na Embaixada do Brasil, retrata o momento em que comemorávamos a vitória do Brasil sobre a Holanda na Copa do Mundo.

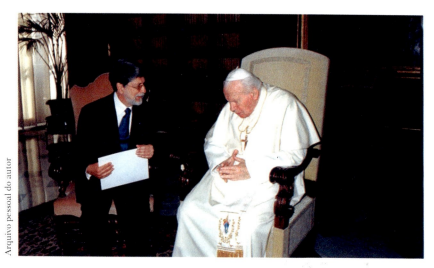

Arquivo pessoal do autor

O Brasil condenou de forma veemente a invasão do Iraque. Fui emissário de cartas ao secretário-geral da ONU e ao Papa João Paulo II, que havia feito um apelo aos líderes mundiais pela cessação de hostilidades. O Pontífice recebeu-me em audiência privada em sua biblioteca. Embora já muito debilitado, demonstrou acompanhar de perto a evolução daquela tragédia. Por cortesia, perguntei-lhe em que idioma deveria falar. "Em português, é claro".

Ricardo Stuckert

"Juntos, pilotando o Brasil". Esta foi a dedicatória que o Presidente Lula escreveu na foto que dedicou aos meus netos. A foto foi tirada na volta da visita do Presidente à Índia, em 2004.

"Amorim das Arábias", assim o jornal *Correio Braziliense* se referiu ao périplo a dez países árabes em dez dias, com o objetivo de preparar a 1ª Cúpula América do Sul-Países Árabes.

Um dos grandes avanços na atitude negociadora do Brasil foi o de conseguir unir os grupos de países em desenvolvimento em torno de um virtual G-110. A união desses países na Conferência Ministerial de Hong Kong foi crucial para obter uma data para a eliminação completa dos subsídios à exportação de produtos agrícolas.

No governo Lula, o Brasil intensificou sua presença no Oriente Médio, com uma visita presidencial e grande número de visitas minhas. Na foto de 2005, faço embaixadinhas na instituição mantida por Shimon Peres para crianças israelenses e palestinas.

Fui responsável dois dos oito discursos de abertura da Assembleia Geral da ONU durante o governo Lula. A reforma do Conselho de Segurança foi um tema sempre presente nesses pronunciamentos. A foto retrata a delegação brasileira. Nela, aparecem os Embaixadores Ronaldo Sardenberg, Henrique Valle, Maria Nazareth Farani de Azevêdo, minha Chefe de Gabinete, Antonio Patriota, Subsecretário para Assuntos Políticos, José Felício, Secretário de Planejamento Diplomático, e Pedro Motta, do Departamento da África.

A FAB prestou grande serviço à política externa brasileira. A foto capta uma conversa a sós, com Pascal Lamy, na cabine privada de um "sucatinha", cedido pelo Presidente Lula, em um voo entre Genebra e Arusha (Tanzânia), onde ambos participamos, como convidados, de um encontro de Ministros de Comércio africanos.

Desde Cancun, as negociações entre Brasil e Estados Unidos na OMC foram duras, porém amistosas. O gesto descontraído meu e de Rob Portman, então representante comercial norte-americano, ilustra este misto de disputa e camaradagem.

O Brasil lidera a missão da ONU no Haiti desde 2004. O presidente Lula visitou o país três vezes; eu, dez. Sempre nos preocupamos em acentuar a dimensão socioeconômica da presença internacional no Haiti. Aqui, estou na Cité Soleil, área até pouco tempo antes fora dos limites para civis estrangeiros sem carros blindados ou coletes à prova de balas.

Explicando o Brasil à secretária de Estado norte-americana, Condoleezza Rice, a partir de uma obra de Portinari. O diálogo não se centrou exclusiva ou predominantemente em temas bilaterais. Falamos também de África, Cuba, Haiti, Oriente Médio e governança global.

Em março de 2008, o Brasil esteve profundamente empenhado em evitar o agravamento do conflito entre Colômbia e Equador. O cartunista Chico Caruso dedicou uma série de seis caricaturas a esse esforço. Além dos presidentes Correa e Uribe, Caruso representa seus supostos apoiadores, respectivamente os Presidentes Chávez e Bush.

Durante o governo Lula, houve intensa aproximação com a Venezuela. Como Ministro, além de acompanhar o Presidente, envolvi-me especialmente em dois momentos críticos: a criação do Grupo de Amigos, em 2003, até o referendo revocatório, em junho de 2004; e nas negociações para a entrada da Venezuela no Mercosul. A imagem retrata ocasião em 2008, em que o presidente venezuelano me recebeu no Palácio Miraflores.

Entre 2003 e 2010, o Brasil expandiu sua cooperação com a África. O presidente Lula visitou mais de vinte países africanos, eu pelo menos trinta. A foto registra a colocação da pedra fundamental de um laboratório em uma fazenda-modelo de algodão no Mali, apoiado pela ABC-MRE e pela Embrapa. O Presidente Amadou Touré, em vestes típicas, participa do ato.

Uma das ocasiões em que me coube representar o Presidente Lula foi a comemoração dos duzentos do "Grito Libertário", marco da luta pela independência na Bolívia. As relações com alguns dos nossos vizinhos se reforçaram nos oitos anos de sua gestão, mas não estiveram isentas de problemas. A dinâmica do relacionamento bilateral e dos esforços em nível regional é fundamental para entender-se o processo de integração sul-americana, consagrado com a criação da Unasul, em julho de 2008.

que, na maior parte das vezes, ele se refira ao primeiro sentido que mencionei — o ciclo curto da negociação. Um exemplo de negociação que poderia ser examinado como um ciclo curto é o processo que o Brasil moveu contra os Estados Unidos na OMC sobre o algodão. O Brasil entrou com um pedido de *panel*, um pedido de arbitragem, em relação aos subsídios dados ao algodão norte-americano que achávamos — e conseguimos provar — que eram ilegais.

Depois de um processo que durou mais ou menos oito anos, o Brasil ganhou todas as etapas. Provou que havia o subsídio; provou que o subsídio era, em determinada situação, proibido e, em outra, concedido de forma irregular; depois provou que o montante concedido causava prejuízo. Houve recursos e nós ganhamos. Depois, houve aquilo que na OMC se chama de "*panel* de implementação", para determinar qual o prejuízo sofrido. Ganhamos novamente. Ganhamos inclusive o direito de fazer retaliação cruzada, isto é, de retaliar não só em bens, pois teríamos dificuldade de fazê-lo sem prejudicar a nós mesmos, mas também de retaliar na área de serviços ou de propriedade intelectual, setores em que haveria maior impacto para os Estados Unidos.

Após oito anos, com todas essas vitórias e, sobretudo, depois que adotamos medidas legais internas que nos habilitavam a proceder à retaliação cruzada, os Estados Unidos resolveram negociar seriamente. E conseguimos fazer uma negociação adequada. Se foi o resultado ideal ou não, é sempre difícil dizer, uma vez que essas situações se prestam a mais de uma interpretação. Mas conseguimos uma negociação que agradou o setor exportador brasileiro — no caso, o produtor de algodão —, com a possibilidade de se retornar ao caminho da retaliação, caso os termos acordados não sejam cumpridos.

Basicamente, questionávamos dois programas norte-americanos: um de subsídio interno, mas que tinha efeito também nos preços internacionais e, portanto, afetava o nosso interesse; e outro de subsídio direto à exportação. Conseguimos algumas modificações razoáveis em um desses programas e, no outro, um compromisso de que, se o subsídio ultrapassasse determinado valor, teríamos direito a ações adicionais e a compensação financeira. Foi isso, basicamente, o que se acordou. Mas só conseguimos esse resultado depois que aprovamos uma lei, ou melhor, uma medida provisória transformada em lei, que nos permitia retaliar em propriedade intelectual.[2]

Até aquele momento, os Estados Unidos não haviam levado suficientemente a sério nossa disposição de praticar a retaliação cruzada. Essa foi uma negociação que exigiu muita habilidade, pois não se pode ser tão rigoroso e esticar a corda a ponto de arrebentá-la, sem nenhum resultado prático para aqueles que inicialmente começaram a ação — no caso, os produtores de algodão. De que adiantaria ter o direito de retaliar e não ter nada que beneficiasse os produtores de algodão? Por outro lado, também não se pode ser tão flexível que o objetivo de corrigir a prática desleal — isto é, o subsídio — desapareça, perca-se dentro de um esquema, digamos, puramente de compensações financeiras. Acredito que conseguimos uma boa negociação, tanto que — uma coisa muito rara — praticamente toda a mídia brasileira apoiou o resultado. Até cheguei a dizer, brincando, que devo ter errado em algum momento. Houve um apoio muito amplo da mídia brasileira, não apenas com relação à nossa ação, mas também à maneira como a conduzimos, à capacidade de mostrar que tínhamos razão e, finalmente, ao que obtivemos no final da negociação.

Outro tipo de negociação com o qual o diplomata lida é a elaboração de termos ou parágrafos em uma resolução, em um tratado, em um acordo. Pode ser sobre um tema político, ambiental, econômico ou comercial.

---

2 Refiro-me à Medida Provisória nº 482, publicada no *Diário Oficial* da União em 11 de fevereiro de 2010 e convertida na lei nº 12.270, em junho de 2010.

Para não ser muito abstrato, vou dar outro exemplo, com o qual estive envolvido pessoalmente — não como ministro, mas como embaixador em Genebra. Por uma dessas coincidências da vida, tive a chance de participar da decisão que tornou possível solucionar o problema do algodão — a retaliação cruzada —, sem jamais saber que esse caso aconteceria.

Um dos temas mais importantes da Rodada Uruguai era a inclusão de áreas novas nos acordos comerciais. Os acordos eram, até então, basicamente — não vou dizer exclusivamente —, acordos de negociação tarifária. Havia também alguns aspectos normativos, evidentemente. O próprio Gatt, em seu início, tem muitos aspectos normativos, como a cláusula da nação mais favorecida, as exceções permitidas por motivos de crise de balanço de pagamentos etc. Porém, as negociações do Gatt, desde a primeira Rodada até a Rodada Tóquio, eram, essencialmente, de natureza tarifária ou, às vezes, envolviam outras barreiras não tarifárias ao comércio de bens.

A Rodada Uruguai introduziu no sistema a negociação de serviços e de propriedade intelectual. Os países em desenvolvimento não queriam essa inclusão; resistiram, mas ela acabou prevalecendo. Queríamos que fossem, pelo menos, áreas não comunicantes. O embaixador Paulo Nogueira Batista — pessoa de grande distinção na diplomacia brasileira — lutou muito por isso, para manter separadas as negociações de serviços das negociações de bens, mas, no final, não conseguiu. Havia ainda um aspecto que as separava: a forma de como se dariam as retaliações.

Deixem-me fazer uma breve explicação sobre o que é a retaliação na OMC. Lá, não há um sistema de sanções, como há no Conselho de Segurança das Nações Unidas. A OMC não estabelece uma punição ao país; não impõe uma multa ou outro tipo de penalidade. Como tudo é baseado em negociação comercial, cuja essência é contratual, a punição que a OMC permite, no fundo, é o direito de retaliar. Na realidade, a palavra retaliar não aparece nem no texto original do Gatt nem no tratado constitutivo da OMC. Trata-se do direito de "retirar concessões". Então, um país que se sente afetado por alguma política ou alguma medida passa a ter o direito, depois de submeter sua queixa a um tribunal arbitral e depois de todos os recursos, de retirar concessões, se vencer a disputa.

Isso é retaliação. É a maneira como a OMC procura induzir os países a cumprirem seus compromissos. Não é uma ação dela, mas uma permissão para o país que levantou o caso retirar concessões. Repito: a palavra "retaliar" não existe no vocabulário da OMC, o que existe é "retirar concessões". Como o Gatt antigo era praticamente relativo a bens, as retiradas de concessões eram todas na área de bens. No antigo Gatt, era muito difícil exercer o direito de retaliar, porque a maneira como as decisões eram adotadas praticamente inviabilizavam que se alcançasse a autorização para retirar concessões. O Brasil, por exemplo, teve um caso contra os Estados Unidos sobre a aplicação irregular de direitos compensatórios ou de direitos antidumping sobre calçados. O Brasil, por fim, ganhou o caso. Mas, como tudo era na área de bens, se fôssemos retaliar deixando de comprar carvão ou alguma outra coisa dos Estados Unidos, provavelmente nos prejudicaríamos, pois seríamos obrigados a comprar carvão mais caro em outro lugar. Além disso, a autorização para retaliar exigia consenso, isto é, aceitação pela própria parte que causou dano.

O que os Estados Unidos e a União Europeia queriam quando pressionavam pela inclusão da negociação de serviços e de propriedade intelectual na OMC? Queriam poder retaliar descumprimento de obrigações na área de serviços ou de propriedade intelectual em bens, porque era a maneira de forçarem os países em desenvolvimento a respeitar os compromissos. Como, àquela época — década de 80 e início da década de 1990 —, os países em desenvolvimento praticamente não geravam propriedade intelectual e não eram grandes prestadores de serviços, uma retaliação por descumprimento na área de propriedade intelectual seria eficaz se os países ricos pudessem retaliar em bens. Em outras palavras, se o Brasil deixasse de cumprir certa obrigação na área de patentes, os Estados Unidos ou a Europa podiam retaliar na de calçados, ou de aço, enfim, em algo que realmente nos atingisse. Essa foi uma das discussões que durou mais tempo. Houve grande resistência. Países como o Brasil e a Índia, principalmente, resistiram muito a isso.

Mas a pressão era muito forte. Acontecia frequentemente de um negociador brasileiro estar discutindo um assunto na OMC e o presidente dos Estados Unidos ligar para o presidente do Brasil e reclamar do negociador brasileiro. Isso aconteceu mais de uma vez, com várias pessoas, inclusive com pessoas relativamente moderadas, que tinham o desejo de chegar a acordos. A atitude era muito arrogante. Em determinado momento, um negociador brasileiro, não vou mencionar qual — um embaixador hoje, ainda jovem em relação a mim; à época, ele era conselheiro, creio —, estava em uma dessas reuniões mais fechadas, que na OMC chamam de Green Room. Ele fez uma observação na reunião, dizendo: "O Brasil não quer isso". O representante norte-americano disse: "Acho que o telefone não tocou na mesa desse rapaz". Veja a arrogância com que as coisas eram conduzidas. Por quê? Porque o Brasil dependia de uma *tranche* do FMI, dependia da boa vontade dos países ricos, não só na área comercial, mas em muitos outros setores. Assim é que transcorriam as negociações.

De qualquer forma, resistimos à ideia da retaliação cruzada. Mas chegou um momento em que a resistência tornou-se impossível. E, certa noite, enquanto se realizava uma reunião formal do Comitê sobre Solução de Controvérsias, no prédio do Gatt, os americanos resolveram fazer uma reunião na Missão deles, que naquela época ficava bem em frente ao Gatt. Estavam presentes o negociador-chefe da União Europeia, o negociador-chefe dos Estados Unidos, o negociador-chefe indiano e eu, pelo Brasil. Foi uma discussão longa, com Brasil e Índia resistindo — os indianos mais do que nós — e dificultando a passagem da retaliação dentro de um mesmo setor para a retaliação de um setor para outro. Nesse momento me ocorreu uma ideia que não havia tido antes, nem havia sido objeto de qualquer discussão. Até o próprio indiano ficou perplexo quando a propus. Eu disse: "Já que estamos pensando em retaliação cruzada, vamos pensar em retaliação cruzada para valer: não só de serviços e propriedade intelectual para bens, mas também de bens para serviços e propriedade intelectual".

Era algo que ninguém havia pensado, porque tudo aquilo tinha sido montado para colocar pressão em países em desenvolvimento. A ideia de retirar concessões sempre havia sido pensada nessa direção: uma violação na área de serviços ou de propriedade intelectual ensejando uma retirada de concessões em bens; nunca havia sido pensado o contrário. Como o empenho dos norte-americanos e dos europeus era tão forte para obter a retaliação cruzada, como forma de nos forçar a cumprir as normas de serviços e propriedade intelectual, eles aceitaram! Isso foi em 1991, quando se estava discutindo o que veio a ser o *draft final act*, o projeto de ata final, proposto pelo diretor-geral do Gatt. No final, o acordo de Marrakesh foi assinado, em 1994. Essa cláusula foi preservada.

O primeiro país a invocar a retaliação cruzada foi o Equador, no caso das bananas, contra a União Europeia. O Equador pôde demonstrar que, se fosse retaliar em bens, atingiria a si próprio. Já em propriedade intelectual ou em serviços, talvez não. Foi autorizado a fazê-lo pelo Órgão de Solução de Controvérsias. Acabou não aplicando a retaliação cruzada, porque houve uma negociação, mas passou a dispor de um trunfo mais forte.

O segundo caso em que foi autorizada a retaliação cruzada foi o do Brasil contra os Estados Unidos no contencioso do algodão. No nosso caso, foi necessário, como já disse, mudar a lei brasileira de patentes para permitir esse tipo de ação. Houve resistências, sobretudo dos escritórios de advocacia ligados à área patentária, mas conseguimos aprovar a lei. Tão logo anunciamos que a medida provisória havia sido aprovada, os americanos vieram com uma proposta nova, sobre a qual se pôde trabalhar e, afinal, se encontrou uma solução razoável. Portanto, é possível analisar a negociação em um ciclo curto, bem como em um parâmetro mais amplo, como demonstrei com o exemplo da forma que o dispositivo sobre retaliação cruzada acabou tendo, permitindo que ela seja acionada contra serviços e propriedade intelectual, por violações em bens.

Gostaria de falar também sobre a Rodada Doha, sem ser excessivamente detalhista, até porque já falei deste tema antes. Quando fui embaixador em Genebra pela segunda vez, estava em preparação o que, na época, se chamava de Rodada do Milênio. O lançamento seria em uma reunião ministerial em Seattle, em dezembro de 1999. O foco principal do Brasil era a área agrícola e, principalmente, a questão dos subsídios à exportação.

A reunião de Doha foi em 2001. Alguns perguntam: "Por que não se conseguiu em Seattle o que se conseguiu em Doha? Principalmente devido ao 11 de Setembro". Não tenho a menor dúvida sobre isso. É uma coisa que, às vezes, você diz com cuidado, para não parecer que está sugerindo que um ato terrorista condenável sob todos os aspectos acarrete resultados positivos. Mas já disse isso publicamente em momentos em que estava menos cuidadoso. Não houve nenhum fator determinante entre Seattle e Doha que tenha contribuído mais para o avanço das negociações do que o 11 de Setembro. Infelizmente, essa é a verdade. No momento em que havia o risco de uma crise geral do capitalismo, por causa dos atentados, pareceu importante fazer o acordo. Eu era embaixador em Genebra e acompanhava, mais ou menos, todos os assuntos.

Eu me concentrei muito, à época, na questão de saúde pública e propriedade intelectual. Pude ver que era um ponto muito importante também para os americanos, embora de maneira oposta à nossa. Foi possível fazer um bom acordo sobre Trips e Saúde. Atribuo isso à pressão das ONGs e à necessidade que os norte-americanos sentiam de ter resultados. A partir do momento em que foi feito o acordo de Trips e Saúde, outras coisas começaram a andar. A linguagem da Rodada Doha na parte agrícola, inclusive na questão dos subsídios à exportação, era cheia de ambiguidades. Não ficava claro se haveria realmente eliminação total ou não. Para se ter uma ideia, o texto do presidente da Conferência de Cancún dizia o seguinte em relação à questão dos subsídios à exportação: *"Members shall commit to eliminate export subsidies for the following products"*[3] —, portanto, a ideia era a eliminação dos subsídios para alguns produtos; outros produtos ficariam de fora — *"for the remaining products, members shall remain committed to reduce with a view to phasing out"*.[4] E, naturalmente, havia interpretações diferentes do que *phasing out* queira dizer.

Cancún foi uma mudança de qualidade nas negociações da OMC. O Brasil e alguns outros países haviam criado o G-20 Comercial. Na Conferência de Cancún, em 2003, conseguimos impedir que houvesse um acordo que seria de natureza totalmente protecionista, um *sweet deal* entre a União Europeia e os Estados Unidos, em que cada um preservava as suas sensibilidades, inclusive para práticas desleais.[5] As pressões continuavam a ser em cima dos países

---

3   "Os membros comprometem-se a eliminar os subsídios às exportações para os seguintes produtos".

4   "Para os produtos restantes, os membros permanecem comprometidos a reduzir, com vista a eliminação gradual".

5   Em 2001, a delegação dos Estados Unidos sobrepôs um interesse estratégico — a preservação da economia mundial e do próprio capitalismo — a interesses setoriais, ainda que poderosos, como aqueles da indústria farmacêutica. A *Declaração sobre Trips e Saúde Pública* foi uma concessão na área de patentes que destravou as negociações. Já em 2003, não havia premência equivalente que pudesse levar o governo norte-americano a fazer face ao *lobby* agrícola.

em desenvolvimento — como sempre foi a história. O Brasil teve a coragem, junto com outros (mas o Brasil teve claramente a liderança nesse processo), de dizer não. Naquela ocasião, entrou em cena outro fator importante.

Talvez tenha sido a primeira vez que me vi em uma situação em que o uso da mídia foi muito importante com relação ao que se passava na sala de negociação. Acho que em Trips e Saúde isso também aconteceu, mas era porque o interesse da mídia já estava um pouco a nosso favor, pois havia o problema da aids e a pressão das ONGs. No caso de Cancún, não. Senti a partir do primeiro dia que participávamos de uma discussão e, no dia seguinte, líamos nos jornais coisas totalmente diversas daquelas que havíamos presenciado. Por quê? Porque os americanos e os europeus, que tinham grande habilidade em manipular a mídia, se adiantavam a nós e falavam à imprensa. Depois deles, não éramos ouvidos. Essa conferência durou cinco ou seis dias. Paulatinamente, fomos mudando esse padrão, até que, no último dia, enquanto ainda se realizava a reunião formal, eu disse aos meus assessores: "Não vou à reunião. Vou falar com a imprensa". Era importante ganhar a batalha de mídia. Acho que tivemos um êxito relativo. Pelo menos fizemos o nosso ponto de vista ser conhecido.

Com relação à substância das negociações, conseguimos parar um acordo que seria negativo. Quatro ou cinco meses depois de Cancún, Robert Zoellick, que havia sido, talvez, o negociador mais agressivo naquela ocasião, resolveu novamente dar um impulso à negociação. Telefonou para o Brasil — e deve ter telefonado para outros — e recomeçamos uma negociação envolvendo quatro ou cinco países. A partir daí conseguimos chegar, em 2004, ao que se chama de *July framework*, ou seja, o Acordo-Quadro de julho de 2004. É aí que, pela primeira vez, aquela ambiguidade de *"reduce with a view to phasing out"* desaparece. A referência aos subsídos à exportação passa a constar da seguinte forma: *"As an outcome of the negotiations, members agree to establish detailed modalities ensuring the parallel elimination of all forms of exports subsidies..."*.[6]

Pela primeira vez, aparecia a eliminação de todas as formas de subsídios à exportação. "Todas as formas" era muito importante do ponto de vista da Europa, porque a Europa tinha um programa que era claramente de subsídio, enquanto os Estados Unidos tinham programas, sobretudo, de crédito à exportação. O Brasil, que havia liderado o movimento do G-20, em oposição aos Estados Unidos e à União Europeia, para conseguir um acordo melhor, pôde, em certos momentos, atuar como mediador entre os dois, para garantir que houvesse um resultado equilibrado entre subsídios propriamente ditos e outras formas de apoio, praticadas, principalmente, pelos Estados Unidos.

Tivemos uma negociação prolongada, também, em Hong Kong, já em 2005. No último dia, cheguei ao hotel às 10 horas, depois de ter passado a noite negociando, e às 14 horas ou 15 horas tinha de voltar para concluir a negociação. Nessa conferência, conseguimos uma redação, já sob a forma de texto legal, uma vez que o *July framework* era algo com forma menos jurídica — que falava da eliminação paralela de todas as formas de subsídios à exportação até 2013. Tratava-se, assim, de outro tipo de negociação. Uma negociação que não evoluiu como a do algodão, ou mesmo aquela sobre retaliação cruzada. É uma negociação que se deu ao longo do tempo, com vários movimentos e que, em determinadas ocasiões, implicavam atitudes drásticas, como foi o caso em Cancún.

Em Cancún, dissemos: "Não vamos assinar, não haverá acordo", algo que algumas de nossas contrapartes não estavam acostumadas

---

6 "Como resultado das negociações, os membros concordam em estabelecer as modalidades específicas para garantir a eliminação paralela de todas as formas de subsídios à exportação".

a ouvir. No passado, havíamos resistido, mas, no final, acabávamos aceitando. A criação do G-20 foi muito importante. Tínhamos interesses ofensivos em agricultura que se aproximavam de países como Austrália, Nova Zelândia e até dos Estados Unidos em alguns pontos; mas também respeitávamos os interesses defensivos de países como Índia, Egito e outros. No passado, tínhamos estado divididos; alguns países em desenvolvimento, que pertenciam ao Grupo de Cairns, ficavam de um lado, entre os ofensivos, e os países que tinham uma visão mais "protetora", para não usar o termo "protecionista", da agricultura familiar, como a Índia e alguns países africanos, de outro. E isso era uma jogada! A União Europeia dizia: "Agricultura é de interesse do Brasil, da Argentina; mas a Índia e os países africanos não têm interesse nela". A grande mudança trazida pelo G-20 é que o grupo juntou esses países. Passamos a trabalhar de forma unida.

Houve várias reuniões que antecederam Cancún. A última foi dois meses antes, em Montreal. Nossa posição coincidia muito com a da Austrália, por um lado, e com a da Índia, por outro, sobretudo em produtos industriais. Nosso embaixador em Genebra, Seixas Corrêa, me perguntou: "O que eu faço? Porque vai haver um momento em que a Índia irá para um lado e a Austrália, para outro". E eu disse: "Tente manter a conciliação entre os dois. Mas, se tiver que optar, opte pela Índia". Não que fôssemos fazer o que a Índia quisesse. Mas "opte pela aliança com os países em desenvolvimento. Opte por manter uma frente unida dos países em desenvolvimento". Essa foi a instrução básica que dei a ele, e o que gerou a criação do G-20.

Trabalhamos junto com Argentina, Índia, África do Sul e vários outros países. A China se juntou. Ficamos com um poder enorme na negociação de Cancún, totalmente inesperado pelos países desenvolvidos. Quando eles quiseram fazer uma reunião, por exemplo, pediram que fosse uma reunião do tipo "plenária". Dissemos não. Faremos uma reunião: de um lado o G-20, com uma bancada com todos (Paraguai, Índia e todos os demais), e, de outro, os Estados Unidos. Tínhamos uma pessoa designada para falar de cada tema. Dessa forma, não havia hipótese de haver divisão, cada um ir para um lado. Essa atitude tornou muito difícil a prática do *divide and rule*, habitual nesse tipo de negociação.

Até aqui, ilustrei um pouco o que se passou na questão dos subsídios à exportação. Mas poderia adotar também uma perspectiva mais de longo prazo. A atitude que tomamos em Cancún mudou — e, a meu ver, mudou para sempre — o processo decisório dentro da OMC. A OMC, como organização de corte anglo-saxão, é muito baseada na tradição, no costume. Muito mais do que naquilo que está escrito. O que está escrito é que as decisões são tomadas por consenso. Se não houver consenso, em certos casos, pode haver votação. Na prática, não é assim. Grupos de países tomam as decisões e depois vão trabalhando em círculos concêntricos até chegar a um consenso mais amplo. No centro desse grupo decisório estavam sempre Estados Unidos e União Europeia. A presunção era de que, quando os dois chegassem a um acordo, tudo estaria feito. E, em Cancún em 2003, eles chegaram a um acordo, que não nos era favorável, e dissemos que não estava feito. E não foi feito. Foi preciso, a partir daí, ter Índia, Brasil, mais tarde, China, às vezes África do Sul e Austrália, no processo negociador. As reuniões centrais após Cancún não são mais entre Estados Unidos e União Europeia, ou entre Estados Unidos, União Europeia, Canadá e Japão, como costumavam ser no passado. Passaram a ser entre Estados Unidos, União Europeia, Brasil e Índia. Às vezes, Japão; às vezes, Austrália; e, depois, China. Mas o núcleo foi formado por aqueles quatro países.

Gostaria de concluir dizendo que, quando se analisa uma negociação, é possível observar o fato específico, aquilo que ocorreu, naquela sala, naquele momento, naquele dia ou naquela semana.

Mas é possível tomar também um ciclo mais longo em relação a determinado tema, como ilustrei com o da retaliação cruzada. E analisar um ciclo ainda mais longo e complexo, o ciclo histórico, em que se observa como mudou a própria estrutura decisória na área comercial, em que países como Índia, Brasil e, certamente, China passaram a ter um papel central, que antes não tinham. Esses países não têm papel central somente pelo peso de cada um no comércio internacional. É claro que isso tem importância. Mas o Brasil representa pouco mais que 1 por cento do comércio internacional. Há muitos países com participação muito maior. A capacidade de articulação dos países conta muito. No caso do Brasil, pesa não somente a capacidade de defender seu próprio interesse, mas também a de traduzir seu interesse em um interesse coletivo.

Essa é a visão que queria transmitir a vocês. Se puder fazer um comentário final, diria que não há escapatória para a Rodada Doha. Temos de continuar trabalhando nela. A Rodada sofrerá modificações, em que sentido e em que direção não sei, mas o básico já está posto.

PERGUNTAS

Aluna O senhor enfatizou, hoje, análises e reflexões sobre a negociação multilateral. E me parece que uma negociação bilateral pode também exigir do negociador estratégias e posturas, pela sua própria natureza, diferentes. Gostaria de saber se o senhor concorda com essa minha impressão e, caso concorde, quais as principais diferenças entre negociações bilaterais e multilaterais.

Celso Amorim Obviamente é diferente. Vocês vão se confrontar com um número imenso de negociações específicas no dia a dia. Talvez as negociações bilaterais sejam em número muito maior que as multilaterais. Não entendo sua pergunta como uma opção entre qual das duas priorizar — se multilateral ou bilateral —, porque isso seria outra discussão. Mas o primeiro aspecto que se deve considerar é que, em uma negociação bilateral, tudo aquilo que falei sobre a formação de coalizões, a capacidade de definir seu interesse de maneira que seja também de interesse coletivo, desaparece. Em uma negociação bilateral, isso não existe. Mas acredito que você deva levar em conta muitas outras coisas. A relação de forças que há com o outro país, e como você pretende usar essa relação de forças, tendo em mente que a força de um país não é um dado absoluto.

É difícil pensar em uma negociação comercial atual em que seja possível separar por completo o elemento bilateral do multilateral. Por exemplo, no caso do algodão, que citei anteriormente, houve, ao final, uma negociação bilateral. Mas foi uma negociação que se apoiou em um longo processo multilateral, não negociador, mas de caráter judicial, e baseado em uma negociação, que nos deu os instrumentos para isso. Daí porque a relação de forças a que me referi não se dá em termos absolutos, no sentido de "quem tem mais poder econômico", "quem tem mais capacidade de agir", mas é baseada em aspectos da legitimidade internacional. Às vezes, em aspectos da legitimidade interna.

Quando ganhamos a primeira etapa no caso do algodão, em 2003 ou 2004, vários jornais norte-americanos publicaram editorias a nosso favor. Jornais que eram contrários aos subsídios, porque eram concedidos com o dinheiro do Tesouro, que deixava, por exemplo, de ser destinado à recuperação de Nova Orleans, e ajudariam os produtores ricos de um determinado Estado. E isso ocorre apenas porque esses produtores têm capacidade de mobilizar um *lobby* no Congresso; têm dois ou três senadores que os apoiam, o que dá a eles muito peso. Às vezes, muito mais peso que o interesse de dez milhões de pessoas, frequentemente sem a mesma capacidade de articulação. Houve dois editoriais muito fortes. Se não me engano, um do *New York Times*, outro do *Los Angeles Times*. Um dos dois, não me recordo qual, tinha um título fortíssimo. Dizia algo assim: "Sabíamos que os subsídios eram imorais, agora sabemos que são ilegais". A opinião pública não é algo que se despreze.

Mas podem ocorrer situações inversas, em que o Brasil seja o mais forte, e nem por isso pode impor a solução. Pois, se o fizer, tende a gerar um ressentimento que acabará afetando outros interesses no futuro. Isso se aplica ao bilateral *stricto sensu* e também à negociação com um grupo de países. Nas negociações do Mercosul com o grupo andino, em muitos casos, o Brasil fez concessões não recíprocas ou, pelo menos, não simétricas. Por exemplo, a desgravação de nossos produtos começava antes da desgravação dos produtos desse grupo. Admitimos exceções para ele, que se prolongavam por um período maior. Por quê? Porque, sendo a economia mais forte, o Brasil sabia que, de qualquer maneira, seria beneficiado por aquele acordo.

Há muitos outros fatores que têm de ser levados em conta. Queria mencionar, também, a psicologia dos negociadores. O Zoellick e o Lamy, por exemplo, ambos negociadores duros, contavam com estilos diferentes. O Zoellick era mais rude na negociação, mas tinha uma visão estratégica. Quando percebeu que a Alca não iria para frente, pelo menos não do jeito que os americanos queriam inicialmente, propôs retomar a negociação da OMC com aqueles que ele próprio havia criticado de maneira muito forte, no caso, o Brasil. Falar em G-20, para ele, era anátema. Eu estava negociando com uma personalidade difícil, talvez dura, mas que tinha visão estratégica. E há outros que, muitas vezes, parecem menos duros, mas não têm capacidade de decisão. E a pior coisa é negociar com um interlocutor fraco, ou sem visão estratégica. Sem citar exemplos, isso também aconteceu ao longo da Rodada Doha, em mais de um momento.

Quando fizemos o G-20 em Cancún, saímos de lá abominados pela imprensa, pela mídia; não só pela brasileira, mas também pela mídia internacional. O G-20 seria algo destrutivo, criado para acabar com a OMC. Não era. Havíamos feito o G-20 para acabar com certo tipo de negociação, que, historicamente, nos tinha sido desfavorável. Um mês depois de reunião em Cancún, houve uma reunião do G-20 na Argentina. O G-20, que já tinha alcançado 22 ou 23 países, caiu para doze ou treze — aqueles que foram à reunião na Argentina. E não tinha nada a ver com a Argentina, que trabalhou muito bem; mas havia grande temor, os países não queriam ir. Vários países da América Central saíram do grupo. Outros também foram saindo porque temiam que o G-20 fosse afetar, por exemplo, o interesse deles na esfera bilateral com os Estados Unidos.

Voltando à questão da legitimação: era muito importante legitimarmos o G-20. Marcamos uma reunião do G-20 para o fim de 2003, em Brasília. Marquei um encontro com Pascal Lamy no aeroporto de Paris. Ele estava indo para um lado, eu para outro. À época, ele não era o diretor-geral da OMC; era o comissário europeu. Eu disse: "Seria interessante que você fosse", e Lamy veio, movido pelo espírito de fortalecer o sistema multilateral e de apoiar a negociação. E isso foi muito importante. Depois, o diretor-geral da OMC (o tailandês Supachai Panitchpakdi), que tinha grandes dúvidas sobre a reunião, pediu para vir também.

Acho que o diplomata não pode perder de vista o contexto global, mesmo em uma negociação bilateral, porque todos estamos envolvidos no contexto global hoje em dia, queiramos ou não. E não se pode circunscrever uma negociação comercial ao campo puramente econômico. Às vezes, é preciso dizer: "Isto aqui é comercial, não vamos misturar outros assuntos"; mas é necessário saber que outros fatores influem. Havia mencionado a questão do FMI. O negociador em Genebra, por mais hábil que fosse, por maior capacidade que tivesse de articular, tinha um limite. Quando o telefone tocava em Brasília, a capacidade do Ministério da Fazenda de negociar era limitada. Então, não é possível separar totalmente o político do econômico, o bilateral do global. Por outro lado, nas negociações bilaterais que ocorrem a toda hora com a Argentina ou com a Bolívia, em função do gás ou de outras situações, eu entendo que é necessário ter em mente as assimetrias entre os países, além de se levar em conta o interesse de longo prazo.

Paula Rassi Brasil Minha pergunta é em relação à Conferência Rio+20. Mesmo aprovada a conferência, o processo negociador continuou, a fim de garantir alto nível de representação e resultados concretos para a conferência. Nesse sentido, como o senhor enxerga o papel do país-sede, o Brasil, que tem compromisso tanto com a neutralidade quanto com o sucesso da conferência? Seria interessante uma parceria com o G-20 Financeiro, para dar robustez à agenda?

Celso Amorim Estou vendo que o secretário-geral da Rio+20 andou por aqui. Foi complicado obter a aprovação dessa conferência. Primeiro, porque havia oposição de alguns setores, europeus principalmente. Eles se opunham porque achavam que já havia uma estrutura preparada para a discussão, uma sequência de reuniões sobre temas ambientais. Além disso, alguns países tentaram assumir a Rio+20. Isso exigiu que eu fosse um tanto duro com o ministro de certo país, em um momento em que esse país disputava com o Brasil a condição de país-sede da Rio+20. Depois, eu mesmo pensei: "Meu Deus, acho que fui um pouco além da conta". Mas funcionou! Esse mesmo país acabou apoiando nossa reivindicação.

Com relação à preparação da Conferência, não vamos exagerar na neutralidade: queremos obter um resultado. É uma responsabilidade do país-sede obter um resultado. Isso não quer dizer que tenhamos de abdicar de nossas posições. Aqui entra um aspecto interessante da negociação do ponto de vista didático. É preciso saber separar a atuação como *presidente* da atuação como *delegado*. Essa necessidade é nítida, por exemplo, nas reuniões do Conselho de Segurança das Nações Unidas. Quando o diplomata fala em nome do país, diz: "*Now in my capacity as Ambassador of Brazil*". Quando retoma as funções de presidente do Conselho: "*Now I come back to my capacity as President of the Security Council*". Em uma negociação mais ampla, como as conferências do meio ambiente, é mais fácil, porque há vários delegados para cada país, cada qual em sua comissão.

Como garantir o êxito da Rio+20? A menos que daqui até lá tenhamos resolvido todos os problemas que restaram da Cúpula de Copenhague, os quais acredito que não serão solucionados em sua totalidade na COP-16, o tema da mudança do clima deverá ser enfrentado. Em Cancún, esse assunto poderá ter algum avanço, mas acho que ninguém mais está trabalhando com a perspectiva de um resultado amplo. Diferentemente de Copenhague, quando se teve a ideia de fazer uma grande barganha, no México não se mantém essa ideia, mas a de garantir avanços incrementais. Em 2011, na COP-17, será até muito provável que se obtenha um resultado mais importante, para ser concluído na presença dos chefes de Estado aqui, no Brasil, em 2012.

Sobre a questão da participação dos países na conferência, não tenho dúvida de que haverá uma participação muito grande. Com relação à vinda ou não de chefes de Estado, acredito que haja uma interação entre dois fatores: o nível da representação e o avanço concreto do tema. Chefes de Estado não gostam de ir a uma reunião que sabem, de antemão, que fracassará. Ninguém, especialmente nenhum político, gosta de estar associado ao fracasso. A questão da representação dependerá um pouco do estado das negociações. Deve-se considerar que o êxito final das negociações dependerá de pessoas que têm capacidade de decisão. Por esse critério, a presença de chefes de Estado ajudará.

Acredito que o G-20 Financeiro pode ajudar, até porque a maioria dos países de maior peso nas negociações ambientais estão presentes naquele grupo. Mas não podemos nos limitar somente aos países do G-20. Se quisermos fazer uma reunião que seja significativa, teremos de incorporar países que não estão no G-20. Por exemplo, as ilhas do Pacífico, os países ameaçados de desertificação, enfim, todos os que tenham um grande interesse no tema, sobretudo na questão do clima.

Aluno Sabemos que negociações são muito formais, seguem ritos bastante específicos. Mas há espaço para um "aspecto psicológico" da negociação. O senhor não acha que existe certo déficit na formação do diplomata neste ponto, justamente levando em consideração o peso que o fator psicológico pode representar em determinadas situações?

Celso Amorim Acho que sim, mas não vejo um campo teórico que possa ser explorado com esse enfoque. A não ser que o interesse individual leve a isso. Talvez o mais interessante seja fazer um módulo de negociação no qual os alunos sejam expostos a realidades negociadoras diversas. Falávamos sobre negociação dos temas climáticos. Uma pessoa como o embaixador Luiz Alberto Figueiredo, diretor do Departamento de Meio Ambiente, pode expor a teoria e as posições básicas do Brasil, e também situações específicas, para retratar a prática da negociação.

15

"MESMO COM O TRATADO DE LIVRE COMÉRCIO COM OS ESTADOS UNIDOS, A COLÔMBIA CONTINUARÁ NA AMÉRICA DO SUL"

Integração da América do Sul.
8 de setembro de 2010[1]

Da última vez em que vim aqui, falei sobre negociações internacionais, usando nossa participação na Rodada Doha como ilustração. Falei também sobre outros temas de natureza econômico-comercial. Hoje, queria falar sobre a integração da América do Sul.

Como não sei quantas ocasiões ainda terei de falar aqui — não sei se o diretor do Instituto Rio Branco continuará me chamando para dar aulas depois de janeiro —, acho que os alunos não podem sair sem ter uma perspectiva mais aprofundada sobre a América do Sul. É importante que vocês tenham uma visão geral sobre o processo de integração sul-americana, sobretudo no que se refere às negociações.

Acho também importante vocês terem a percepção do ministro, até porque talvez eu tenha tido a oportunidade de presenciar mais coisas nesse período recente do que os colegas que são subsecretá-

---

1   Palestra para as Turmas 2009-2011 e 2010-2012 do IRBr.

rios ou diretores de Departamento. Normalmente, é o inverso, porque os ministros mudam mais rapidamente do que os altos funcionários. Mas, por uma circunstância da vida política, acabei ficando bastante tempo — e já tinha tido a ocasião de trabalhar antes com o presidente Itamar Franco. A América do Sul sempre foi um tema central — e pude acompanhar certas coisas.

Vale a pena começar mencionando algo importante que é o próprio conceito de "América do Sul", que, de alguma maneira, havia sido um tanto perdido, salvo talvez nos campeonatos de futebol. Eu me lembro que, quando era jovem, os professores de geografia se concentravam muito em América do Sul, o continente. Mas, com o passar do tempo, por influências diversas, passamos a falar muito mais em América Latina. Inclusive este é o termo consagrado na Constituição como um dos objetivos da política externa brasileira — e é correto que seja assim. Porque, com o conjunto de América Latina e do Caribe, há também afinidades de natureza cultural, e as circunstâncias de desenvolvimento são muito parecidas. A propósito, é apropriado, hoje, quando se fala em "América Latina", acrescentar explicitamente o Caribe, porque faz parte de nosso contexto geográfico. Nas Nações Unidas o grupo que existe é o Grulac — e não "Grula". E porque, no caso do Brasil, temos razões culturais e étnicas para a aproximação com o Caribe. E os caribenhos anglófonos se consideram uma minoria linguística dentro do conjunto da América Latina. Tudo isso nos leva a dar mais atenção ao Caribe.

Não é exatamente o tema da conversa de hoje, mas acho que vale a pena que vocês saibam. Muitas coisas aconteceram pela primeira vez neste governo. O presidente Lula gosta de dizer: "Nunca antes na história deste país". E, infelizmente, é verdade, pois nunca antes na história deste país, um presidente havia sido convidado — ou pelo menos aceitado participar — de uma Cúpula da Caricom. E o presidente Lula participou, logo no segundo ano do governo, em uma reunião no Suriname. Mais importante do que isso, organizamos no Brasil uma reunião com os países do Caribe.[2] Criamos, assim, um relacionamento muito mais forte do que existia no passado, baseado, sobretudo, em questões de cooperação técnica. Já existe alguma coisa importante na área de saúde, um pouco na área de turismo. Agora há uma linha aérea para Barbados. Até me surpreendi, quando soube que havia sido criada.

Há também um real interesse político, porque o Caribe é um grupo grande de países. Só o Caribe anglófono, creio, reúne doze ou treze países.[3] E eles atuam sempre de maneira muito coordenada nas Nações Unidas. Os caribenhos são muito atuantes na diplomacia multilateral, em temas como a reforma do Conselho de Segurança ou na OMC. Na questão do clima também, porque as ilhas são muito afetadas.

Passamos a sentir de maneira mais clara e mais forte esse sentido de união dos países do Caribe a partir de nosso envolvimento no Haiti. Embora o Haiti seja de língua francesa e os países caribenhos sejam, em sua maioria, de língua inglesa, a verdade é que eles têm, por motivos variados — inclusive a origem étnica comum —, uma relação próxima. E, para o Brasil, durante o processo de atuação no Haiti com a Minustah e até hoje, mas, sobretudo no início, quando havia ainda uma questão de legitimidade da presença da ONU (não legitimidade no sentido legal, pois sobre isso nunca houve dúvida, mas legitimidade política por causa das circunstâncias da saída do Aristide), foi muito importante ter um diálogo intenso com o Caribe. Na realidade, talvez tenha sido o fator "Haiti" que nos levou a aprofundar o entendimento com a Caricom.

---

2   Refiro-me à 1ª Cúpula Brasil-Caricom, realizada em Brasília, em abril de 2010.

3   A Caricom é composta dos seguintes membros: Antígua e Barbuda, Bahamas, Barbados, Belize, Dominica, Granada, Guiana, Haiti, Jamaica, Montserrat, Santa Lúcia, São Cristóvão e Neves, São Vicente e Granadinas, Suriname e Trinidad e Tobago. Desses, só o Haiti e o Suriname não são anglófonos.

Lembro-me de, em seguida a uma Cúpula Iberoamericana que teve lugar na Costa Rica, ter participado de uma reunião de ministros da Caricom (não eram muitos, talvez seis ministros e vários vice-ministros, além do secretário-geral da Caricom), em Barbados, dedicada ao Haiti. A partir daí, criou-se um diálogo mais ou menos permanente entre o Brasil e os países do Caribe. Mantivemos esse diálogo nas Nações Unidas. Depois fui a uma reunião dos ministros da Caricom em Granada. Quando parti de Brasília, no avião que o presidente havia me emprestado, o chamado Sucatinha, o comandante me disse: "Ministro, hoje estamos inaugurando uma aerovia", porque era a primeira vez que havia um voo Brasília-Granada, pelo menos registrado nos anais da Força Aérea Brasileira.

Bem, toda essa digressão que estou fazendo é apenas para justificar que, quando pensamos em América Latina, devemos incluir o Caribe. Não tenho nada contra a Cúpula Iberoamericana, contra outras formações. Mas acho que, hoje, quando pensamos no conjunto da região — que corresponde, na realidade, ao conjunto dos países em desenvolvimento do hemisfério ocidental — temos que agregar os países do Caribe à América Latina.

O governo do presidente Lula colocou, desde o início, muita ênfase na integração da América do Sul. A pergunta que poderia surgir seria: "Mas por que tanto a América do Sul, e não o Mercosul exclusivamente?". Ou então: "Por que não exclusivamente o Mercosul, mas a América Latina e o Caribe como um todo?". Isso tem uma razão de ser, tem antecedentes históricos. A principal razão é, obviamente, geográfica, porque formamos um todo geográfico. Você olha o Brasil e está olhando a América do Sul, mas não necessariamente a América Latina. Há circunstâncias que, no nosso caso, são especialmente importantes.

É evidente que o Brasil não pode pensar em uma integração só com os vizinhos do Cone Sul. No início, quando se falava do Mercosul, até se costumava dizer "Mercado Comum do Cone Sul". É um erro. Nunca foi assim, aliás. É Mercado Comum do Sul. A mídia, a opinião pública e muita gente ainda fala em Cone Sul. Ora, o Brasil não é só Cone Sul: o Brasil tem toda a sua parte norte, a Amazônia, tem vizinhos na Amazônia, então precisa ter uma política para o conjunto da região. Creio que isso ficava cada vez mais claro com o passar do tempo. Ao mesmo tempo que continuamos dando seguimento às ações do Mercosul e não abandonamos a América Latina e o Caribe, procuramos dar ênfase na América do Sul.

Não era uma coisa totalmente nova. Sem voltar a um passado muito remoto, recordo-me da ênfase na América do Sul durante o governo Itamar Franco. Em uma reunião do Grupo do Rio, o presidente sugeriu que se criasse uma área de livre comércio sul-americana — a ALCSA. Como ministro, tive a oportunidade de ir a uma reunião da Aladi em 1994, para detalhar um pouco o que seria essa proposta de criar a Área de livre comércio Sul-americana.[4]

Na época, já havia o Tratado de Assunção e o Mercosul, mas não havia acontecido ainda a reunião de Ouro Preto, que institucionalizou o Mercosul. Havia outras tendências ou propostas de áreas de livre comércio, porque isso andava muito na moda. Estava mais na moda do que hoje. Parecia que a salvação do mundo dependia dos acordos de livre comércio. Quem tivesse mais acordos de livre comércio, estaria mais próximo do progresso. A realidade recente mostrou que não é necessariamente assim.

Enfim, havia várias propostas. Havia a ideia de alargamento do Nafta. Antes mesmo de se falar em Alca, já se falava em extensão

---

4 O interesse do presidente Itamar Franco em trabalhar por maior integração da América do Sul, não limitada ao Mercosul, expressou-se também em avanços nas negociações com a Bolívia sobre o gasoduto e, sobretudo, na forte aproximação com a Venezuela, então sob o governo Rafael Caldera. Desse esforço resultou a "Acta de la Guzmania", documento fundamental do relacionamento bilateral, que, naturalmente, viria a se desenvolver muito no período recente.

do Nafta, que tinha sido criado no final de 1993 ou início de 1994. Os países do Mercosul já caminhavam para a Tarifa Externa Comum. Então, a maneira de nos aproximarmos e garantir alguma unidade na América do Sul era criar uma área de livre comércio. Não quero ficar chovendo no molhado, mas a diferença entre uma coisa e outra é que no mercado comum (ou união aduaneira) é necessário ter uma tarifa externa e uma política comercial externa comum. Em uma área de livre comércio, não necessariamente é assim: o comércio é livre entre os membros, mas eles não precisam ter a mesma atitude frente ao mundo.

O exemplo clássico é a integração europeia. Quando se formou o mercado comum europeu, outros países que queriam também algum tipo de liberalização econômica entre si, mas não queriam ter uma política amarrada frente a terceiros, criaram o que na época se chamou Efta — *European Free Trade Association*. Ninguém mais sabe que existe, mas ainda existe. Naquela época, reunia o Reino Unido (que, talvez, fosse o membro mais importante), Noruega, Suécia, Suíça — eram sete países no total. Há um livro interessante que estuda essa época da integração. Chama-se *Europe at sixes and sevens*[5] — um trocadilho, porque *sixes and sevens* em inglês, pelo menos no inglês britânico, quer dizer uma coisa meio confusa, que não sabe bem para onde vai. Os *sixes and sevens* eram os seis do mercado comum europeu e os sete da área europeia de livre comércio.

Então, como não queríamos ficar alienados uns dos outros, o presidente Itamar Franco propôs a ideia da ALCSA. Houve dúvidas e resistências. Alguns países estavam muito fascinados pela ideia de acordo com os Estados Unidos. Outros, como depois se continuou a verificar, tinham um pouco de medo de uma integração maior com

---

5   Benoit, Emile. *Europe at sixes and sevens: the common market, the Free Trade Association, and the United States*. Westport: Greenwood Press, 1962.

o Brasil, porque achavam que o país tinha uma força econômica maior. O fato é que a coisa não evoluiu.

Embora a ideia específica de criar uma área de livre comércio sul-americana não tenha sido levada adiante, o governo Fernando Henrique Cardoso tomou a importante iniciativa de convocar uma reunião presidencial da América do Sul, em Brasília. Quando voltei a ser embaixador no exterior, após ter sido ministro no governo Itamar, eu não falava com muita frequência com o presidente, embora tivéssemos sido colegas de gabinete. Normalmente, quando havia um assunto a ser tratado, eu falava com o ministro das Relações Exteriores, meu chefe. Uma vez ou outra, ligava para o presidente para cumprimentá-lo pelo aniversário ou algo desse tipo. Logo que eu soube da realização dessa Cúpula da América do Sul, liguei para o presidente para felicitá-lo. Ele ficou contente, mas disse o seguinte: "Devo dizer a você que encontrei muita resistência em sua Casa". Na ocasião, eu era embaixador em Genebra. Isso mostra que a burocracia é sempre muito cautelosa.

O presidente da República estava se colocando à frente da burocracia, que parecia temer que uma Cúpula Sul-americana fosse vista, suponho eu, principalmente pelos Estados Unidos, como um gesto provocativo. Na realidade, não foi. Foi um gesto positivo. Essa reunião, embora não tenha aprofundado muito a parte comercial, teve importância, porque lançou projetos de infraestrutura, o IIRSA, que até hoje têm continuidade. E houve uma segunda Cúpula em Guayaquil. No mais, prosseguiram as reuniões do Grupo do Rio — um grupo que já existia, basicamente de articulação política — e continuaram, de forma algo burocrática, as reuniões do Mercosul.

Quando o presidente Lula chegou ao governo, logo no início sentimos essa necessidade de consolidar a ideia de América do Sul nos primeiros discursos. Tanto no discurso de posse do presidente quanto no meu, a questão de América do Sul já aparece como prioridade.[6] As razões para isso são muitas. Já mencionei algumas *en passant*. A necessidade de ter um entorno pacífico em nossa região, de trabalhar para uma prosperidade comum é evidente. Grande parte do esforço diplomático no começo do governo foi dedicado à América do Sul. Não unicamente porque, é óbvio, há coisas que dependem das agendas, são agendas que já estão colocadas, as discussões sobre a Alca, sobre a Rodada Doha.

O primeiro passo que se deu nessa integração foi com o Peru. O Peru fazia parte da Comunidade Andina. Mas a verdade é que a Comunidade Andina já vinha, na prática, perdendo o cimento que unia os países. Não vou dizer que estivesse se desintegrando, porque ela até hoje existe, e há algumas instituições que funcionam melhor que as do Mercosul, ou pelo menos há mais tempo. O cimento principal de uma união aduaneira é a tarifa externa comum, e os países da Comunidade estavam caminhando no sentido contrário, para a diluição da tarifa externa comum. No Mercosul, temos ainda muitos problemas em relação à Tarifa Externa Comum, mas nunca abandonamos esse objetivo. Pelo contrário, procuramos reforçá-lo, embora, de vez em quando, tenha havido recuos.

O presidente do Peru veio para a posse do presidente Lula. Foi ficando e acabou sendo convidado para jantar. Naquele jantar nasceu a ideia de termos um acordo entre Mercosul e o Peru. O presidente Toledo se dispunha a fazer um acordo. E foram as primeiras negociações com o Peru, que depois redundaram em um acordo entre o Mercosul e o conjunto da Comunidade Andina. Tínhamos muito interesse. Correspondia ao que pensávamos. Os outros parceiros do Mercosul tinham um interesse relativo.

Diria que, naquele momento, o parceiro que tinha menos interesse era o Uruguai. Era o governo do presidente Batlle, que estava

---

6   Ambos os discursos podem ser encontrados em Lula da Silva, Luiz Inácio; Amorim, Celso & Pinheiro Guimarães, Samuel. *A política externa do Brasil*. Brasília: Ipri/Funag, 2003.

mais voltado para relações com os Estados Unidos e com a Europa. Outros acordos na América do Sul não lhe pareciam especialmente atraentes. Não que fosse contra, mas não lhe atraíam.[7]

Era difícil conseguir convocar as reuniões. Como o presidente Lula tinha uma viagem marcada ao Peru, para dar continuidade a outros aspectos da relação bilateral, tentamos combinar essa viagem com uma reunião do Mercosul com esse país.

Conto isso para ilustrar como as negociações se passam e como, às vezes, é preciso recorrer a meios pouco comuns — meios legítimos, é claro. Naquele caso, até certa "diplomacia aeronáutica". O ministro do Exterior uruguaio, meu bom amigo Didier Opertti — que, aliás, se tornou depois secretário executivo da Aladi e antes havia sido presidente da Assembleia Geral da ONU — resistia à ideia do acordo. Resistia, creio eu, porque seu presidente resistia. Ou porque ele achava que o Uruguai não tinha nada a ganhar. Ou porque ele achava que era um desvio de foco. Ao final, quando já não havia argumentos, o meu amigo Didier Opertti apelou para uma razão legítima (não vou dizer o contrário), a necessidade de sua presença no Uruguai em função das eleições que se realizariam proximamente. Ele alegou que tinha de estar em seu distrito, e que viajar ao Peru seria muito complicado, não haveria tempo. Bem, certifiquei-me antes se eu poderia dispor de um avião da Embraer, cujo presidente na época, Maurício Botelho, eu conhecia bem. Ele pôs um avião à nossa disposição. Então, disse ao Didier: "Se você estiver com dificuldade de conexão de voo, vou aí buscar você!".

---

7 Tive, certa vez, interessante conversa com o presidente Batlle, que me recebeu em sua residência por quase duas horas. Falamos de muitas coisas: relações do Uruguai com a Argentina, Alca etc. O ponto que mais me chamou a atenção tinha relação com a atitude psicológica dele próprio, Batlle. Referindo-se a todos seus antepassados ilustres, inclusive presidentes, Batlle disse que tinha a impressão de que todos eles — por meio dos retratos — continuavam a vigiá-lo. Lula, disse, era um homem que poderia inovar; ele não.

Fui à Argentina antes, onde tive uma reunião bilateral, e depois ao Uruguai, onde recolhi o ministro uruguaio e a ministra paraguaia, Leila Rachid, uma pessoa muito extrovertida, muito exuberante, que até passou a me chamar de "meu taxista". Os argentinos foram em seu próprio avião. Aquela reunião em Lima foi muito importante. Para mim, ela foi ainda mais complexa, porque, pouco antes, havia morrido o Sergio Vieira de Mello. Havíamos mandado um avião da FAB recolher o corpo para o velório no Rio de Janeiro, antes que ele fosse enterrado em Genebra. Em pleno voo para Lima, fiquei sabendo que o Kofi Annan viria ao Brasil para o velório, de modo que, se eu já deveria estar no Rio de Janeiro de qualquer maneira, com a vinda do secretário-geral da ONU minha volta se tornou indispensável. Assim, no mesmo dia tive que ir ao Rio de Janeiro e depois voltar a Lima.

Foi uma negociação intensa. Assinaríamos um Acordo-Quadro. Não era o acordo com a lista de produtos, nem a desgravação das tarifas, mas tampouco era simples. O presidente Lula já havia chegado. Os outros chanceleres também. Então, o próprio ministro uruguaio, Didier Opertti, pediu, por meio do presidente Alejantro Toledo, do Peru, que chamássemos o presidente do Uruguai. Ao final, foi resolvido, em uma conversa entre os presidentes, que o Uruguai assinaria o acordo. Este país havia sido um parceiro excelente em inúmeras situações. Recentemente, na Rodada Doha, o Uruguai ficou ao lado do Brasil. No caso do acordo com o Peru, essa resistência se espelhou, inclusive, no fato de o ministro Opertti ter negociado, embora não tenha ficado para assinar o acordo firmado pelo embaixador do Uruguai em Lima. Assim se deu o primeiro passo para os acordos Mercosul-Peru e Mercosul-Comunidade Andina.

Aquele foi um primeiro passo. Ao mesmo tempo, havia outros países que, por motivos diversos, reagiam à ideia desse acordo. Um dos países era a Colômbia. Em outra palestra, já me referi à longa conversa de cerca de duas horas que tive com o ministro do Comércio Exterior colombiano, Jorge Humberto Botero. Entre outros que trabalhavam no meu gabinete, o embaixador Felício (antes embaixador em Montevidéu e agora nomeado embaixador em Havana) comentou: "Acho que essa conversa foi decisiva". Realmente, com o tempo fomos conseguindo avançar nesse acordo. Muitas vezes, nossa postura foi objeto de críticas aqui no Brasil. Alegava-se que levávamos excessivamente em conta as assimetrias entre os países. Mas precisava ser assim, até porque o Brasil tinha superávits com todos os países da América do Sul.

O argumento era sempre que "o Brasil é muito fechado, nós não conseguimos exportar", o que, em parte, era verdade. Mas o fato é que conseguimos terminar a negociação. Firmamos o Acordo-Quadro com o Peru, e depois firmamos com a Comunidade Andina em conjunto.

Na negociação produto por produto das listas foi o contrário, pois o Peru teve mais dificuldade com produtos agrícolas. Levamos mais tempo para resolver as questões. Em 2004, conseguimos firmar o Acordo-Quadro com toda a Comunidade Andina. E fizemos isso em uma reunião da Aladi, dez anos depois de minha frustrada visita a Montevidéu.

Também já falei sobre isso em outra palestra e mencionei minha agradável surpresa com a referência feita pela ministra do Exterior (não do Comércio), Carolina Barco, que depois se tornou embaixadora da Colômbia em Washington. A chanceler disse em seu discurso, no mesmo lugar onde eu havia falado dez anos antes: "Com o acordo que hoje firmamos, estamos, na prática, criando uma área de livre comércio na América do Sul".

É muito curioso ver como as coisas evoluem. Quando falamos da ALCSA pela primeira vez, houve quem me dissesse: "Você está cutucando a onça com vara curta". Muitos achavam que não tínhamos direito a um relacionamento especial na América do Sul. Afora as questões bilaterais, a política da América do Sul era feita em Washington. O Mercosul foi uma primeira exceção. Mas o Brasil continuou a ser questionado por ter uma política para o conjunto da América do Sul: podia até ter políticas específicas, para cuidar dos problemas do Prata e da Amazônia, mas uma política para o conjunto da América do Sul era considerado ousado, para dizer o mínimo. Verificou-se que era infundado pensar que uma aproximação com a América do Sul representava uma provocação aos Estados Unidos.

Não vou me estender muito sobre esse ponto, mas desse processo que narrei, resultou primeiro a ideia de uma Comunidade de Nações Sul-americanas, que evoluiu para União de Nações Sul-americanas (a Unasul). E na primeira reunião em que estivemos presentes esses países e os Estados Unidos, depois da criação da Unasul, na Cúpula das Américas, em Port of Spain, o presidente Obama pediu para ter uma reunião com a Unasul. Na política, as pessoas vivem vendo fantasmas. Não é que não tenhamos que ser cuidadosos e prudentes, não se trata disso. Mas não podemos ficar vendo fantasmas em toda parte.

Quando o presidente Lula visitou os países árabes pela primeira vez — no caso, a Síria e a Líbia —, as pessoas perguntaram: "Mas vocês consultaram antes Washington para saber se podiam ir?". Meu Deus do céu, o que é isso? O Brasil não precisa consultar ninguém para fazer sua política externa. A gente pode até conversar. Por exemplo, conversei muito com a Condoleezza Rice sobre a Síria, conversei muito sobre Palestina, acho que isso até pode ter gerado pequeninos frutos. Mas havia essa sensação de que tínhamos que pedir licença. Era aquela mesma resistência à proposta do governo Itamar Franco, e que o presidente Fernando Henrique Cardoso sentiu de parte da Casa ou de alguns chefes da Casa. Era a sensação de que seria talvez um gesto de muita ousadia fazer uma Cúpula da América do Sul — quanto mais fazer uma união de países sul-americanos, como acabamos fazendo.

Narrei o episódio do avião para mostrar como as negociações acontecem: não é só na hora de sentar e discutir a tarifa. Claro que isso conta. Por exemplo, tivemos negociações longuíssimas sobre o açúcar. Era muito difícil negociar a questão do açúcar com os países andinos. Quando forem tratar de comércio, vocês verão que o açúcar é um produto muito sensível: emprega muita gente, é o único produto, fora o regime automotivo, excluído do Mercosul até hoje. É sensível para a Europa. Foi muito difícil, mas contei com a ajuda do ministro da Agricultura, o Roberto Rodrigues, que, embora sendo ele próprio produtor de açúcar e de álcool, era um homem com largueza de visão.

Fechamos o acordo com o Peru. E, depois, ninguém mais reclamou. No calor da discussão, as coisas parecem, às vezes, muito complexas. O Uruguai, por exemplo, que resistia muito ao acordo, vende, hoje, produtos para toda a região. Estava viajando para o Peru, quando Liliam Chagas — que trabalha na assessoria de imprensa de meu gabinete e havia lidado com Mercosul em Montevidéu — disse: "Ah, manteiga uruguaia! ACE-58 funciona!". Não sei de quem eles compravam antigamente, mas certamente não era do Uruguai. Isso tudo é ilustrativo de que nós, com grandes esforços, conseguimos levar adiante esse processo na América do Sul. Foram inúmeras minhas viagens e do presidente às capitais sul-americanas. No meu caso, também à sede da Comunidade Andina. Tinha que conversar ainda com os empresários dos outros países, sempre desconfiados do Brasil.

Há uma dialética permanente entre o multilateral e o bilateral. Isso é verdade no plano global — e, obviamente, é verdade no plano regional. Vou mencionar alguns dos casos na região em que houve processos de negociação mais complexos, inclusive de mediação. Uma situação que poderíamos qualificar como "mediação" foi a que ocorreu na Venezuela e que começou antes mesmo de entrarmos no governo. A Venezuela estava em crise. Antes tinha havido, em abril de 2002, uma tentativa de golpe — na realidade, um golpe, que foi finalmente debelado com a volta do presidente Chávez ao poder. A situação era crítica. Havia boicotes de todos os gêneros, inclusive alimentícios. Foi necessária uma coordenação entre o presidente Lula e o presidente Fernando Henrique Cardoso para que se assegurasse o abastecimento de gasolina à Venezuela. Esse país produz petróleo, mas tinha que importar gasolina. A divisão era muito forte.[8]

Falava-se até na hipótese de guerra civil. As propostas para solucionar o problema eram muito contraditórias. A OEA sugeria soluções, que não eram aceitas pelo presidente Chávez, centradas em duas possibilidades: realização de eleições antecipadas ou um plebiscito consultivo. O presidente Chávez não aceitava nem uma nem outra, alegando que eram uma espécie de "golpe branco". O presidente Chávez tinha uma grande desconfiança da própria OEA. Queria criar um Grupo de Amigos. Mas a ideia dele (e me perdoará aqui pela liberdade com que estou falando) não era um Grupo de Amigos da Venezuela, mas um "Grupo de Amigos do presidente Chávez" — formado pela Rússia, pela China, talvez pelo Brasil e por outro país da região.

Para mediar uma situação, é necessário ter diálogo com todos os lados. Isso foi percebido claramente pelo Brasil. O presidente Lula propôs formalmente a ideia de criar um Grupo de Amigos da Venezuela em sua primeira viagem ao exterior — ao Equador, para a posse do presidente Lucio Gutiérrez. Por iniciativa do Brasil, realizou-se uma reunião de presidentes entre Colômbia, Chile, México e Peru, além do secretário-geral da OEA. Nela, Lula propôs a criação de um Grupo de Amigos com uma composição equilibrada, que permitisse ter diálogo tanto com o presidente Chávez quanto

---

8   Ainda no período de transição, o professor Marco Aurélio Garcia foi à Venezuela como enviado especial do presidente eleito. Eu já havia sido indicado ministro, mas ainda estava em Londres, onde era embaixador. Marco Aurélio e eu falamos por telefone mais de uma vez. Ruy Nogueira era o nosso embaixador em Caracas.

com a oposição. O fato de o grupo ter sido criado no âmbito da OEA tinha razão de ser: já havia resoluções da OEA relativas à Venezuela, e o secretário-geral da OEA tinha mandato para buscar uma solução para essa questão. Então, em vez de criar-se um Grupo de Amigos da Venezuela, que poderia parecer, para muitos, uma interferência em negócios internos do país, a solução tecnicamente correta que encontramos foi a de criar um "Grupo de Amigos do secretário-geral da OEA para a Venezuela". Isso era algo que tinha vários precedentes na ONU.

Éramos muito cuidadosos com a possibilidade de interferência nos assuntos internos de outros Estados. Foi naquela época que cunhamos a expressão "não indiferença", como complemento (não alternativa) à não intervenção. Propusemos um Grupo de Amigos que permitia diálogo com o presidente Chávez e com a oposição. Quem fazia parte do grupo? O Brasil, naturalmente, uma vez que tinha proposto a sua criação; o Chile, que tinha o governo da *Concertación* — isto é, tinha um governo de esquerda moderada, que não poderia ser acusado de ser antichavista; o México, relativamente neutro em relação à situação. O grupo incluía ainda Estados Unidos, Portugal e Espanha. Portugal e Espanha tinham, na época, governos de direita. A Espanha chegou a reconhecer o governo de Pedro Carmona, o empresário que ficou um ou dois dias no poder.

O presidente Chávez ficou, inicialmente, um pouco chocado com essa ideia. O presidente Lula, em Quito, na mesma noite, teve uma longa conversa com Fidel Castro, que o procurou para manifestar dúvidas. Mas, para nós, aquela era a única saída possível. Qualquer outra levaria a uma confrontação ainda mais grave. Dentro de um raciocínio político em que se buscaria a solução pelo diálogo — e não uma solução militar —, era o caminho viável. Não foi simples: propusemos a solução em Quito em 15 de janeiro; o presidente Chávez acenou com a possibilidade de aceitá-la. Do Equador, Chávez foi a Nova York. Mas logo voltou ao Brasil. Tivemos uma reunião na Granja do Torto, três dias depois, no sábado. Finalmente, o presidente Chávez foi convencido a aceitar a criação desse grupo.

A criação do grupo foi extremamente útil. Logo, houve uma reunião de chanceleres na sede da OEA em Washington.[9] Nela se reafirmaram os princípios básicos de respeito à democracia e às eleições. A solução então teria que ser democrática — baseada em eleições — e legal, de acordo com a Constituição venezuelana. Enfim, que preservasse, essencialmente, o que era importante para o presidente Chávez, que havia sido eleito e, depois de ter sido vítima de um golpe, havia retornado ao poder de maneira legítima. Independentemente do que se pudesse achar das políticas que ele seguia, não poderia ser deposto, mesmo que fosse por um "golpe branco".

Estabeleceu-se esse mecanismo de diálogo. Pouco depois, o embaixador Luiz Filipe de Macedo Soares assumiu a recém-criada Subsecretaria para a América do Sul. O Itamaraty mudou de estrutura para ajustar-se à realidade sul-americana. Quando o presidente Lula assumiu o governo, o Itamaraty tinha quatro Subsecretarias: Administrativa, Política Bilateral, Política Multilateral e Econômica. Era muito difícil uma única pessoa cuidar de Estados Unidos, China, África, Oriente Médio e, ao mesmo tempo, cuidar de Venezuela e tantos outros temas.

O clima de diálogo entre o Brasil e os Estados Unidos foi fundamental para que se pudesse levar adiante um processo pacífico na Venezuela. Não era fácil, porque havia muitas acusações, muitos ressentimentos. O presidente Chávez dizia ter evidências de que o governo norte-americano havia tido participação no golpe — o que tornava muito emotiva qualquer manifestação dele sobre o tema.

---

9 A reunião contou com a presença dos ministros de Exterior dos principais países envolvidos. O secretário de Estado Colin Powell, já às voltas com a operação do Iraque, esteve presente à sessão e participou comigo de coletiva de imprensa, buscando um tom conciliador e otimista. Desde então mantivemos um bom diálogo, que se refletiu em outros episódios mencionados nessas palestras.

A oposição na Venezuela não ajudava em nada, é preciso que se diga. Em uma dessas viagens que fiz com o presidente Lula à Venezuela, liguei a televisão e vi um anúncio de colchão — para ver o grau de desrespeito a que se chegava — que dizia: "Se você estiver cansado do presidente Chávez, compre o colchão tal". Era um nível de desrespeito absoluto por parte da mídia.

As coisas foram evoluindo. A presença dos governos conservadores de Espanha e de Portugal, que tinham ligações empresariais fortes na Venezuela, foi muito importante. O diálogo com os Estados Unidos também foi fundamental. O que resultou desse diálogo? Em resumo, foi a convocação do "referendo revocatório", que estava previsto na Constituição venezuelana. O presidente Chávez aceitava essa convocação; aliás, ele próprio apontava esse dispositivo constitucional para se contrapor às ideias de eleições antecipadas ou de plebiscito consultivo. Seria necessário mais de um ano para que o referendo viesse a ocorrer. Mas o terreno foi sendo preparado. A presença de observadores internacionais foi assegurada. Tudo isso foi um processo longo e complexo.

Um momento interessante, que ilustra como esse diálogo chegou a ser intenso, ocorreu por volta de abril ou maio de 2004, quando o presidente Lula foi à ONU para uma reunião do *Global Compact*, uma iniciativa do Kofi Annan sobre ajuda aos países mais pobres, com a participação de empresários e investidores. A situação da Venezuela estava muito crítica novamente. A cada mês ou a cada dois meses, havia um novo sobressalto no país.

Havia dúvidas se o referendo seria ou não realizado; se fosse, como seria; se seriam ou não aceitos observadores internacionais; como seria o conselho eleitoral; enfim, uma porção de detalhes que tornava a situação muito complexa. Nesse dia, acompanhando o presidente em Nova York, por motivos diversos, eu tinha vários contatos marcados em relação à Venezuela. O principal deles era uma visita de um chefe da oposição venezuelana, proprietário de um dos principais jornais de oposição a Chávez, Gustavo Cisneros, que, depois, acabou se compondo com Chávez. Cisneros queria ver o presidente Lula, mas acabou aceitando encontrar-se comigo na suíte do hotel Waldorf Astoria, onde o presidente e eu estávamos hospedados. Eu sabia que a situação da Venezuela estava complicada. Em certos momentos, você percebe que tem que se dedicar ao que é mais importante. Achei por bem pedir ao presidente Lula que me dispensasse dos outros eventos para que eu pudesse cuidar somente da Venezuela. E realmente passei o dia cuidando da situação naquele país. Fiz uma ou duas ligações para o ministro venezuelano, uma ou duas ligações para o César Gaviria, que era ainda o secretário-geral da OEA, recebi o Cisneros, e fiz duas ligações para o secretário de Estado norte-americano, Colin Powell.

Este é o episódio que quero contar, porque é muito interessante para mostrar a confiança que se criou naquele momento, entre Brasil e Estados Unidos. Havia, como disse, essa constante troca de acusações. No meio daquele cenário, eu soube que estava marcada uma ida do secretário-assistente para o Hemisfério Ocidental, do Departamento de Estado — Roger Noriega, um homem muito conservador, muito crítico do governo Chávez —, ao Senado norte-americano. Em minha conversa com Colin Powell, eu disse: "Estou preocupado com o que o Roger Noriega pode vir a falar amanhã no Senado. Se ele disser alguma coisa que não caia bem, o presidente Chávez vai responder, e a resposta vai gerar outra crise. Essa discussão internacional se reflete no plano interno, e isso torna muito mais difícil caminharmos para o referendo, que todos estamos querendo fazer". O Colin Powell, no início, não entendeu bem o que eu havia falado, creio, talvez, pelo meu inglês ou pelo fato de a conversa ter sido pelo telefone. Ele disse: "Não posso controlar os senadores". Eu disse então: "Não estou pedindo que você controle os senadores. Os senadores dirão o que quiserem. Estou pedindo para tomar cuidado com o discurso do Roger Noriega".

O fato que vou contar a vocês deve ter sido inédito — e, que eu saiba, nunca mais aconteceu. O Colin Powell, então, respondeu: "Ah, bom! Vamos fazer uma coisa: vou pedir ao Roger Noriega que mande o discurso para vocês, para verem se está bem. Se não, você me diz". Então eu disse: "Mande para o Luiz Filipe de Macedo Soares, que é o subsecretário encarregado desse tema". E o Roger Noriega mandou o discurso para o Luiz Filipe, que deu o *nihil obstat*. O discurso realmente não tinha nada demais. Não sei se ele fez uma ou duas observações — confesso que não me recordo. E o discurso no Senado foi feito sem problemas. Este é um fato extraordinário, totalmente inédito, que eu saiba, em um tema dessa importância: os norte-americanos submeterem ao Brasil o discurso que um alto funcionário iria fazer no Senado dos Estados Unidos.

Houve muitos fatores que contribuíram para essa confiança. Talvez o principal fator fosse o chafurdamento dos Estados Unidos no Iraque. Havia um desejo de não ter outros problemas — claro está que a Venezuela não iria ser um Iraque — que tornassem sua situação ainda mais complicada. Acho que a percepção deles era de que o Brasil estava "cuidando bem" do caso da Venezuela, evitando maiores radicalizações. Houve, então, o referendo.

E aí ocorreu outro episódio interessante. Inicialmente, houve alguma resistência da Venezuela a ter observadores internacionais ou, pelo menos, essa era a minha impressão. Porque o observador internacional é visto sempre como uma interferência, uma desconfiança em relação aos procedimentos internos. Mas conversamos muito com os venezuelanos sobre esse tema. Aos poucos, o presidente Chávez foi aceitando a ideia de observadores internacionais, inclusive da OEA e do Centro Carter.

O Centro Carter, aliás, sempre manteve uma boa relação com a Venezuela e com o presidente Chávez. O Centro Carter é um importante ator, talvez a ONG — se é assim que se pode chamá-lo — mais importante na área internacional. Certa vez, a propósito de outro tema, o presidente Carter disse: "A política externa do Centro Carter é a política externa do Brasil". Enfim, nós tínhamos uma relação muito próxima com o Centro Carter. Meu primeiro contato com Jimmy Carter foi no Carnaval de 2004. Eu estava em uma pousadinha na cidade de Tiradentes, e ele me ligou para falar da situação da Venezuela.

Enfim, a presença internacional foi aceita. Mas com a OEA, o presidente Chávez não estava muito propenso a concordar. Por intermédio de seu ministro do Exterior — acho que era o Jesús Perez — me disse: "É preciso que o chefe da missão seja um brasileiro. Temos confiança somente no Brasil". Conseguimos, então, que fosse nomeado — tudo isso graças também a esse bom contato com os EUA, com o Gaviria — o Valter Pecly, nosso embaixador na OEA, que havia sido chefe do Cerimonial do presidente Fernando Henrique.

Descobri que o Cerimonial ensina muito. Sempre tive birra com Cerimonial, nunca trabalhei no Cerimonial, mas tenho tido muitas surpresas positivas com funcionários e ex-funcionários do Cerimonial. Eles aprendem muito no trato político. Aprende-se a ver como os chefes de Estado se comportam. Se a pessoa tiver sensibilidade política, e estiver com a cabeça aberta, aprenderá muito. Tive excelentes experiências com ex-chefes de Cerimonial que depois trabalharam comigo: o Frederico Araujo, que foi embaixador na Bolívia em um período dificílimo, o Valter Pecly, que desempenhou essa função muito delicada e, depois, pegou outra equivalente, como embaixador no Paraguai. E o próprio chefe do Cerimonial do Itamaraty durante a maior parte do meu período, o embaixador Ruy Casaes, que agora é embaixador na OEA. Isso para citar somente três, mas seguramente haverá outros.

Sugerimos que o chefe da missão fosse o Valter Pecly. A sugestão foi aceita e o Valter Pecly foi enviado à Venezuela. Isso foi muito importante, porque nos permitiu ver de perto como as coisas aconteciam. Porque é muito bom ler telegrama, acompanhar os assuntos pelos jornais, mas, muitas vezes, você precisa da sensibilidade de quem está no local. E o Valter passou lá uns dois ou três meses chefiando a missão. Havia dificuldades, por exemplo, na composição do conselho eleitoral — e isso exigiu uma ligação minha para o chanceler —, ou, às vezes, dificuldades com o embaixador americano, que havia dito alguma coisa inadequada, de modo que eu tinha que ligar diretamente, ou pedir que falassem com o Departamento de Estado para "baixar um pouco a bola". A presença do embaixador Valter Pecly foi absolutamente fundamental. Tínhamos um embaixador local muito bom, o João Carlos Souza Gomes, mas ele era o embaixador no país. Não podia fazer nada que o indispusesse com o governo da Venezuela. O Valter teria mais neutralidade.

No dia da apuração, eu estava com o presidente Lula na posse do presidente Leonel Fernández na República Dominicana, mas não deixei de acompanhar o que estava acontecendo na Venezuela. Recebi um primeiro relato do Valter, que me disse que era clara a vitória da opção pela continuidade de Chávez no poder. O presidente Chávez havia obtido maioria ampla, bastante nítida, embora houvesse acusações de irregularidades em várias urnas ou seções eleitorais. Depois conversei com o Centro Carter, do qual ouvi a mesma impressão: havia algumas irregularidades, mas não afetavam estatisticamente o resultado.

Em situações desse tipo, a demora é um fator de perturbação muito grande. A OEA estava um pouco tímida, digamos assim, em proclamar o resultado, devido a essas denúncias de irregularidades. Sempre por telefone, fiz a mesma pergunta a César Gaviria, que também estava em Caracas. Mesmo já sabendo o que haviam me contado o Valter Pecly e o Centro Carter, eu disse: "A informação que tenho é que há algumas suspeitas de irregularidades, mas são pouco numerosas em relação ao conjunto. Não podem, estatisticamente, afetar o resultado do referendo. Se isso for verdade, é melhor fazer o anúncio logo".

Senti que Gaviria estava hesitante. Eu estava no carro com o presidente Lula, falando pelo telefone celular a caminho da cerimônia de posse. Disse ao César Gaviria mais ou menos o seguinte: "Tem que haver investigação, mas faça a proclamação, depois faça a investigação, porque se você for esperar a investigação, vamos ter três, quatro dias, uma semana de incerteza, e aí é impossível saber o que vai acontecer". Acho que a vitória foi de 60 por cento a 40 por cento, 61 por cento a 39 por cento, já não me lembro exatamente, mas foram em números muito expressivos, que não permitiam nenhuma dúvida. Os casos de irregularidades, que depois se comprovaram eram pequenos. Não afetariam de modo algum o resultado.

O Brasil pôde ter uma atuação eficaz, e respeitou o princípio da não intervenção. Não fizemos nada que o governo da Venezuela não aceitasse. A nossa linha de ação foi aceita, inclusive, pela oposição. Eles podiam não simpatizar muito com o Grupo de Amigos, mas aceitaram. Durante todo o tempo, tivemos uma comunicação excelente com os outros membros do Grupo de Amigos, sobretudo com os Estados Unidos, que eram, obviamente, um ator fundamental. Isso nos ajudou a ter as conversas com a OEA, com o presidente Chávez. E permitiu que o referendo revocatório fosse realizado. Evitamos, assim, que aquela crise tivesse consequências mais graves.

É claro que não se resolveram todos os problemas da Venezuela. Agora, os venezuelanos terão eleições novamente. Acho que a oposição lá tomou uma boa decisão ao participar das eleições. Isso é fundamental para o processo democrático. Creio que foi um grande erro político, independentemente de qualquer coisa, a oposição não ter participado da eleição legislativa anterior. A minha esperança é que essa evolução, apesar das dificuldades, ajude a consolidar o processo democrático, com as características e as vicissitudes que possa ter — e que outros países também têm.

A atuação do Brasil foi muito importante. Propusemos o Grupo de Amigos; coordenamos o Grupo de Amigos; todas as ações foram praticamente iniciativas brasileiras, em consulta com os outros países.

Ainda falando de Venezuela, só para mencionar nossa atuação nas questões entre Colômbia e Venezuela. Muitas vezes se diz: "O Brasil não tinha que ir ao Oriente Médio, tinha que mediar os conflitos na região". Primeiro é preciso entender o que significa mediar. Muitas vezes, parece que mediar é trabalhar — talvez em direito internacional estritamente seja isso — com o mandato claro de ajudar em uma negociação, inclusive fazer propostas. Quando você estuda direito internacional (pelo menos quando estudei), você distingue: bons ofícios, mediação, arbitragem — são esses, basicamente, os três graus de envolvimento. Mas as linhas entre uma coisa e outra são cinzentas. Recentemente, surgiu este novo termo, "facilitação". Facilitação, bons ofícios, mediação e arbitragem estão separados por linhas cinzentas. Há uma gradação entre eles, não é uma coisa da qual você possa dizer: "Agora vamos ter uma mediação!", tal como os Estados Unidos estão fazendo em relação ao conflito entre Palestina e Israel. Mas, na maioria dos casos, as situações vão simplesmente evoluindo.

O que o Brasil fez no caso da Venezuela? Foi uma mediação? Foram bons ofícios? Foi facilitação. Realmente, não saberia dizer. Se eu fosse classificar do ponto de vista jurídico, foi uma facilitação, mas houve também elementos de bons ofícios, uma vez que falamos com a oposição, com o governo, com os Estados Unidos (não é que os Estados Unidos fossem parte direta no conflito, mas tinham influência no conflito), com o presidente Chávez.

Com relação à questão entre Colômbia e Venezuela, o ponto de partida é que o Brasil tinha, e tem, muito interesse na integração da América do Sul. Vejo com grande otimismo os primeiros movimentos do presidente colombiano Juan Manuel Santos nesse aspecto. Por que a Colômbia é o país que, por circunstâncias diversas, teve mais dificuldade com a ideia da integração sul-americana. Mas o fato de o presidente ter vindo ao Brasil em sua primeira visita internacional não é corriqueiro. É claro que o Brasil é um país grande, é um vizinho amazônico, tem muitas coisas em comum com a Colômbia. Mas, digamos, o "normal" — ou pelo menos a expectativa — seria que Juan Manuel fosse antes aos Estados Unidos ou até a outros países latino-americanos que não o Brasil. Acho que a vinda ao Brasil é muito significativa da ligação que o novo governo colombiano pretende ter com o Brasil (e espero que tenhamos habilidade para manter essa ligação), da importância que atribui à América do Sul. Porque a Colômbia, em matéria de América do Sul, foi, pelo menos durante algum tempo, uma noiva relutante. Não deixou de aparecer, fazer os acordos — o comércio aumentou —, mas parecia não ter um engajamento forte, sobretudo quando havia um tema de natureza mais política.

Não quero ser injusto. O presidente Uribe procurou sempre o presidente Lula. Nosso comércio bilateral aumentou; nossos investimentos também. Mas havia uma atitude cética ou reticente, talvez, por boas razões, em relação à integração política da América do Sul. Agora parece ser diferente. Acho que, talvez, o que melhor ilustrou esse fato foi a presença do presidente Kirchner na reunião — não em toda a reunião, mas em parte dela — entre os presidentes Chávez e Santos.

Voltando à relação da Colômbia com a Venezuela, ela tem sido difícil. Não vou fazer agora uma análise sociológica ou histórica da questão. Mas é compreensível que dois países que nasceram unidos e, depois, se separaram tenham um potencial de rivalidade. Este potencial deve ser tratado sempre com muito cuidado. Se você tem, além disso, governos que estão ideologicamente em lados opostos, os choques tendem a aumentar. Jamais acreditei nessa tese de fim das ideologias, e também não acredito muito na visão de que as ideologias sejam algo muito rígido. Elas não deixam de ter sua importância. São, inclusive, uma maneira de os governantes se expressarem. E por isso, também, sempre foi uma relação difícil.

Estivemos envolvidos, no passado, em situações de conflito entre a Venezuela e a Colômbia. Em 2005, o presidente Lula fez uma visita à Colômbia e depois à Venezuela. Esse período coincidiu com uma vinda, também, do presidente do governo espanhol, Zapatero. Depois conseguimos reunir os quatro — Brasil, Colômbia, Venezuela e Espanha —, e os atritos se amorteceram um pouco. Mas as animosidades voltaram. Creio que nem se deve remoer muito isso, porque não está acontecendo nada agora. Melhor que seja assim. Mas, em 2008, quando houve o ataque colombiano em território equatoriano,[10] configurou-se uma situação muito complicada, e nós estivemos muito envolvidos.[11]

---

10 A força aérea colombiana atacou, em 1º de março de 2008, um acampamento de membros das Farc em território equatoriano. Essa invasão, que resultou na morte de vários militantes do grupo, inclusive de Raúl Reyes, um de seus líderes, gerou grande tensão tanto em Quito como em Caracas. Recordo que voltava de uma viagem à Ásia e decidi passar o domingo em São Paulo. Logo, meu celular não pararia de tocar: tivemos um envolvimento contínuo e intenso com as partes. Ao manterem uma forte posição condenatória da violação da soberania do Equador, o Brasil atuou para facilitar o diálogo. Uma reunião do Grupo do Rio em São Domingos, em 7 de março, arrefeceu as tensões. Nela, tive uma longa conversa com o presidente Uribe sobre a importância de um bom relacionamento com os vizinhos. De modo que poderia ser considerado algo atrevido (tratando-se de um diálogo de um ministro com um presidente), ponderei: "Presidente, mesmo com o tratado de livre comércio com os Estados Unidos, a Colômbia continuará na América do Sul".

11 Mesmo antes do ataque de que resultou a morte de Raúl Reyes, as relações entre os dois países já estavam muito tensas. Havia gestos e referências, de parte a parte, que poderiam indicar o risco de consequências extremas. Nesse contexto, recordo-me de uma conversa interessante que tive com Enrique Iglesias, secretário-geral da Conferência Ibero-Americana, na residência do embaixador do Brasil em Madri. Fruto desse diálogo, resolvi telefonar a meu colega cubano, Felipe Perez Roque, pois Fidel Castro era o único líder que tinha óbvia ascendência sobre Chávez. E Cuba tinha boas relações com a Colômbia, tendo atuado como mediador entre Bogotá e o ELN.

Mais recentemente, durante a situação de rompimento entre a Colômbia e a Venezuela,[12] o presidente Lula foi muito ativo. Visitamos Chávez na véspera da posse de Santos. Buscamos persuadi-lo a adotar uma postura mais tranquila (algo que ele já vinha, de certa maneira, fazendo, a despeito do contratempo causado pelas últimas declarações do presidente Uribe, antes de deixar a presidência).

O envolvimento do Brasil ajudou. Seguramente ajudou e isso foi dito, tanto pela chanceler colombiana como por outros altos funcionários colombianos. O papel da Unasul foi ressaltado nessas conversas, que, para nós, é muito gratificante. Haverá muito que fazer para consolidar a aproximação entre Colômbia e Venezuela. É muito importante que esses países se entendam, para que haja a consolidação de um ambiente de paz na América do Sul. Vamos ter que continuar atuando nesse sentido.

Talvez, em outra ocasião, eu fale de Oriente Médio aqui no Instituto, porque estamos ligados a várias questões da região, mas vou mencionar, *en passant*, a relação entre Israel e Síria. Em determinados momentos, levamos mensagens de Israel para a Síria, e da Síria para Israel. Fizemos um trabalho para facilitar o diálogo, principalmente sobre a questão das colinas de Golã — a fronteira entre os dois países. Dois anos antes, eu havia sido portador de uma mensagem do presidente sírio para o então primeiro-ministro de Israel, Ehud Olmert, sobre a disposição síria de aceitar a volta das negociações com intermediação turca, e elas foram efetivamente retomadas nesse formato. depois do episódio da "flotilha",[13] a continuidade ficou prejudicada, pelo menos temporariamente.

---

12 A Venezuela rompeu relações com a Colômbia após declarações de Uribe em um de seus últimos discursos como presidente, sendo restabelecidas no governo Santos.

13 Em 31 de maio de 2010, forças especiais de Israel fizeram um *raid*, em águas internacionais, no *Mavi Marmara*, cruzeiro turco de entrega de ajuda humanitária em Gaza. Sob alegação de que o navio desrespeitava o bloqueio naval àquele território palestino, os comandos israelenses mataram nove ativistas a bordo e feriram outros tantos.

As negociações entre Israel e Síria estavam se realizando por intermédio da Turquia. Como temos uma relação muito boa e muito próxima com a Turquia, não podíamos, de maneira nenhuma, dar a impressão de que estávamos querendo tomar o lugar da Turquia — e não era o caso. Mas, quando estivemos em Israel, o primeiro-ministro de lá pediu ao presidente Lula que buscássemos facilitar o diálogo deles com a Síria. Sempre fez parte da estratégia de Israel, desde a fundação do Estado, buscar acordos de paz com os vizinhos, independentemente das dificuldades com a questão palestina. Israel tem tratados com a Jordânia e o Egito, mas não tem com o Líbano, por razões já conhecidas, e bem como com a Síria, por vários motivos, mas principalmente por causa de Golã.

Deixando de lado o mérito da questão, quero salientar que, algumas vezes, disse: "Gostaria de deixar claro que não pretendemos fazer necessariamente uma mediação etc.". E aí, em uma conversa com o ministro das Relações Exteriores sírio, Walid Muallem, meu colega disse: "O que vocês estão fazendo já é uma mediação".[14]

Lembrei-me daquela frase célebre do monsieur Jourdain, personagem do *Bourgeois gentilhomme* (O burguês fidalgo), de Molière, que queria se passar por aristocrata. Para isso, ele tinha que aprender muitas coisas: música, dança, literatura. Na primeira aula de literatura, o professor explicou que ela pode ser feita em forma de poesia ou prosa: "Poesia tem versos, com rima ou sem rima. E prosa é assim como falamos". E monsieur Jourdain disse: *"Oh, que belle chose! Je parle en prose"*. Ele descobriu que já falava em prosa, o que, para ele, era uma coisa extraordinária; poder falar de modo que os filólogos e os críticos literários consideravam uma forma erudita

---

14 Evidentemente, o ministro Muallem me disse isso em uma conversa privada. Publicamente, talvez, tivesse que negar a existência de mediação, embora o presidente Assad não se tenha furtado a afirmar, em entrevista a *O Estado de S. Paulo*, que considera "bem-vinda a ajuda do Brasil" na busca de uma solução para os problemas entre Síria e Israel.

de falar, a "prosa". Muitas vezes, você pode mediar, sem perceber e sem ter chegado a uma fase em que o processo tenha sido definido formalmente como mediação. Porque você faz uma aproximação de posições.

Teria muitos outros casos para citar, inclusive casos em que *não* fomos chamados a mediar. Por exemplo, há muita crítica, inclusive na mídia, de que o Brasil se interessa pelo Oriente Médio e não resolve o problema das *papeleras*.[15] Primeiro porque o problema das *papeleras* se resolveu sem que o Brasil precisasse atuar diretamente; segundo, porque você não pode mediar se não for chamado. E quando você é chamado a mediar — ou quando há interesse na mediação — é preciso existir interesse das *duas* partes. Quando vou ao Oriente Médio, sozinho ou com o presidente Lula, sinto interesse das partes em comunicar ao Brasil suas posições e seus sentimentos. Sinto isso tanto em Israel como na Palestina ou na Síria, cada um com suas características e peculiaridades.

No caso das *papeleras*, não havia esse interesse. Queriam encontrar a solução de outra forma, ou por outros meios — o que é razoável e legítimo. Há situações de política interna em diferentes países, que, muitas vezes, não permitem que a mediação possa ser exercida. E não se pode impor uma mediação. Talvez uma superpotência tenha condições de tentar impor. Nem sempre com bons resultados, como temos visto, mas talvez possa impor. O Brasil não vai fazer isso. É claro que, caso se chegasse a uma situação extre-

---

15 Refiro-me à disputa entre Argentina e Uruguai acerca da instalação de indústrias de celulose na margem uruguaia do rio Uruguai. A Argentina receava o impacto ambiental da obra, e alegava que, pelo Estatuto do rio Uruguai, o país vizinho deveria consultá-la quanto à conveniência da construção. Manifestantes na Argentina bloquearam o trânsito de uma ponte que ligava os dois países na região das fábricas, causando complicações adicionais. Após laudo arbitral emitido no âmbito do Mercosul, o caso foi levado à Corte Internacional de Justiça, que, em 2010, se pronunciaria com uma solução considerada salomônica por alguns.

ma, poderia ter sido diferente, mas felizmente não se chegou a ela. No caso das *papeleras* nunca deixou de haver um diálogo. Houve um recurso à Corte Internacional de Justiça, e foi o parecer da Corte que permitiu que a situação se acomodasse.

Esses eram os comentários que gostaria de fazer sobre a América do Sul, salientando os aspectos da integração como um todo e os das relações multilaterais e bilaterais. Haveria muitos outros aspectos a mencionar sobre Mercosul, Calc — hoje Celac —, Grupo do Rio. E outras coisas a falar sobre as relações bilaterais com cada um dos países.

PERGUNTAS

Aluno A integração da América do Sul deixou de ser uma aspiração para ser um fato. Nos últimos anos, esse maior contato vem acompanhado de algumas tensões. A liderança pessoal do presidente Lula foi muito importante. Quais seriam os instrumentos da política externa brasileira para aprofundar a aproximação e evitar as eventuais tensões, que decorreriam desse maior contato, nos próximos anos?

Celso Amorim Nem sempre é possível evitar todas as tensões. É preciso, muitas vezes, manejá-las, fazer com que não subam além de determinado ponto. Foi, por exemplo, o que aconteceu em nossa relação bilateral com a Bolívia e, até certo ponto, com o Paraguai.

Com a Bolívia ocorreu quando houve a decisão de nacionalizar — não exatamente de nacionalizar, porque isso estava até previsto — de efetivar a nacionalização do gás. Houve episódios graficamente mais incômodos, como a ocupação das refinarias da Petrobras. E houve situações difíceis, com as quais tivemos que lidar com muita calma e muita paciência. Sem abandonar nossos preceitos básicos, mas entendendo também o que nossos vizinhos almejavam e, até certo ponto, tentando entender a legitimidade de certas reivindicações.

Vejam bem: nesse caso da Bolívia, as proporções da divisão dos lucros com a exploração do gás eram, creio eu, 50 por cento a 50 por cento. Depois de muita negociação ficou algo em torno de 80 por cento a 20 por cento, ou 78 por cento a 22 por cento — algo assim. E o negócio continua, aparentemente, dando lucro. O empreendimento se mantém viável. A Petrobras não pensa em sair da Bolívia. Era natural que houvesse alguma negociação, e alguma discussão. Houve um esforço de compreensão para com certos arroubos, os quais podemos ter considerado até excessivos em determinado momento. Mas, em vez de reagir da mesma maneira, procuramos reagir com calma, paciência. A questão das refinarias exigiu que eu fosse a La Paz, conversasse com o presidente Evo Morales, pedisse a ele, em termos polidos, a retirada das tropas, sem esquecer que é o país dele. A refinaria era nossa, mas o país é dele. E a refinaria fica no país dele. A soberania é boliviana.

Tivemos outros episódios semelhantes. Em política externa, não se pode ter pavio curto. É preciso ter calma e tranquilidade, e manter uma atitude de compreensão — não de complacência — quando se lida com interlocutores mais fracos ou menos poderosos. Ao mesmo tempo firmeza quando se está diante de interlocutores mais fortes. Continuo a ver entrevistas em que a concepção parece ser a seguinte: "Devíamos ser duros com os fracos e suaves com os fortes". Não acho que isso seja uma boa atitude em matéria de política externa. Em relação a tudo que é pedido pela União Europeia e pelos Estados Unidos, alguns dizem: "Devemos ser compreensivos, temos que levar isso em conta, temos que fazer assim".

Não vou reviver o que foi a discussão da Alca, mas da maneira como estava colocada, os temas de interesse dos Estados Unidos permaneciam na agenda, e os temas de interesse do Brasil foram progressivamente sendo retirados dela. A verdade é essa. Não haveria conversa sobre subsídios agrícolas e antidumping, mas haveria sobre propriedade intelectual, serviços definidos como investimento, compras governamentais. E tínhamos que ser compreensivos. Quando se tratava de um país mais fraco, era preciso ser duro. Acho que hoje quase mais ninguém fala: "Ah, o Brasil foi fraco com a Bolívia", mas fraco por que, meu Deus?

O gás era um recurso escasso na época. Hoje, a situação até melhorou, porque, de maneira inteligente, o governo procurou se precaver de futuras situações e diversificar suas fontes de suprimentos — nacionais e internacionais. Passamos também a importar gás liquefeito, que vem, entre outros lugares, de Trinidad e Tobago. Fomos compreensivos. E não nos faltou uma molécula de gás. Problemas semelhantes na Europa — como ocorreram entre Rússia e Ucrânia — tiveram consequências muito sérias.

A Petrobras continua investindo na Bolívia, e há interesse de outros setores brasileiros no país. O governo boliviano a meu ver, passou por um processo educativo de identificar o que importa, de fato, ao país. Passou a reivindicar seus direitos legítimos e maior participação nos ganhos; não volta mais ao que era antes.

Na primeira vez em que estive na Bolívia durante este governo, muito antes de Evo Morales, um dos problemas (trata-se de algo gráfico, embora muitas vezes essas coisas possam ter explicações técnicas) do país eram que gasodutos passavam por lugares onde moravam populações pobres, que não tinham gás de cozinha, nem para aquecimento. Talvez seja assim ainda hoje, porque esse tipo de problema demora a mudar, mas é preciso trabalhar para resolvê-lo.

Um caso parecido é o do Paraguai. O Paraguai é sócio da maior hidrelétrica do mundo (ainda é a maior em produção, apesar de Três Gargantas, na China). Quando está trabalhando com força total, é a maior hidrelétrica do mundo. O país tem a maior produção de energia elétrica *per capita* do mundo. E, no entanto, ainda há apagão em Assunção. A luz, às vezes, treme. Assim fica difícil desenvolver uma indústria. O acordo de Itaipu foi feito da maneira que se achava que era certa, em um período diferente da história. É preciso compreender que as reivindicações se baseiam em motivação legítima. O Paraguai sempre insistiu muito em poder vender para países terceiros, o que é algo muito difícil para o Brasil aceitar no curto prazo. No médio e no longo prazo até pode ser, porque podemos nos preparar para isso. No curto prazo, isso seria contraditório com o próprio objetivo da construção de Itaipu. Mas há fórmulas que estamos tentando encontrar. Com isso, estamos criando uma nova relação. Não é fácil, porque não podemos interferir nos sistemas políticos internos. Há vários interesses concorrentes. Ter paciência é fundamental.

Não adianta ter uma atitude arrogante. É claro que o Brasil não pode ignorar sua importância, mas não pode ter uma atitude arrogante com os países menores. Lembro-me do tempo em que o embaixador americano era recebido pelo presidente brasileiro no momento em que pedia. E desfazia uma instrução do ministro das Relações Exteriores. Graças a Deus esse tempo acabou. Não podemos querer agir dessa forma em outros países. Temos que agir com diplomacia, com mais compreensão para os interesses reais dos países.

A integração continua a ser essencial. Quando começamos esse processo, muitos criticavam o Mercosul. Diziam: "Por que o Brasil está perdendo tempo com Argentina, com Uruguai? Precisamos tratar da expansão do Nafta. O Brasil tem que ser candidato ao Nafta". Hoje, a América Latina e o Caribe são responsáveis pela importação de 47 por cento de nossas manufaturas. Quer dizer, 47 por cento do que exportamos em manufaturas vão para esses países. Temos grande interesse nessa relação. Mas devemos tratá-la com jeito e com calma, precisamos negociar reconhecendo as diferenças entre os países. Isso não significa ignorar o nosso interesse, obviamente, mas, às vezes, o interesse de longo prazo tem que se sobrepor ao de curtíssimo prazo. Não é um exercício fácil.

Aluno Acho que tenho uma visão meio superficial sobre a Celac. Gostaria que o senhor aprofundasse um pouco mais o assunto, sobre qual a visão do Brasil para o organismo, especialmente porque sabemos que a Celac não é uma contraposição à OEA. Mas tenho dúvidas. Desculpe-me a pergunta.

Celso Amorim Não, quem tem que pedir desculpas somos nós. Se não soubermos comunicar bem o que é a Celac para os alunos do Rio Branco, imagine para o público em geral.

São níveis diferentes de integração. Primeiro, antes de entrar na comparação com a OEA, vou falar da Celac em relação à Unasul. Como disse hoje, nos concentramos muito na América do Sul. Isso porque achamos que a América do Sul é o espaço onde se pode fazer uma integração verdadeira em todos os níveis: econômico, físico, energético, político. Se você pensar em uma estrada do Brasil para o México é algo complicado. Pode até não ser impossível, mas é mais complexo.[16] Aqui, na América do Sul, é diferente. Há vários

---

16 A política do México com relação à América Latina, e mais especialmente à América do Sul, sempre padeceu de certa ambiguidade, acentuada pelo Nafta. Por um lado, o México sente necessidade de reafirmar sua identidade latino-americana, fator vital para preservar sua independência em relação ao grande vizinho do norte. Por outro, a força de atração do mercado norte-americano é indiscutível. Com o Nafta, o que antes era visto como uma inevitabilidade frequentemente lamentada, passou a ser uma política de Estado. Essa ambiguidade gerou situações delicadas na Aladi que só foram contornadas mediante artifícios que contribuíram para enfraquecer a organização. Ela também gerou problemas na relação do México com o Mercosul. O presidente Vicente Fox afirmava frequentemente que queria que o país "ingressasse" (*sic*) no Mercosul, ignorando a total mudança que isso exigiria na política comercial de seu país. Em outras palavras, queria entrar para um clube sem submeter-se às suas regras. Em várias

pontos de contato, há vários interesses comuns; somos comercialmente mais próximos. Então, nos concentramos muito na América do Sul, e isso tem consequências políticas.

Os países, hoje, percebem que há uma unidade na Unasul. Essa unidade é mais difícil de obter para o conjunto da América Latina e do Caribe. Não é impossível, mas é mais difícil. Aliás, o caso do ataque colombiano em território equatoriano mostrou que não é impossível, porque o assunto foi tratado no Grupo do Rio, que é mais ou menos o mesmo universo político da Celac.

Temos obviamente interesse no conjunto da América Latina e do Caribe, porque existem afinidades culturais. Existe uma história, até certo ponto, comum, que, depois de algum tempo, foi se diferenciando.

Tentamos fazer a Celac justamente para trazer esses países para nosso ambiente. A Celac é, do ponto de vista de sua composição, muito parecida com o Grupo do Rio, praticamente igual hoje, porque todos os países do Caribe estão convidados a fazer parte do Grupo do Rio. Foi no Grupo do Rio que a questão Equador-Colômbia foi resolvida. Não foi na OEA. Tomamos a decisão, a que se chegou no Grupo do Rio, e levamos para a OEA, que só teve que referendá-la.

---

ocasiões, contrapropusemos que o México se tornasse Estado Associado do Mercosul, o que dispensaria a adoção, pelo México, da Tarifa Externa Comum. Ainda assim, seria necessário um acordo de livre comércio, objetivo em tese mais viável. Essa segunda hipótese não tinha, porém, o charme político da primeira, o que fazia com que os mexicanos desconversassem rapidamente. Tem sido mérito do presidente Calderón buscar um enfoque mais pragmático. O governo mexicano não tem insistido em uma integração ao Mercosul puramente teórica, mas que não deixaria de nos causar problemas de toda ordem. O México evoluiu positivamente na direção de um acordo de livre comércio com o Brasil, permitido pelas regras do Mercosul. Ambiguidades à parte, a necessidade de acomodar o México (e também Cuba) dentro de uma institucionalidade latino-americana e caribenha foi uma das razões que levou o Brasil a propor um processo que resultou na Calc, hoje Celac.

Várias situações que envolvem diálogo político, certo tipo de mediação, são mais facilmente resolvidas, na minha opinião, no ambiente da América do Sul. Em alguns casos será resolvido, digamos, na organização centro-americana ou na organização do Caribe. Em outros casos, isso não será suficiente.

É claro que, em algumas situações, precisaremos da OEA, porque a OEA tem um arcabouço jurídico mais definido que essas organizações, que são novas. Com o tempo, vai haver uma acomodação. A OEA, a meu ver, será, no futuro, o grande espaço para negociação entre os países em desenvolvimento e os países desenvolvidos do continente. Não se pode esquecer que existe essa grande dicotomia. Na maior parte dos assuntos de natureza econômica, os interesses dos Estados Unidos e do Canadá tendem a ser diferentes dos da América Latina e do Caribe. É natural que seja assim. Não quer dizer que esses países não sejam importantes, que não se tenha que negociar com eles, e até que não se queira eventualmente ter um acordo de livre comércio, desde que possa ser negociado em bases corretas — como temos sugerido entre o Mercosul e o Canadá.

Vejam a crise recente entre Colômbia e Venezuela. Foi muito mais fácil para a Venezuela aceitar um papel de facilitação, bons ofícios, mediação — o nome que se queira dar — para a Unasul do que para a OEA. Porque a presença dos Estados Unidos, de alguma maneira — e não estou dizendo que seja ou não correto —, contaminaria a mediação; criaria um *bias*, um viés. Então, acho que temos de jogar com várias opções. Não vejo isso como um problema. Na Europa, por exemplo, há a União Europeia, o Conselho da Europa; em outras regiões do mundo, trabalha-se com várias organizações regionais ou sub-regionais. Acho que temos uma realidade na América do Sul muito forte, cujo principal motor é o Mercosul. Mas a realidade política abarca forçosamente o conjunto da América do Sul. Não há como querermos que seja só o Mercosul. E temos a América Latina e o Caribe.

A OEA já se situa em outro plano. A OEA teve papel pioneiro em muitas coisas. Na área de direitos humanos, ela pôde avançar muito. Na área de direitos da mulher, foi pioneira no mundo. Tem muita coisa em que a OEA ainda pode ajudar, e em muitos casos tem competência legal que permite um tipo de ação que nenhum desses outros foros permite. Mas, politicamente, eles são mais eficazes e, em geral, mais bem aceitos.

Se você falar de integração, é a América do Sul, ou mais propriamente, o Mercosul. Se você falar em concertação política, pode ser sobre a América do Sul e a Celac. E se você falar em decisões jurídico-políticas talvez, por enquanto, precise ser, na maior parte dos casos, a OEA.

16

"MUITA HISTÓRIA E POUCA GEOGRAFIA!"

Relações Brasil-Oriente Médio, ONU e Haiti.
7 de outubro de 2010[1]

Sempre que volto de alguma viagem, com a memória ainda "fresca" das coisas que aconteceram, acho útil conversar com os alunos do Instituto Rio Branco, que, de certa maneira, são meus confidentes.

A última viagem foi particularmente interessante. Estive em Cuba; fui a Nova York, para participar da Assembleia Geral das Nações Unidas, onde mantive diversas reuniões; e, por fim, fui ao Haiti.

Havia me comprometido a falar um pouco sobre o Oriente Médio. Ao contrário do professor Salém Nasser, que dá aulas no Instituto Rio Branco, devo dizer que não sou especialista em Oriente Médio. Aliás, não sou especialista em nada. Algumas pessoas às vezes dizem que me especializei em comércio. Mas não é verdade! Aliás, eu não gostava muito dos temas de comércio. Talvez por isso, pelo desejo de acabar rapidamente as reuniões, tornei-me um negociador mais ou menos reconhecido nessa área.

Gostaria de falar não sobre o Oriente Médio em si, mas sobre o Brasil e o Oriente Médio. Vou tentar fazer, sobretudo, uma narrati-

---

1   Palestra para a Turma 2009-2011 do IRBr.

va do que nós, no governo do presidente Lula, fizemos em relação à região. Não me recordo de Lula ter feito referências muito amplas sobre o Oriente Médio em seu discurso de posse. Eu provavelmente terei feito alguma referência no meu, talvez mais no sentido da paz na região, de trabalhar pela solução dos dois Estados, enfim, algumas posições de natureza mais geral. Seguramente, alguma referência direta ou indireta terá sido feita ao Iraque, pois, no início do governo Lula, essa era uma das grandes questões internacionais.

Eu já havia tido um envolvimento forte com a questão do Iraque no período em que fui embaixador em Nova York, na ONU, em período posterior à Guerra do Golfo. As sanções contra Bagdá continuavam em vigor. Havia muita discussão a respeito, inclusive no âmbito da comissão da ONU que verificava o desarmamento do país — compromisso que o Iraque havia assumido por ocasião do cessar-fogo. A comissão era objeto de muita controvérsia. É difícil dizer se era ela que criava os conflitos ou se era Saddam Hussein que os criava. Provavelmente, os dois.

Essa percepção de que havia problemas criados por Saddam Hussein, e também pela comissão, era compartilhada por vários países. Tanto que, após a presidência brasileira do Conselho de Segurança, em um dos painéis que me coube presidir sobre o Iraque (relativo ao desarmamento), resultou de imediato a modificação da estrutura da comissão, que se chamava Unscom e era presidida, à época, por um australiano, Richard Butler. Ele inclusive escreveu um livro com referências nada lisonjeiras sobre mim. Com o resultado do painel, ele acabou pedindo demissão. Outra pessoa foi nomeada para a função, e a comissão foi reformulada. O trabalho no painel era muito complexo. Tive de lidar com pessoas que provavelmente faziam parte do serviço secreto — fosse das potências ocidentais, fosse das que se opunham às sanções, como Rússia e China. E com nacionais de outros países que também se opunham às sanções, mas com uma visão algo distinta, como a da França. Ao mesmo tempo, tinha de conversar com as agências internacionais que lidavam com o desarmamento. Portanto, ao assumir o Ministério das Relações Exteriores pela segunda vez, já havia tido envolvimento (e algum conhecimento específico) com o tema do Iraque.

Uma das claras conclusões que resultaram do trabalho dos painéis foi a de que situação humanitária no Iraque — desastrosa para um país que havia chegado a níveis semelhantes aos de um país relativamente desenvolvido, como Grécia ou Portugal de há 30 anos — era decorrente, em grande parte, das sanções. Isso me deixou muito reticente sobre a utilidade das sanções. Saddam Hussein continuava no poder e o exercia de maneira cada vez mais autoritária, mais fechada, sem cooperar com as Nações Unidas. Enquanto isso, o povo iraquiano sofria de forma muito dramática com os efeitos das sanções. Após ouvir muitas agências, pessoas, organizações humanitárias, a Cruz Vermelha — que é muito cautelosa em dar opinião —, concluí que todas as análises e informações apontavam para uma correlação entre as sanções e a situação humanitária dramática vivida no país.

Havia uma série de dificuldades resultantes das sanções, como, por exemplo, adquirir equipamentos para usinas termoelétricas, para linhas de transmissão; materiais muitas vezes banais, como pneus. Tudo era considerado de "uso duplo", isto é, civil e militar. Afinal, é muito difícil imaginar alguma coisa no mundo que não possa ter dois usos. Até um terno pode servir para vestir um militar ou transformar um militar em espião para entrar em algum lugar. O Iraque, por exemplo, não podia comprar lápis, porque o grafite, em tese, poderia ser usado como elemento moderador em centrais nucleares. Há dezenas de outros exemplos.

Resumindo, como resultado das sanções, havia, no Iraque, dificuldades de toda sorte: no fornecimento de energia elétrica, no funcionamento de hospitais, na disponiblidade de água potável, na mortalidade infantil. Não estou de forma alguma defendendo o regime de Saddam Hussein. Mas cada vez que os países ocidentais eram criticados por causa das sanções, os iraquianos se defendiam: "É tudo culpa do Saddam Hussein". A pessoa finalmente escolhida para presidir a nova comissão, a Unmovic, foi Hans Blix, que havia sido diretor da Agência Atômica. Blix fez um trabalho muito bom e muito difícil, porque tinha de dar satisfação aos membros permanentes do Conselho de Segurança, sobretudo aos Estados Unidos e ao Reino Unido. Mas buscava fazer isso de maneira honesta — e isso já era uma grande coisa.

Muitos e muitos anos atrás, o Brasil esteve envolvido com o Batalhão Suez, entre Egito e Israel. Afora isso, o Brasil não havia tido um grande envolvimento político na região. Teve, naturalmente, muito contato no passado, sobretudo no período em que houve o primeiro grande choque do petróleo, que nos afetou. Naquela época, o Brasil era muito dependente da importação de petróleo, um contraste muito forte com o que existe hoje. Durante as gestões dos ministros Azeredo da Silveira e Saraiva Guerreiro, houve muitos contatos. Eu não saberia dizer quantos em nível ministerial, mas me lembro de que os assessores do ministro Guerreiro — o embaixador Roberto Abdenur, por exemplo — frequentemente iam à região. Tivemos muitos contatos em matéria de promoção comercial, com o Iraque e com outros países. Mas não havia um contato político forte.

Não sei quantas visitas ministeriais houve ao Oriente Médio. Eu mesmo, como ministro do governo Itamar Franco, fui apenas uma vez ao Oriente Médio. O Brasil havia sido convidado para a assinatura do acordo de paz entre Jordânia e Israel, ainda na época do presidente Clinton, em 1994. O Brasil foi o único país latino-americano a ser convidado. Como o presidente Itamar não pôde ir, fui representá-lo. Na sequência dessa viagem à fronteira da Jordânia com Israel, onde foi assinado o acordo, fui ao Marrocos, para uma reunião em Casablanca. Na ocasião, houve uma tentativa de fazer uma grande área de cooperação econômica envolvendo os países árabes e Israel, que seria também uma maneira de consolidar a paz. Depois, houve outras visitas, mas eu não era mais ministro. Sei que o ministro Lampreia esteve em Israel. Não me recordo se na mesma época ele foi a outros países, mas não havia muita representatividade.

No governo Lula, o primeiro tema relativo ao Oriente Médio que tivemos de tratar — e o assunto se apresentou a nós; não fomos de maneira alguma buscá-lo — foi o do Iraque. Era o principal assunto da agenda internacional, no início de 2003. Logo nos primeiros meses do governo, o mundo foi sacudido pela invasão norte-americana do Iraque e o Brasil adotou posições firmes e desassombradas. Como estávamos no começo do governo, essa tomada de posição era importante.

Tivemos uma reação muito forte, muito clara, e até certa tentativa de envolvimento. O presidente Lula manteve contatos com o secretário-geral da ONU, Kofi Annan, para quem levei uma carta, com o objetivo de buscar uma saída que evitasse o uso da força.[2] Mantive contato também com o então secretário de Estado Colin Powell. O presidente Lula enviou uma carta ao papa João Paulo II, da qual fui portador, sobre o assunto. Mas isso foi depois que a guerra já se havia iniciado. A carta ao papa visava a apoiar seu apelo para que cessasse prontamente a ação armada.

O Brasil — queiramos ou não — é um país importante no mundo. Sua opinião é importante, conta para muita gente. O Brasil tem legitimidade, porque é um país pacífico, vive em paz com seus vizinhos. Nossa sociedade tem uma grande mistura cultural e uma va-

---

2 Essencialmente, em nossos contatos, explorávamos uma combinação de três coisas: a saída de Saddam Hussein do poder; o reforço das inspeções (sem provocações desnecessárias); e a suspensão das sanções. Tudo isso com envolvimento da Liga Árabe e com supervisão da ONU.

riedade de religiões. Há uma expectativa generalizada por opiniões e posições do Brasil. Até na Europa Central e Oriental — na Sérvia, na Bósnia, onde estive recentemente — há grande interesse pelo Brasil, porque eles sabem que o país é muito atuante nas Nações Unidas, está no Conselho de Direitos Humanos com frequência e pode, algum dia, tornar-se membro permanente do Conselho de Segurança. De qualquer maneira, continuará a ter muita influência. A percepção é de que a posição do Brasil acaba influenciando outros países, a começar por nossos vizinhos.[3] Eu digo isso porque vocês vão conduzir ou executar nossa política externa no futuro. Sempre haverá resistência interna às nossas iniciativas, porque há uma visão acanhada do que é o país, do que ele pode ou não fazer.[4]

A necessidade de tomar posição sobre a Guerra do Iraque era, naquele momento, muito clara. Adotamos uma posição muito firme. Fizemos esses movimentos que descrevi, os quais não tiveram resultados. E provavelmente nem poderiam ter, àquela altura, uma vez que a máquina de guerra já havia sido posta em funcionamento. Como disse, em determinado momento, liguei para o secretário de Estado Colin Powell, que estava no avião, para comentar alguma ideia. A reação dele, que achei muito elucidativa, foi a seguinte: *"Maybe it's a good idea, but the time for good ideas has run out"*.[5] Ele disse isso ou algo parecido. Não tenho como conferir. Mas, em outras palavras, a máquina de guerra já estava em movimento.

---

3   Um exemplo recente, ainda durante o governo do presidente Lula, foi o reconhecimento da Palestina, gesto acompanhado, quase imediatamente, por vários outros países sul-americanos, e que teve repercussão para além de nossa região.

4   Segundo um telegrama da Embaixada norte-americana em Brasília divulgado pelo WikiLeaks, o ex-subsecretário de Estado Thomas Pickering teria ouvido de uma alta autoridade de governo anterior que a "obsessão" por um assento permanente no Conselho de Segurança não se justificava, sobretudo tendo em vista que o Brasil não tinha interesse ou capacidade (*sic*) de influir sobre eventos globais.

5   "Talvez seja uma boa ideia, mas o tempo para as boas ideias já se esgotou."

É esse o risco que se corre quando se desencadeiam sanções ou outras medidas coercitivas. Por isso, temos de ser cautelosos. A administração Clinton, por exemplo, não desejava uma nova guerra no Iraque. Mesmo assim, viu-se em uma situação em face da opinião pública interna na qual, praticamente, teve de intervir militarmente.

Quero fazer um comentário *en passant* sobre nossa relação com os Estados Unidos, que muitas pessoas — não todo mundo — temiam que ficasse afetada. Não ficou. O presidente Lula, na primeira visita que fez a Washington, foi recebido pelo presidente Bush com as seguintes palavras: "Temos algumas diferenças, mas vamos tratar daquilo que temos em comum". E se estabeleceu uma relação extremamente pragmática, que acabou resultando em acordos sobre etanol, diálogo político etc.

Desde o início, o governo Lula teve uma percepção muito nítida da necessidade de diversificação de parceiros. Isso era verdade sobretudo no plano econômico, mas se estendia ao plano político.

Se me permitem, volto a dizer uma coisa que queria ter dito quando mencionei minha presença na ONU. Algo que se aprende nas Nações Unidas, à medida que você vai acompanhando os temas e estudando um pouco da história, é que a paz tem um preço. Se quisermos nos valer de um contexto mundial pacífico, que nos permite fazer comércio, aumentar o turismo, ter relações culturais etc., o Brasil, como um grande país, vai ter de pagar uma parte do preço dessa paz, proporcional ao seu poder, à sua capacidade.

Voltando à presença do Brasil no Oriente Médio. O presidente Lula visitou pela primeira vez a região em dezembro de 2003. Foi a primeira visita de um chefe de Estado brasileiro à região. A outra visita foi de dom Pedro II, com objetivos, aliás, muito louváveis: culturais e religiosos, sem caráter político, até porque, naquela época, o imperador não poderia ter visitado nenhum país específico, tudo era parte do Império Otomano.

A primeira visita de natureza realmente política, de Estado, foi a do presidente Lula, o que não deixa de ser impressionante. Com aproximadamente dez milhões de descendentes de árabes no Brasil, nunca um governante brasileiro, no exercício do cargo, havia feito uma visita oficial ao Oriente Médio. Acho isso muito impressionante. No caso da Argentina, por exemplo, tenho a impressão de que o presidente Menem — descendente de sírios — havia visitado a Síria. Mas há outras coisas que são igualmente impressionantes, como o fato de nunca ter sido realizada, antes do encontro de Sauípe, uma reunião da América Latina e do Caribe.

A visita de dezembro de 2003, embora tenha tido objetivos econômicos e comerciais, não deixou de ter um sentido político. Muitos criticaram as visitas do presidente Lula à região, em especial à Síria e à Líbia. Permito-me dizer: tolice! Pouco depois, outros líderes ocidentais foram a esses países. Naquela ocasião, o presidente Lula visitou uma série de países: Síria, Líbano, Emirados Árabes Unidos, Egito e Líbia. Como líder sindical e político, o presidente Lula já havia visitado um ou outro, mas não muitos. Essa visita de dezembro de 2003 criou uma primeira perspectiva de avanço.

Essa viagem ocorreu pouco depois do "fracasso" da reunião ministerial da OMC em Cancún. Fracasso não para nós, porque, do nosso ponto de vista, fracasso teria sido um resultado negativo. Na Alca, estávamos vivendo o mesmo tipo de impasse. Então, nos voltarmos para o Oriente Médio era, intuitivamente, um meio de buscar novos mercados. Além, é claro, da dimensão política, dos laços afetivos. Tenho a impressão de que foi nessa viagem que o presidente Lula, pela primeira vez, usou a expressão "nova geografia econômica do mundo". Foi dele a expressão; não foi minha, nem de assessor meu (ao contrário do que se possa pensar). "Vamos trabalhar para uma nova geografia econômica do mundo."

Foi assim que nasceu a ideia da Cúpula Aspa (América do Sul-Países Árabes), em uma conversa com o presidente Lula sobre a necessidade de diversificar as relações.[6] Creio que o professor Marco Aurélio também estava presente na cabine do avião presidencial. O presidente Lula sugeriu: "Vamos criar algum mecanismo" — encontros de chefes de Estado — "entre o Brasil e os países árabes". Como estávamos empenhados a fundo no processo de integração sul-americana, ponderei: "Presidente, já que estamos nessa empreitada de integração sul-americana, por que não fazemos América do Sul-Países Árabes?". É claro que isso nos deu muito mais trabalho. Esse formato tem uma força de atração maior. E acho que para a América do Sul foi muito importante. Fico muito contente, por exemplo, que já se tenha realizado uma reunião ministerial em Buenos Aires, a segunda de ministros das Relações Exteriores da Aspa. Agora vai se realizar, em Lima, a terceira Cúpula da Aspa.[7] Portanto, foi naquele momento, na visita do presidente Lula ao Oriente Médio, que essa iniciativa foi pensada, ainda sem nome.

Para preparar a Cúpula, mas por outros motivos, fiz um grande número de viagens à região. Em uma viagem, visitei dez países em dez dias. Na época, a FAB não tinha aviões que podiam fazer esse tipo de percurso. Houve um dia em que tomei café da manhã no Catar, almocei no Kwait e jantei no Líbano. E queria seguir viagem, mas os pilotos me disseram que não podiam. Depois, ainda fomos à Argélia. Em 45 anos de atividade diplomática, nunca tinha estado na Argélia, um país muito importante. Já havia sido ministro, mas

---

6   Aqui, como possivelmente em outros casos, minha memória falhou. Embora a ideia tenha efetivamente tomado corpo durante a visita do presidente Lula ao Oriente Médio em dezembro de 2003, ela já surgira meses antes. Em meados do ano, realizei contatos exploratórios quando de minha visitas ao Líbano, à Jordânia e ao Egito. No final de junho, vários emissários foram portadores de cartas do presidente a líderes árabes. Uma dessas cartas foi entregue pelo meu então chefe de gabinete, embaixador Mauro Vieira, a Yasser Arafat, sitiado no complexo da Muqata, em Ramala.

7   Em virtude da convulsão política em vários países árabes, a cúpula, prevista para se realizar em fevereiro de 2011, foi adiada.

nunca tinha visitado a Argélia. De lá pra cá, visitei a Argélia cinco ou seis vezes, devido a um ativismo brasileiro e ao desejo deles. Ministros argelinos vieram várias vezes ao Brasil. O presidente da Argélia foi copresidente da Cúpula da Aspa, em Brasília. Isso era algo totalmente novo.

A política externa é polêmica quando procura ser afirmativa, porque mexe com a mente das pessoas. Em política externa, trabalhamos o tempo todo com ideias, visões de mundo, abertura do espírito das pessoas para novas possibilidades. E para muitos não interessa que o espírito seja aberto.

A Cúpula de Brasília foi um grande êxito, sob todos os aspectos. Vieram muitos chefes de Estado, alguns primeiros-ministros e chefes de governo, além de ministros do Exterior. Todos os países estiveram representados. Países com que tínhamos relações escassas, como o Djibuti e o Iêmen, por exemplo. Nessas ocasiões se descobrem coisas interessantes, como, por exemplo, uma empresa brasileira estar estabelecida no Djibuti e realizar obras portuárias.

Há um caso que sempre gosto de contar aos jornalistas que cobrem política externa, muitos dos quais imbuídos de visão mercantilista. No mesmo dia em que cheguei ao Catar, estava desembarcando uma missão comercial, que vendeu quatrocentos ônibus para aquele país. Isso equivalia, à época, a praticamente toda a frota do Catar. Não estou dizendo que a venda ocorreu por causa de minha visita. Mas há um clima que se cria. O empresário observa as sinalizações de governo. Vocês podem pesquisar as cifras de comércio com o mundo árabe. Elas quadruplicaram. Com os demais países da América do Sul, essas relações também têm aumentado — em menor intensidade, é verdade, mas têm aumentado. Os países do Golfo são grandes compradores de alimentos, o que atrai a atenção, naturalmente, da Argentina, mas também do Uruguai e do Paraguai.

É uma situação análoga à da construção de Brasília. Muitas pessoas perguntam: "Por que vocês mudaram a capital para Brasília?".

E respondemos: "Era muito importante integrar as populações brasileiras, do Pará ao Rio Grande do Sul, para que todos se encontrassem aqui, trazer a agricultura para cá". E as pessoas dizem: "Mas vocês não podiam ter feito isso sem Brasília?" (somente com estradas). Talvez pudéssemos. Mas não haveria a mesma motivação, não haveria o mesmo impulso; talvez levasse mais vinte ou trinta anos para que isso ocorresse.

Essas ações, que, às vezes, podem parecer um tanto "visionárias", têm impacto sobre a motivação das pessoas. Se você trabalhar pensando apenas naquilo que é essencial, não vai motivar. Pergunto: poderia ter havido um encontro empresarial sem a Cúpula? Teoricamente poderia, mas provavelmente não ocorreria. Quando os empresários veem que os chefes de Estado e de governo estão se encontrando, eles também acorrem. Esse processo resultou em um aumento enorme do comércio, que hoje é da ordem de aproximadamente US$ 20 bilhões entre o Brasil e os países árabes. No caso da América do Sul como um todo, a cifra está perto de US$ 30 bilhões. Enfim, é uma motivação que a Cúpula ajudou a criar.

Outra consequência dessa aproximação é já termos um Acordo de livre comércio com o Egito. Estamos negociando outro com a Jordânia e um Acordo-Quadro com a Síria. Uma negociação muito importante, embora mais complexa, é com o Conselho de Cooperação do Golfo. As dificuldades existem, naturalmente, como em qualquer outro esforço de cooperação econômica e liberalização comercial no mundo. Mas tenho visto a presença crescente de dirigentes árabes no Brasil, acompanhados de empresários. O emir do Catar esteve aqui, o primeiro-ministro do Kwait, o ministro das Relações Exteriores dos Emirados Árabes Unidos. Enfim, países que são muito importantes, inclusive do ponto de vista dos investimentos, estão buscando essa aproximação.

Havia a sensação — correta — de que era preciso equilibrar o relacionamento com os países árabes e aprofundar com Israel.

E isso foi feito. Em meados de 2005, pouco depois da conferência da Aspa em Brasília, viajei a Israel. Fui recebido pelo presidente e pelo ministro das Relações Exteriores. Tive duas conversas especialmente interessantes e longas durante a visita: uma com Ariel Sharon, ainda o primeiro-ministro; outra com Ehud Olmert, vice-primeiro-ministro e ministro do Comércio que veio a ser primeiro-ministro entre 2006 e 2009.

Foi com ele que começamos a discutir a possibilidade de um acordo de livre comércio entre o Mercosul e Israel. Um acordo importante não apenas economicamente, mas também como sinalização política de que o Brasil não estava pendendo para um lado, ou de que não desejaria uma boa relação com Israel. Mais tarde, tivemos de tomar certos cuidados, para que produtos oriundos dos Territórios Ocupados não pudessem se beneficiar das medidas de liberalização previstas no acordo, a fim de não melindrar as sensibilidades palestinas, que me foram expostas, mais de uma vez, pelo negociador-chefe, Saeb Erekat. Na recente viagem do presidente Lula, o primeiro-ministro Benjamin Netanyahu mais do que nos estimulou, nos pediu que abríssemos caminho para um diálogo com a Síria.

Graças a essa intensificação de contatos, e também àquelas percepções sobre o Brasil que mencionei no começo, o país foi convidado para a Conferência de Annapolis em nível ministerial. Na época, tinha contatos frequentes com a secretária de Estado dos Estados Unidos, Condoleezza Rice. Conversei muitas vezes com ela sobre a situação da Síria e a necessidade de envolver esse país no processo de paz. Foi a Autoridade Palestina que sugeriu que o Brasil fosse convidado. Mas foi o país organizador, os Estados Unidos, que decidiu nos convidar, certamente com o assentimento de Israel.

Na conferência, estiveram representados os países do Ibas. Embora o convite tenha sido formulado individualmente, tratava-se, na realidade, do Ibas, porque eram os três únicos países em desenvolvimento, não islâmicos, que estavam presentes, em nível ministerial, na reunião. Os demais ou eram os doadores tradicionais, como Dinamarca e Holanda; ou países que já haviam tido envolvimento nas questões do Oriente Médio, como Noruega, Espanha; ou países da própria região; ou então países muçulmanos, como a Indonésia. Mas Índia, Brasil e África do Sul eram casos à parte. No fundo, era o reconhecimento do papel que sempre defendíamos para o Ibas em temas atinentes à paz.

Há um documentário muito interessante sobre política externa brasileira chamado *Le Monde selon Brasília*, que trata longamente do Ibas.[8] O Ibas pode ter um papel importante. Isso ficou claro quando o ministro da Palestina, Riad al-Maliki, veio a Brasília somente para manter um encontro, em um café da manhã, com os três chanceleres do Ibas. No mesmo dia, houve uma cúpula do Ibas. Esse dia, aliás, foi muito cheio. Começou com esse café da manhã, houve depois uma reunião bilateral com a China, outra dos Bric, e várias reuniões bilaterais, uma delas com a Rússia. Esses encontros demonstraram a capacidade operacional do Itamaraty, que é realmente de fazer inveja. Digo isso com muito orgulho. Essa disponibilidade não tem a ver especificamente apenas com o governo Lula. Não posso dizer que é algo novo. Mas talvez essa capacidade nunca tenha sido testada da forma como foi naquele caso.

Mais recentemente, à margem da Assembleia Geral da ONU de 2010, a Indonésia convocou uma reunião com os três países do Ibas e a Palestina. Individual ou coletivamente, fizemos algumas doações à Palestina, em nível que nunca havíamos feito. Algumas ainda estão sendo processadas, mas já foram aprovadas pelo Congresso. Tudo isso fez aumentar a nossa presença na região e a nossa capacidade de interlocução sobre esse tema.

---

8 O documentário, embora abranja uma temática ampla, enfoca principalmente as cúpulas dos Bric e do Ibas, que deveriam se realizar em dois dias distintos, mas que devido a um terremoto na China foram comprimidas em um só, 15 abril de 2010.

Depois da Conferência de Annapolis, voltei à região várias vezes. Na viagem que fiz no início de 2008 tive, entre outros, um encontro com Saeb Erekat — que era, como já disse, o principal negociador palestino. Na ocasião, perguntei a ele sobre a perspectiva de se chegar a um acordo de paz sem a participação do Hamas. Ele me disse: "Acho que, se fizermos um bom acordo de paz, teremos um referendo; ganharemos o referendo e o Hamas naturalmente virá junto". Lembro-me de haver feito um comentário sobre as dificuldades decorrentes das disputas sobre lugares considerados sagrados por um ou outro lado: "O problema é que vocês têm muita história". Ele respondeu de modo muito significativo: "Muita história e pouca geografia!".

Ir à Palestina é uma experiência única. Fui à Cisjordânia cinco vezes. Na primeira vez, fiz questão de ir pela Jordânia, atravessar a famosa ponte Allenby, que liga a Palestina à Jordânia, através de uma barreira controlada por Israel. É uma experiência muito impressionante. Nunca tinha visto nada igual. Você vê territórios próximos de onde está, mas a partir de onde as pessoas não podem chegar até você, a não ser que deem uma volta de duas horas. Tudo isso é visível, pelos muros, pelas cercas, pelas barreiras. Passa a sensação de estar em outro mundo, em um mundo que nunca havia estado. Isso tudo impressiona. Naquela época, a Cisjordânia não tinha um crescimento econômico comparável ao de hoje. Hoje, a Cisjordânia recebe muita ajuda internacional, e ela se reflete em certo dinamismo, sobretudo no setor de construção. E há boa administração. O Salam Fayyad, ex-funcionário do Banco Mundial, é atualmente o primeiro-ministro. Naquela época, esse progresso material era menos evidente. Nunca fui a Gaza. Tentei ir da última vez em que estive em Israel, mas não me deixaram. Não por ser o Brasil. Israel não tinha deixado, até então, nenhum ministro estrangeiro ir lá. Achei que, dada a natureza da minha missão — que envolvia outros aspectos importantes da problemática regional, inclusive conversas com o primeiro-ministro —, não era o caso de "forçar a barra".

Mas, até hoje, quem vai ao Oriente Médio constata essas realidades chocantes. O presidente Lula foi à região, a Israel, à Palestina e à Jordânia. Foi uma visita muito importante, pois permitiu diálogos em nível mais alto. Sempre fui recebido por chefes de Estado, primeiros-ministros. Mas uma coisa é o ministro do Exterior falar, outra é o presidente. O presidente Lula fez um discurso na Knesset, no Parlamento israelense, no qual falou sobre nossos laços e a importante contribuição da comunidade judaica para o Brasil. Mas não deixou de reafirmar a necessidade de se manter o congelamento dos assentamentos. Apesar disso, foi aplaudido, eu diria até ovacionado, ao final do discurso — uma demonstração de disposição que os países da região têm de nos escutar.

Antes de falarmos sobre Irã, quero tratar de outros atores regionais, como a Síria. Não cabe a mim defender ou criticar o que a Síria fez ou deixou de fazer em certas situações. A verdade é que a Síria é um ator indispensável na região, pois tem muita influência, tanto no Líbano quanto na questão da Palestina. Ignorar a Síria significa deixar de trabalhar efetivamente para obter a paz. A Síria tem de estar, de uma forma ou de outra, envolvida nesse processo. Manifestei essa avaliação à própria secretária de Estado norte-americana, na época, Condoleezza Rice. Um pouco antes de ter falado especificamente sobre esse tema com ela, a Síria fora convidada para a Conferência de Annapolis. E isso foi um dilema para o próprio país: "A Síria vai comparecer? Quer dizer que está aceitando o resultado". A participação da Síria é indispensável. Esse fato fez com que eu fosse seis vezes a Damasco. Conheço a estrada de Damasco, literalmente, porque viajei por terra, a partir da Jordânia, na penúltima vez em que lá estive.

A Arábia Saudita e o Egito são dois outros atores regionais importantes. Há, evidentemente, divergências e rivalidades entre os principais atores regionais. Há muitas diferenças entre a Síria e a Arábia Saudita — a importância desses dois atores foi demonstrada no caso do Líbano. Só foi possível encontrar uma solução para a crise do Líbano de 2008-2009 quando a Arábia Saudita e a Síria começaram a dialogar. Algo que parecia inviável. Há três anos, quando visitei o Oriente Médio logo após a Conferência de Annapolis, o grande problema da região, o mais imediato, era o Líbano. Não é que tenha sido resolvido. O problema pode a qualquer momento explodir. Mas recebeu um remendo que evitou um conflito. E isso ocorreu graças à disposição da Arábia Saudita, com grande influência sobre os sunitas, e da Síria, com grande influência sobre o Hezbollah (xiita). Isso permitiu que se chegasse a um entendimento e a uma relativa estabilidade — sempre ameaçada.

Embora já tenha falado sobre isso em palestras anteriores, não posso deixar de mencionar nossa ligação com o Líbano. O governo brasileiro teve uma atuação muito destacada ao retirar os brasileiros do Líbano na guerra de 2006. Algo que me deu grande satisfação foi ver o Congresso Nacional interessado no assunto. Creio que isso aprofundou ainda mais nosso relacionamento. Se uma situação como aquela ocorrer novamente — Deus nos livre, mas nem sempre Deus se ocupa dos assuntos humanos. Se houver outro conflito no Líbano, queiramos ou não, estaremos envolvidos. O governo brasileiro, de agora em diante, não vai mais poder deixar de socorrer seus nacionais.

Além desses que mencionei, outro ator de relevo na região é o Irã. Não é árabe, mas muçulmano. É governado por um regime que faz a religião ter um peso muito grande. E conta com muita capacidade política, militar e econômica, sem falar na influência sobre os xiitas que habitam outros países. O Irã não pode ser ignorado. As ligações do Irã com o Hezbollah são óbvias. Tem ligações com o Hamas. Pode haver a percepção de que essa influência é negativa. Mas, mesmo que seja essa a avaliação, é preciso lidar com o Irã. E a melhor maneira de tratar com o Irã por uma conjunção de fatores, foi abordar a questão nuclear.

O Brasil estava entrando no Conselho de Segurança como membro não permanente. Havia uma proposta que nos parecia razoável, porque reconhecia, ainda que de forma implícita, o direito de o Irã ter seu programa nuclear para fins pacíficos, mas não para fins militares. O acordo de troca (*swap agreement*) se baseava em uma aceitação tácita de que o Irã havia enriquecido urânio. E noto que, apesar de tudo o que se disse contra a Declaração de Teerã, o último comunicado do grupo P5+1 (os cinco membros permanentes do Conselho mais a Alemanha) sobre o tema, à margem da Assembleia Geral da ONU, declara que um acordo de troca revisado poderá ser a base para os entendimentos.

Tivemos a percepção de que essa seria uma forma de poder — para usar um anglicismo — "engajar" o Irã. E foi por esse meio que "engajamos" o Irã e criamos uma relação que hoje nos permite tratar de temas que eu não sonharia tratar com um ministro iraniano, muito menos com o presidente, há dois ou três anos. Temas relacionados com direitos humanos, seja de indivíduos, seja de setores da população. Se conseguirmos — nós ou alguém, quem quer que seja — encaminhar esse tema nuclear (a questão da troca é apenas um elemento no conjunto do problema nuclear iraniano, bem mais complexo), criaremos confiança, quem sabe, para poder tratar de outros temas do Oriente Médio. Porque o Irã, como todos os países, tem também seus interesses. A ação do Irã pode ser mais ou menos cooperativa, dependendo, em parte, de como certas questões forem encaminhadas. Não quero dizer que se tenha de fazer concessões ao Irã, mas estabelecer um clima de confiança, reconhecer realidades, ao mesmo tempo que se mantém a vigilância sobre os temas mais sensíveis.

É importante evitar que qualquer país venha a possuir armas de destruição em massa. Mas, se houver uma suspeita fundamentada, a melhor maneira de conseguir isso é ter inspetores no local. Afinal, ninguém faz uma arma atômica no fundo do quintal. Trata-se de um processo industrial e tecnológico complexo. Mesmo que o Irã tenha um programa nuclear secreto (o que, de resto, não está provado), o simples fato de o acordo de troca ter sido proposto demonstra que os países ocidentais, com o apoio da Agência Atômica, reconhecem que ter certeza de que o urânio declarado não está sendo desviado é de grande valia.

A eventual existência de um programa secreto não torna inútil o acordo de troca. Se fosse assim, os Estados Unidos ou os P5+1 não iriam propor a troca. Afinal, se você achar que alguém está produzindo dez mil toneladas em segredo, para que tratar de uma tonelada e meia que você sabe onde está? Parece ilógico. Portanto, continuo a acreditar que um acordo de troca de elementos combustíveis para o reator de pesquisa de Teerã por urânio enriquecido iraniano permitirá criar as condições para um diálogo. Um diálogo que poderia, simultânea ou posteriormente, abranger outros temas. Poderia inclusive contribuir para uma atitude mais cooperativa do Irã em outras questões relativas à paz. No caso do Líbano, na questão Israel-Palestina, no Iraque.

Atualmente, o Irã e os Estados Unidos, talvez até um pouco mais que os Estados Unidos, é o país que mais tem influência sobre a formação do governo iraquiano. Vejam que ironia: o principal resultado da guerra que os Estados Unidos empreenderam no Iraque foi o aumento da influência do Irã sobre o Iraque. Não entro no mérito de saber se isso é positivo ou negativo. Mas será que aqueles que hoje demonizam o Irã não perceberam isso antes de lançar a operação militar? Não perceberam que, se as estruturas políticas que existiam no Iraque fossem destruídas, fatalmente iria acontecer o que aconteceu?[9] Isso é uma lição para situações futuras, mas o Irã pode ter um papel no Iraque. E pode ter também um papel no Afeganistão.

---

9   Não me refiro a Saddam Hussein e sua *entourage*, mas a todo o partido Baath, o Exército etc.

Gostaria muito de falar sobre minha mais recente viagem a Cuba e minha participação na Assembleia Geral das Nações Unidas, em Nova York. Cuba é um país muito importante para nós. Minha visita ocorreu em um momento de mudança, sobretudo na área econômica, que pode ter outras implicações. Mostrar que o Brasil está disposto a trabalhar ativamente, a cooperar com Cuba, evitando, por um lado, seu isolamento e, por outro, contribuindo para uma evolução, inclusive política, é muito positivo. Como isso vai ocorrer é uma questão que o futuro dirá.

Sobre minha participação na última Assembleia Geral da ONU, em Nova York, gostaria de destacar as muitas reuniões paralelas que mantive. Antes de ter sido ministro das Relações Exteriores e embaixador em Nova York, não tinha exatamente ideia do que significava uma Assembleia Geral da ONU. As pessoas que veem a Assembleia de longe, sobretudo os discursos, importantes, porque é um momento para o país mostrar sua posição sobre os vários temas da agenda internacional, não têm a dimensão das atividades que se desenvolvem na Assembleia Geral. Foram aproximadamente trinta reuniões paralelas, a maioria com ministros de outros países, além de encontros, por exemplo, com Bill Gates,[10] com a moça que foi libertada no Irã (Sarah Shourd) e com as mães de outros dois que continuam presos. Estabelecemos relações diplomáticas com o pequenino Kiribati, um país soberano que detém voto na ONU.

O Brasil é mesmo um país único. Quantos ministros do Exterior no mundo poderiam, no mesmo dia, encontrar Bill Gates e Ahmadinejad? Difícil... No caso de Bill Gates, foi a pedido dele. No caso do presidente Ahmadinejad, foi um pedido meu. Eu iria me encontrar com o ministro dos Negócios Estrangeiros de qualquer forma, mas pedi para ver o presidente Ahmadinejad por causa da conversa

---

10 O interesse do criador da Microsoft era a cooperação em agricultura e saúde na África entre sua fundação e agências do governo brasileiro.

que havia tido com a moça libertada e com as mães dos que ainda estão presos. Das várias reuniões que mantive, à exceção desta com o presidente Ahmadinejad, só tive reuniões com pessoas que me pediram. Isso demonstra um interesse no Brasil.

Um dos encontros interessantes foi com o ministro do Exterior britânico William Hague. Falamos um pouco de economia. Ele estava muito contente, porque havia sido publicado um relatório do FMI que fazia referência positiva à recuperação da economia britânica. Disse que isso teria um efeito positivo nos mercados. E não pude me conter: "Que coisa curiosa, se este encontro fosse há quinze anos, eu me interessaria pelos relatórios do FMI e você seguramente nem saberia bem o que era o FMI. E agora há essa inversão de posições!". Disse isso e ele não se zangou; recebeu meu comentário com humor.

Houve muitos outros momentos importantes: duas reuniões do Conselho de Segurança, Assembleia Geral, reunião da Aspa, reuniões da Unasul, Ibas, Bric, Ibas+Indonésia com a Palestina; uma sucessão de reuniões, algumas delas muito valiosas.

Depois de Nova York, fui ao Haiti. Visitar o Haiti é sempre muito marcante. Acho que se não fosse sair tão caro, e se não fosse criar problemas para o próprio Haiti, que não tem muitas condições de alojamento no momento, até sugeriria que houvesse uma viagem de alunos do Instituto Rio Branco ao Haiti. Não todos os que estão aqui; isso seria impossível. Seria preciso abrir outro acampamento de refugiados! Mas acho uma experiência importantíssima ver o que é o Haiti. E observar como o Brasil está ajudando, o que outros países estão fazendo ou deixando de fazer. É muito tocante, muito emocionante.

Política externa não é apenas sobre jogos de poder. É também! Mas política externa tem a ver diretamente com questões humanas muito reais. No Haiti você se dá conta de que aquelas pessoas dependem de uma decisão que, às vezes, no Brasil, tomamos levianamente: "Corta isso aqui, bota isso aqui". Muita coisa pode afetar a vida de muitas pessoas por lá. Tem sido muito interessante ver a evolução política do país. Não sei o que vai acontecer, porque o Haiti é um país muito complexo e com enormes problemas.

Fui dez vezes ao Haiti. A impressão que tive na última visita é de que o clima político, hoje, é menos tenso. Se isso vai ou não se confirmar depois das eleições, não sei. Mas, como ministro das Relações Exteriores do país que detinha a *leading force* no Haiti, eu estava preocupado. Ficava sempre tenso. Pode ser que minha percepção esteja equivocada, que já esteja ficando menos aguda, mas não senti essa tensão na última viagem. Os problemas humanos são enormes e, obviamente, aumentaram com o terremoto. O Haiti é um pouco como falavam os Beatles de "Penny Lane": *it is in my ears and in my eyes*. O que você vê e ouve lá fica em sua mente. O que você faz pode ter um impacto real na vida das pessoas.

PERGUNTAS

Guilherme Gondin Paulo Tenho uma pergunta que foge, um pouco, à área do Oriente Médio, mas está ligada à lógica regional. Refere-se ao Afeganistão. Noto que, em 2010, o Brasil buscou "adensar" as relações com o Afeganistão. Participamos da Conferência de Cabul (o único país latino-americano), estamos para abrir a Embaixada em Cabul e, recentemente, enviamos uma missão conjunta da ABC e da Embrapa. Na opinião do senhor, o Brasil pode contribuir para encontrar alguma solução para o conflito no Afeganistão? Quais seriam nossos interesses em médio e longo prazos naquele país? Talvez abrir caminho para a participação de empresas brasileiras no processo de reconstrução do Afeganistão ou na exploração de recursos minerais?

Celso Amorim Deixe-me só fazer uma observação, se você me permitir. Também fui professor de linguagem diplomática aqui. Evite a palavra "adensamento". Quando recebo os maços de informações, digo sempre que há duas expressões que não gostaria de ler: "adensamento" e "patamar de excelência". Porque uma informação que vem com essas expressões não tem nada a dizer. Cada vez que vir escrito "o adensamento das relações", ou "as relações atingiram um patamar de excelência", devolvo para a pessoa escrever algo de concreto. O que você quer saber é justamente sobre o concreto.

É difícil dizer exatamente como o Brasil pode participar. A própria missão a que você se referiu, para falar a verdade, não foi uma ideia nossa: foi dos afegãos. Há três ou quatro anos, assinamos um acordo de cooperação técnica com o Afeganistão, um Acordo-Quadro, o primeiro ato assinado entre os dois países. Pouco menos de um ano atrás, o próprio presidente Lula me mostrou um artigo que eu não havia visto, escrito pelo então embaixador do Afeganistão em Washington e pelo ministro da Agricultura, que dizia que a Embrapa poderia ser a salvação (*sic*) do Afeganistão. Evidentemente isso é um exagero, mas havia essa percepção de que o Brasil poderia ajudar muito.

Eles têm problemas muito sérios, entre os quais a substituição de culturas, em razão da plantação da papoula, da qual é feito o ópio. É um dos muitos problemas que o Afeganistão enfrenta. O presidente Lula se interessou. E as coisas foram evoluindo até que essa missão se concretizou. Acredito que a Embrapa, pela capacidade que tem, poderá ajudar o Afeganistão. E não somente nesse aspecto que mencionei, da substituição de culturas, mas em outras questões. No que tange ao papel que o Brasil pode desempenhar no Afeganistão, precisamos observar as coisas com calma. Não sei é possível afirmar que o Brasil terá logo um papel relevante. No caso do Oriente Médio, o Brasil pode, hoje, ter um papel equivalente ao de um importante país europeu. Vejo que a presença brasileira é muito bem-vinda, às vezes até mais do que outros que têm tradicionalmente presença, ou que foram potências coloniais, na região. O

Afeganistão me parece ser algo mais distante. Temos de ser cautelosos e, ao mesmo tempo, estar atentos.

O Brasil é membro não permanente do Conselho de Segurança, e aspira a uma cadeira permanente. Com o Japão, o Brasil é o país que mais vezes foi membro do Conselho. No Conselho de Segurança, o país terá de opinar sobre essas coisas, terá de ajudar a encaminhar os problemas. Por exemplo, quando fui presidente da Comissão de Sanções sobre a antiga Iugoslávia, relativa especificamente à questão do Kosovo, recebi comentários de Brasília de que Kosovo era "muito longe". Respondi: "Primeiro, não me voluntariei, recebi um telefonema do embaixador japonês, que era o presidente do Conselho dizendo: 'Celso, isto não é um convite, é uma intimação', porque o único país que os Estados Unidos e a Rússia aceitam é o Brasil". Não havia nenhum outro. Outros países eram muito fracos, sujeitos a pressões, ou tinham interesses específicos. Em um mundo globalizado, nada é de todo muito longe.

Voltando ao Afeganistão, acredito que, da mesma maneira que as empresas brasileiras terão oportunidades na reconstrução do Iraque, eventualmente terão também na reconstrução do Afeganistão. São possibilidades que existem. O Brasil não pode se ausentar dessas grandes questões que afetam o mundo. As oportunidades surgirão naturalmente. Se dermos início a uma cooperação com a Embrapa, disso pode resultar, por exemplo, a compra de máquinas agrícolas fabricadas no Brasil. Como dizia o ministro Azeredo da Silveira, "podemos fazer a nuvem; não podemos fazer chover". Ajudamos a fazer a nuvem, depois veremos o que acontece.

Márcia Canário Nas aulas com o professor Nasser, sobre Oriente Médio, foi aventada uma alternativa, apresentada como mais teórica e pouco exequível, de solução de um único Estado para Israel-Palestina. Um único Estado que abrangesse todas as populações da região. Gostaria de saber em que medida seria uma solução meramente hipotética ou se poderia, de fato, representar uma alternativa para aquela região?

Celso Amorim Sua pergunta é difícil! Não vejo como viável a "solução de um Estado". É algo totalmente inaceitável para Israel, uma vez que a população de lá, a médio prazo, seria certamente diluída ou ficaria minoritária em relação aos palestinos. Olhe, por exemplo, a Irlanda do Norte, onde as pessoas falam a mesma língua e têm uma diferença de religião que se resume a alguns poucos dogmas. São todos cristãos. Até hoje não se conseguiu pacificar totalmente a Irlanda do Norte. Agora pense sobre a mesma questão envolvendo um povo que se considera eleito e outro que tem raízes históricas e religiosas. Essa solução poderia ser teoricamente a ideal, mas não creio que tenha viabilidade.

No horizonte histórico de que dispomos, a única solução viável é a dos dois Estados, com base nas fronteiras de 1967, e tendo Jerusalém Oriental como capital do Estado palestino. É o que temos expressado em vários comunicados, em várias declarações. Essa solução pode não ser perfeita. Seguramente implicará muitos traumas, mas não creio que a outra saída seja viável.

Aluno O senhor comentou recentemente — bom, os jornais dizem que o senhor comentou; há uma grande diferença — sobre as dificuldades de nosso embaixador em Teerã, por conta das sanções norte-americanas, de receber seu salário. O senhor poderia aprofundar um pouco o tema das sanções contra o Irã, tanto multilaterais quanto unilaterais?

Celso Amorim As sanções teoricamente visam os setores que, de uma maneira ou de outra, têm relação com o programa nuclear ou com a Guarda Revolucionária do país. Evidentemente, os efeitos das sanções acabam se estendendo, porque, assim como no caso do Iraque, ao qual aludi antes, tudo pode ser considerado como de "uso duplo". E quase tudo pode ter ligação com um programa nuclear. Companhias de transporte, bancos e a área de energia, acabam afetando outros setores. No caso da nossa embaixada, tem sido possível contornar esses problemas. Temos encontrado soluções porque já nos deparamos com esses problemas no passado. Houve, inclusive, problemas relacionados à exportação de alimentos, que, segundo se alega, poderiam ser destinados à Guarda Revolucionária. É difícil saber se um frango exportado para o Irã será comido por um guarda revolucionário ou por uma pessoa pobre, dos subúrbios de Teerã. Na verdade, é impossível! Na área financeira ou de energia, é igualmente complicado.

No caso do Irã, dois membros permanentes do Conselho de Segurança eram reticentes à adoção de sanções, mas obtiveram exceções para suas empresas em alguns setores. Então, veja o paradoxo: proíbe-se (ou criam-se dificuldades) a exploração de petróleo no Irã — o que nos afeta, uma vez que, mesmo no caso de sanções unilaterais, empresas como a Petrobras têm atividades nos Estados Unidos — e, concomitantemente, inaugura-se uma usina nuclear russa no país. Afinal, a preocupação não era com o setor nuclear? Ao mesmo tempo que se aplicam sanções, se inaugura uma usina nuclear? Sinceramente, não dá para entender!

17

"Uma palavrinha o senhor não vai me negar"

O Brasil e a reforma do Conselho de Segurança da ONU.
25 de outubro de 2010[1]

Eu havia pensado que esta seria uma palestra para o primeiro e segundo anos, mas como hoje o CAD também é composto de alunos muito jovens, não creio que isso faça tanta diferença. Para alguns de vocês, que já lidaram com esse tema do Conselho de Segurança, talvez não haja tanta novidade. Contrariamente ao que tenho feito, procurarei falar menos e deixarei tempo para algumas perguntas.

Vou me concentrar um pouco mais na reforma do Conselho. Como tive alguma experiência neste tema — não só como ministro, mas também como embaixador na ONU —, talvez possa provocar algum interesse. É um tema sempre central.

Valeria a pena fazer um ou dois comentários inicialmente, talvez mais pertinentes aos alunos do Rio Branco do que aos que estão cursando o CAD. Um dos comentários se deve à maneira com que o tema é normalmente tratado pela mídia, sobretudo a brasileira, que tem uma atitude ambivalente. Na maioria das vezes, a pre-

---

1 Palestra para a 59ª edição do Curso de Aperfeiçoamento de Diplomatas e para a Turma 2009-2011 do IRBr.

tensão do Brasil de vir a integrar o Conselho de Segurança é vista como algo do Itamaraty, sem muito significado para o Brasil, e que não traria muitos benefícios ao país, para além de custar caro. Essa é uma visão que a imprensa costuma ter — a imprensa e muitos outros especialistas, com ou sem aspas. Digo Itamaraty porque não foi apenas nesta administração; o tempo em que estive mais diretamente envolvido nesse assunto foi na época em que eu era embaixador na ONU, no governo anterior.

Aliás, quem relançou a discussão do Conselho de Segurança, quanto aos interesses brasileiros, oficialmente, em um discurso na ONU, foi o presidente Sarney. É um tema que faz parte da agenda diplomática há muito tempo. Não é uma questão do governo do presidente Lula, embora ele tenha dado muita ênfase ao Conselho e a outras mudanças na governança global.

Como disse, tive a oportunidade de lidar com o tema de maneira bastante intensa quando fui embaixador na ONU. Muitas vezes, essa atitude enfrentou críticas e ceticismo. Não raro, os críticos usam a palavra obsessão: "a obsessão do Brasil com o Conselho de Segurança" —, e em torno disso montavam uma teoria de que tudo o que o Brasil faz ou deixa de fazer tem por finalidade obter uma vaga no Conselho de Segurança. Então, se o Brasil não apresentar um candidato para determinada organização internacional, será porque pretende uma vaga permanente no Conselho de Segurança; se o Brasil mandar tropas para o Haiti, será para obter uma vaga permanente no Conselho de Segurança; se o Brasil abrir Embaixadas na África, será para ter uma vaga no Conselho de Segurança. Embora seja um tema importante — e com muita história — posso garantir que a grande maioria das decisões, ou a totalidade delas, foi tomada por seus próprios méritos. Se elas têm, ou não, um impacto em um eventual ingresso do Brasil no Conselho de Segurança, é outra questão. Não vou dizer que seja uma questão desprezível, ou secundária, mas não é uma motivação dominante em nenhum desses temas.

O Brasil tem, sim, muito interesse na mudança da ordem internacional, em criar uma ordem internacional que seja multipolar. A mudança do Conselho de Segurança é parte dessa mudança. Quando o Brasil começou a se empenhar para que houvesse uma aproximação entre a América do Sul e os países árabes — e de modo geral passou a se interessar mais pelo Oriente Médio — foi visto como um país que mantinha o objetivo de chegar ao Conselho de Segurança.

Quero dizer que, sinceramente, a aproximação não teve essa motivação. Não vou dizer que esse seja um tema ausente de nossas considerações. Falo com toda franqueza: em grande parte dos encontros internacionais que tivemos, mais no início do governo do que agora, a ampliação do Conselho era tema de conversas bilaterais. A reforma foi tema de conversa bilateral com grande parte dos governantes. O presidente Lula se referia a essa questão; eu próprio, nas conversas com chanceleres, me referi constantemente a esse assunto; ele fez parte de vários comunicados conjuntos. Portanto, não é que o tema não seja importante; mas não é dominante em decisões que temos tomado em função dos próprios méritos.

Quando, em um momento de euforia, me vali de certa hipérbole para me referir à reunião da Aspa, e disse que, com aquela reunião, estávamos "movendo as placas tectônicas da geopolítica mundial", posso ter exagerado. Mas o fato de árabes e sul-americanos estarem dialogando diretamente era algo importante, algo que não existia antes. Tudo que fazíamos em ambas as regiões se dirigia ao Norte. Depois, havia uma refiltragem para o Sul. Estávamos fazendo uma coisa nova, o mesmo com a África, com o Ibas etc.

Essas iniciativas têm consequências para o Conselho de Segurança? Podem ter, mas essas ações não querem dizer que exista uma motivação absoluta, dominante, e muito menos uma obsessão. Até porque, diferentemente de uma eleição — claro que pode ser que em algum momento uma mudança no Conselho de Segurança envolva uma eleição —, a reforma não é algo que se possa perseguir de maneira individual, nem voluntarista. Uma mudança no Conselho de Segurança dependerá de vários fatores, muitos dos quais escapam ao nosso controle.

Essa questão da presença do Brasil no Conselho de Segurança é tão antiga quanto a própria fundação da ONU. Há uma tese recente — já houve outras, como a de José Roberto Almeida Pinto —,[2] de Eugênio Vargas, que trabalhou comigo no gabinete e já havia escrito outro livro, sobre a Liga das Nações. Ele deu à tese o nome de "O sexto membro permanente", que mostra que o tema "Brasil no Conselho" está presente desde o início da fundação das Nações Unidas.

Em suas memórias, Cordell Hull, secretário de Estado durante quase todo o período da guerra, conta que o presidente Roosevelt desejava ver o Brasil membro permanente do Conselho de Segurança. Disse isso mais de uma vez. Naquela ocasião, discutia-se ainda a composição do Conselho, se haveria veto ou não, como as coisas se organizariam.

O Brasil, afinal, não foi contemplado porque — ironia das ironias — os Estados Unidos estavam muito interessados, naquela época, que a China fosse membro do Conselho de Segurança; era naturalmente a China de Chiang Kai-shek. E o Reino Unido estava interessado que a França, que havia se unido aos Aliados somente no final da guerra, integrasse o Conselho de Segurança. Churchill queria que a Europa tivesse mais peso.

Os Estados Unidos tinham alguma resistência à França. Eles tiveram boas relações com o governo de Vichy até uma fase avançada da Segunda Guerra Mundial; não tinham muita simpatia pelas atitudes do general De Gaulle, nem achavam que a França desem-

---

2 Ver Almeida Pinto, de José Roberto. *A possibilidade de ampliação do Conselho de Segurança das Nações Unidas e a posição do Brasil.* Instituto Rio Branco, Tese de CAE, 1994.

penharia um grande papel. Mas o Reino Unido considerava que era importante manter um equilíbrio geográfico. Vejam vocês, o critério geográfico já condicionava os pensamentos.

Para Churchill, a França deveria estar no Conselho, e os Estados Unidos queriam muito a China, talvez para contrabalançar um possível soerguimento do Japão mais tarde, e também porque a China, naquela época, seria um aliado dos Estados Unidos. Devido à oposição do Reino Unido, mas sobretudo da União Soviética (Stalin via no Brasil um aliado natural dos Estados Unidos), o Brasil acabou não entrando no Conselho. Quando houve mudança de secretário de Estado, de Cordell Hull para Edward Stettinius, existiu uma insistência menor, uma ênfase dos Estados Unidos em outras prioridades. Na tese de Eugênio, quando for publicada, haverá mais detalhes sobre isso.

Houve também — seguramente isso está estudado na tese — pouco interesse do Brasil de perseguir efetivamente essa possibilidade. Tínhamos outras prioridades. Há quem diga que uma das coisas em que o Brasil preferiu colocar ênfase foi conseguir que a Argentina fosse considerada membro originário das Nações Unidas, pois os Estados Unidos, entre outros países, consideravam que nosso vizinho havia tido uma posição ambígua em relação ao Eixo até muito tarde.

Durante a Guerra Fria, praticamente não se falava de reforma do Conselho de Segurança. Ainda assim, houve uma reforma pequena, em 1963, que se concluiu em 1965, do processo de ratificação, em que se aumentou o número de membros não permanentes do Conselho de Segurança, de onze para quinze. Fora isso, o tema praticamente havia saído da agenda. É claro que entre os países em desenvolvimento, sobretudo os de maior porte, o tema sempre fez parte do pano de fundo mental, mas não houve nada de importante.

Nos anos 1980 houve nova discussão sobre o assunto. O presidente Sarney, no discurso de 1989 — o último discurso que fez na

ONU — mencionou a reforma do Conselho de Segurança e naturalmente a presença do Brasil. O embaixador na ONU era Paulo Nogueira Batista, diplomata de grande criatividade e confiança na capacidade do Brasil. Mas o que veio recolocar o tema do Conselho de Segurança na agenda ativa das Nações Unidas foi a primeira Guerra do Golfo.

Antes, um rapidíssimo comentário sobre o período que se seguiu ao final da Guerra Fria: foi um período de grande atividade no Conselho. Em função do desaparecimento da União Soviética, e da percepção de uma vitória absoluta do capitalismo e da democracia sob seu feitio ocidental, as teses defendidas sobretudo pelos Estados Unidos passaram a ter grande predominância. E o Conselho teve um período de atividade bastante intensa, como o das resoluções adotadas em relação ao Iraque após a invasão do Kwait.

Ocorre que, naquela ocasião — e naturalmente a liderança militar e política foi dos Estados Unidos —, Washington descobriu ser preciso para além de ter força política e capacidade militar, financiar as guerras. Era preciso, então, o concurso de outros países, especificamente Japão e Alemanha. Assim, quando o presidente Clinton, entre outros, começou a falar sobre a necessidade de reformar o Conselho de Segurança, tinha em mente a entrada do Japão e da Alemanha, na expectativa de que, como membros do Conselho de Segurança, esses países assumissem maiores encargos financeiros decorrentes desse tipo de operação. Mas as coisas não se passam de maneira tão simples no cenário internacional. Não se resolve simplesmente tomar um curso de ação e pronto! Nem para a maior potência do mundo é assim. Essa pretensão teve que ser filtrada pelos procedimentos da ONU.

Há, aqui, vários especialistas que conhecem o assunto melhor que eu — o ministro Carlos Duarte, a conselheira Gilda Santos Neves — falo com cautela, porque posso errar e ser corrigido. Para resumir: a reforma do Conselho de Segurança implica uma reforma da Carta. E uma reforma da Carta precisa ser aprovada pela Assembleia Geral, em teoria, por maioria simples. Há um acordo recente que diz que o assunto "Conselho de Segurança" terá que ser tratado por maioria de dois terços. Mas, segundo a própria Carta, a reforma é aprovada pela maioria dos membros da Assembleia Geral. Depois, deve ser ratificada por dois terços. E entre as ratificações devem estar as dos cinco membros permanentes. Embora estes, contrariamente ao que se comenta, não tenham o poder de veto na Assembleia Geral, têm poder de veto diferido: se um deles não ratificar a reforma, ela não se concretizará. Mas é preciso considerar que a própria aprovação pela Assembleia Geral tem um efeito psicológico, no tempo, sobre a posição dos membros permanentes.

Quando houve a reforma em 1963 e 1965, o Reino Unido votou contra ou se absteve.[3] E terminou ratificando o voto, uma vez que havia uma grande maioria a favor. Então não há uma rigidez absoluta nessa questão. Não é ideal, mas não é inconcebível que um membro permanente vote contra na Assembleia Geral, mas acabe ratificando, cedendo à força da realidade.

Quando o tema foi relançado, nesse período de 1992 e 1993, criou-se um grupo de trabalho da Assembleia Geral para tratar da reforma do Conselho. O grupo durou anos; ainda existe, embora hoje o tema seja discutido em outros formatos. Criou-se um grupo de trabalho "aberto" para a reforma do Conselho. E a ideia básica dos Estados Unidos e de alguns outros era, simplesmente, aquilo que logo depois se chamou de *quick fix*. E o que seria isso? Seria a inclusão da Alemanha e do Japão e, provavelmente, de certo número de membros não permanentes. Mas, neste momento, países como Índia e Brasil já

---

3 A Resolução 18/1991/A da Assembleia Geral das Nações Unidas, de 17 de dezembro de 1963, teve quatro votos negativos, dentre os quais o da França e o da União Soviética. Os Estados Unidos e o Reino Unido se abstiveram. Todos os membros permanentes ratificaram, mais tarde, a alteração à Carta.

haviam demonstrado forte interesse pelo tema, e atuaram no sentido de evitar que a reforma caminhasse para esse *quick fix*.

Havia países que não queriam nenhum novo membro permanente, como México e Itália. No caso da Itália, quando se falava em Alemanha e Japão, o embaixador Paolo Fulci costumava dizer com certo espírito: *"Perché soltanto il Giapone e la Germania? Anche noi abbiamo perso la guerra"*. Se a questão era colocar os que perderam a guerra, a Itália também teria direito. Era o raciocínio dele.

Índia e Brasil trabalhavam fortemente para que a reforma incluísse países em desenvolvimento. Era uma discussão longa e complexa, em que surgiu uma grande variedade de propostas. Ninguém era contra a reforma propriamente; ninguém poderia ser contra a reforma, cujo objetivo era a expansão do Conselho e sua maior representatividade.

Basicamente havia três linhas. Havia aqueles que favoreciam apenas o aumento de membros não permanentes, caso de Itália, México, Argentina, Nova Zelândia (na época), Canadá — para citar alguns. Normalmente, os países que defendiam essa tese eram aqueles que presumiam que, se houvesse uma reforma, e se houvesse novos membros permanentes, estariam um pouco abaixo do "sarrafo", digamos assim. Pelo tamanho da economia, ou pela atuação diplomática, eram países que se consideravam, com razão, importantes, mas não tinham peso suficiente — eles próprios percebiam isso — para serem membros permanentes. Conto uma história a vocês, que acho interessante, e já contei até para jornalistas. Certa vez, um ministro mexicano me perguntou: "O Brasil quer mesmo ser membro permanente?". Eu disse: "Quer, por quê?". E ele: "Porque o México não quer, mas, se o Brasil quiser, o México vai querer". Eram situações desse tipo que estava envolvido o prestígio nacional.

O primeiro grupo era aquele que queria apenas membros não permanentes. Um segundo grupo era formado por países como

Brasil e Índia, com muito apoio de outros. Eram os que defendiam a ampliação na categoria de membros permanentes, e não permanentes, e que houvesse países desenvolvidos e em desenvolvimento dos dois lados. Havia também aqueles — e existia uma "zona cinza", de ambiguidade — que diziam: "Vamos fazer uma ampliação, porque Japão e Alemanha podem ser membros permanentes, são grandes potências econômicas, países que, indiscutivelmente, desempenham papel importante no cenário internacional, mas para os países em desenvolvimento temos que encontrar outra fórmula".

E foi assim que surgiram ideias de "rotação". Por exemplo, haveria dois novos membros permanentes, que seriam Alemanha e Japão, e um sistema rotativo na África, na América Latina, no Caribe e na Ásia, em que países em desenvolvimento deveriam fazer uma rotação entre três ou quatro deles. Esse projeto, que também foi muito combatido pela Itália — nesse ponto fomos aliados —, proposto inicialmente pelo embaixador da Noruega, foi apelidado pelo embaixador italiano de "omelete norueguês". Era uma mistura de tudo e não agradava a ninguém. O fundamento dessa proposta era que os países em desenvolvimento não tinham tanto peso. Então, poderia haver esses dois níveis; além, naturalmente, de um aumento de membros não permanentes normais.

Viabilizar esse "arranjo misto", digamos assim, era mais complicado do que ter pura e simplesmente novos membros permanentes do mundo em desenvolvimento. Vários países sul-americanos teriam mais dificuldade com o sistema rotativo — sobretudo os que não estariam incluídos na rotação — do que com apenas um membro permanente. Independentemente de qualquer raciocínio político — como o Brasil tem uma população muito maior, um PIB maior, uma série de características que o distinguem — para um país médio sul-americano é mais fácil aceitar o Brasil do que uma rotação que inclua um país um "pouquinho" maior que o dele. A mesma coisa se passava na Europa e em outros lugares.

A ideia da rotação não prosperou, mas era sempre repetida, e nosso grande esforço era conseguir que países importantes fossem progressivamente convencidos desta tese: para que uma reforma fosse efetiva, tinha que haver países em desenvolvimento entre os membros permanentes. Eu me empenhei muito nesse tema. Antes de entrar no Conselho de Segurança, em 1998, era o que mais me ocupava. Quando você entra no Conselho de Segurança, outros assuntos — inclusive a ampliação do Conselho — se tornam menos prioritários. É praticamente impossível, para quem cuida do Conselho de Segurança, sobretudo para o embaixador, cuidar de outras abordagens.

Assumi a Missão do Brasil junto à ONU em Nova York em 1995 e saí em 1999. Entre 1995 e 1997, esse foi um tema que me ocupou muito. Em 1997, foi eleito presidente da Assembleia Geral um malásio, Ismail Razali, um homem muito inteligente e ambicioso. Razali queria marcar sua presença na Assembleia Geral com realizações. Mantive várias conversas com ele. Razali tinha muito interesse que o Brasil copresidisse o Comitê Preparatório da "Rio+5". Eu não tinha muita vontade disso, achava, na época, um assunto muito árido e um pouco confuso. Mas não podia me esquivar totalmente porque a Conferência havia sido no Rio de Janeiro. O desejo de Razali de que o Brasil estivesse à frente do comitê facilitou minha aproximação com ele. E o presidente da Assembleia Geral tinha — como tem até hoje — um papel importante em fazer avançar formalmente o tema da reforma do Conselho.

Um dia, convidei Razali para um restaurante chamado Casa Brasil, que talvez não exista mais, ali por volta da rua 50, mais perto da 1ª Avenida, um restaurante simples, mas com um feijão gostoso. Nesse almoço, com muita caipirinha, o presidente da Assembleia Geral me perguntou: "Vocês defendem a tese de que é preciso haver países em desenvolvimento no Conselho. Não sou contra. Mas diga-me, então, uma coisa. Já sabemos que Japão e

Alemanha estão incluídos. Mas como vamos escolher os países em desenvolvimento?". E disse: "Da mesma maneira que você escolherá os desenvolvidos", porque ninguém pode de antemão decretar que serão Alemanha e Japão. É preciso haver um processo, e o processo deve ser eletivo.

Então, o país latino-americano, o africano e o asiático em desenvolvimento que quiserem ser membros permanentes terão que ser eleitos, da mesma maneira que a Alemanha terá que ganhar da Itália em uma eventual eleição. Não sei que outro candidato poderia se apresentar; talvez o Canadá, que é do WEOG (Western European and Others Group). O WEOG inclui, em geral, os países ocidentais. O Japão é do grupo asiático, apesar de desenvolvido, mas os desenvolvidos, como Austrália, Nova Zelândia e Canadá — e Estados Unidos — fazem parte do grupo WEOG.

Honestamente, sem querer trazer muita água para o meu moinho, evoluímos na discussão. Lembro-me de ter escrito, em uma caixinha de fósforos pequena, um pouco do que devia constar da reforma. Depois Razali começou a tomar nota e desenvolveu ideias próprias. Mas o cerne era um membro permanente de cada região. No caso da Ásia, seriam dois, porque teria um desenvolvido e um em desenvolvimento. Se o grupo regional endossasse o candidato, ele viria com apoio da região; se não endossasse, seria uma eleição, como é hoje qualquer eleição para membro não permanente do Conselho de Segurança, e como acabou de acontecer, neste ano, no grupo ocidental. Vai-se, vota-se, quem ganhar... leva!

Durante todo esse período, mesmo depois da apresentação da proposta Razali, os países em desenvolvimento, como Brasil e Índia, eram vistos pela Alemanha e pelo Japão, em grande medida, como empecilhos e complicadores. Achavam que teríamos mais dificuldades do que eles em ser escolhidos — o que, ao meu ver, era falso. Mas, para eles, criávamos um problema. Então, inventaram manobras para dizer: "Até a quinta eleição, se não houver definição do novo membro em um grupo, aquele grupo fica sem nenhum". Achavam que Alemanha e Japão passariam, e que se a Índia não conseguisse — devido à oposição do Paquistão — ou se o Brasil não entrasse — por causa da oposição de algum latino-americano, ou por falta de apoio de outras áreas —, provocaria um impedimento de a região ter algum novo membro permanente.[4]

Razali foi muito corajoso, porque se colocou acima da posição do próprio país, a Malásia, que não tinha exatamente essa percepção. A Malásia hesitava entre novos membros permanentes ou algum tipo de rotação. Sabia obviamente, que, se fosse haver um país em desenvolvimento na Ásia, seria a Índia; mas, se houvesse o sistema de rotação, a Malásia poderia estar mais próxima.

Para um país como o Brasil, o sistema de rotação não adiantava nada. Era melhor deixar como estava. A rotação congelaria uma diferença entre países desenvolvidos e países em desenvolvimento, entre novos membros permanentes. Mas o Brasil a cada três, quatro, cinco anos (aliás, a Argentina também) se elege membro do Conselho de Segurança. Aliás, a próxima candidatura vai ser uma decisão difícil de ser tomada no ano que vem ou no início do outro ano. Não sei se o Brasil vai se candidatar a membro não permanente, e quando o fará, porque há muitas outras candidaturas para os próximos anos. Não havia, portanto, ganho nenhum nessa fórmula para nós, e ela ainda criava os outros inconvenientes que já mencionei.

Uma ideia importante, que entrou no projeto Razali — foi a retomada nos projetos que surgiram mais tarde — , é da revisão. A reforma que vier a ser feita não será inalterável. Não estaria, em

---

4 A atitude da Alemanha e do Japão era, nessa época, ambígua. Ao mesmo tempo que buscavam uma solução rápida — um *quick fix* — que os beneficiasse, não recusavam de todo uma coordenação com Índia e Brasil. Coube, aliás, ao Brasil, em junho de 1995, iniciar uma série de almoços de trabalho desses quatro países, que dez anos depois viriam a constituir o G-4.

princípio, sujeita ao complexo processo de emenda à Carta. Seria revista em dez ou quinze anos; acho que o projeto Razali dizia dez. As ideias principais estavam ali; havia várias outras, sobre a questão do veto, por exemplo.

O projeto acabou sendo paralisado devido à oposição de vários países e grupos. É sempre mais fácil mobilizar quem não quer alguma coisa do que quem quer. E a oposição ao projeto Razali começou no próprio Movimento dos Não Alinhados. Houve uma reunião do grupo pouco depois da apresentação do projeto, em que já se levantaram várias dúvidas, e, na prática, paralisaram a discussão. O assunto não sumiu de pauta, porém. Todos os anos, o Grupo de Trabalho voltava a se reunir sem registrar progresso.

No último ano e meio em que estive em Nova York, não acompanhei tanto o tema, porque estava no Conselho de Segurança. Ainda assim, tive que participar intensamente de uma discussão em que, pouco depois de uma decisão dos Não Alinhados, houve uma tentativa de tornar inviável a reforma. Tivemos que negociar alguma solução de compromisso sobre o procedimento. E aceitamos a ideia de que a aprovação na Assembleia Geral, sobre qualquer aspecto da reforma, seria por dois terços. Tivemos que fazer essa concessão, mas seria uma ilusão achar que se poderia aprovar a reforma por uma maioria simples dos membros.

Essa foi uma negociação que se deu, creio eu, em 1998, e da qual participei com o embaixador egípcio. O Egito, aliás, é um dos países que oscila muito de posição. Quando percebe que pode haver uma reforma e ele pode estar envolvido, é a favor. Quando pode não estar, é contra. Apesar de ser uma posição um pouco oscilante, é natural, compreensível.

O assunto continuou naturalmente na pauta. Eu me afastei um pouco, porque fui a Genebra e depois a Londres, mas o assunto continuou sendo discutido da mesma forma. Houve pequenas evoluções. Alguns membros permanentes foram se aproximando progressivamente de um apoio mais claro a países em desenvolvimento. Bill Richardson, que ainda era o embaixador norte-americano junto à ONU, durante uma das reuniões do Grupo de Trabalho, foi mais positivo, em vez de falar só em rotação ou algo assim. Não foi muito claro, mas disse que aceitava a presença de países em desenvolvimento entre os membros permanentes, e a questão ainda teria que ser discutida.[5]

Mais notável talvez tenha sido o avanço da França. O presidente Chirac começou a falar que o Conselho de Segurança deveria ter novos membros permanentes. Dizia: "Japão, Alemanha e *'le grand pays du Sud'*", que ele não definia. Mas não se tratava de rotação, nem de perpetuar um tratamento diferente para os países ricos e os países em desenvolvimento. O Reino Unido foi evoluindo nessa direção. É claro que tudo isso exigiu muita conversa e muita discussão. No caso da França, nossa atuação no Conselho de Segurança, na época dos painéis do Iraque, talvez tenha ajudado. Foi mais ou menos nessa época que os franceses começaram a desenvolver a ideia de multipolaridade.

Outro país que tinha uma posição muito próxima à nossa, sobre a agenda do Conselho, era a Rússia, mas a Rússia não evoluiu da mesma maneira que o Brasil. O tratamento do tema praticamente se interrompeu em 1999. Eu só retomaria o assunto depois, como ministro, em 2003, porque fui tratar de outras coisas.[6] Estava tratando da OMC; depois fui embaixador em Londres, onde o assunto

---

5 Relendo minhas notas, verifico que houve outra evolução importante quando já estava em Genebra. O embaixador dos Estados Unidos em Nova York, já nessa época Richard Holbrooke, indicou alguma flexibilidade quanto ao número total de membros (antes os EUA insistiam no teto de 21). Isso motivou um longo fax meu ao embaixador Seixas Corrêa, então secretário-geral do Itamaraty. O assunto não teve seguimento, em parte, devido à eleição norte-americana de 2000.

6 À exceção do fax ao secretário-geral e de uma ou outra gestão que fiz, por iniciativa própria, quando embaixador em Londres.

sempre voltava, mas eu não estava mais no cerne das negociações. E diria mais: nem sequer posso dizer que, depois de 2003, estivesse no cerne das negociações, porque esse é um processo que ocorre, sobretudo, em Nova York, na ONU, salvo em 2005, quando surge o G-4.

Algo interessante diz respeito às primeiras viagens do presidente Lula ao exterior — a primeira foi à posse do presidente Gutiérrez, aqui na América do Sul. Depois disso, a primeira viagem que o presidente fez foi a Davos, e de Davos à Alemanha e à França. Havia com a Alemanha e com a França uma afinidade muito grande em relação à questão do Iraque, o que gerou um diálogo muito positivo. E, graças a isso, foi possível um apoio recíproco entre Alemanha e Brasil para o Conselho de Segurança, o que era uma mudança. Antes, éramos vistos pela Alemanha mais como um fardo a carregar do que propriamente uma ajuda. Isso mudou. A mesma coisa se passou com a França. Chirac reiterou: "Os grandes países do sul" — e o Brasil entre eles.[7]

---

7   Relato, a propósito, um episódio: o presidente Lula revelou, em relação a esse tema, como a vários outros, grande sensibilidade e agudeza de percepção. Na primeira viagem que fizemos juntos à Europa (a Davos, a Berlim e a Paris), o tema inevitavelmente surgiu. Constava das fichas preparadas pelo Itamaraty, minuciosamente revistas por mim, referência à reforma do Conselho. Na Alemanha, além da questão do Iraque, foi o tema principal. Como frequentemente tinha que esclarecer um ou outro ponto, em inglês, e também porque o ministro do Exterior alemão, Joschka Fischer, não estava presente, o próprio Schröder pediu que eu escrevesse o parágrafo que seria usado na comunicação que os presidentes fariam à imprensa. Em Paris, antes do encontro com o presidente Chirac, um dos ministros que faziam parte da comitiva de Lula pediu para ver os "pontos de conversação". Talvez por não desejar que o foco se desviasse dos temas de seu interesse, estranhou a referência à questão da ampliação do Conselho. "Isso não é parte do programa de governo, do programa de campanha", disse ele. Ao que retruquei: "Mas os pontos foram lidos e aprovados pelo presidente". O tema foi efetivamente levantado na conversa entre Lula e Chirac. Como de hábito, o presidente introduzia o tema e me pedia para complementar. O ministro não voltou a levantar a mesma objeção. Esse episódio é revelador da maneira como pontos prioritários da diplomacia brasileira foram absorvidos e, algumas vezes, até desenvolvidos pelo presidente.

Nessa questão, o Itamaraty tem um papel muito importante; não que as outras pessoas sejam contra, mas elas vêm de outras esferas. A opinião pública, muito influenciada pela mídia, tende a desvalorizar um tema como esse. Só quem está lidando com assuntos de Estado o tempo todo é que tem noção de sua importância. O presidente Lula tem capacidade extraordinária para captar a importância dessas questões. Não só aceitou que o tema fosse tratado, como ele próprio falou.

O presidente tinha clara visão da necessidade de mudança na governança global e nas instituições de ordem internacional. Muitas vezes, sem que eu colocasse o tema nos pontos de conversação, ele já falava por iniciativa própria. A questão ficou cada vez mais presente em nossas conversas. Se vocês acompanharem comunicados conjuntos ou notas de imprensa publicadas a propósito de visitas de líderes estrangeiros, verão que houve uma frequência cada vez maior desse tema, sobretudo nos dois ou três primeiros anos. Era preciso firmar a ideia de que, sim, o Brasil estava interessado nessa questão.

Um caso interessante se deu com o Chile, um dos primeiros países a apoiar o Brasil no Conselho de Segurança. Os primeiros apoios se deram ainda em 1993 ou 1994, e foram pouquíssimos países que fizeram isso — acho que Moçambique e Portugal. Eu era ministro na época. Lembro-me de ter me empenhado em conseguir esses dois apoios explícitos. Logo em seguida, na época do presidente Frei, o Chile apoiou explicitamente o Brasil.

Quando chegamos ao governo com o presidente Lula, o Chile era membro do Conselho com o México. O apoio do Chile ao Brasil se tornara menos claro, hesitante. Quando o presidente Ricardo Lagos veio ao Brasil, em agosto de 2003, o presidente Lula concordou que esse fosse um tema da conversa. Já havíamos feito uma pré-negociação, e o presidente Lagos havia aceitado uma fórmula como: "O Chile reconhece a aspiração histórica do Brasil". Na discussão, o presidente Lula levanta o tema — era muito importante que o presidente fizesse isso, para deixar claro que se tratava de um objetivo do país e não apenas burocracia do Ministério das Relações Exteriores. E o presidente Lagos, apontando a minuta de comunicado, respondeu: "Já está aqui, 'reconhece a aspiração histórica'...". Eu tinha razoável proximidade com o presidente Lagos e disse: "Presidente, uma palavrinha o senhor não vai me negar. Vamos colocar *legítima* aspiração histórica". Assim ficou; foi novamente um passo.

Mais importante foi a progressiva percepção chilena da dedicação do presidente Lula e do governo brasileiro à integração sul-americana. Houve um momento em que o presidente Lagos disse: "Se soubéssemos que vocês iriam se empenhar tanto e tão verdadeiramente na integração, talvez não tivéssemos feito o acordo com os Estados Unidos". Disse isso ou algo de sentido equivalente. Os dois países assinaram o acordo por volta desse período, mas as negociações começaram antes e já estavam muito adiantadas. O fato é que, a partir daí, o apoio do Chile foi sendo sempre reafirmado. E isso não tem nenhuma conotação ideológica. Tanto que Sebastián Piñera, como presidente eleito, antes que eu mencionasse o assunto, na visita que lhe fiz antes da posse, foi logo dizendo: "Quanto ao Conselho de Segurança, apoiamos o Brasil, não tenha a menor dúvida".

Vários fatores contribuíram para que a França explicitasse seu apoio ao Brasil. Mas nossa atitude em relação ao Iraque ajudou. No dia em que houve a reunião dos Açores, na qual foi decidida a invasão do Iraque, liguei para o ministro Dominique de Villepin. Tinha havido uma referência pejorativa à França — aquela coisa de "Velha Europa" e "Nova Europa". Telefonei para ele e disse: "Estou ligando para me solidarizar. Primeiro, porque nós, no Brasil, somos contra a invasão. Segundo, porque não concordamos com essa referência à França". No curso de 2003, Villepin disse publicamente que apoiava o Brasil como membro permanente do

Conselho de Segurança. Essas coisas todas têm sua importância, porque vão se acumulando e permitindo que outros países passem a se acostumar com a ideia.

Um importante impulso veio da decisão de Kofi Annan em criar um painel de alto nível, chamado *Blue Ribbon Panel*, para tratar da reforma da ONU. Haviam sido cogitados vários nomes pelo secretário-geral, inclusive alguns brasileiros que, independentemente de qualquer inclinação pessoal ou ideológica, nesse tema tão importante, não tinham exatamente a nossa visão. Mas, finalmente, com esforço e persuasão de nossa parte, foi possível convencer o secretário-geral a escolher o embaixador Baena Soares, ex-secretário-geral da OEA, membro da Comissão de Direito Internacional da ONU — uma pessoa de grande reputação nos meios diplomáticos. A presença do embaixador Baena foi muito importante para que o relatório contemplasse a hipótese de reforma com a ampliação em duas categorias de membros: permanentes e não permanentes.

Na esteira da apresentação desse relatório surge o G-4. Não surgiu por iniciativa ministerial, mas por iniciativa dos embaixadores na ONU, que sempre discutiam com os diretores políticos em cada capital. Logo, ela ganhou corpo. Veio a resolução L.64, que propõe a reforma em duas categorias de membros, com seis novos permanentes. Tudo seria feito por um sistema eleitoral. Mas, na prática, o projeto foi pensado para que fossem Brasil, Índia, Japão, Alemanha e dois africanos. É claro que todos teriam que ser eleitos. Nesse aspecto, era muito próximo do projeto Razali. A grande diferença era a admissão de dois africanos e não apenas um.

Houve uma série de reuniões ministeriais. Lembro-me de pelo menos três importantes: uma em Bruxelas, anterior ainda à Assembleia Geral; uma na Assembleia Geral, com a presença de presidentes em alguns casos, depois continuada pelos ministros; e uma extremamente interessante, que se realizou em Lancaster House, em Londres, entre o G-4 e um número representativo do grupo africano, cerca de vinte países.[8]

O projeto do G-4 foi congregando apoio. A Alemanha mobilizou muitos apoios na Europa, sobretudo na Europa Oriental; mobilizamos vários países aqui na América Latina e no Caribe, que antes oscilavam e que progressivamente foram tendendo a ver o lado positivo — não só justo, mas positivo também para eles — da inclusão de novos membros permanentes. O mesmo aconteceu na Ásia. De modo que o apoio foi crescendo. Muitos países relativamente novos na família das Nações Unidas tendem a apoiar a reforma, porque veem a necessidade de maior equilíbrio no Conselho de Segurança entre as potências que são as mesmas de 1945, e as de um novo mundo que surgiu com o fim da Guerra Fria, a descolonização, a queda da União Soviética etc. Muitos desses países veem com bons olhos a reforma, seja porque têm simpatia pelo Brasil, pela Alemanha ou pela Índia, seja porque percebem a necessidade de um novo equilíbrio.

E havia o grupo africano, que foi compreendendo que a reforma era necessária, e elaborou um projeto próprio. Não era possível aprovar nosso projeto de resolução sem o apoio da África, e a África não teria apoio suficiente para o projeto dela, sem nosso apoio. Os dois projetos eram muito parecidos. Essa é a ironia. Há duas diferenças, uma delas facilmente contornável e a outra mais importante. A diferença facilmente contornável — menciono *en passant* — era o número de membros não permanentes. Nesse encontro em Londres, essa questão foi resolvida. A África previa um membro a mais do que nós para o grupo africano. Isso era facilmente contornável; o problema talvez fosse convencer os outros grupos (Europa Oriental, por exemplo), mas não seria impossível.

---

8 A reunião de Lancaster House foi precedida de um jantar de trabalho na Embaixada brasileira em Londres, em que, além dos membros do G-4, estiveram presentes o ministro de Gana, Nana Akufo-Addo, e representantes da Nigéria e da África do Sul.

A diferença residia — e este é um fator que até hoje é um obstáculo — no fato de que, no projeto do G-4, os novos membros permanentes não têm direito a veto, pelo menos nesse período de transição. O projeto do G-4 prevê uma revisão, como, aliás, previa Razali. Nosso projeto não pressupõe veto, e o africano, sim. Aparentemente, é normal e correto que seja assim — que os novos membros permanentes tenham os mesmos direitos e responsabilidades que os membros permanentes originais. Mas o "perfeito", frequentemente, é inimigo do "bom", e neste caso, inviabiliza o bom.

Não há hipótese de os atuais membros permanentes, sobretudo aqueles que têm uma influência maior, a começar pelos Estados Unidos, depois China e certamente Rússia (para não falar de países que se opõem a novos membros permanentes), aceitarem novos membros permanentes com veto. Não é imaginável na situação atual do mundo. Não é imaginável que a China aceite o Japão com veto; que os Estados Unidos aceitem países em desenvolvimento com veto; ou mesmo o Japão, derrotado por eles na guerra; ou a Alemanha, que se opôs à guerra do Iraque. Seria ingênuo supor que a Rússia aceitasse a Alemanha com veto, o Japão, a Índia e naturalmente o Brasil ou os países africanos com veto.

Esse aspecto tornava o projeto africano inviável. E tínhamos que tentar aproximar as posições. Essa reunião em Lancaster House foi uma das mais interessantes e momentosas de que participei. Chegamos muito perto de um acordo. Tivemos várias bolas na trave durante esse período — na OMC tivemos uma bola na trave e nesse caso do Conselho de Segurança.

Não era impossível explicar algo que parecia óbvio: se exigíssemos que os novos permanentes tivessem veto — considerávamos uma reinvindicação justa —, isso inviabilizaria a reforma. Entretanto, essa posição africana fora objeto de um consenso em nível de chefes de Estado. Era evidente que alguns países africanos sabiam que não seriam membros permanentes, caso houvesse a reforma (da mesma maneira que alguns europeus, alguns latino-americanos etc). Ao mesmo tempo, não podiam ser contra a reforma, porque era uma aspiração da África. Por isso, esses países adotaram uma tese maximalista. Com a atração que todas as teses maximalistas têm, porque expressam uma formulação de justiça absoluta, ela tornava a reforma inviável. E era isso que alguns queriam sem que precisassem dizer. Tivemos muito tempo de discussão e chegamos a fazer um projeto nessa reunião de Lancaster House, em que atendíamos, em parte, à reivindicação africana, mas não sobre o veto.

Há outro problema com relação à reforma do Conselho: o número total de membros. Vários países dizem que o Conselho tem que continuar sendo manejável. Segundo eles, um número muito grande dificultaria a tomada de decisões. Os Estados Unidos e a Rússia têm essa posição. Para esses países, 25 já é um número excessivo. Incluir mais um seria uma complicação adicional. Mas, ao final, acomodamos essa posição africana de mais um membro não permanente, que poderia ser um terceiro africano. Seria um projeto com grande apoio se tivesse os votos da África e dos países que já apoiavam o L.64. Teria muita chance de ser aprovado por dois terços na Assembleia Geral.

Mas o acordo não foi fechado. Concordamos com a questão do membro não permanente, mas não conseguimos chegar a um acordo sobre o veto. Chegou a haver um projeto, com amplo apoio de países africanos, que estiveram nessa reunião de Lancaster House. Mas ele tinha que ser submetido novamente aos chefes de Estado. Como lá atrás tinha havido o Consenso de Ezulwini,[9] o novo projeto precisava ser aprovado pelos chefes de Estado — e isso nunca aconteceu.

---

9   De acordo com o Consenso de Ezulwini, a África deverá ter duas cadeiras permanentes com direito a veto no Conselho de Segurança, além de duas cadeiras rotativas adicionais às que já existem.

Toda essa movimentação foi acompanhada pela imprensa internacional. Talvez tirando as negociações decisivas da OMC e, mais recentemente, a Declaração de Teerã, foi o tema diplomático em que houve mais interesse da mídia internacional. Refiro-me à mídia global, não apenas latino-americana ou norte-americana. As reuniões em Nova York eram acompanhadas por cinegrafistas, sobretudo japoneses. De lá pra cá, quando houve esse impasse entre o grupo africano e o G-4 em torno de um ponto, em tese, superável, o assunto perdeu o impulso. Mas continuou a evoluir lentamente. Tanto que foi possível passar para uma fase de negociações, graças a uma resolução inicialmente apresentada pela Índia. O papel do grupo de trabalho naquele formato aberto já se havia esgotado. Acordou-se que o tema seria tratado na própria Assembleia Geral. O mais importante nisso é que o pressuposto do consenso desaparece. Porque dificilmente uma decisão sobre esse tema terá consenso. Houve uma evolução, mas, no plano político global, a reforma não voltava à agenda internacional dos ministros ou presidentes.[10]

Faço uma quebra em meu discurso para levar o assunto para outro nível. Progressivamente, foi-se fortalecendo a percepção de que os instrumentos de que se dispõe para a governança global estão envelhecendo. Desde a Cúpula de Évian, o G-8 começou a contar com a presença de outros países, em pelo menos parte da reunião. O presidente Chirac convidou países de peso, mais alguns uns países africanos ligados à França. No ano seguinte, a Cúpula do G-8 foi realizada nos Estados Unidos, e não houve nenhum convite. Mas, depois, o convite foi feito novamente para reuniões no Reino Unido (Escócia), no Japão, na Alemanha. Foi-se criando, na prática, uma tradição de G-8+5. Na última reunião, na Itália, transformou-se

---

10 Isso não quer dizer que, bilateralmente, não fossem surgindo ou se consolidando apoios ao Brasil. A França — mais recentemente, de forma até mais contundente — e o Reino Unido têm assumido essa posição.

em G-8+6, com a participação do Egito. Os cinco são Brasil, Índia, China, África do Sul e México.

No Canadá, em 2010, o G-8 voltou a se reunir, porque, nesse meio-tempo, houve outro fato importante: o aparecimento do G-20 Financeiro. Menciono G-8+5, mas, em determinados momentos, era G8+8 — quando se tratava de questões que diziam respeito ao clima, por exemplo. Do ponto de vista das cúpulas e dos grandes encontros sobre temas econômicos e financeiros, isso culminou com a Declaração de Pittsburgh, que estabeleceu que o G-20 passava a ser o principal fórum de discussão econômica e financeira internacional.

Tudo isso corresponde a mudanças que também estão ocorrendo na OMC, em função do clima. Aparecem grupos como o Basic (Brasil, África do Sul, Índia e China) e o Bric (Brasil, Rússia, Índia e China) no contexto internacional. Consolida-se a decisão de mudança das cotas do Fundo Monetário Internacional, de forma tal que os dez principais países passam a ser seis desenvolvidos e quatro Bric. Isso ainda não reflete exatamente o que é o mundo, mas já é um grande "passo na direção certa".[11]

Essas são mudanças que estão ocorrendo no mundo. Paralelamente, há situações como essa do Oriente Médio, em que o impasse é nítido, em que os próprios países da região frequentemente vão buscar apoio fora, para além dos atores tradicionalmente envolvidos, que são os do Quarteto (Estados Unidos, União Europeia, Rússia e secretário-geral da ONU).

Há situações como a do Irã, em que países como o Brasil e a Turquia desempenharam um papel que, qualquer que seja o desdobramento, vai ser reconhecido como um momento de avanço nas negociações. Foi a primeira vez que o Irã concordou com três

---

11 *A step in the right direction:* essa expressão costumava ser muito utilizada pelos norte-americanos em todas as negociações: cada vez que o Brasil fazia uma concessão, eles diziam que era "um passo na direção certa".

condições básicas para a troca de urânio, porque até então não aceitava. Já me referi a isso algumas vezes, mas vale repetir. A Declaração de Teerã recolhe três aspectos fundamentais: o fato de o Irã aceitar a quantidade de 1,2 mil quilos; a concordância em fazer a troca em um terceiro país (Turquia); e a aceitação de transferir urânio levemente enriquecido antes de receber o material combustível, abandonando assim a tese da simultaneidade. São três avanços formidáveis. Três ou quatro meses antes de a Declaração de Teerã ter sido assinada, seria difícil imaginar que o Irã concordaria com esses elementos. Nós mesmos pensávamos: "E se incluirmos mil quilos? E se fizermos de outra maneira?". Os turcos e nós continuávamos a procurar uma maneira de viabilizar um acordo, que, afinal, não foi necessário.

Não pensávamos que poderíamos chegar até onde conseguimos chegar. Enfim, essa é outra história, mas mostra que há certa fluidez na ordem internacional. Em muitos lugares que visitei depois da Declaração de Teerã, notei, além do apoio à nossa iniciativa, a insatisfação com que as decisões são tomadas no Conselho de Segurança. Isso inclui países da Europa Oriental, africanos, árabes, latino-americanos etc.

Para concluir: qual é a situação hoje? Houve uma evolução interna na ONU. Passou-se formalmente a uma fase de negociação. Agora há uma decisão de negociar com base em textos. E é muito importante continuar com as negociações na ONU, porque é preciso que haja uma fórmula mais ou menos pronta e na direção certa quando as condições políticas permitirem um real progresso. Mas não tenho ilusões. Tinha doze ou quinze anos atrás, mas, hoje, não acredito que seja possível resolver esse problema só na ONU. A mudança ocorrerá quando houver um movimento de fora para dentro, como ocorreu no Fundo Monetário Internacional. Lá é mais simples, porque a mudança de cotas não implica uma reforma que prescisa ser ratificada por dois terços dos países. Uma reforma da

ONU requer emendas à Carta da ONU. Então, necessariamente precisa passar pelos mecanismos da ONU. Mas o impulso político tem deve vir de fora.

Farei mais três comentários. Primeiro: qual é a reforma que finalmente ocorrerá? É difícil fazer previsões exatas. Mas acho que a fórmula mais provável seja próxima do resultado da conversa entre os africanos e o G-4. Há dificuldades para além do apoio ou da falta de apoio dos países africanos. O número de novos membros é considerado muito grande e encontrará resistência por parte dos Estados Unidos, da Rússia etc.

Segundo comentário: o que acho, então, possível? Talvez essa não possa ser a posição negociadora do Brasil, mas a reforma deverá ter um elemento de transição. Não pode ser a reforma definitiva. É claro que nada é definitivo na vida e na política... Mas ela não pode ter a presunção de que vai durar para sempre, ao contrário da Carta da ONU, de 1945. A Carta da ONU prevê reforma, mas a presunção é de que vai durar para sempre. Uma reforma nesses termos não é possível neste momento; precisaríamos ter a humildade de aceitar uma reforma que valha por um período predeterminado. Doze, dez, quinze anos, não sei exatamente, mas um período, digamos assim, experimental.

Terceiro comentário: costumo citar exemplos de como a história muda de maneira inesperada. Vocês todos já haviam começado a vida adulta no pós-união Soviética, pós-Guerra Fria etc. Mas para pessoas da minha geração, até da geração do diretor do Instituto Rio Branco, muito mais moço do que eu, qualquer grupo para além dos P-5 em matéria de segurança, ou do G-7/G-8 em matéria econômica que tivesse surgido na década de 1970 (algo assim como o G-20 Financeiro), muito provavelmente teria incluído a Iugoslávia — país que hoje não existe! É preciso ter consciência de que a história vai mudando continuamente. Quando terminou a Segunda Guerra Mundial, nenhum dos Bric — embora a contabilidade em relação à

União Soviética fosse difícil — estava entre as dez maiores economias do mundo. Hoje, pelo critério de paridade de poder de compra, todos estão. E se ainda não estão todos, por critério de preços de mercado, muito em breve estarão.

E as mudanças continuam. Por exemplo, se tivesse sido votada a reforma em 2005, o ano em que nós a apresentamos, um país como a Indonésia dificilmente teria chance de ser incluído. E não estou dizendo que tenha grande chance hoje. Mas o maior país muçulmano do mundo não pode ser ignorado. E como lidar com as questões dos árabes, que formam um grupo importante de países? São questões que talvez não consigamos resolver agora. Mas se deixarmos a porta aberta para uma solução no futuro, ou se encontrarmos alguma fórmula hoje que possa ser substituída ou adaptada no futuro previsível, isso talvez nos dê margem para chegar a algum acordo. Então, a ideia de que deverá haver algo provisório, transitório, temporário, experimental, talvez nos ajude.

A solução para a reforma do Conselho deve levar em conta as mudanças que já houve no mundo. Não se pode ignorar o que aconteceu no G-20. Não que os temas de paz e segurança tenham que envolver exatamente os mesmos países incluídos no grupo sobre temas econômico-financeiros. Mas esse é um fato importante para se levar em conta. Acho que isso terá que ser pesado, até porque teremos a França na presidência. Teremos na presidência um país cujo líder tem uma personalidade muito ativa, e que deseja a reforma do Conselho de Segurança e a reforma da governança global. A França também estará na presidência do G-20 e do G-8. Não sei se vai querer reeditar o G-8+5, G-8+6 ou G-8+8. Temos que refletir se devemos ou não dar algum insumo para isso. Um parêntese: o G-8+5 estava caminhando para uma agenda muito centrada em temas em que os países do G-8 queriam cobrar posição do G-5. Por isso, achamos melhor não prolongar o chamado processo de Heiligendamm. Mas, com as correções adequadas, é uma hipótese a ser considerada.

Finalmente, um fator interessante, que não escapou à análise de muitos comentaristas: a composição do Conselho de Segurança do ano que vem será, até certo ponto, muito parecida com o que poderá vir a ser um Conselho de Segurança reformado. Não terá o Japão, que acaba de sair, mas terá três dos membros do G-4, todos os Bric — naturalmente há uma superposição aí — e todo o Ibas, além da Nigéria, outro grande país africano. Então, teremos uma configuração que pode ser quase um teste. É claro que tudo vai depender das situações que ocorrerem e da capacidade desses países de articularem suas posições.

Acho muito importante que o Ibas — também o Bric, mas, sobretudo, o Ibas — possa coordenar suas posições, porque existe, entre os integrantes, uma grande afinidade de pontos de vista, que pode ser usada de maneira positiva e construtiva, com soluções novas. Não basta se posicionar no sentido de dizer sim ou não ao que propõem os membros permanentes. Havendo boa coordenação do Ibas, poderá haver, progressivamente, boa coordenação dos Bric, porque a África do Sul está praticamente aceita como um quinto membro dos Bric. É aquilo que, curiosamente, revendo minhas notas de 2003, costumávamos chamar, às vezes, de G-3+2: G-3 era o Ibas, e +2 eram Rússia e China. Devemos manter a personalidade do Ibas — pela afinidade político-doutrinária e porque são países multiculturais e democracias pulsantes, que têm suas identidades —, mas o Ibas pode dialogar amplamente com os outros dois grandes países emergentes, Rússia e China, já membros permanentes.

É muito difícil dizer se a reforma ocorrerá rapidamente ou se demorará, mas acho que 2011 é um ano que não se pode perder. É algo que teremos de levar muito em conta e com muito empenho. As pessoas podem dizer: "Mas o Grupo de Trabalho já existe há tanto tempo e nada conseguiu". Cada pedra que se coloca é uma pedra de uma construção. Hoje, não é mais concebível aquilo que em 1993 foi um risco muito grande: uma reforma que contemplasse dois países ricos e deixasse de fora os demais grandes países, inclusive o nosso.

PERGUNTAS

Thomaz Napoleão O senhor e a embaixadora Maria Luiza Viotti afirmaram reiteradas vezes, sobretudo depois da Resolução 1.929, a necessidade de reformar a composição do Conselho do Segurança e seus métodos de trabalho e procedimentos. O que isso quer dizer na prática? Quais são as demandas brasileiras: mais sessões abertas e públicas, mais transparência, ou menos poder concentrado nos P-5 — que tomam as decisões entre eles para que sejam depois referendadas pelos demais? Aproveito para perguntar se esse tema específico tem sido tratado no âmbito do G-4 ou com nossos parceiros, como a União Africana.

Celso Amorim A primeira parte da pergunta você já respondeu. Como chegar lá é outra questão, mas é tudo isso que você disse: maior transparência, maior número de reuniões abertas e maior participação de membros não permanentes no processo decisório — esse é um ponto que o Brasil deve advogar com ênfase, até para não dar a impressão de que queremos entrar para o Conselho de Segurança e agir da mesma forma que agem os atuais membros permanentes.

Acho muito importante que o Brasil seja um campeão na participação dos membros não permanentes no processo decisório do Conselho de Segurança. Nesses anos todos em que foi membro não permanente, o Brasil pôde dar sua contribuição. Nos anos em que fui embaixador na ONU, acompanhei mais de perto a questão do Iraque, a questão da Líbia e outras tantas. O Brasil teve participação muito positiva nelas. Muitas vezes era o único país que podia ter um contato entre Rússia e China de um lado, Estados Unidos e Reino Unido de outro. O que acontece com o Brasil pode vir a acontecer com outros membros não permanentes, cujo papel deve ser valorizado.

É, por exemplo, um escândalo que os membros não permanentes do Conselho de Segurança tenham tomado conhecimento do pré-projeto de resolução sobre o Irã por uma agência de notícias. É algo que todos os membros não permanentes e todos os membros da ONU veem da mesma maneira. A transparência é necessária. Na medida em que alguns países têm veto e outros não, os que dispõem de veto terão sempre mais poder, e haverá uma tendência natural para que procurem um entendimento entre eles. Mas se houver outros membros permanentes, mesmo sem veto, haverá um peso. O caso do Irã talvez desminta um pouco o que estou dizendo, porque era um caso de grandíssimo interesse para os Estados Unidos e para outros países. Mas, em muitos casos, há uma autêntica busca de consenso. É claro que, legalmente, uma resolução aprovada por nove votos contra seis é tão válida quanto uma aprovada por consenso ou por unanimidade, embora a que se obtém por consenso seja mais legítima. Ela é apoiada mais rapidamente e com maior efetividade pela comunidade internacional.

Poderia dar exemplos sobre isso: o Brasil quase exerceu, quando era membro não permanente, um poder de veto informal sobre uma resolução relativa a Angola com a qual não concordávamos. Simplesmente ameaçávamos de nos abster. Isso causou um tal *frisson* e a resolução foi renegociada.

A questão do veto terá que ser enfrentada, mais cedo ou mais tarde. Não creio que seja para a reforma transitória de agora; o máximo é dizer, em uma resolução sobre a reforma, que continuará existindo a discussão sobre o veto e a maneira de utilizá-lo.

Há várias formas de mitigar o veto. Primeiro, essa busca pelo consenso. Poderia haver uma resolução não mandatória, mas exortativa, em favor do consenso. Poderia haver disposições que levassem os países a justificar o veto de maneira mais formal, sempre que fosse utilizado. Poderia haver permissão para que os membros permanentes (refiro-me aos atuais) votassem "não", sem que isso significasse veto. O veto teria que ser explicitado.

Estes são mecanismos que poderiam servir de fator indutor, mas obviamente não são definitivos. Poderia haver ainda, como você mesmo mencionou, maior número de reuniões abertas. No caso da Líbia, em 1998-1999 — em que as sanções já não estavam sendo respeitadas pela União Africana (um sério desgaste para a autoridade do Conselho de Segurança) —, a principal ajuda que o Brasil deu foi colaborar para que fosse convocada uma sessão aberta.

Com relação à segunda parte de sua pergunta: se temos conversado sobre isso com o G-4? Na realidade, não. Acho que deveríamos conversar sobre o tema para mostrar que nosso interesse não é apenas fazer parte do clube, mas fazer o clube se transformar em algo mais democrático. Mas como o tema da composição é o mais árduo, o mais difícil, temos nos concentrado mais nele.

Nos encontros com outros grupos regionais, um dos problemas que temos é a própria atitude de América Latina e Caribe. A questão da representação regional terá sempre alguma ambiguidade. É curioso, porque países de uma determinada região dizem: "Queremos quem nos represente". Mas a própria Carta da ONU diz que os membros não permanentes representam o conjunto dos membros e não apenas uma região. Há aí uma ambiguidade que tem que ser discutida.

Apesar disso, na medida em que avance a integração da América Latina, e sobretudo da América do Sul, devemos promover consultas de maneira mais intensa com os países da região. Na questão do Haiti, nossa boa coordenação com o Caribe, a Caricom e o Grupo do Rio foi fundamental. Na hipótese de o Brasil vir a ser membro permanente, aumentar essa coordenação seria algo muito necessário; não para submeter nossa posição aos demais, mas para dizer:

"Tomaremos posição, mas tomaremos depois de ouvi-los". Agora, tudo isso dá trabalho. Para quem está envolvido diariamente em processos de decisão, é uma reunião a mais, ou duas a mais, por mês. Não é fácil, mas é muito importante para consolidar o apoio na América Latina e no Caribe. Hoje, temos um apoio bom, eu diria, no Caribe, e o apoio de vários países da América Central e da América do Sul. Mas o ideal — já que não creio ser possível o apoio ativo de todos — é que não haja, pelo menos, objeção de alguns países, sobretudo dos mais próximos ao Brasil.

Carlos Henrique Angrisani Santana O senhor falou sobre OMC e o G-20 Financeiro. Às vezes, fico com a sensação, até mesmo na negociação com a Turquia e o Irã, de que o Brasil tem hoje instrumentos e capacidade de atuar no cenário internacional, legitimando-se a cada dia mais como um ator disposto e disponível a assumir a cadeira permanente. Quando isso acontecer, buscar essa cadeira depende de nós ou depende do cenário internacional?

Celso Amorim É claro que depende do cenário internacional, mas, se não nos interessássemos, ficaríamos fora. O que fizemos, a partir de 1993, foi principalmente colocar o pé na porta. Não permitimos que a porta se fechasse com o Brasil, a Índia e a África do lado de fora. A porta poderia ter-se fechado, se não tivéssemos feito nada e se a Índia não tivesse feito nada.

Os Estados Unidos estavam no auge de seu prestígio, depois de ganhar a primeira Guerra do Golfo, com a União Soviética desaparecida, desintegrada. Havia, em certos círculos, até vergonha de falar em Movimento Não Alinhado. Recordo-me de despachos de altas autoridades que diziam que o G-77 já havia morrido e que se tratava de saber como ia ser o funeral. Em um momento como aquele, a reforma poderia ter saído de maneira ruim, se não fosse a ação do Brasil, da Índia e de outros — alguns até por motivos totalmente altruístas ou sistêmicos. Eram países que tinham visão da necessidade de equilíbrio. Era um "egoísmo iluminado".

Se as condições do mundo não favorecerem a reforma, ela não ocorrerá. Mas acho que, cada vez mais, as condições do mundo vão favorecê-la. Uma coisa é evidente: o poder político e o poder econômico não são necessariamente sinônimos, mas não pode haver uma dicotomia tão grande entre eles, como existe hoje. Como se pode justificar não haver um membro de um continente, o africano, cuja população em breve será de um bilhão de habitantes? Não há como. E há uma sucessão de crises em que o Brasil e a Índia poderão desempenhar um papel. Vejo isso de maneira muito clara nas atitudes em relação a Oriente Médio. As pessoas, sobretudo aqui, dizem: "O Brasil foi se meter lá no Oriente Médio", mas não foi por nossa vontade que chegamos ao Oriente Médio. Nós nos dispusemos a ir, mas os países da região vieram nos pedir. O primeiro que conversou comigo sobre uma participação mais ativa do Brasil foi o Shimon Peres, em 1993, pouco depois dos Acordos de Oslo, em um encontro que tivemos à margem da Assembleia Geral da ONU. Na época, ele achava que o Brasil poderia ajudar a moderar a posição dos árabes. Recentemente, vieram os palestinos. Esses são fatos conhecidos. Em quantos países do mundo se pode receber o presidente de Israel, o presidente da Autoridade Palestina e o presidente do Irã no mesmo mês?

A situação no mundo está caminhando para a reforma, sim. São importantes os debates na ONU, mas importam as discussões fora da ONU, por parte dos líderes mundiais, presidentes e primeiros-ministros, e dos ministros de Exterior. Acho que é uma combinação dessas coisas.

André Tenório Mourão Falamos muito sobre procedimento, reforma, nossos objetivos, mas muito pouco sobre o que seria uma pós-reforma. Acho até compreensível, dada a dificuldade da tarefa atual. O senhor tem alguma reflexão sobre se haveria uma mudança no papel do Conselho de Segurança com uma reforma?

Celso Amorim Concentrei-me, hoje, aqui no tema da reforma. E ela tem a ver com dois aspectos, muito ligados, da ação do Conselho: a *legitimidade* e a *efetividade*. Não propriamente a eficácia no sentido processualístico, porque, a rigor, para tomada de decisões, a composição mais eficaz é aquela de um único membro. Agora, se você pensar em transformar as decisões em ações reais respeitadas — não respeitadas apenas pró-forma, mas respeitadas para valer — pela grande maioria da comunidade internacional, você estará falando de *efetividade*. Efetividade supõe legitimidade.

O exemplo que dei a vocês, da União Africana em relação à Líbia, é de como a falta de legitimidade leva à *não efetividade*. A União Africana, mais tarde, foi apoiada pelo Movimento Não Alinhado, e logo depois as sanções caíram. Evidentemente, outros fatores, outros interesses pesaram. Mas a União Africana não se sentia engajada naquele processo de sanções. No entanto, ela não tinha como modificá-lo. Em geral, o ônus, no Conselho, é de quem quer mudar algo, eliminar sanções, por exemplo. Para isso, é necessário aprovar uma nova resolução, que pode ser vetada. A efetividade anda junto da legitimidade. E é a legitimidade que exige a reforma. Legitimidade no sentido político mesmo, de representação — não a representação necessariamente um por um, mas em que o conjunto se sinta representado.

Esse foi o tema principal de que tratei, mas há outro tema que teria que ser objeto de outra palestra: a autoridade do Conselho de Segurança. Isso depende muito da atitude dos países para com o Conselho. Quando os Estados Unidos decidiram, com o apoio do Reino Unido, invadir o Iraque sem aprovação do Conselho, essa foi uma violência contra o Conselho de Segurança, que ficou abalado, e, com ele, a própria ONU. O que fazer? Há um processo histórico, que deverá se consolidar com o tempo, conforme se desenvolve a percepção de que, mesmo para a maior potência do mundo, é melhor ter o apoio de outras do que agir sozinha — porque não é fácil obter quem queira participar com tropas, ou quem vá aplicar as sanções, se você tomar decisões isoladamente. Para isso, o Conselho de Segurança é fundamental. Aí temos a questão da autoridade do Conselho.

Acho que essas duas questões têm relação uma com a outra, mas não são necessariamente a mesma coisa. É claro que um Conselho de menor legitimidade acaba tendo também menos autoridade; mas mesmo um Conselho com maior legitimidade, se for desrespeitado com frequência, terá diminuída sua autoridade. Então, são processos paralelos. E os procedimentos, a transparência estão ligados a isso.

Tenho alguma experiência do Conselho. Vi o Conselho funcionar e não funcionar. Mas poucas vezes vi um processo decisório tão viciado em um tema importante quanto o que ocorreu agora em relação ao Irã. O que mais chama a atenção não é que seja negociado o conteúdo das sanções; isso é normal. É que sejam negociadas as isenções em relação às sanções unilaterais — de legalidade e legitimidade discutível — em troca do apoio à resolução.

18

"A África tem sede de Brasil"

Relações Brasil-África e carreira diplomática.
16 de novembro de 2010[1]

Inicialmente, eu tinha pensado em fazer desta aula uma espécie de balanço de tudo o que ocorreu nestes oito anos. Mas isso tomaria muito tempo. Além disso, a circunstância da presença dos bolsistas de nosso Programa de Ação Afirmativa me leva a fazer algumas considerações iniciais.

Penso que é muito importante que os bolsistas saibam que a existência desse programa não decorre apenas do desejo de dar chance a outras pessoas — o que, em si mesmo, já seria justo e correto. São pessoas que, por circunstâncias diversas, ligadas à questão racial, não puderam frequentar as mesmas escolas, ou não puderam ter o mesmo convívio com pessoas ligadas à área diplomática ou outros setores da administração pública. Somente por esse motivo, o programa já seria acertado.

Como frequentemente tenho observado, o programa é positivo em mais de um sentido. Ele ajuda, em primeiro lugar, a quebrar o

---

1 Palestra para a Turma 2010 2012 do IRBr e para os bolsistas do Programa de Ação Afirmativa do IRBr.

preconceito. Tenho um colega que trabalha comigo diretamente, o Bruno Oliveira, que vai agora para a Missão em Nova York, que diz que o efeito mais importante da bolsa talvez seja o de demonstrar não haver uma barreira de preconceito contra a entrada de negros ou minorias no Itamaraty. Mais importante até do que o aprendizado — e espero que tenha sido útil! — foram a percepção sobre o incentivo e uma atitude aberta do Ministério.

Outro aspecto que gostaria de destacar é que o programa de Ação Afirmativa não corresponde apenas à necessidade de fazer justiça. Corresponde também à necessidade de o Itamaraty, como instituição, se parecer mais com a sociedade brasileira. Talvez jamais consiga isso integralmente, pois há muitos outros aspectos a serem levados em conta, mas talvez consiga se parecer um pouco mais com a sociedade brasileira.

Falo sobre uma experiência pessoal, um sentimento pessoal. Não é possível ser embaixador em Nova York, nas Nações Unidas, ou em Genebra, junto ao Conselho de Direitos Humanos, e dizer que o Brasil é uma democracia racial se a pessoa com quem você está falando olha em volta e não vê ninguém que nem sequer lembre uma pessoa de origem africana.

Há outro aspecto importante que eu gostaria de ressaltar. Obviamente, o interesse do Itamaraty é que o maior número de vocês bolsistas passe no concurso. Infelizmente, não posso dizer "passem todos". Vocês precisam fazer o concurso. Mas o interesse é que o maior número passe. No entanto, mesmo os que não passam — ou que não passam da primeira vez e depois resolvem tomar outro rumo — pelo menos terão tido uma oportunidade de aprender. Vejo que muitos fizeram outros concursos e foram bem-sucedidos: concursos para gestor público, para o Senado. Não estou estimulando vocês a fazerem isso não, porque quero que vocês passem para o Itamaraty!

Honestamente, considero essa contribuição ainda insuficiente. A questão é como melhorar! Como conciliar a meritocracia com a necessidade de ação afirmativa é algo complexo. Vivi muito isso aqui dentro com as mulheres. Vocês poderão imaginar que uma mulher negra, talvez, terá ainda mais dificuldades.

Quando fui promovido a embaixador — o que já faz uns vinte anos — havia, eu acho, uma única embaixadora (ministra de primeira classe), Tereza Quintela, que foi diretora do Instituto Rio Branco. O que acontecia era que sempre entravam mulheres em proporções variáveis, mas à medida que a carreira prosseguia, elas ficavam para trás. Havia, digamos, um percentual talvez de 20 por cento ou 25 por cento de mulheres na entrada, de 18 por cento a 20 por cento como primeira secretária, de 10 por cento a 15 por cento como conselheira, de 5 por cento como ministra de segunda classe e de 1 a 2 por cento como ministra de primeira classe. Mudar isso não foi tão fácil, porque o preconceito é, na maioria das vezes, algo muito sutil. As pessoas que têm preconceito não o admitem, dão outras razões, dizem: "Mas se eu colocar essa mulher neste lugar, ela vai casar, poderá engravidar, e terá de cuidar do bebê; não é por mim, é pelo serviço". Atitudes desse tipo são muito comuns e vão se afirmando e se prolongando, o que faz com que a carreira da mulher fique mais difícil.

Até alguns anos atrás, por exemplo, quando havia casamento entre diplomatas, entre funcionários em geral, mas particularmente entre diplomatas, um deles tinha de "agregar", isto é, ficar de fora da carreira. Depois isso mudou. Foi uma mudança importante, que ocorreu logo após a redemocratização do Brasil. Creio ter sido uma contribuição do secretário-geral da época, o embaixador Paulo Tarso Flecha de Lima. Essa mudança permitiu que os cônjuges fossem juntos, mas restaram algumas tecnicalidades que ainda representavam obstáculos.

Havia uma circunstância curiosa: aquelas que tinham sido obrigadas a "agregar" antes da modificação não conseguiam ser promovidas nunca, porque não tinham passado tempo suficiente no exterior. O tempo que haviam passado com os maridos no exterior não contava. Tivemos de obter um parecer do consultor jurídico — pois a lei pode retroagir para beneficiar, mas não para prejudicar —, que permitiu às mulheres, sem tempo de serviço no exterior por terem acompanhado seus maridos, contarem esse tempo. E com isso, certo número de diplomatas-mulheres pôde avançar na carreira. Isso aconteceu quando fui ministro do governo Itamar Franco.

Estou dando esse exemplo para mostrar como é difícil vencer o preconceito. Nas primeiras listas de promoção, ou de quadro de acesso neste governo, havia resistências. Pessoas que se diziam muito progressistas, que eu conhecia muito bem, amigos de juventude, alguns até trotskistas ou coisa que o valha, na hora diziam: "Mas por quê? Este aqui é melhor. Por que vou colocar uma mulher?". Havia sempre resistência.

Isso foi vencido. E vencido com grande ganho para o próprio Itamaraty, que tem hoje três dos grandes postos multilaterais chefiados por mulheres. A nossa embaixadora na ONU, em Nova York, é a Maria Luiza Viotti. Talvez alguns de vocês a tenham visto falando no Conselho de Segurança, quando houve o episódio das sanções contra o Irã. Foi motivo de grande orgulho para nós: uma mulher falando com firmeza e serenidade, em nome do Brasil, e também em nome de muitos outros que concordavam com o que ela estava dizendo. Temos a nossa embaixadora em Genebra, junto aos órgãos das Nações Unidas lá sediados, bem como nossa futura embaixadora junto à Unesco, além de duas subsecretárias.

Todas exercem suas funções com muita competência, muita capacidade de relacionamento, o que, às vezes, as mulheres têm mais do que os homens, e é uma qualidade muito importante em nossa carreira. Mas o preconceito sempre existiu. No começo do governo, foi necessário, sem que houvesse uma lei ou algo parecido, uma ação afirmativa para que isso acontecesse. Hoje não, hoje é normal. Fico contente porque, às vezes, faço uma lista de promoções e me dizem: "Mas não terá nenhuma mulher?".

A mesma coisa se passa no Brasil com o fator raça. Raça ou o nome que se quiser dar: cor, etnia. O preconceito existe. É uma das coisas que o Brasil ainda tem que mudar. Mudou muito no governo Lula, mas terá de continuar mudando. É uma coisa chocante para mim. Vivi muitos anos no Rio de Janeiro e ainda vou muito lá. Quando você vai a um shopping center no Leblon, por exemplo, você acha que poderia estar na África do Sul da época do *apartheid*! Pode haver um ou outro negro trabalhando. O preconceito se espelha economicamente, socialmente, politicamente. É uma luta permanente para vencê-lo. Digo isso não apenas para cumprimentar o Instituto Rio Branco pelo trabalho que tem feito, mas para dizer que é necessário intensificar esse esforço.[2] Se olharmos os percentuais em relação ao corpo de diplomatas, ainda são muito pequenos.

Devo dizer que não fui eu que implantei o sistema de bolsas. Não foi na minha administração. Começou, que eu saiba, na gestão do ministro Luiz Felipe Lampreia, no governo Fernando Henrique. Discutia-se muito a questão da ação afirmativa e do racismo no Itamaraty e em outros órgãos na época em que eu era embaixador na ONU. Em uma ocasião, enquanto caminhávamos de volta da ONU para a Missão do Brasil, o ministro fez um comentário sobre a dificuldade de tratar o tema no Itamaraty, que eu também senti quando fui ministro no governo Itamar Franco. Reconhecendo, de minha parte, que as cotas seriam muito complicadas em uma carreira como a nossa naquele momento, eu disse: "A solução seria um sistema de bolsas que ajudasse as pessoas desfavorecidas, entre elas os afrodescendentes, os negros". E ele reagiu da seguinte maneira: "Curioso, nunca ninguém me havia falado isso". Pouco depois, ele, com a ajuda de algumas pessoas, acho que do diretor do Instituto

---

2 Pouco mais de um mês depois da palestra, assinei portaria que aumentou em 10 por cento o número de vagas de aprovados na primeira fase do concurso de acesso à carreira diplomática, reservadas a candidatos que se declarassem afrodescendentes.

Rio Branco na época, instituiu o sistema. Não sei se começou efetivamente na gestão do ministro Lampreia ou de seu sucessor, o professor Celso Lafer. Iniciou de forma meio lenta, devagar, mas já existia. Quando assumi, tive a preocupação de ampliar. Ainda há muito a fazer e conto com vocês para terem ideias nesse sentido.

No concurso, o fator sorte conta muito. É preciso que vocês tenham a frieza de saber que, no exame do Rio Branco, o fator sorte é muito grande — e sobre a sorte não se tem controle. Mas é como diz o ditado: "Ter sorte dá muito trabalho". É como no futebol: o goleiro tem sorte, mas tem sorte porque está bem colocado. Todos devem estudar muito, mas há o fator sorte. Por isso, acho que seria positivo se a bolsa pudesse se repetir por dois ou três exames. Acho até que o exame prévio do Instituto Rio Branco poderia valer pelo menos duas vezes. Devo reconhecer que não estudei o assunto a fundo. No meu caso, dei muita sorte. Entrei logo de início. O exame naquela época era diferente. Hoje, são muitos candidatos. Logo, há várias pessoas corrigindo as provas. Nas partes discursivas, os critérios podem não ser idênticos.

Lembro-me muito bem de que, quando entrei para o Itamaraty, dei uma enorme sorte em um aspecto. Naquela época, todas as provas eram eliminatórias. A prova de história do Brasil também. Era uma época de mudanças no país. Fiz o exame em 1963. Época em que história nova estava surgindo. Mas o programa era feito com o método tradicional. Quem fazia o programa do exame, creio, era o catedrático de história da então Universidade do Brasil — hoje Universidade Federal do Rio de Janeiro. Era um programa extremamente detalhado, baseado em nomes, datas — enfim, em fatos. Peguei o livro indicado pelo Instituto Rio Branco e comecei a ler. Precisei me concentrar muito na parte de línguas inicialmente, em que não tinha muita base. Tinha sido um bom aluno de história no colégio, o que era uma vantagem.

Comprei o livro recomendado, do Hélio Viana, famoso na época. O livro era uma espécie de catálogo telefônico de nomes e datas. Tinha cerca de 800 páginas. Terminei o primeiro dia de leitura e tinha lido apenas 40 ou 50 páginas. E não me lembrava de nada! Então, disse: "Por aqui, não vai dar, não tem chance", e saí de casa. Passei por uma livraria e vi um livro de um historiador que eu não conhecia, embora já fosse relativamente famoso (como fiquei sabendo depois), Nelson Werneck Sodré. O livro se chamava *Formação Histórica do Brasil*. Comecei a folhear o livro e pensei: "Isso dá para ler, porque tem umas 300 ou 400 páginas; é discursivo e conceitual". Resumindo, li Nelson Werneck Sodré e usei um pouco os livros colegiais que ainda tinha para "rechear" com alguns fatos tanta interpretação. E por que digo que dei sorte? Os programas haviam sido preparados por um tipo de professor, mas as provas foram feitas por outros, que já eram da história nova. Eu fiquei mais preparado do que os meus colegas que leram o livro do Hélio Viana dez vezes. É sorte!

Sou de uma geração que sofreu muito com o governo militar. Quando digo "sofreu", não é, pelo menos no meu caso, fisicamente; mas sofreu as limitações, as dificuldades, a censura. Quem não viveu nesse período, às vezes, não tem a sensação do que aquilo representou. É o que costumo dizer a propósito da paz; igualmente verdade para a liberdade. A liberdade é como o ar; você só percebe que é importante quando falta. Para as pessoas da minha geração, não só no Itamaraty, mas na vida pública brasileira, faltou liberdade. Uns lutaram, morreram, outros fizeram coisas certas, outros não tão certas, mas o fato é que foi um período muito difícil.

Nos anos recentes, tivemos um presidente da República, Fernando Henrique Cardoso, um acadêmico importante, um homem progressista, um democrata que lutou contra a ditadura. Depois dele, um operário. Quando perguntavam a Lula se ele era marxista-leninista, ele dizia: "Sou torneiro mecânico!". Um operário com essa visão pragmática das coisas. Foram oito anos. Depois do operário, uma mulher. Outro dia estava brincando com o secretário de Promoção da Igualdade Racial, o ministro Eloi: "Espero que o próximo seja um negro, porque é preciso que a sociedade brasileira quebre todos os tabus". Nos anos recentes, houve uma mudança muito grande. A sociedade brasileira se democratizou. Não tem mais, pelo menos de maneira formalizada, os tabus que tinha antes.

Vamos tomar o caso da política com relação à África. Até o final dos anos 1950, a África praticamente não existia para o Brasil. Existia nos livros de história, porque tínhamos uma parcela importante da população vinda da África. Também estava nos livros porque a África, como objeto do imperialismo, havia sido pivô de alguns conflitos, do Congresso de Berlim, que tratou de sua partilha. Mas a África não era sujeito da história, era objeto. E, portanto, o relacionamento era limitado. Os primeiros países se tornaram independentes a partir da década de 1950 — à exceção da Etiópia, um caso mais antigo.

O Brasil foi logo reconhecendo os países africanos e estabelecendo relações com eles, o que foi positivo. Mas o momento em que se começa a formar um esboço de política africana no Brasil é no período da chamada política externa independente. Não que tenha havido grandes ações práticas. Na realidade, não havia muita condição para ações práticas, mas houve ações simbólicas. O presidente Jânio Quadros mandou como embaixador a um importante país africano um jornalista negro, Raymundo Sousa Dantas. Começamos, a partir de 1960, o processo de abertura de Embaixadas.

O Brasil passou, também, a tomar posições mais fortes na questão da descolonização. Havia um problema muito espinhoso: as colônias portuguesas, porque tínhamos (é claro que ainda temos) uma relação muito forte com Portugal. Era uma relação, naturalmente, com grandes laços afetivos, mas também muito manipulada politicamente pelo regime português de Salazar. Entre 1961 e 1964, até o golpe militar, houve uma tentativa de ação mais consistente. Não só continuamos a abrir Embaixadas nos países africanos, como nossos representantes na ONU passaram a adotar posições mais firmes com relação à descolonização na África, inclusive no que dizia respeito às colônias portuguesas.

Após 1964, houve um recuo muito grande, e a política em relação à África praticamente deixou de existir durante anos. Revendo meus papéis, encontrei um documento curioso. Antes de 1964, Portugal tinha sido muito refratário a qualquer participação maior do Brasil em suas colônias, que chamava de "territórios ultramarinos". Não queria ingerência. Depois do golpe militar no Brasil, um golpe de direita, conservador, Portugal passou a ter interesse na maior participação do Brasil nas relações com suas colônias. Em todas elas já haviam começado, a partir de 1961, movimentos rebeldes, de luta pela libertação nacional. Interessava, assim, a Portugal trazer o Brasil para o contexto de sua política colonial, com o objetivo de legitimar sua presença na África.

Nos meus papéis, encontrei um memorando que escrevi em 1965, desaconselhando uma extensão de nosso tratado econômico com Portugal às colônias portuguesas. Dizia, no memorando, que isso prejudicaria nossas relações com o restante do continente africano. O memorando foi subindo, subindo, subindo — isso às vezes acontece no Ministério —, passou por todo mundo, chegou ao ministro das Relações Exteriores. Eu era terceiro secretário. Trabalhava na Divisão da Europa Ocidental. O memorando ficou engavetado na mesa do ministro da época, o embaixador Vasco Leitão da Cunha, que não era uma má pessoa, mas refletia a visão conservadora predominante.[3]

---

3 No governo Costa e Silva, durante a gestão Magalhães Pinto, houve uma tentativa de retornar à posição pré-1964. Estudos técnicos foram elaborados com esse objetivo, mas o esforço foi por terra na viagem do chanceler a Lisboa, segundo se alegou na época em função de vantagens comerciais.

Houve novamente um esboço de política africana no período em que o embaixador Mário Gibson Barbosa foi ministro das Relações Exteriores no governo Médici. A política externa brasileira, naquele momento, era cerceada por vários fatores. Nós não podíamos ter relações com Cuba. As relações com os países socialistas eram muito limitadas. O mesmo se passou com nossas atitudes em fóruns internacionais, com a exceção talvez dos fóruns econômicos, em que o Brasil seguia agindo com relativa independência.

Entretanto, Gibson teve o mérito de iniciar uma política com a África. Obviamente, ele não pôde quebrar os tabus, não pôde se separar de Portugal por causa da questão das colônias portuguesas. Ele viajou por vários países africanos, promoveu a participação brasileira em um festival de arte negra no Senegal. Em países que visito atualmente — alguns nunca foram visitados por nenhum ministro brasileiro, e pelo presidente da República nem pensar —, ouço: "A primeira visita de um ministro brasileiro desde 1972, 1973, depois da visita do ministro Gibson Barbosa". Essas viagens foram um marco importante. Gibson não rompeu as barreiras políticas, os tabus políticos, mas fez uma abertura, talvez por ser pernambucano, por ter, digamos, uma matriz de Joaquim Nabuco em sua visão. Ele sentia que a África fazia parte do Brasil. Esse mérito temos de reconhecer no embaixador Gibson Barbosa.

No governo seguinte, do presidente Geisel, aconteceu algo complementar. Trabalhei para o ministro Azeredo da Silveira por vários anos, em sua assessoria de planejamento. Não me lembro de muitas viagens dele à África. Deve ter feito algumas, não muitas. Mas ele conseguiu quebrar o tabu em relação às ex-colônias de Portugal. Fez um gesto muito importante, que foi o reconhecimento de Angola no dia de sua independência. O Brasil foi o primeiro a fazê-lo. É muito interessante, porque isso ocorreu durante a Guerra Fria e o partido que estava à frente e proclamou a independência foi o Movimento pela Libertação de Angola (MPLA), que é até hoje o partido no poder, mas que, na época, era visto como de inspiração marxista, ligado à União Soviética. Angola era uma grande confusão. Os americanos (a CIA) apoiavam um movimento chamado Frente Nacional de Libertação de Angola (FNLA), de Holden Roberto, mas que logo se enfraqueceu. Os soviéticos e outros apoiaram, desde o início, o MPLA. E havia ainda a União Nacional para a Independência Total de Angola (Unita), do Jonas Savimbi, que, em certos momentos, não sei se sempre, foi apoiada pela CIA e pela China! Situações similares aconteceram em muitas partes da África. Refletiam a política mundial na época, as rivalidades da política mundial.

Vamos passar por cima dessas histórias, porque seriam muito longas. O ministro Silveira teve, portanto, esse grande mérito. Ajudado por duas grandes figuras de nossa diplomacia, que merecem ser estudadas: uma é o Ovídio Melo, nosso representante especial em Luanda; a outra era o Ítalo Zappa, chefe do Departamento da África. Ovídio Melo já foi objeto de uma homenagem, com a publicação das reminiscências dele pela Funag.[4] Ítalo Zappa não teve algo semelhante. Também mereceria um estudo. Esses dois acabaram levando Silveira a tomar uma decisão difícil, com o apoio do presidente Geisel, que foi o reconhecimento da independência liderada pelo MPLA.[5] Esse foi um momento importante da política externa brasileira em relação à

---

4 Melo, Ovídio de Andrade. *Recordações de um removedor de mofo no Itamaraty:* relatos de política externa de 1948 à atualidade. Brasília: Fundação Alexandre de Gusmão, 2009.

5 Quando visitei Luanda em 2003, o chanceler angolano João Bernardo de Miranda, jornalista e escritor, me aguardava no aeroporto. Dispensou o motorista e convidou-me a sentar ao seu lado, no banco da frente, não sem antes retirar dali uma Kalashnikov. Talvez inspirado pela visão desse símbolo da resistência angolana, lembrei-lhe o episódio do reconhecimento e o papel de Ovídio Melo. O ministro Miranda relatou-me, então, que se lembrava perfeitamente daquele dia. Disse-me que estava na grande praça que hoje ostenta o monumento a Agostinho Neto, junto com companheiros de luta, quando o reconhecimento do governo do MPLA pelo Brasil foi anunciado. Disse-me que o impacto da notícia foi enorme, e contribuiu decisivamente para a desarticulação do FNLA e da Unita em Luanda, fator determinante para o controle da capital pelas forças do MPLA.

África. Na questão de Angola, o Brasil sempre manteve uma posição muito firme, não só pelo reconhecimento, mas pela aceitação plena do governo. Sabíamos que o movimento de Savimbi continuava sendo manipulado de fora, e era um fator desintegrador do país. Sobre esse assunto, sempre foi mantida uma posição firme, tanto quanto me foi possível observar, em todos os governos.

Estou falando sobre África e, sem querer, me concentro mais na África Subsaariana, porque é a nossa imagem de África. É claro que as nossas relações com outros países, como Argélia, Marrocos, Egito, foram se desenvolvendo gradualmente. Não que houvesse grande ênfase, sobretudo a partir de 1964.

O ministro Saraiva Guerreiro fez viagens importantes à África. Esteve em vários países da África Oriental e Central, que eram muito pouco visitados. Curiosamente, embora as posições nas Nações Unidas não tenham mudado, houve muito pouca presença brasileira na África depois da redemocratização do Brasil. Várias Embaixadas foram fechadas — por motivos de segurança ou financeiros. Não é que as relações tenham piorado, porque não houve nada propriamente de ruim, mas elas foram se esgarçando, salvo no plano multilateral, em que na ONU e na OMC (mas, sobretudo, na ONU) havia boa coordenação entre o Brasil e os países africanos.

O momento em que há um salto qualitativo, que combina essa atitude política independente do ministro Azeredo da Silveira, ou do início dos anos 1960, com o espírito africanista presente, no período Gibson Barbosa — e potencializa esses dois elementos — foi no governo do presidente Lula. As estatísticas vocês conhecem. Terei dificuldade de reproduzi-las aqui. O presidente Lula esteve doze vezes no continente africano. Foram vinte e três países visitados. Como estive em todas as visitas do presidente e em mais algumas, devo ter estado em pelo menos 30 países (em muitos deles mais de uma vez). Nunca fiz a conta precisa. A Moçambique, por exemplo, o presidente foi três vezes e eu fui cinco.

O primeiro périplo diplomático importante que fiz foi à África. Já tinha feito várias viagens: Argentina, Alemanha, Rússia, mas o primeiro "périplo" foi à África. Fui a sete países em sequência. Começando por Moçambique, indo para Zimbábue — lugar que não era considerado muito bom frequentar, mas que fiz questão de ir —, Namíbia, África do Sul, Angola, São Tomé e Príncipe (primeira visita de um ministro brasileiro, não somente das Relações Exteriores, mas de qualquer pasta) e Gana.

Pude perceber algo que expressei à época e que repito hoje: a África tem sede de Brasil. Por quê? Porque, apesar de todas aquelas mazelas que mencionei no início desta palestra e que ainda existem na sociedade brasileira, a África vê no Brasil um pouco o resultado de sua contribuição. O Brasil é visto, talvez por ser um país em desenvolvimento, que enfrenta desafios semelhantes aos deles e tem conseguido superá-los, como um paradigma que os países africanos gostariam de seguir, ou cuja experiência gostariam de emular. Penso que o presidente Lula, que sempre teve ligação, aqui no Brasil, com os movimentos negros, tinha plena consciência disso. Logo no primeiro ano de governo, também fez sua viagem inicial à África. E seguiram-se várias outras.

O Brasil tem muitos projetos de cooperação técnica com a África. Os investimentos do Brasil na África são, hoje, muito maiores do que eram antes. O comércio com a África quintuplicou em relação ao início do governo. A tal ponto que — um exemplo que costumo dar —, se a África fosse considerada um país, seria o nosso quarto maior parceiro comercial. Só viria atrás da China, dos Estados Unidos e da Argentina. Mais do que Alemanha, mais do que Japão. Não é algo que se possa desprezar.

A grande característica de nossas relações com a África é que não são propriamente objeto de uma negociação. Há um conjunto de ações. Há negociações tópicas, sobre um assunto ou outro, mas não houve uma grande negociação para que o Brasil tivesse que se aproximar mais da África. A negociação que houve foi interna, porque a resistência sempre existiu. Resistência, a meu ver, baseada, em larga medida, no preconceito.

O preconceito nunca se revela diretamente como tal. Ele sempre encontra outras desculpas: de que são países pouco importantes, de que os mercados são limitados. "Por que vamos perder tempo com a África, quando deveríamos nos concentrar nos Estados Unidos, na União Europeia, no Japão?" As mesmas coisas foram ditas quando começamos o processo de integração com a Argentina. Preconceito contra a Argentina existe no Brasil, sobretudo no futebol. Quando começamos a intensificar as relações com a Argentina, no final do governo Sarney, havia reação de empresários, embaixadores aposentados. Eles diziam: "Por que estamos perdendo tempo com a Argentina?". Ouvi essa frase de um embaixador a quem prezo. Ele me disse algo assim: "Essa parceria é a união do roto com o esfarrapado". Não estou inventando nada. Foi o que ouvi. É claro que ouvi isso em uma conversa privada, então não posso revelar o nome.

Com a África se passou a mesma coisa. Havia preconceito. Esse preconceito nunca era expresso de forma direta: "Não queremos nada com a África porque são pobres"; mas, porque não são grandes mercados, não temos grandes negócios a fazer. Bom, o resultado é o seguinte: nosso comércio com a África quintuplicou; nossos empresários hoje vão à África espontaneamente, às vezes precisando de algum empurrãozinho para um ou outro caso, mas aumentaram muitíssimo seus investimentos lá. Há ônibus brasileiros na África do Sul. Há empresas brasileiras de construção em Angola, onde já havia antes, mas agora houve uma diversificação maior. E há também em Moçambique, onde não havia. Há mineradoras. Precisamos aumentar e diversificar o padrão dos investimentos. Investir em outras coisas. Mas isso tomará tempo. Não se pode fazer tudo de uma vez. É uma grande mudança. E uma grande mudança que só foi possível por meio de um esforço de progressivo convencimento interno da importância da África. É claro que para o povo brasileiro não é necessário. O povo brasileiro sempre viu outros motivos, e bons motivos, para termos uma relação intensa com a África. Mas quanto a uma boa parte da elite...

Quando visitei, com o presidente Lula, a Ilha de Gorée, por onde passava a grande maioria dos escravos que vinham para as Américas, depois de uma série de discursos muito emotivos, e depois de Gilberto Gil ter cantado uma música, comentei: "Até os jornalistas choraram! Porque jornalista chorar no trabalho não é fácil não". Foi algo muito emocionante. O mesmo sentimento tivemos em outros lugares. Neste momento, estou sendo obrigado a cancelar uma viagem que iria fazer ao Benin. Mas faço isso com certa dor no coração, porque uma coisa parecida se passou no Benin, em um lugar que se chama "a porta do não retorno", por onde saíam os escravos, em um lugar chamado Porto Novo, que não é a capital. Houve, portanto, esse convencimento interno mais até do que uma negociação. E fomos em frente, porque em política externa é preciso saber o que a imprensa diz, ou deixa de dizer, mas não se pode ficar obcecado, não se pode deixar que a imprensa paute sua ação.

Quando visitávamos algum país de língua portuguesa, ainda havia certa tolerância, pois já existia a CPLP e, com ela, uma dimensão cultural, que até as elites tradicionais brasileiras apreciam. Mas quando íamos aos outros países e, sobretudo, quando fomos, na segunda visita à África Subsaariana, a República dos Camarões, a Gana e à Nigéria, o porta-voz da presidência da República, um homem muito inteligente, por quem tenho grande apreço, vinha com o drama das críticas que tinham saído a respeito no Brasil.

Eram várias as alegações dos críticos. Uns diziam simplesmente que a África era uma perda de tempo. "O que estava fazendo o nosso presidente na África?" Outros achavam que os governos na África ainda não obedecem ao mesmo padrão democrático que existe no Brasil. Agora, é preciso saber que a África é um continente novo, cheio de contradições, que ainda está em sua infância e que sofreu os efeitos daninhos do colonialismo. Se olharmos o que era a Europa há 200 anos, era muito pior. Enfim, as críticas mencionavam que, na República dos Camarões, o presidente estava no poder há 20 anos. A África é complexa e é preciso entender isso. Por exemplo, a Guiné-Conacri está tendo sua primeira eleição democrática desde que ficou independente. E quem foi o mediador que tornou isso possível? O presidente de Burkina Faso, que está no poder há 20 anos. Com eleições, mas há 20 anos no poder. É preciso se levar em conta que as grandes democracias, que eram as potências coloniais, não deixaram nenhuma herança positiva. Então, não se pode querer julgar todos com o mesmo padrão.

Havia, portanto, esses ataques. Eu achava que a melhor atitude era deixar que o tempo resolvesse. E o tempo realmente ajudou. De vez em quando ressurge uma crítica semelhante. Por exemplo, hoje vou receber o ministro do Zimbábue. Fomos muito atacados por ter uma política mais aberta em relação ao Zimbábue. Visitei o país em 2003. À época, a crise no Zimbábue ainda não tinha atingido o ápice, embora já houvesse muitos problemas. E não é uma situação simples. Não vou fazer a defesa de ninguém, nem do presidente Mugabe, nem do primeiro-ministro Morgan Tsvangirai.

O fato é que há dois anos, quando fui novamente ao Zimbábue, depois de uma visita do presidente Lula a Moçambique, o país passava por um momento de crise e de total isolamento. O presidente Mugabe e as pessoas ligadas a ele não queriam repartir o poder. O país passou a sofrer muito com isso. A inflação era imensurável. O dinheiro já não valia nada. Acredito que até hoje o Zimbábue não se recuperou. Eles vivem na base de uma cesta de moedas (da região e outras).[6]

Com apoio da SADC, que é o ente regional do sul da África, o Zimbábue conseguiu fazer um governo de coalizão — meio trêmulo, longe de ser estável. Mas a situação melhorou. A epidemia de cólera que existia desapareceu — pelo menos não se fala mais dela já há algum tempo. Alguns investimentos foram retomados. Ainda há, é claro, muito o que fazer. Mas o que quero dizer é que não podemos, em uma situação dessas, impor o que deve ser feito. Não se pode pensar que o Zimbábue deve ser igual ao Brasil. Nem muito menos igual ao Reino Unido. Mas podemos ajudar os países da região, que estão ativos e podem persuadir. Alguns com democracias bem estabelecidas, como é o caso da África do Sul, de Moçambique. Vamos ajudá-los a ajudar. Foi essa a atitude que tomamos — e creio ter sido a correta. Não vou dizer que o Zimbábue melhorou por nossa causa, porque a influência real foi dos países da região, mas foi essa a linha que seguimos.

Outra questão sobre a qual é preciso refletir é como estruturar as nossas relações com os países africanos. Nós temos vários mecanismos de articulação. Um deles, talvez o mais antigo e que funciona com várias comissões, é a CPLP, que cobre os países de língua portuguesa. É um mecanismo muito importante, que ajuda muitíssimo e tem grande penetração na sociedade civil.

Os primórdios da CPLP estão no governo do presidente Sarney. Houve uma reunião dos presidentes dos países de língua portuguesa em São Luís do Maranhão, para criar um Instituto da Língua Portuguesa. Mas a ideia da criação da CPLP surgiu no governo Itamar

---

6 Enquanto estava no Zimbábue, recebi um telefonema do jovem ministro britânico, que era meu amigo, David Miliband, cujo pai, um filósofo marxista, havia sido meu supervisor na London School of Economics. Ele ficara incomodado, porque eu dissera que as sanções impostas pelo Reino Unido, pelos Estados Unidos e por outros atingiam principalmente o povo. Era a pura verdade.

Franco. Foi promovida pelo embaixador José Aparecido de Oliveira. É mérito dele e do presidente Itamar. A CPLP só se concretizou no governo do presidente Fernando Henrique Cardoso. Mas, antes mesmo de a CPLP ter sido institucionalizada, já havia reuniões de ministros. Quando fui ministro do governo Itamar Franco, a CPLP ainda não existia institucionalmente. Fizemos uma reunião ministerial em Brasília, convocada para discutir as bases da entidade a ser criada. Comecei uma tradição de oferecer almoços de embaixadores e de ministros da CPLP na ONU — tradição que tem sido mantida, de acordo com a disponibilidade de cada ministro (hoje, a Assembleia Geral da ONU se tornou tão movimentada que é difícil atender a todos os convites).

Outra iniciativa que tivemos foi a do mecanismo entre a África e a América do Sul. Para ser absolutamente correto e transparente, a sugestão que ouvimos na África era fazer uma Cúpula Brasil-África, mas, por motivos vários, entre eles nosso interesse na integração da América do Sul, achamos que era melhor criar um mecanismo América do Sul-África. Dá muito mais trabalho, certamente, porque é necessário coordenar mais posições, motivar mais gente. Se os empresários brasileiros precisam de um empurrão para ir à África, os empresários argentinos ou chilenos tendem naturalmente a se considerar mais distantes, psicologicamente mais distantes. Mas fomos, aos poucos, conseguindo convencê-los da importância do mecanismo.

Já houve duas reuniões com comparecimento bastante razoável dos líderes. Quando estes não estavam, eram representados por vice-presidentes ou chanceleres. Uma reunião foi em Abuja, na Nigéria; outra na Ilha Margarita, na Venezuela. Há uma terceira programada para a Líbia.[7]

---

7 No momento em que termino a revisão deste livro, o futuro da Líbia é totalmente incerto. Mas, seguramente, a ASA voltará a reunir-se, na Líbia ou em outro país.

O Brasil também deve ter suas ações próprias, porque, se tudo tiver de ser combinado com três ou quatro países, para depois ter de combinar novamente com outros três ou quatro, a negociação fica muito difícil (e, ainda mais, se for com 20 ou 30). Assim, o Brasil resolveu desenvolver suas próprias ações e foi ajudado pela própria percepção que tem da África, e também que a África tem do Brasil. Houve um grande interesse dos líderes africanos, da Comissão Africana em particular, nessa aproximação. Visitei a comissão, em Adis-Abeba, em 2005, e seu presidente também veio ao Brasil. Mantivemos relação constante. Dessa aproximação, resultou o convite para que o presidente Lula fosse "participante especial" — ou "de honra" — na reunião da União Africana, em Sirte, na Líbia, em julho de 2009.

Entre os muitos projetos que temos na África, está, por exemplo, a fazenda-modelo de algodão no Mali, que é muito importante, pois o algodão sofre com a concorrência de produtos subsidiados dos Estados Unidos e da Europa.[8]

Centros de formação profissional do Senai foram instalados, sobretudo, nos países de língua portuguesa, mas não estão limitados a eles. Há vários outros projetos importantes na área de etanol, de construção civil. O presidente Lula tomou, pessoalmente, a iniciativa de fazer, no Brasil, uma grande reunião de ministros da Agricultura africanos. Esta talvez seja a área em que o Brasil mais possa ajudar a África. Muitos ministros da Agricultura africanos se conheceram aqui no Brasil. Vários deles nunca tinham estado uns com os outros. No que tange às relações culturais, realizamos,

---

8 Havíamos começado uma cooperação com os quatro produtores africanos de algodão, o chamado *Cotton*-4, no contexto da Rodada Doha. Tive um encontro com os ministros na Reunião de Hong Kong. Daí resultaram vários projetos de cooperação, inclusive esse da fazenda-modelo no Mali. Em um de meus périplos africanos, tive o prazer de participar, com o presidente Amadou Touré, da primeira colheita de algodão plantado com assistência técnica da Embrapa.

na Bahia, a segunda Reunião dos Intelectuais Africanos e da Diáspora. Não foi só da diáspora: foi dos africanos e da diáspora. Pela divisão cultural que os próprios africanos fizeram da África, há seis regiões: cinco na África e uma sexta região que é a diáspora. A ideia da reunião foi do presidente do Senegal, com quem já havíamos desenvolvido uma relação bilateral importante, inclusive com troca de visitas presidenciais.

Começamos a perceber que, além de ações individuais e de algumas ações com a União Africana, seria importante para o Brasil, dada a sua dimensão, buscar um relacionamento com os vários grupos de países. Afinal, são várias Áfricas, com várias realidades. Uma coisa é se relacionar com os países da SADC, Angola, Zâmbia, Moçambique, Zimbábue, África do Sul. Outra é se relacionar com os países da África Ocidental. Outra ainda, mais difícil, por estar mais longe, é se relacionar com os países da África Oriental ou Centro-Oriental, com quem começamos uma relação importante. O presidente Lula já esteve na Tanzânia e no Quênia, onde eu havia estado quatro ou cinco anos antes. É preciso fazer essa distinção para tornar as reuniões mais operativas. As necessidades dentro de cada grupo são semelhantes. Há mais sinergia. Ao invés de dialogar com 50 interlocutores, cada um fazendo seu discurso, é melhor começar com um número menor, porque sempre há maior interação.

A mesma coisa fizemos com os países do Caribe, até por reconhecer neles semelhanças culturais e étnicas com o Brasil. O nosso envolvimento com o Haiti nos ajudou muito na redescoberta dessa matriz africana tão importante na cultura brasileira. A nossa presença no Haiti é marcante. Temos o comando da tropa e também o maior número de soldados. O Brasil, por incrível que pareça, é, até hoje, o maior doador para o fundo que foi criado pelo Banco Mundial. Os Estados Unidos tinham prometido US$ 1 bilhão, mas, até hoje, não depositaram. Assim, os nossos US$ 50 milhões continuaram sendo a principal doação pós-terremoto. Não sei se já chegou alguma coisa nova, que superou nossa doação. Espero que chegue, porque está na hora de ter outra ação emergencial lá antes que tenhamos problemas (chuvas, furacões etc.).

Em política externa, não se pode pensar somente no dia de amanhã, é preciso pensar também no longo prazo. E, no longo prazo, a África tem uma importância estratégica muito grande para o Brasil. Nós dividimos o Atlântico Sul com os africanos.[9]

Estive há poucos dias na República Democrática do Congo, um dos países mais pobres do mundo. É um dos mais pobres e um dos mais ricos — um paradoxo muito comum na África. É um país riquíssimo em minerais, que outros exploram. Pouco fica para eles. E o pouco que ali permanece provavelmente não é bem distribuído. Nós doamos US$ 1 milhão — não é pouco para o Brasil — para um programa de combate à violência sexual contra a mulher, sobretudo em situações de conflito. Fizemos isso por meio do Escritório da Alta Comissária para Direitos Humanos.

Não acreditamos que os problemas de direitos humanos devem ser enfrentados simplesmente com condenações — às vezes até são necessárias condenações, mas não somente ou principalmente com condenações. São necessárias ações concretas, que melhorem efetivamente a vida das pessoas. É o que estamos fazendo no Haiti e, em uma dimensão ainda muito menor, o que começamos a fazer na República Democrática do Congo.

No Congo, fui acompanhado do aeroporto ao hotel por uma vice-ministra. Uma mulher interessante, inteligente. Acho que ela gostou muito quando eu disse que o Atlântico era nosso lago. O

---

9 Já havia feito outras visitas à África Ocidental. Algumas com o presidente, outras em nível ministerial. Recentemente, estive no Mali, Togo, Guiné Equatorial, além de Guiné-Bissau, que visitara outras vezes. No Togo, como no Benin, na Nigéria e em Gana, há uma parcela da população que descende de ex-escravos retornados. Há Silvas, Souzas e até Amorins! Esse é um filão de cooperação cultural, ainda insuficientemente explorado pelo Brasil.

Atlântico Sul é, de certa forma, nosso lago. Não podemos descuidar dele. Se descuidarmos, vem outro e ocupa. E, portanto, teremos problemas.

PERGUNTAS

Bolsista do Programa de Ação Afirmativa Li recentemente, na internet, que a Guiné Equatorial declarou a língua portuguesa um de seus idiomas oficiais, provavelmente para se aproximar do Brasil. Achei interessante o que o senhor disse sobre a África ter sede de Brasil. Gostaria que o senhor falasse um pouco sobre isso.

Celso Amorim A Guiné Equatorial é o único país de fala espanhola na África subsaariana. Ela fica um pouco órfã diante de outros grupos que se formaram — a maioria de colonização francesa ou inglesa — e tendeu a se aproximar da CPLP. Há muitos anos que esse país pede para entrar na CPLP. Houve resistências variadas, inclusive de certos setores em Portugal, que agora estão começando a desaparecer, mas que ainda precisam ser superadas. O princípio já foi aceito. Uma das exigências que se fazia era justamente que se adotasse o português como língua oficial — e já foi feito.

É um país com um horizonte, do ponto de vista econômico, bastante interessante. Do ponto de vista político, há muita coisa que gostaríamos que acontecesse de forma diferente. Mas é pela interação que se tem mais influência, e não pelo isolamento. O isolamento leva a uma psicologia de autojustificação. Então, somos totalmente a favor da entrada da Guiné Equatorial na CPLP.

Na última reunião da CPLP, em Luanda, o Brasil defendeu claramente a admissão da Guiné Equatorial, ao lado de Guiné-Bissau e de Cabo Verde. Os outros países não foram contra. Houve, em princípio, essa admissão. Mas ela só vai se concretizar no próximo ano, talvez na próxima reunião ministerial. Seria uma possibilidade de expansão do português em um país com recursos, que pode ajudar os outros países africanos de língua portuguesa.

A Guiné Equatorial, há 20 ou 25, era listada como o país mais pobre do mundo. Hoje, tem uma renda *per capita* de US$ 30 mil. É claro que está muito mal distribuída; você vê muita pobreza e vê muitos outros problemas. Mas a riqueza está ali. Os recursos estão chegando e a Guiné Equatorial pode até contribuir com outros países.

Bolsista Queria fazer duas perguntas rápidas. A primeira é com relação ao nosso Programa de Ação Afirmativa: há, em algum outro país, alguma ação semelhante? Se houver, pergunto de que forma acontece; e, se não houver, como essa ação brasileira é vista fora do Brasil?

E a segunda pergunta é com relação ao seu momento de entrada no Itamaraty. O senhor comentou que entrou em 1963, um ano antes do golpe. Qual era sua motivação para se tornar um diplomata naquele contexto socialmente conturbado? E qual conselho o senhor daria para alguém como eu, que está sonhando entrar nessa carreira?

Celso Amorim O primeiro conselho que daria para quem está sonhando em entrar é estudar bastante! O segundo conselho, que também já dei, é ser paciente e, tanto quanto possível, levar com tranquilidade o exame.

Diria que aquele momento era conturbado, mas também cheio de esperança. Nos anos de 1962 e 1963, o Brasil parecia descobrir a si mesmo. O golpe militar foi um choque. Mesmo aqueles que não foram presos, torturados, mas que tinham ideias mais avançadas, se sentiram atingidos — pelo menos psicologicamente. Mas vocês não vão viver isso, posso garantir. Se eu tenho uma certeza, é essa. Vocês até podem gostar mais ou menos de um governo, é parte da vida democrática. O Brasil não vai nunca mais sofrer algo parecido com o que ocorreu, graças a Deus. Não só o Brasil é outro; o mundo é outro também. Sob esse aspecto, podem ficar tranquilos!

Se eu, que comecei a fazer o exame no final de 1962, soubesse o que iria acontecer, provavelmente não o teria feito. E passei meus primeiros anos no Itamaraty sonhando com o que poderia fazer para sair e encontrar algum outro lugar em que não ficasse tão sujeito a uma linha hierárquica que começava em um lugar que eu achava errado, ou com pessoas que eu achava ilegítimas para aquelas funções. Vocês não terão isso, o que já é uma grande coisa.

Com relação ao programa de ação afirmativa, para falar a verdade, não sei. Talvez o diretor do Rio Branco possa depois explicar o que fazemos em matéria de cooperação com outros países. Não conheço experiências idênticas. A experiência mais conhecida é a dos Estados Unidos, com o sistema de cotas. No Brasil, sempre houve dúvida. Você sabe que ações afirmativas existem, inclusive, em outros setores.

Achamos que nosso sistema é mais gratificante para a pessoa que entra. Ele cria possibilidades que poderão ser utilizadas ou no próprio Itamaraty, ou em outro lugar. Tenho sempre a cabeça aberta, mas não sei o que meus sucessores farão. Continuo achando que, embora os resultados sejam positivos, do ponto de vista global, eles ainda são pequenos, insatisfatórios. Temos que fazer algo mais, mas não sei exatamente o quê. Contudo, nós do Itamaraty não podemos fazer tudo referente a recursos — sei que o CNPq nos ajuda, talvez a Seppir ajude institucionalmente —, mas precisaríamos de algo mais forte. Acho que a ideia de manter a bolsa durante dois anos ajuda, porque torna menos aleatória a hipótese de passar no concurso.

Bolsista Falando sobre a ação brasileira no Haiti, vejo uma parte dela muito ancorada no futebol como preceito de política externa para o Brasil. O *soft power*. Até que ponto a política externa brasileira tende a se basear nesse princípio? Em especial, no futebol brasileiro?

Celso Amorim A ida da seleção brasileira ao Haiti foi um grande achado, um momento extraordinário mesmo. Existe um filme chamado *O dia em que o Brasil esteve aqui*, um documentário em que um sociólogo haitiano discursa, como você falou, sobre o *soft power*. "O Brasil chega, não com força armada" — até tinha alguma — "mas com futebol, música, mulheres bonitas." Foi o sociólogo que disse isso, não sou eu que estou sendo machista. "Quando você vê, o país está totalmente controlado, totalmente dominado." Mas esse não é nosso objetivo; nosso objetivo é a cooperação.

E é um pouco difícil dividir claramente o poder *soft* do *hard*. O Brasil hoje é uma potência econômica. Está entre os dez maiores cotistas do FMI e é uma das oito maiores economias do mundo. O futebol é muito importante. O futebol fez, sem dúvida, maravilhas pela divulgação da imagem do Brasil lá fora.

Agora, há muito mais que futebol. Há muito de diplomacia também. Quando o Brasil assume uma posição de grande destaque, como assumiu, por exemplo, na OMC, isso se deve em parte ao tamanho da economia brasileira, a fatores que têm ligação com a estrutura do comércio internacional, e em parte à capacidade de articulação e diálogo com outros países, como os da África.

Não que o Brasil hostilizasse os africanos, ou vice-versa, mas via seus interesses e os dos africanos separadamente. Muitos africanos dependiam, e dependem ainda, de preferências da União Europeia, ou de esquemas preferenciais dos Estados Unidos. Então, eram um pouco arredios a uma associação maior com países de postura mais militante, como o Brasil. Por outro lado, em questões que envolviam africanos e europeus, ficávamos de fora. Isso mudou muito, devido à nossa capacidade de articulação, que sempre procuro sublinhar, inclusive para nossos embaixadores e diplomatas na OMC.

A propósito, a negociação comercial não é uma função técnica. Não existe nenhuma função no Ministério das Relações Exteriores que seja técnica. Você tem de se valer da técnica, mas tudo o que fizer será político — político no melhor sentido da palavra. Acho que essa capacidade de articulação é *soft power*.

Outro dia, escutei um comentário de um intelectual norte-americano, que citava as principais potências do mundo e dizia que a única que não tem armas nucleares e grande poderio militar é o Brasil. Mas o Brasil tem influência mesmo assim.

Foi um dia bonito, o dia do jogo de futebol lá em Porto Príncipe. E você viu esse filme que mencionei, *O dia em que o Brasil esteve aqui*? É muito interessante, feito de entrevistas. É um filme com entrevistas e até histórias meio pungentes. Um senhor que sofria de catarata — e você imagina marcar uma operação de catarata no serviço de saúde no Haiti, deve ser uma coisa demorada — conseguiu marcar uma cirurgia, mas ela coincidiu com o jogo do Brasil. Ele adorava o Brasil, tinha a bandeira do Brasil etc. O filme tem situações humanas desse tipo, muito interessantes.

Bolsista Em relação à aproximação Brasil-América do Sul e Brasil-África, a diplomacia cultural é hoje valorizada como estratégia diplomática?

Celso Amorim É uma pergunta que tenho que responder de duas maneiras. É valorizada sim. Aumentamos muito, por exemplo, o número de centros que antigamente se chamavam Centro de Estudos Brasileiros e agora se chamam Centros Culturais Brasil-Argentina, ou Brasil-Gana etc. Aumentamos muito o número de leitorados, o número de bolsas.

Mas como no caso da questão afirmativa, acho ainda insuficiente. Não é fácil, porque é preciso disputar recursos. Há uma tendência natural, na administração, de cuidar primeiro dos gastos indispensáveis. Como sempre há pouco orçamento, os gastos indispensáveis são aqueles que servem para pagar os aluguéis, a eletricidade, a gasolina do carro etc. Uns são mais caros que outros. Consertar uma cortina na embaixada em Paris, ou na embaixada em Londres, pode custar o mesmo que um mês de aluguel em outro país. Esses são os gastos considerados indispensáveis, que estão programados e têm que ser cumpridos — é importante ter belas cortinas na embaixada em Paris, porque elas atraem as pessoas. Faz parte da nossa vida. Esses são gastos indispensáveis.

Gastos em cooperação técnica, na área cultural, na área humanitária — neste ano, o Brasil provavelmente fez mais doações humanitárias do que em toda sua história — são como uma cirurgia eletiva: país nenhum é obrigado a fazer. Mas, às vezes, a administração não percebe — ou nós não percebemos, inclusive eu próprio — que é tratando do eletivo que se valoriza o obrigatório.

Fiquei positivamente surpreso com o fato de que a sociedade brasileira não tenha criticado nossa ação no Haiti. Quer dizer, alguns setores da ultraesquerda criticaram, pela ligação que têm com o Aristide, e outros setores são tão insensíveis que têm a coragem de dizer: "Por que estamos gastando lá, quando temos pobreza no Brasil?". Mas são raríssimos. Mesmo a grande mídia, que normalmente é muito crítica em relação a política externa, não teve uma posição contrária.

Quando você mostra o que a política externa está efetivamente fazendo, cria condições para ter mais recursos para o Ministério, inclusive para consertar as cortinas e pagar os aluguéis. Mas nem sempre a reação imediata é positiva. É natural que assim seja da parte das pessoas na administração. Por isso, certas decisões têm que subir a um nível político.

Mas voltando à sua questão: você sabe que a área cultural, para mim, toca uma corda muito sensível. Trabalhei duas vezes na área cultural do Itamaraty e fui presidente da Embrafilme. Valorizo muito a parte cultural. Poderia, talvez, responder com um comentário que o jornal argentino *Clarín* fez em editorial e que me alegrou muito, quando eu era presidente da Embrafilme — me alegrou muito por um lado, porque, afinal, eu era diplomata também. O jornal dizia que o cinema brasileiro estava fazendo mais para divulgar o Brasil do que a diplomacia brasileira. Aliás, quando saí da Embrafilme, por causa daquele filme cujo tema era a tortura durante o governo militar, o *Clarín* publicou um editorial "Adelante, Embrafilme", o que quer dizer "Pra frente, Embrafilme", isso ainda em 1982, antes da redemocratização, aqui ou lá. Isso mostra a repercussão, inclusive política, das atividades culturais.

A atividade cultural é importante em todos os sentidos — não somente no sentido da divulgação da cultura do país, mas também do recebimento de estudantes estrangeiros. Há, aqui, dois estudantes da Guiné Equatorial. Criam-se laços que ficam para a vida e têm importância política para os dois lados.

Eu dou muita importância à área cultural, embora nem sempre tenha sido assim no Ministério. Acho esse trabalho muito gratificante, porque você vê o resultado de maneira mais imediata. As minhas duas primeiras viagens à África foram pela área cultural. É mais fácil, às vezes, como jovem diplomata, começar a cooperação pela área cultural, mas não era essa a tendência.

Quando eu era chefe da Divisão de Difusão Cultural, fiz um programa que incluía uma ida ao Senegal, a Guiné-Bissau e a Costa do Marfim. Isso foi 1977, há muitos e muitos anos. Guiné-Bissau havia se tornado independente havia pouco tempo. Foram certamente as primeiras ações culturais organizadas no país. Tinha havido a participação brasileira no Festival Mundial de Arte Negra, na época do Gibson, mas em Guiné-Bissau foram as primeiras ações. Fizemos um festival de cinema em Moçambique em 1978. Foi uma parceria com o Ítalo Zappa, que valorizou politicamente o evento, usando-o para quebrar resistências ao Brasil —

resistências que tinham raízes na atitude ambígua que adotamos durante o período da luta contra a colonização portuguesa.

Já relatei, em outro momento, como criamos o Centro Cultural Brasil em Maputo. Mas, em função da pergunta, repito agora algo do que disse. Alugamos um espaço e começamos certa atividade cultural brasileira, envolvendo artistas moçambicanos e cursos de português, porque é preciso ter um bom português nos países em que predominam as línguas locais — não oficialmente, mas na vida real. Isso foi no final de 1989. Um dia, dois anos depois, quando eu era embaixador em Genebra, abri o *Herald Tribune* e li um artigo sobre a guerra civil em Moçambique. O texto dizia que Moçambique estava sendo destroçado, que o país estava todo minado, e se referia a Maputo, onde não acontecia nada. Mas dizia assim: "A única coisa que pulsa em Moçambique é o Centro Cultural Brasileiro". Olha, eu fiquei contente.

19

"DA MANEIRA COMO ESTAVA CONCEBIDA, A ALCA É HISTÓRIA"

O Brasil e a Alca.
24 de novembro de 2010[1]

É um prazer estar aqui novamente. Posso notar que a sala está mais cheia e os olhares, mais despertos agora no começo da tarde do que às nove da manhã. Com o tempo, fui me tornando um pouco menos formal e tendo essas conversas — que são, mais do que qualquer outra coisa, "conversas" com os alunos do Rio Branco. Têm sido, para mim, uma experiência muito boa, porque, em muitos casos, me permitiram ver com mais lógica a sequência de eventos, processos em que estivemos envolvidos.

Tenho que confessar uma coisa a vocês: há um objetivo para fazer esta palestra sobre a Alca. Além do que interessar a vocês, quero falar também do que há de interessante para mim. Revendo os papéis das minhas conversas aqui no Rio Branco, notei que havia uma lacuna em relação à Alca, a despeito de referências esparsas.

Definitivamente, a Alca não é um tema desimportante. É claro que hoje a Alca é história. Não digo que não possam ressurgir tentativas análogas à Alca. Várias das lições que aprendemos se-

---

1 Palestra para as Turmas 2009-2011 e 2010-2012 do IRBr.

rão úteis. Da maneira como estava concebida, a Alca é história. É interessante tratar disso, porque, se formos ver em que assuntos o governo Lula começou a demonstrar, não só em palavras, mas com atitudes, maior independência e maior desassombro na condução da política externa, eu diria que a Alca foi certamente um deles. Já mencionei a vocês alguns outros casos: a atitude em relação ao Iraque (mas ali era uma coisa mais "declaratória"); na OMC, o que se passou em Cancún. Mas, ali, não estávamos sozinhos; havia um grupo grande de países que tinham posição semelhante à nossa; exercemos efetivamente um papel de liderança, mas não estávamos sozinhos. E, na Alca, no início do governo Lula, estávamos literalmente sozinhos. Também no Mercosul. E estávamos inclusive sozinhos dentro do governo.

Estou falando com franqueza. Aos poucos, fomos conseguindo mudar o quadro. E obtendo apoios para aquilo que defendíamos, sem nenhum tipo de radicalismo. Eu diria que, ao final, conseguimos evitar um acordo que seria muito danoso para o Brasil, porque cercearia nossas possibilidades de desenvolvimento; cercearia, sobretudo, a possibilidade de escolha de modelo de desenvolvimento.

A motivação de muitos que defendiam a Alca em seus países era baseada em convicções, não em interesses subalternos. Havia uma expressão muito comum na época, *lock-in*, em relação às políticas econômicas. Significava que essas políticas não podiam ser mudadas. Você fazia um acordo do tipo da Alca, como foi o Nafta no México, e tinha *"locked in"*, uma política com certas características no que diz respeito à ausência de política industrial, a grande abertura de seu mercado para o exterior, à aceitação de políticas de investimento, que privilegiavam o investimento estrangeiro em relação ao nacional, às normas de propriedade intelectual que iam além daquelas que a OMC exigia.

Em muitos países vizinhos — sei porque fui um participante ativo desse processo e não por ter lido em nenhum livro de história —

o que predominava, muitas vezes, não era nem o desejo de acesso ao mercado norte-americano. É claro que isso contava, mas não era o principal. O mais importante era que, ao concluir um acordo do tipo Alca (como havia sido o Nafta), essas políticas econômicas estariam *locked in* — quer dizer, estariam congeladas, estabelecidas, gravadas na pedra.[2]

Essa motivação que existia em muitos países existia, também, no Brasil, entre muitos integrantes do governo anterior e mesmo entre alguns integrantes de nosso governo. Alguns tinham outras motivações, como a busca de ganhos comerciais mais imediatos para certos setores ou produtos.[3] Mas a verdade é que não levar adiante a negociação da Alca, da maneira como estava colocada — ou, dito de outra forma, modificar os termos dessa negociação — era um grande desafio, porque a grande maioria da mídia brasileira era claramente a favor do acordo tal como estava. A grande maioria dos países latino-americanos — talvez com graus variáveis de entusiasmo — com exceção da Venezuela — era a favor do acordo. No caso do Brasil, as pressões norte-americanas eram muito efetivas, sobretudo, naquela época em que 25 por cento do total de nossas vendas externas eram para os Estados Unidos (hoje, de 9 a 10 por cento de nossas exportações vão para aquele país).

---

2 Por exemplo, em 1994, em uma longa conversa que tive com o ministro do Exterior da Argentina, Guido di Tella, que incluiu temas como Conselho de Segurança, perguntei a meu colega qual era, afinal, o grande interesse da Argentina na expansão do Nafta, já que sua produção, ainda mais que a nossa, era concorrente da dos Estados Unidos (grãos, produtos temperados, carne). A resposta de Di Tella foi clara. O que a Argentina buscava era antes um "certificado de qualidade" do que vantagens comerciais.

3 Sem querer dar crédito absoluto ao que foi publicado sobre a Alca como resultado do WikiLeaks, não escondo meu espanto diante da notícia de que funcionários brasileiros de segundo escalão tenham proposto à Embaixada dos Estados Unidos que o governo daquele país ameaçasse o Brasil com retaliações comerciais como forma de pressioná--lo a aceitar aquele acordo. Talvez ainda mais espantosa seja a escassa repercussão da notícia, verdadeira ou falsa, na mídia brasileira.

Estive envolvido na primeira fase não da negociação propriamente dita, mas do lançamento da Alca, que ocorreu no final do governo Itamar Franco. Naquela época, parecia impossível não ter a Alca. A pressão era muito forte. Dizer, naquele momento, que o Brasil simplesmente não iria participar de uma negociação como a da Alca, significaria romper o Mercosul. Não havia hipótese de a Argentina, na época em que Menem era o presidente e Domingo Cavallo o ministro da Economia, não seguir esse caminho. Pelo contrário: eles até indicavam o desejo de segui-lo logo.

Na própria discussão da Tarifa Externa Comum do Mercosul, havia uma curiosa aliança de posições entre uma esquerda, digamos assim, nacionalista brasileira e uma direita liberal argentina. A esquerda nacionalista não queria que tivéssemos a Tarifa Externa Comum, porque achava que ela significaria para o Brasil ter que rebaixar ainda mais suas tarifas. O Brasil já havia passado por certo exercício de liberalização autônoma. O embaixador Paulo Nogueira Batista, nosso representante permanente na Aladi, era um dos expoentes dessa tese — e digo isso sem nenhuma hesitação, porque sei que ele até se orgulharia desse fato. E a direita liberal argentina, da qual o ministro Cavallo era a figura mais representativa, não queria a Tarifa Externa Comum para não cercear a possibilidade de negociações separadas com os Estados Unidos.

Aquela era a época de criação do Nafta. A discussão na América Latina, durante algum tempo, se deu em torno da expansão do Nafta. Discutia-se muito quais outros países seriam elegíveis ao Nafta. Nesse contexto é que a questão do *lock-in* era colocada muito claramente por aqueles que defendiam o congelamento das políticas de cunho liberalizante que vinham sendo seguidas. O Brasil sempre foi um caso meio diferente, mas os que tinham essa posição mais liberal defendiam um acordo desse tipo. Era muito curioso conversar com pessoas da área financeira: elas não costumavam apontar os ganhos econômico-comerciais. Os benefícios decorreriam de um "selo de qualidade", conferido pela existência do acordo. É claro que, na área comercial, havia um ou outro setor que poderia ganhar, mas muitos tinham preocupações.

O ano de 1994 foi de consolidação do Mercosul; foi o ano do estabelecimento da Tarifa Externa Comum (a despeito de todos os defeitos que todos conhecemos,); foi o ano do Protocolo de Ouro Preto e foi também o ano do Nafta — aliás, eu não sei se o Nafta foi assinado em 1993 ou 1994.[4] É em torno desse contexto que o debate se dá. A preocupação brasileira era, sobretudo, evitar que houvesse algo muito imediato e definitivo. Precisávamos preservar o espaço e o tempo, até para que a integração do Mercosul se consolidasse. Precisávamos evitar que a Alca "atropelasse" o Mercosul. E conseguimos. Não foi fácil.

Fizemos várias reuniões de coordenação, no quadro do Grupo do Rio (o único instrumento de que dispúnhamos). Começamos esse processo em Brasília. E, com limitações, a América Latina e o Caribe procuram atuar de maneira coordenada frente aos Estados Unidos, o que causou certa perplexidade. A maior parte do tempo, essas negociações foram coordenadas pelo então secretário-geral do Itamaraty, Roberto Abdenur.

Houve uma última reunião nos Estados Unidos. Lembro-me de que o secretário-geral me ligou de lá perguntando se podia aceitar um prazo de sete anos para o estabelecimento da Alca, porque muitos países queriam cinco e nós queríamos dez anos. Respondi: "São dez anos ou não haverá nada!". E acabou sendo dez. Acho que isso foi providencial, porque nos deu tempo para refletir, para que eleições ocorressem e outros governos aparecessem, para que as questões pudessem ser analisadas. Confesso que não havia pensado sobre isso naquela época: apenas achava que, quanto mais longo o prazo,

---

4   O Nafta foi assinado por Canadá, Estados Unidos e México em 17 de dezembro de 1992 e entrou em vigor em 1º de janeiro de 1994.

melhor. Talvez a consideração mais imediata que eu tive naquela época foi a prioridade de acelerar a integração do Mercosul — e, tanto quanto possível, sul-americana.

Passaram-se muitos anos — não tenho o histórico completo desse processo. Houve idas e vindas. E também posicionamentos, às vezes conflitantes entre si, do próprio empresariado brasileiro. O Brasil foi, progressivamente, se engajando na negociação da Alca, até o ponto de nossa chegada ao governo, um ano antes talvez, em que assumiu a copresidência da Alca.[5] Enfim, quando chegamos ao governo, além de ter o ônus de negociar, éramos copresidentes da Alca. Houve momentos no período anterior, em que havíamos cedido muito, sem as contrapartidas correspondentes. Não digo isso necessariamente como crítica. Não quero julgar as motivações.

Creio que foi em 2002 que nós aceitamos que a redução tarifária ocorresse a partir das tarifas *aplicadas* e não das *consolidadas*. Tarifa *consolidada* é uma obrigação internacional, faz parte de nossas obrigações junto ao antigo Gatt e à OMC; tarifa *aplicada* é aquela em que se aplica correntemente, a que, de fato, ocorre. Evidentemente, isso faz uma grande diferença, porque, para muitos bens, a nossa tarifa consolidada era (e ainda é) 35 por cento; e a tarifa aplicada, em muitos casos, é 10 por cento ou 12 por cento. A média da tarifa do Mercosul é 10 por cento ou 11 por cento. Então, ao fazer as primeiras desgravações, estaríamos desgravando de 10 por cento para baixo, e não de 35 por cento para baixo. Quer dizer, perderíamos um colchão de proteção ao longo da negociação. Esse foi, a meu ver, um erro.

Na minha opinião, houve outro erro no que se refere à discussão sobre a questão de investimentos e serviços. O tema de serviços

---

5 Na 2ª Conferência das Américas, realizada em Santiago do Chile, em abril de 1998, decidiu-se que o Brasil assumiria, junto com os Estados Unidos, a copresidência da Alca a partir de 2002.

tinha, bem ou mal, uma disciplina internacional, que havia sido, em larga medida, ditada pelos países desenvolvidos. Mas a verdade é que tinha havido certa negociação multilateral. Em função disso, surgiu o Gats, General Agreement on Trade in Services. Há vários princípios nas negociações do Gats: talvez, o mais importante deles seja o princípio da *lista positiva* — isto é, você faz a lista daqueles itens em que vai fazer as concessões (e não a lista do que não está incluído). Assim é no Gats. E por quê? Porque a caracterização dos serviços ainda é muito indefinida e muito fluida; pode mudar com muita facilidade. Se você fizer uma lista negativa, o pressuposto é de que muita coisa entrará no rol das concessões.

Vou dar um exemplo do que acontecia na área de bens. Trabalhei muito tempo com a política de informática — não tecnicamente, porque não entendo muito de informática; até hoje não entendo, mas tinha um cargo relativamente alto no MCT. Na época da criação do Gatt, não existia uma classificação para computadores. A classificação era para calculadoras mecânicas e máquinas de escrever, mecânicas ou não. Era isso ou algo parecido com isso. Obviamente, como não havia uma classificação, o computador acabou sendo objeto das concessões tarifárias que haviam sido dadas naquele item vago. Isso é para ilustrar que existe uma diferença muito grande entre uma lista positiva e uma lista negativa. Isto é, um serviço que não existe hoje, mas que pode passar a existir daqui a dez anos, estará, automaticamente, incluído, se você aceitar o princípio da lista negativa.

Nós insistíamos que, para continuar negociando, deveria ser sobre a base de listas positivas. Durante 2002, foi praticamente acertado (não tenho certeza de que tenha sido assinado) que caminharíamos para o conceito de listas negativas. Havia outro problema em relação a serviços. Há um certo tipo de serviço que se faz por meio da produção local (modo 3 Gats), o que normalmente implica algum investimento. Investimento em si não é disciplinado pela

OMC. Os Estados Unidos e outros queriam uma disciplina para serviços no modo 3 que fosse igual à disciplina que haveria para investimentos na negociação da Alca, com obrigações muito maiores do que aquelas derivadas do Gats. Quer dizer, o Brasil que já havia cedido muito na Rodada Uruguai, teria que ceder muito novamente — e em troca de muito pouco, porque os temas de nosso interesse (como acesso a mercado em agricultura e eliminação de subsídios) estavam totalmente obscuros.

Não bastasse isso, tivemos uma espécie de "espada de Dâmocles", o compromisso político de fazer a nossa oferta em bens até 15 de fevereiro — portanto, em 45 dias de governo. Não diminuo a boa intenção do governo anterior, que até, digamos, procurou não resolver tudo com antecedência, o que teria sido, obviamente, muito pior. Ainda assim, ter que tomar uma decisão em um assunto complexo como esse, em que havia opiniões variadas na sociedade brasileira, dentro de 45 dias, era impossível. Nosso primeiro embate foi, na realidade, essa questão da oferta de bens. Decidimos: "Não vamos fazer a oferta em 45 dias". Isso despertou uma grande celeuma. Todos os dias vinha um jornalista me perguntar quando iríamos fazer nossa oferta. Ao final, não fizemos. Dissemos que tínhamos que estudar melhor. Para falar a verdade, isso não foi fácil, nem sequer dentro do governo, porque havia setores que ainda estavam vendo a negociação pelo ângulo do *lock-in* ou que achavam que teriam vantagens em produtos específicos (e, portanto, queriam uma aceleração das negociações).

Vou falar francamente: ao contrário do que muita gente pensava e pensa, eu não era necessariamente contra a Alca. O presidente Itamar Franco e eu assinamos a Declaração da Cúpula das Américas, que lançou as negociações da Alca em 1994. Eu achava que era necessário "desentortar", ou melhor, equilibrar a Alca. Pensei: "Já que é para termos uma negociação, faremos uma negociação que possa atender de maneira razoável a todos e que não nos obrigue a assumir obrigações totalmente irreais e, sobretudo que cerceiem o nosso modelo de desenvolvimento". O Brasil não poderia ficar sujeito a ter ou não uma política industrial; ter ou não ter uma política de patentes farmacêuticas; ter ou não ter uma política de desenvolvimento agrário, em função da negociação da Alca. Talvez até eu estivesse errado e não fosse mesmo possível "desentortar a Alca". Foi o que os fatos provaram, de certa forma. Mas achava que deveríamos tentar.

No caso do Nafta, um dos grandes prejuízos que o México teve (pode até ter tido vantagens, não vou discutir isso) foi na agricultura — sobretudo na agricultura familiar, em se produzia milho, devastado pelo milho subsidiado dos Estados Unidos. A ironia suprema é que oito ou dez anos depois, com o desvio da produção norte-americana para o etanol, o milho ficou mais caro. Quer dizer, os mexicanos sofreram duplamente: primeiro, perderam a capacidade de produção interna e, segundo, viram o preço de um produto básico para a alimentação encarecer.

Vou dar um exemplo de um fato noticiado na época das negociações. Diz respeito às limitações às mudanças de políticas públicas que afetem as expectativas dos investidores. De acordo com a notícia, uma empresa norte-americana investiu no setor de águas e esgotos em alguma cidade do México. A cidade resolveu, depois, adotar outra regulamentação, que, segundo se alegou, aumentava o custo do fornecimento de água ou do tratamento de esgoto. A expectativa de lucro da empresa diminuiu. Não sei qual foi a solução final do problema. Mas o simples fato de esse caso ter sido levado à solução de controvérsias dentro do Nafta demonstrava, a meu ver, o tipo de cerceamento à política social, em função das expectativas de lucro de determinada empresa estrangeira.

Não vou dizer a vocês que concebi uma grande estratégia que tenha sido implementada. A estratégia foi evoluindo à medida que íamos levando as conversas. O fundamental é que, no momento em que o presidente Lula chegou ao poder, o primeiro problema era garantir a unidade do Mercosul, porque todos os demais países eram a favor de uma aceleração da Alca — alguns com mais ênfase.

A minha primeira viagem ao exterior foi à Argentina e ao Uruguai. Em Montevidéu encontrei o ministro paraguaio. Levei uma mensagem clara: o Brasil reconhecia que havia assimetrias no Mercosul, que outros países talvez não estivessem ganhando o suficiente — ou o que estavam esperando, e nosso país estava disposto a ajudar nessas questões. Mas haveria uma contrapartida, a de mantermos uma frente comum na discussão da Alca.

Houve dois momentos importantes. O primeiro foi a minha viagem, o segundo, uma carta do presidente Lula. Quando viajei, sabia que ao encontrar as pessoas encarregadas das negociações comerciais, começaria a ouvir apelos, e seria difícil resistir. Então, resolvi, como se diz em inglês, *burn my boats* — "queimar meus barcos". Comecei por um encontro público com o Conselho Empresarial Brasil-Argentina. Lá, eu disse, na presença do principal negociador argentino, Martín Redrado, quais eram nossas intenções sobre a Alca e o que pretendíamos propor a Argentina, Uruguai e Paraguai. Assim, não haveria possibilidade de voltar atrás. Acho que fiz bem. Nessas coisas, não se pode hesitar, porque o tempo está correndo, as coisas estão passando, as pessoas, pressionando. Esse foi um momento importante. O encarregado das negociações comerciais da Argentina — que, depois, foi até um bom companheiro de negociação em outras situações — tinha naquele momento uma visão claramente pró-Alca. O Uruguai também. Para o Paraguai, penso que não era um problema tão grave. Mas, mesmo assim, conforme vários testemunhos que obtive depois, a tendência era a mesma.

O presidente Lula fez uma carta a todos os presidentes do Mercosul colocando de maneira clara que o Brasil aceitava negociar a Alca, mas tinha de ser uma negociação conjunta. Faço um parêntese para relatar um precedente ocorrido uma década antes:

em 1994, a Argentina desejava negociar em separado com o Nafta, melhor dizendo com os Estados Unidos. Dizia-se que o Brasil era contra o Nafta, e isso justificava acabar com o Mercosul — ou, ao menos, fazer do Mercosul uma área de livre comércio apenas, e não uma união aduaneira. Dessa maneira, seria possível negociar com o Nafta separadamente. O presidente Itamar Franco fez uma carta em que dizia que o Brasil não era contra o Nafta, que o Brasil estava disposto a negociar com o Nafta, a negociar com os Estados Unidos, mas que o Mercosul precisava negociar em conjunto. Em outras palavras, a Argentina não poderia negociar com os Estados Unidos e, ao mesmo tempo, manter as vantagens do acesso livre ao mercado brasileiro.

A carta de Lula foi muito importante para manter a unidade do Mercosul. O Brasil não era necessariamente contra a Alca. Queríamos reequilibrar a negociação. E ela tinha de contemplar nossos interesses. "Não pode ser uma negociação imposta a partir do Consenso de Washington, em que todos assinam na linha pontilhada, sem ter a possibilidade de discutir os problemas." Esse foi, mais ou menos, o conteúdo de minhas conversas e o conteúdo das cartas do presidente Lula. Em teoria, isso poderia ser resolvido. Na prática, vimos que não era bem assim.[6]

Houve, logo em seguida, duas reuniões da Alca. A primeira, se não me engano, em El Salvador, e a outra, em Trinidad e Tobago. Em ambas, nossos delegados ficaram aflitíssimos, porque viam que os outros países iam, progressivamente, cedendo posições — e o Brasil ficava isolado. Com muito esforço, conseguimos, já em Trinidad e Tobago, manter uma precária unidade do Mercosul,

---

6 O sinal político foi claramente percebido. Um jornal uruguaio que defendia a conclusão rápida da Alca chegou a dizer que a carta do presidente Lula fora indelicada. Na pressa com que foi feita, a carta, embora correta e respeitosa em seus termos, foi expedida, como vim a constatar depois, sem o tradicional fecho de cortesia.

o que não deixou de ser uma grande conquista. Lembro-me da manchete de um jornal dizendo: "Mercosul isolado". Eu disse: "É brincadeira! Como vocês podem dizer isso? Todo o interesse dos Estados Unidos é negociar com o Mercosul, porque a América Central (com todo o respeito) é um mercado pequeno, e, além disso, já está negociando separadamente; com o Chile, já há uma negociação para um acordo de livre comércio; com outros países andinos, idem. Então o grande interesse deles é o Mercosul." Assim, quando se disse que o Mercosul estava isolado foi mais ou menos como aquela manchete do jornal inglês em uma noite de muito nevoeiro no canal da Mancha. A manchete do *Times* dizia: "*Fog over the Channel. The continent is isolated*".[7]

Os Estados Unidos são realistas. Sabiam que o interesse estava centrado no mercado do Mercosul — obviamente o do Brasil, mas o da Argentina e o dos demais países também. A percepção desses fatos trouxe o Zoellick ao Brasil em maio de 2003. Foi o primeiro encontro em que tive uma discussão profunda com o representante comercial dos Estados Unidos. Tinha estado aqui para a posse do presidente Lula. Naquela época, ele ainda estava imbuído da ideia de que o Brasil, se não fizesse a Alca deveria negociar com a Antártida. Eram essas, mais ou menos, as suas palavras. Desta vez, ele veio como negociador, duro como sempre, mas também disposto a ouvir e a encontrar uma solução. Contrariamente ao que dizia nossa mídia, ele sabia que não tinha sentido isolar o Mercosul e fazer uma Alca com o que sobrasse.

Zoellick veio com espírito de diálogo. Eu me lembro de uma expressão que ele sempre usava: vamos buscar um *problem-solving approach*. Em vez de ficarmos só discutindo as nossas diferenças, vamos buscar uma abordagem que solucione os problemas. E foi assim que nasceu a "estratégia dos três trilhos". Foi uma ideia que

---

7   "Neblina sobre o Canal. O continente está isolado."

me ocorreu. Não vou dizer que o Zoellick tenha "comprado", mas tampouco recusou o que chamei, na época, de "estratégia dos três trilhos". Não era, necessariamente, uma maneira de desconstruir a Alca, mas desconstruir *a Alca como ela estava concebida*.

O que eram os três trilhos? Há temas que são, por natureza, sistêmicos, que envolvem o mundo inteiro. Jamais os Estados Unidos eliminarão seus subsídios agrícolas enquanto a Europa também os tiver. É um assunto que só pode ser resolvido na OMC. Propriedade intelectual: não é bom que cada grupo regional tenha seu sistema de propriedade intelectual. É natural negociar esses temas em um foro multilateral, em que obtivemos ganhos, especialmente em relação a Trips e Saúde. Havia também vários temas que estavam sendo discutidos na OMC, como os chamados "temas de Cingapura", que envolviam investimentos, compras governamentais, entre outros. Todos esses temas, que se revestiam de uma característica sistêmica, constituíam o que chamei de primeiro trilho.

Não me lembro em que ordem eu enumerei os trilhos, mas, digamos, que o primeiro seria o trilho *multilateral*. Outro seria o trilho *bilateral*. Por quê? Porque o Brasil não estava ali para sentar em uma reunião de 30 países quando o nosso interesse, se houvesse, seria bilateral com os Estados Unidos, ou entre o Mercosul e os Estados Unidos. O que podia nos interessar era o mercado norte-americano, não o de um pequeno país que pressionaria por concessões, legitimando demandas dos Estados Unidos e do Canadá. E, se tivéssemos que negociar com os outros, poderíamos fazê-lo bilateralmente, sob o guarda-chuva da Aladi.

Historicamente, a negociação de bens no Gatt foi, até a Rodada Uruguai, na base do pedido de ofertas. Funcionava assim: faço tal coisa para os Estados Unidos, se os Estados Unidos fizerem tal coisa para mim, independentemente do que estejam fazendo com outros países. Depois se aplicava a cláusula de nação mais favorecida. Recentemente, essa sistemática mudou. Talvez, por isso, não tenhamos conseguido concluir a Rodada Doha... Então, esse trilho seria o *bilateral*. Ficaria dentro da Alca, mas seria um trilho bilateral. Isto é, Mercosul-Estados Unidos; Mercosul-Canadá; se fosse o caso, Mercosul-México; ou Mercosul e algum país da América Central. Não tinha cabimento colocar tudo aquilo em um sistema único de negociações.

O terceiro trilho seria aquilo que chamei, por falta de palavra melhor, *multilateral-Alca* — quer dizer, não era um multilateral--global. Qualquer acordo comercial necessita de algumas regras básicas: regras de origem, certas normas gerais sobre antidumping etc. No fundo, esse trilho seria mais limitado. A ideia, portanto, era a dos três trilhos. Não posso dizer que o Zoellick tenha aceitado isso, mas ele achou construtiva a abordagem. Já contei para vocês o episódio da jornalista que havia escrito um artigo dizendo que eu teria uma briga terrível com o Zoellick. Não vou repetir, mas foi engraçado vê-la zangar-se com o representante comercial dos Estados Unidos.

A base das negociações passou a ser a estratégia dos três trilhos. Como Zoellick não disse "não", quem cala consente! Começamos a trabalhar com base nessa estratégia. É claro que, sempre que se descia ao nível técnico, os negociadores puxavam para o lado do projeto original norte-americano. Os técnicos tendem a ser mais dogmáticos em seus pontos de vista. Houve várias reuniões de vice-ministros e também duas miniministeriais.

Esse é outro ponto para o qual eu gostaria de chamar a atenção. É algo interessante que ocorre muito na OMC e em outros processos de negociação. Ocorria também na Alca. Chama-se um grupo de países que, teoricamente, é representativo do conjunto. Há uma discussão dentro desse grupo. No caso da OMC, as miniministeriais tendem a ser de 25 a 30 países, porque o universo de membros é de 150. Na Alca, eram dez ou doze países. Mas as reuniões eram representativas somente em teoria, porque, como os Estados Unidos tomavam a iniciativa, empurravam o processo de fato, os países eram sempre chamados, por inclinação natural ou por dificuldades políticas, ou porque não tinham opinião nenhuma, e acabavam apoiando a posição norte-americana.

Participei de duas dessas miniministeriais. Uma foi em Wye River Plantation, no mesmo lugar em que havia tido aquelas negociações sobre Oriente Médio na época do presidente Clinton. A outra foi em Lansdowne, nas cercanias de Washington. Antes de deslocar-me para Wye River, tive um jantar com o Zoellick. Ele convidou a mim e alguns outros ministros. O jantar foi na Blair House, que é a casa de visitantes do presidente dos Estados Unidos, que a havia cedido para que Zoellick fizesse o jantar. Depois, eu voltaria a ficar hospedado lá, na véspera da visita de Lula a Camp David.

Zoellick mostrou, com muito orgulho, a mesa onde tinha sido assinado o Plano Marshall. Isso me deu uma boa deixa, porque durante a reunião — não falei na hora para não gastar minha munição — pude dizer: "Achei muito bom o símbolo de começar com o Plano Marshall! O que os Estados Unidos têm a oferecer como um plano desses para a América Latina e o Caribe no contexto da negociação?". Porque, diferentemente do caso da União Europeia, em que os países ricos arcaram com os custos da integração para os menos desenvolvidos, na Alca isso não ocorria. Na Europa, havia grandes assimetrias — até hoje estamos vendo as consequências disso —, mas quando a União Europeia absorveu Portugal e Espanha, Grécia e depois países do Leste Europeu, contribuiu também para a melhora econômica desses países com uma vastíssima quantidade de recursos. No caso dos Estados Unidos em relação à América Latina, nem se ouvia falar nisso.

Na realidade, eu não tinha esperança de que os Estados Unidos fizessem um Plano Marshall na Alca. Nem desejava muito, porque, para mim, o mais importante era manter a autonomia do nosso modelo de desenvolvimento. Mas era um bom argumento.

Aliás, era curioso porque muita gente no Brasil, até do que se poderia chamar "esquerda", criticava a Alca mais por esse lado: "Ah, se tivesse um Plano Marshall!". Eu não achava que isso resolveria coisa alguma, mas como sabia que tampouco iria acontecer, aproveitei o argumento.

Essa reunião ministerial ajudou a fortalecer nosso entendimento com a Argentina e, enfim, com o Mercosul. Havia, naturalmente, um número grande de países lá, de outras sub-regiões, que pendiam muito mais para a posição norte-americana. Não se chegou, que me recorde, a nenhuma conclusão muito precisa. Um pouco antes da reunião de Miami, já tínhamos aplainado muita coisa dentro do Mercosul. Graças a isso, ao contrário do que se pode pensar, a negociação evoluiu muito, sobretudo entre Brasil e Estados Unidos, porque, como nós tínhamos a copresidência, era uma negociação do embaixador Adhemar Bahadian, do nosso lado — assessorado, entre outros, pelo Maurício Lyrio — e, do lado americano, do Peter Allgeier (não sei assistido por quem). Eles se encontravam frequentemente. Ao mesmo tempo, Zoellick e eu nos falávamos muito ao telefone.

Havia, seguramente, vários problemas. Um problema central para nós era a questão da aplicação ou observância (*enforcement*) das normas de propriedade intelectual. O que não podíamos aceitar em matéria de propriedade intelectual era que o tema fosse objeto de solução de controvérsias dentro da Alca. Vou explicar por quê. Porque o sistema da OMC é um pouco mais brando. Há certas latitudes que permitem explicar por que determinada medida não foi tomada, quais as limitações para a ação do governo etc. A ideia dos americanos era, evidentemente, ter um sistema mais rígido.

Havia um agravante. A negociação da Alca seguiu o padrão de *single undertaking*, e isso queria dizer que todos os acordos estariam ligados. E este é o aspecto mais importante: se houvesse uma infração na aplicação da propriedade intelectual, o Brasil poderia sofrer uma retaliação em bens! Isso significava que o Brasil poderia sofrer uma represália, por exemplo, na exportação de um bem — digamos, suco de laranja ou aço —, não por ter voluntariamente quebrado alguma regra (o que até seria, em tese, admissível), mas se houvesse uma infração ao direito de autor como no caso de filmes norte-americanos pirateados, sem que o governo tivesse cometido essa infração — como, aliás, ocorre nos Estados Unidos.

Como eu poderia aceitar que o Brasil — com limitação de recursos para combater a fome e a pobreza, melhorar seu sistema prisional, tratar de mil outras coisas — tivesse que dedicar mais recursos para combater a pirataria, de modo a evitar uma retaliação em açúcar, etanol, suco de laranja ou aço? Não tinha cabimento. Nosso problema principal continuava sendo esse.

Wye River ainda era um lugar agradável, mas Lansdowne era um lugar horrível. Era uma espécie de Howard Johnson (para quem conhece o hotel) de beira de estrada. O café era péssimo, de terceira categoria, aguado. Depois, quando a OMC quis fazer uma reunião na Missão dos Estados Unidos em Genebra, eu disse: "Não vou. Primeiro, terei que passar por medidas de segurança. Segundo, a dieta de vocês é péssima. Terceiro, o café é insuportável". Eles prometeram que teriam uma dieta especial (não resolveu, porque nisso também sou complicado); prometeram que não me fariam a revista e ainda compraram uma máquina de café expresso: *"We bought it for you"*. Mas isso foi na OMC. Lá em Lansdowne, não havia nada disso. Era um café péssimo.

Vários pontos da negociação foram se acertando entre o Adhemar Bahadian e o Peter Allgeier. Em um determinado momento, eles saíram da reunião e foram negociar a questão da propriedade intelectual. E voltaram com uma versão que, para mim, não foi satisfatória. Espero que meu querido amigo Adhemar me perdoe, mas ele sabe que isso é verdade. O Adhemar era muito duro na retórica, mas, na hora de negociar, às vezes, eu era mais duro do que ele. Normalmente, é o contrário: o chefe sempre é o bonzinho, o que abranda. Eu tive que fazer o contrário, porque, de alguma maneira, havia uma brecha para incluir a questão da propriedade intelectual no sistema de solução de controvérsias da Alca. E isso eu não podia aceitar! "Posso aceitar cooperação, discussões, mas isso não dá." Foi uma reunião muito difícil. Volto a dizer: nesses grupos miniministeriais muito desequilibrados, a maioria claramente pendia para o lado americano. Os Estados Unidos escolhiam direitinho quem ia falar a favor deles. Eu falava e recebia, algumas vezes, apoio da Argentina; às vezes apoio muito suave do Uruguai; e depois vinha um rosário de gente falando a favor da linha oposta. Havia uma situação parlamentar artificial, que não ajudava.

Pediu-se, então, ao Adhemar e ao Peter Allgeier que tentassem de novo. Passaram-se quinze, vinte minutos, meia hora e eles não voltaram. E Zoellick quis dar um golpe de mão. Ele disse: "Eles não estão chegando a nenhuma conclusão, mas nós temos uma versão aqui sobre a mesa, que tem o apoio da grande maioria. Vamos adotá-la". Eu era copresidente, não da reunião, que ele coordenava, mas da Alca e ficava sentado à cabeceira, ao lado do Zoellick.

O ministro Silveira dizia que os diplomatas já começam chefes, mas, naquele caso, eu era o ministro, eu era chefe mesmo. Na negociação, há momentos em que você tem que tomar uma decisão. Ali não tinha meios nem de falar com o presidente Lula, nem de consultar os outros ministros que também se interessavam pela Alca, sobretudo o ministro do Desenvolvimento, Luiz Fernando Furlan, o ministro da Agricultura, Roberto Rodrigues, e o ministro da Fazenda, Antonio Palocci.

Zoellick disse: "Então vamos adotar o texto que já temos, porque isso já levou muito tempo". E eu exclamei, já em pé, como se fosse sair: "Neste caso, para mim, acabou". E estava efetivamente preparado para ir embora.[8] Nesse momento, entrou alguém da turma do "deixa disso" — acho que foi a ministra do Equador, Ivonne Baki — que disse: "Pelo amor de Deus, não vamos fazer isso, já fizemos tanto esforço; paramos tudo, vocês dois vão lá para a sala e cheguem a uma conclusão". E o Zoellick e eu fomos e chegamos a uma conclusão.

Não era uma conclusão perfeita. Quando eu era pequeno, via a minha avó fazer tricô, e ela tinha que fazer um ponto; se não fizesse, puxava-se a linha e todo o trabalho estaria perdido. Não sei como é a palavra em português, mas em inglês se diz *unravel*. Seria um "desnovelar": se você puxar aquele ponto, vai desfiar todo o trabalho feito. Acho que o ponto ficou algo em aberto, algo descosido. A divergência de fundo ficou encoberta pela linguagem, como frequentemente acontece na diplomacia.

A solução a que Zoellick e Amorim chegaram ali evitou o impasse e possibilitou que houvesse, poucos dias depois, a reunião de Miami. Passei a maior parte do tempo na reunião de Miami ao lado do Zoellick na copresidência; não brigando com ele, porque tínhamos um acordo básico. Mas vi posições diferentes, de vários países latino-americanos, que nos criavam dificuldades.

Havia várias situações. Países muito pequenos, que tinham interesse em um único produto, ou em dois produtos, sem expectativa de fazer uma política industrial. Havia países que já haviam negociado com os Estados Unidos ou estavam à beira de negociar. Não digo isso com nenhum desdouro, mas é fato. O México já havia feito todas as concessões que tinha de fazer aos Estados Unidos. Para o México, era muito mais interessante que o Brasil também fizesse as mesmas concessões. E por dois motivos: primeiro — e mais importante —, porque eles iam se beneficiar das concessões brasilei-

---

8 Recorde-se que o Brasil copresidia a Alca. Se eu abandonasse o local, seria o rompimento das negociações.

ras; segundo, porque nossas eventuais concessões legitimariam, no debate interno, as que eles haviam feito. Poderiam dizer: "Vejam, o Brasil também fez a mesma coisa".

Havia ainda os países andinos, com grande interesse exportador, que precisavam concluir algum acordo comercial com os Estados Unidos, sobretudo em função do ATPDEA — aquela vantagem que tinham no mercado americano em função do programa antidrogas, mas que não ia durar para sempre. Alguns dos andinos acabaram fazendo acordos bilateralmente. Mas a Alca seria uma solução para eles, porque "consolidaria" vantagens que já tinham obtido. Então eram os países do Mercosul, com entusiasmos diferentes, lutando por uma posição.

Quando chegamos a Miami, já tínhamos um acordo com os Estados Unidos. Houve a habitual fileira de discursos habituais, que só atrapalhavam, mas o próprio Zoellick não deu muita bola, porque ele queria concluir — ele é um homem pragmático. E havia a Venezuela. Eu passei mais tempo convencendo a Venezuela a não bloquear o acordo do que discutindo com o Zoellick. Teoricamente, todas as decisões eram tomadas por consenso. Fiz isso a pedido dos Estados Unidos, por incrível que pareça. E todas as pessoas diziam que havia um choque entre Brasil e Estados Unidos.

Miami poderia ter sido a base de um acordo da Alca. Em retrospecto, acho melhor mesmo que não tenha ocorrido. Tendo em vista os efeitos que a crise americana de 2008/2009 teve, por exemplo, no México, acho melhor que as negociações da Alca não tenham chegado a uma conclusão. Mas, naquele momento, me encontrei com empresários brasileiros — na grande maioria muito críticos de nossa posição — e ouvi muito pacientemente todo mundo. Participei de um almoço com representantes da mídia brasileira, venezuelana, donos de empresa de mídia — naturalmente, todos muito interessados no acordo. Foi tudo muito cordial. Mas, no final das contas, mantivemos a nossa linha, que foi a linha de Miami.

E Zoellick foi embora para Washington, eu voltei para Brasília. E ficaram os técnicos para alinhavar o finalzinho, que tinha a ver, em parte, com propriedade intelectual. Tínhamos posto alguma coisa sobre agricultura para haver um contra-argumento mais ofensivo. Mas esse ponto final, necessário para terminar a obra, a tapeçaria que havíamos tecido, nunca ocorreu. Progressivamente, o interesse foi diminuindo no Brasil. Nossos empresários descobriram que podiam vender na América Latina, na China e em outros lugares. E, principalmente, a Rodada Doha ganhou ímpeto.

Na primeira vez que Zoellick me ligou depois de Miami, eu estava em Buenos Aires. Estava certo de que ele iria falar de Alca, porque havia tido uma conversa difícil do Adhemar Bahadian com o Peter Allgeier, e eu havia dito ao Adhemar: "Deixe como está, não precisa fazer nada". Vi que as prioridades, realmente, eram outras e todos tínhamos que nos concentrar em OMC. E a Alca morreu, no fundo, de inanição.

As pessoas dizem que a Alca morreu em Mar del Plata. Eu acho que em Mar del Plata talvez tenha sido o funeral, quando houve discursos e pompas fúnebres, mas a Alca já tinha morrido, porque não havia interesse, como ficou claro no início de 2005, quando o Zoellick e eu nos encontramos em Davos. Já contei essa história.

Acho que o processo foi extremamente importante, não só pelos efeitos no Brasil, mas porque nos evitou outro problema. Se a Alca tivesse sido concluída na forma que se desejava, mesmo depois de passados dez anos, acabaria com a integração sul-americana e com o Mercosul, porque a prioridade de uma negociação com os Estados Unidos é sempre muito forte. Esse era o grande inconveniente. A Alca atropelaria a integração da América do Sul pelo lado técnico e pelo lado dos recursos humanos.

Fizemos a coisa certa. E foi o que nos permitiu, como país, desenvolver políticas que seriam mais difíceis implementar se o projeto da Alca tivesse vingado. Por exemplo, teríamos muita dificuldade em fazer a política da indústria naval, que é toda baseada em compras governamentais. Muitas outras políticas industriais são baseadas, ou poderão ser baseadas, em compras governamentais. "Compras governamentais" eram um dos itens da Alca, que estava encaminhado em sentido pouco favorável sob a perspectiva da política industrial.

Havia todas aquelas outras questões que tínhamos resolvido, em parte, como investimento e serviços. Mas, como eu disse no início, olhando em retrospecto foi melhor para nós assim. Fizemos sem nenhuma confrontação com os Estados Unidos e sem nenhuma briga. Pelo contrário: a minha relação com o Zoellick e seus sucessores, o Portman, depois a Susan Schwab e o Ron Kirk, foi sempre cordial e construtiva. Por meio de conversas, negociações e entendimentos, e sem precisar fazer um acordo desfavorável ao Brasil, conseguimos, por exemplo, retirar o Brasil daquela *super 301* (ou *301 especial*) sobre propriedade intelectual. Também dispusemos de tempo para que a América do Sul tratasse um pouco mais da sua própria integração.

Essa história do final da Alca é importante. É claro que no meio disso tudo há um enorme miolo, do qual não participei e nunca fui um estudioso profundo. Mencionei a vocês alguns aspectos que, mesmo de longe, eu acompanhava, porque fui embaixador na OMC, em Genebra, e esses assuntos econômicos repercutiam lá. Mas não fui um participante ativo entre 1995 e 2002.

Talvez com Cancún,[9] esse foi o momento em que a diplomacia do governo do presidente Lula mostrou a que veio. Mostrou que, se fosse necessário dizer não, diria; diria educadamente, sem gritaria, sem fazer disso uma bandeira populista, mas objetivamente, em meio à discussão, em meio à negociação. Foi isso o que aconteceu.

---

9 Refiro-me à reunião ministerial da OMC em Cancún, realizada em agosto de 2003, quando o G-20 da OMC (ou Comercial) se consolidou.

PERGUNTAS

Thiago Osti Queria perguntar sobre as negociações Mercosul-
-União Europeia, que foram relançadas neste ano. Pergunto se o
senhor vê os mesmos riscos no que se refere à política industrial
nessa negociação. Ou é um caso diferente?

Celso Amorim Participei do lançamento da ideia de um acordo de
associação entre a União Europeia e o Mercosul. Isso foi em 1994,
no fim da Rodada Uruguai, quando não se falava em novas rodadas
de negociação. A pressão para algo parecido com a Alca era muito
forte, e eu achava que o Brasil e o Mercosul tinham que procurar um
equilíbrio. O único equilíbrio possível, nessa época, era com a União
Europeia. O primeiro memorando de entendimento foi assinado por
mim, pelo chanceler Di Tella, da Argentina, pelo Ramirez Boettner,
do Paraguai, e pelo Sergio Abreu, do Uruguai, em 1994, no finalzinho
do governo Itamar Franco, e na presença do Jacques Delors, presidente da Comissão Europeia. Jório Dauster era o nosso embaixador junto
à União Europeia, em Bruxelas.

Enfim, assinamos esse memorando de entendimento. Portanto,
não podia ter uma oposição de princípio a esse acordo. Mas, nesses
anos que se passaram, se consolidou muito a ideologia baseada no
Consenso de Washington, de liberalização econômica. Quando o
governo Lula chegou, a negociação com a União Europeia estava
em estado muito desequilibrado, que não era positivo para nós.

Eu diria que havia uma diferença em relação à Alca. Obviamente, a União Europeia é muito mais poderosa economicamente que
o Mercosul. Pelo menos naquela época se achava isso; hoje, não sei
se tão poderosa. Talvez esteja um pouco mais humilde, e talvez seja
um bom momento para negociar. A União Europeia se achava mais
poderosa e queria impor muitas coisas, mas era algo de um para
um: Mercosul de um lado, União Europeia de outro.

Era mais fácil discutir. Na Alca, não bastava convencer os Estados Unidos e o Canadá; eu tinha que convencer também, pelas razões que já apontei, México, El Salvador, Costa Rica, Trinidad e Tobago. Era uma multiplicidade de problemas a enfrentar. Com a União Europeia era relativamente simples. Éramos nós, do Mercosul, com a Comissão Europeia. E conseguimos, em alguns anos, fazer uma importante mudança conceitual no acordo da União Europeia com o Mercosul.[10]

Praticamente toda essa parte que mencionei, que, no caso da Alca, iria para o trilho um, foi retirada da negociação com a União Europeia. Talvez alguma coisa tenha ficado (ou voltado agora), por exemplo, em compras governamentais, mas dentro de limites bem estritos. Tudo o mais saiu sem dificuldade.

Eu dizia, portanto: meu problema com a Alca era saber sobre o que eu estava negociando. E meu problema com a União Europeia era um problema de quantidades — não de qualidade. Era "quanto por quanto": "quanto você está me dando e quanto está querendo?". Depois de um tempo, chegamos a um quadro conceitual comum, e eu achava que a negociação podia ser feita. A última tentativa real de concluir o acordo Mercosul-União Europeia, antes do período atual, foi feita em 2004. Apesar dos avanços em torno de conceitos, as diferenças quantitativas eram visíveis.

É curioso: a indústria, ou parte dela, comenta que o Brasil errou ao se concentrar tanto na OMC e deveria ter feito mais negociações bilaterais. Mas, quando parecíamos estar perto da conclusão, participei de uma reunião da Fiesp, em que a grande maioria dos empresários presentes parecia muito preocupada: "Pelo amor de Deus, vamos fechar esse acordo? Porque a nossa indústria de máquinas, a nossa indústria eletrônica vão quebrar". Não tiro a razão

---

10 Creio que isso ocorreu em uma reunião em Bruxelas, em 2004. Lamy, ainda era o Comissário, e Redrado, que chefiava a delegação argentina, foi muito cooperativo.

deles. Havia uma grande preocupação. Costumamos culpar muito a Argentina, mas nossos industriais tinham muitas preocupações em 2004.

As ofertas da União Europeia eram ridículas. Eu me lembro de uma oferta em carnes que era tão complicada que nem consigo reproduzir direito, mas ela resultava no seguinte: quanto mais você exportava em um ano, menor era sua cota no ano seguinte. Assim, você não sabia se seu interesse era exportar mais ou exportar menos. Era uma coisa que só pode ser concebida por aquela combinação de cérebros de 27 países para juntar todas as maldades e propor alguma coisa. Não havia como concluir a negociação naquela ocasião.[11]

Bem ou mal, nós e os negociadores europeus nos concentramos na OMC. A OMC era a grande negociação — e é ainda, com todos os problemas e dificuldades. Honestamente, acho que a OMC é uma negociação que não se pode colocar de lado. Não há como colocar de lado a Rodada Doha, a não ser que se invente alguma coisa muito mais ampla. Mas não vejo como modificar os termos dessa negociação sem perder mais dez anos, e sem consequências muito graves. Então, todos nos concentramos nisso. Com a União Europeia, ficamos nesse ponto. A Rodada Doha praticamente parou em julho de 2008, não sei por quanto tempo — agora há um ligeiro sinal de que os Estados Unidos poderiam estar interessados, mas temos que saber em que base. Até 2008, não havia jeito; a concentração das atenções tinha que ser em Doha.

---

11 Em 2005, tivemos uma reunião produtiva em Bruxelas, em que certos princípios foram acordados. Poderia haver flexibilização dos prazos para alguns manufaturados — sobretudo, o setor automotivo. Também haveria uma tentativa de melhorar as ofertas agrícolas. Roberto Lavagna era o chefe da delegação da Argentina, que presidia o Mercosul na época. Mas, depois de uma reunião interna de nosso bloco, Lavagna pediu-me que conduzisse as conversas que, como disse, permitiam algum avanço, ainda que vago.

A partir de 2008, voltou-se a falar um pouco na negociação Mercosul-União Europeia. Numa viagem que fiz a Portugal, no início de 2009, fui convidado para falar aos embaixadores portugueses. Estava presente lá também o Durão Barroso, presidente da Comissão Europeia. Durante o almoço eu disse: "Deveríamos relançar a negociação Mercosul-União Europeia, para mostrar aos Estados Unidos que há alternativas e que, se eles continuarem em uma posição muito rígida, vão perder mercado para outros".

Não estou dizendo que o relançamento da negociação ocorreu por isso; houve vários outros motivos. A Argentina teve interesse político em negociar (e flexibilizou um pouco sua posição); nós flexibilizamos a posição na questão de compras governamentais (mas não muito); e os europeus acenaram com uma melhora na oferta agrícola. Antes, eles viam a Rodada Doha evoluindo e diziam: "Só tenho uma conta no banco, só posso pagar tanto, então não adianta; o que pagar aqui não pago lá". Esse fato provavelmente continua a ser verdadeiro, mas eles não têm mais insistido tanto nele. Há alguma perspectiva de avanço.

Agora, se você me perguntar se há riscos, acho que há. Precisamos tomar muito cuidado com as negociações específicas, porque o Brasil, ao longo dos anos, fortaleceu muito certas indústrias, outras nem tanto. Em uma negociação com a União Europeia, que necessariamente envolve a parte industrial, se não houver compensações adequadas na parte agrícola, temos que ter cuidado.

Às vezes, leio o seguinte: "O Brasil vende para a China, mas são só *commodities*...". Ora, hoje em dia, produtos agrícolas têm valor agregado. É claro que algumas mercadorias são *commodities* mesmo: minério de ferro, por exemplo. Mas a própria tecnologia utilizada é muito diferente do que era 50 anos atrás. E algumas empresas são nacionais. Hoje, por exemplo, em etanol, soja plantada no cerrado e outros produtos agrícolas, existe muita tecnologia incorporada. Ali tem valor agregado. É claro que tem mais ainda se você, em vez de exportar a soja, exportar óleo de soja, frango que come soja. O bem alimentício atual não é exatamente aquele dos anos 1950, quando era considerado um produto sem sofisticação ou com pouco valor agregado.

Além disso, com a dinamização do setor agrícola, se você obtiver uma boa receita, criará mecanismos de renda que se espalham pelo país, e também mercado para seu setor de máquinas ou para outros setores ligados à produção rural. O Brasil compra muito fertilizante, mas pode vir a produzi-lo, combinado com a Argentina, que tem grandes reservas de fosfato. Eu veria a negociação com a União Europeia com cuidado. Não se deve fazê-la a qualquer custo. Nós não fizemos — e nem faríamos! — acordos danosos para o Brasil. Se tivesse um acordo bilateral que fosse favorável, a gente faria. Mas os termos que estavam sobre a mesa não eram bons para nós. E achávamos que a arena em que se discutiam esses acordos era menos propícia que a arena da OMC.

Amintas Angel Cardoso Santos Silva Gostaria de saber como o senhor vê o papel da sociedade civil organizada no desenrolar das negociações da Alca.

Celso Amorim Ela teve um papel importante. Mas vou lhe dizer com toda franqueza: se o governo quisesse fazer a Alca a todo custo, teria havido, talvez, alguns protestos e greves, mas a Alca teria sido feita. Dito isso, acho que essa participação é importante. Foi importante, aliás, na OMC.

Eu me orgulho muito de ter levado, sistematicamente, representantes da sociedade civil na delegação oficial brasileira para as negociações da OMC, em que, aí sim, houve mais debate. Houve oportunidade até de ver melhor, por exemplo, o equilíbrio necessário no Brasil entre a agricultura familiar e os interesses do agronegócio. A posição oficial do governo evoluiu em grande parte graças à sociedade civil.

Na Alca, a sociedade civil teve o papel de despertar certa consciência para o problema. Meu amigo Samuel, secretário-geral na época, ajudou muito. Ele tinha mais credibilidade do que eu junto à sociedade civil — passei muitos anos fora, como embaixador. Como preferi uma solução pela negociação, foram muito importantes as conversas que o Samuel tinha sistematicamente com a sociedade civil, quando ele dizia: "Pode confiar no ministro, ele é boa gente!".

20

"Traduzir ideais dentro de uma realidade política não é algo simples"

Direitos humanos e carreira diplomática.
6 de dezembro de 2010[1]

Queria ter esse contato direto com vocês e também falar da alegria que foi a forte renovação que promovemos no Ministério nesses últimos anos. Esta turma é "coração de mãe", é assim que vocês a chamam, não? A turma que "tem sempre lugar para mais um"...

Demorou muito para que o Itamaraty compreendesse que tinha que refletir melhor a sociedade brasileira. Acho que a mudança do Itamaraty para Brasília, há 40 anos — a do Rio Branco foi mais recente, em 1975, não é? —, já contribuiu um pouco para a diversificação regional dos nossos quadros. Criou-se um sistema que permitiu pagar a passagem para os candidatos fazerem a parte final do exame aqui — e isso já representou uma melhora.

No meu tempo de Rio Branco, as pessoas não só eram todas dos mesmos lugares, mas também de alguns poucos colégios do Rio de Janeiro — com raras exceções. Quando vinha alguém do Grajaú era uma exceção, porque os que não eram da zona sul do Rio de

---

1 Conversa com os alunos da Turma 2009-2011 no gabinete do ministro.

Janeiro, tinham que se mudar para lá para ter chance de passar no Rio Branco, conviver com as pessoas que conheciam as práticas, porque não se passa no concurso só com o estudo dos livros.

O Itamaraty continuava, digamos, socialmente muito restrito. Se, por um lado, houve essa maior democratização regional, houve também uma certa tendência — não tão forte no Rio — de haver uma predominância de filhos de diplomatas. Não tenho nada contra — afinal, alguns dos melhores assessores que tive são filhos de diplomatas. Mas não é bom que a proporção seja muito grande, senão a instituição acaba ficando fechada, endogâmica. É preciso que convivamos mais amplamente com outros setores da sociedade. Esse foi um ganho mais recente.

Espero que esse aumento anual do número de diplomatas seja mantido. Há um projeto de lei tramitando no Congresso, mas vocês terão que se esforçar muito para que ele seja aprovado. Já disse isso para o meu possível sucessor — bem, o provável, pelo que dizem — que é necessário um grande esforço para manter as "turmas de cem". Não sei se terão que fazer uma medida provisória ou colocar "urgência urgentíssima" no projeto de lei. O Brasil não consegue mais fazer a política externa que tem que fazer com 26 ou 30 vagas por ano. Não há condição!

Frequentemente, há tentativas de tirar atribuições do Itamaraty. De modo geral, são pessoas que estão fora e que gostariam de voltar. Há quem queira separar a parte da negociação comercial ou boa parte do comércio, por exemplo, do Ministério das Relações Exteriores. É a nossa competência que tem provado que isso não deve ser assim. Não há outra forma de ganhar essas disputas, a não ser pela competência. Acho que temos demonstrado essa competência e fico muito contente com isso.

Como vocês são a última turma que está se formando, considero vocês um pouco guardiães — não que o primeiro ano (Turma 2010-2012)também não seja, mas eu não tive tanta chance de estar com eles — dessa nova tradição do Itamaraty, que é a capilaridade com a sociedade brasileira. Então, confio muito em vocês, pois as pessoas mais velhas, se não vier pressão de baixo, vão se acomodando, porque são os hábitos. Certa ocasião, eu disse ao embaixador Samuel: "Samuel, aqui, de velho, bastam nós dois. Vamos mudar os subsecretários, vamos mudar tudo!". Não é bom que as pessoas fiquem aqui eternamente. Se não tivéssemos feito nada a respeito, tudo continuaria na mesma. Digo isso com franqueza para vocês. Pessoas que eram amigas minhas, amigas de uma vida inteira, que nomeei para cargos importantes, ou que me ajudaram também, não ficaram satisfeitas. Não se faz renovação sem dor.

Se vocês repararem, há hoje uma mudança nesse sentido, uma renovação muito grande. Quando nomeei o Antonio Patriota para embaixador em Washington, fui muito criticado, porque, na opinião de alguns, ele não teria experiência. Eu disse: "Como ele não tem experiência? Foi subsecretário político, chefe de gabinete do ministro. Como não tem experiência? É claro que tem". Além disso, sou, de certa forma, adepto daquela teoria do Millôr Fernandes, que, no final do governo militar, dizia: "Precisamos de pessoas inexperientes".

É claro que valorizo a experiência, mas é importante renovar, ter ideias novas. Eu considero vocês um pouco guardiães da nova tradição renovadora do Itamaraty. Conto muito com vocês para que levem isso adiante, não só na política. Cada um, naturalmente, terá sua ideia. Cada um poderá ser crítico desse ou daquele aspecto — e é bom ser crítico.

Essa renovação no Itamaraty é muito importante no que se refere às mulheres. Outro dia, a *Folha de S.Paulo* disse que a presidente eleita procurava uma mulher para o Itamaraty, mas não teria encontrado quadros — para vocês verem o preconceito![2] E a matéria

---

2 Rocha, Juliana & Nery, Natuza. Falta de mulheres dificulta escolha para Itamaraty". *Folha de S.Paulo*, 23 de novembro de 2010.

apresentava a foto de seis mulheres, todas elas ocupando postos importantíssimos da nossa diplomacia: duas subsecretárias, três embaixadoras na ONU e minha atual chefe de gabinete, que será embaixadora na ONU.[3] Quando fui promovido a embaixador, em 1989, havia somente uma mulher entre as ministras de primeira classe. Havia algumas embaixadoras "comissionadas".[4] Quarenta anos antes, tinha havido uma outra, mas, no meu tempo era só a Tereza Quintela. Hoje, a situação é totalmente diferente. Aliás, desconfio que os homens oprimam as mulheres, para que elas não roubem nossos lugares, porque são mais competentes, mais organizadas e, frequentemente, mais ousadas.

A ação afirmativa de cunho racial também é muito importante, porque ainda falta muito para o Itamaraty refletir a sociedade brasileira. Tive uma boa conversa com os bolsistas do Programa de Ação Afirmativa do Instituto Rio Branco, ocasião em que recebi boas ideias, criei um grupo de trabalho dirigido por Benedicto Fonseca. Vamos ver se conseguimos incorporar algumas sugestões já no próximo edital. Eu gostaria muito que isso acontecesse. Essas ações são necessárias para tornar o serviço diplomático brasileiro mais parecido com o próprio Brasil.

Há situações constrangedoras. Senti muito isso quando fui embaixador nas Nações Unidas. Quando cheguei à ONU, não havia, na nossa Missão, nenhuma mulher diplomata. Quando saí, havia

---

3   São, respectivamente, embaixadora Vera Machado (subsecretária política I), embaixadora Edileuza Reis (subsecretária política II), embaixadora Maria Nazareth Farani de Azevêdo (representante permanente junto à ONU em Genebra), embaixadora Maria Luiza Viotti (representante permanente junto à ONU em Nova York), embaixadora Regina Dunlop (representante junto à ONU em Nova York) e embaixadora Maria Laura da Rocha (representante permanente junto à Unesco, em Paris).

4   A instituição do "comissionamento" prevê a possibilidade de que ministros de segunda classe (e, ocasionalmente, conselheiros) sejam nomeados embaixadores em postos no exterior, sem que tenham, ainda, sido promovidos a ministro de primeira classe.

pelo menos três. Melhorou um pouquinho. Esse tipo de ação afirmativa é necessário porque, como eu disse a uma outra turma, o preconceito é a coisa mais sutil que existe. Ninguém acha que tem preconceito. No caso das mulheres, é muito óbvio. As pessoas dizem: "Sabe como é, depois ela casa, engravida, tem filho...". Então, é preciso começar essa luta, porque se você não começar, logo nos primeiros escalões, as pessoas dirão: "Mas não há mulheres para promover". Não há porque não promovemos antes, porque começamos a criar dificuldades antes. Não estou dizendo por demagogia: é porque acho que temos de fazer isso com determinação.

Há um outro aspecto importante, digamos, "mais político", da diplomacia brasileira, para o qual quero chamar a atenção de vocês, que foram os que mais sofreram comigo, os que mais tiveram aulas, já que, nos anos anteriores, fui menos vezes ao Rio Branco. O assunto estava até mencionado no jornal de hoje. Acho que é importante deixar nossa posição clara, não só porque está no jornal de hoje, mas porque vocês são jovens — e certamente idealistas, porque não concebo um jovem que não seja idealista. Refiro-me à problemática dos direitos humanos.

Frequentemente, o tema aparece nos jornais de maneira muito crítica ao Brasil. Quero falar desse assunto, entre outras razões, porque nossas respostas não saem publicadas. Evidentemente, nós damos muita importância aos direitos humanos. Seria absurdo o Brasil, um país que viveu 21 anos sob ditadura militar, não dar importância aos direitos humanos. A minha geração foi muito afetada pelo governo autoritário: pessoas tiveram suas carreiras amputadas. Seria inconcebível que fôssemos insensíveis à questão dos direitos humanos.

O relacionamento internacional é algo complexo. Traduzir ideais dentro de uma realidade política não é algo simples. Não pretendo dar aula de ciência política para vocês, mas a política é a arte do possível. Você tem que ter um ideal, senão nunca chegará a lugar nenhum. Mas também é preciso ter a percepção de como tornar o ideal uma realidade. Não se pode transformar um ideal em uma coisa concreta por mero voluntarismo. Deve-se contribuir para mudar a realidade e, para mudar a realidade, você tem que ser efetivo. Isso passa pela política.

Não se pode pedir uma coerência absoluta. Às vezes, cometemos injustiças. Quero ser franco com vocês: às vezes, eu cometo injustiças. A pressão é tanta em torno da questão de direitos humanos que eu mesmo, no início do governo, em certos momentos, disse: "Escolham um ou dois países contra quem haja acusações e com quem estamos menos relacionados e vamos votar a favor da resolução para não dizerem que não estamos interessados".

Para que haja efetividade, é necessário que haja diálogo, se não houver diálogo, não haverá efetividade. Todo mundo ficou contente quando a Clotilde Reiss[5] foi solta. Recebi pessoalmente a visita (acho que já contei para vocês) de uma das três alpinistas,[6] uma menina que estava no Irã. Isso só foi possível porque nós temos uma relação direta e um diálogo com o Irã. Ainda lá, vieram nos pedir para interceder em relação à pena de morte aplicada a membros da comunidade *bahai*.[7] Tudo isso deve ser feito com extremo cuidado, porque, se você não fizer com extremo cuidado, ofenderá. E sua capacidade de interlocução fica limitada.

---

5 Estudante francesa presa no Irã em julho de 2009 sob acusação de espionagem. Foi libertada em maio de 2010.

6 Falo da detenção pelo Irã, em julho de 2009, de três cidadãos norte-americanos, Joshua Fattal, Shane Bauer e Sarah Shourd. Eles praticavam alpinismo na fronteira do Iraque com o país vizinho, e, à exceção de Sarah Shourd, libertada em setembro de 2010, seguem presos sob acusação de espionagem.

7 Já fora do governo, encontrei-me no aeroporto de São Paulo com um dos líderes da comunidade *bahai* no Brasil. Ele veio me agradecer pelas gestões que contribuíram para evitar que membros dos *bahais* no Irã fossem condenados à morte.

Além disso, eu acho que uma coisa muito importante com relação ao futuro é a compreensão da imprensa e da mídia. Não gosto de fazer nenhum ataque à mídia. É duro, mas é melhor ter imprensa livre do que não ter. Como vivi um período sem imprensa livre, prefiro todas as injustiças que possam ser cometidas a ter uma imprensa cerceada. É claro que a opinião não pode chegar ao ponto de ser um insulto ou uma calúnia. Cabe a você tomar a ação que achar que deve. Prefiro a imprensa livre.

Mas não podemos ter a ilusão de que tudo que é publicado corresponde aos fatos. É preciso ver as coisas com um certo grão de sal. É verdade que há problemas de direitos humanos no país A. É verdade que há problemas de direitos humanos no país B. Mas há também problemas de direitos humanos em países que nunca são citados, porque não convém politicamente — ou até comercialmente. Há situações de direitos humanos de que ninguém fala, porque não interessa. Não vou nem me referir a Guantánamo e às pessoas que foram torturadas em terceiros países (como a lei norte-americana proibia a tortura, as pessoas eram enviadas a terceiros países para serem torturadas lá). Isso não aparece nos jornais (ou, se aparece, não é objeto de cobrança).

Estou falando sobre esse tema porque seria muito triste que a geração que está se formando tivesse a ideia de que a nossa política não compartilha do idealismo que eu sei que vocês têm. Agora, tratamos de uma atividade política. Não fazemos religião, nem sequer fazemos a moral. A política precisa ter a moral como um de seus componentes, mas a política visa a objetivos, tem que organizar meios para chegar aos objetivos.[8]

---

8   Tratei de forma mais abrangente a complexa problemática dos direitos humanos em artigo na revista *Política Externa* ("Brasil e os direitos humanos: em busca de uma agenda positiva", vol. 18, n. 2, 2009) e, mais recentemente, na *Folha de S.Paulo*, "O dedo acusador pode até render aplauso, mas raramente salva" (15 de agosto de 2010).

Eu queria ter essa conversa com vocês. Queria, sobretudo, dizer da minha alegria de ter convivido com essa jovem geração de diplomatas. Tenho certeza absoluta de que acertamos em aumentar o número de vagas — e acertamos não só em relação à necessidade de mão de obra do Itamaraty, porque isso é evidente, mas também na diversificação social e regional dos integrantes da carreira diplomática. Além disso, sinto um engajamento e um interesse na política externa muito maior do que eu sentia (não estou fazendo crítica a ninguém) há oito ou dez anos.

Acho que essa foi uma grande decisão que nós tomamos — permitam-me ser meio imodesto, porque fui eu que propus. Foi uma grande decisão, e que deve ser mantida. Contei muito com o apoio do embaixador Samuel, de outros também e, evidentemente, do presidente Lula. E espero que essa política continue. Acho fundamental para o Itamaraty, não só em função das necessidades que temos no trabalho, mas também para que o Itamaraty seja mais representativo da sociedade brasileira. E no melhor sentido: temos expoentes que podem surgir de todos os estratos sociais, e precisamos dar as condições para que eles se manifestem.

POSFÁCIO

"Procurei extrair dos jovens a energia de que necessitava"

2 de janeiro de 2011[1]

Hoje me sinto duplamente contente. Em primeiro lugar, porque, na sequência da passagem da faixa do presidente Lula para a presidente Dilma, transfiro o cargo de ministro das Relações Exteriores a um grande funcionário do Itamaraty, um intelectual brilhante e um homem que comunga dos nossos ideais de transformação e de humanismo que inspiraram esses oito anos. Ele certamente saberá levar adiante, com seu estilo próprio, com a sua maneira própria de enfrentar e resolver os problemas, uma política externa que ajudou a colocar o Brasil em um novo patamar do cenário internacional.

Não pense nosso ministro que terá menos problemas: ao contrário, porque faz parte do crescimento termos sempre mais problemas e também a capacidade de resolvê-los. Somente as crianças têm um só problema, que em geral os pais resolvem. Quem cresce tem mais problemas — e mais sabedoria para resolvê-los. E certa-

---

1 Cerimônia de transmissão do cargo de ministro das Relações Exteriores.

mente o Brasil está crescendo e terá mais problemas do que tivemos, e mais força para enfrentá-los.

A segunda razão pela qual estou especialmente contente é o sentido de dever cumprido. Fizemos o que dissemos que iríamos fazer. Quem tiver paciência ou a pachorra de ler o discurso de posse que fiz — ou a parte, naturalmente menor, correspondente à política externa do discurso do presidente Lula de oito anos atrás —, verá que realizamos o que prometemos. Enfrentamos o desafio de negociações comerciais complexas que vinham sendo conduzidas de modo que previam resultados muito negativos para o desenvolvimento de nosso país.

Voltamos a fazer do Mercosul e da América do Sul uma prioridade efetiva. Redirecionamos o foco da nossa diplomacia, buscando explorar novos horizontes, sem abandonar parcerias tradicionais — ao contrário, reforçamos essas parcerias. Entre esses novos horizontes, quero destacar, entre outros, a África, onde não fomos buscar apenas novos parceiros comerciais — fomos buscar a nós mesmos, nossas próprias origens, frequentemente esquecidas. Também desenvolvemos relações novas com os países do Oriente Médio, com a Índia e com a China. Formamos o Ibas e o Brics.

Talvez o mais importante de tudo é que praticamos uma política externa altiva e ativa, na qual o povo brasileiro se reconhece. Tenho tido a oportunidade de constatar esse fato nas ruas e nas praças, onde ando sem segurança e sem assessores, nas manifestações positivas de nossa elite intelectual e também de gente simples, que antes nem sequer ouviu falar no tema das relações exteriores. Uma política que foi desassombrada e solidária, como muito bem resumiu o nosso maior poeta a um tempo erudito e popular, Chico Buarque: "Não fala fino com os poderosos e não fala grosso com os mais fracos".

Nessa política, em que o foco se dirigiu bastante para a cooperação sul-sul, alguns fatos são ilustrativos. Poderia falar das muitas viagens do presidente Lula, mas elas certamente farão parte dos relatórios. Nessa cerimônia, em que estou envolvido mais diretamente, menciono apenas duas coisas. Fui mais vezes a Porto Príncipe do que a Londres, e estive em São Tomé e Príncipe tanto quanto em Washington.

Meus queridos amigos,

Não vou me arriscar a um exercício de avaliação. Deixo isso para os historiadores que, com distância e isenção, poderão olhar para esses oito anos e dizer o que a política externa significou ou deixou de significar para o salto qualitativo dado pelo Brasil. Neste momento, recorro à frase de um filósofo que li em livro que me foi presenteado anteontem por uma de minhas colaboradoras mais jovens: "Prefiro o silêncio da convicção à retórica dos discursos".

Mas não posso calar alguns agradecimentos.

Em primeiro lugar, ao presidente Lula, sem cuja inspiração, apoio e iniciativa não existiria a política externa que hoje é reconhecida em todo o mundo. Tive o privilégio de ter com o presidente Lula uma comunicação constante, que às vezes, em palavras dele, se dava até por telepatia. Em mais de uma ocasião, em Cancún, em Genebra, em Teerã e em outras situações, tive de tomar decisões cruciais sobre situações imprevistas ou imprevisíveis.

Neste agradecimento ao presidente Lula, quero também envolver o seu assessor direto de longos anos, o professor e meu amigo Marco Aurélio Garcia, que continuará a dar seus bons conselhos à presidente Dilma Rousseff.

Quero agradecer muito especialmente à equipe do Itamaraty e aos que colaboraram comigo de maneira mais direta. Aos meus dois secretários-gerais, ao hoje ex-ministro de Assuntos Estratégicos Samuel Pinheiro Guimarães e ao ex-secretário-geral e atual ministro das Relações Exteriores, Antonio Patriota. Aos vários e às várias chefes de gabinete com que contei: Mauro Vieira, o próprio embaixador Patriota, Maria Nazareth, Maria Laura, os subsecretários, na pessoa do embaixador Ruy Nogueira, que hoje é elevado a secretário-geral do Itamaraty. A eles devo a ajuda indispensável, não só nas tarefas do fazer diplomático, mas nesse outro empreendimento, tão difícil quanto: transformar o Itamaraty, renovando-o e tornando-o mais parecido com a sociedade brasileira, e isso foi feito sem deixar de lado as boas tradições da Casa, sem afetar a excelência de seus quadros. Esses, ao contrário, além das qualidades intelectuais e morais, revelam hoje um entusiasmo que raramente encontrei em outras funções que já tive no Itamaraty.

Quero agradecer à mídia brasileira, que, com sua crítica constante — se justa ou injusta, os historiadores dirão —, me forçou a aguçar ainda mais os argumentos, e a estar alerta às armadilhas múltiplas que se criam, algumas vezes, por nós mesmos. Em muitas ocasiões, lendo os nossos jornais, pude até antecipar, e preparar-me para enfrentar, as opiniões que seriam defendidas por nossos interlocutores — ou, em algumas vezes, nossos opositores. Graças, em parte, à mídia, e a seu indefectível e implacável escrutínio, a política externa gozou de uma publicidade e mesmo de uma popularidade que, como diria o presidente Lula, nunca se vira antes na história deste país.

O mesmo desafio político e intelectual tive dos nossos parlamentares, que me ajudaram a abrir os olhos para aspectos da realidade que poderiam ter passado despercebidos e, em mais de uma ocasião, me assinalaram oportunidades de ação que, sem esse estímulo, talvez tivesse hesitado em adotar. E quero, na pessoa do senador Inácio Arruda, agradecer por esse trabalho.

Tudo isso nós devemos à nossa democracia pujante, com participação crescente do povo, e de gente humilde, de onde provêm nossos sonhos e nossa força.

Agradeço a você, Ana, que me encorajou, e às vezes até me empurrou, e que soube, com meus filhos e netos, compreender que a missão de servir ao país impõe sacrifícios não só a quem se dedica a ela, mas também àqueles que o cercam. Sei que vocês estiveram comigo em todos os momentos, nos de celebração e nos de decepção ou de frustração, pois, como lembrou nossa presidente ontem — e com as palavras naturalmente mais refinadas de Guimarães Rosa, por sinal, um diplomata —, "a vida é tecida por ambos".

Não posso deixar de dar uma palavra aos jovens diplomatas, com quem procurei conviver o máximo que pude, e de quem procurei extrair, sem talvez que eles próprios soubessem, a energia de que necessitava para levar adiante uma política externa à altura do nosso país. A eles, somente posso dizer que abraçaram a mais apaixonante das carreiras, da qual hoje me despeço de forma definitiva. Uma carreira que permite, a cada dia e a cada momento, ter-se a justa sensação de servir ao país. É essa, aliás, a maior recompensa que ela oferece, como poucas outras.

Ao meu querido amigo e companheiro, ministro Patriota, não darei conselhos ou sugestões; ele não precisa deles. Se, entretanto, ele me permitir uma lembrança, um pensamento apenas, eu diria que procure sempre em si mesmo, no silêncio de suas convicções, em seus amigos e familiares mais próximos, e naturalmente no apoio da chefe da Nação, a força para agir de maneira correta — sem se deixar levar, o que é sempre muito tentador, pela expectativa do elogio fácil ou da crítica maldosa. Confie em seu julgamento, como fez a presidente Dilma ao nomeá-lo, e você estará, na grande maioria das vezes, tomando a decisão certa.

Essa, meus amigos, é a segunda vez que me despeço da vida pública. Não vou mencionar quando deixei de ser ministro, porque àquela época eu ainda era diplomata da ativa, de modo que continuei atuando. Na primeira, há 30 anos, saía da Embrafilme por ter autorizado a realização de uma película que denunciava a tortura no Brasil. Por isso, hoje tenho certa dificuldade não em ouvir críticas, mas em ouvir reparos às minhas convicções sobre direitos humanos — e muitos dos que fazem as críticas hoje estavam calados naquela época. Daquela vez, falando aos cineastas que sempre reclamavam por mais verbas, disse a eles que o bem mais precioso nem sempre se percebe. Na realidade, só os percebemos quando nos fazem falta. É como o ar e a liberdade.

Dirigindo-me aos diplomatas e ministros estrangeiros, a diplomatas brasileiros, a você, Antonio, e também à mídia, eu preciso dizer que a paz é como a liberdade e é como o ar: nós só sentimos falta dela quando não está presente. Quando está presente, parece algo natural. Parece que não custa nada, que é gratuita, que não requer esforço de nenhum país.

Estamos na sala Portinari. Não sei se foi inspiração sua, ministro Patriota, mas não poderia haver inspiração melhor. Outro dia, em minhas notas, escrevi que praticaria meu último ato como ministro — acabou não sendo, houve outras coisas que não esperava —, participaria da inauguração, ou melhor, da reabertura para o público brasileiro do grande mural *Guerra e paz*, pintado por Portinari, e que ornamenta as Nações Unidas, advertindo os delegados que entram pela escada vendo o mural da guerra e saem vendo o mural da paz.

E me pergunto se, há cerca de 50 anos, já se achou necessário e cabível pedir a um brasileiro que faça o mural *Guerra e paz*, não tendo nós sofrido as agruras da guerra como os habitantes de tantos outros países, se isso não significa que há no mundo uma expectativa sobre nossa capacidade de contribuir para a paz. Não só a paz interna, o convívio das raças — sobre o qual também trabalhamos, e me orgulho muito de ter feito isso —, a presença das mulheres em nosso Ministério, como nunca houve antes, mas também da paz mundial. Muitas vezes ouvimos dos nossos críticos: "Por que o Brasil está se envolvendo no Oriente Médio?", "O Brasil já tem tantos problemas internos". Ele já os tinha há 50 anos, quando vieram pedir a um grande pintor brasileiro que representasse com sua magia de cores a tristeza da guerra e a alegria da paz. E acho que a diplomacia tem um papel nisso e não pode deixar de tê-lo. É o papel mais importante que temos. Todos os outros, mesmo trabalhar para o desenvolvimento, se tornam impossíveis se não tivermos um ambiente de paz.

Por isso, o Brasil tem e terá cada vez mais uma presença no cenário internacional. Caberá a você, caberá naturalmente à presidente Dilma, e a seus auxiliares, fazer com que isso seja realidade.

No mais, meu querido amigo Antonio Patriota, senhor ministro de Estado, seja feliz. Seja feliz com Tania e seus filhos, pois de sua felicidade, de sua tranquilidade de espírito, dependerá a felicidade de muitos brasileiros — inclusive daqueles que, como nós, seguimos de perto e com enormes esperanças esse crescente papel do Brasil no mundo em favor da paz e da liberdade.

Lista de abreviaturas e siglas

ACE — Acordo de Complementação Econômica
Amia — Associação Mutual Israelita Argentina
AIEA — Agência Internacional de Energia Atômica
Aladi — Associação Latino-americana de integração
Alba — Aliança Bolivariana para as Américas
Alca — Área de livre comércio das Américas
ALCSA — Área de Livre Comércio Sul-Americana
Anvisa — Agência Nacional de Vigilância Sanitária
ATPDEA — Andean Trade Promotion and Drug-Erradication Act
(Lei de Erradicação das Drogas e Promoção do Comércio Andino)
Basic — Brasil, África do Sul, Índia e China
BID — Banco Interamericano de Desenvolvimento
BNDES — Banco Nacional de Desenvolvimento Econômico e Social
Bric — Brasil, Rússia, Índia e China
CAD — Curso de Aperfeiçoamento de Diplomatas
CAE — Curso de Altos Estudos
Calc — Cúpula da América Laina e do Caribe
CAN — Comunidade Andina de Nações
Caricom — Comunidade dos Estados do Caribe
CCR — Convênios de Crédito Recíproco
CDH — Conselho de Direitos Humanos das Nações Unidas
Cedeao — Comunidade dos Estados da África Ocidental
Celac — Comunidade dos Estados Latino-americanos e Caribenhos
CIA — Agência Central de Inteligência (EUA)
CNPq — Conselho Nacional de Desenvolvimento Científico e Tecnológico
CPLP — Comunidade dos Países de Língua Portuguesa
Cúpula ASA — Cúpula América do Sul-África

543

Cúpula Aspa — Cúpula América do Sul-Países Árabes
DDC — Divisão Cultural do Itamaraty
DODC — Divisão de Operações de Difusão Cultural do Itamaraty
EFTA — European Free Trade Association (Associação Europeia de livre comércio)
ELN — Exército de Libertação Nacional da Colômbia
Embrapa — Empresa Brasileira de Pesquisa Agropecuária
Ecosoc — Conselho Econômico e Social das Nações Unidas
Fiesp — Federação das Indústrias do Estado de São Paulo
Fips — Five Interested Parties (Cinco partes interessadas)
FMI — Fundo Monetário Internacional
FNLA — Frente Nacional de Libertação de Angola
Focem — Fundo para a Convergência Estrutural do Mercosul
Frelimo — Frente de Libertação de Moçambique
Funag — Fundação Alexandre de Gusmão
Gats — General Agreement on Trade in Services (Acordo Geral sobre Comércio de Serviços)
Gatt — General Agreement on Tariffs and Trade (Acordo Geral sobre Tarifas e Comércio)
Grulac — Grupo de Países da América Latina e Caribe
HSBC — Hong Kong and Shanghai Banking Corporation
Ibas — Fórum de Diálogo Índia-Brasil-África do Sul
IIRSA — Iniciativa de Integração da Infraestrutura Regional Sul-americana
IPCC — Intergovernmental Panel on Climate Change (Painel Intergovernamental sobre Mudança Climática)
IRBr — Instituto Rio Branco
LEU — Low-Enriched Uranium (Urânio levemente enriquecido)
MCT — Ministério da Ciência e Tecnologia
MDIC — Ministério do Desenvolvimento, Indústria e Comércio
Mercosul — Mercado Comum do Sul
Minustah — Missão das Nações Unidas para a Estabilização no Haiti

Monua — Missão de Observação das Nações Unidas em Angola

MPLA — Movimento Popular de Libertação de Angola

Nafta — North American Free Trade Agreement (Acordo de livre comércio da América do Norte)

Nama — Non-agricultural Market Access (Acesso a Mercado em Bens Não Agrícolas)

OMC — Organização Mundial do Comércio

ONG — Organização Não Governamental

OEA — Organização dos Estados Americanos

ONU — Organização das Nações Unidas

ONUMOZ — Operação das Nações Unidas em Moçambique

Opas — Organização Pan-americana da Saúde

OTDS — Overall Trade-Distorting Support (Apoio Interno Distorcivo Total)

PAC — Programa de Aceleração do Crescimento

PAC — Política Agrícola Comum (União Europeia)

PIB — Produto Interno Bruto

Rebrip — Rede Brasileira pela Integração dos Povos

Renamo — Resistência Nacional Moçambicana

Sacu — União Aduaneira da África Austral

SADC — Comunidade para o Desenvolvimento da África Austral

Sela — Sistema Econômico Latino-Americano

Senai — Serviço Nacional de Aprendizagem Industrial

Seppir — Secretaria Especial de Políticas de Promoção da Igualdade Racial

SP — Special Products (Produtos Especiais)

SSM — Special Safeguard Mechanism (Mecanismo de Salvaguardas Especiais)

TEC — Tarifa Externa Comum

Tiar — Tratado Interamericano de Assistência Recíproca

TNP — Tratado de Não Proliferação Nuclear

TPA — Trade Promotion Authority (Autoridade para Promoção

Comercial)

Trips — Agreement on Trade-Related Aspects of Intellectual Property Rights (Acordo sobre os Aspectos dos Direitos de Propriedade Intelectual Relacionados ao Comércio)

UE — União Europeia

UnB — Universidade de Brasília

Unavem (I, II e III) — United Nations Angola Verification Mission (Missão de Verificação das Nações Unidas em Angola)

Unesco — Organização das Nações Unidas para a Educação, a Ciência e a Cultura

Unita — União Nacional para a Independência Total de Angola

Unmovic — United Nations Monitoring, Verification and Inspection Commission (Comissão de Monitoramento, Verificação e Inspeção das Nações Unidas)

UNRWA — United Nations Relief and Works Agency for Palestine Refugees in the Near East (Agência das Nações Unidas de Assistência aos Refugiados Palestinos no Oriente Próximo)

Unscom — United Nations Special Commission (Comissão Especial das Nações Unidas)

USTR — United States Trade Representative (Representante de Comércio dos EUA)

WEOG — Western European and Others Group (Grupo de Europeus Ocidentais e Outros)

Personalidades citadas

Abbas, Mahmoud — presidente da Palestina desde janeiro de 2005.

Aboul Gheit, Ahmed — ministro das Relações Exteriores do Egito de julho de 2004 a março de 2011.

Abreu, Sergio — ministro das Relações Exteriores do Uruguai de janeiro de 1993 a março de 1995.

Ahmadinejad, Mahmoud — presidente do Irã desde 2005.

al-Assad, Bashar — presidente da Síria desde julho de 2000.

al-Maliki, Riad — ministro das Relações Exteriores da Palestina desde 2005.

Alexandre, Boniface — presidente no governo provisório do Haiti entre fevereiro de 2004 e maio de 2006.

Amado, Luiz — ministro dos Negócios Estrangeiros de Portugal desde 2006.

Annan, Kofi — secretário-geral das Nações Unidas por dois mandatos, entre janeiro de 1997 e janeiro de 2007.

Araújo, Eloi Ferreira — ministro-chefe da Secretaria Especial da Promoção da Igualdade Racial entre março e dezembro de 2010.

Aristide, Jean-Bertrand — eleito para dois mandatos como presidente do Haiti. O primeiro, iniciado em 1991, foi interrompido por um golpe de Estado em setembro daquele ano. Aristide voltaria ao país em 1994, cumprindo o restante de seu mandato até 1996. O segundo mandato, iniciado em 2001, foi interrompido em meio a uma onda de protestos em fevereiro de 2004. Após sete anos de exílio na África do Sul, retornou ao Haiti em março de 2011.

Ashton, Catherine — alta representante da União Europeia para Negócios Estrangeiros e Política de Segurança desde dezembro de 2009.

Azevêdo, Maria Nazareth Farani — chefe de gabinete do ministro das Relações Exteriores de agosto de 2005 e setembro de 2008.

Azevêdo, Roberto — subsecretário de Assuntos Econômicos e Tecnológicos do Itamaraty de dezembro de 2006 a setembro de 2008.

Bacelar, Urano — general de divisão do Exército brasileiro. Foi comandante militar da Minustah de agosto de 2005 e até sua morte em Porto Príncipe em janeiro de 2006.

Bachelet, Michelle — presidente do Chile entre março de 2006 e março de 2010.

Baki, Ivonne — ministra de Comércio Exterior do Equador entre 2003 e 2005.

Barbosa, Mário Gibson — ministro das Relações Exteriores do governo Médici, entre março de 1969 e março de 1974.

Barral, Welber — secretário de Comércio Exterior do Ministério do Desenvolvimento, Indústria e Comércio de outubro de 2007 a dezembro de 2010.

Barroso, José Manuel Durão— presidente da Comissão Europeia desde novembro de 2004.

Beckett, Margaret — secretária do Exterior do Reino Unido entre maio de 2006 e junho de 2007.

Blair, Tony — primeiro-ministro do Reino Unido entre maio de 1997 e junho de 2007.

Boettner, Ramirez — ministro das Relações Exteriores do Paraguai entre dezembro de 1993 e maio de 1996.

Botero, Jorge Humberto — coordenador da campanha que levou Álvaro Uribe à presidência da Colômbia de 2002. De 2003 a 2007, foi ministro do Comércio, Indústria e Turismo. Principal negociador do Acordo de Livre Comércio Estados Unidos-Colômbia.

Boutros-Ghali, Boutros — secretário-geral das Nações Unidas entre janeiro de 1922 e janeiro de 1996.

Brittan, Leon — comissário de Comércio europeu de 1993 a 1999.

Bush, George H. W. — presidente dos Estados Unidos entre janeiro de 1989 e janeiro de 1993.

Bush, George W. — presidente dos Estados Unidos por dois mandatos, entre janeiro de 2001 e janeiro de 2009.

Carter, James (Jimmy) — presidente dos Estados Unidos entre 1977 e 1981. Em 1982, criou o Centro Carter, organização não governamental empenhada na resolução pacífica de conflitos internacionais. Foi distinguido, em 2002, com o Prêmio Nobel da Paz.

Casaes, Ruy — representante permanente do Brasil junto à Organização dos Estados Americanos desde 2009.

Castro, Fidel — líder da Revolução Cubana. Foi presidente de Cuba de 1959 a 2008, quando, por questões de saúde, passou o poder para seu irmão Raúl Castro.

Castro, Raúl — presidente de Cuba desde fevereiro de 2008.

Cavallo, Domingo — ministro da Economia da Argentina no governo Menem, de março de 1991 a agosto de 1996.

Chávez, Hugo — presidente da Venezuela desde fevereiro de 1999.

Cheney, Dick — vice-presidente dos EUA durante os dois mandatos do presidente George W. Bush, entre janeiro de 2001 e janeiro de 2009.

Chirac, Jacques — presidente da França entre maio de 1995 e maio de 2007.

Churchill, Winston — primeiro-ministro da Grã-Bretanha entre 1940 e 1945 e entre 1951 e 1955.

Clinton, William (Bill) — presidente dos Estados Unidos entre 1993 e 2001. Foi designado enviado especial das Nações Unidas para o Haiti em 2009.

Clinton, Hillary Rodham — secretária de Estado dos Estados Unidos desde janeiro de 2009. Foi primeira-dama no governo de Bill Clinton, entre 1993 e 2001.

Cozendey, Carlos Márcio — diretor do Departamento Econômico do Itamaraty de julho de 2007 a janeiro de 2011.

Cunha, Vasco Leitão da — ministro das Relações Exteriores do governo Castello Branco, entre abril de 1964 e janeiro de 1966.

D'Alema, Massimo — ministro das Relações Exteriores da Itália entre maio de 2006 e maio de 2008, durante governo do primeiro-ministro Romano Prodi.

Damico, Flávio — chefe da Divisão dos Produtos de Base do Itamaraty de abril de 2004 a setembro de 2008.

Dantas, Francisco Clementino de San Tiago — chanceler do governo de João Goulart de setembro de 1961 a julho de 1962.

Davutoglu, Ahmet — ministro das Relações Exteriores da Turquia desde maio de 2009.

De Gaulle, Charles — liderou a Resistência francesa durante a Segunda Guerra Mundial e foi presidente da França entre 1944 e 1946 e entre 1959 e 1969.

Dejammet, Alain — representante permanente da França junto à Organização das Nações Unidas em Nova York entre 1995 e 1999.

Duvalier, François — conhecido como Papa Doc, governou o Haiti de 1957 até sua morte, em 1971.

Duvalier, Jean-Claude — conhecido como Baby Doc, presidiu o Haiti de 1971 até se exilar na França em 1986.

ElBaradei, Mohamed — diretor-geral da Agência Internacional de Energia Atômica por três mandatos, entre dezembro de 1997 e 2009.

Espinosa, Patricia — ministra das Relações Exteriores do México desde dezembro de 2006.

Fayyad, Salam — primeiro-ministro da Palestina desde junho de 2007.

Fernández, Leonel — presidente da República Dominicana é desde 2004, tendo sido reeleito, em 2008.

Fonseca, Benedicto — subchefe de gabinete do ministro das Relações Exteriores de agosto de 2007 a janeiro de 2011.

Franco, Itamar — presidente do Brasil de novembro de 1992 a janeiro de 1995.

Frei, Eduardo — presidente do Chile de março de 1994 a março de 2000.

Furlan, Luiz Fernando — ministro do Desenvolvimento, Indústria e Comércio Exterior entre janeiro de 2003 e março de 2007.

Gates, William (Bill) — presidente da Microsoft.

Gaviria, César — presidente da Colômbia entre agosto de 1990 e agosto de 1994, quando foi eleito para o cargo de secretário-geral da Organização dos Estados Americanos, no qual ficou por dois mandatos, até 2004.

Gift, Knowlson — ministro das Relações Exteriores de Trinidad e Tobago entre 2001 e 2006.

Gil, Gilberto — ministro da Cultura de janeiro de 2003 a julho de 2008.

Guerreiro, Ramiro Saraiva — ministro das Relações Exteriores do governo Figueiredo, entre março de 1979 e março de 1985.

Guimarães, Samuel Pinheiro — secretário-geral das Relações Exteriores entre janeiro de 2003 e outubro de 2009 e ministro-chefe da Secretaria de Assuntos Estratégicos da presidência da República entre novembro de 2009 e janeiro de 2011. É o alto representante--geral do Mercosul desde janeiro de 2011.

Gutiérrez, Lucio — presidente do Equador entre janeiro de 2003 e abril de 2005

Hague, William — ministro das Relações Exteriores do Reino Unido desde maio de 2010.

Hariri, Rafik — primeiro-ministro do Líbano entre 1992 e 1998 e entre 2000 e 2004, foi assassinado em fevereiro de 2005. Um tribunal especial para investigar sua morte foi estabelecido pelo Conselho de Segurança das Nações Unidas em 2007.

Hugueney, Clodoaldo — representante permanente do Brasil junto aos organismos sediados em Genebra.

Hull, Cordell — secretário de Estado dos Estados Unidos de 1933 a 1944.

Hussein, Saddam — presidente do Iraque de 1979 até 2003, quando seu regime foi derrubado, na esteira da ocupação norte-americana.

Insulza, José Miguel — secretário-geral da Organização dos Estados Americanos desde maio de 2005.

Jalili, Said — secretário do Supremo Conselho de Segurança Nacional do Irã desde outubro de 2007.

Jiechi, Yang — ministro das Relações Exteriores da China desde abril de 2007.

Jorge, Miguel — ministro do Desenvolvimento, Indústria e Comércio Exterior entre março de 2007 e dezembro de 2010.

Kai-shek, Chiang — governante da China nacionalista entre 1928 e 1975.

Kirchner, Néstor — presidente da Argentina entre maio de 2003 e dezembro de 2007 e secretário-geral da Unasul de maio de 2010 até sua morte em outubro daquele ano.

Kirk, Ron — representante de Comércio dos Estados Unidos desde março de 2009.

Kozyrev, Andrey — ministro das Relações Exteriores da Rússia entre outubro de 1990 e janeiro de 1996.

Lafer, Celso — ministro das Relações Exteriores nos governos do presidente Fernando Collor de Mello, de abril a outubro de 1992, e do presidente Fernando Henrique Cardoso, de janeiro de 2001 a janeiro de 2003.

Lagos, Ricardo — presidente do Chile entre março de 2000 e março de 2006.

Lahoud, Émile — presidente do Líbano de novembro de 1998 a novembro de 2007.

Lampreia, Luiz Felipe — ministro das Relações Exteriores de janeiro de 1995 a agosto de 2001, no governo do presidente Fernando Henrique Cardoso.

Lamy, Pascal — diretor-geral da OMC desde 2005.

Larijani, Ali - preside o Parlamento do Irã desde maio de 2008.

Latortue, Gérard — primeiro-ministro do governo provisório do Haiti entre março de 2004 e junho de 2006.

Livni, Tzipi — ministra das Relações Exteriores de Israel de abril de 2006 a março de 2009.

Maduro, Nicolás — ministro das Relações Exteriores da Venezuela desde agosto de 2006.

Mandelson, Peter — comissário de Comércio das Comunidades Europeias entre novembro de 2004 e outubro de 2008.

Manigat, Leslie — presidente do Haiti entre fevereiro e junho de 1988.

Mbeki, Thabo — presidente da África do Sul por dois mandatos, entre junho de 1999 e setembro de 2008.

Medvedev, Dmitri — presidente da Federação Russa desde maio de 2008.

Mello, Fernando Collor de — presidente do Brasil entre março de 1990 e outubro de 1992.

Mello, Sergio Vieira de — destacado funcionário civil das Nações Unidas, vitimado em um atentado terrorista contra o escritório da Organização em Bagdá em 19 de agosto de 2003. Antes de ser o representante especial do secretário-geral no Iraque, foi Alto Comissário das Nações Unidas para os Direitos Humanos e liderou missões de paz no Timor-Leste e no Kossovo.

Melo, Ovídio — representante especial do Brasil junto ao governo de transição em Luanda em 1975, no processo que culminaria com a independência de Angola.

Mendonça, Pedro Carneiro de — subsecretário-geral para Assuntos Econômicos e Financeiros do Itamaraty de outubro de 2005 a fevereiro de 2006 e de outubro de 2008 a maio de 2011.

Menem, Carlos — presidente da Argentina por dois mandatos entre julho de 1989 e dezembro 1999.

Merkel, Angela — primeira-ministra (chanceler) da Alemanha desde 2005.

Milosevic, Slobodan — presidente da Sérvia entre 1989 e 1997 e da República Federal da Iugoslávia entre 1997 e 2000.

Minc, Carlos — ministro do Meio Ambiente entre maio de 2008 e março de 2010.

Mistura, Staffan de — membro do painel do Conselho de Segurança das Nações Unidas sobre assuntos humanitários no Iraque em 1999. Posteriormente, ocupou, entre outros, cargos das Nações Unidas ligados ao Líbano e ao Iraque, sendo hoje representante especial do secretário-geral no Afeganistão.

Mottaki, Manouchehr — ministro dos Negócios Estrangeiros do Irã entre 2005 e 2010.

Mourão, Gonçalo — enviado especial para Assuntos da Minustah entre outubro de 2004 e agosto de 2005 e, posteriormente, diretor do Departamento de América Central e Caribe do Itamaraty entre agosto de 2005 e setembro de 2006.

Moussa, Amr — secretário-geral da Liga dos Estados Árabes desde maio de 2001.

Muallem, Walid — ministro do Exterior da Síria desde fevereiro de 2006. Antes disso, ocupou vários outros cargos de destaque, como embaixador em Washington e vice-ministro das Relações Exteriores.

Mubarak, Hosni — presidente do Egito entre 1981 a 2011.

Mugabe, Robert — presidente do Zimbábue desde 1980.

Nath, Kamal — ministro da Indústria e do Comércio da Índia entre maio de 2004 e abril de 2009.

Netanyahu, Benjamin — primeiro-ministro de Israel desde março de 2009.

Obama, Barack H. — presidente dos Estados Unidos desde janeiro de 2009.

Obasanjo, Olusegun — eleito para dois mandatos como presidente da Nigéria, entre maio de 1999 e maio de 2007.

Oliveira, José Aparecido de — secretário particular de Jânio Quadros. Cassado pelo governo militar, foi secretário de Cultura de Minas Gerais, governador do Distrito Federal e ministro da Cultura do governo Sarney. Nomeado pelo presidente Itamar como embaixador em Lisboa. Na saída de Fernando Henrique do Itamaraty, chegou a ser nomeado chanceler, cargo que não assumiu por motivos de saúde.

Olmert, Ehud — primeiro-ministro de Israel de abril de 2006 a março de 2009.

Opertti, Didier — ministro das Relações Exteriores do Uruguai entre 1998 e 2005. Presidente da Assembleia Geral das Nações Unidas entre 1998 e 1999. Desde 2006 é secretário-executivo da Aladi.

Ortega, Daniel — presidente da Nicarágua desde 2007.

Ouro-Preto, Affonso Celso de — enviado Especial para o Oriente Médio do Itamaraty entre setembro de 2004 e dezembro de 2010.

Owada, Hisashi — representante permanente do Japão junto à Organização das Nações Unidas em Nova York entre 1994 e 1998. É Juiz da Corte Internacional de Justiça desde 2003.

Palocci, Antonio — ministro da Fazenda entre janeiro de 2003 e março de 2006.

Panitchpakdi, Supachai — diretor-geral da OMC entre setembro de 2002 e setembro de 2005.

Papa João Paulo II — sumo pontífice da Igreja Católica de 1978 até sua morte em abril de 2005.

Pedrosa, Vera — subsecretária de Assuntos Políticos do Itamaraty entre novembro de 2003 e setembro de 2005.

Peres, Shimon — presidente de Israel desde julho de 2007.

Perez, Jesús — ministro de Relações Exteriores da Venezuela de fevereiro de 2004 a novembro de 2004.

Piñera, Sebastián — presidente do Chile desde março de 2010.

Pinto, José de Magalhães — ministro das Relações Exteriores de março de 1967 a outubro de 1969.

Portman, Robert — representante de Comércio dos Estados Unidos entre 2005 e 2006.

Powell, Colin — secretário de Estado dos Estados Unidos entre janeiro de 2001 e janeiro de 2005.

Préval, René — presidente do Haiti desde maio de 2006. Seu mandato se encerraria em fevereiro de 2011, mas foi prorrogado em alguns meses de modo a concluir-se o processo eleitoral daquele país.

Príncipe Hassan bin Talal — membro da casa real da Jordânia.

Rachid, Leila — ministra de Relações Exteriores do Paraguai de 2003 a 2006.

Rezek, José Francisco — ministro das Relações Exteriores do governo do presidente Fernando Collor, entre março de 1990 e abril de 1992. Juiz da Corte Internacional de Justiça entre 1996 e 2006.

Ribeiro, Matilde — ministra-chefe da Secretaria Especial da Promoção da Igualdade Racial entre março de 2003 e fevereiro de 2008.

Rice, Condoleezza — secretária de Estado dos Estados Unidos entre janeiro de 2005 e janeiro de 2009.

Rodas, Patricia — ministra de Relações Exteriores de Honduras entre janeiro e junho de 2009, quando o governo de Manuel Zelaya foi deposto por golpe militar.

Rodrigues, Roberto — ministro da Agricultura, Pecuária e Abastecimento do governo Lula entre janeiro de 2003 e julho de 2006.

Roosevelt, Franklin Delano — presidente dos Estados Unidos por quatro mandatos, entre 1933 e 1945.

Salazar, António — primeiro-ministro de Portugal entre 1932 e 1968.

Salloukh, Fawzi — ministro das Relações Exteriores do Líbano entre julho de 2005 e novembro de 2009.

Santos, Juan Manuel — presidente da Colômbia desde agosto de 2010.

Sarkozy, Nicolas — presidente da França desde maio de 2007.

Schwab, Susan - representante de Comércio dos Estados Unidos entre 2006 e 2009.

Shaath, Nabil — ministro das Relações Exteriores da Autoridade Palestina de abril de 2003 a junho de 2005.

Sharon, Ariel — primeiro-ministro de Israel entre março de 2001 e abril de 2006.

Silva, Luiz Inácio Lula da — presidente do Brasil por dois mandatos, entre janeiro de 2003 e janeiro de 2011.

Silveira, Antonio Francisco Azeredo da — ministro das Relações Exteriores do governo do presidente Ernesto Geisel entre março de 1974 e março de 1979.

Siniora, Fouad — primeiro-ministro do Líbano de julho de 2005 a novembro de 2009. Exerceu a função de presidente entre novembro de 2007 e maio de 2008.

Soares, João Clemente Baena — secretário-geral das Relações Exteriores entre março de 1979 e junho de 1984, quando foi eleito para o cargo de secretário-geral da Organização dos Estados Americanos, exercido por dois mandatos até 1994.

Solana, Javier — alto representante para Política Externa e de Segurança Comum da União Europeia entre outubro de 1999 e dezembro de 2009.

Stalin, Josef — líder da União Soviética entre 1922 e 1953.

Stettinius, Edward — secretário de Estado dos Estados Unidos entre 1944 e 1945.

Tavares, Ricardo Neiva — chefe da Assessoria de Imprensa do gabinete do ministro de Estado das Relações Exteriores entre abril de 2004 e setembro de 2008.

Toledo, Alejandro — presidente do Peru entre julho de 2001 e julho de 2006.

Truman, Harry — presidente dos Estados Unidos entre 1945 a 1953.

Uribe, Álvaro — presidente da Colômbia por dois mandatos, entre agosto de 2002 e agosto de 2010.

Vázquez, Tabaré — presidente do Uruguai entre março de 2005 e março de 2010.

Villepin, Dominique de — ministro dos Negócios Estrangeiros da França entre maio de 2002 e março de 2004.

Viotti, Maria Luiza Ribeiro — representante permanente do Brasil junto à Organização das Nações Unidas em Nova York desde 2007.

Wolfensohn, James (Jimmy) — presidente do Banco Mundial entre julho de 1995 e junho de 2005.

Xá Mohammad Reza Pahlavi — governante do Irã de 1941 a 1979.

Zelaya, José Manuel — eleito presidente de Honduras de janeiro de 2006 a janeiro de 2010. Foi deposto em um golpe de Estado militar no dia 28 de junho de 2009, o que o impediu de completar seu mandato constitucional.

Zoellick, Robert — representante de Comércio dos Estados Unidos entre 2001 e 2005.

Índice onomástico

A

Abbas, Mahmoud, 208, 211, 266, 329, 547
Abdenur, Roberto, 412, 503
Abreu, Sergio, 521, 547
Ahmadinejad, Mahmoud, 285-287, 290-292, 298, 306, 308, 427-428, 547
Akufo-Addo, Nana, 453
Alarcón, Ricardo, 241
Al-Assad, Bashar, 208, 303, 547
Al-Maliki, Riad, 329, 421, 547
Alexandre, Boniface, 52, 547
Alfonsín, Raúl, 317
Allgeier, Peter, 514-516, 519
Alvarez, Vera Cíntia, 264
Amado, Luiz, 195, 547
Amorim, Paulo Henrique, 242
Annan, Kofi, 75, 245-246, 255, 382, 389, 413, 452, 547
Araújo, Eloi Ferreira, 476, 547
Araujo, Frederico Cezar de, 392
Aristide, Jean-Bertrand, 36-38, 43-44, 47-48, 53, 58-59, 266-267, 375, 495, 547
Arruda, Inácio, 538
Ashton, Catherine, 296, 548
Astori, Danilo, 97
Azevêdo, Maria Nazareth Farani de, 48, 78, 330, 530, 538, 548
Azevêdo, Roberto Carvalho de, 121, 170, 265, 297, 346, 548

B

Bacelar, Urano, 53, 548
Bachelet, Michelle, 90, 323, 548
Bahadian, Adhemar Gabriel, 514-516, 519
Baki, Ivonne, 517, 548

Balmaceda, Juan Manuel, 271
Barbosa, Mário Gibson, 478, 480, 496, 548
Barbosa, Rui, 148, 313
Barco, Carolina, 383
Barral, Welber, 352, 548
Batista Júnior, Paulo Nogueira, 167, 355, 440, 502
Bauer, Shane, 532
Beckett, Margaret, 69, 548
bin Laden, Osama, 307
Bishop, Maurice, 43
Blair, Tony, 197, 548
Blix, Hans, 412
Blustein, Paul, 170, 182
Boettner, Ramirez, 521, 548
Botelho, Maurício, 381
Botero, Jorge Humberto, 23, 383, 548
Boutros-Ghali, Boutros, 209, 549
Brito, Bernardo, 185
Brittan, Leon, 129, 549
Bush, George, 103, 155, 320, 549
Bush, George W., 39, 103, 113, 118, 180, 191, 207, 224, 320, 332, 415, 549
Butler, Richard, 251-253, 255, 410

C

Caldera, Rafael, 240, 377
Calderón, Felipe, 156, 406
Cardoso, Fernando Henrique, 21, 89, 315, 317, 379, 384, 386, 392, 473, 475, 486, 553, 556
Carmona, Pedro, 387
Carrilho, Arnaldo, 185
Carter, James (Jimmy), 207-208, 392, 549
Casaes, Ruy, 219, 229, 392, 549
Castillo, Julio Perez del, 157
Castro, Fidel, 241-242, 387, 397, 549
Castro, Raúl, 240-242, 549
Catunda, Francisco, 260

Cavallo, Domingo, 502, 549
Chávez, Hugo, 23, 88, 90-91, 105-106, 109, 111, 332, 386-398, 549
Cheney, Richard (Dick), 207, 549
Chirac, Jacques, 118, 448-449, 456, 549
Churchill, Winston, 122, 438-439, 550
Cisneros, Gustavo, 390
Clinton, Hillary, 208, 225, 232, 234, 237-238, 292, 301-302, 304, 550
Clinton, William (Bill), 189, 267, 412, 415, 440, 513, 550
Cordeiro, Enio, 184
Cordeiro, Paulo, 45-46, 48-49
Corrêa, Luiz Felipe de Seixas, 363, 448
Costa e Silva, Alberto da, 477
Cozendey, Carlos Márcio, 170, 550
Cunha, Vasco Leitão da, 447, 550

D

D'Alema, Massimo, 188, 550
Damico, Flávio, 170, 550
Dauster, Jório, 156, 521
Davutoglu, Ahmet, 294, 297, 550
De Gaulle, Charles, 438, 550
Dejammet, Alain, 248, 550
Delors, Jacques, 521
Dias, Cícero, 278
dom Pedro II, 415
Dos Passos, John, 215
Duarte, Carlos Sérgio Sobral, 440
Dunlop, Regina Cordeiro, 530
Durão Barroso, José Manuel, 156, 524, 548
Duvalier, François (ou Papa Doc), 36, 550
Duvalier, Jean-Claude (ou Baby Doc), 36, 551

E

ElBaradei, Mohammed, 282, 287, 331, 551
Erdogan, Recep, 287
Erekat, Saeb, 420, 422

Espinosa, Patricia, 238, 551

F
Fattal, Joshua, 532
Fayyad, Salam, 192, 422, 551
Felício, José Eduardo, 45, 49, 322, 383
Ferdinando, Francisco, 215
Fernandes, Millôr, 529
Fernández, Leonel, 393, 551
Figueiredo, Luiz Alberto, 371
Fischer, Joschka, 449
Fonseca, Benedicto, 530, 551
Fonseca, Gelson, 22
Fox, Vicente, 405
Franco, Itamar, 19, 37, 64, 89-90, 155-156, 186, 223-224, 240-242, 282, 312, 317, 326, 374, 377-379, 384, 412, 472-473, 485-486, 502, 506, 509, 521, 551, 556
Frei, Eduardo, 450, 551
Friedman, Milton, 215
Fromkin, David, 184
Furlan, Luiz Fernando, 516, 551

G
Garcia, Eugênio Vargas, 74, 79, 438-439
Garcia, Marco Aurélio, 386, 417, 537
Gargano, Reynaldo, 97
Gates, Bill, 427, 551
Gaviria, César, 390, 392-394, 551
Geisel, Ernesto, 90, 478-479, 558
Gheit, Ahmed Aboul, 197, 547
Gift, Knowlson, 50-51, 551
Gil, Gilberto, 483, 551
Gorgulho, Leonardo, 253, 291, 298
Goulart, João, 313, 550
Guimarães, Luiz Filipe de Macedo Soares, 388, 391

Guimarães Neto, Samuel Pinheiro, 17, 21, 25, 91, 380, 526, 529, 534, 537, 552

Gutiérrez, Lucio, 386, 449, 552

H

Hague, William, 428, 552

Hariri, Rafik, 244, 552

Holbrooke, Richard, 448

Hugueney, Clodoaldo, 170, 178, 552

Hull, Cordell, 438-439, 552

Hussein, Saddam, 245-246, 276, 307, 410-413, 426, 552

I

Iglesias, Enrique, 397

Insulza, José Miguel, 38, 229, 233, 238, 552

J

Jalili, Said, 299, 552

Jiechi, Yang, 292, 552

Jintao, Hu, 181

João Paulo II, 413, 556

Jorge, Miguel, 340, 552

K

Kai-shek, Chiang, 438, 553

Kirchner, Néstor, 323, 396, 553

Kirk, Ronald, 520, 553

Kostúnica, Vojislav, 50

Kozyrev, Andrey, 186, 553

L

Lafer, Celso, 114, 474, 553

Lagos, Ricardo, 50, 51, 450-451, 553
Lahoud, Émile, 188, 553
Lampreia, Luiz Felipe, 114, 413, 473-474, 553
Lamy, Pascal, 119, 123-124, 136, 141, 165-166, 168-171, 174-176, 180--181, 349-350, 367-368, 522, 553
Latortue, Gérard, 42, 52, 56, 267, 553
Lavagna, Roberto, 523
Lavrov, Sergei, 292, 296
Leo, Sérgio, 180
Levitte, Jean-David, 292
Lima, Paulo Tarso Flecha de, 471
Livni, Tzipi, 189, 191, 195-198, 201, 203, 209, 212, 349, 553
Lyrio, Maurício Carvalho, 298, 514

M

Machado, Vera, 530
Maduro, Nicolás, 237, 553
Mandelson, Peter, 116, 118-119, 122, 130, 136, 138, 141, 175, 349, 554
Manigat, Leslie, 50-51, 554
Mannheim, Karl, 213
Marques, Renato, 21
Mbeki, Thabo, 336, 554
Medelci, Mohamed, 204
Médici, Emílio Garrastazu, 478, 548
Medvedev, Dmitri, 69, 309, 554
Mello, Sergio Vieira de, 382, 554
Melo, Ovídio, 144, 479, 554
Mendonça, Pedro Carneiro de, 299, 554
Menem, Carlos, 317, 416, 502, 549, 554
Miliband, David, 292, 485
Milosevic, Slobodan, 50, 554
Minc, Carlos, 256, 555
Mindszenty, József, 262
Miranda, João Bernardo de, 479
Mistura, Staffan de, 246, 555
Moore, Michael, 307

Morales, Evo, 108, 227, 402-403
Mottaki, Manouchehr, 291, 293, 297, 300, 555
Moura, Liliam Chagas de, 385
Mourão, Gonçalo de Barros Carvalho e Mello, 42, 555
Moussa, Amr, 200, 555
Moussavi, Mir Hossein, 288
Muallem, Walid, 303, 399, 555
Mubarak, Hosni, 197, 329, 555
Mugabe, Robert, 336, 484, 555

N

Nabuco, Joaquim, 269-271, 277-278, 345, 478
Nasser, Filipe, 16
Nasser, Salém, 409, 431
Nath, Kamal, 122, 132, 136, 555Netanyahu, Benjamin, 329, 349, 420, 555
Neves, Gilda Motta Santos, 440
Nogueira, Ruy, 215, 386, 538
Noriega, Roger, 390-391

O

Obama, Barack, 89, 207-208, 210, 225, 236, 239, 286-287, 289, 301-302, 304, 308, 332, 348, 384, 555
Obasanjo, Olusegun, 29, 555
Oliveira, Bruno, 470
Oliveira, José Aparecido de, 344, 486, 556
Olmert, Ehud, 187, 189, 198, 398, 420, 556
Opertti, Didier, 381-382, 556
Ortega, Daniel, 145, 235, 238, 556
Ouro-Preto, Affonso Celso de, 30, 67, 186, 556
Owada, Hisashi, 248, 556

P

Padovan, Gisela Figueiredo, 244, 251, 253
Palocci, Antonio, 516, 556

Panitchpakdi, Supachai, 368, 556
Patriota, Antonio, 15, 45, 82, 190, 251, 253, 285, 308, 529, 537-541
Pecly, Valter, 392-393
Pedrosa, Vera, 67, 349, 556
Pelosi, Nancy, 208
Pereira, Ruy, 184
Peres, Shimon, 187, 189, 329, 466, 556
Perez, Ana Candida, 28
Perez, Jesús Arnaldo, 392, 556
Piñera, Sebastián, 451, 557
Pinto, José Roberto Almeida, 438
Pinto, Magalhães José de, 137, 477, 557
Portman, Robert, 83, 119, 349-50, 520, 557
Powell, Colin, 388, 390-391, 413-414, 557
Préval, René, 46, 48-49, 50-51, 53, 55, 58-59, 266, 557

Q

Quadros, Jânio, 313, 476, 556
Quintela, Tereza, 471, 530

R

Rachid, Leila, 24, 382, 557
Ramalho, Ivan, 340
Razali, Ismail, 444-447, 452, 454
Reagan, Ronald, 43
Redrado, Martín, 508, 522
Reis, Fernando, 35, 217
Reis, Maria Edileuza Fontenele, 530
Reiss, Clotilde, 290-292, 306-307, 532
Reyes, Raúl, 397
Ribeiro, Matilde, 27, 557
Rice, Condoleezza, 147, 189-190, 196, 207, 209, 212, 384, 420, 423, 557
Richardson, Bill, 249-250, 448
Rio Branco, barão do, 18, 144, 270

Robaina, Roberto, 241
Roberto, Holden, 479
Rocha, Maria Laura da, 237, 530, 538
Rodas, Patricia, 229, 557
Rodrigues, Nelson, 316, 344
Rodrigues, Roberto, 385, 516, 557
Rodriguez, Ali, 107
Roosevelt, Franklin Delano, 438, 557
Rosa, Guimarães, 539
Rothkopf, David, 310
Rousseff, Dilma, 535, 537, 539, 541

S

Salazar, António de Oliveira, 476, 558
Salloukh, Fawzi, 188, 558
San Tiago Dantas, Francisco Clementino de, 218-222, 234, 240, 550
Santos, Juan Manuel, 395-396, 398, 558
Sarkozy, Nicolas, 194-195, 290, 558
Sarney, José, 21, 317, 436, 439, 482, 485, 556
Savimbi, Jonas, 479, 480
Schröder, Gerhard, 449
Schwab, Susan, 83, 118, 122, 131, 136, 141, 174-177, 520, 558
Segal, Susan, 72
Seixas, Raul, 271
Shaath, Nabil, 185-186, 558
Sharon, Ariel, 69, 187, 190-191, 420, 558
Shourd, Sarah, 427, 532
Silva, Leandro Vieira, 269, 277
Silva, Luiz Inácio Lula da, 13-15, 21-23, 26-27, 29-34, 44, 46, 48, 51, 56,
     61, 63-64, 66-67, 69, 74-75, 79, 82, 87, 95, 98-99, 109-110, 118,
     143, 146, 157, 171-172, 180, 185-186, 195, 197, 200, 224-225, 236,
     239-240, 258, 261, 263-264, 269-270, 276-277, 280, 286, 290-291,
     293, 295-296, 298, 301-302, 309, 315, 317-320, 322, 325, 328-329,
     332, 348-349, 374, 376, 379-382, 384, 386-390, 393-394, 396-401,
     410, 413-417, 420-421, 423, 430, 436-437, 449-451, 473, 475, 480,

481, 483-484, 487-488, 500, 508-510, 513, 516, 520-521, 534, 535-
-538, 557-558

Silveira, Antônio Francisco Azeredo da, 17, 31, 223, 276, 347, 412, 431,
478-480, 516, 558

Singh, Manmohan, 132, 181

Siniora, Fouad, 188, 558

Soares, João Clemente Baena, 145, 452, 558

Sodré, Nelson Werneck, 475

Solana, Javier, 186, 198, 282, 296, 331, 558

Stalin, Josef, 122, 439, 559

Stettinius, Edward, 439, 559

Suplicy, Eduardo, 36

T

Talal, Hassan bin, 186, 557

Tavares, Ricardo Neiva, 71, 159, 559

Tella, Guido di, 501, 521

Toledo, Alejandro, 22, 104, 322, 380, 382, 559

Touré, Amadou, 487

Truman, Harry, 122, 559

Tsvangirai, Morgan, 484

U

Uribe, Álvaro, 23, 91, 396-398, 549, 559

V

Valdez, Juan Gabriel, 53

Valle Junior, Henrique Rodrigues, 251

Vargas, Everton Vieira, 62

Vázquez, Tabaré, 97-99, 559

Velloso, João Paulo dos Reis, 103

Viana, Hélio, 475

Vieira, Mauro, 417, 537

Villepin, Dominique de, 451, 559

Viollet-le-Duc, Eugène Emannuel, 178

Viotti, Maria Luiza, 462, 472, 530, 559

W
Wolfensohn, James, 45, 559

Z
Zaluar, Achilles, 247
Zapatero, José Luis Rodrígues, 397
Zappa, Ítalo, 137, 479, 496
Zelaya, Manuel, 235, 238, 243, 259-262, 557, 559
Zoellick, Robert, 82, 123, 125, 141, 326, 339, 361, 367, 510-514, 516-
    -520, 559
Zuma, Nkosazana, 325

Índice remissivo

A

Academia Brasileira de Letras, 270, 345

Aço, 129, 357, 515

Acordos

  Acordo de Acessão da China ver OMC, 179

  Acordos de livre-comércio, 22, 97-99, 108, 112, 319, 321, 324, 406-407, 419, 420, 510, 545, 549

  Acordo-Quadro, 22, 81-82, 123, 125, 161, 299, 322, 361, 382--383, 419, 430

  Acordos de Camp David, 202

  Acordos de Oslo, 466

  Acordo de Livre Comércio da América do Norte (Nafta), 19, 89, 103, 112, 155, 377-378, 404-405, 500-503, 507, 509, 545

  Acordo Geral sobre Tarifas e Comércio (Gatt), *ver* OMC, 80, 151, 160-161, 164, 338, 346-347, 355-358, 504-505, 511, 544

  Acordo sobre os Aspectos dos Direitos de Propriedade Intelectual Relacionados ao Comércio (Trips), 85, 168, 360-361, 511, 546

Acre, 320

Açúcar, 83, 85, 106, 153-154, 166, 181, 326, 385, 515

Afeganistão, 70, 210, 307, 426, 429-431, 555

  Cabul, 429

África, *ver também* países individuais

  Abertura de embaixadas, 66, 436, 477, 536

  África Subsaariana, 27, 480, 483, 490

  Comércio com o Brasil, 23-27, 66, 481-482

  Comunidade dos Estados da África Ocidental (Cedeao), 33, 543

  Países de língua portuguesa, 26-27, 483, 485, 487, 490-491, 543

África do Sul, 26-27, 43, 48, 68-69, 81, 123, 146-147, 153, 155, 158, 175, 190, 213, 324-325, 336, 344, 363-364, 421, 453, 457, 461, 473, 481--482, 485, 488, 543-544, 547, 554

Agência Nacional de Vigilância Sanitária (Anvisa), 93, 543

Agricultura

  Agricultura familiar, 132, 162, 169, 179, 363, 507, 525

Air France, 218

Allenby (Ponte), 422

Alemanha, 69, 99, 112, 274, 284, 313, 349, 425, 440-443, 445-446, 448-
-449, 452-454, 456, 481, 554

Berlim, 272, 449, 476

Heiligendamm, 460

Zollverein, 112

Algodão, 83-85, 134, 153, 172, 181, 274, 353-355, 358, 362, 366, 487

Aliança Bolivariana para as Américas (Alba), 230-232, 234-235, 237-
-239, 543

Amazônia, 377, 384

América Central, *ver também* países individuais, 20, 43, 64, 90, 112, 152,
223, 368, 465, 510, 512

América do Sul, *ver também* países individuais, 17-22, 24, 29, 41, 64,
67, 69, 71-73, 88-91, 93-94, 103-104, 111-113, 118, 190, 265,
270-271, 273-274, 313-314, 317-321, 323-324, 328, 339-342, 373-
-374, 376-381, 383-385, 388, 395-398, 401, 405-408, 416-419, 437,
449, 464-465, 486, 494, 519-520, 536, 543-544

Área de Livre Comércio, 19, 64, 89, 106, 156, 317, 321-322, 377-
-379, 383, 509, 543

Conceito, 20-21, 88, 313, 318, 374,

Cúpula dos países da América do Sul, 19, 21, 89, 92, 317, 384,
574

Integração, 13, 17, 19, 22-24, 63-64, 66-67, 71-73, 87-90, 95, 97,
99-100, 103-106, 109-112, 271, 281, 317-321, 323, 339-340,
373, 376-377, 395-396, 401, 404-406, 408, 417, 451, 464,
482, 486, 503-504, 519-520, 543-544

Viagens, 21, 381, 385-386, 389, 449, 481, 508

América Latina, *ver também* América Latina e Caribe, 20-22, 29, 36, 41-
-42, 57, 70-71, 82, 90, 112, 154, 183, 224-225, 240-242, 273-274,
314, 318, 320, 327-328, 342, 374, 376-377, 404-407, 416, 443, 453,
464-465, 502-503, 513, 519, 544

Conceito, 20, 89, 90

Integração, 20, 71, 89-91, 271, 273, 320, 376, 404, 464, 543

América Latina e Caribe, 20, 71, 224, 464

Américas (Hemisfério Ocidental), *ver também* Cúpula das Américas, 19,

21-22, 36, 72, 103-104, 155, 220, 320-321, 327, 342, 483, 543

Andean Trade Promotion and Drug-Erradication Act (ATPDEA), 107-108, 518, 543

Angola 32-33, 39, 144, 253, 313, 344, 463, 478-482, 488, 544-546, 554

    Frente Nacional de Libertação de Angola (FNLA), 479, 544

    Luanda, 479, 490, 544

    Movimento Popular de Libertação de Angola (MPLA), 144, 478-479, 545

    Reconhecimento da independência, 144, 478-479

    União Nacional para a Independência Total de Angola (Unita), 479, 546

Antártida, 510

Aquífero Guarani, 323

Arábia Saudita, 69, 188, 197, 307-308, 423-424

Argélia, 48, 204, 417-418, 480

Argentina, 14, 20-21, 41, 54, 64, 69, 72, 81, 95-97, 100-101, 103-105, 108-109, 111, 113, 131, 139, 153, 158, 174, 177, 222, 227, 241, 283, 313, 317-318, 320, 327, 338, 363, 368-369, 381-382, 400, 404, 416, 418, 439, 442, 446, 481-482, 494, 501-502, 508-510, 514, 516, 521-525, 543, 549-554

    Buenos Aires, 88, 125, 339, 417, 519

Área de Livre Comércio das Américas (Alca), 19, 83, 112, 116, 125, 129, 153-155, 177, 317, 325-328, 339, 367, 377, 380-381, 402, 416, 499-504, 506-514, 516-522, 525, 526, 543, 575

Área de Livre Comércio Sul-americana (Alcsa), 19, 89, 317, 322, 377-379, 383, 543

Armas químicas, 245

Armas biológicas, 245

Arroz, 135, 171, 268

Arte *naïf*, 47, 56

Ásia, *ver também* países individuais, 88, 273-274, 314, 397, 443, 445-446, 453

Asilo, 259-262

Associação Latino-americana de integração (Aladi), 18-19, 22, 89, 97, 377, 381, 383, 405, 502, 511, 543

Associação Mutual Israelita Argentina (Amia), 283, 543

Austrália, 69, 85, 114, 119, 123, 126-127, 136, 158, 161-162, 164, 169, 175, 177, 338, 363-364, 445
Autodeterminação, 234-235, 237-238
Automóveis, 174

B

Bacia do Prata, 22, 384
Bahamas, 54, 375
Bahia,
     Sauípe, 21, 183, 194, 224-225, 416
Banco Interamericano de Desenvolvimento (BID), 44-45, 56, 219, 543
Banco Mundial, 31, 44-45, 55-56, 79, 152, 192, 215, 340, 422, 488, 559
Banco Nacional de Desenvolvimento Econômico e Social (BNDES), 102, 543
Barbados, 44, 50, 54, 375-376
Basileia, Instituições de, 340
Belém do Pará, 223
Bélgica, 52
     Bruxelas, 28, 141, 156, 452, 521-523
Benin, 30, 46, 48, 483, 489
     Porto Novo, 483
Biocombustível, 129
     Etanol, 30, 172, 415, 487, 507, 515, 524
Bolivarianismo, 111, 543
Bolívia, 22, 34, 71, 72, 91, 93, 107, 108, 111, 158, 222, 227, 228, 232, 275, 320, 322, 369, 377, 392, 401-403
     La Paz, 108, 302-303, 402
Botsuana, 48
Brasil
     Aproximação com o Oriente Médio, 62, 70, 75, 77, 145, 183-217, 329
     Aumento de projeção internacional, 41, 280
     Cooperação Sul-Sul, 273, 297, 536
     Engajamento no Haiti, 35-59, 62, 244, 266-267, 274, 375-376, 409, 428-429, 436, 464, 488-489, 492-495

Membro permanente do Conselho de Segurança, 57, 248-249, 281, 414, 438, 442-443, 451, 464

Não indiferença, 38, 275, 387

Participação em operações de paz, 33, 37-39, 274

Plano Nacional sobre Mudança do Clima, 257

Relações com países africanos, 26, 27, 66, 363, 455, 476-478, 480, 481, 485, 491

Relações com a Argentina, 14, 20-21, 41, 54, 64, 81, 96-97, 103--105, 108, 111, 131, 158, 174, 177, 227, 241, 313, 317, 320, 363, 382, 404, 439, 482, 494, 501, 508-509, 514, 516, 521--523, 525

Relações com a Venezuela, 20, 34, 38, 55, 72, 93, 105-107, 109-111, 208, 232-233, 236-237, 275, 320, 325, 377, 386-395, 397-398, 518

Relações com os EUA, 37, 40, 57, 69, 70, 81-85, 88, 90, 97, 103, 112-113, 116-119, 122-123, 129-130, 133, 137-138, 140-141, 145-146, 154, 156-159, 161, 164, 167, 169, 172, 176, 180--181, 189-190, 225, 232-236, 242, 248-254, 259, 270, 287, 312-313, 319-320, 326-328, 332, 341, 349, 353-354, 356-358, 360, 362-364, 378-379, 387-388, 390-391, 394-395, 415, 420, 431, 433, 501, 503-504, 509-514, 518, 520, 524

Relações com os países caribenhos, 20-21, 64, 71, 82, 113, 154, 183, 224, 239-240, 273-274, 318, 320, 327-328, 374-377, 404, 406-407, 464-465, 488, 503

Relações com o Irã, 275, 280-283, 286-297, 299-310, 331-333, 339, 341, 348, 424-425, 427, 432-433, 457, 465-466, 472, 532

Brasília, 24, 44, 51, 72, 88, 99, 106, 109-110, 123, 141, 147, 175, 195, 223--224, 250, 260, 274, 285, 368, 375, 376, 379, 414, 418-421, 431, 486, 503, 519, 527

Burkina Faso, 484

C

Cabo Verde, 27, 490

Camarões, 27, 33, 483-484

Canadá, 21, 41, 45, 54, 69, 96, 157-158, 160, 170, 213, 223, 228, 231, 232, 338, 345-347, 364, 407, 442, 445, 457, 503, 511, 512, 522

Montreal, 250, 363

Caribe, *ver também* América Latina e Caribe, 20-21, 36-37, 43, 64, 71, 82, 112, 154, 183, 224-225, 231, 235, 239-240, 273-274, 318, 320, 327-328, 374-377, 404, 406-407, 416, 443, 453, 464-465, 488, 503, 513, 543-544, 555

    Comunidade dos Estados do Caribe (Caricom), 20, 21, 36, 37, 42-44, 51, 55, 58, 64, 71-82, 112, 154, 183, 224-225, 231, 235, 239-240, 273-274, 318-320, 327-328, 374-377, 404, 406-407, 416, 443, 453, 464-465, 488, 503, 513, 543

Carrefour, 168

Catar, 296-297, 323, 329, 417-419

Cáucaso, 193

Centro Carter, 208, 391, 392-393, 549

Ceuta, 99

Chicago, 263

Chile, 21, 24, 41, 52-54, 64, 89-90, 158, 185, 222, 233, 238, 241, 320, 386, 387, 450-451, 504, 510, 548, 551, 553, 557

    Governo da *Concertación*, 387

    Relações com o México, 22

China, República Popular da, 37, 69, 76, 81, 98-99, 123-124, 139, 155, 163, 165, 169, 171, 175-176, 179, 247-248, 251-253, 259, 281, 292, 304-305, 308-309, 312, 316, 324, 339, 349, 363-365, 386, 388, 403, 410, 421, 438-439, 454, 457, 461-462, 479, 481, 519, 524, 536, 543, 552-553

    Pequim, 181

Cinelândia, 215

Cinema Novo, 144

Cisjordânia, *ver* Palestina, 187-188, 196, 422

Clarín, 496

Coalizão da Nova Agenda para o Desarmamento Nuclear, 68

Colinas de Golã, 189, 210, 398

Colômbia, 20, 22-23, 90-91, 104, 158, 227, 320-321, 373, 382-383, 386, 395-398, 406-407, 544, 549, 551, 558-559

Combate à fome, 44, 272, 515

Comércio

    Acesso a mercados *Commodities*, 181, 524

    Compras governamentais, 114, 159, 403, 511, 520, 522, 524

Cota, 101, 108, 116, 127, 130, 132, 152, 166, 172, 523
Indicações geográficas, 168,
Investimentos, 94, 101, 106, 110, 114, 159, 313, 329, 396, 403, 419, 481-482, 485, 500, 504-505, 511, 520
Linha tarifária, 132, 166, 173
Moeda comum, 105, 138
Normas fitossanitárias, 107
Nova geografia comercial, 82, 272
Produtos especiais, 131, 132, 162, 163, 168-169, 171, 175, 176, 178-179, 545
Produtos sensíveis, 116, 132, 166, 173-174
Regras de origem, 100-102, 107, 512
Retaliação, 85, 153, 353-359, 362, 365, 515
Serviços, 80, 85, 113, 120, 132, 165, 168, 181, 353, 355-356, 358--359, 403, 504-506, 520, 544
Single undertaking, 514
  Subsídios
  Subsídios agrícolas, 81, 137, 154, 158, 165, 167, 181, 353, 403, 511
  Subsídios à exportação, 80-81, 114, 126-127, 129, 131, 133, 154, 161-162, 359-360, 362, 364
  Superávit, 26, 96, 322, 329, 383
  Tarifa, 93, 99, 101-102, 107, 109-110, 116, 117, 127-128, 130, 132, 139, 140, 155, 166, 172, 173, 174, 179, 321, 378, 380, 382, 384, 406, 502-505
  Tarifa aplicada, 139, 173, 504
  Tarifa consolidada, 139, 173, 504
  União aduaneira, 92, 96, 98-99, 101, 106, 111, 112, 317, 340, 378, 380, 509, 545
  Vantagens absolutas e comparativas, 95
Comitê Olímpico Brasileiro, 263
Comitê Olímpico Internacional, 263-264
Comunidade Andina (países andinos), 22-23, 64, 109, 319, 380, 382--383, 385, 543, 579
Comunidade dos Países de Língua Portuguesa (CPLP), *ver* países de língua portuguesa, 27, 33, 483, 485-486, 490, 543
Comunidade Europeia, *ver* União Europeia,

Comunidade internacional, 31, 41, 54-55, 75, 153, 189, 191, 196, 199, 205, 210, 212-214, 262, 266, 283, 287, 303, 463, 467

Comunidade para o Desenvolvimento da África Austral (SADC), 335, 485, 488, 545

Comunidade Sul-Americana de Nações (Casa), 18-19, 22-24, 88-89, 273, 322, 384, 579

    Criação 19

Comunismo, 43, 221

    Bloco sino-soviético, 221

Congresso de Berlim, 476

Conferência de Cabul, *ver* Afeganistão, 429

Conferência de Havana, *ver* OMC, 151

Conferência Ibero-Americana, 397

Conflito (guerra),

    Entreguerras Guerra do Golfo, 246, 410, 440, 465

    Primeira Guerra Mundial, 184, 215

    Segunda Guerra Mundial, 122, 153, 438, 459, 550

Congo, República Democrática do, 489

Congresso Nacional

    Senado Federal, 62, 470

Conselho da Europa, 407

Conselho de Cooperação do Golfo, 419

Conselho de Segurança das Nações Unidas

    Consenso de Ezulwini, 455

    Membro não permanente, 33, 243, 251, 265, 281, 331, 425, 431, 445-446, 455, 462-463

    Membro permanente, 57, 248, 281, 414, 438, 441-443, 445-446, 451, 464

    Reforma, 13, 28, 44, 57, 63, 71, 104, 255, 340, 349, 375, 435, 437-443, 445-446, 451, 464

    Sanções, 249-251, 254, 276, 282, 287, 300-301, 304, 306, 309, 327, 336, 341, 355, 410-413, 415, 431-433, 464, 467-468, 472

    Veto, 76-77, 152, 191, 438, 441, 447, 453-455, 463-464

    Votação, 37

Conselho Empresarial Brasil-Argentina, 508

Conselho Nacional de Desenvolvimento Científico e Tecnológico

(CNPq), 492, 543
Consenso de Washington, 328, 509, 521
Constituição, 38, 211, 266, 267, 374, 388-389
Convênios de Crédito Recíproco (CCR), *ver* Mercosul, 105, 543
Copacabana Palace, 71
Coreia do Norte (República Popular Democrática da Coreia), 76, 336
Coreia do Sul (República da Coreia), 69
Costa Rica, 50, 158, 223, 376, 522
    São José, 223
Crise financeira, 79, 152, 156, 182, 324, 328, 338
Cruz Vermelha, 77, 214, 411
Cuba, 13, 20, 24, 37, 144, 217-220, 222-236, 239-242, 279, 325, 397, 406, 409, 427, 478, 549
    Guantánamo, 533
    Sierra Maestra, 261
Cúpula
    Cúpula América do Sul-África (Cúpula ASA), 323, 486, 543
    Cúpula América do Sul-Países Árabes (Cúpula Aspa), 19, 67, 69, 187, 190-191, 274, 323, 328, 416-418, 420, 428, 544
    Cúpula da América Latina e Caribe, 224, 464
    Cúpula das Américas, 19, 89, 225- 226, 228, 384, 506
    Cúpula de Países da América do Sul, 89
    Cúpula de Sauípe, 225

D
Declaração Presidencial, 24-25, 196
Democracia, 61, 68, 72, 74, 84, 95, 146-147, 190, 220-221, 226, 234, 237, 240, 266, 271, 273, 275, 312-313, 315, 324, 336-337, 388, 440, 461, 484-485, 538
Dia do Diplomata, 18, 277
Direito Humanitário, 77
    Convenções de Genebra, 214
Direito Internacional, 212, 274, 395, 452
Direitos Humanos
    Revisão Periódica Universal (*Universal Periodic Review*), 275, 288,

335-336

Ditadura militar, 84, 315, 475, 531

    Anticomunismo, 223

    Autocracia, 36, 221, 307

Djibuti, 418

E

Egito, 27, 67-68, 157-158, 185, 193, 197, 199, 202-203, 208, 292, 324, 363, 399, 412, 416-417, 419, 423, 447, 457, 480, 547, 555

    Península do Sinai (Cairo), 202

Eixo do mal, 224-225

El Salvador, 187, 224, 509, 522

Embraer, 345, 381

Embrafilme, 334, 341, 343, 495-496, 539

Embrapa, 30, 429-431, 487, 544

Emirados Árabes Unidos, 416, 419

Equador, 22, 64, 108, 320-322, 358, 386-387, 397, 406, 517, 548, 552

    Guayaquil, 321, 379

    Quito, 223, 387, 397

Eritreia, 253

Escola Superior de Guerra, 222

Escravatura, 36

    Abolição, 36, 270-271

Escravos haitianos, 46

Eslovênia, 146

Espanha, 45, 102, 387, 389, 397, 421, 513

Estado de S. Paulo, O, 399

Estados Unidos, 19, 21, 23, 36-37, 39-41, 43, 54, 57, 65, 69-70, 73, 81--85, 88-90, 96-99, 103, 107-108, 111-119, 122-123, 125, 129-130, 133, 137-141, 145-146, 151, 153-154, 156-162, 164-165, 167, 169--170, 172, 175-176, 179-181, 189, 192-193, 195-196, 208-209, 213, 215, 223-226, 228, 230-237, 240, 242, 245-254, 257, 259, 262, 266, 270, 283, 287-289, 295, 302, 304, 307-308, 312-313, 317, 319-321, 326-328, 338-339, 341-342, 348-349, 353-354, 356-358, 360, 362--364, 368, 373, 378-379, 381, 384, 387-391, 394-397, 402, 407, 412, 415, 420, 426, 431, 433, 438-441, 445, 448, 451, 454-457, 459,

462-463, 465, 467, 481-482, 485, 487-488, 492-493, 501-504, 506-507, 509, 520, 522-524, 549-550, 552-553, 555, 557-559

Blair House, 513

Iniciativa para as Américas, 103-104, 320-321

Indústria do aço, 129

Lansdowne, 513, 515

Nova Orleans, 366

Nova York, 13, 28, 45, 51, 250, 260, 267, 274, 302, 327, 387, 389, 409-410, 427-428, 444, 447-449, 456, 470, 472, 530, 550, 556, 559

Ocupação do Iraque, 307

Organização Mundial do Comércio (OMC), 13, 35, 62, 65-66, 79-84, 87-88, 96, 110, 113-115, 118-121, 123-124, 126-127, 129-130, 134-135, 137, 139-140, 149-160, 162, 164-165, 167, 169, 171, 177, 181-182, 194, 214, 239, 255-256, 265, 272-273, 291, 324, 338-339, 345-347, 349, 351, 353, 355-357, 360, 364, 367-368, 375, 416, 448, 454, 456-457, 465, 480, 493, 500, 504, 506, 511-512, 514-515, 519-520, 522-523, 525, 545, 553, 556

Seção 301 da Lei de Comércio (super 301), 151, 520

Tensão com Cuba, 37

Washington, 40, 123, 203, 248, 250, 270, 287, 307, 328, 332, 383-384, 388, 415, 430, 440, 509, 513, 519, 521, 529, 537, 555

Wye River Plantation, 513, 515

Etanol, *ver* Biocombustível, 30, 172, 415, 487, 507, 515, 524

Etiópia, 253, 476

Adis-Abeba, 487

Europa, *ver também* países individuais, 52, 71, 88, 102-103, 122, 155, 220, 240, 296, 312-313, 320, 357, 362, 381, 385, 403, 407, 414, 438, 443, 449, 451, 453, 458, 477, 484, 487, 511, 513

European Free Trade Association (EFTA), 378, 544

F

Faixa de Gaza, *ver também* Palestina, 183, 185, 190, 192-196, 198, 201-203, 265, 398, 422

Federação das Indústrias do Estado de São Paulo (Fiesp), 340, 522, 544

Festival Mundial de Arte Negra, 496
Financial Times, 82, 125, 325
Força Interamericana de Paz, 40
Força Aérea Brasileira (FAB), 50, 188, 196, 376, 382, 417
    Hércules, 188, 330
    Forças Armadas (tropas)
    Sucatinha, 376
    Urutu, 267
Fórum Econômico Mundial (Davos), 88, 326, 449, 519
França, 37, 41, 54, 56, 69, 82, 98, 184, 194-196, 247-248, 251-253, 259,
    283, 290, 292-293, 302, 410, 438-439, 441, 448-449, 451, 456, 460,
    549-550, 558-559
    Paris, 138, 141, 290, 349, 368, 449, 495, 530
    Revolução Francesa, 49
Frango, 116, 166, 433, 525
Fundação Alexandre de Gusmão (Funag), 184, 479, 544
Fundação Palmares, 46
Fundo Monetário Internacional (FMI), 79, 105, 152, 340, 357, 368,
    428, 457-458, 493, 544
Fundo para a Convergência Estrutural do Mercosul (Focem), *ver* Mer-
    cosul, 102, 107, 273, 544

G

G-7, 171, 176, 272, 297, 338, 459
G-8, 68-69, 79, 146, 286, 456-457, 459-460
    Cúpula de Évian, 456
G-8+5, 280, 338, 456-457, 460
G-8+6, 457, 460
G-8+8, 460
G-15, 297
G-20 Financeiro, 152, 272, 324, 338, 341, 369-370, 457, 459, 465
G-77, 465
Gabão, 248
Gana, 29, 30, 33, 453, 481, 483, 489, 494
Gás, 111, 256, 322, 369, 401-403
Gasoduto do Sul, 111

Geórgia, 193
Golpe de Estado, 547, 559
    Deposição, 261, 388, 557, 559
Grajaú, 527
Granada, 43, 375-376
Granja do Torto, 388
Grécia, 99, 102, 109, 251, 411, 513
Groenlândia, 99, 227
Grupo de Países da América Latina e Caribe (Grulac), 374, 544
Grupo do Rio, 19-20, 89, 156, 194, 224, 377, 379, 397, 401, 406, 464, 503
Guatemala, 41, 158
Guerra Fria, 76, 226, 228, 439-440, 453, 459, 478
Guiana, 44, 315, 319, 375
Guiné, República da, 30-34
Guiné-Bissau, 30-34, 58, 274, 489-490, 496
    Centro de Estudos Brasileiros, 31,
    Centro de Treinamento Profissional do Senai, 31, 274
Guiné-Conacri, 484
Guiné Equatorial, 489-491, 496

H
Haiti, 30, 35-59, 62, 221, 244, 266-268, 274, 375-376, 409, 428-429, 436, 464, 488-489, 492-495, 544, 547, 550-551, 553-554
    Cité Soleil, 53-54, 267
    Conferência de Doadores para o Haiti, 274
    Cooperação com o Brasil, 35-57
    Dívida, 56
    Eleições, 47-58, 429
    Gonaïves, 42
    Governo Provisório, 41-42, 53-54, 267, 547, 553
    Jogo da Paz, 56-57
    Minustah, 38-39, 48, 53, 55-56, 266, 268, 375, 544, 548, 555
    Pétionville, 42
    Porto Príncipe, 13, 44, 54, 494, 537, 548
    Presença brasileira, 35-59

Reconstrução, 42
Hard power, ver também *soft power*, 493
Holanda, 241, 421
    Haia, 148, 250, 313
Honduras, 229, 232, 238, 243, 259-260, 262, 275, 557, 559
    San Pedro Sula, 219
    Tegucigalpa, 260
Hong Kong and Shanghai Banking Corporation (HSBC), 168, 544
Howard Johnson (Hotel), 515
Hungria, 262

I

Ibas, 68, 146-147, 190, 260, 273, 274, 309-310, 324-325, 420-421, 428,
    437, 461, 536, 544
Ibero-América, 91
Iêmen, 418
Impeachment, 315
Império Bizantino, 218
Império Czarista, 188
Império Otomano, 184, 305, 415
Imprensa (mídia), 21, 27, 31, 57, 71, 122, 136-137, 140, 150, 159, 160,
    191, 194, 197, 218, 238-239, 257-258, 262, 287, 297, 325, 329, 348,
    354, 361, 367-368, 377, 385, 388-389, 400, 435-436, 449-450, 456,
    483, 495, 501, 510, 518, 533, 538, 540
Índia, 68-69, 81, 110, 117, 119-120, 122-123, 130-133, 135-138, 140-
    -141, 146-147, 153, 155, 158, 161, 163-164, 167-169, 171, 175-179,
    181, 190, 213, 257-259, 281, 291, 308, 316, 324, 338-339, 349, 357,
    363-365, 421, 441-443, 445-446, 452-457, 465-466, 536, 543-544,
    555
    Competitividade na agricultura, 117, 119, 122-123, 130-132, 135,
        158, 169, 178-179, 363
    Negociações na Organização Mundial de Comércio, 119-120,
        122-123, 130-133, 135-138, 140, 146, 153, 155, 158, 160-161,
        171, 176-178, 181, 291, 333-339, 349, 357, 363-364, 454, 457
Indonésia, 69, 117, 158, 163, 169, 421, 428, 460
Indústria, 96, 100-101, 106, 108, 120, 129-130, 171, 267, 314, 326, 360,

400, 404, 520, 522, 524, 544, 548-549, 551-552, 555
Infraestrutura, 22, 115, 319, 379, 544
Iniciativa de Integração da Infraestrutura Regional Sul-americana (IIRSA), 89, 379, 544
Instituto da Língua Portuguesa, 485
Instituto Rio Branco (IRBr), 13, 15-18, 30, 35, 61, 63, 87, 121, 124, 143, 204, 217-218, 240, 243, 255, 269, 276, 278-279, 311, 351, 373, 409, 428, 435, 459, 469, 471, 473-474, 499, 530, 544
    Aula Magna, 18, 88, 311
    Curso de Altos Estudos (CAE), 121, 243-244, 438, 543
    Curso de Aperfeiçoamento de Diplomatas (CAD), 87, 121, 243, 435, 543
    Revista Juca, 143-144
    Sessenta anos da criação, 17-18
    Turmas de cem alunos, 16, 528
Integração, 13, 17, 19-20, 22-24, 63-64, 66-67, 71-73, 87-95, 97, 99-100, 103-106, 109-112, 147, 271, 273, 281, 317-321, 323, 339-340, 373, 376-378, 380, 395-396, 401, 404-406, 408, 417, 451, 464, 482, 486, 503-504, 513, 519-520, 543-545
International Herald Tribune, 344, 497
Intervenção militar, 36-38, 40-41, 415
Israel, 62, 69, 146, 183, 185-194, 196-205, 208-209, 211-214, 265-266, 308, 324, 328-330, 348, 349, 395, 398-400, 412-413, 419-420, 422--423, 426, 431-432, 466, 553, 555-556, 558
    Kadima, 190, 198
    Knesset (Parlamento), 423
    Likud, 190, 198
Irã, 191, 203, 206-207, 210, 275, 280-297, 299-305, 307-310, 331-333, 339, 341,348, 423-427, 432-433, 457-458, 463, 465-466, 468, 472, 532, 547, 552-553, 555, 559
    Conselho de Segurança Nacional, 289, 552
    Declaração de Teerã, 13, 279, 287, 289-290, 299, 302-303, 305, 333, 341, 425, 456, 458
    Guarda Revolucionária, 303, 306, 308, 432-433
    Isfahan, 291, 296
    Parlamento, 291, 553

Programa nuclear, 275, 284, 287, 289-290, 294, 304, 308, 339, 425-426, 432-433

Usina de Qom, 286, 290

Iraque, 39-40, 70, 77-79, 187, 210, 244-250, 253, 276, 281, 283, 304, 306-308, 388, 391, 410-415, 426, 431, 440, 448-449, 451, 454, 462, 467, 500, 532, 552, 554-555

Bagdá, 251, 276, 410, 554

Operação Raposa do Deserto, 251-252

Irlanda do Norte, 432

Itaipu, 313, 404

Itália, 69, 188, 286-287, 442-443, 445, 456, 550

L'Áquila, 258, 286, 332

Itamaraty (Casa, Ministério, Secretaria de Estado), 15, 23, 27, 43, 63, 71, 87, 91, 94, 96, 103, 149, 187, 243, 260, 263, 276, 287, 301, 338, 340, 343, 345, 388, 392, 411, 421, 436, 448-451, 470, 472-475, 477, 479, 491-492, 494-496, 503, 527-530, 534-535, 537-538, 540, 544, 548, 550, 554-556

Ampliação dos quadros da carreira diplomática e da estrutura, *ver também* Turmas de cem alunos, 14, 28

Assessoria de Imprensa do Gabinete, 22, 71, 385, 559

Cerimonial, 199, 351, 392

Departamento Cultural, 343-344

Departamento do Mercosul, 94

Departamento Econômico, 103, 338, 550

Dia do Diplomata, 18, 277

Divisão Cultural, 30, 343

Gabinete, 22, 24, 48, 62, 65, 78, 96, 107, 186, 237, 259, 287, 301, 330, 379, 383, 385, 417, 438, 527, 529-530, 537, 548, 551, 559

Incentivos para servir na África, 28

Missão junto à AIEA, 282-283, 286, 290, 295, 300, 333

Missão junto à OEA, 13, 24, 38, 40, 52, 54, 145, 219, 221-223, 226, 228-229, 232-236, 238-240, 261, 279, 386-388, 390, 392- -394, 406-407, 452

Programa de Ação Afirmativa, 15, 469-470, 490-492, 530

Representação em Ramalá, 185-186, 417

Sala Portinari, 540

Subsecretaria da América do Sul, 388

Iugoslávia (ex-), 39, 40, 214, 251, 431, 459, 554

Sarajevo, 215

J

Jamaica, 44, 144, 375

Japão, 69, 119, 123, 127, 136, 157-158, 160, 164, 169, 171, 243, 248-249, 274, 281, 312, 338, 349, 364, 431, 439-446, 448, 452, 454, 456, 461, 481-482, 556

Jerusalém, 187

Jerusalém Oriental, 432

Jordânia, 186-188, 191, 196-198, 200, 202, 399, 412, 417, 419, 422-423, 557

Jornal do Brasil, 36, 287

Juiz de Fora, 242

K

Kassam (foguete), 205

Kiribati, 427

Kwait (kuaitianos), 253

L

L'Aquila, 258, 286, 332

Legítima defesa, 40

Lehman Brothers, 182, 341

Le Monde, 333, 421

Leste europeu, 102, 513

Líbano, 62, 69-70, 75, 77-79, 185, 188, 209, 275, 302, 330, 399, 416-417, 423-424, 426, 552-553, 555, 558

Beirute, 188, 330

Hezbollah, 188-189, 210, 424

Kana, 209

Liberalismo, 315

Líbia, 27, 185, 249-250, 384, 416, 462, 464, 467, 486-487
    Sirte, 487
Liga Árabe, 146, 187, 200, 203, 205, 413
Liga das Nações, 438

M
Malásia, 158, 446
Mali, 274, 487, 489
Malta, 251
Manaus, 239, 290
Marrocos, 412, 480
    Casablanca, 412
    Marrakesh, 18, 67, 128, 358
Marxismo-leninismo, 220-221
Mediterrâneo, 102, 188
Meio Ambiente, 75, 115, 256, 280, 314, 370-371, 555
    Basic, 273, 457, 543
    Conferência de Copenhague, 256, 290, 324, 370
    Conferência Rio+20, 369
    Desmatamento, 257
    Efeito estufa, 256
    Mudança do clima, 243, 255-257, 273, 328, 370, 544
Mercosul
    Ações antidumping, 96-97
    Acordo Comunidade Andina-Mercosul, 22-23, 64, 109, 319, 380, 382, 383, 385
    Acordo Mercosul-Peru, 22-23, 380-383, 385-386
    Assimetrias (diferenças), 74, 79, 92, 98-100, 102, 104, 112, 173--174, 272-273, 309, 369, 383, 508, 513, 522
    Convênios de Crédito Recíproco (CCR), 105, 543
    Cúpula do Mercosul, 88, 109, 194
    Cúpula Social, 94, 96
    Dificuldades, 21, 24
    Estados associados, 93
    Expansão, 104

Fundo para a Convergência Estrutural do Mercosul (Focem), 102, 107, 273, 544

Formação do bloco, 23, 109

Modalidades, 171, 239, 362

Negociação com a Comunidade Andina, 22-23, 109, 319, 380, 382, 385

Negociação com a União Europeia, 83, 99, 112-113, 155-156, 171-174, 177, 180, 521-525

Parlamento do Mercosul, 96, 273

Presidência brasileira, 95, 97, 102

Protocolo de Ouro Preto, 503

Secretaria,103,

Superposição de temas, 93

Tarifa Externa Comum (TEC), 93, 97, 99-101, 109, 155, 173, 321, 323, 378, 380, 406, 502-503, 545

Tratado de Assunção, 96, 377

Metas de Desenvolvimento do Milênio, 272

México, 19-20, 22, 68-69, 90, 112, 122, 156, 190, 222, 224, 228, 249, 315, 370, 386-387, 405, 406, 442, 450, 457, 500, 503, 507, 512, 517-518, 522, 551

Ministério da Ciência e Tecnologia, 314, 343, 544

Ministério da Fazenda, 117, 368

Ministério da Saúde, 340

Ministério do Desenvolvimento, Indústria e Comércio (MDIC), 340, 544, 548

Minustah, *ver* Haiti, 38-39, 48, 53, 55-56, 58, 266, 268, 375, 544, 548, 555

Moçambique, 33, 39, 344, 450, 480-482, 484-485, 488, 496-497, 544-545

Frente de Libertação de Moçambique (Frelimo), 344, 544

Guerra civil, 344, 497

Resistência Nacional Moçambicana (Renamo), 344, 545

Molière (dramaturgo), 399

Moscou 193, 200-201, 252, 301

Movimento dos Não Alinhados, 191, 247, 447

Multilateralismo (multilateral), 20, 27, 74-75, 77-80, 84, 100, 119-120, 126, 128-129, 138, 140, 150-151, 153-154, 168, 171, 175-177, 179--180, 249, 365-366, 368, 375, 385, 388, 480, 505, 511-512

Multipolaridade, 270, 437, 448

N

Namíbia, 26, 481
Não intervenção, 38, 43, 234-235, 237-238, 274, 387, 394
Newsweek, 332
New York Times, 209, 315, 367
Nicarágua, 221, 230, 232-233, 238, 556
Nigéria, 26-30, 33, 453, 461, 483, 486, 489, 555
    Abuja, 28, 486
    Relações com o Brasil, 26-30, 33, 453, 483, 486, 489
Normas fitossanitárias, *ver* Comércio, 107
Noruega 146, 378, 421, 443
Notre Dame, 178
Nova Zelândia, 68, 158, 161-162, 338, 363, 442, 445

O

Oceano Atlântico, 489-490
Oceano Pacífico, 320, 371
Organização da Conferência Islâmica, 146
Organização das Nações Unidas (ONU), 13, 20, 32-33, 37, 40-41, 43-
    -44, 47-48, 50-51, 53, 57-58, 66, 70, 75-77, 79, 188-189, 191, 195-
    -196, 204, 209, 212, 214, 219, 241, 243, 245-246, 249-250, 255,
    261, 268, 274-275, 282-284, 290, 298, 375, 381-382, 387, 389, 409-
    -410, 413, 415, 421, 425, 427, 435-436, 438, 440, 444, 448-449,
    452, 457-459, 462-464, 466-467, 472-473, 477, 480, 486, 530, 545
    Agência Internacional de Energia Atômica (AIEA), 281-283,
        286-287, 290, 295, 300, 331, 333, 543, 551
    Assembleia Geral, 44, 47, 188, 191, 286, 336, 381, 409, 421, 425,
        427-428, 441, 444, 447, 452, 455-456, 466, 486, 556
    Batalhão Suez, 412
    Capacetes azuis, 40
    Carta da ONU, 454, 464
    Comissão de Construção da Paz, 268
    Conselho de Direitos Humanos das Nações Unidas, 213, 266,

275, 288, 335-336, 414, 470, 543

Conselho Econômico e Social das Nações Unidas (Ecosoc), 267, 544

Corte Internacional de Justiça, 262, 400-401, 556-557

Escritório da Alta Comissária para Direitos Humanos, 489

Escritório de Assuntos Humanitários, 214

Global Compact, 389

Mecanismo de Revisão Periódica Universal, 275, 335-336

Operação de Paz, 37-38, 274

Organização das Nações Unidas para a Educação, a Ciência e a Cultura (Unesco), 472, 530, 546

Organização do Comércio e Emprego, 151

Organização dos Estados Americanos (OEA), 13, 20, 24, 38, 40, 47, 52, 54, 58, 145, 217-221, 223-224, 226, 236, 238-240, 261, 279, 386-388, 390-394, 405-408, 452, 545, 549, 551-552, 558

Assembleia Geral, 223, 229

Carta da Organização dos Estados Americanos, 219

Carta Democrática Interamericana, 220-221, 229-230

Comissão Jurídica Interamericana, 229-230

Criação, 227

Reunião de Consulta em Punta del Este, 220, 222

Secretário-Geral, 24-26, 52, 54, 145, 227, 229, 232-233, 386-387, 390, 452, 551-552, 558

Sistema interamericano, 219-221

Suspensão de Cuba 13, 20, 217-220, 222-223, 226, 230, 232-236, 239-240, 279

Tratado Interamericano de Assistência Recíproca (Tiar), 220-221, 226-229, 235, 545

Organização Mundial da Saúde (OMS), 219

Organização Mundial do Comércio (OMC), 13, 35, 62, 65-66, 79-84, 87-88, 96, 110, 113-115, 118-121, 123-124, 126-127, 129-130, 134-135, 137, 139-140, 149-160, 162, 167, 169, 171, 177, 181-182, 194, 214, 239, 255-256, 265, 272-273, 291, 324, 338-339, 345-347, 349, 351, 353, 355, 356-357, 360, 364, 367-368, 375, 416, 448, 454, 456-457, 465, 480, 493, 500, 504, 506, 511-512, 514-515, 519-520, 522-523, 525, 545, 553, 556

Acordo Geral sobre Comércio de Serviços (Gats), 505-506, 544

Acordo Geral sobre Tarifas e Comércio (Gatt), 80, 151, 160-161, 164, 338, 346-347, 355-358, 504-505, 511, 544

Caixa amarela e caixa azul (subsídios agrícolas), 81, 115, 137, 154, 158, 163, 167, 181, 403, 511

Caso das Bananas, 322, 358

Caso do Açúcar, 83, 85, 106, 153-154, 166, 181, 326, 385, 515

Caso do Algodão, 84, 366

Caso Embraer x Bombardier, 345-346

Centro William Rappard, 182

Cotton-4, 85, 487

Círculos concêntricos, 160, 168, 364

Comitê sobre Solução de Controvérsias, 357-358

De minimis, 164

Fórmula suíça, 166, 172-3

G-2, 119

G-3, 461

G-4, 119, 122-123, 126-127, 131-134, 137-138, 160, 167, 169, 338, 349, 446, 449, 452-453, 456, 459, 461-462, 464

G-6, 119, 123

G-20, 65, 68, 81-82, 113-117, 119, 123-125, 128, 131, 134-135, 138, 140-141, 152, 155, 158-159, 161-163, 165-166, 169, 178, 272-273, 302, 324, 338, 341, 360, 362-364, 367-371, 457, 459-460, 520

Green Room, 119, 126, 357

Grupo de Cairns,123, 126, 158, 161, 163, 169, 363

July Framework, 125, 127, 132-133, 161-162, 167, 299, 361-362

Non-agricultural Market Access (Nama), 173, 175-177, 545

Overall Trade-Distorting Support (OTDS), 134, 165-167, 170, 545

Reunião de Potsdam, 13, 121-141, 164-167, 172-173

Reunião Ministerial de Cancún, 124, 157-160, 272, 360, 416

Reunião Ministerial de Hong Kong, 81, 119, 127-128, 133, 161--162, 165, 167, 362, 487

Reunião Ministerial de Seattle, 114, 157, 159, 182, 359

Rodada Doha, 13, 35, 79-80, 85, 87, 113-114, 121, 124-125, 128--129, 131, 134-135, 138-139, 149, 152, 156-157, 165, 179,

181, 265, 279, 281, 299, 339, 351, 359-360, 365, 367, 373, 380, 382, 487, 512, 519, 523-524

Rodada do Milênio, 129, 157, 165, 359

Rodada Uruguai, 80, 85, 116, 128, 151, 155, 157, 161, 166, 168--170, 172, 179, 182, 355, 506, 511, 521

Sistema de solução de controvérsias (Painel Arbitral, Órgão de Apelação), 83, 151, 153, 516

Special Safeguard Mechanism (SSM), 162, 169, 175-176, 179, 545

Temas de Cingapura, 159, 511

Trade policy review, 265

Organização não Governamental, 391, 545, 549

Organização Pan-americana da Saúde (Opas), 219, 545

Oriente Médio, *ver também* países individuais, 13, 62, 70, 75, 77, 145, 183-186, 189-191, 210, 212, 244-245, 273, 275, 292, 294, 298, 310, 320, 325, 328-329, 388, 395, 398, 400, 409-410, 412-413, 415-417, 421, 423-425, 429-431, 437, 457, 466, 513, 536, 540, 556

Organização do Tratado do Atlântico Norte (Otan), 310

Ouro Preto, 186, 377, 503

P

Países de menor desenvolvimento relativo, 113, 127, 158

Países em desenvolvimento (emergentes), 45, 69, 77, 79, 85, 113, 117, 119, 128-134, 138-140, 145-146, 157-159, 161-162, 166-167, 169, 175, 181, 187, 190, 256-259, 265, 272-273, 297, 302, 324, 327, 339, 341-342, 355-356, 358, 360-361, 363, 376, 407, 420, 439, 442-446, 448, 454, 461, 481

Palácio do Planalto, 340

Palestina, 145, 185, 187, 189, 192, 196, 198, 201, 207, 330, 384, 395, 400, 414, 421-423, 426, 428, 431, 547, 551

Autoridade Palestina, 183, 185, 191-193, 200, 202-203, 207, 212, 266, 329, 420, 466, 558

Conferência de Annapolis, 143, 145, 189-193, 196, 200, 201, 206, 420, 422-424

Conferência de Doadores para a Reconstrução da Palestina, 187

Faixa de Gaza, 183, 185, 190, 192-196, 198, 201-203, 265, 398, 422

Fatah, 210, 212

Hamas, 183, 189, 192-194, 201, 203-205, 207-210, 212-213, 266, 422, 424

Quarteto (Quad), 160, 189, 197, 201, 338, 457

Rafah 202

Ramala, 185-186, 188, 198, 201, 211, 417

Relatório Goldstone, 265

United Nations Relief and Works Agency for Palestine Refugees in the Near East (UNRWA), 204, 546

Paquistão, 158, 308, 446

Paraguai, 24, 64, 71, 93, 95, 97, 100-02, 105, 109, 158, 163, 221, 313, 325, 329, 364, 382, 392, 401, 403-404, 418, 508, 521, 548, 557

Assunção, 121, 404

Paraninfo, 15, 269, 276

Paridade de Poder de Compra (PPP), 215, 460

Pau-Brasil, 255, 258

Paz, 13, 33, 37-39, 41-42, 56-57, 61, 70-72, 74-76, 145, 183, 186, 191, 200-202, 204, 206, 210-213, 215, 249, 271, 274-275, 281, 286, 302--303, 321, 325, 339, 341, 398-399, 410, 412-413, 415, 420-423, 426, 460, 475, 540-541, 554

Cessar-fogo, 188, 196, 200, 202, 204-205, 214, 330, 410

Conferência de Paz de Haia, 148, 313

Trégua, 193-194

Pernambuco, 271

Peru, 20, 22-23, 41, 64, 104, 158, 320, 322, 380-383, 385-386, 559

Pérsia, 305

Petrobras, 29, 110, 326, 401-403, 433

Petróleo, 26-27, 70, 111, 190, 306-308, 386, 412, 433

Pirara, 270

Plano Marshall, 513-514

Policy Space, 139

Política Agrícola Comum (PAC), 167, 545

Política Externa Independente, 219, 313, 334, 476

Portugal, 99, 102, 146, 156, 195, 387, 389, 411, 450, 476-478, 490, 513, 524, 547, 558

Açores, 451

Potência

Colonial, 334-335

Média, 33

Grande, 33, 41, 97, 335

Primeira Guerra Mundial, *ver* Conflito, 184, 215

Produtos industriais, *ver* Indústria, 80, 113, 116, 128, 131, 135-137, 139-140, 165, 167, 171-172, 175, 363

Programa de Aceleração do Crescimento (PAC), 94, 545

Propriedade intelectual, 85, 156, 326-327, 353-359, 403, 500, 511, 514--516, 519-520

Protocolo de Montreal sobre aviação civil, 250

Q
Quênia, 123, 488

R
Rede Brasileira pela Integração dos Povos (Rebrip), 83, 545

Referendo, 38, 49, 55, 105, 389-391, 393-394, 422

Refugiados, 188, 204, 330, 428, 546

Reino Unido, 69, 196, 199, 245-47, 249, 251-253, 283, 295, 378, 412, 438-439, 441, 448, 456, 463, 467, 485, 548, 552

Lancaster House, 452-455

Londres, 28, 123, 138, 386, 447-448, 453, 495, 537

República Dominicana, 40, 221, 393, 551

Revolução Francesa, *ver* França, 49

Revolução socialista radical, 30

Reunião dos Intelectuais Africanos e da Diáspora, 488

Rio de Janeiro, 56, 66, 88, 90-92, 98, 106, 119, 123, 194, 218-220, 222, 263, 382, 444, 473-474, 527

S
Santander (Banco), 168

São Luís, 485

São Paulo, 48, 123, 156, 397, 532, 544

São Tomé e Príncipe, 26-27, 481, 537

Secretaria Especial de Políticas de Promoção da Igualdade Racial (Seppir), 492

Segunda Guerra Mundial, *ver* Conflito, 122, 153, 438, 459, 550

Serviço Nacional de Aprendizagem Industrial (Senai), 31, 274, 487, 545

Senegal, 31-33, 478, 488, 496
    Ilha de Gorée, 26, 32, 483

Sérvia, 50, 414, 554

Serra Leoa, 152

Síria, 185, 188-189, 191, 196, 198-199, 204, 207-208, 210, 244, 302-303, 320, 330, 384, 398-400, 416, 419-420, 423-424, 547, 555

Sistema Econômico Latino-Americano (Sela), 20, 545

Sistema financeiro internacional, *ver também* G-20 Financeiro, 105

Socialismo, 221

Soft Power, ver também *hard power*, 493-494

Soja,134, 172, 179, 181, 524-5

Sri Lanka, 181

Suécia, 68, 249, 325, 378

Suíça, 49, 378
    Genebra, 13, 28, 81, 114, 123, 126, 132, 138, 140-141, 150, 164, 166-168, 173-174, 177, 180-182, 214, 291, 324, 330, 336, 344-345, 349, 355, 359, 363, 368, 379, 382, 447-448, 470, 472, 497, 515, 520, 530, 537, 552

Suriname, 43-44, 319, 375

T

Tailândia, 85, 131, 144, 158

Tanzânia, 158, 488

Tarifa Externa Comum (TEC), *ver* Mercosul, 93, 99, 101, 109, 155, 173, 321, 323, 378, 380, 406, 502-503, 545

Tel-Aviv, 187, 196, 303

Telefonica, 168

Territórios Ocupados, *ver* Palestina, 187-188, 420

Terrorismo, 69, 77

11 de setembro 157, 307, 359

The Economist, 263, 325

Tigres Asiáticos, 314
Time (revista), 332
Timor-Leste, 554
Tiradentes, 392
Togo, 30, 489
Trade Promotion Authority (TPA), 113, 117-118, 545
Tratado de Tlatelolco, 241-242
Triângulo de Amorim, 167, 178
Triângulo de Pascal, 167, 178
Trigo, 168
Trinidad e Tobago, 44, 50, 225, 375, 403, 509, 522, 551
    Port of Spain, 89, 384
Turquia, 69, 77, 188, 197, 204, 280, 288, 294-297, 301-303, 305-306,
    310, 333, 339, 348, 399, 457-458, 465, 550
    Adana, 77-78, 188, 330
    Constantinopla, 218
    Istambul, 217

U
Ucrânia, 21, 403
União Aduaneira da África Austral (Sacu), 291, 324, 545
União Africana, 250, 264, 462, 464, 467, 487-488
União das Nações Sul-Americanas (Unasul), 88, 89, 194, 225, 227, 273,
    275, 319, 323, 340, 384, 398, 405-407, 428, 553
União Europeia, 31, 69, 73, 82-83, 85, 96, 98-99, 101-102, 112-113, 115-
    -119, 122-123, 125, 129-130, 133, 138, 140-141, 146, 154-158,
    160-161, 163-172, 175-177, 180, 189, 194, 204, 282, 290, 317, 320,
    331, 338-339, 341, 349, 356-358, 360, 362-364, 402, 407, 457, 482,
    493, 513, 521-525, 545, 546, 548, 558
União Soviética, 69, 76, 188, 439-441, 453, 459-460, 465, 479, 559
Unilateralismo, 102
Universidade de Brasília (UnB), 78, 546
Universidade Federal do Rio de Janeiro (Universidade do Brasil), 474
United Nations Monitoring, Verification and Inspection Commission (Unmovic),
    412, 546
United Nations Special Commission (Unscom), 245, 251, 253-254, 410

Urânio

Urânio Levemente Enriquecido (LEU, em inglês), 282-285, 288--291, 293-295, 299-300, 331-332, 425-426, 458, 544

Uruguai, 20, 41, 64, 72, 93, 95, 97-102, 105, 109, 135, 158, 163, 222, 320, 322, 329, 380-382, 385, 400, 404, 418, 508, 516, 521, 547, 556, 559

Punta del Este, 218, 220, 222

V

Valor Econômico, 180, 323

Venezuela, 20, 22, 34, 38, 55, 72, 91, 93, 104-106, 108-111, 113, 208, 232-233, 235-237, 240, 275, 320, 322, 325, 377, 385-398, 407, 486, 501, 518, 549, 553, 556

Caracas, 386, 393, 397

Grupo de Amigos do Secretário-Geral da OEA, 38, 387

Ilha Margarita, 486

W

Western European and Others Group (WEOG), 445, 546

Z

Zâmbia, 488

Zimbábue, 335-336, 481, 484-485, 488, 555